2011～2013　RESEARCH REPORT ON LISTED COMPANIES OF
CHINESE CULTURAL INDUSTRIES

中国文化及相关产业
上市公司研究报告

臧志彭　解学芳　著

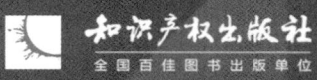

知识产权出版社

全国百佳图书出版单位

图书在版编目（CIP）数据

中国文化及相关产业上市公司研究报告：2011～2013 / 臧志彭，解学芳著. —北京：知识产权出版社，2015.1

ISBN 978-7-5130-3158-5

Ⅰ. ①中… Ⅱ. ①臧…②解… Ⅲ. ①文化产业–上市公司–研究报告–中国–2011～2013 Ⅳ. ①G124

中国版本图书馆 CIP 数据核字（2014）第 266944 号

责任编辑：熊　莉　　　　　　　责任出版：刘译文
执行编辑：俞　楠

中国文化及相关产业上市公司研究报告：2011～2013
臧志彭　解学芳　著

出版发行：**知识产权出版社** 有限责任公司	网　　址：http://www.ipph.cn
社　　址：北京市海淀区马甸南村 1 号	邮　　编：100088
责编电话：010-82000860 转 8176	责编邮箱：xiongli@cnipr.com
发行电话：010-82000860 转 8101/8102	发行传真：010-82005070/82000893/82000270
印　　刷：北京富生印刷厂	经　　销：各大网上书店、新华书店及相关专业书店
开　　本：787mm×1092mm　1/16	印　　张：26
版　　次：2015 年 1 月第 1 版	印　　次：2015 年 1 月第 1 次印刷
字　　数：547 千字	定　　价：59.00 元

ISBN 978-7-5130-3158-5

前　言

在琳琅满目的文化产业著作中，唯独缺少一部关于文化产业上市公司的研究专著。希望本研究报告能够填补这一空缺。

上市公司，在很大程度上代表了一个产业中最为先进的生产力主体，在中国尤其如此。中国文化产业的发展繁荣，必然需要依托文化产业上市公司的发展壮大；而文化产业上市公司的发展水平，也代表了中国文化产业的发展与繁荣程度。因此，通过文化产业上市公司考察中国文化产业发展状况无疑将具有特别重要的标杆意义：一是可以更为科学准确地把握中国文化产业的发展动态与前沿趋势；二是以文化企业数据考察文化产业，将使现有文化产业研究更接地气；三是可以获得更多一般产业统计数据无法得到，但又非常关键的指标数据，从而为文化产业研究提供更为深入、新颖的视角。

2012 年 7 月 11 日，国家统计局发布了《文化及相关产业分类（2012）》，是中国目前最权威的关于文化及相关产业的分类办法。有鉴于此，本书根据《文化及相关产业分类（2012）》所提出的分类方式对上海证券交易所、深圳证券交易所两千多家 A 股上市公司进行逐一梳理、甄选，搜集、整理得到 161 家（截至 2011 年）和 171 家（截至 2013年）文化及相关产业上市公司，由此形成了本书的研究样本。可以说，这也是迄今为止中国第一部按照《文化及相关产业分类（2012）》对文化及相关产业上市公司进行全面系统研究的著作。与通常的年度报告不同的是，本书反映了中国文化及相关产业上市公司2011～2013 年三年的发展态势。在如今国际风云变幻、市场波诡云谲的时代，企业的发展具有很大的偶然性，三年度的数据分析可以相对平稳地反映产业演化的趋势与规律。

龙是中华文化的象征，上市公司代表了中国文化及相关产业发展的龙头生产力，由此本书构建了反映中国文化及相关产业上市公司综合发展状况的"龙文化指数"（Loong Culture Index，LCI），并分别从产业内层面（即文化及相关产业内部）、产业间层面（即文化及相关产业与全国其他产业之间）和企业层面（即文化及相关产业上市公司）三大层面，经济效益、科技创新（文化与科技融合）、社会贡献和公司治理四大维度对中国文化及相关产业上市公司进行全面解析，得出了很多具有深度研究价值的结论。在此选取其中十个基本结论概括如下：

第一，在上市公司层面，文化及相关产业对全国贡献率的龙文化指数三年（2011～2013）均值仅为 3.6%，距离支柱性产业 5% 的目标，尚有 1.4 个百分点的贡献率缺口；

产业间比较研究发现，文化及相关产业整体实力大大落后于全国其他产业平均水平，处于绝对竞争劣势地位，劣势缺口空间至少高达 30%～50%；其中经济效益缺口 44%，科技创新缺口 36%，社会贡献缺口 60%，公司治理缺口 21%。

第二，从产业内部贡献率的龙文化指数来看，上市公司对规模以上文化及相关产业总体贡献率为 22%，其中经济效益贡献为 19%，科技创新贡献为 26%，社会发展贡献为 23%，公司治理贡献为 20%。在文化制造业层面，上市公司贡献率为 17.63%；在文化批发和零售业层面，上市公司贡献率仅为 4.47%；在文化服务业层面，上市公司贡献率相对最高，为 31.60%。按照全国 A 股上市公司营业收入占 GDP 比重 40%的标准来看，文化及相关产业上市公司产业内贡献率太低，产业内龙文化指数至少尚需提升 18%；而按照营业收入贡献率比较，则差距缺口更是高达 23 个百分点。

第三，从企业层面的龙文化指数三年均值比较来看，161 家上市公司经聚类分析划分为 9 个梯队，乐视网稳居第一梯队；中青宝、科大讯飞和二六三 3 家公司进入第二梯队；拓维信息、拓尔思、三五互联和天威视讯 4 家公司处于第三梯队。反映在细分行业层面，文化软件服务、增值电信服务（文化部分）、互联网信息服务三个行业分列前三位，技术创新与知识产权引领特征非常明显。从所有制层面比较来看，国有文化企业的体制优势并没有转化为其在经济效益、科技创新和社会贡献方面的优势。政府在制定和执行文化产业扶持政策时，应摒弃所有制偏见，要给予非公有制文化企业更多的、更为公平的竞争机会和发展平台。

第四，文化与科技融合研究表明，中外合资文化企业、民营文化企业的科技创新指数高于集体文化企业、国有文化企业和国有相对控股企业；特别是在研发投入占营收比重指标上，中外合资文化企业、民营文化企业分别达到国有文化企业的 3.3 倍和 2.5 倍，说明非公有制文化企业的文化与科技融合程度明显优于公有制文化企业。

第五，就业贡献研究发现，文化及相关产业上市公司与全国其他行业有近 20%的差距，而且 2013 年的增幅比 2012 年缩小了 78%。中国文化产业就业承载能力的提升，需要实施"蓝海战略"，通过文化产业与相关产业的跨界融合发展、通过产业链的横向与纵向整合，拓宽文化产业就业渠道、扩大文化产业就业空间。

第六，公司治理结构研究发现，女性和年轻人在国有文化企业进入董监高（董事会、监事会和高级管理人员）的难度比民营文化企业分别高出 26%和 69%。外籍人员在境内文化及相关产业上市公司董事会中的比重仅为 0.81%，在高管团队中仅为 0.52%。中国文化产业不能仅仅停留于产品与服务层面的对外开放，还需要在企业战略层面、公司治理层面、经营管理层面建立科学的对外开放体制机制，构筑能够与国外强势文化集团相抗衡的卓越领导力。

第七，虽然国有文化企业经济效益指数排在倒数第二位，但是其高管薪酬却是各种所有制类型企业中最高的，单位企业高管薪酬总额三年均值达到 559 万元，是民营文化企业的 1.47 倍。三年来普通职工人均薪酬虽然增长了 27%，但也仅达到 5.6 万元，仅占

中国文化及相关产业上市公司研究报告：2011～2013

全国平均水平的 84%。中国文化产业发展还需要大幅提升薪酬福利水平的跨界竞争力。

第八，企业生命周期研究发现，乐视网、华策影视等七家公司处于典型成长期（青春期）；中青宝、华谊兄弟等 26 家公司处于成长后期（盛年期）；百事通、宋城股份等58 家公司处于成熟前期（稳定期）；青岛海尔、出版传媒等 20 家公司处于典型成熟期（贵族期）；有 46 家公司处于成熟后期（内耗期）；13 家公司处于衰退前期（官僚期）；有 1家公司正处于典型衰退期（衰亡期）。

第九，市场集中度研究发现，按照市场集中率（CR$_4$）测算，当前中国文化及相关产业市场结构属于"竞争型"市场结构；从赫芬达尔—赫希曼指数（HHI）来看，总资产 HHI 和营业收入 HHI 处于低寡占型市场结构，职工人数 HHI 处于竞争 I 型的市场结构，且产业总体 HHI 有向竞争型市场结构演变的趋势。说明中国文化及相关产业目前还处于初级发展阶段，市场集中度低，缺乏一批规模大、实力强、具备突出竞争优势的大型文化企业集团。

第十，国家文化产业示范基地的示范价值评估发现，中国目前上市公司层面的国家文化产业示范基地在总量达标标准方面的示范价值状况堪忧，三年来仅有 20%～40% 的国家文化产业示范基地示范价值总量指数满足达标标准；特别是在文化与科技融合示范度方面，不仅没有达到达标标准水平，甚至仅为基本标准的 29%，说明国家文化产业示范基地在文化与科技融合方面不但没有起到示范效应，而且在给整个文化产业"拖后腿"。

更多有价值的研究结论，敬请广大读者研读本书。

本书研究过程中，第一作者主要负责第二、三、四、五、六、八、九、十、十一、十三、十四和十五章的撰写工作，第二作者主要负责本书第一、七和十二章的撰写工作。全书统稿工作主要由第一作者负责。本书的研究得到了研究团队的大力支持，其中我们要特别感谢陈晓菡、姜春霞、刘伟、朱童等几位同学为本书研究所做的异常重要的基础性工作。

必须指出的是，作为第一部专门对中国文化及相关产业上市公司进行探索性研究的著作，限于作者的能力、时间以及上市公司信息披露情况，本书可能存在诸多的不足：

一是本书的研究样本只有国内 A 股上市公司。对于境外上市的中国文化公司，我们的研究团队已经初步完成了数据搜集工作，将在适当的时候编著出版。

二是由于本书的主要研究数据是从 2011～2013 年全部上市公司的年度报告中一一摘取汇总整理得到的，不得不说这是一个浩大的工程。在这个过程中，虽然作者和研究团队成员都十分谨慎小心，但难免会有个别数据存在偏差。同时，上市公司统计体系还在不断完善过程中，也难免存在不规范、不准确的地方，例如某些公司年报数据表格上方的单位是元，但是表格内部的数据却明显是以"万元"为单位的数据。无论何种原因造成的个别研究结果失当的问题，敬请广大读者理解、见谅。

此外，不得不指出的是，现有关于文化产业上市公司的定量研究，都存在一个很关键的共性问题，即纯粹"文化数据"的采集问题。众所周知，很多文化及相关产业上市公司并不仅仅在做文化类业务，还有很多非文化类业务，比如房地产。从理论上讲，应该将上市公司中纯粹的"文化数据"提取出来进行研究，然而我们发现仅有极少数指标能做到这一点，大部分指标在现有信息披露条件下尚无法实现。为了尽量消除上述问题的影响，本书在研究过程中更多的采用相对指标、平均指标，从而获得更加符合实际的研究结论。

总之，关于本书研究过程中出现的一切疏漏与缺陷，作者敬请各界专家、学者批评、指正！我们将在今后的研究中认真修订、完善。

谨以此书，献给广大文化产业研究学者和众多关心中国文化产业发展的"龙之传人"。

臧志彭　解学芳
于上海

目 录

MULU

综合报告篇

第一章　研究样本定义、范围与分布概况 ·············· 3

　　第一节　研究样本定义与甄选说明 ·············· 3

　　第二节　中国文化及相关产业上市公司的分布概况 ·············· 6

第二章　中国文化及相关产业上市公司综合评价模型与
　　　　龙文化指数（LCI） ·············· 17

　　第一节　综合评价模型 ·············· 17

　　第二节　综合评价指标体系框架 ·············· 19

　　第三节　综合评价龙文化指数 ·············· 28

第三章　文化及相关产业内龙文化指数（Intra-LCI）研究 ·············· 29

　　第一节　文化及相关产业内龙文化指数（Intra-LCI） ·············· 29

　　第二节　文化及相关产业内龙文化指数（Intra-LCI）总体评价 ·············· 31

　　第三节　文化及相关产业内龙文化指数（Intra-LCI）行业评价 ·············· 33

第四章　文化与全国产业间龙文化指数（Inter-LCI）研究 ·············· 38

　　第一节　文化与全国产业间龙文化指数（Inter-LCI） ·············· 38

　　第二节　产业间龙文化指数（Inter-LCI）总体评价 ·············· 42

　　第三节　产业间龙文化指数（Inter-LCI）分项评价 ·············· 43

第五章　文化及相关产业上市公司龙文化指数（Listed-LCI）研究 ·········· 49

　　第一节　上市公司龙文化指数（Listed-LCI） ·············· 49

　　第二节　综合评价指标体系构建 ·············· 50

第三节　上市公司龙文化指数实证研究 ·················· 52

分项报告篇

第六章　中国文化及相关产业上市公司经济效益实证研究 ·············· 69

　　第一节　经济效益评价模型与指标体系 ·················· 69
　　第二节　文化及相关产业上市公司经济效益总体评价 ·············· 70
　　第三节　文化及相关产业上市公司规模总量评价 ·············· 84
　　第四节　文化及相关产业上市公司盈利能力评价 ·············· 98
　　第五节　文化及相关产业上市公司成长能力评价 ·············· 112
　　第六节　文化及相关产业上市公司持续经营能力评价 ·············· 124

第七章　中国文化及相关产业上市公司科技创新实证研究 ·············· 131

　　第一节　科技创新评价模型与指标体系 ·············· 131
　　第二节　文化及相关产业上市公司科技创新总体评价 ·············· 132
　　第三节　文化及相关产业上市公司科技人员评价 ·············· 147
　　第四节　文化及相关产业上市公司研发投入评价 ·············· 159
　　第五节　文化及相关产业上市公司技术与知识产权类无形资产评价 ·············· 169

第八章　中国文化及相关产业上市公司社会贡献实证研究 ·············· 185

　　第一节　社会贡献评价模型与指标体系 ·············· 185
　　第二节　文化及相关产业上市公司社会贡献总体评价 ·············· 186
　　第三节　文化及相关产业上市公司税收贡献评价 ·············· 201
　　第四节　文化及相关产业上市公司就业贡献评价 ·············· 210
　　第五节　文化及相关产业上市公司社会捐赠评价 ·············· 218

第九章　中国文化及相关产业上市公司治理能力实证研究 ·············· 226

　　第一节　公司治理评价模型与指标体系 ·············· 226
　　第二节　文化及相关产业上市公司治理能力总体评价 ·············· 227
　　第三节　文化及相关产业上市公司商誉价值评价 ·············· 237
　　第四节　文化及相关产业上市公司董监高结构特征分析 ·············· 244
　　第五节　文化及相关产业上市公司薪酬水平评价 ·············· 256

专题报告篇

第十章 中国文化及相关产业上市公司生命周期研究 …………………… 297

第十一章 中国文化及相关产业市场集中度研究：基于上市公司的
实证分析 ………………………………………………………… 308

第十二章 中国文化及相关产业上市公司"走出去"发展评价 ………… 315

第十三章 中国文化及相关产业上市公司无形资产研究 ……………… 328

第十四章 中国文化及相关产业上市公司政府补助研究 ……………… 346

第十五章 国家文化产业示范基地"示范价值"评估：基于上市
公司的实证分析 ………………………………………………… 365

附录一 国家统计局《文化及相关产业分类（2012）》 ………………… 377

附录二 中国文化及相关产业上市公司名录 …………………………… 387

主要参考文献 ………………………………………………………………… 393

图表目录

表 1-1　文化及相关产业上市公司区域分布情况 ··· 6

图 1-1　文化及相关产业上市公司区域分布情况 ··· 7

图 1-2　全国不同地区文化产业法人单位数量比较 ··· 8

图 1-3　文化及相关产业上市公司行业分布情况 ··· 9

表 1-2　文化及相关产业上市公司行业分布情况（产业分类第二层） ··············· 9

图 1-4　不同行业的文化产业法人单位分布情况 ··· 10

表 1-3　文化及相关产业上市公司行业分布情况（产业分类第三层） ············· 11

图 1-5　文化及相关产业上市公司行业分布情况 ··· 12

表 1-4　文化及相关产业上市公司所有制分布情况 ··· 13

图 1-6　文化及相关产业上市公司上市时间分布情况 ······································· 14

表 1-5　文化及相关产业上市公司上市时间比较 ··· 14

图 1-7　文化及相关产业上市公司实际控制人分布 ··· 16

图 2-1　中国文化及相关产业上市公司综合评价模型 ······································· 19

表 2-1　文化及相关产业上市公司发展综合评价指标体系总框架 ····················· 27

表 3-1　文化及相关产业内龙文化指数评价指标体系及指标代码 ····················· 30

表 3-2　文化及相关产业上市公司对规模以上文化产业的总体贡献率 ············· 32

图 3-1　文化制造业、文化批零业和文化服务业产业内龙文化指数 ················· 33

图 3-2　文化制造业产业内龙文化指数 ·· 33

图 3-3　文化制造业产业内分项指数贡献率 ··· 34

表 3-3　上市公司对规模以上文化制造业贡献率 ··· 34

图 3-4　文化批发与零售业的产业内龙文化指数 ··· 35

图 3-5　文化批发与零售业上市公司分项指标贡献率 ······································· 35

表 3-4　上市公司对限额以上文化批发与零售业贡献率 ···································· 36

图 3-6　文化服务业上市公司龙文化指数 ··· 36

图 3-7　文化服务业上市公司分项指标贡献率 ·· 37

表 3-5　上市公司对重点文化服务业贡献率 ··· 37

表 4-1　文化产业对全国贡献率龙文化指数评价指标体系及指标代码 ············· 40

1

表4-2 文化产业相对竞争力龙文化指数评价指标体系及指标代码·················41

表4-3 文化与全国产业间龙文化指数总体评价·················42

图4-1 文化及相关产业上市公司产业间龙文化指数·················42

图4-2 产业间经济效益贡献率指数·················43

表4-4 产业间经济效益贡献率指数和竞争力指数评价·················44

图4-3 产业间科技创新贡献率指数·················45

表4-5 产业间科技创新贡献率指数和竞争力指数评价·················45

表4-6 产业间社会贡献的贡献率指数评价·················46

图4-4 产业间社会贡献贡献率指数·················46

图4-5 产业间社会贡献竞争力指数·················46

表4-7 产业间社会贡献竞争力指数评价·················47

图4-6 产业间公司治理贡献率指数·················47

表4-8 产业间公司治理贡献率指数评价·················47

表4-9 产业间公司治理竞争力指数评价·················48

表5-1 文化及相关产业上市公司龙文化指数评价指标体系及指标代码·················51

图5-1 文化及相关产业上市公司综合发展指数·················53

表5-2 161家文化及相关产业上市公司聚类结果·················54

表5-3 2011年文化及相关产业上市公司龙文化指数50强·················55

表5-4 2012年文化及相关产业上市公司龙文化指数50强·················57

表5-5 2013年文化及相关产业上市公司龙文化指数50强·················59

图5-2 文化及相关产业上市公司龙文化指数地区比较·················61

表5-6 文化及相关产业上市公司龙文化指数地区比较·················61

图5-3 文化及相关产业上市公司龙文化指数行业比较·················63

表5-7 文化及相关产业上市公司龙文化指数行业比较·················64

图5-4 文化及相关产业上市公司龙文化指数所有制比较·················65

表5-8 文化及相关产业上市公司龙文化指数所有制比较·················66

图6-1 文化及相关产业上市公司经济效益评价模型·················69

图6-2 文化及相关产业上市公司经济效益评价指标体系·················70

图6-3 2011~2013年文化及相关产业上市公司经济效益指数·················71

表6-1 2011年文化及相关产业上市公司经济效益50强·················71

表6-2 2012年文化及相关产业上市公司经济效益50强·················74

表6-3 2013年文化及相关产业上市公司经济效益50强·················76

图6-4 2011~2013年文化及相关产业上市公司经济效益指数聚类分析·················79

表6-4 2011~2013年文化及相关产业上市公司经济效益地区比较·················80

表6-5 2011~2013年文化及相关产业上市公司经济效益指数行业比较·················81

表 6-6　2011～2013 年文化及相关产业上市公司经济效益指数所有制比较 ……………83

图 6-5　2011～2013 年文化及相关产业上市公司经济效益指数所有制比较 ……………84

图 6-6　2011～2013 年文化及相关产业上市公司资产规模……………………………84

表 6-7　2011～2013 年文化及相关产业上市公司资产规模……………………………85

表 6-8　2011～2013 年文化及相关产业上市公司总资产规模 50 强 …………………86

表 6-9　2011～2013 年文化及相关产业上市公司净资产规模 50 强 …………………88

图 6-7　2011～2013 年文化及相关产业上市公司规模总量地区比较 …………………90

表 6-10　2011～2013 年文化及相关产业上市公司规模总量地区排名 ………………90

图 6-8　2011～2013 年文化及相关产业上市公司规模总量行业比较 …………………93

表 6-11　2011～2013 年文化及相关产业上市公司规模总量行业比较 ………………94

图 6-9　2011～2013 年文化及相关产业上市公司规模总量所有制比较 ……………96

表 6-12　2011～2013 年文化及相关产业上市公司规模总量所有制比较 ……………97

图 6-10　2011～2013 年文化及相关产业上市公司盈利能力………………………98

表 6-13　2011～2013 年文化及相关产业上市公司盈利能力………………………99

表 6-14　2011～2013 年文化及相关产业上市公司销售毛利率 50 强 …………………99

表 6-15　2011～2013 年文化及相关产业上市公司加权平均净资产收益率 50 强 ……101

表 6-16　2011～2013 年文化及相关产业上市公司基本每股收益 50 强 ………………103

表 6-17　2011～2013 年文化及相关产业上市公司盈利能力区域排名 ………………106

表 6-18　2011～2013 年文化及相关产业上市公司盈利能力细分行业排名 ……………109

图 6-11　2011～2013 年文化及相关产业上市公司盈利能力所有制比较 ……………111

表 6-19　2011～2013 年文化及相关产业上市公司盈利能力所有制比较 ……………112

表 6-20　2011～2013 年文化及相关产业上市公司主营业务收入增长率排名 ………113

表 6-21　2011～2013 年文化及相关产业上市公司净利润增长率排名 ………………115

表 6-22　2011～2013 年文化及相关产业上市公司成长能力区域状况 ………………118

表 6-23　2011～2013 年文化及相关产业上市公司成长能力细分行业状况 …………120

图 6-12　2011～2013 年不同所有制的文化及相关产业上市公司成长能力对比 ……123

表 6-24　2011～2013 年不同所有制的文化及相关产业上市公司成长能力状况 ……123

表 6-25　2011～2013 年文化及相关产业上市公司每股经营现金流排名 ……………124

表 6-26　2011～2013 年文化及相关产业上市公司每股经营现金流地区排名 ………127

表 6-27　2011～2013 年文化及相关产业上市公司持续经营能力行业排名 …………128

图 6-13　2011～2013 年不同所有制的文化及相关产业上市公司持续经营
能力比较 ……………………………………………………………130

表 6-28　2011～2013 年不同所有制的文化及相关产业上市公司持续经营
能力排名 ……………………………………………………………130

图 7-1　文化及相关产业上市公司科技创新评价模型 ……………………………131

图 7-2　文化及相关产业上市公司科技创新评价指标体系 ················· 132
图 7-3　2011～2013 年文化及相关产业上市公司科技创新指数 ············· 133
表 7-1　2011 年文化及相关产业上市公司科技创新指数 ·················· 134
表 7-2　2012 年文化及相关产业上市公司科技创新指数 ·················· 136
表 7-3　2013 年文化及相关产业上市公司科技创新指数 ·················· 138
图 7-4　2011～2013 年文化及相关产业上市公司科技创新指数 50 强聚类分析 ······· 140
图 7-5　2011～2013 年不同地区的文化及相关产业上市公司科技创新指数 ····· 142
表 7-4　2011～2013 年文化及相关产业上市公司科技创新指数地区比较 ······ 142
图 7-6　2011～2013 年文化及相关产业上市公司科技创新指数行业比较 ······ 144
表 7-5　2011～2013 年文化及相关产业上市公司科技创新指数行业比较 ······ 144
图 7-7　2011～2013 年不同所有制的文化及相关产业上市公司科技创新
　　　　指数雷达图 ··· 146
表 7-6　2011～2013 年文化及相关产业上市公司科技创新指数所有制比较 ····· 146
表 7-7　2011～2013 年文化及相关产业上市公司科技人员数量及占比 ········ 147
图 7-8　2011～2013 年文化及相关产业上市公司科技人员数量及占比趋势图 ······· 147
表 7-8　2011～2013 年硕博学历人员数量及占比 ······················· 148
图 7-9　2011～2013 年硕博学历人员数量及占比趋势 ···················· 148
表 7-9　2011～2013 年文化及相关产业上市公司科技人员数量 50 强 ········· 149
图 7-10　2011～2013 年文化及相关产业上市公司科技人员数量 50 强 ········ 151
表 7-10　2011～2013 年文化及相关产业上市公司硕博学历人员数量 50 强 ····· 152
表 7-11　2011～2013 年文化及相关产业上市公司科技人员地区比较 ········· 154
图 7-11　2011～2013 年文化及相关产业上市公司科技人员地区比较 ········· 156
表 7-12　2011～2013 年文化及相关产业上市公司科技人员行业分布 ········· 157
图 7-12　2011～2013 年文化及相关产业上市公司科技人员所有制分布 ········ 158
表 7-13　2011～2013 年文化及相关产业上市公司科技人员所有制分布 ········ 158
图 7-13　2011～2013 年文化及相关产业上市公司研发投入规模及占比 ········ 159
表 7-14　2011～2013 年文化及相关产业上市公司研发投入 50 强 ··········· 160
图 7-14　2011～2013 年文化及相关产业上市公司研发投入地区比较 ········· 162
表 7-15　2011～2013 年文化及相关产业上市公司研发投入地区比较 ········· 163
图 7-15　2011～2013 年文化及相关产业上市公司研发投入行业比较 ········· 165
表 7-16　2011～2013 年文化及相关产业上市公司研发投入行业比较 ········· 165
图 7-16　2011～2013 年文化及相关产业上市公司研发投入行业比较
　　　　（产业分类第三层） ··· 166
表 7-17　2011～2013 年文化及相关产业上市公司研发投入行业比较
　　　　（产业分类第三层） ··· 167

图 7-17　2011～2013 年文化及相关产业上市公司研发投入所有制比较 ……………… 168

表 7-18　2011～2013 年文化及相关产业上市公司研发投入所有制比较 ……………… 168

表 7-19　2011～2013 年文化及相关产业上市公司技术与知识产权类无形
　　　　资产总体特征 …………………………………………………………… 170

表 7-20　2011～2013 年文化及相关产业上市公司技术与知识产权类
　　　　无形资产 50 强 …………………………………………………………… 171

表 7-21　2011～2013 年文化及相关产业上市公司技术与知识产权类无形资产
　　　　占无形资产比重 50 强 …………………………………………………… 173

表 7-22　2011～2013 年文化及相关产业上市公司技术与知识产权类无形资产
　　　　占总资产比重 50 强 ……………………………………………………… 175

图 7-18　2011～2013 年文化及相关产业上市公司技术与知识产权类无形资产
　　　　地区比较 …………………………………………………………………… 177

表 7-23　2011～2013 文化及相关产业上市公司技术与知识产权类无形资产
　　　　地区比较 …………………………………………………………………… 177

图 7-19　2011 年文化及相关产业上市公司技术与知识产权类无形资产行业比较 …… 179

图 7-20　2012 年文化及相关产业上市公司技术与知识产权类无形资产行业比较 …… 179

图 7-21　2013 年文化及相关产业上市公司技术与知识产权类无形资产行业比较 …… 180

图 7-22　2011～2013 年文化及相关产业上市公司技术与知识产权类无形资产
　　　　行业比较 …………………………………………………………………… 180

表 7-24　2011～2013 年文化及相关产业上市公司技术与知识产权类无形资产
　　　　行业比较 …………………………………………………………………… 181

图 7-23　2011～2013 年技术与知识产权类无形资产规模所有制比较 ……………… 183

图 7-24　2011～2013 年技术与知识产权类无形资产占总资产比重所有制比较 ……… 183

表 7-25　2011～2013 年文化及相关产业上市公司技术与知识产权类无形资产
　　　　所有制比较 ………………………………………………………………… 184

图 8-1　文化及相关产业上市公司社会贡献评价模型 ………………………………… 185

图 8-2　文化及相关产业上市公司社会贡献评价指标体系 …………………………… 186

图 8-3　2011～2013 年文化及相关产业上市公司社会贡献指数 …………………… 187

表 8-1　2011 年文化及相关产业上市公司社会贡献指数 50 强 ……………………… 188

表 8-2　2012 年文化及相关产业上市公司社会贡献指数 50 强 ……………………… 190

表 8-3　2013 年文化及相关产业上市公司社会贡献指数 50 强 ……………………… 191

图 8-4　文化及相关产业上市公司社会贡献指数聚类结果图 ………………………… 194

表 8-4　2011～2013 年文化及相关产业上市公司社会贡献指数地区比较 …………… 195

图 8-5　东中西部地区税收贡献、就业贡献和社会捐赠 ……………………………… 196

图 8-6　2011～2013 年各地区社会贡献指数排名变化 ……………………………… 197

图8-7　2013年三大类文化行业的社会贡献指数 …………………………………… 197

图8-8　2011～2013年文化及相关产业上市公司社会贡献指数行业比较 ………… 198

表8-5　2011～2013年文化及相关产业上市公司社会贡献指数行业比较 ………… 198

图8-9　2011～2013年文化产业各细分行业社会贡献指数排名变化 ……………… 200

图8-10　2011～2013年文化及相关产业上市公司社会贡献指数所有制比较 ……… 201

图8-11　2011～2013年各所有制类型企业社会贡献指数排名变化 ………………… 201

表8-6　2011～2013年文化及相关产业上市公司营业税金及附加汇总 …………… 202

图8-12　2011～2013年文化及相关产业上市公司总税收贡献率 …………………… 202

表8-7　2011～2013年文化及相关产业上市公司营业税金及附加50强 …………… 203

图8-13　2011～2013年文化及相关产业上市公司营业税金及附加地区比较 ……… 205

表8-8　2011～2013年文化及相关产业上市公司营业税金及附加地区比较 ……… 206

图8-14　2011～2013年文化及相关产业上市公司税收贡献率地区比较 …………… 207

表8-9　2011～2013年文化及相关产业上市公司营业税金及附加行业比较 ……… 207

图8-15　2011～2013年文化及相关产业上市公司税收贡献率行业比较 …………… 209

表8-10　2011～2013年文化及相关产业上市公司营业税金及附加所有制比较 …… 209

图8-16　2011～2013年文化及相关产业上市公司税收贡献率所有制比较 ………… 210

表8-11　2011～2013年文化及相关产业上市公司就业贡献总体特征 ……………… 210

表8-12　2011～2013年文化及相关产业上市公司就业贡献50强 ………………… 211

图8-17　2011～2013年文化及相关产业上市公司就业贡献地区比较 ……………… 213

表8-13　2011～2013年文化及相关产业上市公司就业贡献地区比较 ……………… 214

图8-18　2011～2013年各地区文化及相关产业上市公司人均净资产 ……………… 215

表8-14　2011～2013年文化及相关产业上市公司就业贡献行业比较 ……………… 215

图8-19　2011～2013年文化及相关产业上市公司就业贡献增长率行业比较 ……… 217

图8-20　2011～2013年文化制造业和文化服务业就业贡献水平 …………………… 217

表8-15　2011～2013年文化及相关产业上市公司就业贡献按所有制比较 ………… 218

表8-16　2011～2013年文化及相关产业上市公司社会捐赠总体特征 ……………… 219

表8-17　2011～2013年文化及相关产业上市公司社会捐赠50强 ………………… 220

图8-21　2011～2013年文化及相关产业上市公司社会捐赠地区比较 ……………… 222

表8-18　2011～2013年文化及相关产业上市公司社会捐赠地区比较 ……………… 222

表8-19　2011～2013年文化及相关产业上市公司社会捐赠行业比较 ……………… 224

图8-22　2011～2013年文化及相关产业上市公司社会捐赠所有制比较 …………… 225

表8-20　2011～2013年文化及相关产业上市公司社会捐赠所有制比较 …………… 225

图9-1　文化及相关产业上市公司治理能力评价模型 ……………………………… 226

图9-2　文化及相关产业上市公司治理能力评价指标体系 ………………………… 227

图9-3　2011～2013年文化及相关产业上市公司治理指数 ………………………… 228

表 9-1　2011 年文化及相关产业上市公司治理指数 50 强 ·················· 229

表 9-2　2012 年文化及相关产业上市公司治理指数 50 强 ·················· 230

表 9-3　2013 年文化及相关产业上市公司治理指数 50 强 ·················· 232

表 9-4　2011～2013 年文化及相关产业上市公司治理指数地区比较 ·········· 233

图 9-4　2011～2013 年文化及相关产业上市公司治理指数行业比较 ·········· 235

表 9-5　2011～2013 年文化及相关产业上市公司治理指数行业比较 ·········· 235

图 9-5　2011～2013 年文化及相关产业上市公司治理指数所有制比较 ········ 236

表 9-6　2011～2013 年文化及相关产业上市公司治理指数所有制比较 ········ 237

表 9-7　2011～2013 年文化及相关产业上市公司商誉价值总体特征 ·········· 238

表 9-8　2011～2013 年文化及相关产业上市公司商誉价值 50 强 ············ 238

表 9-9　2011～2013 年文化及相关产业上市公司商誉价值地区比较 ·········· 240

表 9-10　2011～2013 年文化及相关产业上市公司商誉价值行业比较 ········· 242

表 9-11　2011～2013 年文化及相关产业上市公司商誉价值所有制比较 ········ 243

表 9-12　2011～2013 年文化及相关产业上市公司董事会人数 ·············· 244

表 9-13　2011～2013 年文化及相关产业上市公司独立董事比重 ············ 244

表 9-14　2011～2013 年文化及相关产业上市公司董事会性别结构 ··········· 245

图 9-6　2011～2013 年文化及相关产业上市公司董事会年龄结构 ··········· 245

图 9-7　2011～2013 年文化及相关产业上市公司董事会学历结构 ··········· 246

表 9-15　2011～2013 年文化及相关产业上市公司董事会国籍结构 ··········· 246

图 9-8　2011～2013 年文化及相关产业上市公司监事会人数 ·············· 246

表 9-16　2011～2013 年文化及相关产业上市公司监事会性别结构 ··········· 247

图 9-9　2011～2013 年文化及相关产业上市公司监事会年龄结构 ··········· 247

表 9-17　2011～2013 年文化及相关产业上市公司监事会学历结构 ··········· 247

图 9-10　2011～2013 年文化及相关产业上市公司监事会国籍结构 ··········· 248

图 9-11　2011～2013 年文化及相关产业上市公司高管人数均值 ············ 248

表 9-18　2011～2013 年文化及相关产业上市公司高管性别结构 ············ 249

表 9-19　2011～2013 年文化及相关产业上市公司高管年龄结构 ············ 249

图 9-12　2011～2013 年文化及相关产业上市公司高管学历结构 ············ 249

图 9-13　2011～2013 年文化及相关产业上市公司外籍高管比例 ············ 250

表 9-20　2011～2013 年文化及相关产业上市公司董监高行业特征 ··········· 251

图 9-14　2011～2013 年文化及相关产业上市公司董监高结构 ·············· 255

表 9-21　2011～2013 年文化及相关产业上市公司董监高所有制特征 ········· 255

图 9-15　2011～2013 年文化及相关产业上市公司高管薪酬均值 ············ 257

表 9-22　2011～2013 年文化及相关产业上市公司高管薪酬 ··············· 257

表 9-23　2011～2013 年文化及相关产业上市公司高管报酬最高 50 强 ········· 258

表 9-24　2011～2013 年文化及相关产业上市公司最高前三位董事报酬最高 50 强 ···· 259

表 9-25　2011～2013 年文化及相关产业上市公司最高前三位高管报酬
　　　　总额最高 50 强 ··· 261

图 9-16　2011 年文化及相关产业上市公司高管薪酬地区比较 ················· 263

图 9-17　2012 年文化及相关产业上市公司高管薪酬地区比较 ················· 263

图 9-18　2013 年文化及相关产业上市公司高管薪酬地区比较 ················· 264

表 9-26　2011～2013 年文化及相关产业上市公司高管薪酬地区比较 ··········· 264

图 9-19　不同地区的文化及相关产业上市公司高管人均薪酬比较 ············· 267

图 9-20　2011 年文化及相关产业上市公司高管薪酬行业比较 ················· 268

图 9-21　2012 年文化及相关产业上市公司高管薪酬行业比较 ················· 268

图 9-22　2013 年文化及相关产业上市公司高管薪酬行业比较 ················· 269

图 9-23　2011～2013 年文化及相关产业上市公司高管薪酬行业比较 ··········· 270

表 9-27　2011～2013 年文化及相关产业上市公司高管薪酬行业比较 ··········· 270

图 9-24　2011～2013 年文化及相关产业上市公司高管薪酬行业比较 ··········· 275

图 9-25　2011～2013 年文化及相关产业上市公司高管薪酬所有制比较 ········· 276

表 9-28　2011～2013 年文化及相关产业上市公司高管薪酬所有制比较 ········· 276

图 9-26　2011～2013 年文化及相关产业上市公司高管人均薪酬所有制比较 ····· 277

表 9-29　2011～2013 年文化及相关产业上市公司职工薪酬总体特征 ··········· 279

表 9-30　2011～2013 年文化及相关产业上市公司职工人均薪酬 50 强 ········· 280

表 9-31　2011～2013 年文化及相关产业上市公司职工薪酬地区比较 ··········· 282

图 9-27　2011～2013 年文化及相关产业上市公司职工人均薪酬地区比较 ······· 285

表 9-32　2011～2013 年文化及相关产业上市公司职工薪酬行业比较 ··········· 286

图 9-28　2011～2013 年文化及相关产业上市公司职工人均薪酬行业比较 ······· 290

图 9-29　2011～2013 年文化及相关产业上市公司高管薪酬对职工人均薪酬
　　　　倍数行业比较 ··· 291

图 9-30　2011～2013 年文化及相关产业上市公司职工薪酬所有制比较 ········· 291

表 9-33　2011～2013 年文化及相关产业上市公司职工薪酬所有制比较 ········· 292

图 9-31　2011～2013 年文化及相关产业上市公司职工人均薪酬所有制比较 ····· 293

图 9-32　2011～2013 年不同所有制上市公司高管薪酬与职工薪酬及其倍数关系 ··· 293

表 10-1　关于企业生命周期的部分代表性研究 ······························· 297

表 10-2　文化及相关产业上市公司生命周期综合评分指标体系 ··············· 298

表 10-3　本书所提出的企业生命周期阶段划分指标赋值标准 ················· 299

表 10-4　本书定义生命周期阶段及其对应的爱迪思生命周期阶段 ············· 301

表 10-5　文化及相关产业上市公司生命周期综合评分与所处阶段界定 ········· 301

表 10-6　文化及相关产业上市公司演化倾向分析 ··························· 306

表 11-1　2012 年文化及相关产业市场集中率 ……………………………… 310

表 11-2　贝恩的市场结构分类标准 ……………………………………………… 310

表 11-3　2012 年文化制造业细分行业市场集中率 ………………………… 311

表 11-4　2012 年文化服务业细分行业市场集中率 ………………………… 311

表 11-5　2011～2013 年文化及相关产业 HHI …………………………………… 312

表 11-6　HHI 市场结构分类标准 ……………………………………………… 313

表 11-7　2011～2013 年文化制造业 HHI ……………………………………… 313

表 11-8　2011～2013 年文化服务业 HHI ……………………………………… 314

图 12-1　2011～2013 年文化及相关产业上市公司境外主营业务状况 …… 316

表 12-1　2011～2012 年文化及相关产业上市公司境外主营业务状况 …… 316

表 12-2　2011～2013 年文化及相关产业上市公司境外主营业务收入前 30 强 … 317

表 12-3　2011～2013 年文化及相关产业上市公司境外主营业务收入地区比较 …… 320

表 12-4　2011～2013 年文化及相关产业细分行业境外主营业务状况 …… 322

表 12-5　2011～2013 年文化及相关产业上市公司境外主营业务所有制比较 … 326

图 13-1　2011～2013 年文化及相关产业上市公司无形资产总体特征 …… 329

表 13-1　2011～2013 年文化及相关产业上市公司无形资产总体特征 …… 329

表 13-2　2011～2013 年文化及相关产业上市公司无形资产 50 强 ………… 331

图 13-2　2013 年文化及相关产业上市公司无形资产地区比较 …………… 333

表 13-3　2011～2013 年文化及相关产业上市公司无形资产地区比较 …… 335

图 13-3　文化及相关产业细分行业无形资产占总资产比重 ……………… 341

表 13-4　2011～2013 年文化及相关产业上市公司无形资产行业比较 …… 341

图 13-4　2011～2013 年文化及相关产业上市公司无形资产所有制比较 …… 344

图 13-5　2011～2013 年文化及相关产业上市公司无形资产占比所有制比较 …… 344

表 13-5　2011～2013 年文化及相关产业上市公司无形资产占比所有制比较 …… 344

表 14-1　2011～2013 年文化及相关产业上市公司政府补助 ……………… 347

表 14-2　2011～2013 年获政府补助最多的 50 家上市公司 ……………… 348

表 14-3　2011 年文化及相关产业上市公司政府补助所有制分布 ………… 350

表 14-4　2012 年文化及相关产业上市公司政府补助所有制分布 ………… 350

表 14-5　2013 年文化及相关产业上市公司政府补助所有制分布 ………… 351

表 14-6　单因素方差分析 ………………………………………………………… 351

表 14-7　不同企业性质的多重比较 …………………………………………… 352

表 14-8　2011～2013 年文化及相关产业上市公司政府补助行业比较 …… 353

表 14-9　2011～2013 年文化及相关产业上市公司政府补助行业比较 …… 354

表 14-10　2011～2013 年实际控制人控制的上市公司数量 ……………… 356

表 14-11　2011～2013 年文化及相关产业上市公司政府补助按实际控制人分布 …… 357

表 14-12　单因素方差分析（实际控制人）················· 357

表 14-13　多重比较分析（实际控制人）················· 358

表 14-14　模型实证分析结果························· 360

表 14-15　模型实证的进一步分析结果··················· 362

表 15-1　国家文化产业示范基地示范价值基本标准评估指标体系（总量指标）····· 367

表 15-2　国家文化产业示范基地示范价值基本标准评估指标体系（相对指标）····· 368

表 15-3　国家文化产业示范基地示范价值达标标准评估指标体系（总量指标）····· 368

表 15-4　国家文化产业示范基地示范价值达标标准评估指标体系（相对指标）····· 369

表 15-5　2012 年国家文化产业示范基地示范价值总量基本标准总体评估····· 370

表 15-6　2012 年国家文化产业示范基地示范价值总量基本标准具体评估····· 371

表 15-7　2012 年国家文化产业示范基地示范价值相对基本标准总体评估····· 371

表 15-8　2012 年国家文化产业示范基地示范价值相对基本标准具体评估····· 372

表 15-9　2011～2013 年国家文化产业示范基地总量达标标准总体评估····· 372

表 15-10　2011 年国家文化产业示范基地总量达标标准具体评估········· 373

表 15-11　2012 年国家文化产业示范基地总量达标标准具体评估········· 373

表 15-12　2013 年国家文化产业示范基地总量达标标准具体评估········· 374

表 15-13　2011～2013 年国家文化产业示范基地相对达标标准总体评估······· 375

表 15-14　2011 年国家文化产业示范基地相对达标标准具体评估········· 375

表 15-15　2012 年国家文化产业示范基地相对达标标准具体评估········· 375

表 15-16　2013 年国家文化产业示范基地相对达标标准具体评估········· 376

附录一表 1　文化及相关产业的类别名称和行业代码············· 379

附录一表 2　对延伸层文化生产活动内容的说明··············· 385

附录二表 1　中国文化及相关产业上市公司名录··············· 387

综合报告篇

研究样本定义、范围与分布概况

中国文化及相关产业上市公司综合评价模型与龙文化指数（LCI）

文化及相关产业内龙文化指数（Intra-LCI）研究

文化与全国产业间龙文化指数（Inter-LCI）研究

文化及相关产业上市公司龙文化指数（Listed-LCI）研究

第一章 研究样本定义、范围与
分布概况

第一节 研究样本定义与甄选说明

关于文化产业的范围及分类问题，世界各国均未统一，学术界也没有一致的界定，甚至连国内不同的省、市、自治区也存在差异。

关于文化产业上市公司的研究，很多采用的是中国证监会对上市公司的行业分类标准。然而，该分类标准目前依据的主要是国家统计局 2011 年颁布的《国民经济行业分类》。在此分类中，并没有直接的文化产业类，最相关的分类是"文化、体育和娱乐业"，按照目前上市公司的业务覆盖情况，仅包含新闻和出版业，广播、电视、电影和影视录音制作业，文化艺术业三个细分行业。显然，这一分类太过狭义，并不符合当前"深化文化体制改革，推动社会主义文化大发展大繁荣"的战略要求。

2012 年 7 月 11 日，国家统计局正式发布《文化及相关产业分类（2012）》，对中国文化及相关产业的边界进行了重新廓清，正式从国家层面对文化及相关产业提供了统一的定义和明确的统计范围。

因此，本书主要遵循国家统计局《文化及相关产业分类（2012）》的分类标准进行文化及相关产业上市公司研究样本的甄选和研究报告的撰写。可以说，这是目前中国第一部根据国家统计局《文化及相关产业分类（2012）》对文化及相关产业上市公司进行全面系统分析研究的著作。

一、文化及相关产业的定义与范围

根据《文化及相关产业分类（2012）》，本书所研究的文化及相关产业是指"为社会公众提供文化产品和文化相关产品的生产活动的集合"。所谓的文化及相关产业，具体包括以下四个方面：[①]

（1）以文化为核心内容，为直接满足人们的精神需要而进行的创作、制造、传播、

[①] 参见国家统计局 2012 年 7 月 11 日发布的《文化及相关产业分类（2012）》。

展示等文化产品（包括货物和服务）的生产活动；

（2）为实现文化产品生产所必需的辅助生产活动；

（3）作为文化产品实物载体或制作（使用、传播、展示）工具的文化用品的生产活动（包括制造和销售）；

（4）为实现文化产品生产所需专用设备的生产活动（包括制造和销售）。

二、文化及相关产业的行业划分

《文化及相关产业分类（2012）》将中国文化及相关产业划分为五个层次。根据本书的研究需要，主要采用《文化及相关产业分类（2012）》中的前三个层次，具体是指：

产业分类第一层：包括两个部分，第一部分是"文化产品的生产"，第二部分是"文化相关产品的生产"。

产业分类第二层：根据管理需要和文化生产活动的自身特点分为 10 个大类，分别是"一、新闻出版发行服务"，"二、广播电视电影服务"，"三、文化艺术服务"，"四、文化信息传输服务"，"五、文化创意和设计服务"，"六、文化休闲娱乐服务"，"七、工艺美术品的生产"，"八、文化产品生产的辅助生产"，"九、文化用品的生产"和"十、文化专用设备的生产"。

产业分类第三层：依照文化生产活动的相近性分为 50 个中类。其中"一、新闻出版发行服务"包括"新闻服务"、"出版服务"和"发行服务"3 个细分行业；"二、广播电视电影服务"包括"广播电视服务"和"电影和影视录音服务"2 个细分行业；"三、文化艺术服务"包括"文艺创作与表演服务"、"图书馆与档案馆服务"、"文化遗产保护服务"、"群众文化服务"、"文化研究和社团服务"、"文化艺术培训服务"和"其他文化艺术服务"7 个细分行业；"四、文化信息传输服务"包括"互联网信息服务"、"增值电信服务（文化部分）"和"广播电视传输服务"3 个细分行业；"五、文化创意和设计服务"包括"广告服务"、"文化软件服务"、"建筑设计服务"和"专业设计服务"4 个细分行业；"六、文化休闲娱乐服务"包括"景区游览服务"、"娱乐休闲服务"和"摄影扩印服务"3 个细分行业；"七、工艺美术品的生产"包括"工艺美术品的制造"、"园林、陈设艺术及其他陶瓷制品的制造"和"工艺美术品的销售"3 个细分行业；"八、文化产品生产的辅助生产"包括"版权服务"、"印刷复制服务"、"文化经纪代理服务"、"文化贸易代理与拍卖服务"、"文化出租服务"、"会展服务"和"其他文化辅助生产"7 个细分行业；"九、文化用品的生产"包括"办公用品的制造"、"乐器的制造"、"玩具的制造"、"游艺器材及娱乐用品的制造"、"视听设备的制造"、"焰火、鞭炮产品的制造"、"文化用纸的制造"、"文化用油墨颜料的制造"、"文化用化学品的制造"、"其他文化用品的制造"、"文具乐器照相器材的销售"、"文化用家电的销售"和"其他文化用品的销售"13 个细分行业；"十、文化专用设备的生产"包括"印刷专用设备的制造"、"广播电视电影专用设备的制造"、"其他文化专用设备的制造"、"广播电视电影专用设备的批发"和"舞台照明设备的批发"5个细分行业。

三、文化及相关产业上市公司的甄选

本书根据国家统计局《文化及相关产业分类（2012）》的分类标准对2011～2013年上海证券交易所和深圳证券交易所A股全部上市公司年报披露信息进行一一比对甄选。

甄选标准主要包括三个方面。

一是披露信息标准：上市公司年报披露信息"所属行业"属于文化及相关产业范畴。

二是主营业务标准：在上市公司年报披露信息"主营构成"中含有文化及相关产业业务收入，并占较大比重。

三是现实认定标准：某些公司虽然从严格意义上来讲并不属于文化及相关产业，但是该公司所属地方政府在实践中将其作为当地文化及相关产业发展的重点企业。本书也将此类企业纳入研究样本中。

根据上述标准甄选得到中国文化及相关产业上市公司数量如下：

2011年，161家文化及相关产业上市公司；

2012年，171家文化及相关产业上市公司；

2013年，171家文化及相关产业上市公司。

2013年文化及相关产业上市公司数量与2012年相同的原因是，2012年11月至2013年11月，中国证监会IPO审核空窗期长达一年之久。2012年12月28日，中国证监会发布《关于做好首次公开发行股票公司2012年度财务报告专项检查工作的通知》，开启了号称"史上最严格"的IPO公司财务审查。2013年11月30日，《中国证监会关于进一步推进新股发行体制改革的意见》发布；12月13日中国证监会修订并发布《证券发行与承销管理办法》；12月30日晚，有5家企业获得IPO发行批文，A股终于告别史上最长IPO暂停。[①]但搭上2013年IPO末班车的5家企业中并没有文化及相关产业公司。

四、研究样本数据来源

在研究过程中所使用的数据，除特别说明外，全部来自2011～2013年上市公司年度报告。所有年度报告从上海证券交易所、深圳证券交易所及中国证监会指定信息披露网站"巨潮网"下载。此外，部分研究数据来源于国泰安数据库（CSMAR），并参考了大智慧、网易财经、同花顺、金融界、凤凰财经等机构网站关于上市公司的披露信息。

---

① 详见 http://finance.ifeng.com/stock/special/IPO2013/。

第二节　中国文化及相关产业上市公司的分布概况

本节在于厘清中国文化及相关产业上市公司在地区、行业、所有制、上市时间和实际控制人等不同统计属性下的分布概况，为理论界和政府有关部门了解中国文化及相关产业上市公司的布局情况、结构生态提供基本的信息参考。考虑到数据信息的时效性，本节主要依据 2013 年文化及相关产业上市公司的数据进行分析。

一、地区分布：区域极化特征明显，上海未能进入第一梯队

从国内文化及相关产业上市公司注册地区的分布状况来看，发展极不平衡（见表 1-1，图 1-1），表现出如下特征。

表 1-1　文化及相关产业上市公司区域分布情况

注册地址	所属区域	频率（个）	有效百分比（%）
广东省	东部	35	20.47
北京市	东部	26	15.2
浙江省	东部	21	12.28
上海市	东部	17	9.94
山东省	东部	10	5.85
江苏省	东部	9	5.26
福建省	东部	7	4.09
湖南省	中部	6	3.51
四川省	西部	6	3.51
安徽省	中部	5	2.92
陕西省	西部	5	2.92
湖北省	中部	4	2.34
海南省	东部	2	1.17
河南省	中部	2	1.17
江西省	中部	2	1.17
辽宁省	东部	2	1.17
云南省	西部	2	1.17
重庆市	西部	2	1.17
广西壮族自治区	西部	1	0.58
贵州省	西部	1	0.58
河北省	东部	1	0.58
黑龙江省	中部	1	0.58

注册地址	所属区域	频率（个）	有效百分比（%）
吉林省	中部	1	0.58
宁夏回族自治区	西部	1	0.58
山西省	中部	1	0.58
西藏自治区	西部	1	0.58
合计		171	100

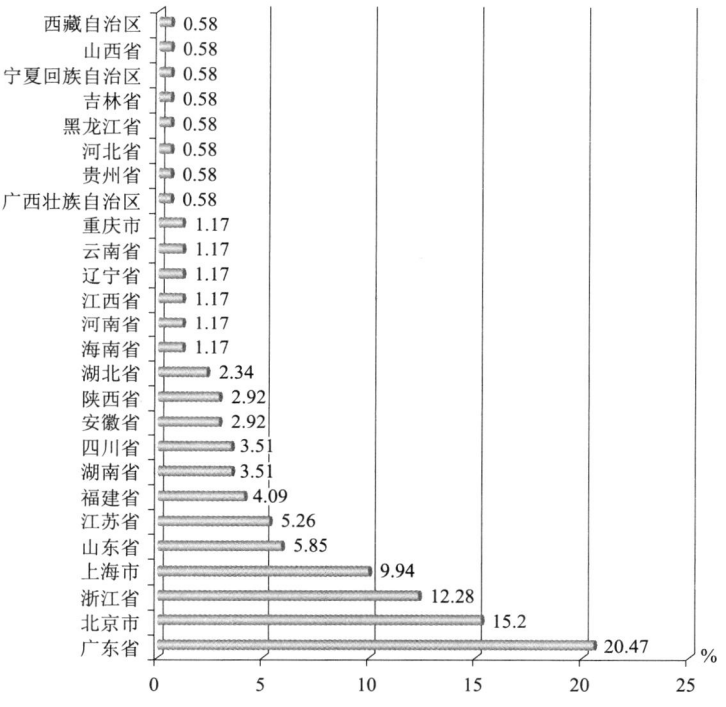

图 1-1　文化及相关产业上市公司区域分布情况

第一，广东省、北京市、浙江省三个地区的文化及相关产业上市公司数量最多，依次为 35 个、26 个、21 个。其中，广东省文化及相关产业上市公司的数量处于领先地位，占国内文化及相关产业上市公司数量的 20.47%，超过 1/5，这与广东省发达的市场经济、开放的文化市场、大文化管理体制以及近些年陆续出台的一系列鼓励、支持文化产业发展的文化政策有关。北京市文化及相关产业上市公司的数量约占全国的 15.20%，位居第二。浙江省文化及相关产业上市公司数量占比也达到 10% 以上，位列第三。文化产业较为发达的上海市，其拥有的文化及相关产业上市公司数量为 17 家，占比不足 10%，未能进入第一梯队。

第二，很多地区的文化及相关产业上市公司只有 1 家，例如广西壮族自治区、贵州省、河北省、黑龙江省、吉林省、宁夏回族自治区、山西省和西藏自治区，此类区域文化及相关产业上市公司的数量占全国总数量的 0.58%。从业务构成来看，这些地区的文化及相关产业上市公司大部分依托区域特色文化资源从事景区游览服务，如西藏自治区的西藏旅游、广西壮族自治区的桂林旅游等。新疆维吾尔自治区、内蒙古自治区、甘肃省和青海省等省、自治区没有一家文化及相关产业上市公司。与这些地区的经济发展水平较低、消费水平不高、文化产业不发达等因素有一定关系。

第三，从东中西部的分布状况来看，表现出明显的区域极化分布特征：东部地区的文化及相关产业上市公司数量达到 130 家，占总量的 76%；中部地区的文化及相关产业上市公司数量仅为 22 家，占总量的 13%；西部地区仅有 19 家文化及相关产业上市公司，占比仅为 11%。可见，东部区域拥有的文化及相关产业上市公司数量远远超过中部地区和西部地区。

上述文化及相关产业上市公司的地区分布状况，实际上与各地区文化及相关产业法人单位数量分布态势是基本一致的。根据《中国文化及相关产业统计年鉴（2013）》公布的数据，2012 年全国共拥有文化及相关产业法人单位数量达到 662 975 个，其中广东省独占鳌头，达到 81 258 个，占全国的 12.26%；文化及相关产业法人单位占比超过 10% 的有 2 个地区，即江苏省与浙江省，文化产业法人单位数量分别为 76 246 个（11.50%）、71 620 个（10.80%），北京市占比 9.04%，上海市占比 7.35%。此外，内蒙古、新疆、甘肃、吉林、宁夏、海南、青海七大地区的文化产业法人单位数量极少，占全国文化产业法人单位总量的比重不足 1%；特别是西藏，其拥有的文化产业法人单位数量是所有地区中最低的，仅 395 个，占比为 0.06%（见图 1-2）。

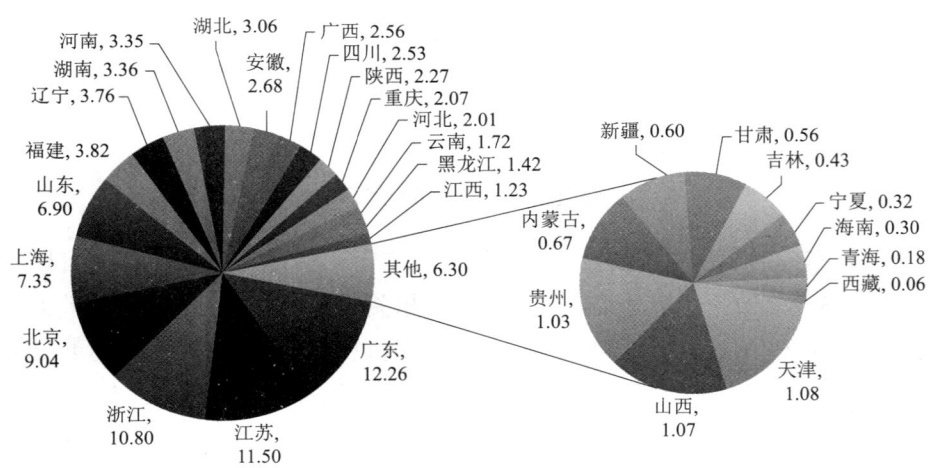

图 1-2 全国不同地区文化产业法人单位数量比较（单位：%）

二、行业分布：文化用品生产和互联网信息服务行业最多

从全国文化及相关产业上市公司的行业分布（按照产业分类第二层）来看，不同行

业上市公司数量存在较大差异（见图 1-3，表 1-2），这与文化及相关产业上市公司所处行业的文化属性、准入门槛等因素密切相关。

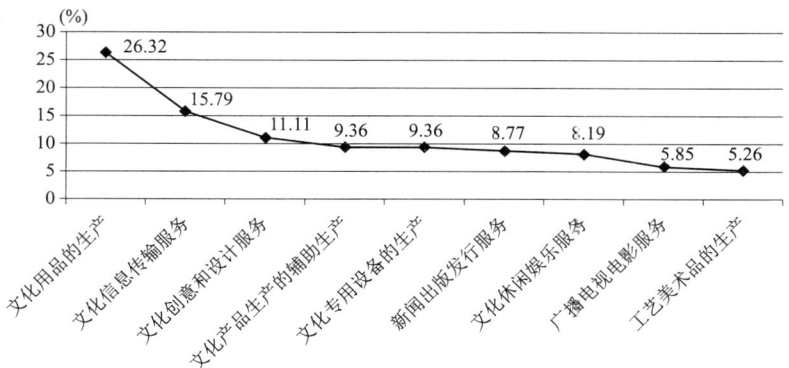

图 1-3　文化及相关产业上市公司行业分布情况

表 1-2　文化及相关产业上市公司行业分布情况（产业分类第二层）

产业分类第二层	频率（个）	有效百分比（%）
九、文化用品的生产	45	26.32
四、文化信息传输服务	27	15.79
五、文化创意和设计服务	19	11.11
八、文化产品生产的辅助生产	16	9.36
十、文化专用设备的生产	16	9.36
一、新闻出版发行服务	15	8.77
六、文化休闲娱乐服务	14	8.19
二、广播电视电影服务	10	5.85
七、工艺美术品的生产	9	5.26
合　　计	171	100.0

第一，文化用品的生产行业处于明显的优势地位，有 45 家文化及相关产业上市公司归属于这个行业，占文化及相关产业上市公司总量的 26.32%，超过 1/4。数量如此之多的主要原因有两个：其一，文化用品的生产涉及办公用品、乐器、玩具、游艺器材、视听设备、烟火与鞭炮、文化用纸、文化用油墨燃料、文化用化学品等的制造，属于文化制造业，企业数量众多，上市公司数量也相应较多；其二，文化用品的生产行业的"文化属性"与"意识形态属性"较低，市场准入门槛较低，所以大量非公资本进入文化用品的生产领域。

第二，文化信息传输服务与文化创意和设计服务两个行业拥有的文化及相关产业上市公司数量分别为 27 家、19 家，占比分别为 15.79%、11.11%。具体来看，文化信息传输服务行业大多属于新兴领域，包括互联网信息服务业、增值电信服务业（文化部分）、广播电视传输服务业等，特别是互联网信息服务与增值电信服务领域的无限商机，吸引了大批风险投资的进入；文化创意与设计服务领域，包括广告服务企业、文化软件服务企业、建筑设计服务企业、专业设计服务企业等多种类型的企业，而且从事多媒体、动漫游戏软件开发、数字内容设计与制作等的企业都属于新兴文化产业领域，属于各类资本竞相投资的热点行业，催生了大批文化及相关产业上市公司的出现。

第三，广播电视电影服务与工艺美术品的生产行业拥有的文化及相关产业上市公司数量最少，分别为 10 家、9 家，占比分别为 5.85%、5.26%。总的来看，广播电视电影服务行业与工艺美术品的生产行业都属于传统的文化产业领域。具体来看，广播电视电影服务行业的文化属性与意识形态属性较强，市场准入门槛高，除了电影服务行业，其他领域非公资本很难进入；而工艺美术品的生产行业涉及工艺美术品的制造与销售（雕塑工艺品、金属工艺品、漆器工艺品、花画工艺品、天然植物纤维编织工艺品、抽纱刺绣工艺品、珠宝首饰及有关物品制造等）、园林、陈设艺术及其他陶瓷制品的制造等领域，通常多是中小微型文化企业，规模小、实力弱，上市难度较大。

从《中国文化及相关产业统计年鉴（2013）》公布的文化及相关产业法人单位数量行业分布来看，与上市公司行业分布状况类似。文化创意和设计服务行业拥有的法人单位数量最多，为 169 995 个，占全国文化产业法人单位的 25.64%；文化产品生产的辅助生产行业与文化产品的生产行业的法人单位数量也比较多，分别为 111 974 个、94 641 个，占比依次为 16.89%、14.28%。也就是说，文化创意和设计服务、文化产品生产的辅助生产、文化用品的生产行业的法人单位占到全国的文化产业法人单位的半数以上。因此，这些领域的文化及相关产业上市公司数量也相应较多。此外，广播电视电影服务与文化专用设备生产行业的法人单位数量最少，分别为 13 098 个、13 116 个，这两大行业的法人单位数量都只占全国的 1.98%，不足 2%，因而广播电视电影服务领域的上市公司数量也相对较少（见图 1-4）。

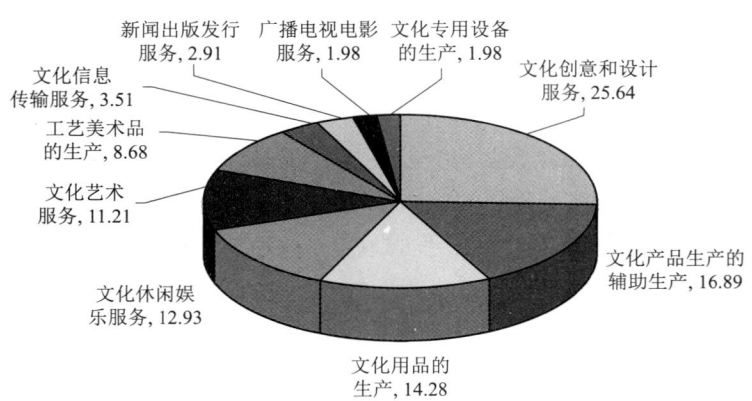

图 1-4　不同行业的文化产业法人单位分布情况（单位：%）

从文化及相关产业上市公司所属的细分行业（产业分类第三层，见表 1-3，图 1-5）来看，互联网信息服务行业的优势地位不言而喻，拥有 16 家上市公司，占文化及相关产业上市公司总规模的 9.36%，约 1/10。此外，视听设备的制造行业也处于明显的优势地位，有 15 家文化及相关产业上市公司归属于这个行业，占文化及相关产业上市公司总量的 8.77%，这个行业主要从事电视机制造、音响设备制造、影视录放设备制造，属于传统的文化制造领域，市场需求大、发展模式成熟。文化用纸的制造与广播电视电影专用设备的制造行业拥有的上市公司数量都是 14 家，约占总规模的 8.19%。文化用纸的制造属于传统的文化产业领域；广播电视电影专用设备领域涉及广播电视节目制作及发射设备制造、广播电视接收设备及器材制造、应用电视设备及其他广播电视设备制造、电影机械制造等，属于技术与资本密集型行业，上市融资需求较为强烈。

表 1-3　文化及相关产业上市公司行业分布情况（产业分类第三层）

产业分类第三层	频率（个）	有效百分比（%）
互联网信息服务	16	9.36
视听设备的制造	15	8.77
文化用纸的制造	14	8.19
广播电视电影专用设备的制造	14	8.19
出版服务	13	7.60
景区游览服务	13	7.60
印刷复制服务	13	7.60
建筑设计服务	9	5.26
广播电视传输服务	8	4.68
电影和影视录音服务	7	4.09
工艺美术品的制造	6	3.51
文化软件服务	5	2.92
广告服务	4	2.34
玩具的制造	4	2.34
广播电视服务	3	1.75
增值电信服务（文化部分）	3	1.75
文化用油墨颜料的制造	3	1.75
发行服务	2	1.17
工艺美术品的销售	2	1.17
会展服务	2	1.17
办公用品的制造	2	1.17
乐器的制造	2	1.17
其他文化用品的制造	2	1.17
专业设计服务	1	0.58
娱乐休闲服务	1	0.58
园林、陈设艺术及其他陶瓷制品的制造	1	0.58
其他文化辅助生产	1	0.58
焰火、鞭炮产品的制造	1	0.58

（续表）

产业分类第三层	频率（个）	有效百分比（%）
文化用化学品的制造	1	0.58
印刷专用设备的制造	1	0.58
其他文化专用设备的制造	1	0.58
文具乐器照相器材的销售	1	0.58
合　计	171	100.0

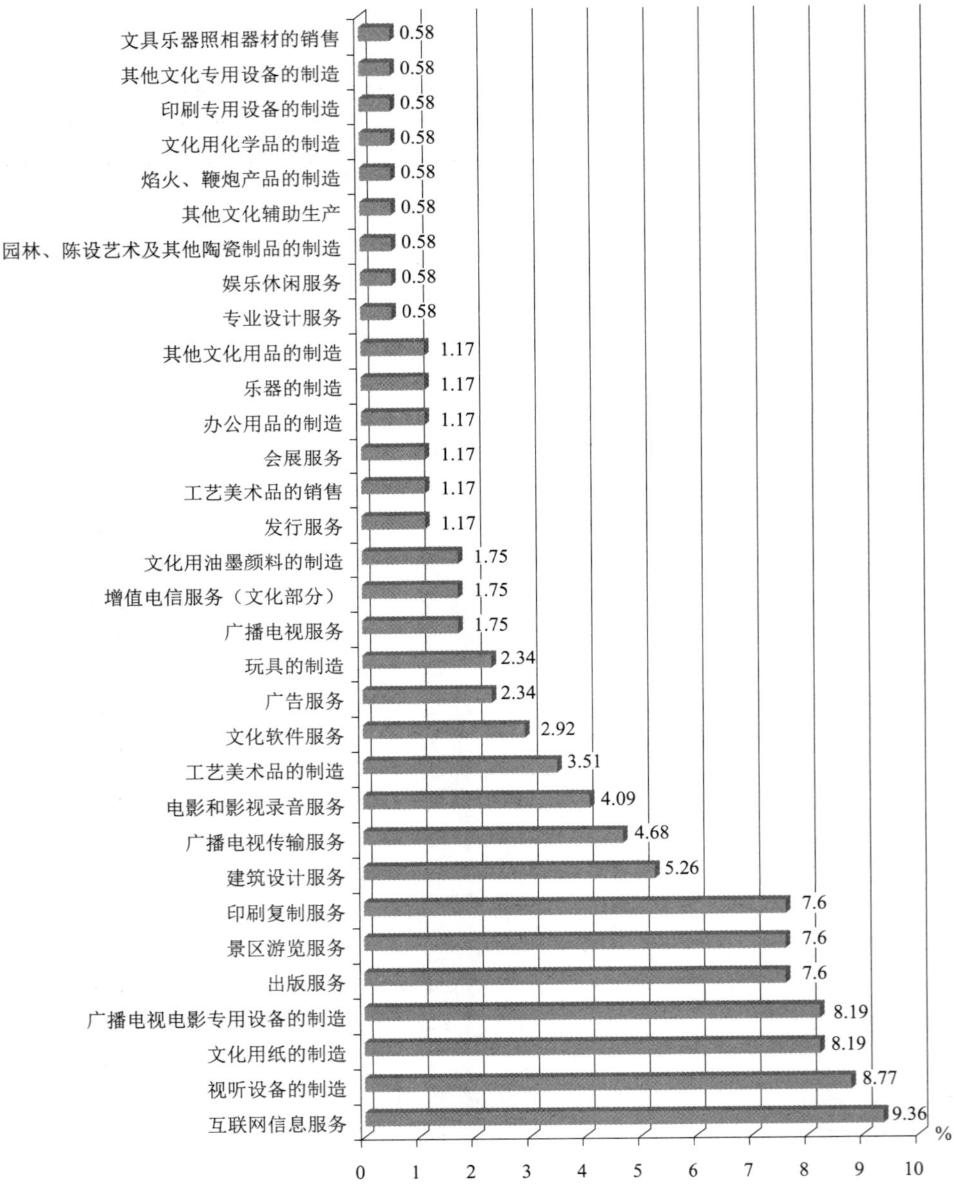

图 1-5　文化及相关产业上市公司行业分布情况

三、所有制分布：民营上市公司数量最多

从不同所有制的文化及相关产业上市公司情况来看，民营独大的特点比较明显。虽然在文化产业领域，非公资本有很多领域不能进入，但民营类的文化及相关产业上市公司仍然是数量最多的，这与近些年文化产业新兴领域上市公司数量激增有关。

具体来看，其一，民营文化及相关产业上市公司的规模为 100 家，占文化及相关产业上市公司总量的 58.48%，主要集中在传统文化制造业、互联网信息服务和文化软件等领域，这些领域市场化程度高、市场准入门槛相对较低、非公文化资本比较容易进入。其二，国有文化及相关产业上市公司数量排在第二位，为 61 家，占文化及相关产业上市公司总量的 35.67%。国有文化及相关产业上市公司主要集中在新闻出版服务、广播电视传输服务等行业，这些行业属于传统的文化产业领域，其文化属性与意识形态属性较强，非公文化资本较难进入。其三，中外合资文化及相关产业上市公司数量较少，只有 5 家，占文化及相关产业上市公司总量的 2.92%。此外，在目前的文化及相关产业上市公司中，国有相对控股企业与集体企业的数量是最少的，分别为 3 家与 2 家，占文化及相关产业上市公司总量的 1% 左右（见表 1-4）。

表 1-4　文化及相关产业上市公司所有制分布情况

所有制性质	频率（个）	有效百分比（%）
民营企业	100	58.48
国有企业	61	35.67
中外合资企业	5	2.92
国有相对控股企业	3	1.75
集体企业	2	1.17
合　计	171	100.0

四、上市时间分布：1997 年和 2010 年两次高峰

从文化及相关产业上市公司的上市时间来看，自 1990 年以来，文化及相关产业上市公司出现了两次上市高峰期，一次出现在 1997 年，另一次出现在 2010 年，如图 1-6、表 1-5 所示。

具体来看，第一个高峰期为 1997 年，在此之前每年的文化及相关产业上市公司数量都不超过 9 家，但 1997 年出现了 17 家，约占文化及相关产业上市公司总量的 10%。究其原因，1997 年也是国家在文化发展方面出台政策扶持的高峰期。在这一阶段，先是《国务院关于进一步完善文化经济政策的若干规定》（1996）发布，之后文化部发布《文化事

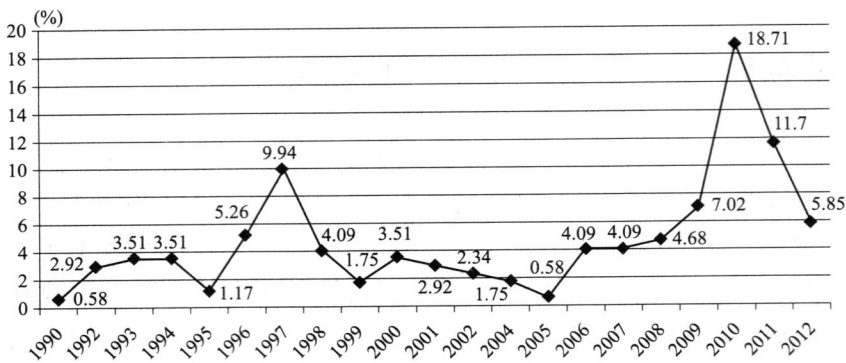

图 1-6　文化及相关产业上市公司上市时间分布情况

表 1-5　文化及相关产业上市公司上市时间比较

上市时间	频率（个）	有效百分比（%）
1990	1	0.58
1992	5	2.92
1993	6	3.51
1994	6	3.51
1995	2	1.17
1996	9	5.26
1997	17	9.94
1998	7	4.09
1999	3	1.75
2000	6	3.51
2001	5	2.92
2002	4	2.34
2004	3	1.75
2005	1	0.58
2006	7	4.09
2007	7	4.09
2008	8	4.68
2009	12	7.02
2010	32	18.71
2011	20	11.70
2012	10	5.85
合计	171	100.0

业发展"九五"计划和 2010 年远景目标纲要》，强调"根据现阶段经济发展和市场竞争的新特点，鼓励文化经营单位之间优势互补，促进资产、人才、技术等要素的合理组合，形成以优秀人才、高新技术、名牌产品、高效益经营单位为龙头的，以资产为纽带的跨行业、跨地区的大型文化企业集团"。此外，行业发展政策也日渐完善，《印刷业管理条例》（1997）、《广播电视管理条例》（1997）、《关于进一步做好报刊发行工作的通知》（1996）等陆续出台；同时，文化体制改革的大幕拉开，中央机构编制委员会颁布了《关于事业单位机构改革若干问题的意见》（1996），文化部则发布了《关于继续深化艺术表演团体体制改革的意见》（1997），整个文化市场开始活跃起来。

第二个高峰期属于文化产业公司上市的爆发期，2010 年有 32 家文化产业公司成功上市，占文化及相关产业上市公司总量的 18.71%，2011 年上市文化产业公司的数量也达到 20 家，2010～2012 年这三年时间实现上市的文化企业占总量的 36.26%。出现这一高峰期的直接原因是一系列文化产业政策的出台：在地方层面，浙江省出台《推动文化大发展大繁荣纲要（2008～2012）》（2008），广东省出台《广东省建设文化强省规划纲要（2011～2020 年）》（2010）、《深圳市文化产业促进条例》（2008），上海市出台《加快创意产业发展的指导意见》（2008）、《上海市金融支持文化产业发展繁荣的实施意见》（2010）等，加大了对文化产业的扶持力度。在国家层面，2009 年 9 月 10 日，文化部出台《关于加快文化产业发展的指导意见》，并紧接着发布《文化产业振兴规划》，作为全国第 11个产业振兴规划，意味着文化产业已上升为国家的战略性产业；而且其重点任务之一就是"着力培育一批有实力、有竞争力的骨干文化企业，增强我国文化产业的整体实力和国际竞争力；坚持政府引导、市场运作，科学规划、合理布局，在重点文化产业中选择一批成长性好、竞争力强的文化企业或企业集团，加大政策扶持力度，推动跨地区、跨行业联合或重组，尽快壮大企业规模，提高集约化经营水平；鼓励和引导有条件的文化企业面向资本市场融资，培育一批文化领域战略投资者，实现低成本扩张，进一步做大做强"[1]，对文化产业的崛起与文化企业的纷纷上市起到了直接的制度层面的催化作用。

五、实际控制人分布：自然人占据半壁江山

实际控制人是上市公司研究的一个重要关注点。徐莉萍和辛宇等（2006）将中国上市公司控股股东实际控制人划分为国有资产管理机构控股的上市公司、中央直属国有企业控股的上市公司、地方所属国有企业控股的上市公司和私有产权控股的上市公司四种。[2]

本书在全面细致梳理 171 家文化及相关产业上市公司实际控制人信息的基础上，根据实际控制人的性质将其划分为六大类：中央政府、地方政府、事业单位、国有企业、

---

① 2009 年 7 月 22 日，我国第一部文化产业专项规划《文化产业振兴规划》提出了八大重点任务，其中，第三大任务是培育骨干文化企业。

② 徐莉萍，辛宇，陈工孟. 控股股东的性质与公司经营绩效[J]. 世界经济. 2006（12）.

民营企业、自然人。

　　从文化及相关产业上市公司的实际控制人类型分布情况来看：首先，实际控制人是自然人的上市公司为100家，占58.82%，超过半数，这与文化及相关产业上市公司中民营文化企业数量偏多有关；其次，地方政府为文化及相关产业上市公司的实际控制人的有40家，占文化及相关产业上市公司总量的23.53%，约1/4；再次，排在第三位的实际控制人类型是国有企业，拥有文化及相关产业上市公司16家，约占9.41%；最后，事业单位作为文化及相关产业上市公司的实际控制人的情况最少，占比不足1%（见图1-7）。由此可见，自然人是目前中国文化及相关产业上市公司最为主要的实际控制人类型。

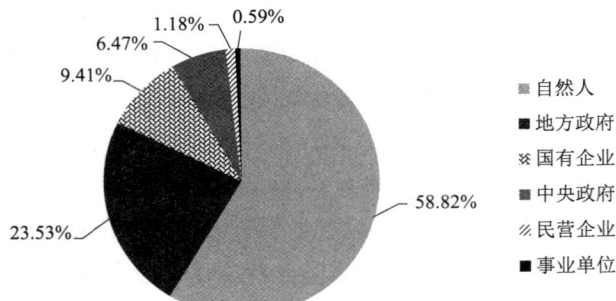

图1-7　文化及相关产业上市公司实际控制人分布

第二章　中国文化及相关产业上市公司综合评价模型与龙文化指数（LCI）

第一节　综合评价模型

对于中国文化及相关产业上市公司的综合评价，有三个层面是必须考察的：一是产业内层面，二是产业间层面，三是企业层面。而在每个层面的研究过程中，又需要分别从经济效益、科技创新、社会贡献和公司治理四个维度进行系统分析。

一、综合评价三大层面

（一）文化及相关产业内层面评价

所谓文化及相关产业内层面评价，简称产业内评价，是考察文化及相关产业上市公司对于整个文化产业的贡献率，包括营业收入贡献、资产贡献、就业贡献等，从而反映文化及相关产业上市公司对于整个文化产业的龙头引领作用。

（二）文化与全国产业间层面评价

文化与全国产业间层面评价，简称产业间评价，是通过文化及相关产业上市公司与全国各产业所有上市公司的比较分析，认识和把握中国当前文化产业在全国各产业中的相对发展状况。这一层面的研究有两个方面的意义：一是虽然文化产业在全国经济社会发展中的作用通过国家统计系统的数据已经有了比较，但是在代表产业最先进生产力的龙头企业——上市公司层面，文化产业的贡献率和竞争优势如何？这是一个能够反映文化产业前沿发展状况的重要课题。二是在国家统计系统一般统计体系中，有些关键性指标没有统计或很难统计，但是通过上市公司年报信息可以收集起来进行研究，比如净资产收益率、商誉价值、社会捐赠，等等。这些信息对于我们更全面地认识和掌握文化产业发展状况及其在国民经济社会发展中的作用具有重要价值。

（三）企业层面评价

企业层面评价，是指在上市公司自身层面开展的比较研究。这一层面的研究，需要将全部文化及相关产业上市公司进行梳理，对上市公司年度报告中披露的各种关键信息进行挖掘从而开展企业间的对比分析研究，对于全面深入了解中国文化及相关产业上市公司具有最为直接和重要的意义；而且基于上市公司注册地区、所属行业及所有制性质等基本属性，还可以进一步开展注册地区层面、细分行业层面和企业所有制层面的深度解析。也就是说，可以通过上市公司层面的考察，进而开展中国各地区文化及相关产业、文化及相关产业各细分行业以及各种所有制性质企业的多层次、立体化的深入研究，对于全面了解各个层面中国文化及相关产业的发展状况和演化态势无疑具有非常重要的价值。有鉴于此，本书将企业层面的研究作为重中之重。

二、综合评价四个维度

文化及相关产业上市公司是中国文化及相关产业发展的领航企业，是文化及相关产业各个细分行业发展的龙头企业，在整个行业的发展过程中具有龙头性的引领作用。本书认为，上市公司在文化产业发展中的龙头引领作用主要体现在以下四个方面，而这四个方面恰恰构成本书对文化及相关产业上市公司综合评价的四个核心维度。

（一）经济效益维度

设置经济效益维度的出发点主要基于中国文化及相关产业上市公司在资产规模、盈利能力、经营能力与成长能力方面往往在文化产业细分行业中都处于领先的位置，引领着广大文化企业不断创造卓越的经济效益。

（二）科技创新维度（文化与科技融合维度）

"十八大"提出要"扎实推进社会主义文化强国建设，增强全民族文化创造活力，促进文化与科技的融合"。2012年国家又颁布了《国家文化科技创新工程纲要》（国科发高〔2012〕759号），文化与科技融合已经成为中国文化产业发展的重要战略。上市公司的科技创新能力表征了中国文化产业发展前沿层面的融合程度，同时引领着整个产业文化与科技的融合进程。

（三）社会贡献维度

文化产业与其他纯粹营利性产业的根本不同在于其社会公益性。上市公司应该在整个文化产业的企业中做出表率，以更加积极的姿态投入社会建设与发展的过程中，体现出更强的社会责任感，在社会公共效益方面发挥龙头带动作用，引领文化产业各类企业共同为全国人民创造福祉。

（四）公司治理维度

庞大的资产规模、复杂的业务内容、激烈的市场竞争、多元的员工结构等，都要求文化及相关产业上市公司比其他企业具备更为科学的现代管理制度、更为优秀的公司治理能力。文化及相关产业上市公司在治理结构、制度建设、管理素质等方面都是其他文化企业学习、模仿和对标的榜样，引领着各类文化企业不断提升自身的治理能力。

三、综合评价模型

基于上述三大层面、四个维度，本书构建了中国文化及相关产业上市公司综合评价模型，如图 2-1 所示。

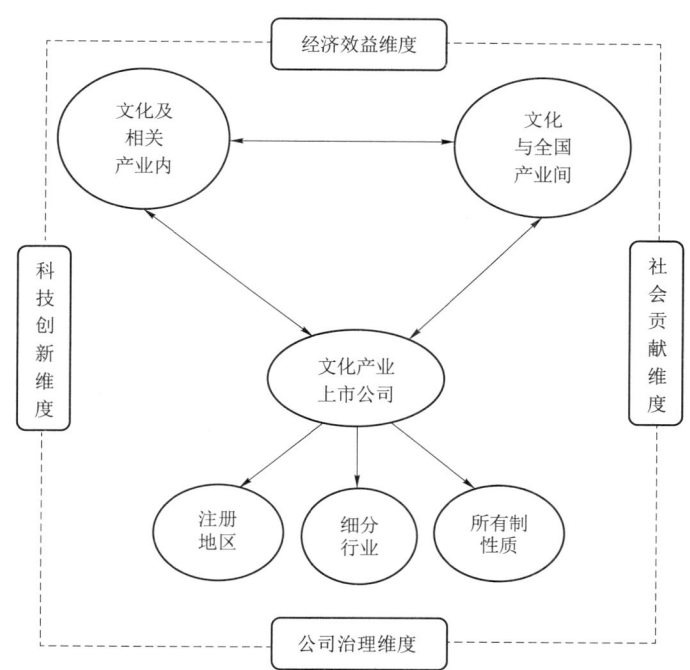

图 2-1　中国文化及相关产业上市公司综合评价模型

第二节　综合评价指标体系框架

基于中国文化及相关产业上市公司综合评价模型，本书从经济效益、科技创新（文化与科技融合）、社会贡献与公司治理四个方面构建中国文化及相关产业上市公司综合评价指标体系框架。

一、经济效益评价指标框架

本书认为，文化及相关产业上市公司经济效益应该从四个维度考察：一是企业的盈利能力，盈利能力是企业经济效益实力最为重要的体现，只有能够赚钱的企业才是具有强大经济效益实力的企业，才能在激烈的市场竞争中占据一席之地；二是企业的成长能力，成长能力反映了企业能否在未来的市场竞争中长足发展，企业的成长能力是决定企业未来具备强大经济效益实力的关键；三是企业的持续经营能力，现金流是企业的生命线，只有足够的现金流支撑，才能确保企业的持续正常经营；四是企业的规模总量，一个没有足够规模的企业很难在激烈的市场竞争中站稳脚跟，规模总量是企业创造经济效益、获取未来可持续发展的坚实基础。

基于上述分析，本书从盈利能力、成长能力、持续经营能力和规模总量四个维度进行评价指标的设计。

（一）盈利能力指标设置

学者们用于反映上市公司盈利能力的常用指标有净资产收益率、净利润、全要素生产率、主营业务收入等（姚公安、李琪，2009[①]；戴小勇、成力为，2013[②]；张春流、章恒全，2014[③]）。本书认为应该从公司业务盈利能力、公司自有资本盈利能力和为股东创造的盈利能力三个方面设置文化及相关产业上市公司盈利能力。在公司业务盈利能力方面可以设置营业收入、净利润、销售毛利率等指标。营业收入和净利润是反映公司业务盈利能力的基础性指标。销售毛利率能够很好地反映公司产品的获利能力，没有足够大的销售毛利率公司便不可能盈利，该指标是考察上市公司业务盈利能力最为重要的基础性指标。公司自有资本盈利能力需要通过净资产收益率指标来考察，净资产收益率是一个能够综合反映企业盈利能力的最为全面的指标。根据杜邦财务分析模型，净资产收益率可以分解为销售利润率、资产周转率和权益乘数三个指标，其中销售利润率可以反映企业的直接盈利能力；资产周转率可以反映企业资产的营运能力，从而间接反映企业的盈利效率；权益乘数由总资产与净资产的比率构成，实际上反映了企业的偿债能力。因此，净资产收益率可以同时反映企业自有资本获取收益能力、运营收益能力以及通过偿债能力给债权人的盈利预期。此外，上市公司要为股东创造价值，还需要设置每股收益指标考察公司为股东创造的盈利水平。每股收益是反映上市公司盈利能力的重要指标，是评估股票投资价值的最为重要的指标之一，是 1950 年以后由美国提出并发展起来的，目前已经在美国、欧洲、日本等世界主要发达国家和地区广泛运用。中国证监会专门发布《公开发行证券公司信息披露编报规则第 9 号——净资产收益率和每股收益的计算及披露》

① 姚公安，李琪. 企业绩效与创新资金投入的相关性——基于电子信息百强企业的研究[J]. 系统工程. 2009（7）.
② 戴小勇，成力为. 研发投入强度对企业绩效影响的门槛效应研究[J]. 科学学研究. 2013（11）.
③ 张春流，章恒全. 战略性信息技术投入对企业绩效的影响研究——以港口上市公司为例[J]. 南京社会科学. 2014（5）.

（证监会公告〔2010〕2号）对每股收益信息进行规范。为了反映归属于普通股股东的当期净利润，证监会要求披露基本每股收益信息，该指标是指在扣除了非经常性损益后归属于普通股股东的每股收益，因此更能深入反映公司的盈利能力。

（二）成长能力指标设置

如前文所述，成长能力反映的是企业未来的可持续发展能力。仅仅依靠非经常性收益，带来的只能是企业一时的表面的繁荣，要获得长期可持续发展，必须基于企业核心业务的持续成长，因此，考察文化及相关产业上市公司的成长能力，首先要选取主营业务收入增长率指标。然而，仅仅考察收入的成长性是不够的，试想如果一家公司在主营业务收入大幅度增长的同时，业务成本以更大的幅度增长，那么这家公司未来发展的稳定性是值得怀疑的，因此在考察收入成长性的同时，还需要考察利润的成长性，这就需要设置净利润增长率作为考察指标。净利润反映的是企业的税后利润情况，反映了一个上市公司经营管理的最终结果，是衡量上市公司经营效益真实成长能力的最为重要的指标之一。

（三）持续经营能力指标设置

现金流是企业的生命，反映了企业的持续经营能力。考察文化及相关产业上市公司的持续经营能力，可以设置每股经营现金流指标。该指标由上市公司经营过程中产生的现金流量除以发行股票数量得到，反映了公司经营过程中的现金产生能力，实际上隐含表征了公司经营业务的回款能力。该指标是比较公认的最具实际意义的投资价值评估指标，原因在于即使一个公司拥有较高的每股收益和未分配利润，但是如果没有较高的每股经营现金流，那么，上市公司将很难真正给股东分红派息。因此，对上市公司投资价值的评估，不仅仅要评估其盈利能力，还需要着重关注公司的现金流量情况。

（四）规模总量指标设置

考察上市公司的规模总量，可以考虑设置总资产指标和净资产指标。总资产是指一个经济实体拥有的、能够为企业带来经济利益的全部资产，包含企业固定资产与流动资产、有形资产与无形资产、金融资产与非金融资产等各种类型的资产，在对产业总体进行评价时尤其适用。净资产是指公司具有完全控制能力、能够自由支配的那部分资产规模。该指标虽然没有总资产涵盖内容全面，但是能够更真实地反映出企业具备绝对抗风险能力的那部分资产总量，在考察企业的相对竞争能力时比较适用。总资产与净资产两个指标各有优点，分别适用于不同的情境。

二、科技创新（文化与科技融合）评价指标框架

从目前有关科技创新评价指标的研究来看，一是关注科技产出指标，如经合组织

（OECD）所构建的科技评价体系主要由产出类指标构成，包含产出、效率、质量、效益等维度。[①]二是关注整个科技投入产出价值链涉及的指标，如刘晶等（2009）构建的高新技术企业技术创新能力指标体系包括投入能力、研发能力、制造能力、营销能力、产出能力与管理能力6大维度24个指标。[②]三是关注科技创新过程类的指标，如王影、梁祺（2006）围绕企业创新过程，从创新投入能力、创新管理能力、创新实施能力、创新实现能力、创新产出能力五大维度，构建了22个上市公司技术创新能力评价指标；[③]Hsueh & Hsu 等学者（2012）建立了文化产业发展成效多准则评估模型，通过使用模糊逻辑推理系统来实现价值量转移过程，依次评估各部门对文化产业投入的发展成效。[④]

伴随高新技术应用于文化产业领域速度的加快，文化及相关产业上市公司的核心竞争优势日益依赖于文化科技资源的整合与优化、文化科技产业链的打造与拓展、科技创新能力的持续开发与转化。综合来看，文化及相关产业上市公司科技创新能力贯穿整个文化产品和服务的创意、生产、流通、营销的全过程，科技创新能力的强弱则取决于科技创新链的综合能力。所谓科技创新链，实际上就是文化企业开展科技创新工作的流程链，主要包括科技投入、开发过程和科技产出三大环节。

其一，科技投入环节。一般而言，包括人员投入、经费投入和设备投入（如宁连举、李萌，2011[⑤]）。在人员投入方面可以通过科技人员占企业职工人数的比重指标来考察；在经费投入方面通常设置研发投入占营业收入的比重指标；而对于设备投入，其最终也要通过研发资金支出的方式来体现，因此其内涵已在研发投入占比指标中体现。

其二，开发过程环节。开发过程可分解为创新思想（Wang、Lu & Chen，2008[⑥]）、创意产生、创意转化（Hansen and Birkinshaw，2008[⑦]）等。这个过程实际上是一个黑箱，其中的能力实际上属于"默会知识"的范畴，很难显性化和定量化，特别是目前上市公司并没有相关数据的披露，不宜设置为评价指标；而且开发过程能力的强弱其实最终还是反馈到产出层面，通过产出指标的设置也可在一定程度上反映开发过程的能力水平。

其三，科技产出环节。有的学者提出了科技产出包括新产品市场占有率、销售额等指标以及有关新产品的市场表现、财务业绩等指标；[⑧]实际上，这些指标不仅仅取决于文化企业的科技创新能力，而且与文化市场环境、营销推广能力等密切相关，本书认为这

① 经济合作与发展组织. OECD 科学技术和工业展望[M]. 北京：科学技术文献出版社，2006.

② 刘晶，孙利辉，王军. 高新技术企业技术创新能力评价研究[J]. 科研管理. 2009（S）.

③ 王影，梁祺. 基于广义最熵原理的上市公司技术创新能力评价[J]. 科技管理研究. 2006（10）.

④ Hsueh SL, Hsu KH, Liu CY. Multi-Criteria Evaluation Model for Developmental Effectiveness in Cultural and Creative Industries[J]. 2012 International Workshop on Information and Electronics Engineering, 2012(29).

⑤ 宁连举，李萌. 基于因子分析法构建大中型工业企业技术创新能力评价模型[J]. 科研管理. 2011（3）.

⑥ Wang CH, Lu LX, Chen CB. Evaluating firm technological innovation capability under uncertainty[J]. Technovation, 2008 (28): 349-363.

⑦ Hansen M, Birkinshaw J. The innovation value chain[J]. Harvard Business Review, 2008(4): 36-49.

⑧ Guan JC, Richard CMA, Chiu KM, et al.Study of the relationship between competitiveness and technological innovation capability based on DEA models[J]. European Journal of Operational Research, 2006(3): 971-986.

些指标应作为衍生性的相关指标，不宜直接作为科技创新能力评价的指标。王志成等（2007）指出知识产权作为衡量科技产出的重要价值。[①] 对于文化企业而言，应选择科技创新获得的专利数量与拥有知识产权等技术性无形资产的规模作为科技产出评价指标。

实际上，文化产业科技创新能力在本质上反映的是文化与科技融合水平。从文化科技融合角度来看，二者融合的深度可以通过三个方面来体现：一是"人"的融合，即文化企业中有多少比重的人员是科技创新型人员；二是"财"的融合，即在文化企业的收入中拿出多少比重用于科技创新；三是"资产"的融合，即在文化企业的总资产中有多少比重的资产是科技创新类的资产。上述三个方面的融合，其实又可以归结为产业前期的投入融合和产业后期的产出融合两大部分，这与前文所述之科技创新投入与科技创新产出是一致的。因此，考察"人"的融合水平，总量指标可以设置科技人员数量指标，相对指标可以设置科技人员占职工总数比重指标；考察"财"的融合水平，总量指标可以设置研发投入指标，相对指标可以设置研发投入占营业收入比重指标；考察"资产"的融合水平，总量指标可以设置技术与知识产权类无形资产指标，相对指标可以设置技术与知识产权类无形资产占总资产比重指标。

三、社会贡献评价指标框架

马克思在《剩余价值理论》中鲜明地指出："密尔顿出于同春蚕吐丝一样的必要而创作《失乐园》。那是他的天性的能动表现。后来，他把作品卖了5镑。但是，在书商指示下编写书籍（例如《政治经济学大纲》）的莱比锡的一位无产者作家却是生产劳动者，因为他的产品从一开始就从属于资本，只是为了增加资本的价值才完成的。"[②] 如果单纯以追求经济价值为目的，文化产业就会沦为纯粹的资本的附庸和工具。文化产业，与其他产业的根本不同在于其天然地有着社会价值使命。文化产业在消费价值层面实现了精神的物质化和物质的精神化的结合，影响着人们的世界观、价值观和人生观；其社会属性表现为对人们文化消费需求的满足以及其所具有的审美与精神教育功能。在生产意义上，文化产业是满足公民文化权益的保障，是有效整合社会文化资源的重要途径，是推动人类现代化进程的力量。在城市文明进程中，文化产业发展是推进城市现代文明的主线，是聚合城市转型与城市文明的内核。

文化及相关产业上市公司需要承担更多的社会责任，提供健康的、代表主流价值观念的文化产品。文化企业的双重属性决定其社会责任包括商业责任、法律责任、环境责任、文化责任（文化传播责任、文化创新责任和价值观引导责任）和公益责任等内容（艾庆庆、杨蕙馨，2013[③]）。特别是文化产业的强文化属性，政府宏观调控应消除文化市场

① 王志成，等. 城市发展创意产业的影响因素分析及实证研究[J]. 中国工业经济. 2007（8）.
② 马克思，恩格斯. 马克思恩格斯全集（26 卷）[M]. 北京：人民出版社，1972：432.
③ 艾庆庆，杨蕙馨. 文化企业的社会责任：文化与经济互动的视角[J]. 山东社会科学. 2013（1）.

自行运作所产生的负作用，特别是通过文化政策法规的引导，推动文化企业进入具有较强社会效益的文化领域，保护大众的文化权益。文化企业面临的问题是如何在企业狼性和文化慰藉上寻找平衡，且建构起企业的文化责任（刘伟见，2012[①]）。实际上，在全球化背景下，根据国家文化安全的不同内容和层次以及文化产业发展的关键内容（如文化商业秩序、文化品牌构建、打破文化贸易壁垒），文化企业要承担起不同的社会责任（杨蕙馨、艾庆庆，2014[②]）。

与此同时，还需要认识到文化产业对解决就业问题的重大战略意义。制造业向来是解决就业的主要经济部门，然而随着高新技术的引入、先进制造业的普及、产业的升级换代，大量的劳动力正逐渐被机器设备"挤出"传统的劳动密集型产业。这部分被"挤出"的劳动力就业问题如何解决，将是中国今后可能面临的重大难点问题。实际上，这一问题不仅仅是我国当前面临的问题，其实早在20世纪八九十年代，欧美等发达国家就已经发生，并找到了一条可能的解决路径。这条路径就是文化产业：欧洲委员会在1998公开发表《文化、文化产业与就业》报告，对文化遗产、表演艺术、电影、电视、广播、音乐等公共文化活动与文化产业就业状况及发展趋势进行了全面、细致的分析，并且指出文化活动和文化产业将是解决欧洲未来就业问题的重要财富。报告显示，20世纪80年代，英国在总就业量基本不变的情况下，文化产业就业增长34%，法国增长36%，德国仅1980～1994年就增长了23%。1995年，文化产业就业人口占欧盟15国总就业人口的2%，而到2002年，这一比例已经达到2.5%（苑浩，2006[③]）。从相关研究来看，Pratt（1997）研究指出，1991年英国文化产业就业人数占当年就业总人口的4.5%，主要集中在伦敦和英国东南部地区。[④]一些学者实证研究发现多数国家文化产业就业增长都高于该国的平均就业增长率（Power D，2003[⑤]；Kloosterman，2004[⑥]）。Mossig（2011）对2003～2008年德国文化创意产业的区域就业增长情况进行了实证研究，同样发现文化创意产业的就业增长高于其他行业平均增长率水平。[⑦]李斌、彭星（2011）则构建了交易成本信号传递模型及FDI就业效应模型，发现文化产业竞争力越强的地区，通过FDI带来的就业促进效应越大，反之则越小。[⑧]欧阳坚（2009）指出文化产业具有广泛吸纳各

---

① 刘伟见. 文化体制改革下文化企业社会责任探究——以出版企业为例[J]. 中国行政管理. 2012（3）.

② 杨蕙馨，艾庆庆. 全球文化产业竞争下的文化企业社会责任[J]. 广东社会科学. 2014（1）.

③ 苑浩. 全球文化产业发展的最新趋势及政策分析[J]. 国外社会科学. 2006（1）.

④ Pratt A C. The cultural industries production system: A case study of employment and change in Britain, 1984-91[J]. Environment and Planning A, 1997, 29(11): 1953-1974.

⑤ Power D. The Nordic 'Cultural Industries': A Cross-national Assessment of the Place of the Cultural Industries in Denmark, Finland, Norway and Sweden[J]. Geografiska Annaler B, 2003, 85(3): 167-180.

⑥ Kloosterman R C. Recent employment trends in the cultural industries in Amsterdam, Rotterdam, the Hague and Utrecht: A first exploration[J]. Tijdschrift voor Economische en Sociale Geografie, 2004, 95(2): 243-252.

⑦ Mossig, I. Regional Employment Growth in the Cultural and Creative Industries in Germany 2003-2008[J]. European Planning Studies, 2011, 19(6): 967-990.

⑧ 李斌，彭星. 文化产业竞争力影响就业水平的FDI效应研究[J]. 东岳论丛. 2011（5）.

类社会劳动力的特点和优势；[1]张晓明等（2003）则提及文化产业发展对扩大就业的积极影响，从历史脉络指出，我国第一产业增加值平均每增长 1%，会相应减少 126 万个就业岗位；第二产业则可以增加就业岗位 26 万个，第三产业创造的就业岗位更多，可以达到 100 万个，从而强调文化产业作为第三产业对于就业的重要促进作用；[2]同样，钱紫华、闫小培（2010）仅提及西方各国文化产业就业增长情况，即就业增长均高于平均就业增长，就业量占总就业规模的 9%～10%。[3]

然而，这里我们不得不指出的是，目前在文化产业上市公司年度报告能够检索到的资料和数据中，并没有能够切实反映文化及相关产业上市公司独有社会价值属性的部分。而在每个上市公司发布的《社会责任报告》中，文化类上市公司与其他上市公司也没有体现出特别之处。换句话说，目前中国关于文化产业上市公司尚缺乏专业性的体系构建，对其社会价值和社会责任尚缺乏专业化的评估标准和统计规范。

基于现实状况，本书暂且只能构建普适性的考察企业社会贡献的指标体系。本书认为，一个企业对社会的贡献其实主要体现在三个方面：首先，作为一个营利性组织应该为社会提供经济贡献，即按照有关规定缴纳税收及其他各种费用，这也是每一个企业义不容辞的责任。一个企业能够在社会上立足，并不断发展壮大，除了自身的努力之外，还需要社会的供养、支撑与保障，因此，企业对社会的首要贡献应该是其将自身所得利益按照国家和地方规定的比例上缴，为社会发展提供自己应有的经济回报，在总量指标上可以设置营业税金及附加指标；相对指标可以设置营业税金及附加占营业收入的比重进行考察。其次，就业的贡献，企业要发展必然需要员工，企业雇用员工的过程实际上正是其对社会做出就业贡献的过程，在总量指标上可以设置公司职工人数指标；相对指标可以设置单位资产职工人数指标考察就业贡献率的相对水平。最后，社会责任。企业是社会的公民，当供养企业成长发展的社会遇到了困难、问题或灾难，一个有爱心和责任心的企业需要肩负起其作为社会公民的责任，通过慈善捐赠等方式履行其作为企业公民的社会责任，总量指标可以设置社会捐赠支出指标；相对指标则可以设置捐赠支出占营业收入比重指标。

四、公司治理评价指标框架

公司治理主要指公司在处理股东、董事会、监事会、经理、债权人、员工等各相关利益主体间权、责、利关系的一种制度安排，以确保公司决策、运营的公正与效率（周百义、肖新兵，2010[4]）。公司治理需要充分考虑各个利益相关者在公司治理结构中的作

① 欧阳坚. 加快文化产业发展的机遇正在到来[N]. 人民日报. 2009-03-13.

② 张晓明，胡惠林，章建刚. 2001—2002 年中国文化产业蓝皮书总报告[R]. 北京：社会科学文献出版社，2003.

③ 钱紫华，闫小培. 西方地理学界关于文化产业研究述评[J]. 人文地理. 2010（2）.

④ 周百义，肖新兵. 出版集团公司治理现状分析及对策研究[J]. 出版发行研究. 2010（1）.

用，认识到公司竞争力是利益相关者协同与来自不同资源提供者特别是包括职工在内的集体贡献，这个标准框架需体现在企业规范的法人治理结构里（江南忆，2009[①]）。实际上，我国公司治理结构还存在产权不明晰造成公司法人治理结构无从建立，组织变革滞后造成有效公司治理结构的框架缺失，党委领导色彩浓厚制约着现代企业制度的建立等诸多问题，需要优化公司治理结构，建立集权与分权相对平衡的母子公司体制，建立明晰的产权制度，发挥企业的规模经济效益（姚荣杰，2012[②]）。公司治理需要形成治理文化，即股东、董事、监事、经理人员、员工等公司利益相关者及其代表，在参与公司治理过程中逐步形成的公司治理的理念、目标、哲学、道德伦理、行为规范、制度安排（徐金发、刘翌，2001[③]）；建构一个良好的公司治理文化是公司治理结构高效运作的基本保证（李维安，2004[④]）。

本书认为，考察文化及相关产业上市公司治理能力可以有两个维度，一是治理结构维度；二是治理成效维度。在治理结构维度上，学者们通常关注的是股权结构，然而至今并未形成一致认同的最佳股权结构（而事实上这种最佳的股权结构并不存在）。考虑到文化素质水平是董事会、监事会和高级管理人员治理能力的重要影响因素，这里我们将董监高学历素质结构指标作为文化及相关产业上市公司治理结构的考察指标。在治理成效方面，实际上还可以细分为两个层面：一是企业价值层面，即通过卓越的公司治理实现更高的企业价值。这里需要指出的是，通过公司治理实现的企业价值应该包含两个层级，一个是基础的经济价值层级，这一层级的价值实际上主要体现于当期的企业经济效益，包括获得的营业收入、净利润及企业资产规模的扩大等可辨认资产的正常获利价值；除此之外，卓越的公司治理能力还将体现在更高的层级——除了能够帮助企业在当期获得正常报酬之外，还能够帮助企业在未来获得超额利润的价值，这部分超额获利价值才是更为重要，且更为深刻反映公司治理能力的方面。鉴于第一层级的正常获利价值已经在经济效益中予以评价，这里重点通过设置能够反映企业第二层级超额获利价值的商誉价值指标来考察公司治理能力。二是员工幸福层面，一个具有卓越治理能力的公司，特别是文化及相关产业上市公司，不仅仅需要能够为企业带来超额价值、为股东带来超额回报，还需要能够为员工改善生活质量、增强员工的职业幸福感。经济基础决定上层建筑。在当前物质财富并不完全丰富的情况下，普通职工的幸福感在很大程度上是建立在优厚的薪酬福利基础之上的，因此，本书认为，可以通过职工薪酬水平考察员工幸福，在总量指标上可以设置职工总薪酬（一般用上市公司年报中披露的"支付给职工以及为职工支付的现金"指标），相对指标方面可以设置普通职工人均薪酬指标。

① 江南忆. 出版改制与构建法人治理结构——出版企业公司治理问题再探[J]. 出版发行研究. 2009（10）.

② 姚荣杰. 我国出版集团公司治理结构建设的思考[J].中国出版. 2012（14）.

③ 徐金发，刘翌. 论我国公司治理文化及其建设[J] .中国软科学. 2001（12）

④ 李维安. 公司治理理论与实务前沿[M]. 北京：中国财政经济出版社，2003.

五、评价指标体系总框架

结合前文的思考与分析，本书构建了中国文化及相关产业上市公司发展综合评价指标体系总框架，主要由经济效益、科技创新（文化科技融合）、社会贡献与公司治理 4 大评价维度、12 个评价内容、17 个评价要点和 32 个备选指标构成的备选指标库组成，如表 2-1 所示。

表 2-1　文化及相关产业上市公司发展综合评价指标体系总框架

评价维度	评价内容	评价要点	备选指标库
经济效益指数 EI	盈利能力 E1	业务盈利能力	营业收入 E11、主营业务收入 E12、营业利润 E13、净利润 E14、销售毛利率 E15
		资本盈利能力	净资产收益率 E16
		股东盈利能力	基本每股收益 E17
	成长能力 E2	收入增长幅度	主营业务收入增长率 E21
		利润增长幅度	净利润增长率 E22
	持续经营能力 E3	公司现金流	每股经营现金流 E31
	规模总量 E4	公司资产规模	总资产 E41、净资产 E42
科技创新指数 TI（文化科技融合）	科技创新投入 T1（投入期融合）	科技人员投入	科技人员数量 T11、科技人员占职工人数比重 T12
		研发投入	研发投入总量 T13、研发投入占营业收入比重 T14
	科技创新产出 T2（产出期融合）	科技成果	专利数量 T21、专利数量比重 T22
		科技资产	技术与知识产权类无形资产 T23、技术与知识产权类资产占总资产比重 T24
社会贡献指数 SI	税收贡献 S1	缴纳税费贡献	营业税金及附加 S11、营业税金及附加占营业收入比重 S12
	就业贡献 S2	单位资产就业贡献	职工人数 S21、单位资产职工人数 S22
	社会责任 S3	慈善捐赠力度	社会捐赠支出 S31、捐赠支出占营业收入比重 S32
公司治理指数 GI	企业价值 G1	超额获利能力	商誉价值 G11
	员工幸福 G2	职工薪酬福利	职工薪酬总额 G21、职工人均薪酬 G22、普通职工人均薪酬 G23
	管理素质 G3	治理团队文化素质	董监高硕博学历人数 G31、董监高硕博学历人数比重 G32

注：（1）以上指标体系框架列出了可供选择的综合评价指标库。在三个层面的综合评价研究过程中，需要根据评价对象的特点、数据的可得性等多种因素进行甄别选择。（2）职工人均薪酬与普通职工人均薪酬的区别在于，职工人均薪酬是指含有高管人员在内的全部职工的人均薪酬，而普通职工人均薪酬是从职工薪酬总额中扣除高管薪酬得到的数值。

第三节　综合评价龙文化指数

构建综合评价指数，是学术界在多指标综合评价研究过程中最为常用的方法。采用这种方法的原因在于，单一指标包含的信息虽然比较具体和纯粹，但是难以对研究对象给出较为全面的结论，而基于多个指标构建的综合指数则能够更为综合地反映出研究对象的整体状态，有利于人们对有价值信息的全面认识和把握，从而做出更为科学的决策。

本书也将借鉴学术界通用的综合评价指数研究方法对中国文化及相关产业上市公司的发展情况做出全面、科学的综合评价。然而，研究发现，目前学术界在文化产业方面的综合评价已有许多，并且大都构建了综合评价指数。在众多的文化产业综合评价指数中，如何体现文化及相关产业上市公司的独特性和应有内涵？这就需要我们为文化及相关产业上市公司综合评价指数赋予一个准确的名称。

中国，是一个有着五千年"龙"文化的民族。"龙"，早已深入中华大地的每个角落，印刻在中国社会的方方面面，渗透到炎黄儿女的思想血脉中，成为中国文化的独有象征。

上市公司，代表了中国文化产业最为先进的生产力，在文化产业的经济效益、科技创新、社会贡献与公司治理等各个方面都发挥着龙头引领作用。

作为反映中国文化产业最前沿、最领先生产力的上市公司的综合评价体系，在综合评价指数的命名上，我们没有理由不选择"龙文化指数"（Loong Culture Index，LCI）这一既独特又贴切且极富深意的名字。

选择龙文化指数，有三大内涵：一是为了表示对数千年中国优秀历史文化的敬意；二是为了形象表征中国文化产业最先进生产力的代表——上市公司的发展演进态势；三是希望伟大的中华民族、优秀的中华"龙"文化能够复兴辉煌、发达繁荣。

正如前文所指出的，文化及相关产业上市公司的综合评价需要从文化及相关产业内、文化与全国产业间和文化企业三大层面展开，因此，本书将在这三个层面分别构建综合评价龙文化指数：

在文化及相关产业内层面，构建产业内龙文化指数（Intra-LCI），用以反映文化及相关产业上市公司在整个文化及相关产业中的贡献率。

在文化与全国产业间层面，构建产业间龙文化指数（Inter-LCI），用以反映文化及相关产业上市公司对全国总体上市公司的贡献率以及文化产业与全国各产业间的相对竞争态势。

在文化企业层面，即文化及相关产业上市公司层面，构建上市公司龙文化指数（Listed-LCI），用以反映文化及相关产业上市公司本身的发展状况、彼此之间的相对竞争态势。

第三章　文化及相关产业内龙文化指数（Intra-LCI）研究

第一节　文化及相关产业内龙文化指数（Intra-LCI）

本章重点研究文化及相关产业上市公司对于整个文化及相关产业发展的贡献率指数，即产业内龙文化指数（Intra-LCI）。限于《中国文化及相关产业统计年鉴（2013）》披露数据的有限性，有关文化及相关产业总体层面的数据主要采用的是规模以上数据。

一、文化及相关产业内龙文化指数（Intra-LCI）的构建

文化及相关产业内龙文化指数（Intra-LCI）具体公式如下：

$$indicator_{m,t} = \frac{cul\_f_{m,t}}{total\_f_{m,t}} \times 100\% \qquad （式1）$$

$$\begin{aligned}
\text{Intra-LCI} = &\sum_{m=1}^{3} indicator_{E,m,t} \times W_E + \sum_{m=1}^{2} indicator_{T,m,t} \times W_T + \\
&\sum_{m=1}^{2} indicator_{S,m,t} \times W_S + \sum_{m=1} indicator_{G,m,t} \times W_G
\end{aligned} \qquad （式2）$$

式1首先计算的是文化及相关产业内龙文化指数评价指标体系中每个指标的得分，其中 $indicator_{m,t}$ 表示第 m 个指标在第 t 年的得分；$cul\_f_{m,t}$ 表示文化及相关产业上市公司的第 m 个指标在第 t 年的数值；$total\_f_{m,t}$ 表示规模以上文化产业第 m 个指标在第 t 年的数值。t 的取值为 2011 年、2012 年或 2013 年。

式2是文化及相关产业内龙文化指数 Intra-LCI 的计算公式，其中 $\sum_{m=1}^{3} indicator_{E,m,t} \times W_E$ 表示经济效益贡献的三个指标按其权重汇总求和得到经济效益贡献得分，$\sum_{m=1}^{2} indicator_{T,m,t} \times W_T$ 表示科技创新贡献的两个指标按其权重汇总求和得到科技创新贡献得分，$\sum_{m=1}^{2} indicator_{S,m,t} \times W_S$ 表示社会贡献的两个指标按其权重汇总求和得到社会贡献得分，

$\sum\limits_{m=1} Indicator_{G,m,t} \times W_G$ 表示公司治理的指标乘以权重得到公司治理贡献得分。W 表示指标的权重。

二、文化及相关产业内龙文化指数评价指标体系

关于文化及相关产业内龙文化指数评价指标体系的设计，必须充分考虑数据来源的权威性和可得性。2013 年年底，国家统计局社会科技和文化产业统计司、中宣部文化体制改革发展办公室联合发布《中国文化产业统计年鉴（2013）》，这是我国正式开展文化产业统计以来出版的第一部统计年鉴，收录了近些年来全国和各省、自治区、直辖市与文化产业相关的统计数据，是目前关于文化产业最为权威和规范的统计资料书。本章的研究将重点围绕这部年鉴中发布的权威数据展开分析。

《中国文化及相关产业统计年鉴（2013）》中关于文化产业总体层面的数据仅公布了 2004 年和 2008 年的。笔者曾按照 2008 年比 2004 年的增长率对 2012 年数据进行推算，却发现推算数据明显小于 2012 年公布的规模以上文化制造业、限额以上文化批发和零售业以及重点文化服务业数据三者之和。这说明 2012 年比 2008 年文化产业的增长率要大大高于 2008 年比 2004 年的增长率。为了尽可能确保研究的准确性，本书还是基于《中国文化及相关产业统计年鉴（2013）》中能够找到数据的规模以上文化制造业、限额以上文化批发和零售业以及重点文化服务业相关指标构建文化及相关产业内龙文化指数评价指标体系，如表 3-1 所示。

表 3-1　文化及相关产业内龙文化指数评价指标体系及指标代码

评价维度	评价内容	评价指标	指标公式
经济效益贡献	盈利能力贡献 E1	营业收入贡献率 E111	文化上市公司营业收入总额/全产业营业收入总额
		营业利润贡献率 E131	文化上市公司主营业务收入总额/全产业主营业务收入总额
	规模总量贡献 E4	总资产贡献率 E411	文化上市公司总资产总额/全产业总资产总额
科技创新贡献	科技创新投入贡献 T1	研发投入贡献率 T131	文化上市公司研发投入总额/全产业研发投入总额
	科技创新产出贡献 T2	专利申请数量贡献率 T211	文化上市公司专利申请数量总额/全产业专利申请数量总额
社会贡献	税收贡献 S1	营业税金及附加贡献率 S111	文化上市公司营业税金及附加总额/全产业营业税金及附加总额
	就业贡献 S2	职工人数贡献率 S211	文化上市公司职工总数/全产业从业人数
公司治理贡献	员工幸福 G2	职工薪酬贡献率 G211	文化上市公司职工薪酬总额/全产业职工薪酬总额

注：（1）文化上市公司指文化及相关产业上市公司；全产业指全部文化产业。（2）因《中国文化产业统计年鉴（2013）》中披露的"应付职工薪酬"数据明显高于上市公司披露的应付职工薪酬数据，而更接近于上市公司披露的"支付给职工以及为职工支付的现金"数据，因此在计算过程中上市公司采用"支付给职工以及为职工支付的现金"数据。

三、文化及相关产业内龙文化指数评价指标体系权重设置

在评价指标权重设置方面，目前主要存在客观赋权法与主观赋权法两种方式。客观赋权法的核心思想在于依靠数据的内在结构来表征指标的外在权重，这种方法的优势在于将赋权的责任完全转移到数据本身的属性上，完全排除了主观经验的成见与随意性，因而得到的权重能够完全反映数据的内在逻辑关系。然而其弊端也显而易见，因为数据的内在逻辑关系并不等同于指标的理论逻辑关系，特别是对于数量较多的指标体系，由于统计口径、量纲等多种因素的影响，往往导致数据的内在结构关系不能有效反映指标的理论结构关系，进而导致指标的权重大小与指标的内涵价值重要性不能等同，最终可能导致综合指数偏离实际。主观赋权法主要是通过专家经验判断来确定权重，这种方法的优点在于可以综合多位专家的经验，使得指标权重能够综合考虑不同专家的经验智慧；而缺点在于可能由于专家的偏见或随意性导致指标权重的设定失之偏颇。

简单平均权重法是综合评价指标体系权重设定的常用方法。该方法的优点在于既摒弃了主观权重法的偏见与随意性，又能避免客观赋权法被数据"牵着鼻子走"的弊端。对于指标重要性相当且难以量化辨别的综合评价体系尤其适用。

本书在征询多位专家意见的基础上认为，对于文化及相关产业上市公司的综合发展而言，经济效益、科技创新、社会贡献与公司治理四个方面缺一不可、重要程度相当，因此采用简单平均权重方法进行一级权重的设定，即各占 1/4 权重（在文化产业对全产业贡献率综合评价指标体系中只有两个维度，则各占 1/2 权重）。在四个评价维度内部：（1）经济效益贡献三级指标的重要性基本相当，采取各占 1/n（n 为指标个数）权重的方式。（2）在科技创新贡献、社会贡献和公司治理贡献方面，全部采用简单平均权重法，即各占 1/n 权重（n 为指标个数）。

第二节　文化及相关产业内龙文化指数
（Intra-LCI）总体评价

由于《中国文化产业统计年鉴（2013）》发布的最新数据是 2012 年的，所以这里主要采用 2012 年上市公司数据进行有针对性的对比研究。基于《中国文化产业统计年鉴（2013）》中关于资产总计、营业收入、主营业务收入的数据仅公布了 2004 年和 2008 年的，而 2012 年公布的是规模以上文化制造业、限额以上文化批发和零售业，还有重点文化服务业数据。因此本书关于 2012 年文化产业总体层面的数据，将采用规模以上文化制造业、限额以上文化批发和零售业以及重点文化服务业数据三者汇总之和来进行计算。计算结果如表 3-2 所示。

表 3-2　文化及相关产业上市公司对规模以上文化产业的总体贡献率

类别	项　目	上市公司	规模以上产业合计	贡献率	分项指数	产业内龙文化指数
经济效益	资产总计（万元）	146 354 900.40	503 366 506.70	29.08%	经济效益指数：19.32%	22.14%
	营业收入（万元）	93 647 817.83	562 640 889.10	16.64%		
	营业利润（万元）	4 304 610.08	35 153 973.60	12.25%		
科技创新	研发投入（万元）	901 547.65	2 668 357.20	33.79%	科技创新指数：26.38%	
	专利申请（件）	5688	29 966.00	18.98%		
社会贡献	营业税金及附加（万元）	1 681 466.03	5 163 138.90	32.57%	社会贡献指数：22.80%	
	从业人员（人）	912 182	6 994 228	13.04%		
公司治理	应付职工薪酬（万元）	8 163 314.92	40 690 672.50	20.06%	公司治理指数：20.06%	

注：（1）产业规模以上合计的数据来源于规模以上文化制造业企业、限额以上文化批发和零售业企业、重点服务业文化企业数据的算术求和。（2）研发投入和专利申请数据仅包含文化制造业及其上市公司数据。（3）应付职工薪酬采用的是"支付给职工以及为职工支付的现金"数据。

总体来看，文化及相关产业上市公司产业内龙文化指数为 22.14%。为了对这一比重进行评估，笔者计算了全国 A 股上市公司营业收入占国内生产总值（GDP）的比重，2011年为 41%，2012 年和 2013 年均为 40%。按照上述比重来判断，目前文化及相关产业上市公司对整个文化及相关产业的贡献率太低，产业龙头效应并不明显，与全国上市公司贡献率的差距至少有 18 个百分点。[①]

具体来讲，文化及相关产业上市公司的龙头效应首先未能在经济效益指标上表现出来，经济效益指数未超过 20%。资产规模贡献率最高，但也仅达到 29.08%；而营业收入贡献率仅为 16.64%，距离全国上市公司 40% 的贡献率标准，差距高达 23.36%。营业利润贡献率则更低，仅占规模以上文化企业的 12.25%，不到 1/8。

文化及相关产业上市公司科技创新指数为 26.38%，是四大指标中最高的，但参照40% 的贡献率标准仍然偏低近 13 个百分点。研发投入比重较高，达到 33.79%，约占整个规模以上文化企业的 1/3；然而专利申请数量仅占整个规模以上文化企业的 18.98%，差距达 21%。

社会贡献指数为 22.80%，其中文化及相关产业上市公司的从业人员仅占全部规模以上文化企业从业人员的 13.04%，对就业的贡献率还处于非常低的水平。公司治理指数也较低，主要表现在应付职工薪酬占规模以上文化企业的比重仅为 20.06%，刚刚达到 1/5。

综上所述，文化及相关产业上市公司在经济效益、科技创新、社会贡献和公司治理四大维度方面的贡献率都没有达到全国上市公司的贡献率水平，文化及相关产业上市公司的龙头带动效应尚需大幅度提升。

---

① 这里关于产业内龙文化指数的计算采用的是规模以上产业数据，如果按照整个文化及相关产业数据计算，则产业内贡献率更低，与全国上市公司贡献率标准差距将会更大。

第三节 文化及相关产业内龙文化指数
（Intra-LCI）行业评价

本节主要对文化及相关产业三大类行业（文化制造业、文化批发和零售业、文化服务业）上市公司与规模以上文化产业的各项指标进行比较研究，这样可以更加清楚、客观地判断目前中国文化及相关产业上市公司在文化制造、文化批发和零售、文化服务三大行业中的贡献率，研判其对整个文化产业发展发挥的作用。

总体来看，从文化及相关产业三大类行业中上市公司对规模以上文化产业的龙文化指数来看，文化服务业最高，为31.60%；文化制造业的贡献率处于第二位，达到17.63%；文化批发零售业最低，贡献率指数仅为4.47%（见图3-1）。

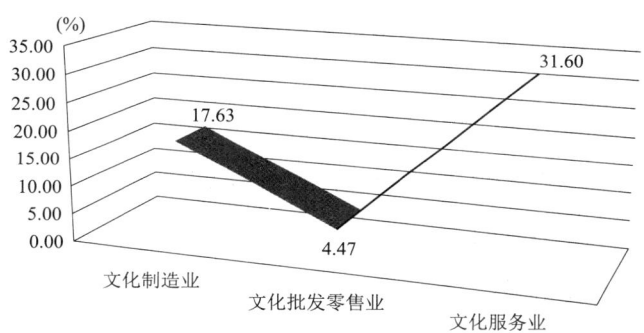

图3-1 文化制造业、文化批零业和文化服务业产业内龙文化指数

一、文化制造业上市公司龙文化指数

从文化制造业的数量来看，为80家，约占国内文化及相关产业上市公司的半数。从文化制造业上市公司的总贡献率来看，产业内龙文化指数为17.63%，是三大行业中最高的（见图3-2）。

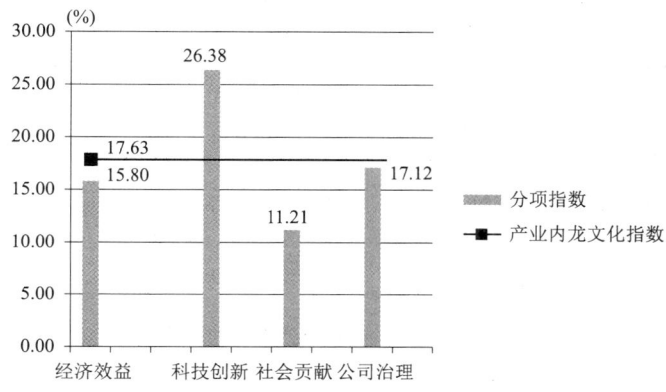

图3-2 文化制造业产业内龙文化指数

33

四大指标的贡献率排序为科技创新指数（26.38%）、公司治理指数（17.12%）、经济效益指数（15.80%）、社会贡献指数（11.21%）。

文化制造业上市公司的最大优势，或者说对产业内龙文化指数贡献最大的是科技创新指数，达26.38%，特别是研发投入指标达33.79%（见图3-3），主要源于该行业集聚了大量技术密集型的视听设备、专用设备制造企业，技术创新要求高、研发投入力度大。

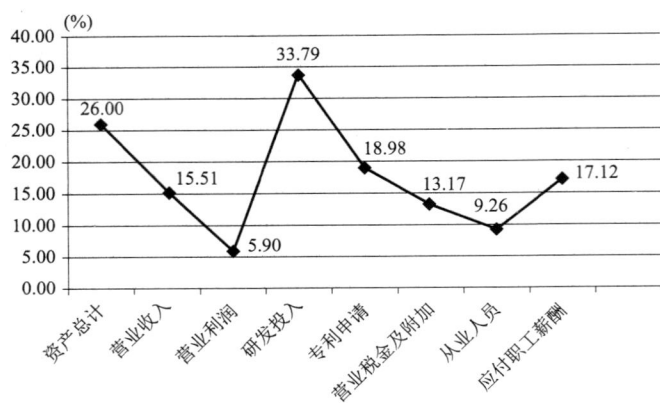

图3-3 文化制造业产业内分项指数贡献率

文化制造业上市公司的优势地位与其经济效益指标、社会关系指标是明显不匹配的（见表3-3），两大指数都未超过16%。具体来看，在经济效益指标上，文化制造业上市公司的营业利润仅占规模以上文化企业的5.90%，比重极低，营业收入指标相对也较低，说明中国文化制造业上市公司营收能力较差。在社会贡献指标上，文化制造业上市公司的从业人员仅占全部规模以上文化企业从业人员的9.26%，营业税金及附加约占规模以上文化企业的13.17%，也相对较低，这与文化制造业上市公司的营业利润低、营业收入不高的现状是一致的。因此，文化制造业上市公司在下一个阶段需要加快变革，寻找最优的营利模式，提升营业利润空间，并进一步扩大再生产，进而逐步增加对社会就业的贡献度。

表3-3 上市公司对规模以上文化制造业贡献率

类别	项　　目	规模以上 文化制造业	上市公司	贡献率	分项指数	产业内 龙文化指数
经济 效益	资产总计（万元）	216 534 017.20	56 290 008.00	26.00%	经济效益指数： 15.80%	
	营业收入（万元）	309 379 015.90	47 990 560.68	15.51%		
	营业利润（万元）	18 144 528.50	1 070 615.69	5.90%		
科技 创新	研发投入（万元）	2 668 357.20	901 547.65	33.79%	科技创新指数： 26.38%	17.63%
	专利申请（件）	29 966.00	5688.00	18.98%		
社会 贡献	营业税金及附加 （万元）	1 649 259.20	217 163.87	13.17%	社会贡献指数： 11.21%	
	从业人员（人）	4 603 925.00	426 371.00	9.26%		
公司 治理	应付职工薪酬（万元）	18 686 695.30	3 198 421.63	17.12%	公司治理指数： 17.12%	

二、文化批发与零售业上市公司龙文化指数

总的来看，从文化批发与零售业上市公司的数量来看，只有 5 家。不仅数量少，从文化批发与零售业上市公司的总贡献率来看，产业内龙文化指数仅为 4.47%（见图 3-4），是三大行业中最低的。

从文化批发与零售业上市公司对文化产业规模以上企业的贡献率来看，按照四大指标的贡献率排序，分别为公司治理指数（4.65%）、社会贡献指数（4.55%）、经济效益指数（4.21%），都不足 5%，但发展相对比较均衡。

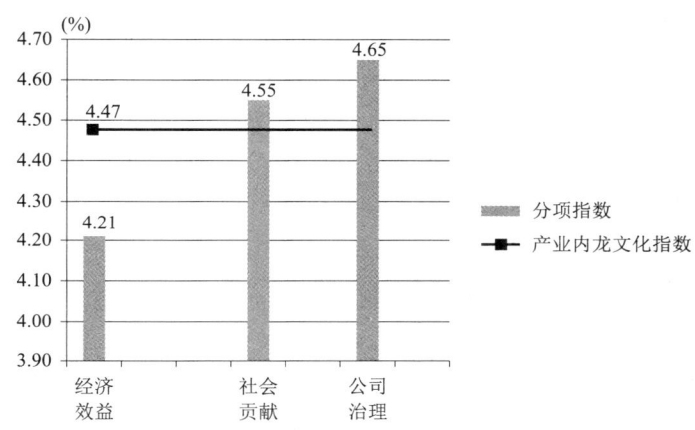

图 3-4 文化批发与零售业的产业内龙文化指数

对于文化批发与零售业上市公司而言，四大维度中相对具有优势的是公司治理指数（见图 3-5，表 3-4），其应付职工薪酬占限额以上文化批发零售企业的 4.65%；相对最低的是经济效益指数，其中文化批发与零售业上市公司的营业收入仅占限额以上文化批发零售企业的 2.24%，营收能力非常低。此外，文化批发与零售业上市公司对社会就业的贡献度也很低，其从业人员仅占限额以上文化批发零售企业的 3.39%。

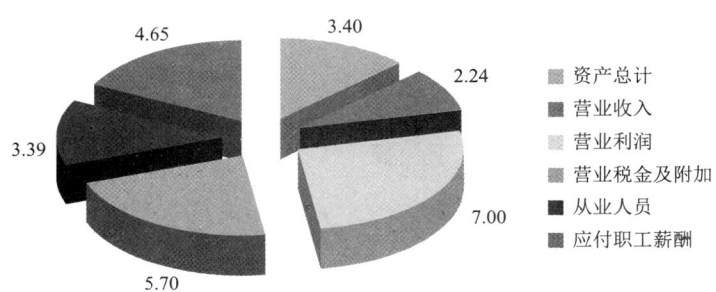

图 3-5 文化批发与零售业上市公司分项指标贡献率（单位：%）

表 3-4   上市公司对限额以上文化批发与零售业贡献率

类别	项目	限额以上文化批零业	上市公司	贡献率	分项指数	产业内龙文化指数
经济效益	资产总计（万元）	77 173 959.30	2 621 714.56	3.40%	经济效益指数：4.21%	
	营业收入（万元）	135 503 378.70	3 039 643.82	2.24%		
	营业利润（万元）	2 597 764.60	181 895.28	7.00%		4.47%
社会贡献	营业税金及附加（万元）	420 174.80	23 952.58	5.70%	社会贡献指数：4.55%	
	从业人员（人）	509 937.00	17 296.00	3.39%		
公司治理	应付职工薪酬（万元）	3 562 379.70	165 527.77	4.65%	公司治理指数：4.65%	

文化批发与零售业是社会化文化大生产过程中的重要环节，是促进文化产品流通贸易的主要产业，是文化经济顺畅运行的重要引导性力量。相比文化制造业和文化服务业，文化批发与零售业当前最为迫切的任务是打造一批有活力、有实力、有竞争力的大型文化企业集团，为繁荣我国文化市场做出更加突出的贡献。

三、文化服务业上市公司龙文化指数

从文化服务业上市公司的总量来看，为 86 家，是三大行业中企业数量最多的，而且超过目前国内文化及相关产业上市公司的半数。从文化服务业上市公司的总贡献率来看，产业内龙文化指数高达 31.60%（见图 3-6），在三大行业中遥遥领先。具体来看，由于文化服务业集聚了大批提供文化休闲娱乐、互联网服务等的上市公司，一般具有较高的营业收入；但是由于《中国文化及相关产业统计年鉴（2013）》未发布此类企业研发数据，科技创新指数在此就不做单独分析，其他三大指标的贡献率排序为社会贡献指数（35.74%）、经济效益指数（33.03%）、公司治理指数（26.02%）。

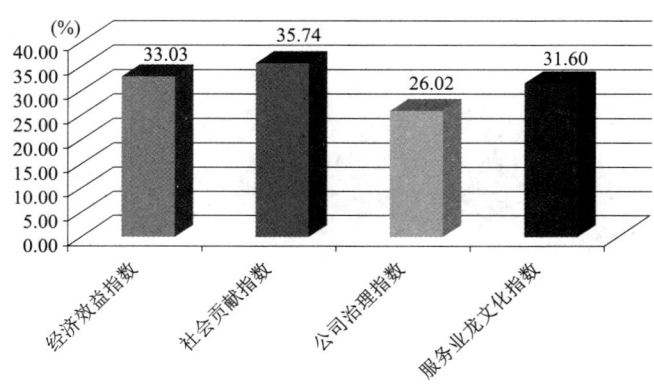

图 3-6   文化服务业上市公司龙文化指数

文化服务业上市公司对产业内龙文化指数贡献最大的是社会贡献指数，达到 35.74%，特别是营业税金及附加指标达到 46.56%（见图 3-7），超过全国上市公司的贡献率标准。然而这一指标实际上也反映了文化及相关产业税收负担偏重的现实。

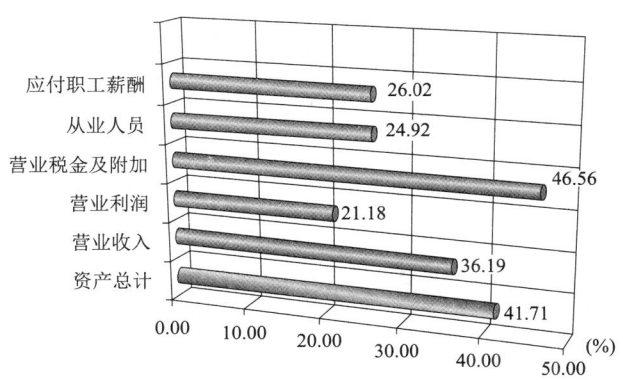

图 3-7　文化服务业上市公司分项指标贡献率

在公司治理方面，文化服务业上市公司的应付职工薪酬占重点文化服务行业总体的 26% 以上（见表 3-5），这一比例大大超过了文化制造业中的 17.12% 和文化批发零售业中的 4.65%，说明中国文化服务业上市公司的公司治理能力，特别是在员工薪酬方面要好于文化制造业和文化批发零售业。但是这一比例相比营业收入的 36% 和营业税金及附加的 46% 是明显偏低的，这说明中国的文化服务行业在创造经济效益和税收贡献的同时，应该适当考虑进一步提升员工的薪酬福利水平。

表 3-5　上市公司对重点文化服务业贡献率

类别	项目	重点文化服务业	上市公司	贡献率	分项指数	产业内龙文化指数
经济效益	资产总计（万元）	209 658 530.20	87 443 177.84	41.71%	经济效益指数：33.03%	
	营业收入（万元）	117 758 494.50	42 617 613.33	36.19%		
	营业利润（万元）	14 411 680.50	3 052 099.11	21.18%		
社会贡献	营业税金及附加（万元）	3 093 704.90	1 440 349.58	46.56%	社会贡献指数：35.74%	31.60%
	从业人员（人）	1 880 366	468 515	24.92%		
公司治理	应付职工薪酬（万元）	18 441 597.50	4 799 365.52	26.02%	公司治理指数：26.02%	

第四章 文化与全国产业间龙文化指数（Inter-LCI）研究

第一节 文化与全国产业间龙文化指数（Inter-LCI）

文化产业与全国各产业间的比较研究实际上是通过上市公司层面的数据对比研究，分析把握文化产业在全国产业发展中的贡献与相对竞争地位，其包含两个方面的内容：一是文化产业占全国总体的比重，即关于文化产业贡献率的考察；二是文化产业与全国其他产业的比较研究，即关于文化产业的相对竞争力的考察，这方面的考察有一个关键的指标，就是比较文化及相关产业上市公司各有关指标均值与全国各产业上市公司总体均值的相对大小。

一、产业间龙文化指数（Inter-LCI）的构建

本书将文化产业对全国贡献率记为"产业间龙文化指数 1"（Inter-LCI$_1$），将文化产业与全国其他产业的相对竞争力指数记为"产业间龙文化指数 2"（Inter-LCI$_2$）。借鉴产业内龙文化指数的构建思路，这里进一步进行文化产业对全国贡献率龙文化指数 Inter-LCI$_1$ 和文化产业相对竞争优势龙文化指数 Inter-LCI$_2$ 的模型设计。具体公式分别为：

（一）文化产业对全国贡献率龙文化指数 Inter-LCI$_1$

$$Indicator_{n,t} = \frac{Cul\_F_{n,t}}{Total\_F_{n,t}} \times 100\% \qquad （式1）$$

$$Inter\text{-}LCI_1 = \sum_{n=1}^{3} Indicator_{E,n,t} \times W_E + \sum_{n=1}^{3} Indicator_{T,n,t} \times W_T + \\ \sum_{n=1}^{3} Indicator_{S,n,t} \times W_S + \sum_{n=1}^{2} Indicator_{G,n,t} \times W_G \qquad （式2）$$

式 1 首先计算的是文化产业对全国贡献率龙文化指数评价指标体系中每个指标的得分，其中 $Indicator_{n,t}$ 表示第 n 个指标在第 t 年的得分；$Cul\_F_{n,t}$ 表示文化产业的第 n 个指标在第 t 年的数值；$Total\_F_{n,t}$ 表示全国各产业上市公司第 n 个指标在第 t 年的总和。t

的取值为 2011 年、2012 年或 2013 年。

式 2 是基于指标体系基础上的文化产业对全国贡献率龙文化指数 Inter-LCI$_1$，其中 $\sum_{n=1}^{3} Indicator_{E,n,t} \times W_E$ 表示经济效益的三个指标按其权重汇总求和得到经济效益指数得分，W 表示指标的权重。$\sum_{n=1}^{} Indicator_{T,n,t} \times W_T$ 表示科技创新的指标乘以权重得到科技创新指数得分，$\sum_{n=1}^{3} Indicator_{S,n,t} \times W_S$ 表示社会贡献的三个指标按其权重汇总求和得到社会贡献指数得分，$\sum_{n=1}^{2} Indicator_{G,n,t} \times W_G$ 表示公司治理的两个指标按其权重汇总求和得到公司治理指数得分。

（二）文化产业相对竞争力龙文化指数 Inter-LCI$_2$

$$indicator_{n,t} = \frac{cul\_f_{n,t}}{total\_f_{n,t}} \times 100\% \qquad （式3）$$

$$Inter\text{-}LCI_2 = \sum_{n=1}^{4} indicator_{E,n,t} \times w_e + \sum_{} indicator_{T,n,t} \times w_t + \sum_{n=1}^{3} indicator_{S,n,t} \times w_s + \sum_{n=1}^{2} indicator_{G,n,t} \times w_g \qquad （式4）$$

式 3 首先计算的是文化产业相对竞争优势龙文化指数指标体系中每个指标（平均指标）的得分，其中 $indicator_{n,t}$ 表示第 n 个指标（平均指标）在第 t 年的得分；$cul\_f_{n,t}$ 表示文化产业的第 n 个指标（平均指标）在第 t 年的数值；$total\_F_{n,t}$ 表示全国各产业上市公司第 n 个指标（平均指标）在第 t 年的总和。t 的取值为 2011 年、2012 年或 2013 年。

式 4 是基于指标体系基础上的文化产业相对竞争优势龙文化指数 Inter-LCI$_2$，其中 $\sum_{n=1}^{4} indicator_{E,n,t} \times w_e$ 表示经济效益的四个指标按其权重汇总求和得到经济效益指数得分，w 表示指标的权重。$\sum_{n=1}^{} indicator_{T,n,t} \times w_t$ 表示科技创新的指标乘以权重得到科技创新指数得分，$\sum_{n=1}^{3} indicator_{S,n,t} \times w_s$ 表示社会贡献的三个指标按其权重汇总求和得到社会贡献指数得分，$\sum_{n=1}^{2} indicator_{G,n,t} \times w_g$ 表示公司治理的两个指标按其权重汇总求和得到公司治理指数得分。

很明显，在文化产业对全国产业的贡献率龙文化指数中，Inter-LCI$_1$ 的数值越大，表明文化产业对全国产业的贡献率越大。而在文化产业相对竞争优势龙文化指数中，当

Inter-LCI$_2$ =1时，表明文化产业的竞争力与全国产业均量水平相当，没有竞争优势；当 Inter-LCI$_2$ <1时，表明文化产业的竞争力还没有达到全国产业均量水平，文化产业不仅没有处于竞争优势地位，反而在竞争中处于明显弱势地位；只有当 Inter-LCI$_2$ >1时，表明文化产业的竞争力已经超过全国产业均量水平，显示出一定的竞争优势。

二、产业间龙文化指数评价指标体系

根据前文构建的文化及相关产业上市公司综合评价模型与指标体系总框架，本章关于文化产业与全国各产业间的比较研究也需要按照上述评价模型的四大维度及相应的指标体系框架构建比较研究的指标体系。为了完成这项工作，就需要收集全国所有上市公司的相关指标数据。这无疑是一个浩大的工程，在此借助"国泰安数据服务中心"（CSMAR Solution）数据库的支持开展本章的研究。然而，由于该数据库中没有收录科技人员、技术与知识产权类无形资产、董监高硕博学历人数等本书研究所需的数据，因此，本章的研究不得不在数据可得的基础上建立指标体系。在综合权衡考虑后，形成两套文化与全国产业间比较研究的综合评价指标体系：一套是文化产业对全国贡献率龙文化指数评价指标体系，另一套是文化产业相对竞争力龙文化指数评价指标体系，详见表 4-1 和表 4-2。

表 4-1　文化产业对全国贡献率龙文化指数评价指标体系及指标代码

评价维度	评价内容	评价指标	指标公式
经济效益指数 EI	盈利能力 E1	营业收入总量比重 E111	文化上市公司营业收入总额/全国上市公司营业收入总额
		净利润总量比重 E141	文化上市公司净利润总额/全国上市公司净利润总额
	规模总量 E4	总资产总量比重 E411	文化上市公司总资产总额/全国上市公司总资产总额
科技创新（文化科技融合）指数 TI	科技创新产出 T2	无形资产总量比重 T231	文化上市公司无形资产总额/全国上市公司无形资产总额
社会贡献指数 SI	税收贡献 S1	营业税金及附加总量比重 S111	文化上市公司营业税金及附加总额/全国上市公司营业税金及附加总额
	就业贡献 S2	职工人数总量比重 S211	文化上市公司职工总数/全国上市公司职工总数
	社会责任 S3	社会捐赠支出总量比重 S311	文化上市公司捐赠支出总额/全国上市公司捐赠支出总额
公司治理指数 GI	企业价值 G1	商誉价值总量比重 G111	文化上市公司商誉价值总额/全国上市公司商誉价值总额
	员工幸福 G2	职工薪酬总额 G211	文化上市公司职工薪酬总额/全国上市公司职工薪酬总额

注：（1）文化上市公司指文化及相关产业上市公司。（2）因国泰安数据库中没有关于技术与知识产权类无形资产的有效数据，限于人力和时间，本书在此以无形资产数据代替。

表 4-2　文化产业相对竞争力龙文化指数评价指标体系及指标代码

评价维度	评价内容	评价指标	指标公式
经济效益指数 EI	盈利能力 E1	营业收入均值比率 E112	文化上市公司营业收入均值/全国上市公司营业收入均值
		净利润均值比率 E142	文化上市公司净利润均值/全国上市公司净利润均值
		净资产收益率均值比率 E161	文化上市公司净资产收益率均值/全国上市公司净资产收益率均值
	规模总量 E4	总资产均值比率 E412	文化上市公司总资产均值/全国上市公司总资产均值
科技创新指数（文化科技融合）TI	科技创新产出 T2	无形资产均值比率 T232	文化上市公司无形资产均值/全国上市公司无形资产均值
社会贡献指数 SI	税收贡献 S1	营业税金及附加均值比率 S112	文化上市公司营业税金及附加均值/全国上市公司营业税金及附加均值
	就业贡献 S2	职工人数均值比率 S212	文化上市公司职工人数均值/全国上市公司职工人数均值
	社会责任 S3	社会捐赠支出均值比率 S312	文化上市公司捐赠支出均值/全国上市公司捐赠支出均值
公司治理指数 GI	企业价值 G1	商誉价值均值比率 G112	文化上市公司商誉价值均值/全国上市公司商誉价值均值
	员工幸福 G2	职工人均薪酬比率 G212	文化上市公司职工人均薪酬/全国上市公司职工人均薪酬

注：（1）文化上市公司指文化及相关产业上市公司。（2）因国泰安数据库中没有关于技术与知识产权类无形资产的有效数据，限于人力和时间，本书在此以无形资产数据代替。

三、指标体系权重设置

这里同样采用简单平均权重方法进行权重的设定。在一级权重评价维度的设置上，鉴于经济效益、科技创新、社会贡献与公司治理四个方面缺一不可、同等重要，因此各占 1/4 权重。在四大评价维度内部：（1）经济效益指数三级指标的重要性基本相当，采取各占 1/n（n 为指标个数）权重的方式。采取这种方式还在于，我们认为盈利能力应该是经济效益指数相对最为重要的二级指标，而规模总量相对次之，在三级指标平均权重的情况下，由于指标数量不同，实际上也间接体现出二级指标的不同重要程度。（2）在科技创新指数（文化科技融合指数）中，由于只有一个无形资产指标，权重按 1 计。（3）社会贡献指数和公司治理指数方面，二级指标和三级指标间的重要性很难量化排序，这里全部采用简单平均权重法，即各占 1/n 权重（n 为指标个数）。

第二节　产业间龙文化指数（Inter-LCI）总体评价

实证研究发现，文化及相关产业对全国贡献率龙文化指数三年均值仅为 3.60%，说明在上市公司层面，中国文化及相关产业对于全国的贡献率还很低。按照支柱性产业 5% 的贡献率标准，文化及相关产业距离要想成为国家支柱性产业，从上市公司层面来看，至少还有 1.4 个百分点的缺口空间。[①]

令人欣慰的是，从 2011～2013 年的产业演化趋势来看，文化对全国的贡献率从 2011 年的 3.29% 提升至 2012 年的 3.51%，2013 年又提升到 3.99%（见表 4-3，图 4-1）；如果按照这一增速稳健提升，2015 年应可以实现 5% 以上的贡献率。

表 4-3　文化与全国产业间龙文化指数总体评价

	2011 年	2012 年	2013 年	年度平均
贡献率 $Inter\text{-}LCI_1$	3.29%	3.51%	3.99%	3.60%
竞争力 $Inter\text{-}LCI_2$	50.07%	60.14%	68.72%	59.64%

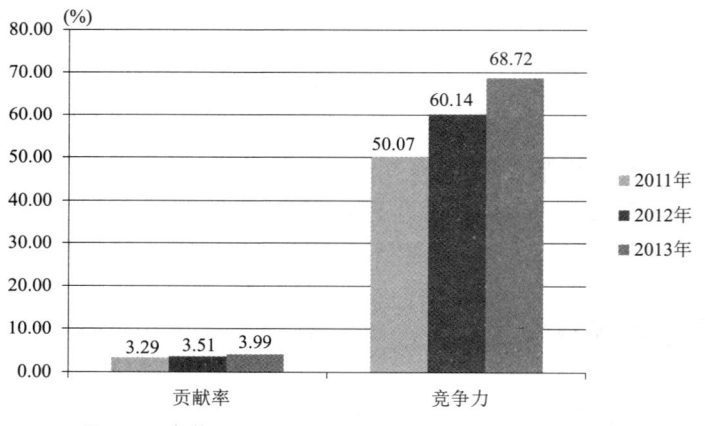

图 4-1　文化及相关产业上市公司产业间龙文化指数

从文化产业上市公司相对竞争力龙文化指数来看，2011～2013 年的文化及相关产业上市公司竞争力龙文化指数仅为 59.64%，三年平均低于 60%，三年全部低于 70%，说明文化及相关产业上市公司竞争力未达到全国平均水平，处于绝对竞争劣势地位。虽然 2011～2013 年竞争力龙文化指数呈现出逐年提升的趋势，但是，作为文化及相关产业发展的领头羊，文化及相关产业上市公司需要提升的空间还很大，而且至少有 30%～50% 的劣势缺口。

---

① 需要说明的是，支柱性产业一般采用产业增加值占 GDP 的比重达到 5%，然而上市公司并没有产值和增加值方面的数据披露。文化及相关产业对全国贡献率龙文化指数其实是一个综合性指数，包含经济效益、科技创新、社会贡献及公司治理四大维度多项指标，在此主要借用 5% 的支柱性产业标准作为评估文化及相关产业对全国贡献率的参考标准。

第三节 产业间龙文化指数（Inter-LCI）分项评价

一、产业间经济效益指数评价

从文化及相关产业上市公司经济效益贡献率指数来看，文化及相关产业上市公司对全国上市公司的经济效益贡献指数相对较低，其中，2011 年仅为 2.47%，2012 年提升至 2.61%，2013 年最高，但也仅达到 2.85%；2011～2013 年这三年的经济效益贡献率指数平均为 2.65%，说明中国文化及相关产业上市公司的规模效应与盈利能力和其他行业的上市公司相比并未真正建构起来。具体来看，2011～2013 年，文化及相关产业上市公司的总资产占整个上市公司总资产的平均比重仅为 1.23%，在趋势上没有增长反而呈现下降态势；文化及相关产业上市公司的营业收入占整个上市公司营业收入的比重达到 4.53%，2013 年达到 4.79%，已经接近 5% 的支柱性产业目标。此外，文化及相关产业上市公司的净利润占整个上市公司总利润的比重与总资产情况基本相同，2011～2013 年的平均占比仅为 2.18%，非常低，说明中国文化及相关产业上市公司的盈利能力亟须提升（见图 4-2）。

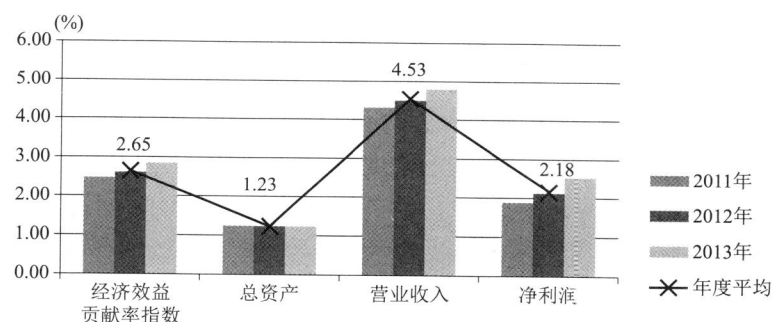

图 4-2 产业间经济效益贡献率指数

从文化及相关产业上市公司的经济效益竞争力指数来看（见表 4-4），2011～2013 年的文化及相关产业上市公司竞争力指数为 56.40%，三年平均同样低于 60%，而且三年全部低于 70%，说明文化及相关产业上市公司的均值与整个产业上市公司的均值相比，未达到全国的平均水平，还处于绝对劣势的地位。从营业收入指标来看，文化产业营业收入均值占整个上市公司营业收入均值的比重呈现逐年提升的趋势，从 2011 年的 61.35% 增加至 2013 年的 69.75%；从总资产指标来看，文化及相关产业上市公司三年的总资产均值占所有产业上市公司总资产均值的 17.95%，是均值指标中最低的，说明就单一的文化及相关产业上市公司的竞争力而言，连全国上市公司平均值的 1/5 都不到，一方面，与文化企业一般以服务型产品为主，大型厂房、设备等固定资产少有关；另一方面，也说明目前文化及相关产业上市公司处于竞争弱势地位。从净利润指标来看，文化及相关产业上市公司三年的净利润均值占所有产业上市公司净利润均值的31.83%，还不到所有产业上市公司均值的1/3；但是从净资产收益率来看，文化及相关产业上市公司净资产收益率均值达到全国上市公司净资产收益率均值的110.86%，超过全国的平均水平，具有一定的竞争优势，而且是所有指标中唯一具有竞争优势的。然而该指标一般波幅较大，容易出现极端值，进而影响产业平均水平（例如当代东方2011年加权平均净资产收益率为−1089.97%），所以对于文化及相关产业上市公司净资产收益率的竞争优势应谨慎看待。

表4-4　产业间经济效益贡献率指数和竞争力指数评价

项　　目	2011 年	2012 年	2013 年	年度平均
经济效益贡献率指数	2.47%	2.61%	2.85%	2.65%
总资产	1.24%	1.23%	1.23%	1.23%
营业收入	4.30%	4.49%	4.79%	4.53%
净利润	1.88%	2.12%	2.53%	2.18%
经济效益竞争力指数	34.06%	67.85%	67.28%	56.40%
总资产	17.97%	17.73%	18.14%	17.95%
营业收入	61.35%	63.75%	69.75%	64.95%
净利润	27.40%	30.66%	37.43%	31.83%
净资产收益率	29.53%	159.26%	143.78%	110.86%

总体来看，目前的文化及相关产业上市公司在所有行业的上市公司生态圈中处于极其明显的弱势地位，也说明中国文化及相关产业上市公司亟须向其他产业上市公司汲取发展经验，不断提升企业的经济实力与竞争力。

二、产业间科技创新指数评价

从文化及相关产业上市公司科技创新对全国上市公司科技创新的贡献率来看（见图4-3），2011年为4.43%，2012年为4.34%，2013年为4.22%，呈现明显的下行态势。这一结论说明，虽然近些年来国家大力推动文化与科技融合，广大文化相关企业也更加重视对科技创新的投入，但是，相比其他行业而言，文化及相关产业的科技创新增长步伐仍然比全国慢了一拍。

从科技创新竞争力指数来看（见表4-5），文化及相关产业上市公司科技创新竞争力指数三年均值为63.87%，这一数字表明文化及相关产业上市公司科技创新水平仅达到全国各产业上市公司平均水平的六成，也就是说，文化及相关产业与全国的差距将近36%。从演化趋势来看，2011年科技创新竞争力指数为64.55%，2012年为63.66%，2013年为63.39%，呈现连续下降趋势，说明文化及相关产业科技创新与全国差距正在不断拉大。

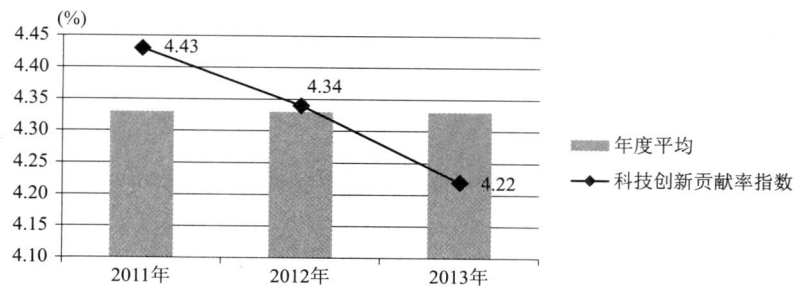

图4-3 产业间科技创新贡献率指数

表4-5 产业间科技创新贡献率指数和竞争力指数评价

项 目	2011 年	2012 年	2013 年	年度平均
科技创新贡献率指数	4.43%	4.34%	4.22%	4.33%
无形资产	4.43%	4.34%	4.22%	4.33%
科技创新竞争力指数	64.55%	63.66%	63.39%	63.87%
无形资产	64.55%	63.66%	63.39%	63.87%

综合文化产业科技创新贡献率指数和相对竞争力指数的实证研究结论，可以发现，在上市公司层面，2011～2013年中国文化及相关产业科技创新与其他产业相比，明显处于竞争劣势，且劣势正在日益严重。实际上，正如前文所述，文化产业科技创新能力实际上表征了中国文化与科技的融合水平，这里的研究结论说明，目前中国文化及相关产业的文化与科技融合状况极不理想。

三、产业间社会贡献指数评价

从文化及相关产业上市公司社会贡献的贡献率指数来看（见表4-6，图4-4），2011～2013年,文化及相关产业上市公司的社会贡献占整个上市公司社会贡献度的2.73%,2011年以来呈现先上升后下降的发展趋势，由2011年的2.58%提升至2012年的2.83%，然后又下降至2013年的2.78%，贡献率很低。其中，在营业税金及附加、职工人数、社会捐赠三个指标中，社会捐赠指数最低，虽然2011～2013年表现出稳健的增长趋势，但三年平均指数不足1%，仅为0.78%；在营业税金及附加方面，文化及相关产业上市公司的贡献率也仅达到1.90%，贡献微弱。

表 4-6 产业间社会贡献的贡献率指数评价

项　　目	2011 年	2012 年	2013 年	年度平均
社会贡献贡献率指数	2.58%	2.83%	2.78%	2.73%
营业税金及附加	1.63%	1.88%	2.18%	1.90%
职工人数	5.57%	5.89%	5.10%	5.52%
社会捐赠	0.55%	0.74%	1.06%	0.78%

注：因国泰安数据库中社会捐赠缺失值太多，以 2012 年为例，仅有 275 个有效数据，为了反映全部上市公司的整体情况，在研究过程中按照当年公司数量进行了估算。

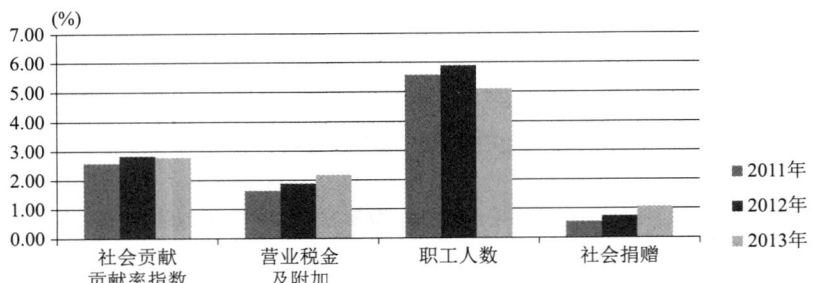

图 4-4 产业间社会贡献贡献率指数

从文化及相关产业上市公司的社会贡献竞争力指数来看（见图 4-5），文化及相关产业上市公司的社会贡献与其他行业上市公司的社会贡献相比，仅为全国上市公司社会贡献均值的 40.04%，差距缺口高达 60%。

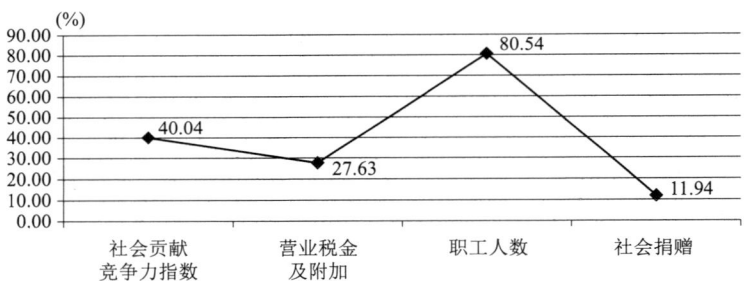

图 4-5 产业间社会贡献竞争力指数

具体来看（见表 4-7），一是营业税金及附加指标，2011～2013 年呈现稳步的增长趋势，但文化及相关产业上市公司平均的营业税金及附加额仅占整个上市公司均值的 27.63%，尚不足 1/3；二是职工人数指标，文化及相关产业上市公司职工人数的平均值占所有上市公司职工人数平均值的 80.54%，也未达到全国上市公司的平均数；三是社会捐赠方面，文化及相关产业上市公司的贡献度就更低了，2011～2013 年文化及相关产业上市公司的社会捐赠的平均值仅占全国上市公司社会捐赠均值的 11.94%，仅为全国平均值的 1/9，说明文化企业在社会慈善捐赠方面不但没有体现出更强的社会责任感，反而远远落后于其他行业。

表 4-7　产业间社会贡献竞争力指数评价

项　　目	2011 年	2012 年	2013 年	年度平均
社会贡献竞争力指数	37.57%	41.32%	41.23%	40.04%
营业税金及附加	23.72%	27.10%	32.07%	27.63%
职工人数	80.85%	85.48%	75.29%	80.54%
社会捐赠	8.15%	11.37%	16.31%	11.94%

四、产业间公司治理指数评价

从文化及相关产业上市公司的公司治理贡献率指数来看（见图4-6，表4-8），2011～2013 年，文化及相关产业上市公司的治理贡献率指数为 4.68%，从发展趋势来看，2011年以来呈现稳健的上升趋势，由 2011 年的 3.69%提升至 2012 年的 4.24%，然后又增加至 2013 年的 6.11%。

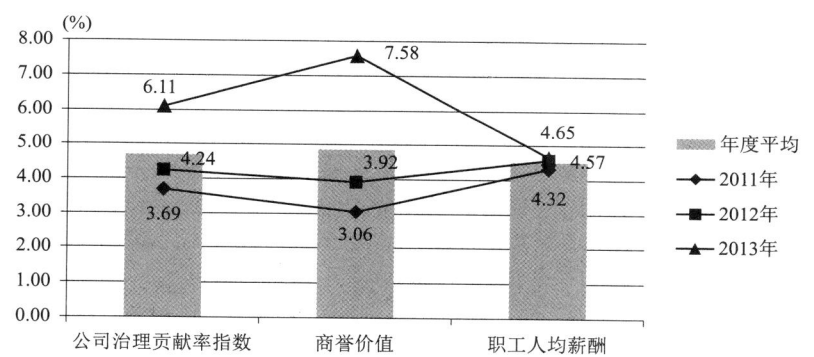

图 4-6　产业间公司治理贡献率指数

表 4-8　产业间公司治理贡献率指数评价

项　　目	2011 年	2012 年	2013 年	年度平均
公司治理贡献率指数	3.69%	4.24%	6.11%	4.68%
商誉价值	3.06%	3.92%	7.58%	4.85%
职工人均薪酬	4.32%	4.57%	4.65%	4.51%

注：因国泰安数据库中商誉价值缺失值太多，以 2012 年为例，仅有 970 个有效数据。为了反映全部上市公司的整体情况，在研究过程中按照当年公司数量进行了估算。

其中，在商誉价值指标中，虽然 2011～2013 年呈现出稳健的增长趋势，特别是 2013年达到 7.58%，增长幅度几乎达到 100%，三年平均为 4.85%；在职工人均薪酬方面，文化及相关产业上市公司的职工人均薪酬占所有上市公司职工人均薪酬的 4.51%，也呈现出逐年增长的趋势，但增长幅度很小。

从文化及相关产业上市公司的公司治理竞争力指数来看（见表4-9），2011～2013年，公司治理竞争力指数为78.28%，尚未达到全国各行业上市公司均值的八成。从文化及相关产业上市公司的商誉价值与职工人均薪酬均值占全国上市公司均值的比重来看，分别为72.60%、83.95%，都不足全国平均值的90%，处于竞争劣势。但同时也可以发现，文化及相关产业上市公司商誉价值在2013年达到了1.13，表现出一定的竞争优势，并且带动整个文化及相关产业公司治理竞争力指数达到1.02，略高于全国平均水平。

表4-9　产业间公司治理竞争力指数评价

项　　目	2011 年	2012 年	2013 年	年度平均
公司治理竞争力指数	64.09%	67.75%	102.98%	78.28%
商誉价值	45.90%	57.91%	113.99%	72.60%
职工人均薪酬	82.29%	77.58%	91.97%	83.95%

第五章 文化及相关产业上市公司龙文化指数（Listed-LCI）研究

第一节 上市公司龙文化指数（Listed-LCI）

在国内现有关于文化产业发展指数的研究中，主要采用的是在数据标准化的基础上按权重汇总求和的方法。在标准化的方法选择上，很多学者选择了功效系数法，也有的学者采用了 0-1 标准化方法；还有的学者采用的是标准差标准化方法；等等。然而单纯的标准化方法容易受到极值的影响，而且指标的各项得分不能在不同年份之间进行比较，因为标准化后的分值没有了实际意义，只是代表观测对象在全部样本中的相对位次。而这种相对位次在不同年份中的表征数值并不具有直接的可比性。莱斯特·M.萨拉蒙在《全球公民社会——非营利部门国际指数》一书中提出了"以固定标准为基点来量度变化"的方法，即保持参考值的相对稳定性（如五年不变），从而有效评估不同年份的发展演化趋势。[①]

本书在借鉴上述各种方法优点的基础上，采用改进的功效系数法进行文化及相关产业上市公司龙文化指数的设计，并且借鉴萨拉蒙的方法，在最大、最小参考值的选择上保持 2011 年的数值不变，以此反映不同年份的变化差异。

基于上述分析与思考，本书构建中国文化及相关产业上市公司龙文化指数（Listed-LCI）具体公式如下：

$$Indicator_{i,j,t} = \frac{F_{i,j,t} - F_{\min,j,2011}}{F_{\max,j,2011} - F_{\min,j,2011}} \times 40 + 60 \qquad （式1）$$

$$Listed\text{-}LCI = \sum_{j=1}^{7} Indicator_{E,j,t} \times W_E + \sum_{j=1}^{3} Indicator_{T,j,t} \times W_T + \\ \sum_{j=1}^{3} Indicator_{S,j,t} \times W_S + \sum_{j=1}^{3} Indicator_{G,j,t} \times W_G \qquad （式2）$$

式 1 首先计算的是文化及相关产业上市公司综合评价指标体系中每个指标的得分，

---

① ［美］莱斯特·M.萨拉蒙，S.沃加斯·索可洛斯基，等. 全球公民社会——非营利部门国际指数[M]. 陈一梅，等，译，北京：北京大学出版社，2007.

其中，$Indicator_{i,j,t}$ 表示第 i 家文化及相关产业上市公司第 j 个指标在第 t 年的得分。t 的取值为 2011 年、2012 年或 2013 年；i 在 2011 年取值为 1～161，2012 年和 2013 年取值为 1～171。$F_{i,j,t}$ 表示第 i 家公司第 j 个指标在第 t 年的实际值；$F_{\min,j,2011}$ 表示第 j 个指标在 2011 年的最小值；$F_{\max,j,2011}$ 表示第 j 个指标在 2011 年的最大值。

式 2 是基于指标体系基础上的文化及相关产业上市公司龙文化指数 Listed-LCI，其中，$\sum_{j=1}^{7} Indicator_{E,j,t} \times W_E$ 表示经济效益的 7 个指标按其权重汇总求和得到经济效益指数得分，$\sum_{j=1}^{3} Indicator_{T,j,t} \times W_T$ 表示科技创新的 3 个指标乘以权重得到科技创新指数得分，$\sum_{j=1}^{3} Indicator_{S,j,t} \times W_S$ 表示社会贡献的三个指标按其权重汇总求和得到社会贡献指数得分，$\sum_{j=1}^{3} Indicator_{G,j,t} \times W_G$ 表示公司治理的三个指标按其权重汇总求和得到公司治理指数得分。W 表示指标的权重。

在具体指标权重设置上，经济效益、科技创新、社会贡献与公司治理采用简单平均权重方法进行权重的设定，即各占 1/4 权重。在四大一级指标内部：（1）经济效益指数七个三级指标的重要性基本相当，采取各占 1/7 权重的方式。采取这种方式的原因还有，我们认为盈利能力应该是经济效益指数相对最为重要的二级指标，而成长能力相对次之，规模总量和持续经营能力基本排在第三的位置，在三级指标平均权重的情况下，由于指标数量的不同，实际上也间接体现出二级指标的不同重要程度。（2）在科技创新指数（文化科技融合指数）中，投入维度有"人"和"财"两项三级指标，而产出维度只有一项三级指标。相对来讲，技术与知识产权类资产是文化及相关产业上市公司最为重要的文化科技融合的体现，应占有更为重要的权重，因此我们采用逐级简单平均权重法，即科技创新投入和科技创新产出各占 1/2 权重，在科技创新投入内部两个三级指标再次采用简单平均权重法，各占 1/2 权重，由此充分体现技术与知识产权类资产占比指标的重要性。（3）社会贡献指数和公司治理指数方面，二级指标和三级指标间的重要性很难量化排序，这里全部采用简单平均权重法，即各占 1/3 权重。

第二节　综合评价指标体系构建

本章主要是对文化及相关产业上市公司层面发展情况的综合评价研究，包括各上市公司每年的综合发展情况分析、彼此相对竞争强弱以及体现在不同注册地区、细分行业和所有制属性层面的态势特征。

根据前文构建的文化及相关产业上市公司综合评价指标体系总体框架，本节将首先构建上市公司层面的评价指标体系。结合前文的思考与分析，本书构建的中国文化及相关产业上市公司发展综合评价指标体系主要由经济效益、科技创新（文化科技融合）、社会贡献与公司治理四大一级指标、12 个二级指标、16 个三级指标构成。指标体系、指标释义及计算公式如表 5-1 所示。

表 5-1　文化及相关产业上市公司龙文化指数评价指标体系及指标代码

评价维度	评价内容	评价指标	指标释义	指标公式
经济效益指数 EI	盈利能力 E1	销售毛利率 E15	反映公司业务盈利能力	（销售收入－销售成本）/销售收入×100%
		加权平均净资产收益率 E16	反映资本盈利能力	详见注释
		基本每股收益 E17	反映股东盈利能力	（税后利润－优先股股利）/发行在外的普通股平均股数
	成长能力 E2	主营业务收入增长率 E21	反映公司收入增长幅度	（当年主营业务收入/上一年主营业务收入－1）×100%
		净利润增长率 E22	反映公司利润增长幅度	（当年净利润/上一年净利润－1）×100%
	持续经营能力 E3	每股经营现金流 E31	反映公司现金流	经营活动产生现金流量净额/年度末普通股总股本
	规模总量 E4	净资产 E42	反映公司资产规模	总资产－总负债
科技创新指数（文化科技融合指数）TI	科技创新投入（投入期融合）T1	科技人员占比 T12	反映"人"的融合	科技人员数/职工总数
		研发投入占营收比 T14	反映"财"的融合	研发投入/营业收入
	科技创新产出（产出期融合）T2	技术与知识产权类资产占比 T24	反映"资产"融合	技术与知识产权类无形资产/总资产
社会贡献指数 SI	税收贡献 S1	营业税金及附加占比 S12	反映公司缴纳税费贡献水平	营业税金及附加/营业收入
	就业贡献 S2	单位资产职工人数 S22	反映公司单位资产就业贡献水平	职工总数/总资产
	社会责任 S3	捐赠支出占比 S32	反映公司慈善捐赠力度	捐赠支出/营业收入
公司治理指数 GI	企业价值 G1	商誉价值 G11	反映公司超额获利能力	商誉价值
	员工幸福 G2	普通职工人均薪酬 G23	反映职工薪酬福利平均水平	普通职工薪酬总额/职工人数
	管理素质 G3	董监高硕博学历人数占比 G32	反映公司治理团队文化素质水平	硕博学历人数/董监高人数

注：加权平均净资产收益率的计算公式：根据中国证监会发布的《公开发行证券公司信息披露编报规则》第 9 号通知的规定：加权平均净资产收益率=$P_0/(E_0+N_P\div 2+E_i\times M_i\div M_0-E_j\times M_j\div M_0\pm E_k\times M_k\div M_0)$，其中：$P_0$ 分别对应于归属于公司普通股股东的净利润、扣除非经常性损益后归属于公司普通股股东的净利润；N_P 为归属于公司普通股股东的净利润；E_0 为归属于公司普通股股东的期初净资产；E_i 为报告期发行新股或债转股等新增的、归属于公司普通股股东的净资产；E_j 为报告期回购或现金分红等减少的、归属于公司普通股股东的净资产；M_0 为报告期月份数；M_i 为新增净资产次月起至报告期期末的累计月数；M_j 为减少净资产次月起至报告期期末的累计月数；E_k 为因其他交易或事项引起的、归属于公司普通股股东的净资产增减变动；M_k 为发生其他净资产增减变动次月起至报告期期末的累计月数。

这里构建的上市公司龙文化指数综合评价指标体系相对于前文构建的产业内龙文化指数指标体系和产业间龙文化指数指标体系，主要有三个方面的不同：一是指标体系更为健全。主要是因为上市公司层面的指标主要是依据各个上市公司 2011～2013 年公开发布的年度报告，所有文化及相关产业上市公司基本都在相对标准的统计体系下披露各项信息，所以指标的数据支撑要大大好于前面的几套指标体系。二是指标体系以相对指标为主。无论是产业内龙文化指数综合评价指标体系，还是产业间龙文化指数综合评价指标体系，其关注的重点都是文化及相关产业上市公司对整体产业层面或者全国总体层面的贡献率，所以主要采用总量性指标。但是对于上市公司层面而言，不同细分行业的企业、不同所有制性质的企业，其在总量指标上的差异非常大（以 2013 年为例，全部文化及相关产业上市公司总资产变异系数达到 4.42），因此，以相对指标来进行上市公司层面的比较研究更为适合。当然，有两点需要说明，其一，规模总量的指标采用的是总量指标，因为规模是市场竞争地位的基础，这个基础要靠绝对量来反映；其二，商誉价值，没有采用相对指标的原因在于企业的商誉价值并不以行业、所有制属性差异为决定性因素。三是更加注重考察企业的真实实力：在产业总体评价层面，需要更加注重总量规模，以掌握产业整体在国民经济社会发展中的概况；而对于上市公司层面的综合实力评价，应该更加注重其真实实力，在指标设计中更加注重选用"压缩水分"的指标，比如在反映上市公司为股东创造价值的每股收益指标上，采用扣除非经常性损益后的基本每股收益指标；在反映公司规模总量的指标上，选用更能反映上市公司具有完全控制能力的净资产指标。

第三节　上市公司龙文化指数实证研究

一、上市公司龙文化指数总体评价结果

　　根据本书所构建的文化及相关产业上市公司发展综合评价指标体系，计算得到 2011～2013 年上市公司龙文化指数（见图 5-1）。统计分析发现，以 2011 年文化及相关产业上市公司龙文化指数为基准，设定为 100，计算得到 2012 年文化及相关产业上市公司龙文化指数为 107.10，比 2011 年上升 7.10 个百分点；2013 年文化及相关产业上市公司龙文化指数为 107.59，比 2011 年上升 7.59 个百分点，比 2012 年微幅上涨。总体来看，三年来文化及相关产业上市公司龙文化指数均值为 104.89。从趋势来看，展现出稳步发展的态势，但增长幅度不大。

　　本书进一步采用 SPSS18.0 软件组间联接系统聚类方法对 2011～2013 年中国文化及相关产业上市公司龙文化指数三年均值进行聚类分析。为了将上市公司纳入三年的统一比较体系，本书去除了 2012 年上市的 10 家公司，所以参与聚类分析的上市公司数量为

161 家。聚类分析结果如表 5-2 所示。

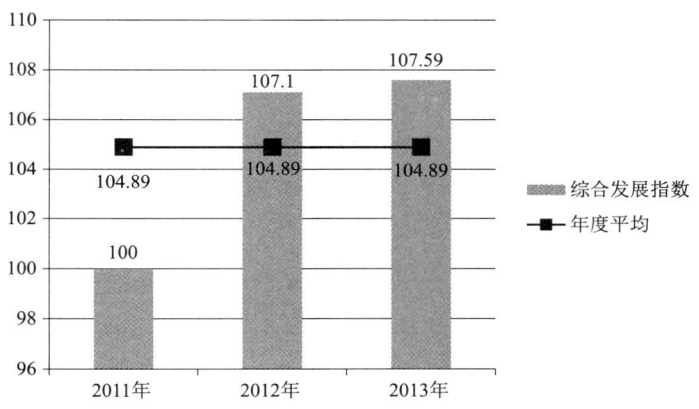

图 5-1　文化及相关产业上市公司综合发展指数

第一梯队只有乐视网一家，龙文化指数为 74.94。乐视网是从事正版高清影视剧、动漫、综艺、娱乐等视频在线观看，视频分享与视频搜索服务的综合性网络视频企业，形成了"平台+内容+终端+应用"的生态发展模式，而且乐视网影视版权库拥有海量的正版影视资源，涵盖 10 万多集电视剧与 5000 余部电影，展现出快速发展的态势。

第二梯队有中青宝、科大讯飞、二六三这三家企业，龙文化指数介于 73.47～74.11。这三家公司虽然分别属于文化软件服务、互联网信息服务与视听设备制造等不同行业，但这三个行业在整个产业链条上处于相互合作、相互协同的关系，而且都高度依赖新技术与知识产权的引领和支撑。

第三梯队有拓维信息、拓尔思、三五互联、天威视讯四家企业，龙文化指数介于 71.88～72.29。其中，拓维信息、拓尔思、三五互联从属于互联网信息服务、增值电信服务（文化部分）领域，天威视讯则主要从事广播电视传输服务行业，虽然隶属行业不同，但天威视讯实际上主要从事有线电视、数字电视领域。可见，这四家企业较高的龙文化指数与其所处的互联网、数字内容等新兴行业是密切相关的。

第四梯队是以中国联通、百视通、东方财富等为代表的 12 家企业，龙文化指数介于 70.48～71.41。其中，美亚柏科、东方财富、顺网科技、腾邦国际、百视通等都从事互联网信息服务，中国联通属于增值电信服务（文化部分）领域[①]。

[①] 关于中国联通是否属于文化及相关产业的企业可能存在一定的争议。笔者认为，随着移动互联网与文化产业的深度融合，像中国联通、中国移动、中国电信等企业，除了传统的电信服务外，文化产业已经成为其重要的主营业务收入来源。正如陈少峰（2013）在第三届中国文化产业前沿论坛所指出的，"以中国移动为例，2012 年中国移动的增值服务是 1500 亿元。换句话说，不是通话的服务，靠别的服务拿到了 1500 亿元。中国移动是个平台，它的营业收入我个人推测有 680 亿元左右来自于文化产业。它在全国做了 9 个基地，无线音乐基地一年收入就有 300 亿元。中国移动除了各种基地以外，还有很多内容下载、在线游戏、网页浏览、文化类短信等。我认为再过三年，中国移动的主营业务就是文化产业了"（详见张贺.陈少峰称中国移动每年 680 亿收入来自文化产业. 人民日报，2013-06-20）。陈少峰（2014）再次指出"手机已经变成了娱乐平台，所以中国现在最大的文化企业就是中国移动。中国移动一年从文化产业当中分到的收入有一千二百亿以上"。（详见陈少峰. 给文化一个准确的定义. 求是理论网，2014-04-21.）

第五梯队的文化及相关产业上市公司龙文化指数介于68.91～70.33，包括奥飞动漫、中威电子、网宿科技、丽江旅游、凤凰传媒等32家企业。其中，焦点科技、鹏博士、网宿科技、大智慧、生意宝、北纬通信（电信增值服务）等都从事互联网信息服务，凤凰出版、长江传媒、皖新传媒等属于出版发行领域，奥飞动漫属于动漫文化企业，方直科技聚焦文化软件服务，聚类里的其他文化企业几乎都是从事广播电视专业设备、文化用品、视听设备、玩具制造等文化相关产品生产的企业。

表5-2　161家文化及相关产业上市公司聚类结果

类别特征	文化及相关产业上市公司
类别：1 个案数：1 指数范围：74.94	乐视网
类别：2 个案数：3 指数范围：73.47～74.11	中青宝、科大讯飞、二六三
类别：3 个案数：4 指数范围：71.88～72.29	拓维信息、拓尔思、三五互联、天威视讯
类别：4 个案数：12 指数范围：70.48～71.41	中国联通、美亚柏科、东方财富、数码视讯、顺网科技、华侨城A、蓝色光标、博瑞传播、腾邦国际、ST传媒、浙报传媒、百视通
类别：5 个案数：32 指数范围：68.91～70.33	奥飞动漫、东方园林、长江传媒、中威电子、焦点科技、北纬通信、网宿科技、海康威视、捷成股份、大智慧、丽江旅游、同方股份、歌尔声学、方直科技、星辉车模、汉王科技、东方明珠、京东方A、佳创视讯、皖新传媒、云南旅游、骅威股份、新北洋、生意宝、远东股份、威创股份、探路者、渝开发、桂林旅游、凤凰传媒、同洲电子、鹏博士
类别：6 个案数：46 指数范围：67.65～68.80	高乐股份、亚厦股份、华谊兄弟、大连圣亚、西藏旅游、新华传媒、华闻传媒、深天马A、美盈森、湖北广电、广电网络、初灵信息、弘业股份、上海绿新、华数传媒、黄山旅游、峨眉山A、长城电脑、南京熊猫、广博股份、曲江文旅、紫江企业、棕榈园林、歌华有线、京城股份、光线传媒、凤凰光学、青岛海尔、广田股份、北巴传媒、国光电器、鸿博股份、中南传媒、中视传媒、金螳螂、大恒科技、号百控股、天舟文化、潮宏基、北京旅游、陕西金叶、TCL集团、省广股份、西安旅游、中文传媒、宋城股份
类别：7 个案数：33 指数范围：66.67～67.59	数源科技、深华发、华策影视、漫步者、东港股份、亿通科技、飞乐音响、天龙集团、宁波GQY、合兴包装、姚记扑克、电广传媒、张家界、乐通股份、四川九洲、齐心文具、熊猫烟花、老凤祥、科斯伍德、安妮股份、劲嘉股份、深康佳A、江河创建、毅昌股份、金亚科技、粤传媒、冠福家用、民丰特纸、豫园商城、大地传媒、华谊嘉信、青鸟华光、千足珍珠
类别：8 个案数：19 指数范围：65.82～66.57	乐凯胶片、帝龙新材、齐峰股份、群兴玩具、罗顿发展、明牌珠宝、时代出版、盛通股份、出版传媒、银鸽投资、金叶珠宝、界龙实业、万顺股份、洪涛股份、中信国安、世纪游轮、晨鸣纸业、银河电子、景兴纸业
类别：9 个案数：11 指数范围：64.66～65.81	太阳纸业、*ST美利、当代东方、*ST彩虹、山鹰纸业、万鸿集团、福建南纸、ST宜纸、华泰股份、东方金钰、博汇纸业

注：指数范围按照2011～2013年三年平均计算得到。

二、上市公司龙文化指数 50 强

从近三年文化及相关产业上市公司综合发展龙文化指数来看，文化及相关产业上市公司龙文化指数不高，均值未超过 80。2011 年与 2013 年的文化及相关产业上市公司综合发展指数差异较大，呈现出明显的稳步增长趋势。

从 2011 年文化及相关产业上市公司龙文化指数排名（见表 5-3）来看，处于第一阶梯的 3 家企业的龙文化指数大于 73，其中，乐视网的综合发展指数最高，为 74.63。科大讯飞（73.62）、中青宝（73.40）的龙文化指数也相对较高。从共性来看，这些企业的上市时间都不超过 3 年，又都是民营企业，正处于快速发展的上升期，而且主要集中在新兴文化领域。处于第二阶梯的企业是龙文化指数介于 71～73 的文化及相关产业上市公司，有 6 家企业，且主要集中在互联网信息服务领域、增值电信服务、文化软件服务等领域。需要指出的是，中国联通的龙文化指数为 71.41，相对其总资产规模、营业收入规模、营业利润等指标，综合发展水平明显不高。此外，处于第三阶梯的企业是介于 70～71 的企业，共 18 家企业，这些企业分布在互联网信息服务、出版服务、文化软件服务、景区游览、建筑设计等多个领域，没有明显的行业集聚特点。

表 5-3　2011 年文化及相关产业上市公司龙文化指数 50 强

排名	证券代码	企业名称	企业性质	注册地址	产业分类第三层	上市时间（年）	龙文化指数
1	300104	乐视网	民营企业	北京市	互联网信息服务	2010	74.63
2	002230	科大讯飞	民营企业	安徽省	视听设备的制造	2008	73.62
3	300052	中青宝	民营企业	广东省	文化软件服务	2010	73.40
4	002238	天威视讯	国有企业	广东省	广播电视传输服务	2008	72.58
5	300229	拓尔思	民营企业	北京市	互联网信息服务	2011	72.11
6	002261	拓维信息	民营企业	湖南省	增值电信服务（文化部分）	2008	71.99
7	300051	三五互联	民营企业	福建省	互联网信息服务	2010	71.88
8	600050	中国联通	国有企业	上海市	增值电信服务（文化部分）	2002	71.41
9	300188	美亚柏科	民营企业	福建省	互联网信息服务	2011	71.35
10	600880	博瑞传播	国有企业	四川省	出版服务	1995	70.95
11	300059	东方财富	民营企业	上海市	互联网信息服务	2010	70.95
12	002292	奥飞动漫	民营企业	广东省	文化软件服务	2009	70.88
13	300079	数码视讯	民营企业	北京市	广播电视电影专用设备的制造	2010	70.68
14	600637	百视通	国有企业	上海市	互联网信息服务	1993	70.67
15	300058	蓝色光标	民营企业	北京市	广告服务	2010	70.58
16	601928	凤凰传媒	国有企业	江苏省	出版服务	2011	70.58

排名	证券代码	企业名称	企业性质	注册地址	产业分类第三层	上市时间（年）	龙文化指数
17	300113	顺网科技	民营企业	浙江省	互联网信息服务	2010	70.54
18	000978	桂林旅游	国有企业	广西壮族自治区	景区游览服务	2000	70.53
19	002310	东方园林	民营企业	北京市	建筑设计服务	2009	70.43
20	002467	二六三	民营企业	北京市	互联网信息服务	2010	70.33
21	002033	丽江旅游	国有企业	云南省	景区游览服务	2004	70.28
22	000504	ST 传媒	国有企业	北京市	出版服务	1992	70.27
23	000069	华侨城 A	国有企业	广东省	景区游览服务	1997	70.25
24	600757	长江传媒	国有企业	湖北省	出版服务	1996	70.19
25	601801	皖新传媒	国有企业	安徽省	发行服务	2010	70.17
26	002059	云南旅游	国有企业	云南省	景区游览服务	2006	70.09
27	002148	北纬通信	民营企业	北京市	增值电信服务（文化部分）	2007	70.02
28	002315	焦点科技	民营企业	江苏省	互联网信息服务	2009	69.76
29	300027	华谊兄弟	民营企业	浙江省	电影和影视录音服务	2009	69.64
30	300178	腾邦国际	民营企业	广东省	互联网信息服务	2011	69.60
31	002415	海康威视	国有企业	浙江省	视听设备的制造	2010	69.58
32	300182	捷成股份	民营企业	北京市	广播电视传输服务	2011	69.56
33	002052	同洲电子	民营企业	广东省	广播电视电影专用设备的制造	2006	69.52
34	600633	浙报传媒	国有企业	浙江省	出版服务	1993	69.48
35	002095	生意宝	民营企业	浙江省	互联网信息服务	2006	69.46
36	300017	网宿科技	民营企业	上海市	互联网信息服务	2009	69.42
37	600832	东方明珠	国有企业	上海市	广播电视传输服务	1994	69.34
38	002241	歌尔声学	民营企业	山东省	视听设备的制造	2008	69.33
39	002376	新北洋	国有企业	山东省	其他文化专用设备的制造	2010	69.12
40	300264	佳创视讯	民营企业	广东省	广播电视传输服务	2011	69.10
41	300043	星辉车模	民营企业	广东省	玩具的制造	2010	69.06
42	300270	中威电子	民营企业	浙江省	广播电视电影专用设备的制造	2011	69.05
43	300235	方直科技	民营企业	广东省	文化软件服务	2011	68.99
44	000888	峨眉山 A	国有企业	四川省	景区游览服务	1997	68.93
45	600100	同方股份	国有企业	北京市	广播电视电影专用设备的制造	1997	68.91
46	000725	京东方 A	国有企业	北京市	视听设备的制造	2001	68.86
47	002303	美盈森	民营企业	广东省	印刷复制服务	2009	68.84
48	600860	京城股份	国有企业	北京市	印刷专用设备的制造	1994	68.69
49	600054	黄山旅游	国有企业	安徽省	景区游览服务	1997	68.57
50	300005	探路者	民营企业	北京市	其他文化用品的制造	2009	68.53

从 2012 年文化及相关产业上市公司龙文化指数（见表 5-4）来看，有 4 家企业的龙文化指数大于 73，从企业排名来看位次差异也有了一定变化。其中，乐视网的龙文化指数仍然是最高的，为 75.82；二六三（74.76）、东方财富（73.73）、科大讯飞（73.06）的龙文化指数也比往年提升较多，特别是二六三，从 2011 年的第 20 名直接跃升至 2012年的第二名，龙文化指数提升 4.43。此外，这四家企业都属于民营文化企业，而且上市时间也都在 3 年之内。

龙文化指数介于 72～73 的文化及相关产业上市公司有 5 家文化企业，分别为三五互联（72.94）、拓维信息（72.92）、美亚柏科（72.60）、中青宝（72.52）、ST 传媒（72.18），这些企业主要集中在互联网信息服务领域、增值电信服务、文化软件服务等新兴文化领域，而且以民营文化企业居多。需要指出的是，2012 年，中青宝的龙文化指数不但没有提升反而出现下降趋势，龙文化指数从 2011 年的 73.40 下降为 2012 年的 72.52，其排名也从第三名下降到第八名。

此外，有 24 家文化及相关产业上市公司龙文化指数介于 70～72，这些上市公司的龙文化指数差距较小，所属的文化行业分布多元，其中以从事文化产品生产（产业分类第一层）的企业居多。

表 5-4　2012 年文化及相关产业上市公司龙文化指数 50 强

排名	证券代码	企业名称	企业性质	注册地址	产业分类第三层	上市时间（年）	龙文化指数
1	300104	乐视网	民营企业	北京市	互联网信息服务	2010	75.82
2	002467	二六三	民营企业	北京市	互联网信息服务	2010	74.76
3	300059	东方财富	民营企业	上海市	互联网信息服务	2010	73.73
4	002230	科大讯飞	民营企业	安徽省	视听设备的制造	2008	73.06
5	300051	三五互联	民营企业	福建省	互联网信息服务	2010	72.94
6	002261	拓维信息	民营企业	湖南省	增值电信服务（文化部分）	2008	72.92
7	300188	美亚柏科	民营企业	福建省	互联网信息服务	2011	72.60
8	300052	中青宝	民营企业	广东省	文化软件服务	2010	72.52
9	000504	ST 传媒	国有企业	北京市	出版服务	1992	72.18
10	300229	拓尔思	民营企业	北京市	互联网信息服务	2011	71.79
11	002238	天威视讯	国有企业	广东省	广播电视传输服务	2008	71.58
12	002362	汉王科技	中外合资企业	北京市	其他文化用品的制造	2010	71.40
13	600050	中国联通	国有企业	上海市	增值电信服务（文化部分）	2002	71.32
14	300315	掌趣科技	民营企业	北京市	文化软件服务	2012	71.25
15	300113	顺网科技	民营企业	浙江省	互联网信息服务	2010	71.19
16	300079	数码视讯	民营企业	北京市	广播电视电影专用设备的制造	2010	70.94
17	002310	东方园林	民营企业	北京市	建筑设计服务	2009	70.81
18	000069	华侨城 A	国有企业	广东省	景区游览服务	1997	70.77

排名	证券代码	企业名称	企业性质	注册地址	产业分类第三层	上市时间（年）	龙文化指数
19	300058	蓝色光标	民营企业	北京市	广告服务	2010	70.68
20	300270	中威电子	民营企业	浙江省	广播电视电影专用设备的制造	2011	70.64
21	300288	朗玛信息	民营企业	贵州省	文化软件服务	2012	70.57
22	601519	大智慧	民营企业	上海市	互联网信息服务	2011	70.48
23	300178	腾邦国际	民营企业	广东省	互联网信息服务	2011	70.43
24	002375	亚厦股份	民营企业	浙江省	建筑设计服务	2010	70.42
25	300182	捷成股份	民营企业	北京市	广播电视传输服务	2011	70.33
26	000681	*ST远东	民营企业	江苏省	电影和影视录音服务	1997	70.27
27	002148	北纬通信	民营企业	北京市	增值电信服务（文化部分）	2007	70.19
28	002415	海康威视	国有企业	浙江省	视听设备的制造	2010	70.13
29	600757	长江传媒	国有企业	湖北省	出版服务	1996	70.11
30	000514	渝开发	国有企业	重庆市	会展服务	1993	70.11
31	600880	博瑞传播	国有企业	四川省	印刷复制服务	1995	70.06
32	002292	奥飞动漫	民营企业	广东省	文化软件服务	2009	70.06
33	300043	星辉车模	民营企业	广东省	玩具的制造	2010	70.00
34	300017	网宿科技	民营企业	上海市	互联网信息服务	2009	69.97
35	002678	珠江钢琴	国有企业	广东省	乐器的制造	2012	69.96
36	000156	华数传媒	民营企业	浙江省	广播电视传输服务	2000	69.87
37	601801	皖新传媒	国有企业	安徽省	发行服务	2010	69.71
38	002241	歌尔声学	民营企业	山东省	视听设备的制造	2008	69.71
39	002315	焦点科技	民营企业	江苏省	互联网信息服务	2009	69.70
40	600825	新华传媒	国有企业	上海市	发行服务	1994	69.68
41	603000	人民网	国有企业	北京市	互联网信息服务	2012	69.65
42	300235	方直科技	民营企业	广东省	文化软件服务	2011	69.62
43	000725	京东方A	国有企业	北京市	视听设备的制造	2001	69.60
44	600832	东方明珠	国有企业	上海市	广播电视传输服务	1994	69.56
45	600100	同方股份	国有企业	北京市	广播电视电影专用设备的制造	1997	69.54
46	300005	探路者	民营企业	北京市	其他文化用品的制造	2009	69.45
47	002308	威创股份	中外合资企业	广东省	广播电视电影专用设备的制造	2009	69.32
48	000066	长城电脑	国有企业	广东省	视听设备的制造	1997	69.29
49	002081	金螳螂	民营企业	江苏省	建筑设计服务	2006	69.28
50	002376	新北洋	国有企业	山东省	其他文化专用设备的制造	2010	69.26

从 2013 年文化及相关产业上市公司的龙文化指数（见表 5-5）来看，比 2012 年又有了进一步提升，有 7 家企业的龙文化指数大于 73，从企业排名来看位次差异也有了较大变化。其中，中青宝的龙文化指数提升至第一名，为 76.39，增长迅速；其次为二六三（75.32）、科大讯飞（75.13）、乐视网（74.36）、掌趣科技（73.90）、高乐股份（73.55）、浙报传媒（73.46）。其中，乐视网的龙文化指数有一定下滑，排名也从 2011 年、2012 年的第一名下降到第四名。需要注意的是，7 家企业中有 6 家企业是近三年实现上市的，只有浙报传媒属于传统的新闻出版服务领域（1993 年就已上市）。

龙文化指数介于 72～73 的文化及相关产业上市公司有 5 家，分别为朗玛信息（72.83）、拓尔思（72.26）、百视通（72.25）、数码视讯（72.13）和腾邦国际（72.06），这些企业主要集中在互联网信息服务领域、文化软件服务等新兴文化领域。

此外，有 25 家文化及相关产业上市公司龙文化指数介于 70～72，这些上市公司的龙文化指数差距相对较小，所属的文化行业涉及互联网信息服务、文化软件服务等新兴领域，也包括出版服务、广告服务、印刷、文化设备制造、景区游览等传统领域。

表 5-5　2013 年文化及相关产业上市公司龙文化指数 50 强

排名	证券代码	企业名称	企业性质	注册地址	产业分类第三层	上市时间（年）	龙文化指数
1	300052	中青宝	民营企业	广东省	文化软件服务	2010	76.39
2	002467	二六三	民营企业	北京市	互联网信息服务	2010	75.32
3	002230	科大讯飞	民营企业	安徽省	视听设备的制造	2008	75.13
4	300104	乐视网	民营企业	北京市	互联网信息服务	2010	74.36
5	300315	掌趣科技	民营企业	北京市	文化软件服务	2012	73.90
6	002348	高乐股份	民营企业	广东省	玩具的制造	2010	73.55
7	600633	浙报传媒	国有企业	浙江省	出版服务	1993	73.46
8	300288	朗玛信息	民营企业	贵州省	文化软件服务	2012	72.83
9	300229	拓尔思	民营企业	北京市	互联网信息服务	2011	72.26
10	600637	百视通	国有企业	上海市	互联网信息服务	1993	72.25
11	300079	数码视讯	民营企业	北京市	广播电视电影专用设备的制造	2010	72.13
12	300178	腾邦国际	民营企业	广东省	互联网信息服务	2011	72.06
13	002261	拓维信息	民营企业	湖南省	增值电信服务（文化部分）	2008	71.97
14	600804	鹏博士	民营企业	四川省	互联网信息服务	1994	71.92
15	300113	顺网科技	民营企业	浙江省	互联网信息服务	2010	71.90
16	000069	华侨城 A	国有企业	广东省	景区游览服务	1997	71.82
17	600050	中国联通	国有企业	上海市	增值电信服务（文化部分）	2002	71.52
18	002238	天威视讯	国有企业	广东省	广播电视传输服务	2008	71.47
19	300058	蓝色光标	民营企业	北京市	广告服务	2010	71.46

（续表）

排名	证券代码	企业名称	企业性质	注册地址	产业分类第三层	上市时间（年）	龙文化指数
20	300051	三五互联	民营企业	福建省	互联网信息服务	2010	71.33
21	600880	博瑞传播	国有企业	四川省	印刷复制服务	1995	71.28
22	002502	骅威股份	民营企业	广东省	玩具的制造	2010	71.02
23	002315	焦点科技	民营企业	江苏省	互联网信息服务	2009	70.89
24	300270	中威电子	民营企业	浙江省	广播电视电影专用设备的制造	2011	70.81
25	601519	大智慧	民营企业	上海市	互联网信息服务	2011	70.76
26	300017	网宿科技	民营企业	上海市	互联网信息服务	2009	70.63
27	603000	人民网	国有企业	北京市	互联网信息服务	2012	70.50
28	600757	长江传媒	国有企业	湖北省	出版服务	1996	70.43
29	600100	同方股份	国有企业	北京市	广播电视电影专用设备的制造	1997	70.31
30	002565	上海绿新	民营企业	上海市	印刷复制服务	2011	70.28
31	300188	美亚柏科	民营企业	福建省	互联网信息服务	2011	70.16
32	300235	方直科技	民营企业	广东省	文化软件服务	2011	70.10
33	600037	歌华有线	国有企业	北京市	广播电视传输服务	2001	70.10
34	600831	广电网络	集体企业	陕西省	广播电视服务	1994	70.10
35	002415	海康威视	国有企业	浙江省	视听设备的制造	2010	70.08
36	002292	奥飞动漫	民营企业	广东省	文化软件服务	2009	70.05
37	600128	弘业股份	国有企业	江苏省	工艺美术品的销售	1997	70.00
38	002033	丽江旅游	国有企业	云南省	景区游览服务	2004	69.99
39	300264	佳创视讯	民营企业	广东省	广播电视传输服务	2011	69.98
40	000725	京东方A	国有企业	北京市	视听设备的制造	2001	69.95
41	002148	北纬通信	民营企业	北京市	增值电信服务（文化部分）	2007	69.87
42	002678	珠江钢琴	国有企业	广东省	乐器的制造	2012	69.87
43	600749	西藏旅游	民营企业	西藏自治区	景区游览服务	1996	69.87
44	000514	渝开发	国有企业	重庆市	会展服务	1993	69.87
45	002308	威创股份	中外合资企业	广东省	广播电视电影专用设备的制造	2009	69.75
46	300182	捷成股份	民营企业	北京市	广播电视传输服务	2011	69.74
47	600825	新华传媒	国有企业	上海市	发行服务	1994	69.72
48	000681	远东股份	民营企业	江苏省	电影和影视录音服务	1997	69.69
49	600832	东方明珠	国有企业	上海市	广播电视传输服务	1994	69.68
50	002241	歌尔声学	民营企业	山东省	视听设备的制造	2008	69.68

三、上市公司龙文化指数注册地区评价：北京引领全国

从上市公司注册地区比较来看，可以分为三个梯队（见图 5-2，表 5-6）：第一梯队，文化及相关产业上市公司龙文化指数达到 69 以上的，只有北京市，龙文化指数为 69.40，且 2011 年以来增长迅速，龙文化指数从 68.84 提升至 2012 年的 69.69；具体来看，北京市拥有文化及相关产业上市公司 26 家，且属于文化产业细分领域内的龙头企业较多，例如乐视网、拓尔思、数码视讯等。第二梯队，文化及相关产业上市公司龙文化指数达到 68 以上的，有安徽省（68.68）、上海市（68.60）、广东省（68.51）、湖南省（68.31）、福建省（68.28）、江苏省（68.18）、浙江省（68.14）7 个地区，基本也呈现出稳健的增长态势，特别是上海市、广东省与湖南省三个地区 2011～2013 年的增长幅度较大，而且呈现出持续攀升的态势。

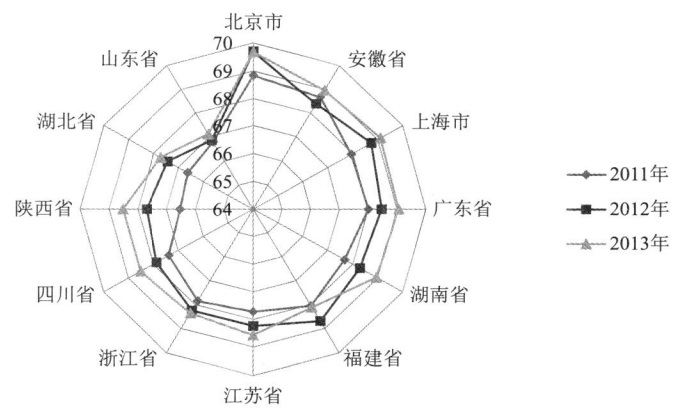

图 5-2　文化及相关产业上市公司龙文化指数地区比较

第三梯队，文化及相关产业上市公司龙文化指数介于 66～68，主要包括四川省（67.92）、陕西省（67.58）、湖北省（67.25）、山东省（66.92）4 个地区。总体来看，这四大地区文化及相关产业上市公司的数量都不多，除了山东省有 10 家，其他省市都没有超过 6 家。从演化趋势来看，上述四大地区文化及相关产业上市公司的龙文化指数都呈现出持续稳健增长的发展态势。

表 5-6　文化及相关产业上市公司龙文化指数地区比较

注册地址	个案数	2011 年	2012 年	2013 年	年度平均
北京市	26	68.84	69.69	69.68	69.40
安徽省	5	68.68	68.39	68.97	68.68
上海市	17	67.94	68.74	69.11	68.60
广东省	35	68.01	68.47	69.06	68.51
湖南省	6	67.68	68.29	68.95	68.31

（续表）

注册地址	个案数	2011 年	2012 年	2013 年	年度平均
福建省	7	68.04	68.69	68.11	68.28
江苏省	9	67.72	68.24	68.57	68.18
浙江省	21	67.84	68.24	68.35	68.14
四川省	6	67.37	67.87	68.51	67.92
陕西省	5	66.53	67.69	68.52	67.58
湖北省	4	66.62	67.43	67.71	67.25
山东省	10	66.78	66.86	67.11	66.92
海南省	*2*	*67.52*	*67.53*	*67.77*	*67.60*
河南省	*2*	*66.66*	*66.49*	*66.41*	*66.52*
江西省	*2*	*67.56*	*67.95*	*68.22*	*67.91*
辽宁省	*2*	*66.56*	*67.38*	*68.59*	*67.51*
云南省	*2*	*70.19*	*68.94*	*69.60*	*69.57*
重庆市	*2*	*66.62*	*68.11*	*67.80*	*67.51*
广西壮族自治区	*1*	*70.53*	*68.42*	*68.16*	*69.04*
贵州省	*1*	*—*	*70.57*	*72.83*	*71.70*
河北省	*1*	*65.39*	*67.30*	*67.03*	*66.57*
黑龙江省	*1*	*66.55*	*65.97*	*65.99*	*66.17*
吉林省	*1*	*—*	*68.74*	*68.48*	*68.61*
宁夏回族自治区	*1*	*65.41*	*65.54*	*65.48*	*65.48*
山西省	*1*	*63.32*	*66.10*	*66.68*	*65.37*
西藏自治区	*1*	*68.38*	*68.09*	*69.87*	*68.78*

注：（1）斜体表示所含上市公司数量太少，不参与分析。（2）"—"表示数据缺失。

四、上市公司龙文化指数行业评价：技术与知识产权创新引领特征明显

总体来看，各个细分行业按照文化及相关产业上市公司龙文化指数可以分为三个层级，各层级龙文化指数的差异实际上也表征了新兴文化产业领域与传统文化产业的分水岭。

处于第一个层级的是文化及相关产业上市公司龙文化指数达到 70 以上的行业。其中有三个细分行业进入第一层级（见图 5-3，表 5-7），即文化软件服务（71.52）、增值电信服务（71.25）、互联网信息服务业（70.86）。这三个行业都属于典型的高新技术与知识产权密集行业，其中，增值电信服务与互联网信息服务都属于文化信息传输服务行业，文化软件服务行业则主要从事多媒体、动漫游戏软件开发等软件开发与数字动漫、游戏设

计制作等数字内容服务。上述行业充分展现了技术创新与知识产权在文化产业发展过程中的引领作用，也表明了文化与科技融合发展战略的重要现实意义。

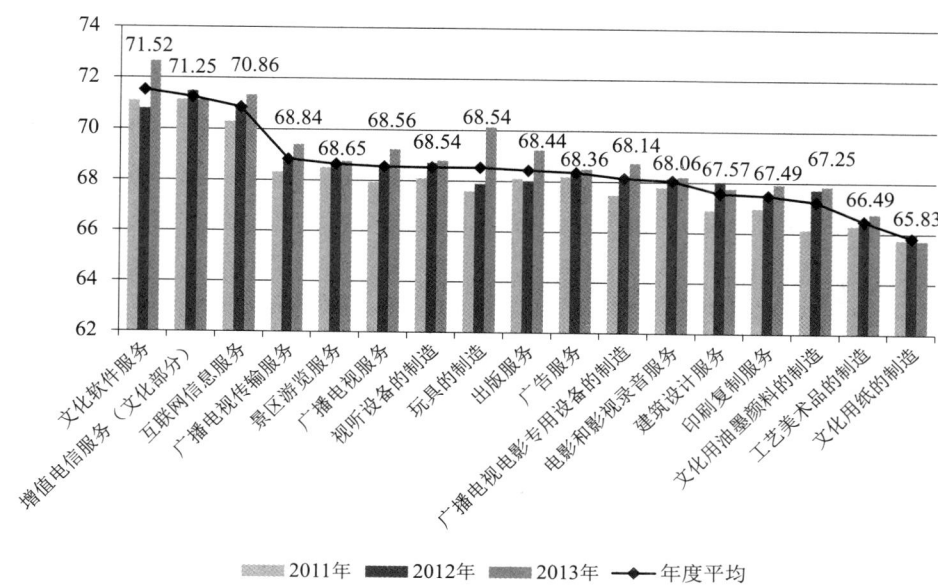

图 5-3　文化及相关产业上市公司龙文化指数行业比较

　　处于第二层级的文化及相关产业上市公司所属行业的龙文化指数介于 68～69，包括广播电视传输服务（68.84）、景区游览服务（68.65）、广播电视服务（68.56）、视听设备制造（68.54）、玩具的制造（68.54）、出版服务（68.44）、广告服务（68.36）、广播电视电影专用设备的制造（68.14）、电影和影视录音服务（68.06）九大行业，这些行业都属于传统的文化产业领域，既有文化服务行业，也有相关文化产品制造业。其中，广播电视传输服务行业的龙文化指数为 68.84，属于第二层级中最高的，这一行业属于典型的文化信息传输服务业，主要从事有线广播电视传输服务、无线广播电视传输服务、卫星传输服务等。这一层级的其他行业发展也正在积极利用新技术、新模式进行创新，例如数字技术与视听设备、广播影视、出版、广告等的高度融合。

　　处于第三个层级的文化及相关产业上市公司所属行业的龙文化指数介于 65～68，主要包括建筑设计服务（67.57）、印刷复制服务（67.49）、文化用油墨颜料的制造（67.25）、工艺美术品的制造（66.49）四个行业。总体来看，这四个行业都属于较为传统的文化产业领域，建筑设计服务属于文化创意与设计服务行业，通常涉及房屋建筑工程设计服务、室内装饰设计服务、风景园林工程专项设计服务；印刷复制服务属于文化产品生产的辅助生产领域，一般聚焦书、报刊印刷、本册印制、包装装潢及其他印刷、装订及印刷相关服务、记录媒介复制等方面。上述四个行业在经济效益、科技创新、社会贡献以及公司治理方面都需要进一步提升。

表 5-7　文化及相关产业上市公司龙文化指数行业比较

产业分类第三层	个案数	2011 年	2012 年	2013 年	年度平均
文化软件服务	5	71.09	70.80	72.65	71.52
增值电信服务（文化部分）	3	71.14	71.48	71.12	71.25
互联网信息服务	16	70.30	70.94	71.34	70.86
广播电视传输服务	8	68.33	68.78	69.42	68.84
景区游览服务	13	68.51	68.68	68.77	68.65
广播电视服务	3	67.94	68.51	69.25	68.56
视听设备的制造	15	68.10	68.71	68.81	68.54
玩具的制造	4	67.60	67.90	70.13	68.54
出版服务	13	68.11	67.97	69.24	68.44
广告服务	4	68.19	68.39	68.50	68.36
广播电视电影专用设备的制造	14	67.48	68.19	68.75	68.14
电影和影视录音服务	7	67.80	68.15	68.22	68.06
建筑设计服务	9	66.91	68.03	67.77	67.57
印刷复制服务	13	66.98	67.55	67.93	67.49
文化用油墨颜料的制造	3	66.14	67.74	67.86	67.25
工艺美术品的制造	6	66.31	66.40	66.78	66.49
文化用纸的制造	14	65.76	66.01	65.73	65.83
发行服务	*2*	*68.53*	*69.70*	*68.97*	*69.07*
工艺美术品的销售	*2*	*65.91*	*68.39*	*68.83*	*67.71*
会展服务	*2*	*65.24*	*68.11*	*68.28*	*67.21*
办公用品的制造	*2*	*68.03*	*67.87*	*67.57*	*67.82*
乐器的制造	*2*	*—*	*68.22*	*68.12*	*68.17*
其他文化用品的制造	*2*	*68.28*	*70.43*	*69.31*	*69.34*
专业设计服务	*1*	*67.00*	*67.34*	*66.73*	*67.02*
娱乐休闲服务	*1*	*66.08*	*66.10*	*65.72*	*65.97*
园林、陈设艺术及其他陶瓷制品的制造	*1*	*67.27*	*67.26*	*66.21*	*66.91*
其他文化辅助生产	*1*	*—*	*67.55*	*67.52*	*67.54*
焰火、鞭炮产品的制造	*1*	*65.21*	*67.89*	*68.38*	*67.16*
文化用化学品的制造	*1*	*65.39*	*67.30*	*67.03*	*66.57*
印刷专用设备的制造	*1*	*68.69*	*68.17*	*67.69*	*68.18*
其他文化专用设备的制造	*1*	*69.12*	*69.26*	*69.53*	*69.30*
文具乐器照相器材的销售	*1*	*67.90*	*68.80*	*67.62*	*68.11*

注：斜体表示所含上市公司数量太少，不参与分析。

五、上市公司龙文化指数所有制评价：国有体制没有发挥优势效应

对不同所有制的文化及相关产业上市公司龙文化指数进行比较（见图5-4），可以看出，上市公司龙文化指数最高的是中外合资企业，为68.52。从2013年的分项指数来看，中外合资企业在经济效益指数和科技创新指数方面都是最高的。其次是国有文化企业，龙文化指数为68.33，民营文化企业紧随其后，为68.32，由此可见，国有文化企业与民营文化企业的龙文化指数不分伯仲。从2013年的分项指数来看，国有文化企业在经济效益指数、科技创新指数和社会贡献指数方面都低于民营文化企业，仅在公司治理方面强于民营文化企业。

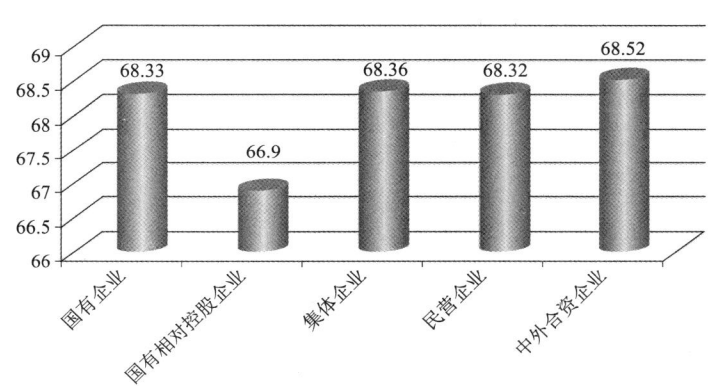

图5-4　文化及相关产业上市公司龙文化指数所有制比较

这说明国有文化企业的体制优势并没有转化为企业在经济效益、科技创新和社会贡献等方面的综合发展优势。根据这一结论，我们建议，政府在制定和执行文化产业发展扶持政策时，不应该带有所有制偏见，要给予非公有制文化企业更多的、更为公平的竞争机会和发展平台。

从龙文化指数的发展趋势（见表5-8）来看，国有文化企业、民营文化企业的龙文化指数在2011～2013年呈现平稳的增长态势，但国有相对控股文化企业、中外合资文化企业的龙文化指数出现先大幅度增长然后又小幅度下降，类似于螺旋式上升的发展趋势。这说明各种所有制类型企业近三年来都得到了较为稳健的发展；对于国有相对控股企业和中外合资企业等股权结构相对复杂企业的发展演化态势，应予以特别关注，并进行深度分析，从而为当前混合所有制的改革提供有益的借鉴。

表 5-8　文化及相关产业上市公司龙文化指数所有制比较

所有制	个案数	2011 年	2012 年	2013 年	年度平均
国有企业	61	67.92	68.32	68.76	68.33
国有相对控股企业	3	66.41	67.18	67.10	66.90
集体企业	*2*	*67.33*	*68.28*	*69.47*	*68.36*
民营企业	100	67.82	68.44	68.70	68.32
中外合资企业	5	67.91	68.84	68.81	68.52

注: 斜体表示所含上市公司数量太少, 不参与分析。

分项报告篇

中国文化及相关产业上市公司经济效益实证研究
中国文化及相关产业上市公司科技创新实证研究
中国文化及相关产业上市公司社会贡献实证研究
中国文化及相关产业上市公司治理能力实证研究

第六章 中国文化及相关产业上市公司 经济效益实证研究

第一节 经济效益评价模型与指标体系

本书认为，文化及相关产业上市公司经济效益评价模型主要由以下四个维度构成：一是盈利能力，反映文化企业在激烈市场竞争中的生存能力；二是成长能力，反映文化企业的未来发展能力；三是持续经营能力，反映文化企业的现金流量和经营活力；四是规模总量，反映文化企业的体量大小和发展基础。由此构建了中国文化及相关产业上市公司经济效益评价模型，如图6-1所示。

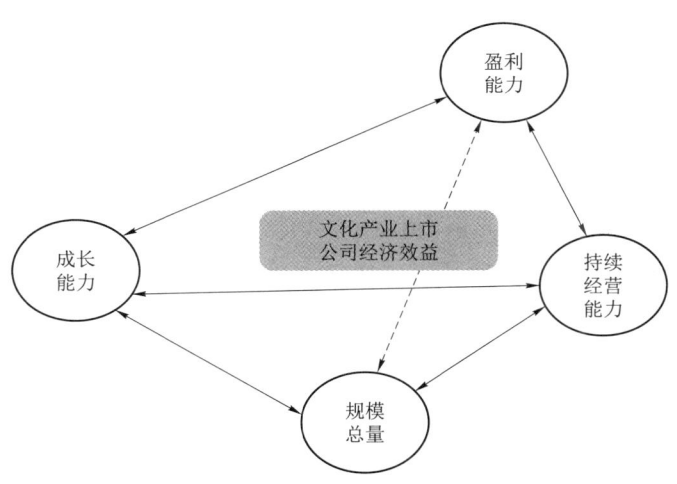

图6-1 文化及相关产业上市公司经济效益评价模型

基于上述文化及相关产业上市公司经济效益评价模型，结合前文设计的文化及相关产业上市公司龙文化指数评价指标体系，构建中国文化及相关产业上市公司的经济效益评价指标体系，如图6-2所示。

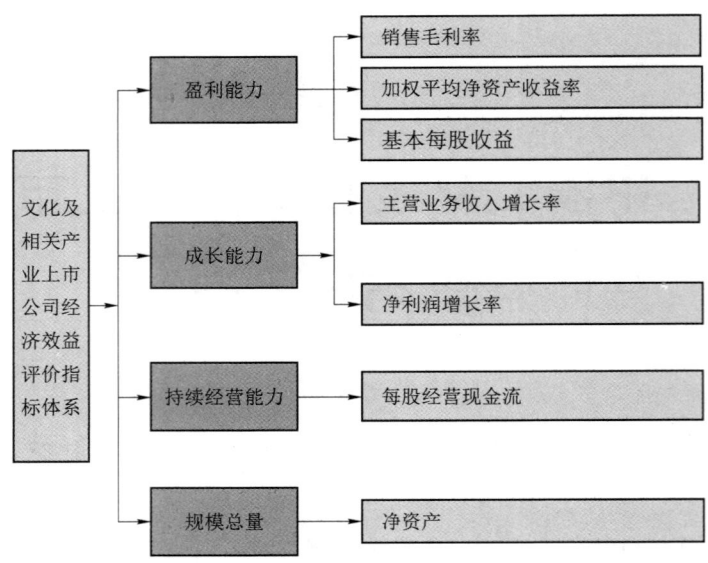

图 6-2　文化及相关产业上市公司经济效益评价指标体系

第二节　文化及相关产业上市公司经济效益总体评价

一、文化及相关产业上市公司经济效益总体特征

根据上文构建的文化及相关产业上市公司经济效益指标体系，计算得到 2011～2013 年每年的经济效益指数。统计分析发现，以 2011 年文化及相关产业上市公司经济效益指数为基准，设定为 100，计算得到 2012 年文化及相关产业上市公司经济效益指数为 107.02，比 2011 年上升 7.02 个百分点；2013 年文化及相关产业上市公司经济效益指数为 106.99，比 2011 年上升 6.99 个百分点，但比 2012 年略微下降。三年来文化及相关产业上市公司经济效益指数均值为 104.67（见图 6-3）。

二、文化及相关产业上市公司经济效益 50 强

从 2011 年中国文化及相关产业上市公司经济效益来看，前 50 强文化产业上市企业呈现如下特征（见表 6-1）：

第一，总体来看，文化及相关产业上市公司经济效益指数达到 80 以上的企业有 10 家，50 强企业中的其余 40 家企业的经济效益指数都在 77 以上。可见，50 强名单中的文化及相关产业上市公司的经济效益差距相对较小。

第二，经济效益指数最高的三家文化及相关产业上市公司是中国联通、焦点科技与

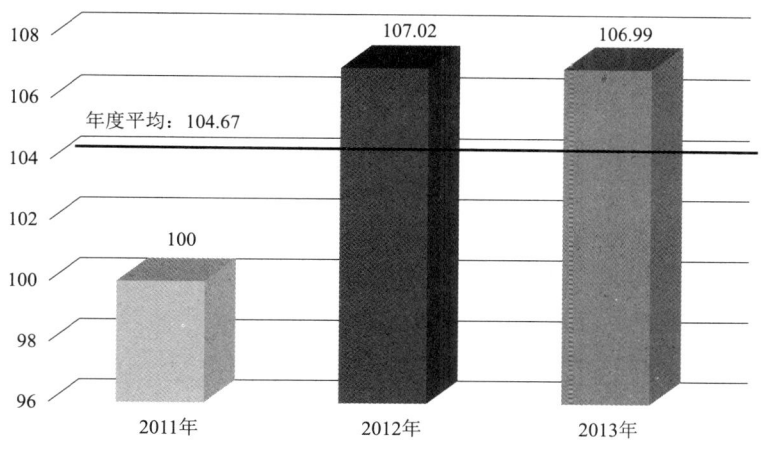

图 6-3 2011～2013 年文化及相关产业上市公司经济效益指数

丽江旅游，其经济效益指数都在 81 以上，分别为 84.75、81.94、81.06。其中，中国联通的经济效益指数是最高的，这与中国联通规模总量大、盈利能力强、主营业务收入与净利润增长稳健以及持续经营能力强有关。中国联通是我国唯一一家在纽约、香港、上海三地同时上市的电信运营企业，在增值电信服务（文化）领域建构起较强的盈利能力，并在移动增值服务、手机电视、手机报、手机邮箱等方面发展迅速；焦点科技主要从事互联网信息服务，成立了院士工作站，具有很强的科技创新能力，并积极在电子商务应用、移动互联网应用、商务智能方向上创新，是典型的文化与科技融合型企业；丽江旅游主要从事景区游览服务，拥有大量优质的旅游资源，从事旅游索道、房地产、酒店、交通与餐饮等多个行业的投资与运营，资产规模大、盈利能力较强。

第三，经济效益指数达到 80 以上的文化及相关产业上市公司还包括顺网科技（80.93）、海康威视（80.65）、宋城股份（80.48）、东方财富（80.47）、拓尔思（80.29）、数码视讯（80.20）、佳创视讯（80.04）7 家企业，主要集中于互联网信息服务、视听设备制造、景区游览服务、广播电视传输服务等领域。这些企业大多都是民营文化企业，市场化程度高、运营能力相对较强，而且大部分公司具有较强的技术创新特征。宋城股份则是一家以文化业务为主的综合性企业集团，业务覆盖景区游览、演艺、文化娱乐休闲、影视、文化地产等多项业务，资产规模与综合实力较强。

表 6-1 2011 年文化及相关产业上市公司经济效益 50 强

排名	证券代码	企业名称	企业性质	注册地址	产业分类第三层	上市时间（年）	经济效益指数
1	600050	中国联通	国有企业	上海市	增值电信服务（文化部分）	2002	84.75
2	002315	焦点科技	民营企业	江苏省	互联网信息服务	2009	81.94
3	002033	丽江旅游	国有企业	云南省	景区游览服务	2004	81.06
4	300113	顺网科技	民营企业	浙江省	互联网信息服务	2010	80.93

（续表）

排名	证券代码	企业名称	企业性质	注册地址	产业分类第三层	上市时间（年）	经济效益指数
5	002415	海康威视	国有企业	浙江省	视听设备的制造	2010	80.65
6	300144	宋城股份	民营企业	浙江省	景区游览服务	2010	80.48
7	300059	东方财富	民营企业	上海市	互联网信息服务	2010	80.47
8	300229	拓尔思	民营企业	北京市	互联网信息服务	2011	80.29
9	300079	数码视讯	民营企业	北京市	广播电视电影专用设备的制造	2010	80.20
10	300264	佳创视讯	民营企业	广东省	广播电视传输服务	2011	80.04
11	002095	生意宝	民营企业	浙江省	互联网信息服务	2006	79.96
12	300270	中威电子	民营企业	浙江省	广播电视电影专用设备的制造	2011	79.92
13	600690	青岛海尔	集体企业	山东省	视听设备的制造	1993	79.66
14	300188	美亚柏科	民营企业	福建省	互联网信息服务	2011	79.63
15	300178	腾邦国际	民营企业	广东省	互联网信息服务	2011	79.44
16	000069	华侨城A	国有企业	广东省	景区游览服务	1997	79.37
17	002467	二六三	民营企业	北京市	互联网信息服务	2010	79.30
18	600637	百视通	国有企业	上海市	互联网信息服务	1993	79.26
19	300104	乐视网	民营企业	北京市	互联网信息服务	2010	79.17
20	601519	大智慧	民营企业	上海市	互联网信息服务	2011	79.10
21	300051	三五互联	民营企业	福建省	互联网信息服务	2010	79.03
22	002059	云南旅游	国有企业	云南省	景区游览服务	2006	79.03
23	000888	峨眉山A	国有企业	四川省	景区游览服务	1997	78.97
24	300235	方直科技	民营企业	广东省	文化软件服务	2011	78.97
25	002308	威创股份	中外合资企业	广东省	广播电视电影专用设备的制造	2009	78.93
26	002230	科大讯飞	民营企业	安徽省	视听设备的制造	2008	78.90
27	300133	华策影视	民营企业	浙江省	电影和影视录音服务	2010	78.90
28	300052	中青宝	民营企业	广东省	文化软件服务	2010	78.77
29	300250	初灵信息	民营企业	浙江省	广播电视电影专用设备的制造	2011	78.75
30	300182	捷成股份	民营企业	北京市	广播电视传输服务	2011	78.73
31	600880	博瑞传播	国有企业	四川省	出版服务	1995	78.65
32	002117	东港股份	中外合资企业	山东省	印刷复制服务	2007	78.61
33	002081	金螳螂	民营企业	江苏省	建筑设计服务	2006	78.61

排名	证券代码	企业名称	企业性质	注册地址	产业分类第三层	上市时间（年）	经济效益指数
34	002191	劲嘉股份	民营企业	广东省	印刷复制服务	2007	78.54
35	601098	中南传媒	国有企业	湖南省	出版服务	2010	78.47
36	600633	浙报传媒	国有企业	浙江省	出版服务	1993	78.47
37	300005	探路者	民营企业	北京市	其他文化用品的制造	2009	78.40
38	600054	黄山旅游	国有企业	安徽省	景区游览服务	1997	78.33
39	002376	新北洋	国有企业	山东省	其他文化专用设备的制造	2010	78.32
40	600831	广电网络	集体企业	陕西省	广播电视服务	1994	78.30
41	601928	凤凰传媒	国有企业	江苏省	出版服务	2011	78.29
42	000802	北京旅游	民营企业	北京市	景区游览服务	1998	78.20
43	600593	大连圣亚	国有企业	辽宁省	景区游览服务	2002	78.19
44	002238	天威视讯	国有企业	广东省	广播电视传输服务	2008	78.17
45	300058	蓝色光标	民营企业	北京市	广告服务	2010	78.14
46	002261	拓维信息	民营企业	湖南省	增值电信服务（文化部分）	2008	78.14
47	300027	华谊兄弟	民营企业	浙江省	电影和影视录音服务	2009	78.11
48	002310	东方园林	民营企业	北京市	建筑设计服务	2009	78.01
49	002241	歌尔声学	民营企业	山东省	视听设备的制造	2008	77.92
50	000978	桂林旅游	国有企业	广西壮族自治区	景区游览服务	2000	77.77

从 2012 年中国文化及相关产业上市公司经济效益来看，前 50 强的文化产业上市企业排名呈现一些变化（见表 6-2）：

首先，文化及相关产业上市公司经济效益指数有所提升。一是经济效益指数最高的企业仍然是中国联通，而且其经济效益指数突破了 85，从 2011 年的 84.75 提升至 2012 年的 85.28；二是经济效益指数达到 81 以上的企业有 4 家，比 2011 年增加了 1 家；三是 50 强企业中有 11 家企业的经济效益指数都在 80 以上，而且 50 强企业的经济效益指数都在 78 以上。

其次，经济效益指数最高的四家文化及相关产业上市公司是中国联通、朗玛信息、丽江旅游、顺网科技，经济效益指数都在 81 以上，分别为 85.28、82.43、81.49、81.22。其中，中国联通的经济效益指数仍然保持第一的位置；朗玛信息处于第二位，经济效益指数为 82.43，主要从事文化软件服务，并致力于电话语音增值与音视频娱乐社区的开发、运营，作为贵州省第一家创业板上市的高科技企业，拥有较强的科技创新能力与盈利能力；丽江旅游仍然排在第三位，经济效益指数从 2011 年的 81.06 提升至 2012 年的 81.49，增长幅度较大；顺网科技仍排在第四位，经济效益指数出现小幅度增长，从 2011 年的 80.93 增加至 2012 年的 81.22，体现了新兴行业较为强劲的增长态势。

最后，经济效益指数达到 80 以上的文化及相关产业上市公司还有华侨城 A（80.68）、焦点科技（80.55）、数码视讯（80.41）、东风股份（80.11）、拓尔思（80.05）、青岛海尔（80.03）、海康威视（80.00）7 家企业，主要集中于视听设备制造、互联网信息服务、景区游览服务、印刷复制服务、广播电视电影专用设备制造等领域。

表 6-2　2012 年文化及相关产业上市公司经济效益 50 强

排名	证券代码	企业名称	企业性质	注册地址	产业分类第三层	上市时间（年）	经济效益指数
1	600050	中国联通	国有企业	上海市	增值电信服务（文化部分）	2002	85.28
2	300288	朗玛信息	民营企业	贵州省	文化软件服务	2012	82.43
3	002033	丽江旅游	国有企业	云南省	景区游览服务	2004	81.49
4	300113	顺网科技	民营企业	浙江省	互联网信息服务	2010	81.22
5	000069	华侨城 A	国有企业	广东省	景区游览服务	1997	80.68
6	002315	焦点科技	民营企业	江苏省	互联网信息服务	2009	80.55
7	300079	数码视讯	民营企业	北京市	广播电视电影专用设备的制造	2010	80.41
8	601515	东风股份	外资企业	广东省	印刷复制服务	2012	80.11
9	300229	拓尔思	民营企业	北京市	互联网信息服务	2011	80.05
10	600690	青岛海尔	集体企业	山东省	视听设备的制造	1993	80.03
11	002415	海康威视	国有企业	浙江省	视听设备的制造	2010	80.00
12	300144	宋城股份	民营企业	浙江省	景区游览服务	2010	79.90
13	002095	生意宝	民营企业	浙江省	互联网信息服务	2006	79.87
14	603000	人民网	国有企业	北京市	互联网信息服务	2012	79.57
15	300270	中威电子	民营企业	浙江省	广播电视电影专用设备的制造	2011	79.30
16	300178	腾邦国际	民营企业	广东省	互联网信息服务	2011	79.29
17	000665	湖北广电	国有企业	湖北省	广播电视服务	1996	79.26
18	000888	峨眉山 A	国有企业	四川省	景区游览服务	1997	79.21
19	002308	威创股份	中外合资企业	广东省	广播电视电影专用设备的制造	2009	79.19
20	000681	*ST 远东	民营企业	江苏省	电影和影视录音服务	1997	79.09
21	300188	美亚柏科	民营企业	福建省	互联网信息服务	2011	79.04
22	300059	东方财富	民营企业	上海市	互联网信息服务	2010	78.87

排名	证券代码	企业名称	企业性质	注册地址	产业分类第三层	上市时间（年）	经济效益指数
23	300052	中青宝	民营企业	广东省	文化软件服务	2010	78.84
24	002310	东方园林	民营企业	北京市	建筑设计服务	2009	78.81
25	300005	探路者	民营企业	北京市	其他文化用品的制造	2009	78.80
26	002467	二六三	民营企业	北京市	互联网信息服务	2010	78.75
27	300235	方直科技	民营企业	广东省	文化软件服务	2011	78.72
28	300182	捷成股份	民营企业	北京市	广播电视传输服务	2011	78.68
29	600637	百视通	国有企业	上海市	互联网信息服务	1993	78.68
30	600593	大连圣亚	国有企业	辽宁省	景区游览服务	2002	78.68
31	300315	掌趣科技	民营企业	北京市	文化软件服务	2012	78.66
32	600831	广电网络	集体企业	陕西省	广播电视服务	1994	78.65
33	600633	浙报传媒	国有企业	浙江省	出版服务	1993	78.62
34	002191	劲嘉股份	民营企业	广东省	印刷复制服务	2007	78.62
35	002230	科大讯飞	民营企业	安徽省	视听设备的制造	2008	78.61
36	601098	中南传媒	国有企业	湖南省	出版服务	2010	78.57
37	002376	新北洋	国有企业	山东省	其他文化专用设备的制造	2010	78.56
38	601929	吉视传媒	国有企业	吉林省	广播电视服务	2012	78.54
39	600373	中文传媒	民营企业	江西省	出版服务	2002	78.53
40	002081	金螳螂	民营企业	江苏省	建筑设计服务	2006	78.43
41	300017	网宿科技	民营企业	上海市	互联网信息服务	2009	78.41
42	300133	华策影视	民营企业	浙江省	电影和影视录音服务	2010	78.39
43	000673	当代东方	民营企业	山西省	会展服务	1997	78.38
44	002238	天威视讯	国有企业	广东省	广播电视传输服务	2008	78.37
45	002605	姚记扑克	民营企业	上海市	印刷复制服务	2011	78.37
46	002241	歌尔声学	民营企业	山东省	视听设备的制造	2008	78.35
47	600749	西藏旅游	民营企业	西藏自治区	景区游览服务	1996	78.32
48	300251	光线传媒	民营企业	北京市	电影和影视录音服务	2011	78.31
49	000802	北京旅游	民营企业	北京市	景区游览服务	1998	78.29
50	601928	凤凰传媒	国有企业	江苏省	出版服务	2011	78.26

从 2013 年中国文化及相关产业上市公司经济效益来看，前 50 强的文化产业上市企业的经济效益指数变化如下（见表 6-3）：

第一，文化及相关产业上市公司经济效益指数基本维持 2012 年的水平。一方面，经济效益指数最高的企业还是中国联通，其经济效益指数连续三年平稳增长，从 2012 年的

85.28 又提升至 85.89；另一方面，经济效益指数达到 81 以上的文化及相关产业上市公司还是 4 家，但 50 强企业中经济效益指数在 80 以上的企业降至 10 家。

第二，经济效益指数最高的四家文化及相关产业上市公司变化较大，除了中国联通，还有焦点科技、华侨城 A、顺网科技，经济效益指数都在 81 以上，分别为 85.59、81.29、81.13、81.07。其中，焦点科技恢复第二名的位置，比 2011 年（80.55）增长较多，2013 年主营业务收入增长稳健，加大了研发投入力度，建立起较强的平台优势与技术优势；华侨城以景区游览服务为主营业务，拥有大量优质的文化旅游资源，集旅游、餐饮、酒店、主题公园、娱乐休闲等为一体的综合性企业集团，总资产规模大、盈利能力强，并于 2013 年再次入选"2013 年度中国旅游集团 20 强"；顺网科技仍然排在第四位，虽然经济效益指数出现小幅度的下降，从 2012 年的 81.22 下降至 81.07，但从 2013 年的发展状况来看，顺网科技作为互联网内容厂商重要的媒体及营销平台，正积极打造云海顺网通行证、顺网游戏、"连我"无线，并完成了对上海新浩艺、凌克翡尔、派博三家公司的并购，展现出较强的发展能力。

第三，经济效益指数达到 80 以上的文化及相关产业上市公司还有 6 家企业，分别为朗玛信息（80.81）、丽江旅游（80.81）、青岛海尔（80.54）、网宿科技（80.47）、鹏博士（80.46）、宋城股份（80.21），这些企业主要集中于互联网信息服务、景区游览服务、文化软件服务、视听设备制造等行业，具有较强的经济实力。

表 6-3　2013 年文化及相关产业上市公司经济效益 50 强

排名	证券代码	企业名称	企业性质	注册地址	产业分类第三层	上市时间(年)	经济效益指数
1	600050	中国联通	国有企业	上海市	增值电信服务（文化部分）	2002	85.89
2	002315	焦点科技	民营企业	江苏省	互联网信息服务	2009	81.29
3	000069	华侨城 A	国有企业	广东省	景区游览服务	1997	81.13
4	300113	顺网科技	民营企业	浙江省	互联网信息服务	2010	81.07
5	300288	朗玛信息	民营企业	贵州省	文化软件服务	2012	80.81
6	002033	丽江旅游	国有企业	云南省	景区游览服务	2004	80.81
7	600690	青岛海尔	集体企业	山东省	视听设备的制造	1993	80.54
8	300017	网宿科技	民营企业	上海市	互联网信息服务	2009	80.47
9	600804	鹏博士	民营企业	四川省	互联网信息服务	1994	80.46
10	300144	宋城股份	民营企业	浙江省	景区游览服务	2010	80.21
11	601515	东风股份	外资企业	广东省	印刷复制服务	2012	79.98
12	603000	人民网	国有企业	北京市	互联网信息服务	2012	79.98
13	300229	拓尔思	民营企业	北京市	互联网信息服务	2011	79.97
14	000725	京东方 A	国有企业	北京市	视听设备的制造	2001	79.90
15	600633	浙报传媒	国有企业	浙江省	出版服务	1993	79.74

排名	证券代码	企业名称	企业性质	注册地址	产业分类第三层	上市时间（年）	经济效益指数
16	600612	老凤祥	国有企业	上海市	工艺美术品的制造	1992	79.73
17	002467	二六三	民营企业	北京市	互联网信息服务	2010	79.65
18	600593	大连圣亚	国有企业	辽宁省	景区游览服务	2002	79.61
19	002415	海康威视	国有企业	浙江省	视听设备的制造	2010	79.60
20	601519	大智慧	民营企业	上海市	互联网信息服务	2011	79.57
21	300079	数码视讯	民营企业	北京市	广播电视电影专用设备的制造	2010	79.53
22	300052	中青宝	民营企业	广东省	文化软件服务	2010	79.44
23	300251	光线传媒	民营企业	北京市	电影和影视录音服务	2011	79.43
24	000665	湖北广电	国有企业	湖北省	广播电视服务	1996	79.39
25	300027	华谊兄弟	民营企业	浙江省	电影和影视录音服务	2009	79.28
26	300235	方直科技	民营企业	广东省	文化软件服务	2011	79.23
27	002230	科大讯飞	民营企业	安徽省	视听设备的制造	2008	79.22
28	000917	电广传媒	国有企业	湖南省	广播电视传输服务	1998	79.18
29	002095	生意宝	民营企业	浙江省	互联网信息服务	2006	78.97
30	600373	中文传媒	民营企业	江西省	出版服务	2002	78.93
31	300059	东方财富	民营企业	上海市	互联网信息服务	2010	78.90
32	601098	中南传媒	国有企业	湖南省	出版服务	2010	78.90
33	600637	百视通	国有企业	上海市	互联网信息服务	1993	78.85
34	300178	腾邦国际	民营企业	广东省	互联网信息服务	2011	78.84
35	300005	探路者	民营企业	北京市	其他文化用品的制造	2009	78.77
36	002308	威创股份	中外合资企业	广东省	广播电视电影专用设备的制造	2009	78.73
37	600880	博瑞传播	国有企业	四川省	出版服务	1995	78.66
38	300051	三五互联	民营企业	福建省	互联网信息服务	2010	78.63
39	002191	劲嘉股份	民营企业	广东省	印刷复制服务	2007	78.63
40	300188	美亚柏科	民营企业	福建省	互联网信息服务	2011	78.63
41	300270	中威电子	民营企业	浙江省	广播电视电影专用设备的制造	2011	78.59
42	600831	广电网络	集体企业	陕西省	广播电视服务	1994	78.56
43	300182	捷成股份	民营企业	北京市	广播电视传输服务	2011	78.56
44	002310	东方园林	民营企业	北京市	建筑设计服务	2009	78.55
45	601929	吉视传媒	国有企业	吉林省	广播电视服务	2012	78.51
46	000888	峨眉山 A	国有企业	四川省	景区游览服务	1997	78.48
47	300058	蓝色光标	民营企业	北京市	广告服务	2010	78.43
48	300315	掌趣科技	民营企业	北京市	文化软件服务	2012	78.42
49	002148	北纬通信	民营企业	北京市	增值电信服务（文化部分）	2007	78.40
50	002081	金螳螂	民营企业	江苏省	建筑设计服务	2006	78.34

本书进一步采用 SPSS18.0 软件组间联接系统聚类方法对 2011～2013 年中国文化及相关产业上市公司科技创新指数三年均值前 50 强进行聚类分析,如图 6-4 所示。聚类树状图清晰反映出三年来各公司经济效益指数所处的层级与集群。从图 6-4 中可以发现,2011～2013 年中国文化及相关产业上市公司按照经济效益指数可以划分为三个梯队:

第一梯队:中国联通,处于领先地位;

第二梯队:焦点科技、丽江旅游、顺网科技、华侨城 A、宋城股份、拓尔思、海康威视、青岛海尔和数码视讯 9 家公司;

第三梯队:生意宝、东方财富、中威电子、二六三、腾邦国际、美亚柏科、中青宝、方直科技、威创股份、浙报传媒、百视通、科大讯飞、峨眉山 A、大连圣亚、大智慧、网宿科技、捷成股份、探路者、中南传媒、劲嘉股份、三五互联、广电网络、光线传媒、东方园林、金螳螂、湖北广电、博瑞传播、华策影视、华谊兄弟、鹏博士、新北洋、凤凰传媒、东港股份、黄山旅游、蓝色光标、歌尔声学、北京旅游、乐视网、西藏旅游和老凤祥 40 家公司。

三、经济效益注册地区评价:上海排名第一

总的来看,文化及相关产业上市公司经济效益指数在不同区域的差异不大(见表 6-4),归纳起来,主要有以下三个特点:

第一,各区域的文化及相关产业上市公司经济效益指数介于 75～78,其中,2011～2013 年文化及相关产业上市公司经济效益指数最高的地区是上海市,经济效益指数为 77.81,位于第一阶梯;其次为浙江省(77.64)、安徽省(77.46)、北京市(77.41)、湖南省(77.40)、山东省(77.30)、江苏省(77.30)、广东省(77.15)7 个地区,位于第二阶梯,经济效益指数都大于 77,这些地区文化产业发展态势迅猛、文化市场较为成熟,而且拥有文化及相关产业上市公司的数量相对较多(除安徽省与湖南省)。实际上,上海市与浙江省的文化及相关产业上市公司经济效益指数高,主要在于近年来这两大地区的新兴文化产业市场繁荣,文化企业具有较强的盈利能力、成长能力与持续经营能力。

第二,文化及相关产业上市公司经济效益指数相对最低的区域有 4 个,即四川省(76.59)、福建省(76.32)、湖北省(76.10)、陕西省(75.89),经济效益指数介于 75～77,这与上述 4 个地区文化及相关产业上市公司数量少(4～7 家)、文化产业总量小、文化消费市场不发达的发展状况是一致的。

第三,比较来看,文化产业经济效益指数高的区域通常拥有文化及相关产业上市公司数量多、文化产业比较发达、文化市场相对成熟;从发展趋势来看,2011 年以来,大部分区域文化及相关产业上市公司经济效益指数呈现持续增长的态势,如上海市、安徽省、北京市、湖南省、山东省、广东省、四川省、陕西省。这些地区近年来出台了很多

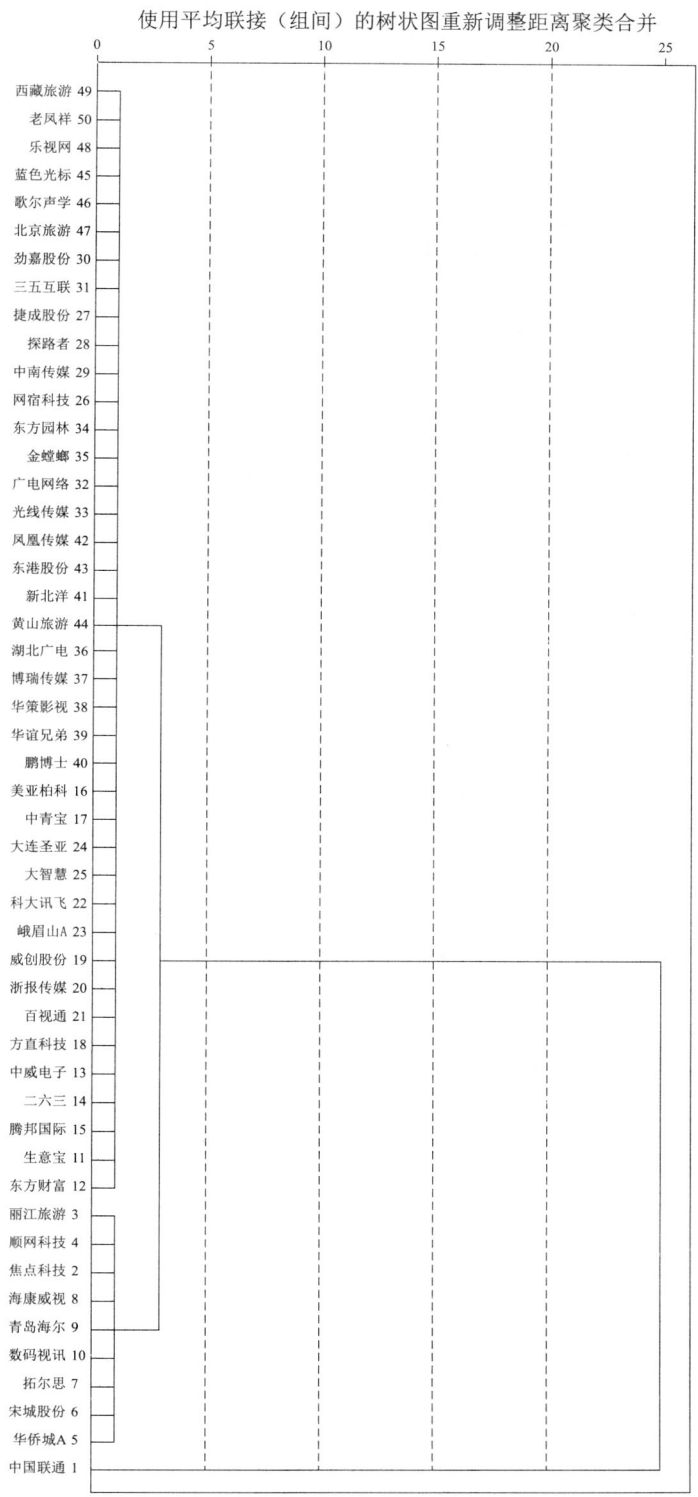

图6-4 2011～2013年文化及相关产业上市公司经济效益指数聚类分析

文化产业扶持政策，建立了良好的文化产业发展环境，有力地促进了文化及相关产业的发展；还有一部分区域的文化及相关产业上市公司的经济效益指数呈现先小幅增长然后又转向微降的发展趋势，这些区域包括东部的江苏省、南部的福建省和中部地区的湖南省。

表 6-4 2011~2013 年文化及相关产业上市公司经济效益地区比较

注册地址	2011 年		2012 年		2013 年		年度平均	
	N	均值	N	均值	N	均值	N	均值
上海市	16.00	77.61	17.00	77.66	17.00	78.16	16.67	77.81
浙江省	19.00	77.42	21.00	77.72	21.00	77.77	20.33	77.64
安徽省	5.00	77.24	5.00	77.41	5.00	77.73	5.00	77.46
北京市	23.00	77.08	26.00	77.55	26.00	77.58	25.00	77.41
湖南省	6.00	76.94	6.00	77.55	6.00	77.70	6.00	77.40
山东省	10.00	76.90	10.00	77.44	10.00	77.55	10.00	77.30
江苏省	9.00	76.95	9.00	77.60	9.00	77.34	9.00	77.30
广东省	33.00	76.92	35.00	77.26	35.00	77.27	34.33	77.15
四川省	6.00	75.71	6.00	76.93	6.00	77.12	6.00	76.59
福建省	7.00	76.37	7.00	76.78	7.00	75.81	7.00	76.32
湖北省	4.00	74.47	4.00	77.22	4.00	76.60	4.00	76.10
陕西省	5.00	74.73	5.00	76.09	5.00	76.86	5.00	75.89
海南省	*2.00*	*76.78*	*2.00*	*76.47*	*2.00*	*75.87*	*2.00*	*76.37*
河南省	*2.00*	*75.06*	*2.00*	*76.01*	*2.00*	*74.79*	*2.00*	*75.29*
江西省	*2.00*	*76.25*	*2.00*	*76.96*	*2.00*	*76.58*	*2.00*	*76.59*
辽宁省	*2.00*	*77.14*	*2.00*	*77.48*	*2.00*	*77.90*	*2.00*	*77.51*
云南省	*2.00*	*80.05*	*2.00*	*79.20*	*2.00*	*79.05*	*2.00*	*79.43*
重庆市	*2.00*	*77.07*	*2.00*	*76.72*	*2.00*	*76.00*	*2.00*	*76.60*
广西壮族自治区	*1.00*	*77.77*	*1.00*	*77.81*	*1.00*	*77.15*	*1.00*	*77.58*
贵州省	*—*	*—*	*1.00*	*82.43*	*1.00*	*80.81*	*1.00*	*81.62*
河北省	*1.00*	*73.06*	*1.00*	*76.03*	*1.00*	*76.04*	*1.00*	*75.04*
黑龙江省	*1.00*	*75.31*	*1.00*	*75.01*	*1.00*	*76.35*	*1.00*	*75.56*
吉林省	*—*	*—*	*1.00*	*78.54*	*1.00*	*78.51*	*1.00*	*78.53*
宁夏回族自治区	*1.00*	*74.30*	*1.00*	*75.17*	*1.00*	*71.41*	*1.00*	*73.63*
山西省	*1.00*	*69.04*	*1.00*	*78.38*	*1.00*	*77.48*	*1.00*	*74.97*
西藏自治区	*1.00*	*77.64*	*1.00*	*78.32*	*1.00*	*78.04*	*1.00*	*78.00*

注：斜体表示所含上市公司数量太少，不参与分析。

四、经济效益细分行业评价：新兴行业居前

按国家统计局《文化及相关产业分类（2012）》产业分类的第三层进行文化及相关产业上市公司经济效益水平比较分析，可以得出如下结论：

第一，不同行业的文化及相关产业上市公司的经济效益指数存在较明显的差异。从数据可以看出，凭借互联网和移动互联网产生发展起来的互联网信息服务行业与增值电信服务（文化）行业，经济效益指数通常较高；传统文化服务领域经济效益指数一般相对较低。例如，增值电信服务（文化部分）行业的经济效益指数最高，为80.38，这一行业的上市企业主要从事移动互联网领域，提供增值文化服务；互联网信息服务行业，经济效益指数排在第二位，为79.13，这两个行业的共性是基本完全依赖互联网与移动互联网构建起特有的可持续的盈利模式。

第二，从不同细分行业的文化及相关产业上市公司经济效益比较来看，除了上述提到的增值电信服务（文化部分）与互联网信息服务行业，文化软件服务与景区游览服务两大行业的经济效益指数也较高，分别为78.93、78.25，经济效益指数都在78以上。究其原因，文化软件服务属于新兴领域，文化企业聚焦于多媒体、动漫游戏软件开发，数字动漫、游戏设计制作等数字内容制作，盈利能力与成长能力突出；景区游览服务行业则伴随着居民人均可支配收入的提高，居民文化消费理念的提升与文化消费市场潜力的日渐释放而具有无限的成长空间，而且景区游览服务企业通常是将景区游览、餐饮服务、演艺服务、酒店服务整合在一起，资产规模总量较大、具有很强的盈利能力。

此外，还有一些细分文化行业领域的经济效益指数比较低。例如，文化用纸的制造行业主要集中于文化用机制纸及纸板制造、手工纸制造，属于传统的文化制造业，成长空间小、盈利能力相对较弱，经济效益指数自然不高（75.27）；文化用油墨颜料的制造行业的经济效益指数也不高，为76.17，其主要从事油墨及类似产品制造、文化用颜料制造，上市公司数量少、资产规模总量通常偏小、盈利能力有待提升。

表6-5　2011～2013年文化及相关产业上市公司经济效益指数行业比较

产业分类第三层	2011年		2012年		2013年		年度平均	
	N	均值	N	均值	N	均值	N	均值
增值电信服务（文化部分）	3.00	80.06	3.00	80.43	3.00	80.66	3.00	80.38
互联网信息服务	15.00	79.19	16.00	78.89	16.00	79.30	15.67	79.13
文化软件服务	3.00	78.31	5.00	79.32	5.00	79.17	4.33	78.93
景区游览服务	13.00	77.88	13.00	78.51	13.00	78.34	13.00	78.25
电影和影视录音服务	5.00	77.67	7.00	77.55	7.00	77.72	6.33	77.65

（续表）

产业分类第三层	2011 年		2012 年		2013 年		年度平均	
	N	均值	N	均值	N	均值	N	均值
出版服务	13.00	77.14	13.00	77.53	13.00	77.79	13.00	77.49
印刷复制服务	12.00	77.05	13.00	77.32	13.00	77.38	12.67	77.25
广播电视传输服务	8.00	76.70	8.00	77.38	8.00	77.62	8.00	77.23
视听设备的制造	15.00	76.93	15.00	77.12	15.00	77.37	15.00	77.14
广告服务	4.00	76.66	4.00	76.87	4.00	76.95	4.00	76.83
广播电视电影专用设备的制造	14.00	76.26	14.00	76.98	14.00	77.06	14.00	76.77
玩具的制造	4.00	77.13	4.00	76.63	4.00	76.33	4.00	76.69
工艺美术品的制造	6.00	75.63	6.00	76.66	6.00	77.12	6.00	76.47
建筑设计服务	9.00	75.73	9.00	76.53	9.00	76.53	9.00	76.26
文化用油墨颜料的制造	3.00	75.97	3.00	76.54	3.00	76.01	3.00	76.17
文化用纸的制造	14.00	74.74	14.00	75.91	14.00	75.16	14.00	75.27
广播电视服务	*2.00*	*77.42*	*3.00*	*78.82*	*3.00*	*78.82*	*2.67*	*78.35*
发行服务	*2.00*	*77.20*	*2.00*	*77.29*	*2.00*	*77.21*	*2.00*	*77.23*
工艺美术品的销售	*2.00*	*73.71*	*2.00*	*76.32*	*2.00*	*76.11*	*2.00*	*75.38*
会展服务	*2.00*	*72.86*	*2.00*	*77.56*	*2.00*	*77.14*	*2.00*	*75.85*
办公用品的制造	*2.00*	*76.37*	*2.00*	*76.25*	*2.00*	*75.82*	*2.00*	*76.15*
乐器的制造	*—*	*—*	*2.00*	*77.12*	*2.00*	*76.82*	*2.00*	*76.97*
其他文化用品的制造	*2.00*	*75.00*	*2.00*	*77.60*	*2.00*	*76.18*	*2.00*	*76.26*
专业设计服务	*1.00*	*75.18*	*1.00*	*75.81*	*1.00*	*75.00*	*1.00*	*75.33*
娱乐休闲服务	*1.00*	*77.47*	*1.00*	*76.70*	*1.00*	*75.21*	*1.00*	*76.46*
园林、陈设艺术及其他陶瓷制品的制造	*1.00*	*76.49*	*1.00*	*77.07*	*1.00*	*75.64*	*1.00*	*76.40*
其他文化辅助生产	*—*	*—*	*1.00*	*78.04*	*1.00*	*77.59*	*1.00*	*77.82*
焰火、鞭炮产品的制造	*1.00*	*76.79*	*1.00*	*76.90*	*1.00*	*76.87*	*1.00*	*76.85*
文化用化学品的制造	*1.00*	*73.06*	*1.00*	*76.03*	*1.00*	*76.04*	*1.00*	*75.04*
印刷专用设备的制造	*1.00*	*75.62*	*1.00*	*73.19*	*1.00*	*74.72*	*1.00*	*74.51*
其他文化专用设备的制造	*1.00*	*78.32*	*1.00*	*78.56*	*1.00*	*78.01*	*1.00*	*78.30*
文具乐器照相器材的销售	*1.00*	*76.11*	*1.00*	*75.38*	*1.00*	*74.22*	*1.00*	*75.24*

注：斜体表示所含上市公司数量太少，不参与分析。

五、经济效益所有制评价：非国有文化企业经济实力更强

从国有、国有相对控股、民营、中外合资四种所有制性质企业经济效益指数比较分析，可以发现：①

其一，文化及相关产业上市公司经济效益最强的是中外合资文化企业，经济效益指数为77.45，这是由于中外合资文化企业通常紧跟国际文化产业发展态势，盈利模式较为成熟、经营管理能力相对较强；其次是民营文化企业，经济效益指数为77.28。民营文化企业主要集中在新兴文化产业领域，经营管理体制灵活、盈利模式多元化、具有较大的成长空间；最后是国有文化企业与国有相对控股文化企业，其经济效益指数低，分别为77.05、75.07。以上结果表明，国有和国有相对控股企业的经济效益比非国有类企业的经济效益要差。

其二，从不同性质的文化及相关产业上市公司经济效益指数发展趋势来看，2011～2013年，国有文化企业的经济效益指数虽然总体排名不高，但呈现持续稳健增长的态势，由2011年的76.56上升至2012年的77.26，2013年达到77.32。但是，民营文化企业与中外合资文化企业的经济效益指数都呈现先增长后下降的趋势。例如，民营文化企业由2011年的77增加到2012年的77.44，2013年则降至77.40，中外合资文化企业则先是由76.42提升到78.32，然后又降至77.62。

其三，总的来看，非国有文化企业（中外合资文化企业、民营文化企业）比国有类文化企业（国有文化企业、国有控股文化企业）的经济效益实力明显更强。虽然，基于文化产业独有的文化属性，非国有文化企业不能享受和国有文化企业相同的政策资源、财政资源及其他文化资源，但非国有文化上市公司拥有的灵活经营模式、聚焦新兴文化产业领域、重视创新与自主知识产权的开发，使其培育起较强的经济实力。

表6-6 2011～2013年文化及相关产业上市公司经济效益指数所有制比较

所有制	2011年		2012年		2013年		年度平均	
	N	均值	N	均值	N	均值	N	均值
国有企业	57.00	76.56	61.00	77.26	61.00	77.32	59.67	77.05
国有相对控股企业	3.00	74.29	3.00	75.59	3.00	75.32	3.00	75.07
集体企业	2.00	78.98	2.00	79.34	2.00	79.55	2.00	79.29
民营企业	95.00	77.00	100.00	77.44	100.00	77.40	98.33	77.28
中外合资企业	4.00	76.42	5.00	78.32	5.00	77.62	4.67	77.45

① 鉴于文化及相关产业上市公司中的集体文化企业只有2家，不具有代表性，在此不做讨论。

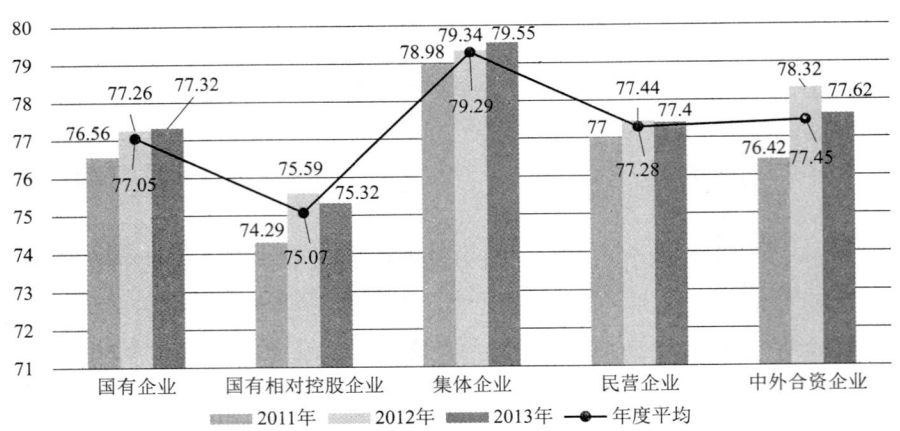

图 6-5　2011~2013 年文化及相关产业上市公司经济效益指数所有制比较

第三节　文化及相关产业上市公司规模总量评价

一、文化及相关产业上市公司规模总量总体特征：平稳增长

2011~2013 年，文化及相关产业上市公司资产规模，包括总资产、净资产、流动资产等各类资产总量和均值都呈现出连年增长态势，说明中国文化及相关产业总体发展势头良好。

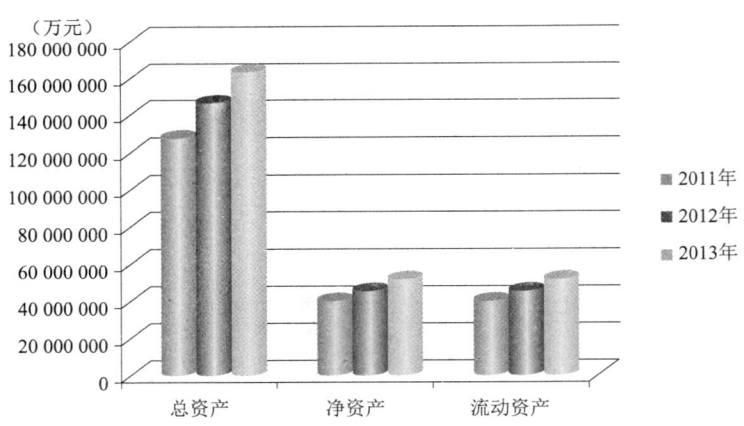

图 6-6　2011~2013 年文化及相关产业上市公司资产规模

具体来看，2011~2013 年文化及相关产业上市公司资产总额分别达到了 1.27 万亿元、1.46 万亿元和 1.63 万亿元，呈现稳步增加的良好态势；2011~2013 年文化及相关产业上市公司的总资产均值（即单位企业平均资产规模）达到了 79.17 亿元、85.59 亿元和 95.97 亿元。从 2013 年比 2011 年总量增长率来看，文化及相关产业上市公司总资产增长

了 27.99%，净资产增长了 29.07%，流动资产增长了 32.14%。此外，从均值增长率来看，文化及相关产业上市公司单位企业总资产增长了 21.22%，净资产增长了 22.24%，流动资产增长了 22.81%，明显低于总量增长。

表 6-7　2011～2013 年文化及相关产业上市公司资产规模　　（单位：万元）

年份	总资产		净资产		流动资产	
	合计	均值	合计	均值	合计	均值
2011	127 464 637.63	791 705.82	40 124 655.86	249 221.46	52 069 759.06	329 555.44
2012	146 354 900.40	855 876.61	45 203 729.91	265 904.29	59 421 335.50	347 493.19
2013	163 146 113.48	959 683.02	51 790 407.01	304 649.45	68 805 159.58	404 736.23
三年平均	145 655 217.17	869 088.48	45 706 264.26	273 258.40	60 098 751.38	360 594.95

二、文化及相关产业上市公司规模总量 50 强

本书基于总资产和净资产两个维度，对文化及相关产业上市公司的规模总量进行分析，并重点对 50 强企业进行比较。

其一，在文化及相关产业上市公司中，总资产规模最大的是中国联通，达到 5027 亿元，作为主要从事增值电信服务（文化部分）业务的国有企业，中国联通拥有庞大的总资产规模，一方面与其拥有的政治与政策优势有关，更为重要的是在当前寡头垄断的市场结构中，网络社会的到来与网民规模的攀升，带来数据通信业务需求、网络接入业务需求和各类电信增值业务需求的爆发式增长，强力助推了电信类企业近些年来的超常规跨越式发展。

其二，经济效益指数最高的前五名文化及相关产业上市公司，除了中国联通，还包括 TCL 集团（773 亿元）、京东方 A（750 亿元）、华侨城 A（745 亿元）、青岛海尔（501 亿元），拥有的资产规模都超过了 500 亿元，明显高于其他文化企业。具体来看，这 4 家公司有三家企业都是视听设备制造企业，涉及电视机制造、音响设备制造、影视录放设备制造与计算机、显示器等产品，属于固定资产规模较大的文化制造企业；华侨城 A 虽然从事景区游览服务，但其业务范围覆盖旅游、酒店餐饮、文化地产、会展、文化艺术等众多领域，形成了庞大的资产规模。

其三，在文化及相关产业上市公司总资产规模 50 强企业中，资产规模差距是很大的。从所有制性质来看，资产规模排名靠前的文化及相关产业上市公司，属于国有文化企业的居多，民营文化企业与中外合资文化企业较少，主要与文化产业的市场准入门槛高、政策资源与文化资源配置向国有文化企业倾斜等因素相关。

表 6-8　2011～2013 年文化及相关产业上市公司总资产规模 50 强

（单位：万元）

排名	证券代码	企业名称	企业性质	注册地址	产业分类第三层	上市时间（年）	年度平均
1	600050	中国联通	国有企业	上海市	增值电信服务（文化部分）	2002	50 274 852.91
2	000100	TCL 集团	国有企业	广东省	视听设备的制造	2004	7 727 991.56
3	000725	京东方 A	国有企业	北京市	视听设备的制造	2001	7 502 035.20
4	000069	华侨城 A	国有企业	广东省	景区游览服务	1997	7 454 626.98
5	600690	青岛海尔	集体企业	山东省	视听设备的制造	1993	5 014 255.35
6	000488	晨鸣纸业	国有企业	山东省	文化用纸的制造	2000	4 695 937.82
7	000066	长城电脑	国有企业	广东省	视听设备的制造	1997	3 706 981.42
8	600100	同方股份	国有企业	北京市	广播电视电影专用设备的制造	1997	3 548 019.55
9	600308	华泰股份	民营企业	山东省	文化用纸的制造	2000	1 703 555.15
10	000016	深康佳 A	国有相对控股企业	广东省	视听设备的制造	1992	1 640 421.83
11	002078	太阳纸业	民营企业	山东省	文化用纸的制造	2006	1 541 669.74
12	000917	电广传媒	国有企业	湖南省	广播电视传输服务	1998	1 384 230.00
13	601928	凤凰传媒	国有企业	江苏省	出版服务	2011	1 337 705.70
14	002081	金螳螂	民营企业	江苏省	建筑设计服务	2006	1 296 936.73
15	600832	东方明珠	国有企业	上海市	广播电视传输服务	1994	1 269 131.62
16	600655	豫园商城	民营企业	上海市	工艺美术品的销售	1992	1 237 007.23
17	601098	中南传媒	国有企业	湖南省	出版服务	2010	1 191 833.12
18	601886	江河创建	民营企业	北京市	建筑设计服务	2011	1 179 056.35
19	000839	中信国安	国有企业	北京市	广播电视传输服务	1997	1 155 468.73
20	002415	海康威视	国有企业	浙江省	视听设备的制造	2010	1 099 255.58
21	600567	山鹰纸业	民营企业	安徽省	文化用纸的制造	2001	1 091 069.20
22	600037	歌华有线	国有企业	北京市	广播电视传输服务	2001	1 062 093.37
23	600210	紫江企业	民营企业	上海市	印刷复制服务	1999	1 035 107.13
24	002375	亚厦股份	民营企业	浙江省	建筑设计服务	2010	977 670.67
25	600966	博汇纸业	民营企业	山东省	文化用纸的制造	2004	932 480.36
26	600373	中文传媒	民营企业	江西省	出版服务	2002	931 072.29
27	600804	鹏博士	民营企业	四川省	互联网信息服务	1994	921 374.72
28	002241	歌尔声学	民营企业	山东省	视听设备的制造	2008	918 220.04
29	600612	老凤祥	国有企业	上海市	工艺美术品的制造	1992	849 968.58
30	600707	*ST 彩虹	国有企业	陕西省	广播电视电影专用设备的制造	1996	807 297.25

排名	证券代码	企业名称	企业性质	注册地址	产业分类第三层	上市时间（年）	年度平均
31	000050	深天马 A	国有企业	广东省	广播电视电影专用设备的制造	1995	794 403.81
32	002310	东方园林	民营企业	北京市	建筑设计服务	2009	756 962.66
33	002482	广田股份	民营企业	广东省	建筑设计服务	2010	710 804.51
34	000514	渝开发	国有企业	重庆市	会展服务	1993	654 574.40
35	000793	华闻传媒	国有企业	海南省	出版服务	1997	615 406.09
36	600069	银鸽投资	国有相对控股企业	河南省	文化用纸的制造	1997	604 698.32
37	600825	新华传媒	国有企业	上海市	发行服务	1994	585 227.84
38	601801	皖新传媒	国有企业	安徽省	发行服务	2010	547 200.59
39	002067	景兴纸业	民营企业	浙江省	文化用纸的制造	2006	528 658.41
40	002431	棕榈园林	民营企业	广东省	建筑设计服务	2010	517 679.71
41	600757	长江传媒	国有企业	湖北省	出版服务	1996	495 849.22
42	600551	时代出版	国有企业	安徽省	出版服务	2002	475 400.82
43	300027	华谊兄弟	民营企业	浙江省	电影和影视录音服务	2009	460 468.42
44	600086	东方金钰	民营企业	湖北省	工艺美术品的制造	1997	442 329.59
45	002574	明牌珠宝	民营企业	浙江省	工艺美术品的制造	2011	428 679.77
46	002191	劲嘉股份	民营企业	广东省	印刷复制服务	2007	409 572.85
47	600637	百视通	国有企业	上海市	互联网信息服务	1993	404 945.23
48	600831	广电网络	集体企业	陕西省	广播电视服务	1994	394 332.95
49	000909	数源科技	国有企业	浙江省	视听设备的制造	1999	382 804.77
50	600633	浙报传媒	国有企业	浙江省	出版服务	1993	360 312.04

注：为了便于研究，本排名不包含 2012 年上市的 10 家公司。

从净资产规模来看，与总资产规模比较的结果接近。在文化及相关产业上市公司 50 强名单中，净资产规模最大的还是中国联通，拥有 727 亿元，遥遥领先；京东方 A（266 亿元）与华侨城 A（200 亿元）两家企业的净资产规模也比较大，都在 200 亿元以上，明显高于其他文化企业，这和其拥有的总资产规模情况比较一致。而 TCL 集团（124 亿元）与青岛海尔（113 亿元）两家从事文化相关产品制造的企业净资产排名比总规模排名有所下降。总的来看，前六家文化企业净资产规模都在百亿元以上，而且比后面其他文化企业的总资产规模高出许多；与此同时，在净资产规模方面，国有文化企业的优势明显，文化制造业企业的净资产规模与其他行业相比也相对更大。

表6-9　2011～2013年文化及相关产业上市公司净资产规模50强

（单位：万元）

排名	证券代码	企业名称	企业性质	注册地址	产业分类第三层	上市时间（年）	年度平均
1	600050	中国联通	国有企业	上海市	增值电信服务（文化部分）	2002	7 272 667.50
2	000725	京东方A	国有企业	北京市	视听设备的制造	2001	2 657 488.91
3	000069	华侨城A	国有企业	广东省	景区游览服务	1997	2 002 375.28
4	000488	晨鸣纸业	国有企业	山东省	文化用纸的制造	2000	1 377 600.22
5	000100	TCL集团	国有企业	广东省	视听设备的制造	2004	1 240 670.52
6	600690	青岛海尔	集体企业	山东省	视听设备的制造	1993	1 131 111.26
7	600100	同方股份	国有企业	北京市	广播电视电影专用设备的制造	1997	944 515.14
8	601928	凤凰传媒	国有企业	江苏省	出版服务	2011	909 785.82
9	002415	海康威视	国有企业	浙江省	视听设备的制造	2010	888 157.03
10	601098	中南传媒	国有企业	湖南省	出版服务	2010	847 109.85
11	600832	东方明珠	国有企业	上海市	广播电视传输服务	1994	748 045.74
12	600308	华泰股份	民营企业	山东省	文化用纸的制造	2000	623 821.71
13	600655	豫园商城	民营企业	上海市	工艺美术品的销售	1992	583 020.91
14	000839	中信国安	国有企业	北京市	广播电视传输服务	1997	579 273.18
15	600037	歌华有线	国有企业	北京市	广播电视传输服务	2001	553 414.03
16	000917	电广传媒	国有企业	湖南省	广播电视传输服务	1998	543 202.19
17	002241	歌尔声学	民营企业	山东省	视听设备的制造	2008	452 596.52
18	600373	中文传媒	民营企业	江西省	出版服务	2002	448 338.12
19	601886	江河创建	民营企业	北京市	建筑设计服务	2011	441 503.09
20	002078	太阳纸业	民营企业	山东省	文化用纸的制造	2006	430 728.27
21	002081	金螳螂	民营企业	江苏省	建筑设计服务	2006	426 625.05
22	601801	皖新传媒	国有企业	安徽省	发行服务	2010	416 870.23
23	000016	深康佳A	国有相对控股企业	广东省	视听设备的制造	1992	404 459.12
24	600567	山鹰纸业	民营企业	安徽省	文化用纸的制造	2001	393 524.76
25	600804	鹏博士	民营企业	四川省	互联网信息服务	1994	385 428.91
26	600210	紫江企业	民营企业	上海市	印刷复制服务	1999	367 800.51
27	002375	亚厦股份	民营企业	浙江省	建筑设计服务	2010	355 473.13
28	000793	华闻传媒	国有企业	海南省	出版服务	1997	336 620.17
29	600757	长江传媒	国有企业	湖北省	出版服务	1996	333 414.79
30	002310	东方园林	民营企业	北京市	建筑设计服务	2009	322 278.28
31	002482	广田股份	民营企业	广东省	建筑设计服务	2010	320 052.59
32	600551	时代出版	国有企业	安徽省	出版服务	2002	313 311.32

排名	证券代码	企业名称	企业性质	注册地址	产业分类第三层	上市时间（年）	年度平均
33	600637	百视通	国有企业	上海市	互联网信息服务	1993	313 138.19
34	600966	博汇纸业	民营企业	山东省	文化用纸的制造	2004	307 628.64
35	601519	大智慧	民营企业	上海市	互联网信息服务	2011	302 374.97
36	300144	宋城股份	民营企业	浙江省	景区游览服务	2010	290 938.34
37	002181	粤传媒	国有企业	广东省	出版服务	2007	288 469.76
38	000066	长城电脑	国有企业	广东省	视听设备的制造	1997	288 426.87
39	002067	景兴纸业	民营企业	浙江省	文化用纸的制造	2006	286 915.79
40	002574	明牌珠宝	民营企业	浙江省	工艺美术品的制造	2011	282 511.12
41	600612	老凤祥	国有企业	上海市	工艺美术品的制造	1992	275 435.27
42	600880	博瑞传播	国有企业	四川省	出版服务	1995	260 060.54
43	300027	华谊兄弟	民营企业	浙江省	电影和影视录音服务	2009	258 316.32
44	000514	渝开发	国有企业	重庆市	会展服务	1993	256 902.60
45	600707	*ST 彩虹	国有企业	陕西省	广播电视电影专用设备的制造	1996	256 879.82
46	600825	新华传媒	国有企业	上海市	发行服务	1994	250 184.02
47	300079	数码视讯	民营企业	北京市	广播电视电影专用设备的制造	2010	249 412.17
48	002191	劲嘉股份	民营企业	广东省	印刷复制服务	2007	245 152.38
49	002431	棕榈园林	民营企业	广东省	建筑设计服务	2010	223 188.28
50	002521	齐峰股份	民营企业	山东省	文化用纸的制造	2010	214 274.46

注：为了便于研究，本排名不包含 2012 年上市的 10 家公司。

三、规模总量注册地区评价：上海最高

从文化及相关产业上市公司的规模总量的区域比较来看，总资产与净资产规模在不同区域的比较结果较为一致。

从近三年总资产年度均值排名来看，上海文化及相关产业上市公司总资产均值为346 亿元，排在第一位，集中了大批以中国联通、东方明珠、豫园商城、新华传媒、百视通等为代表的龙头企业；山东省为 158 亿元，排在第二位，拥有以青岛海尔、晨鸣纸业、歌尔声学等行业典范企业，而且在文化制造业市场占据着重要的市场份额；广东省为 81 亿元，排在第三位，拥有以 TCL 集团、华侨城 A、长城电脑、深康佳 A 为代表的龙头企业；北京市为 73 亿元，排名第四；安徽省为 54 亿元，排名第五，总资产规模均值与净资产规模均值排名较为一致。

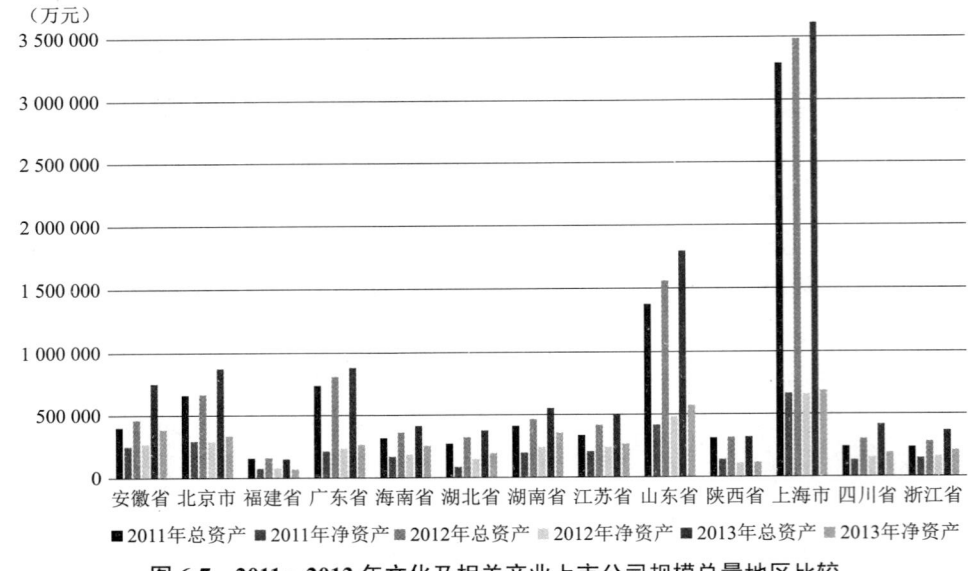

图 6-7　2011～2013 年文化及相关产业上市公司规模总量地区比较

　　从 2011～2013 年文化及相关产业上市公司净资产均值的排名来看，近三年净资产规模均值最大的区域是上海市，拥有净资产的均值为 67 亿元，这主要得益于上海市集聚了大批从事互联网信息服务与电信增值服务（文化）的企业，盈利能力较强；排在第二位的是山东省，净资产均值为 49 亿元，和其总资产的区域排名一致；排在第三位的是北京市，拥有净资产均值为 31 亿元，比总资产规模的排名提前了一个名次；安徽省的净资产均值为 30 亿元，排在第四位。

　　可见，目前，上海市、山东省、北京市、广东省是龙头文化企业的集聚地，集聚了一批规模庞大的文化及相关产业上市公司，特别是拥有大批文化制造业领域的龙头企业。

表 6-10　2011～2013 年文化及相关产业上市公司规模总量地区排名

（单位：万元）

注册地址		2011 年		2012 年		2013 年		年度平均	
		总资产	净资产	总资产	净资产	总资产	净资产	总资产	净资产
安徽省	N	5.00	5.00	5.00	5.00	5.00	5.00	5.00	5.00
	合计	2 008 594.23	1 251 506.28	2311 550.34	1 345 978.50	3 754 934.57	1 922 677.09	2 691 693.05	1 506 720.62
	均值	401 718.85	250 301.26	462 310.07	269 195.70	750 986.91	384 535.42	538 338.61	301 344.12
北京市	N	23.00	23.00	26.00	26.00	26.00	26.00	25.00	25.00
	合计	15 220 180.73	6 750 682.73	17 313 770.88	7 546 409.55	22 694 370.76	8 713 981.69	18 409 440.79	7 670 357.99
	均值	661 746.99	293 507.94	665 914.26	290 246.52	872 860.41	335 153.14	733 507.22	306 302.54
福建省	N	7.00	7.00	7.00	7.00	7.00	7.00	7.00	7.00
	合计	1 104 602.80	522 960.28	1 115 761.04	551 957.23	1 050 160.67	489 300.54	1 090 174.84	521 406.02
	均值	157 800.40	74 708.61	159 394.43	78 851.03	150 022.95	69 900.08	155 739.26	74 486.57

注册地址		2011 年		2012 年		2013 年		年度平均	
		总资产	净资产	总资产	净资产	总资产	净资产	总资产	净资产
广东省	N	33.00	33.00	35.00	35.00	35.00	35.00	34.33	34.33
	合计	24 335 033.06	6 999 073.26	28 266 732.03	8 243 852.10	30 782 428.83	9 250 690.55	27 794 731.31	8 164 538.64
	均值	737 425.24	212 093.13	807 620.92	235 538.63	879 497.97	264 305.44	808 181.38	237 312.40
湖北省	N	4.00	4.00	4.00	4.00	4.00	4.00	4.00	4.00
	合计	1 080 343.87	336 931.30	1 286 614.08	584 440.81	1 503 245.88	767 947.76	1 290 067.94	563 106.62
	均值	270 085.97	84 232.83	321 653.52	146 110.20	375 811.47	191 986.94	322 516.99	140 776.66
湖南省	N	6.00	6.00	6.00	6.00	6.00	6.00	6.00	6.00
	合计	2 463 625.95	1 180 667.62	2 785 032.35	1 448 074.73	3 312 575.75	2 121 545.80	2 853 744.68	1 583 429.38
	均值	410 604.33	196 777.94	464 172.06	241 345.79	552 095.96	353 590.97	475 624.11	263 904.90
江苏省	N	9.00	9.00	9.00	8.00	9.00	9.00	9.00	8.67
	合计	3 013 888.71	1 851 260.37	3 740 665.19	1 920 182.72	4 448 334.21	2 379 933.11	3 734 296.04	2 050 458.73
	均值	334 876.52	205 695.60	415 629.47	240 022.84	494 259.36	264 437.01	414 921.78	236 718.48
山东省	N	10.00	10.00	10.00	10.00	9.00	9.00	9.67	9.67
	合计	13 759 704.31	4 152 905.28	15 599 883.85	4 801 448.97	16 150 525.90	5 138 467.08	15 170 038.02	4 697 607.11
	均值	1 375 970.43	415 290.53	1 559 988.39	480 144.90	1 794 502.88	570 940.79	1 576 820.56	488 792.07
陕西省	N	5.00	5.00	5.00	5.00	5.00	5.00	5.00	5.00
	合计	1 547 584.43	693 450.55	1 575 763.65	539 391.81	1 597 731.06	575 877.54	1 573 693.05	602 906.63
	均值	309 516.89	138 690.11	315 152.73	107 878.36	319 546.21	115 175.51	314 738.61	120 581.33
上海市	N	16.00	16.00	17.00	17.00	17.00	17.00	16.67	16.67
	合计	52 615 732.45	10 595 123.79	59 217 737.43	11 151 042.49	61 414 147.52	11 681 697.57	57 749 205.80	11 142 621.28
	均值	3 288 483.28	662 195.24	3 483 396.32	655 943.68	3 612 596.91	687 158.68	3 461 492.17	668 432.53
浙江省	N	19.00	19.00	21.00	21.00	21.00	21.00	20.33	20.33
	合计	4 465 139.79	2 791 388.29	5 867 039.71	3 383 797.77	7 705 933.82	4 413 164.54	6 012 704.44	3 529 450.20
	均值	235 007.36	146 915.17	279 382.84	161 133.23	366 949.23	210 150.69	293 779.81	172 733.03
四川省	N	6.00	6.00	6.00	6.00	6.00	6.00	6.00	6.00
	合计	1 449 454.41	797 583.10	1 801 175.34	915 340.73	2 491 500.48	1 142 389.55	1 914 043.41	951 771.13
	均值	241 575.74	132 930.52	300 195.89	152 556.79	415 250.08	190 398.26	319 007.24	158 628.52
吉林省	N	—	—	1.00	1.00	1.00	1.00	1.00	1.00
	合计	—	—	553 786.61	400 922.07	631 595.61	428 012.35	592 691.11	414 467.21
	均值	—	—	553 786.61	400 922.07	631 595.61	428 012.35	592 691.11	414 467.21
广西壮族自治区	N	1.00	1.00	1.00	1.00	1.00	1.00	1.00	1.00
	合计	245 156.73	146 085.85	226 579.01	148 697.19	277 671.07	142 404.35	249 802.27	145 729.13
	均值	245 156.73	146 085.85	226 579.01	148 697.19	277 671.07	142 404.35	249 802.27	145 729.13

| 注册地址 | | 2011 年 | | 2012 年 | | 2013 年 | | 年度平均 | |
		总资产	净资产	总资产	净资产	总资产	净资产	总资产	净资产
贵州省	N	—	—	1.00	1.00	1.00	1.00	1.00	1.00
	合计	—	—	49 060.42	48 519.11	57 011.69	52 547.47	53 036.06	50 533.29
	均值	—	—	49 060.42	48 519.11	57 011.69	52 547.47	53 036.06	50 533.29
海南省	N	2.00	2.00	2.00	2.00	2.00	2.00	2.00	2.00
	合计	633 756.02	334 709.95	723 149.86	369 477.89	825 842.38	508 558.22	727 582.75	404 248.69
	均值	316 878.01	167 354.98	361 574.93	184 738.95	412 921.19	254 279.11	363 791.38	202 124.34
河北省	N	1.00	1.00	1.00	1.00	1.00	1.00	1.00	1.00
	合计	103 533.77	92 931.40	107 582.86	95 563.65	108 916.97	97 203.17	106 677.87	95 232.74
	均值	103 533.77	92 931.40	107 582.86	95 563.65	108 916.97	97 203.17	106 677.87	95 232.74
河南省	N	2.00	2.00	2.00	2.00	2.00	2.00	2.00	2.00
	合计	787 941.28	335 387.55	901 985.62	356 724.53	902 495.05	359 159.58	864 140.65	350 423.89
	均值	393 970.64	167 693.78	450 992.81	178 362.27	451 247.53	179 579.79	432 070.33	175 211.94
黑龙江省	N	1.00	1.00	1.00	1.00	1.00	1.00	1.00	1.00
	合计	138 367.12	86 817.45	194 818.97	104 559.37	221 511.67	119 228.03	184 899.25	103 534.95
	均值	138 367.12	86 817.45	194 818.97	104 559.37	221 511.67	119 228.03	184 899.25	103 534.95
山西省	N	1.00	1.00	1.00	1.00	1.00	1.00	1.00	1.00
	合计	11 687.90	587.58	7 870.63	902.71	8 177.19	1 129.10	9 245.24	873.13
	均值	11 687.90	587.58	7 870.63	902.71	8 177.19	1 129.10	9 245.24	873.13
江西省	N	2.00	2.00	2.00	2.00	2.00	2.00	2.00	2.00
	合计	873 231.19	442 441.96	941 566.74	452 727.78	1287 332.45	632 817.64	1034 043.46	509 329.13
	均值	436 615.60	221 220.98	470 783.37	226 363.89	643 666.23	316 408.82	517 021.73	254 664.56
辽宁省	N	2.00	2.00	2.00	2.00	2.00	2.00	2.00	2.00
	合计	301 142.39	191 482.13	317 688.74	199 179.65	334 988.29	207 090.29	317 939.81	199 250.69
	均值	150 571.20	95 741.07	158 844.37	99 589.83	167 494.15	103 545.15	158 969.90	99 625.35
宁夏回族自治区	N	1.00	1.00	1.00	1.00	1.00	1.00	1.00	1.00
	合计	390 532.91	64 079.74	313 460.56	66 558.11	247 236.24	44 593.08	317 076.57	58 410.31
	均值	390 532.91	64 079.74	313 460.56	66 558.11	247 236.24	44 593.08	317 076.57	58 410.31
西藏自治区	N	1.00	1.00	1.00	1.00	1.00	1.00	1.00	1.00
	合计	96 762.32	64 425.04	112 682.22	65 544.22	116 828.61	65 852.15	108 757.72	65 273.80
	均值	96 762.32	64 425.04	112 682.22	65 544.22	116 828.61	65 852.15	108 757.72	65 273.80
云南省	N	2.00	2.00	2.00	2.00	2.00	2.00	2.00	2.00
	合计	232 549.92	133 670.30	283 772.60	146 404.36	388 235.84	207 414.54	301 519.45	162 496.40
	均值	116 274.96	66 835.15	141 886.30	73 202.18	194 117.92	103 707.27	150 759.73	81 248.20

中国文化及相关产业上市公司研究报告：2011～2013

注册地址		2011 年		2012 年		2013 年		年度平均	
		总资产	净资产	总资产	净资产	总资产	净资产	总资产	净资产
重庆市	N	2.00	2.00	2.00	2.00	2.00	2.00	2.00	2.00
	合计	586 091.34	308 504.06	739 169.67	316 031.86	832 380.97	326 724.22	719 213.99	317 086.71
	均值	293 045.67	154 252.03	369 584.84	158 015.93	416 190.49	163 362.11	359 607.00	158 543.36

注：斜体表示所含上市公司数量太少，不参与分析。

四、规模总量细分行业评价：行业间差异较大

根据国家统计局《文化及相关产业分类（2012）》产业分类第三层的细分行业的总资产、净资产的合计值与均值进行汇总，可以发现不同行业的指标存在较大差异，个别行业优势突出。

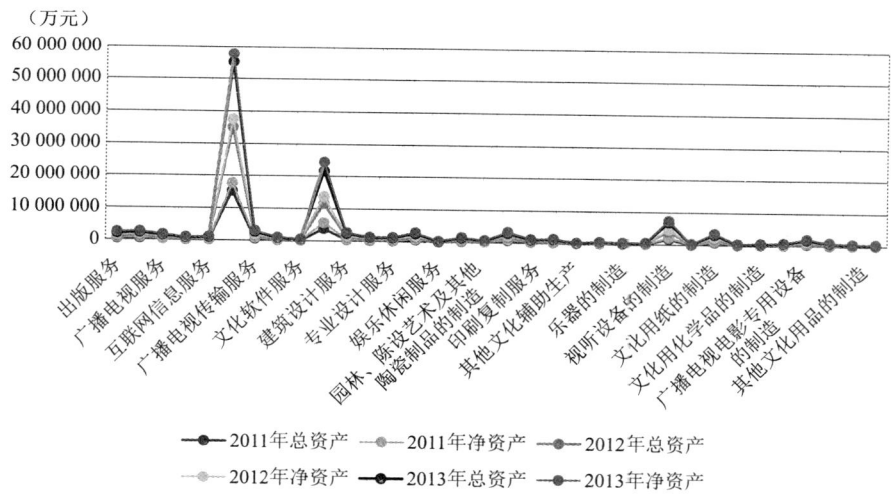

图 6-8 2011～2013 年文化及相关产业上市公司规模总量行业比较

在总资产方面：增值电信服务（文化部分）、视听设备的制造和文化用纸的制造 3 个细分行业总资产合计值和均值都相对最高，其中增值电信服务（文化部分）的总资产均值高达 1681 亿元，是娱乐休闲服务行业总资产的 260 倍；其他文化辅助生产，焰火、鞭炮产品的制造和娱乐休闲服务行业总资产合计值和均值都相对最低。

在净资产合计值方面：视听设备的制造、增值电信服务（文化部分）和出版服务 3 个细分行业净资产合计值相对最高。而娱乐休闲服务，园林、陈设艺术及其他陶瓷制品的制造和焰火、鞭炮产品的制造 3 个行业相对最低。

在净资产均值方面：增值电信服务（文化部分）、视听设备的制造和工艺美术品的销售 3 个细分行业的净资产均值位列前三位，其中增值电信服务（文化部分）的净资产均

值高达 246 亿元、视听设备的制造行业的净资产均值为 54 亿元。文化用油墨颜料的制造、园林、陈设艺术及其他陶瓷制品的制造和焰火、鞭炮产品的制造 3 个行业相对最低，其中文化用油墨颜料的制造行业净资产均值仅为 78 455.37 万元，约为视听设备的制造行业的 1/7。

表 6-11　2011～2013 年文化及相关产业上市公司规模总量行业比较

（单位：万元）

产业分类第三层		2011 年		2012 年		2013 年		年度平均	
		总资产	净资产	总资产	净资产	总资产	净资产	总资产	净资产
出版服务	合计	5 597 678.11	3 638 140.60	6 455 873.67	4 151 309.12	8 057 803.73	5 203 309.65	6 703 785.17	4 330 919.79
	均值	430 590.62	279 856.97	496 605.67	319 331.47	619 831.06	400 254.59	515 675.78	333 147.68
发行服务	合计	1 017 183.25	622 334.12	1 134 865.54	667 912.95	1 245 236.49	710 915.70	1 132 428.43	667 054.26
	均值	508 591.63	311 167.06	567 432.77	333 956.48	622 618.25	355 457.85	566 214.21	333 527.13
广播电视服务	合计	630 627.11	161 181.57	1 277 964.71	771 176.48	1 413 011.08	828 042.33	1 107 200.97	586 800.13
	均值	315 313.56	80 590.79	425 988.24	257 058.83	471 003.69	276 014.11	404 101.83	204 554.57
电影和影视录音服务	合计	829 102.76	592 448.46	1 223 752.11	859 467.83	1 597 053.56	1 113 966.30	1 216 636.14	855 294.20
	均值	165 820.55	118 489.69	174 821.73	122 781.12	228 150.51	159 138.04	189 597.60	133 469.62
互联网信息服务	合计	2 643 415.13	2 072 925.34	3 591 223.66	2 546 239.76	4 571 555.02	2 793 171.48	3 602 064.60	2 470 778.86
	均值	176 227.68	138 195.02	224 451.48	159 139.99	285 722.19	174 573.22	228 800.45	157 302.74
增值电信服务（文化部分）	合计	45 992 289.73	7 175 255.67	51 984 130.34	7 361 030.81	53 298 426.69	7 625 090.02	50 424 948.92	7 387 125.50
	均值	15 330 763.24	2 391 751.89	17 328 043.45	2 453 676.94	17 766 142.23	2 541 696.67	16 808 316.31	2 462 375.17
广播电视传输服务	合计	4 910 402.54	2 383 670.74	5 486 881.00	2 695 763.63	6 313 082.62	3 410 823.15	5 570 122.05	2 830 085.84
	均值	613 800.32	297 958.84	685 860.13	336 970.45	789 135.33	426 352.89	696 265.26	353 760.73
广告服务	合计	628 577.56	386 764.13	825 712.24	460 936.73	1 329 689.77	732 358.02	927 993.19	526 686.29
	均值	157 144.39	96 691.03	206 428.06	115 234.18	332 422.44	183 089.51	231 998.30	131 671.57
文化软件服务	合计	286 042.37	255 202.42	461 581.74	403 510.71	747 971.71	500 818.09	498 531.94	386 510.41
	均值	95 347.46	85 067.47	92 316.35	80 702.14	149 594.34	100 163.62	112 419.38	88 644.41
建筑设计服务	合计	3 814 601.61	1 861 892.81	5 839 236.67	2 231 690.41	7 866 294.63	2 845 291.84	5 840 044.30	2 312 958.35
	均值	423 844.62	206 876.98	648 804.07	247 965.60	874 032.74	316 143.54	648 893.81	256 995.37
专业设计服务	合计	301 733.18	158 283.82	315 079.18	160 759.89	333 830.23	155 476.17	316 880.86	158 173.29
	均值	301 733.18	158 283.82	315 079.18	160 759.89	333 830.23	155 476.17	316 880.86	158 173.29
景区游览服务	合计	7 971 471.98	2 754 727.28	9 166 465.16	3 198 754.72	10 948 770.59	3 760 209.43	9 362 235.91	3 237 897.14
	均值	613 190.15	211 902.10	705 112.70	246 058.06	842 213.12	289 246.88	720 171.99	249 069.01
娱乐休闲服务	合计	60 732.83	59 002.85	62 532.34	60 985.64	70 653.60	60 563.84	64 639.59	60 184.11
	均值	60 732.83	59 002.85	62 532.34	60 985.64	70 653.60	60 563.84	64 639.59	60 184.11

产业分类 第三层		2011 年		2012 年		2013 年		年度平均	
		总资产	净资产	总资产	净资产	总资产	净资产	总资产	净资产
工艺美术品的制造	合计	1 821 004.59	822 729.52	2 315 753.08	929 530.90	2 605 848.03	1 102 143.14	2 247 535.23	951 467.85
	均值	303 500.77	137 121.59	385 958.85	154 921.82	434 308.01	183 690.52	374 589.21	158 577.98
园林、陈设艺术及其他陶瓷制品的制造	合计	171 224.01	43 381.66	195 001.18	62 444.06	201 366.45	65 464.98	189 197.21	57 096.90
	均值	171 224.01	43 381.66	195 001.18	62 444.06	201 366.45	65 464.98	189 197.21	57 096.90
工艺美术品的销售	合计	1 512 237.22	641 585.33	1 385 784.74	719 532.55	1 648 395.21	798 901.18	1 515 472.39	720 006.35
	均值	756 118.61	320 792.67	692 892.37	359 766.28	824 197.61	399 450.59	757 736.20	360 003.18
印刷复制服务	合计	2 982 037.36	1 549 266.62	3 691 538.06	1 847 521.59	3 988 431.54	2 005 365.60	3 554 002.32	1 800 717.94
	均值	248 503.11	129 105.55	283 964.47	142 117.05	306 802.43	154 258.89	279 756.67	141 827.16
会展服务	合计	537 046.41	250 088.79	684 507.96	255 948.93	769 904.56	267 289.48	663 819.64	257 775.73
	均值	268 523.21	125 044.40	342 253.98	127 974.47	384 952.28	133 644.74	331 909.82	128 887.87
其他文化辅助生产	合计	—	—	68 237.06	64 982.26	80 796.90	64 532.64	74 516.98	64 757.45
	均值	—	—	68 237.06	64 982.26	80 796.90	64 532.64	74 516.98	64 757.45
办公用品的制造	合计	261 755.78	179 087.85	285 288.87	185 547.21	294 837.98	187 263.71	280 627.54	183 966.26
	均值	130 877.89	89 543.93	142 644.44	92 773.61	147 418.99	93 631.86	140 313.77	91 983.13
乐器的制造	合计	—	—	264 603.72	216 230.91	293 967.20	231 747.98	279 285.46	223 989.45
	均值	—	—	132 301.86	108 115.46	146 983.60	115 873.99	139 642.73	111 994.72
玩具的制造	合计	307 071.82	358 842.64	466 295.04	374 075.70	485 765.08	316 446.99	419 710.65	349 788.44
	均值	76 767.96	89 710.66	116 573.76	93 518.93	121 441.27	79 111.75	104 927.66	87 447.11
视听设备的制造	合计	25 848 740.49	7 013 630.69	28 911 124.55	7 839 420.09	33 521 131.30	9 367 502.64	29 426 998.78	8 073 517.81
	均值	1 723 249.37	467 575.38	1 927 408.30	522 628.01	2 234 742.09	624 500.18	1 961 799.92	538 234.52
焰火、鞭炮产品的制造	合计	55 542.50	25 101.28	55 881.27	26 027.71	88 796.68	65 894.71	66 740.15	39 007.90
	均值	55 542.50	25 101.28	55 881.27	26 027.71	88 796.68	65 894.71	66 740.15	39 007.90
文化用纸的制造	合计	11 952 194.00	4 038 714.85	12 383 114.34	4 085 430.97	12 338 453.51	4 190 687.31	12 224 587.28	4 104 944.38
	均值	853 728.14	288 479.63	884 508.17	291 816.50	949 111.81	322 360.56	895 782.71	300 885.56
文化用油墨颜料的制造	合计	207 840.31	172 234.12	223 486.48	177 258.19	274 771.55	182 183.10	235 366.11	177 225.14
	均值	69 280.10	57 411.37	74 495.49	59 086.06	91 590.52	60 727.70	78 455.37	59 075.05
文化用化学品的制造	合计	103 533.77	92 931.40	107 582.86	95 563.65	108 916.97	97 203.17	106 677.87	95 232.74
	均值	103 533.77	92 931.40	107 582.86	95 563.65	108 916.97	97 203.17	106 677.87	95 232.74

产业分类 第三层		2011 年		2012 年		2013 年		年度平均	
		总资产	净资产	总资产	净资产	总资产	净资产	总资产	净资产
印刷专 用设备 的制造	合计	148 544.18	75 638.23	147 503.87	58 798.83	282 936.09	80 357.33	192 994.71	71 598.13
	均值	148 544.18	75 638.23	147 503.87	58 798.83	282 936.09	80 357.33	192 994.71	71 598.13
广播电 视电影 专用设 备的 制造	合计	6 397 381.91	2 398 687.15	6 854 433.47	2 319 155.37	7 805 193.06	2 635 124.89	7 019 002.81	2 450 989.14
	均值	456 955.85	171 334.80	489 602.39	178 396.57	557 513.79	188 223.21	501 357.34	179 318.19
其他文 化专用 设备的 制造	合计	152 551.92	126 470.88	170 658.06	141 007.58	236 536.54	157 723.62	186 582.17	141 734.03
	均值	152 551.92	126 470.88	170 658.06	141 007.58	236 536.54	157 723.62	186 582.17	141 734.03
其他文 化用品 的制造	合计	207 458.01	152 918.63	217 743.15	173 574.91	233 451.06	175 221.72	219 550.74	167 238.42
	均值	103 729.01	76 459.32	108 871.58	86 787.46	116 725.53	87 610.86	109 775.37	83 619.21
文具乐 器照相 器材的 销售	合计	114 615.19	61 516.41	101 064.28	62 139.82	93 234.05	59 316.80	102 971.17	60 991.01
	均值	114 615.19	61 516.41	101 064.28	62 139.82	93 234.05	59 316.80	102 971.17	60 991.01

五、规模总量所有制评价：公有制文化企业具有明显优势

2011～2013 年文化产业总资产与净资产按所有制细分状况如表 6-12 所示，从中可以发现：

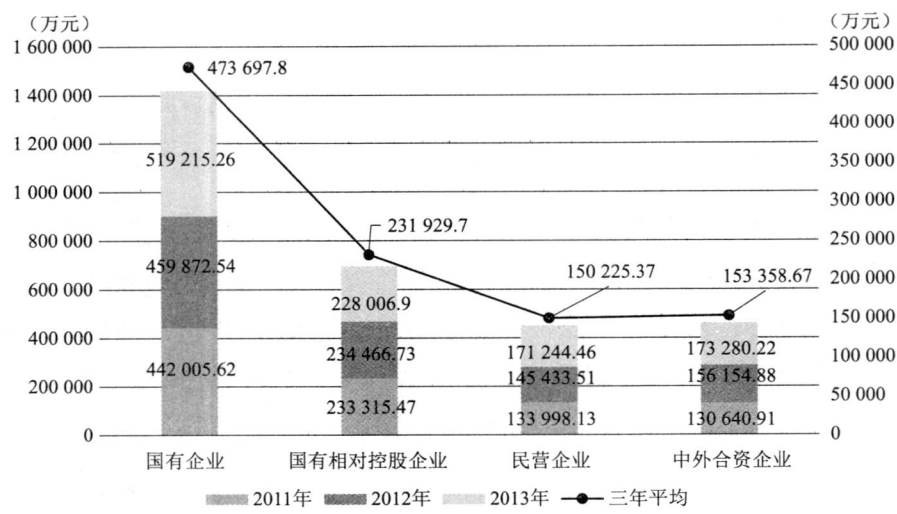

图 6-9　2011～2013 年文化及相关产业上市公司规模总量所有制比较

表 6-12　2011~2013 年文化及相关产业上市公司规模总量所有制比较

（单位：万元）

所有制		2011 年		2012 年		2013 年		三年平均	
		总资产	净资产	总资产	净资产	总资产	净资产	总资产	净资产
国有企业	合计	96 506 053.44	25 194 320.06	108 643 794.65	28 052 225.14	117 973 832.73	31 672 130.58	107 707 893.61	28 306 225.26
	均值	1 693 088.66	442 005.62	1 781 045.81	459 872.54	1 933 997.26	519 215.26	1 802 710.58	473 697.80
国有相对控股企业	合计	2 460 244.16	699 946.40	2 527 232.12	703 400.20	2 427 104.81	684 020.70	2 471 527.03	695 789.10
	均值	820 081.39	233 315.47	842 410.71	234 466.73	809 034.94	228 006.90	823 842.34	231 929.70
集体企业	合计	4 305 234.17	978 003.29	5 368 879.71	1 269 412.28	6 551 651.03	1 614 653.07	5 408 588.30	1 287 356.21
	均值	2 152 617.09	489 001.65	2 684 439.86	634 706.14	3 275 825.52	807 326.54	2 704 294.15	643 678.11
民营企业	合计	23 542 375.77	12 729 822.47	28 833 493.41	14 397 917.88	35 038 042.12	16 953 201.54	29 137 970.43	14 693 647.30
	均值	247 814.48	133 998.13	288 334.93	145 433.51	353 919.62	171 244.46	296 689.68	150 225.37
中外合资企业	合计	650 730.09	522 563.64	981 500.51	780 774.41	1 155 482.79	866 401.12	929 237.80	723 246.39
	均值	162 682.52	130 640.91	196 300.10	156 154.88	231 096.56	173 280.22	196 693.06	153 358.67

注：因集体企业仅有 2 家，故不做分析。

首先，在总资产方面：民营文化企业总资产合计值相对最高，2011~2013 年的平均总资产高达 2914 亿元，这主要源于民营类的文化及相关产业上市公司的数量最多。国有文化企业 2011~2013 年的平均资产规模明显大于民营文化企业，为 10 771 亿元，是民营文化企业的 6.08 倍，这与国有文化企业享受特殊政策、并拥有大批规模庞大的文化制造业企业有关。国有相对控股文化企业与中外合资文化企业的总资产规模最低，主要原因在于国有相对控股文化企业与中外合资文化企业数量较少。

其次，在净资产方面：国有文化企业的净资产合计值三年平均来看，在不同所有制文化企业中仍然是最高的，为 2831 亿元，超过了拥有企业数量最多的民营文化企业，经计算发现，国有文化企业平均净资产规模是民营文化企业的 3.15 倍。总的来看，民营文化企业近三年的净资产均值是最低的，为 15 亿元，其次是中外合资企业，略高于民营文化企业，但基本可以得出结论：国有文化企业净资产均值明显处于优势地位。

最后，国有文化企业和民营文化企业三年来在总资产和净资产方面都获得了大幅度增长，其中民营文化企业增长幅度远远高于国有文化企业：统计发现，国有文化企业总资产合计值三年来增长了 22.25%，均值增长了 14.23%，净资产合计值增长了 25.71%，均值增长了 17.47%；而民营文化企业总资产合计值增长率高达 48.83%，均值增长率高达 42.82%，净资产合计值增长率达到 33.18%，均值达到 27.80%，说明民营文化及相关产业上市公司正呈现出良好的发展势头。

第四节　文化及相关产业上市公司盈利能力评价

一、文化及相关产业上市公司盈利能力总体特征

2011～2013 年文化及相关产业上市公司盈利能力及与全部上市公司相比较，总体呈现如下特点和变化趋势：

文化及相关产业上市公司净利润总和在全部上市公司中占比尚不足 3%，但呈现出连年上升态势。数据统计发现，虽然 2011～2013 年文化及相关产业上市公司净利润总和分别达到了 384.72 亿元、441.53 亿元和 609.27 亿元，然而中国全部上市公司净利润总和三年来达到 2.04 万亿元、2.08 万亿元、2.41 万亿元，文化及相关产业上市公司净利润总和仅占全部上市公司的 1.88%、2.12% 和 2.53%。

文化及相关产业上市公司单位企业净利润不足全国平均水平的 40%，但增长态势明显。统计发现，2011～2013 年文化及相关产业上市公司单位企业净利润均值分别为 2.39 亿元、2.58 亿元和 3.58 亿元，然而同期中国全部上市公司平均净利润三年来分别达到 8.72 亿元、8.42 亿元和 9.57 亿元，文化及相关产业上市公司净利润水平仅达到全国平均水平的 27.40%、30.66% 和 37.43%。

文化及相关产业上市公司主营业务收入三年来连续增长，2013 年比 2011 年总量增长了 36.98%，均值增长了 25.70%。

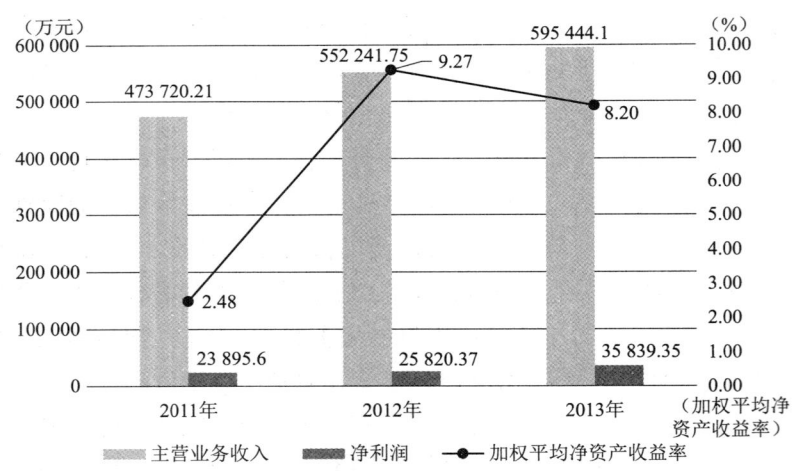

图 6-10　2011～2013 年文化及相关产业上市公司盈利能力

文化及相关产业上市公司加权平均净资产收益率呈现先增后略降的态势，2011 年平均为 2.48%，2012 年猛增至 9.27%，2013 年微调至 8.20%。2011 年比较低的主要原因在于"当代东方"的拖累，该公司 2011 年亏损严重，加权平均净资产收益率为 -1089.97%。

表 6-13　2011～2013 年文化及相关产业上市公司盈利能力　　（单位：万元）

指标	项目	2011 年	2012 年	2013 年
主营业务收入	合计	73 900 353.13	94 433 339.05	101 225 496.50
	均值	473 720.21	552 241.75	595 444.10
净利润	合计	3 847 191.28	4 415 282.44	6 092 689.91
	均值	23 895.60	25 320.37	35 839.35
加权平均净资产收益率	合计	—	—	—
	均值	2.48%	9.27%	8.20%

二、文化及相关产业上市公司盈利能力 50 强

通过对文化及相关产业上市公司的盈利能力进行比较分析发现，首先，基于销售毛利率指标对文化及相关产业上市公司进行排名与比较。在文化及相关产业上市公司中，销售毛利率最高的两家企业是顺网科技与拓尔思，销售毛利率都在 80% 以上，而且都是从事互联网信息服务的民营文化企业。其中，顺网科技的销售毛利率高达 86.81%，该公司构建了国内领先的网吧管理平台，服务用户规模高达 8 万余家网吧，占中国网吧同类软件市场的 46% 以上，并正在积极进入个人、家庭、学校等市场。

文化及相关产业上市公司销售毛利率最高的前五家企业，还包括从事互联网信息服务的生意宝（78.03%）、从事景区游览服务的丽江旅游（76.45%）以及从事广播电视电影专用设备制造的数码视讯（74.86%）。具体来看，这三家公司既有新兴的互联网行业，也有传统的文化制造业与旅游业，且都在其特有的细分市场中占据优势地位，构建起完善的营销体系。

总的来看，文化及相关产业上市公司销售毛利率 50 强企业中，不同企业之间的差距是很大的。从所属行业来看，互联网信息服务、文化软件服务等新兴文化行业的销售毛利率相对较高，传统的从事文化产品与文化相关产品制造的企业销售毛利率相对较低；从不同所有制文化及相关产业上市公司来看，销售毛利率较高的文化及相关产业上市公司中，民营文化企业居多、国有文化企业相对较少。

表 6-14　2011～2013 年文化及相关产业上市公司销售毛利率 50 强

排名	证券代码	企业名称	企业性质	注册地址	产业分类第三层	上市时间（年）	年度平均（%）
1	300113	顺网科技	民营企业	浙江省	互联网信息服务	2010	86.81
2	300229	拓尔思	民营企业	北京市	互联网信息服务	2011	80.42
3	002095	生意宝	民营企业	浙江省	互联网信息服务	2006	78.03
4	002033	丽江旅游	国有企业	云南省	景区游览服务	2004	76.45

（续表）

排名	证券代码	企业名称	企业性质	注册地址	产业分类第三层	上市时间（年）	年度平均（%）
5	300079	数码视讯	民营企业	北京市	广播电视电影专用设备的制造	2010	74.86
6	002315	焦点科技	民营企业	江苏省	互联网信息服务	2009	72.86
7	601519	大智慧	民营企业	上海市	互联网信息服务	2011	72.37
8	300144	宋城股份	民营企业	浙江省	景区游览服务	2010	71.88
9	300059	东方财富	民营企业	上海市	互联网信息服务	2010	71.12
10	300052	中青宝	民营企业	广东省	文化软件服务	2010	68.79
11	300270	中威电子	民营企业	浙江省	广播电视电影专用设备的制造	2011	67.95
12	300051	三五互联	民营企业	福建省	互联网信息服务	2010	67.88
13	300178	腾邦国际	民营企业	广东省	互联网信息服务	2011	65.94
14	300235	方直科技	民营企业	广东省	文化软件服务	2011	65.84
15	300188	美亚柏科	民营企业	福建省	互联网信息服务	2011	61.63
16	002467	二六三	民营企业	北京市	互联网信息服务	2010	59.20
17	002308	威创股份	中外合资企业	广东省	广播电视电影专用设备的制造	2009	58.22
18	000802	北京旅游	民营企业	北京市	景区游览服务	1998	55.11
19	002230	科大讯飞	民营企业	安徽省	视听设备的制造	2008	54.66
20	300027	华谊兄弟	民营企业	浙江省	电影和影视录音服务	2009	54.40
21	300133	华策影视	民营企业	浙江省	电影和影视录音服务	2010	53.78
22	600593	大连圣亚	国有企业	辽宁省	景区游览服务	2002	53.69
23	600749	西藏旅游	民营企业	西藏自治区	景区游览服务	1996	53.23
24	000069	华侨城 A	国有企业	广东省	景区游览服务	1997	52.77
25	300264	佳创视讯	民营企业	广东省	广播电视传输服务	2011	51.59
26	002261	拓维信息	民营企业	湖南省	增值电信服务（文化部分）	2008	51.13
27	300005	探路者	民营企业	北京市	其他文化用品的制造	2009	49.50
28	002415	海康威视	国有企业	浙江省	视听设备的制造	2010	48.82
29	600880	博瑞传播	国有企业	四川省	出版服务	1995	48.09
30	002376	新北洋	国有企业	山东省	其他文化专用设备的制造	2010	47.91
31	600637	百视通	国有企业	上海市	互联网信息服务	1993	46.64
32	600633	浙报传媒	国有企业	浙江省	出版服务	1993	46.42
33	000978	桂林旅游	国有企业	广西壮族自治区	景区游览服务	2000	45.24
34	300182	捷成股份	民营企业	北京市	广播电视传输服务	2011	44.84
35	000888	峨眉山 A	国有企业	四川省	景区游览服务	1997	44.73
36	002148	北纬通信	民营企业	北京市	增值电信服务（文化部分）	2007	44.64

排名	证券代码	企业名称	企业性质	注册地址	产业分类第三层	上市时间（年）	年度平均（%）
37	300251	光线传媒	民营企业	北京市	电影和影视录音服务	2011	43.60
38	600054	黄山旅游	国有企业	安徽省	景区游览服务	1997	43.32
39	000681	远东股份	民营企业	江苏省	电影和影视录音服务	1997	42.18
40	300104	乐视网	民营企业	北京市	互联网信息服务	2010	41.58
41	600831	广电网络	集体企业	陕西省	广播电视服务	1994	41.47
42	000917	电广传媒	国有企业	湖南省	广播电视传输服务	1998	40.46
43	002292	奥飞动漫	民营企业	广东省	文化软件服务	2009	39.67
44	600804	鹏博士	民营企业	四川省	互联网信息服务	1994	39.34
45	002238	天威视讯	国有企业	广东省	广播电视传输服务	2008	39.31
46	300250	初灵信息	民营企业	浙江省	广播电视电影专用设备的制造	2011	39.01
47	000793	华闻传媒	国有企业	海南省	出版服务	1997	38.97
48	601098	中南传媒	国有企业	湖南省	出版服务	2010	38.82
49	002191	劲嘉股份	民营企业	广东省	印刷复制服务	2007	38.72
50	601928	凤凰传媒	国有企业	江苏省	出版服务	2011	38.40

注：为了便于研究，本排名不包含 2012 年上市的 10 家公司。

　　其次，对文化及相关产业上市公司的加权平均净资产收益率进行比较发现：在文化及相关产业上市公司中，加权平均净资产收益率最高的企业是金叶珠宝，主要从事工艺美术品的制造，其加权平均净资产收益率高达 80.26%，远远高于其他文化企业。具体来看，金叶珠宝在其行业内已发展成为一个集黄金首饰开发设计、生产加工、批发零售于一体的国内著名珠宝企业，不仅拥有上亿固定资产，还有占地面积达 20 000 多平方米的黄金工业园，近年来通过利用高科技与人才储备发展迅速；金螳螂公司加权平均净资产收益率为 36.15%，排在第二位，该公司是一家融幕墙、家具、景观、艺术品、机电设备安装、智能、广告等为一体的企业集团，也是中国装饰行业的第一家上市公司。

表 6-15　2011～2013 年文化及相关产业上市公司加权平均净资产收益率 50 强

排名	证券代码	企业名称	企业性质	注册地址	产业分类第三层	上市时间（年）	年度平均（%）
1	000587	金叶珠宝	民营企业	黑龙江省	工艺美术品的制造	1996	80.26
2	002081	金螳螂	民营企业	江苏省	建筑设计服务	2006	36.15
3	600690	青岛海尔	集体企业	山东省	视听设备的制造	1993	32.65
4	002310	东方园林	民营企业	北京市	建筑设计服务	2009	29.07
5	002415	海康威视	国有企业	浙江省	视听设备的制造	2010	27.53
6	600612	老凤祥	国有企业	上海市	工艺美术品的制造	1992	27.16
7	000430	张家界	国有企业	湖南省	景区游览服务	1996	27.11

（续表）

排名	证券代码	企业名称	企业性质	注册地址	产业分类第三层	上市时间（年）	年度平均（%）
8	600793	ST 宜纸	国有企业	四川省	文化用纸的制造	1997	24.83
9	002241	歌尔声学	民营企业	山东省	视听设备的制造	2008	24.21
10	000156	华数传媒	民营企业	浙江省	广播电视传输服务	2000	23.78
11	300005	探路者	民营企业	北京市	其他文化用品的制造	2009	23.65
12	600076	青鸟华光	民营企业	山东省	广播电视电影专用设备的制造	1997	22.08
13	000069	华侨城 A	国有企业	广东省	景区游览服务	1997	21.03
14	600633	浙报传媒	国有企业	浙江省	出版服务	1993	20.71
15	600637	百视通	国有企业	上海市	互联网信息服务	1993	19.39
16	600086	东方金钰	民营企业	湖北省	工艺美术品的制造	1997	18.96
17	002191	劲嘉股份	民营企业	广东省	印刷复制服务	2007	18.76
18	002375	亚厦股份	民营企业	浙江省	建筑设计服务	2010	18.28
19	300058	蓝色光标	民营企业	北京市	广告服务	2010	17.74
20	300251	光线传媒	民营企业	北京市	电影和影视录音服务	2011	17.31
21	600655	豫园商城	民营企业	上海市	工艺美术品的销售	1992	17.12
22	002033	丽江旅游	国有企业	云南省	景区游览服务	2004	16.29
23	300104	乐视网	民营企业	北京市	互联网信息服务	2010	16.05
24	600880	博瑞传播	国有企业	四川省	出版服务	1995	16.04
25	000917	电广传媒	国有企业	湖南省	广播电视传输服务	1998	15.81
26	000888	峨眉山 A	国有企业	四川省	景区游览服务	1997	15.65
27	002308	威创股份	中外合资企业	广东省	广播电视电影专用设备的制造	2009	15.57
28	002431	棕榈园林	民营企业	广东省	建筑设计服务	2010	15.55
29	300027	华谊兄弟	民营企业	浙江省	电影和影视录音服务	2009	15.37
30	002400	省广股份	国有企业	广东省	广告服务	2010	15.23
31	002376	新北洋	国有企业	山东省	其他文化专用设备的制造	2010	14.75
32	300133	华策影视	民营企业	浙江省	电影和影视录音服务	2010	14.65
33	300017	网宿科技	民营企业	上海市	互联网信息服务	2009	14.63
34	002325	洪涛股份	民营企业	广东省	建筑设计服务	2009	14.40
35	300182	捷成股份	民营企业	北京市	广播电视传输服务	2011	14.38
36	002605	姚记扑克	民营企业	上海市	印刷复制服务	2011	14.11
37	002467	二六三	民营企业	北京市	互联网信息服务	2010	13.32
38	000793	华闻传媒	国有企业	海南省	出版服务	1997	13.12
39	600373	中文传媒	民营企业	江西省	出版服务	2002	12.95

排名	证券代码	企业名称	企业性质	注册地址	产业分类第三层	上市时间（年）	年度平均（%）
40	002230	科大讯飞	民营企业	安徽省	视听设备的制造	2008	12.95
41	002482	广田股份	民营企业	广东省	建筑设计服务	2010	12.94
42	300043	星辉车模	民营企业	广东省	玩具的制造	2010	12.91
43	300270	中威电子	民营企业	浙江省	广播电视电影专用设备的制造	2011	12.64
44	601928	凤凰传媒	国有企业	江苏省	出版服务	2011	12.48
45	601801	皖新传媒	国有企业	安徽省	发行服务	2010	12.47
46	000719	大地传媒	国有企业	河南省	出版服务	1997	12.41
47	002292	奥飞动漫	民营企业	广东省	文化软件服务	2009	12.38
48	600386	北巴传媒	国有企业	北京市	广告服务	2001	12.34
49	600054	黄山旅游	国有企业	安徽省	景区游览服务	1997	12.17
50	300192	科斯伍德	民营企业	江苏省	文化用油墨颜料的制造	2011	11.91

注：为了便于研究，本排名不包含 2012 年上市的 10 家公司。

最后，对文化及相关产业上市公司基本每股收益进行排名可以看出：在文化及相关产业上市公司中，平均每股收益最高的企业是东方园林，主要从事园林设计服务行业，作为园林行业的领头羊，其 2011～2013 年的基本每股收益高达 2.24 元，远远高于其他文化企业，从企业发展潜力来看，该企业作为集设计、施工、苗木、运营、养护全产业链的城市景观系统运营商，形成了 EDSA-东方、东方利禾、东方艾地与东方尼塔 4 个知名设计品牌；金螳螂排名第二位，基本每股收益年度平均为 1.43 元，也主要从事设计服务行业，是一个融幕墙、家具、景观、艺术品、智能、广告等为一体的专业化建设设计服务企业。总的来看，不同文化及相关产业上市公司的基本每股收益差异还是比较大的。如果对每股收益的 15 强文化企业进行比较可以发现，除了老凤祥与海康威视两家国有文化企业、青岛海尔一家集体企业外，其他都属于民营文化企业；从所属行业来看，主要聚焦在建设设计服务、视听设备制造、互联网信息服务等领域。

表 6-16　2011～2013 年文化及相关产业上市公司基本每股收益 50 强

排名	证券代码	企业名称	企业性质	注册地址	产业分类第三层	上市时间（年）	年度平均（元）
1	002310	东方园林	民营企业	北京市	建筑设计服务	2009	2.24
2	002081	金螳螂	民营企业	江苏省	建筑设计服务	2006	1.43
3	600612	老凤祥	国有企业	上海市	工艺美术品的制造	1992	1.32
4	300251	光线传媒	民营企业	北京市	电影和影视录音服务	2011	1.24
5	600690	青岛海尔	集体企业	山东省	视听设备的制造	1993	1.21

排名	证券代码	企业名称	企业性质	注册地址	产业分类第三层	上市时间（年）	年度平均（元）
6	002315	焦点科技	民营企业	江苏省	互联网信息服务	2009	1.11
7	002415	海康威视	国有企业	浙江省	视听设备的制造	2010	1.08
8	002375	亚厦股份	民营企业	浙江省	建筑设计服务	2010	0.97
9	300182	捷成股份	民营企业	北京市	广播电视传输服务	2011	0.89
10	002482	广田股份	民营企业	广东省	建筑设计服务	2010	0.88
11	002241	歌尔声学	民营企业	山东省	视听设备的制造	2008	0.87
12	002605	姚记扑克	民营企业	上海市	印刷复制服务	2011	0.84
13	300017	网宿科技	民营企业	上海市	互联网信息服务	2009	0.81
14	600373	中文传媒	民营企业	江西省	出版服务	2002	0.79
15	002431	棕榈园林	民营企业	广东省	建筑设计服务	2010	0.78
16	002400	省广股份	国有企业	广东省	广告服务	2010	0.77
17	300058	蓝色光标	民营企业	北京市	广告服务	2010	0.73
18	000917	电广传媒	国有企业	湖南省	广播电视传输服务	1998	0.72
19	300079	数码视讯	民营企业	北京市	广播电视电影专用设备的制造	2010	0.67
20	002345	潮宏基	中外合资企业	广东省	工艺美术品的制造	2010	0.67
21	002191	劲嘉股份	民营企业	广东省	印刷复制服务	2007	0.67
22	300188	美亚柏科	民营企业	福建省	互联网信息服务	2011	0.66
23	600633	浙报传媒	国有企业	浙江省	出版服务	1993	0.65
24	000888	峨眉山A	国有企业	四川省	景区游览服务	1997	0.64
25	300270	中威电子	民营企业	浙江省	广播电视电影专用设备的制造	2011	0.64
26	300113	顺网科技	民营企业	浙江省	互联网信息服务	2010	0.63
27	002033	丽江旅游	国有企业	云南省	景区游览服务	2004	0.61
28	600655	豫园商城	民营企业	上海市	工艺美术品的销售	1992	0.60
29	002519	银河电子	民营企业	江苏省	广播电视电影专用设备的制造	2010	0.58
30	601886	江河创建	民营企业	北京市	建筑设计服务	2011	0.58
31	002565	上海绿新	民营企业	上海市	印刷复制服务	2011	0.57
32	000069	华侨城A	国有企业	广东省	景区游览服务	1997	0.57
33	600551	时代出版	国有企业	安徽省	出版服务	2002	0.57
34	300043	星辉车模	民营企业	广东省	玩具的制造	2010	0.57
35	300178	腾邦国际	民营企业	广东省	互联网信息服务	2011	0.56
36	002574	明牌珠宝	民营企业	浙江省	工艺美术品的制造	2011	0.56
37	300133	华策影视	民营企业	浙江省	电影和影视录音服务	2010	0.56
38	600637	百视通	国有企业	上海市	互联网信息服务	1993	0.56

中国文化及相关产业上市公司研究报告：2011～2013

排名	证券代码	企业名称	企业性质	注册地址	产业分类第三层	上市时间（年）	年度平均（元）
39	300250	初灵信息	民营企业	浙江省	广播电视电影专用设备的制造	2011	0.54
40	601801	皖新传媒	国有企业	安徽省	发行服务	2010	0.53
41	002303	美盈森	民营企业	广东省	印刷复制服务	2009	0.53
42	002247	帝龙新材	民营企业	浙江省	文化用纸的制造	2008	0.53
43	601098	中南传媒	国有企业	湖南省	出版服务	2010	0.51
44	002376	新北洋	国有企业	山东省	其他文化专用设备的制造	2010	0.51
45	300144	宋城股份	民营企业	浙江省	景区游览服务	2010	0.51
46	002117	东港股份	中外合资企业	山东省	印刷复制服务	2007	0.51
47	002521	齐峰股份	民营企业	山东省	文化用纸的制造	2010	0.50
48	600880	博瑞传播	国有企业	四川省	出版服务	1995	0.49
49	300005	探路者	民营企业	北京市	其他文化用品的制造	2009	0.49
50	002558	世纪游轮	民营企业	重庆市	娱乐休闲服务	2011	0.48

注：为了便于研究，本排名不包含 2012 年上市的 10 家公司。

三、盈利能力注册地区评价：福建、陕西净资产收益率有待提升

对 2011～2013 年文化及相关产业上市公司注册地区盈利能力进行比较分析，如表 6-17 所示，从中可以发现：

主营业务收入方面：上海市的主营业务收入合计值最高，2011～2013 年的年度主营业务收入合计高达 2897 亿元，是陕西省的 65 倍；主营业务收入年度均值为 176 亿元，是陕西省的 20 倍；其突出地位在很大程度上与上海市文化市场发达、拥有众多新兴文化产业领域的上市公司相关。其次是山东省，三年主营业务收入合计高达 1325 亿元，主营业务收入年度均值为 138 亿元，得益于拥有一批龙头文化及相关产业上市公司。上海市与山东省两个地区的主营业务收入指标处于遥遥领先的地位，远远高于第三名广东省、第四名北京市。

净利润方面：上海市的文化及相关产业上市公司的净利润合计值最高，2011～2013 年的年度净利润合计值高达 114 亿元，净利润年度均值为 7 亿元，是第二名广东省的 2 倍之多。广东省在 2011～2013 年的年度净利润合计值高达 105 亿元，净利润年度均值为 3 亿元。山东省、北京市的净利润指标相对较低，分别排在第三、第四。此外，陕西省与福建省的文化及相关产业上市公司的净利润合计值与净利润年度均值都为负值，特别是陕西省，其文化及相关产业上市公司的的净亏损额竟高达-6 亿元，主要由于*ST 彩虹公司 2012 年合并利润净亏损 22 亿元，拖累了注册地区为陕西省的整体净利润水平。

加权净资产收益率方面：从 2011～2013 三年平均来看，山东省文化及相关产业上市公司净资产收益率相对最高，达到 13 以上；其次是湖南、江苏和浙江三省，都达到 10 以上；安徽、湖北、四川和上海四个省市处于第三梯队，净资产收益率达到了 9 以上；北京市和广东省处于第四梯队，净资产收益率达到 8 以上；陕西省排在倒数第二，其净资产收益率仅为 2.27；福建省则最低，并且是负值，三年平均净资产收益率为−0.83。

表 6-17　2011～2013 年文化及相关产业上市公司盈利能力区域排名

（单位：万元）

注册地址		2011 年			2012 年			2013 年			年度平均		
		净利润	主营业务收入	加权净资产收益率	净利润	主营业务收入	加权净资产收益率	净利润	主营业务收入	加权净资产收益率	净利润	主营业务收入	加权净资产收益率
安徽省	N	5.00	5.00	5.00	5.00	5.00	5.00	5.00	5.00	5.00	5.00	5.00	5.00
	合计	111 579.94	1 160 270.66	50.27	123 592.20	1 355 141.78	49.96	160 906.85	1 805 891.22	49.12	132 026.33	1 440 434.55	49.78
	均值	22 315.99	232 054.13	10.05	24 718.44	271 028.36	9.99	32 181.37	361 178.24	9.82	26 405.27	288 086.91	9.96
北京市	N	23.00	23.00	23.00	26.00	26.00	26.00	26.00	26.00	26.00	25.00	25.00	25.00
	合计	373 112.62	5 982 670.56	152.60	504 366.07	8 405 108.49	254.97	822 758.15	10 222 866.01	228.79	566 745.61	8 203 548.35	212.12
	均值	16 222.29	260 116.11	6.63	19 398.70	323 273.40	9.81	31 644.54	393 187.15	8.80	22 421.84	325 525.56	8.41
福建省	N	7.00	7.00	7.00	7.00	7.00	7.00	7.00	7.00	7.00	7.00	7.00	7.00
	合计	−18 032.66	612 257.69	−7.23	24 156.23	615 181.05	31.23	−50 219.85	754 965.34	−41.52	−14 698.76	660 801.36	−5.84
	均值	−2576.09	87 465.38	−1.03	3450.89	87 883.01	4.46	−7174.26	107 852.19	−5.93	−2099.82	94 400.19	−0.83
广东省	N	33.00	32.00	33.00	35.00	35.00	35.00	35.00	35.00	35.00	34.33	34.00	34.33
	合计	896 637.15	20 365 165.10	264.85	995 219.64	23 968 825.29	289.44	1 260 033.99	26 868 168.31	313.15	1 050 630.26	23 734 052.90	289.15
	均值	27 170.82	636 411.41	8.03	28 434.85	684 823.58	8.27	36 000.97	767 661.95	8.95	30 535.55	696 298.98	8.41
湖北省	N	4.00	3.00	3.00	4.00	4.00	4.00	4.00	4.00	4.00	4.00	3.67	3.67
	合计	55 458.90	652 908.78	35.00	66 944.40	945 531.68	58.58	70 736.63	1 124 402.20	11.95	64 379.98	907 614.22	35.18
	均值	13 864.73	217 636.26	11.67	16 736.10	236 382.92	14.65	17 684.16	281 100.55	2.99	16 094.99	245 039.91	9.77
湖南省	N	6.00	6.00	6.00	6.00	6.00	6.00	6.00	6.00	6.00	6.00	6.00	6.00
	合计	165 187.38	977 664.05	85.65	173 989.57	1 264 407.52	71.82	183 862.97	1 468 434.15	48.85	174 346.64	1 236 835.24	68.77
	均值	27 531.23	162 944.01	14.28	28 998.26	210 734.59	11.97	30 643.83	244 739.03	8.14	29 057.77	206 139.21	11.46
江苏省	N	9.00	8.00	9.00	9.00	9.00	9.00	9.00	9.00	9.00	9.00	8.67	9.00
	合计	201 733.64	2 001 656.80	129.61	239 323.33	2 849 884.86	87.42	310 939.01	3 417 128.69	87.06	250 665.33	2 756 223.45	101.36
	均值	22 414.85	250 207.10	14.40	26 591.48	316 653.87	9.71	34 548.78	379 680.97	9.67	27 851.70	315 513.98	11.26
山东省	N	10.00	10.00	10.00	10.00	10.00	10.00	9.00	9.00	9.00	9.67	9.67	9.67
	合计	604 753.95	12 091 242.97	75.74	613 881.69	13 520 361.70	149.84	723 643.57	14 124 620.98	149.53	647 426.40	13 245 408.55	125.04
	均值	60 475.40	1 209 124.30	7.57	61 388.17	1 352 036.17	14.98	80 404.84	1 569 402.33	16.61	67 422.80	1 376 854.27	13.06
陕西省	N	5.00	5.00	4.00	5.00	5.00	5.00	5.00	5.00	5.00	5.00	5.00	4.67
	合计	−24 821.31	393 165.24	15.41	−187 757.54	453 678.31	−21.76	35 971.39	483 950.54	36.61	−58 869.15	443 598.03	10.09
	均值	−4964.26	78 633.05	3.85	−37 551.51	90 735.66	−4.35	7194.28	96 790.11	7.32	−11 773.83	88 719.61	2.27

（续表）

注册地址		2011 年			2012 年			2013 年			年度平均		
		净利润	主营业务收入	加权净资产收益率	净利润	主营业务收入	加权净资产收益率	净利润	主营业务收入	加权净资产收益率	净利润	主营业务收入	加权净资产收益率
上海市	N	16.00	15.00	16.00	17.00	17.00	17.00	17.00	17.00	17.00	16.67	16.33	16.67
	合计	827 959.12	23 269 869.88	162.60	1 078 980.53	32 770 243.73	148.35	1 513 235.80	30 867 041.98	168.99	1 140 058.48	28 969 051.86	159.98
	均值	51 747.45	1 551 324.66	10.16	63 469.44	1 927 661.40	8.73	89 013.87	1 815 708.35	9.94	68 076.92	1 764 898.14	9.61
四川省	N	6.00	6.00	5.00	6.00	6.00	5.00	6.00	6.00	6.00	6.00	6.00	5.33
	合计	80 420.67	734 955.64	56.86	84 923.75	811 942.94	48.99	86 988.62	1 133 598.27	46.41	84 111.01	892 498.95	50.75
	均值	13 403.45	122 492.61	11.37	14 153.96	135 323.82	9.80	14 498.10	188 433.05	7.74	14 018.50	148 749.83	9.64
浙江省	N	19.00	18.00	18.00	21.00	21.00	21.00	21.00	21.00	21.00	20.33	20.00	20.00
	合计	347 584.67	3 090 491.29	211.54	455 191.25	3 837 546.68	225.53	712 003.74	5 025 396.47	210.29	504 926.55	3 984 478.15	215.79
	均值	18 293.93	171 693.96	11.75	21 675.77	182 740.32	10.74	33 904.94	239 304.59	10.01	24 624.88	197 912.96	10.84
广西壮族自治区	N	1.00	1.00	1.00	1.00	1.00	1.00	1.00	1.00	1.00	1.00	1.00	1.00
	合计	6481.50	49 586.53	4.74	5870.65	50 217.60	4.16	84.43	42 727.78	0.75	4145.53	47 510.64	3.22
	均值	6481.50	49 586.53	4.74	5870.65	50 217.60	4.16	84.43	42 727.78	0.75	4145.53	47 510.64	3.22
贵州省	N	—	—	—	1.00	1.00	1.00	1.00	1.00	1.00	1.00	1.00	1.00
	合计	—	—	—	8778.59	15 048.46	21.83	5511.11	15 161.18	11.17	7144.85	15 104.82	16.50
	均值	—	—	—	8778.59	15 048.46	21.83	5511.11	15 161.18	11.17	7144.85	15 104.82	16.50
海南省	N	2.00	2.00	2.00	2.00	2.00	2.00	2.00	2.00	2.00	2.00	2.00	2.00
	合计	51 680.05	400 263.59	11.76	52 584.09	442 817.87	9.78	86 542.68	391 620.05	16.09	63 602.27	411 567.17	12.54
	均值	25 840.03	200 131.80	5.88	26 292.05	221 408.94	4.89	43 271.34	195 810.03	8.05	31 801.14	205 783.59	6.27
河北省	N	1.00	1.00	1.00	1.00	1.00	1.00	1.00	1.00	1.00	1.00	1.00	1.00
	合计	−5188.13	44 531.44	−5.84	3149.89	101 587.32	2.88	2782.20	93 492.67	2.49	247.99	79 870.48	−0.16
	均值	−5188.13	44 531.44	−5.84	3149.89	101 587.32	2.88	2782.20	93 492.67	2.49	247.99	79 870.48	−0.16
河南省	N	2.00	2.00	2.00	2.00	2.00	2.00	2.00	2.00	2.00	2.00	2.00	2.00
	合计	−8307.10	530 979.44	−1.32	19 903.10	566 410.39	13.02	22 688.23	626 572.87	−1.02	11 428.08	574 687.57	3.56
	均值	−4153.55	265 489.72	−0.66	9951.55	283 205.20	6.51	11 344.12	313 336.44	−0.51	5714.04	287 343.78	1.78
黑龙江省	N	1.00	1.00	1.00	1.00	1.00	1.00	1.00	1.00	1.00	1.00	1.00	1.00
	合计	54 641.82	251 747.68	209.12	17 972.19	642 682.22	18.54	14 779.69	882 137.60	13.11	29 131.23	592 189.17	80.26
	均值	54 641.82	251 747.68	209.12	17 972.19	642 682.22	18.54	14 779.69	882 137.60	13.11	29 131.23	592 189.17	80.26
吉林省	N	—	—	—	1.00	1.00	1.00	1.00	1.00	1.00	1.00	1.00	1.00
	合计	—	—	—	40 150.09	176 360.35	10.90	40 210.41	190 096.63	9.79	40 180.25	183 228.49	10.35
	均值	—	—	—	40 150.09	176 360.35	10.90	40 210.41	190 096.63	9.79	40 180.25	183 228.49	10.35
江西省	N	2.00	2.00	2.00	2.00	2.00	2.00	2.00	2.00	2.00	2.00	2.00	2.00
	合计	92 596.13	828 002.70	19.77	51 870.87	1 136 351.24	14.14	64 522.98	1 196 414.34	7.68	69 663.33	1 053 589.43	13.86
	均值	46 298.07	414 001.35	9.89	25 935.44	568 175.62	7.07	32 261.49	598 207.17	3.84	34 831.66	526 794.71	6.93

（续表）

注册地址		2011 年			2012 年			2013 年			年度平均		
		净利润	主营业务收入	加权净资产收益率	净利润	主营业务收入	加权净资产收益率	净利润	主营业务收入	加权净资产收益率	净利润	主营业务收入	加权净资产收益率
辽宁省	N	2.00	2.00	2.00	2.00	2.00	2.00	2.00	2.00	2.00	2.00	2.00	2.00
	合计	6523.55	150 965.50	5.87	7625.00	147 719.72	8.50	11 311.07	158 031.36	14.76	8486.54	152 238.86	9.71
	均值	3261.78	75 482.75	2.94	3812.50	73 859.86	4.25	5655.54	79 015.68	7.38	4243.27	76 119.43	4.86
宁夏回族自治区	N	1.00	1.00	1.00	1.00	1.00	1.00	1.00	1.00	1.00	1.00	1.00	1.00
	合计	−19 046.77	103 562.33	−25.79	2516.61	136 275.13	3.79	−24 138.46	55 318.55	−42.70	−13 556.21	98 385.34	−21.57
	均值	−19 046.77	103 562.33	−25.79	2516.61	136 275.13	3.79	−24 138.46	55 318.55	−42.70	−13 556.21	98 385.34	−21.57
山西省	N	1.00	1.00	1.00	1.00	1.00	1.00	1.00	1.00	1.00	1.00	1.00	1.00
	合计	−2397.01	128.00	−1098.97	315.13	1617.10	42.29	226.39	1611.48	22.28	−618.50	1118.86	−344.80
	均值	−2397.01	128.00	−1098.97	315.13	1617.10	42.29	226.39	1611.48	22.28	−618.50	1118.86	−344.80
西藏自治区	N	1.00	1.00	1.00	1.00	1.00	1.00	1.00	1.00	1.00	1.00	1.00	1.00
	合计	1075.31	19 832.58	2.02	1119.19	16 262.02	1.72	805.13	17 844.69	1.19	999.88	17 979.76	1.64
	均值	1075.31	19 832.58	2.02	1119.19	16 262.02	1.72	805.13	17 844.69	1.19	999.88	17 979.76	1.64
云南省	N	2.00	2.00	2.00	2.00	2.00	2.00	2.00	2.00	2.00	2.00	2.00	2.00
	合计	20 756.51	69 455.08	19.26	23 296.17	105 124.54	21.00	26 862.86	129 455.18	24.00	23 638.51	101 344.93	21.42
	均值	10 378.26	34 727.54	9.63	11 648.09	52 562.27	10.50	13 431.43	64 727.59	12.00	11 819.26	50 672.47	10.71
重庆市	N	2.00	2.00	2.00	2.00	2.00	2.00	2.00	2.00	2.00	2.00	2.00	2.00
	合计	26 801.35	118 979.60	16.00	7319.75	97 011.06	9.64	9640.32	131 447.96	5.69	14 587.14	115 812.87	10.44
	均值	13 400.68	59 489.80	8.00	3659.88	48 505.53	4.82	4820.16	65 723.98	2.85	7293.57	57 906.44	5.22
总计	N	161.00	156.00	157.00	171.00	171.00	170.00	170.00	170.00	170.00	167.33	165.67	165.67
	合计	3 847 191.28	73 900 353.13	389.52	4 415 282.44	94 433 339.05	1576.56	6 092 689.91	101 225 496.50	1394.51	4 785 054.54	89 853 062.89	1120.20
	均值	23 895.60	473 720.21	2.48	25 820.37	552 241.75	9.27	35 839.35	595 444.10	8.20	28 518.44	540 468.69	6.65

注：斜体表示所含上市公司数量太少，不参与分析。

四、盈利能力细分行业评价

2011～2013 年文化及相关产业上市公司各细分行业盈利能力，按照三年合计均值来看，总体呈现如下特点和变化趋势（如表 6-18 所示）：

净利润：视听设备的制造、增值电信服务（文化部分）、景区游览服务 3 个行业净利润合计值相对最高。在均值方面，增值电信服务（文化部分）、视听设备的制造和工艺美术品的销售 3 个行业单位企业的净利润相对最高。

主营业务收入：视听设备的制造、增值电信服务（文化部分）和文化用纸的制造 3

个行业主营业务收入合计值相对最高；增值电信服务（文化部分）、视听设备的制造和工艺美术品的制造 3 个行业单位企业的主营业务收入相对最高。

加权平均净资产收益率：工艺美术品的制造、建筑设计服务和其他文化专用设备的制造 3 个行业的加权平均净资产收益率相对最高。

表 6-18　2011～2013 年文化及相关产业上市公司盈利能力细分行业排名

（单位：万元）

产业分类第三层		2011 年			2012 年			2013 年		
		净利润	主营业务收入	加权净资产收益率	净利润	主营业务收入	加权净资产收益率	净利润	主营业务收入	加权平均净资产收益率
出版服务	合计	436 438.66	3 350 944.78	120.44	452 207.17	4 293 141.56	129.49	593 771.40	4 861 217.81	137.81
	均值	33 572.20	257 764.98	9.26	34 785.17	330 241.66	9 96	45 674.72	373 939.83	10.60
发行服务	合计	58 441.79	501 384.01	18.54	61 263.67	543 860.62	16.98	67 053.09	644 323.39	16.26
	均值	29 220.90	250 692.01	9.27	30 631.84	271 930.31	8 49	33 526.55	322 161.70	8.13
广播电视服务	合计	30 628.94	234 809.06	20.80	72 488.82	454 895.32	28.85	72 779.10	507 187.50	26.48
	均值	15 314.47	117 404.53	10.40	24 162.94	151 631.77	9.62	24 259.70	169 062.50	8.83
电影和影视录音服务	合计	49 079.31	329 399.57	56.13	104 206.13	518 536.01	87.21	160 012.23	601 710.14	87.10
	均值	9815.86	65 879.91	11.23	14 886.59	74 076.57	12.46	22 858.89	85 958.59	12.44
互联网信息服务	合计	160 919.65	747 739.65	126.68	187 979.24	1 226 224.43	143.17	252 917.75	1 898 976.79	151.54
	均值	10 727.98	53 409.98	8.45	11 748.70	76 639.03	8.95	15 807.36	118 686.05	9.47
增值电信服务（文化部分）	合计	427 654.83	19 214 587.96	13.42	711 063.26	25 692 269.38	17.47	1 039 889.73	24 711 459.23	20.02
	均值	142 551.61	6 404 862.65	4.47	237 021.09	8 564 089.79	5.82	346 629.91	8 237 153.08	6.67
广播电视传输服务	合计	196 349.40	1 156 640.37	62.28	221 228.64	1 470 639.76	81 80	309 963.60	1 878 697.13	75.57
	均值	24 543.68	144 580.05	8.90	27 653.58	183 829.97	10 23	38 745.45	234 837.14	9.45
广告服务	合计	49 525.41	836 774.51	45.13	69 836.50	1 099 217.96	55 63	108 618.40	1 396 166.92	64.22
	均值	12 381.35	209 193.63	11.28	17 459.13	274 804.49	13.91	27 154.60	349 041.73	16.06
文化软件服务	合计	17 272.56	125 404.19	25.42	39 446.71	192 919.46	57.28	52 500.31	248 369.77	52.17
	均值	5757.52	41 801.40	8.47	7889.34	38 583.89	11.46	10 500.06	49 673.95	10.43
建筑设计服务	合计	271 487.04	3 637 443.63	144.73	384 329.39	4 966 235.92	142.85	487 714.27	6 423 055.25	107.68
	均值	30 165.23	454 680.45	18.09	42 703.27	551 803.99	15.87	54 190.47	713 672.81	11.96
专业设计服务	合计	3715.84	193 342.55	2.25	3176.84	223 421.91	2.31	−6171.21	273 504.95	−3.50
	均值	3715.84	193 342.55	2.25	3176.84	223 421.91	2.31	−6171.21	273 504.95	−3.50
景区游览服务	合计	435 805.99	2 426 433.41	136.87	528 071.96	3 042 812.54	142.21	598 356.83	3 579 822.29	115.90
	均值	33 523.54	186 648.72	11.41	40 620.92	234 062.50	10.94	46 027.45	275 370.95	8.92
娱乐休闲服务	合计	4344.32	30 383.38	9.28	4362.78	36 185.76	7.30	504.77	39 828.10	0.83
	均值	4344.32	30 383.38	9.28	4362.78	36 185.76	7.30	504.77	39 828.10	0.83

（续表）

产业分类第三层		2011 年			2012 年			2013 年		
		净利润	主营业务收入	加权净资产收益率	净利润	主营业务收入	加权净资产收益率	净利润	主营业务收入	加权平均净资产收益率
工艺美术品的制造	合计	173 233.08	3 265 814.14	281.11	137 718.13	4 536 649.75	87.78	173 189.56	5 865 271.11	79.03
	均值	28 872.18	544 302.36	46.85	22 953.02	756 108.29	14.63	28 864.93	977 545.19	13.17
园林、陈设艺术及其他陶瓷制品的制造	合计	−12 057.51	63 086.04	−24.38	1829.69	69 595.04	2.83	2558.25	182 503.17	4.38
	均值	−12 057.51	63 086.04	−24.38	1829.69	69 595.04	2.83	2558.25	182 503.17	4.38
工艺美术品的销售	合计	101 357.24	—	25.10	107 271.06	2 359 769.11	22.62	110 326.56	593 434.55	20.82
	均值	50 678.62	—	12.55	53 635.53	1 179 884.56	11.31	55 163.28	296 717.28	10.41
印刷复制服务	合计	178 367.20	1 849 531.32	121.16	217 030.95	2 292 110.51	135.05	267 505.61	2 348 291.80	142.87
	均值	14 863.93	154 127.61	10.10	16 694.69	176 316.19	10.39	20 577.35	180 637.83	10.99
会展服务	合计	20 060.02	88 724.22	−1092.25	3272.10	62 442.40	44.63	9361.94	93 231.34	27.14
	均值	10 030.01	44 362.11	−546.13	1636.05	31 221.20	22.32	4680.97	46 615.67	13.57
其他文化辅助生产	合计	—	—	—	4901.58	20 504.93	16.04	4139.75	22 852.39	6.52
	均值	—	—	—	4901.58	20 504.93	16.04	4139.75	22 852.39	6.52
办公用品的制造	合计	10 866.49	104 999.44	12.66	10 569.41	250 466.34	11.41	4476.85	252 146.62	4.71
	均值	5433.25	104 999.44	6.33	5284.71	125 233.17	5.71	2238.43	126 073.31	2.36
乐器的制造	合计	—	—	—	21 431.03	160 891.43	22.92	22 997.59	173 710.14	17.67
	均值	—	—	—	10 715.52	80 445.72	11.46	11 498.80	86 855.07	8.84
玩具的制造	合计	27 029.97	176 797.43	33.24	26 544.44	246 322.40	28.92	26 645.27	359 194.11	26.37
	均值	6757.49	44 199.36	8.31	6636.11	61 580.60	7.23	6661.32	89 798.53	6.59
视听设备的制造	合计	924 639.40	25 566 575.47	160.90	945 291.69	29 799 732.16	118.33	1 451 240.67	33 455 862.55	151.68
	均值	61 642.63	1 704 438.36	10.73	63 019.45	1 986 648.81	7.89	96 749.38	2 230 390.84	10.11
焰火、鞭炮产品的制造	合计	919.32	20 817.75	3.38	880.02	25 483.28	3.50	1183.12	16 216.06	3.49
	均值	919.32	20 817.75	3.38	880.02	25 483.28	3.50	1183.12	16 216.06	3.49
文化用纸的制造	合计	110 452.51	5 947 776.90	−10.53	67 902.38	6 245 588.45	35.73	51 635.23	6 032 980.35	−66.40
	均值	7889.47	424 841.21	−0.81	4850.17	446 113.46	2.75	3971.94	464 075.41	−5.11
文化用油墨颜料的制造	合计	7407.53	118 232.26	28.72	7897.38	124 033.79	13.29	7916.09	170 916.57	12.43
	均值	2469.18	39 410.75	9.57	2632.46	41 344.60	4.43	2638.70	56 972.19	4.14
文化用化学品的制造	合计	−5188.13	44 531.44	−5.84	3149.89	101 587.32	2.88	2782.20	93 492.67	2.49
	均值	−5188.13	44 531.44	−5.84	3149.89	101 587.32	2.88	2782.20	93 492.67	2.49

产业分类第三层		2011 年			2012 年			2013 年		
		净利润	主营业务收入	加权净资产收益率	净利润	主营业务收入	加权净资产收益率	净利润	主营业务收入	加权平均净资产收益率
印刷专用设备的制造	合计	1362.98	78 485.01	1.52	−17 214.60	73 232.57	−25.05	−10 955.22	282 819.43	−8.36
	均值	1362.98	78 485.01	1.52	−17 214.60	73 232.57	−25.05	−10 955.22	282 819.43	−8.36
广播电视电影专用设备的制造	合计	145 176.14	3 462 003.87	75.69	−1540.20	3 940 968.23	101.32	207 982.95	3 893 868.23	105.91
	均值	10 369.72	247 285.99	5.41	−110.01	281 497.73	7.24	14 855.93	278 133.45	7.57
其他文化专用设备的制造	合计	16 566.01	62 207.76	13.64	20 745.32	75 638.40	15.41	23 574.29	85 586.11	15.20
	均值	16 566.01	62 207.76	13.64	20 745.32	75 638.40	15.41	23 574.29	85 586.11	15.20
其他文化用品的制造	合计	−38 962.90	126 974.79	−22.96	17 990.47	151 948.22	25.39	2412.24	172 408.27	1.13
	均值	−19 481.45	63 487.40	−11.48	8995.24	75 974.11	12.70	1206.12	86 204.14	0.57
文具乐器照相器材的销售	合计	44 298.19	138 508.22	6.39	−49.41	136 014.09	1.01	−4193.31	66 391.76	−4.65
	均值	44 298.19	138 508.22	6.39	−49.41	136 014.09	1.01	−4193.31	66 391.76	−4.65

五、盈利能力所有制评价：国有文化企业明显高于民营企业

2011～2013 年文化产业盈利能力按所有制细分状况如图 6-11 和表 6-19 所示，通过三年平均数值的对比分析可以发现，不同所有制的文化及相关产业上市公司的盈利能力存在差异性。

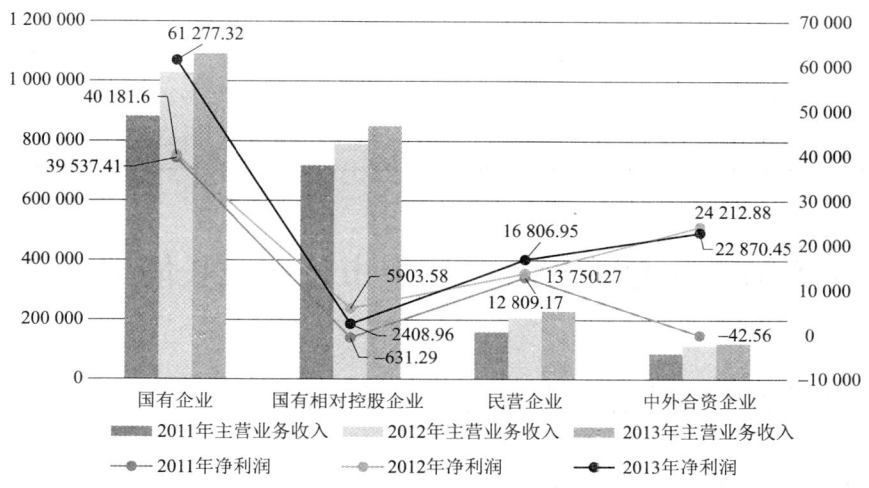

图 6-11　2011～2013 年文化及相关产业上市公司盈利能力所有制比较（单位：万元）

国有文化上市公司在盈利能力方面明显好于民营文化企业。从数据分析可以看出，国有文化上市公司无论是在净利润合计值和均值、主营业务收入合计值和均值以及净资产收益率均值方面都远远超过了民营企业。可见，在目前文化产业中，国企比民企更能够赚钱，这其实主要和国有文化企业控制一些核心文化资源与享受特殊的文化政策倾斜等因素密切相关。中外合资文化企业在净利润均值和净资产收益率均值方面也都超过了民营文化企业。

此外，国有相对控股文化企业的盈利能力表现很差，特别是 2011 年的净利润和 2013 年的净资产收益率都是负值。本书认为需要对国有相对控股企业这种所有制组织形式的管理效能进行重新思考，特别是在当前十八届三中全会提出混合所有制改革的大背景下，更值得我们对这一问题进行深入研究。

表 6-19　2011～2013 年文化及相关产业上市公司盈利能力所有制比较

（单位：万元）

所有制性质		2011 年			2012 年			2013 年			三年平均		
		净利润	主营业务收入	加权净资产收益率	净利润	主营业务收入	加权净资产收益率	净利润	主营业务收入	加权净资产收益率	净利润	主营业务收入	加权平均净资产收益率
国有企业	合计	2 253 632.40	49 426 036.11	433.01	2 451 077.56	62 713 157.56	458.19	3 737 916.28	66 539 199.16	443.77	2 814 208.75	59 559 464.28	—
	均值	39 537.41	882 607.79	7.87	40 181.60	1 028 084.55	7.64	61 277.32	1 090 806.54	7.27	46 998.78	1 000 499.63	7.59
国有相对控股企业	合计	-1893.88	2 155 405.89	2.91	17 710.73	2 374 448.98	10.77	7226.87	2 553 056.29	-10.33	7681.24	2 360 970.39	—
	均值	-631.29	718 468.63	0.97	5903.58	791 482.99	3.59	2408.96	851 018.76	-3.44	2560.41	786 990.13	0.37
集体企业	合计	378 752.15	7 439 640.39	41.52	450 402.85	8 158 060.14	43.10	569 306.42	8 851 369.57	41.28	466 153.81	8 149 690.03	—
	均值	189 376.08	3 719 820.20	20.76	225 201.43	4 079 030.07	21.55	284 653.21	4 425 684.79	20.64	233 076.90	4 074 845.02	20.98
民营企业	合计	1 216 870.86	14 529 144.54	-80.04	1 375 026.90	20 615 136.34	995.76	1 663 888.11	22 674 569.21	880.51	1 418 595.29	19 272 950.03	—
	均值	12 809.17	159 660.93	-0.86	13 750.27	206 151.36	9.96	16 806.95	229 036.05	8.89	14 455.46	198 282.78	6.00
中外合资企业	合计	-170.25	350 126.20	-7.88	121 064.40	572 536.03	68.74	114 352.23	607 302.27	39.28	78 415.46	509 988.17	—
	均值	-42.56	87 531.55	-1.97	24 212.88	114 507.21	13.75	22 870.45	121 460.45	7.86	15 680.25	107 833.07	6.54

注：因集体企业仅有 2 家，故不做分析。

第五节　文化及相关产业上市公司成长能力评价

一、文化及相关产业上市公司成长最快 50 强

本书对 2011～2013 年文化及相关产业上市公司分别按照主营收入增长率和净利润增

长率三年平均值进行排名排序，得到成长最快的前 50 强企业，如表 6-20 和表 6-21 所示。

首先，对文化及相关产业上市公司的主营业务收入增长率情况进行分析：其一，在文化及相关产业上市公司中，主营业务收入增长率最高的是曲江文旅，高达 322.17%，呈现出跨越式增长的发展态势。究其原因，曲江文旅拥有大量优质的文化旅游资源，如"西安曲江大雁塔·大唐芙蓉园"国家 5A 级景区；而且还通过运营大唐芙蓉园、曲江海洋公园、大雁塔景区、唐大慈恩寺遗址公园、曲江池遗址公园、唐城墙遗址公园、寒窑遗址公园、秦二世陵遗址公园等主题公园，建构起较强的市场运作能力。其二，主营业务收入增长率最高的前五个文化及相关产业上市公司，还包括万鸿集团（179.60%）、金叶珠宝（156.24%）、当代东方（150.09%）与乐视网（116.17%），主营业务收入增长率都在 100% 以上，明显高于文化及相关产业上市公司。具体来看，从事景区游览服务、建筑设计服务、会展服务与互联网信息服务等领域的文化服务业企业居多，而且大都属于民营文化企业，除了乐视网是新兴互联网行业，上市时间比较晚（2010 年）之外，其他四家企业上市时间都比较早。总的来看，文化及相关产业上市公司主营业务收入增长率 50 强企业中，增长率高低差异是很大的。从所有制性质来看，主营业务收入增长率排名靠前的文化及相关产业上市公司，大都属于民营文化企业，国有文化企业相对偏少，说明近年来民营文化企业发展速度较快。而从所属行业的差异来看，主营业务收入增长率高的文化及相关产业上市公司多是从事文化服务业的企业，提供文化相关产品制造的企业相对较少。

表 6-20　2011～2013 年文化及相关产业上市公司主营业务收入增长率排名

排名	证券代码	企业名称	企业性质	注册地址	产业分类第二层	产业分类第三层	上市时间（年）	主营收入增长率（%）
1	600706	曲江文旅	国有企业	陕西省	六、文化休闲娱乐服务	景区游览服务	1996	322.17
2	600681	万鸿集团	民营企业	湖北省	五、文化创意和设计服务	建筑设计服务	1993	179.60
3	000587	金叶珠宝	民营企业	黑龙江省	七、工艺美术品的生产	工艺美术品的制造	1996	156.24
4	000673	当代东方	民营企业	山西省	八、文化产品生产的辅助生产	会展服务	1997	150.09
5	300104	乐视网	民营企业	北京市	四、文化信息传输服务	互联网信息服务	2010	116.17
6	300058	蓝色光标	民营企业	北京市	五、文化创意和设计服务	广告服务	2010	97.29
7	300043	星辉车模	民营企业	广东省	九、文化用品的生产	玩具的制造	2010	95.69
8	000725	京东方 A	国有企业	北京市	九、文化用品的生产	视听设备的制造	2001	63.86
9	300057	万顺股份	民营企业	广东省	八、文化产品生产的辅助生产	印刷复制服务	2010	62.77
10	300182	捷成股份	民营企业	北京市	四、文化信息传输服务	广播电视传输服务	2011	61.76
11	600373	中文传媒	民营企业	江西省	一、新闻出版发行服务	出版服务	2002	61.47
12	600086	东方金钰	民营企业	湖北省	七、工艺美术品的生产	工艺美术品的制造	1997	58.34

排名	证券代码	企业名称	企业性质	注册地址	产业分类第二层	产业分类第三层	上市时间（年）	主营收入增长率（%）
13	002102	冠福家用	民营企业	福建省	七、工艺美术品的生产	园林、陈设及其他陶瓷制品的制造	2006	57.14
14	002241	歌尔声学	民营企业	山东省	九、文化用品的生产	视听设备的制造	2008	57.13
15	300052	中青宝	民营企业	广东省	五、文化创意和设计服务	文化软件服务	2010	56.58
16	600804	鹏博士	民营企业	四川省	四、文化信息传输服务	互联网信息服务	1994	56.39
17	002310	东方园林	民营企业	北京市	五、文化创意和设计服务	建筑设计服务	2009	53.94
18	002431	棕榈园林	民营企业	广东省	五、文化创意和设计服务	建筑设计服务	2010	51.85
19	300005	探路者	民营企业	北京市	九、文化用品的生产	其他文化用品的制造	2009	50.42
20	300133	华策影视	民营企业	浙江省	二、广播电视电影服务	电影和影视录音服务	2010	49.36
21	300017	网宿科技	民营企业	上海市	四、文化信息传输服务	互联网信息服务	2009	49.28
22	300028	金亚科技	民营企业	四川省	十、文化专用设备的生产	广播电视电影专用设备的制造	2009	48.82
23	300071	华谊嘉信	民营企业	北京市	五、文化创意和设计服务	广告服务	2010	48.67
24	002415	海康威视	国有企业	浙江省	九、文化用品的生产	视听设备的制造	2010	43.91
25	002230	科大讯飞	民营企业	安徽省	九、文化用品的生产	视听设备的制造	2008	43.04
26	600637	百视通	国有企业	上海市	四、文化信息传输服务	互联网信息服务	1993	41.58
27	002081	金螳螂	民营企业	江苏省	五、文化创意和设计服务	建筑设计服务	2006	40.81
28	002375	亚厦股份	民营企业	浙江省	五、文化创意和设计服务	建筑设计服务	2010	40.16
29	002467	二六三	民营企业	北京市	四、文化信息传输服务	互联网信息服务	2010	39.04
30	002229	鸿博股份	民营企业	福建省	八、文化产品生产的辅助生产	印刷复制服务	2008	38.76
31	300063	天龙集团	民营企业	广东省	九、文化用品的生产	文化用油墨颜料的制造	2010	38.66
32	002345	潮宏基	中外合资企业	广东省	七、工艺美术品的生产	工艺美术品的制造	2010	36.75
33	600612	老凤祥	国有企业	上海市	七、工艺美术品的生产	工艺美术品的制造	1992	33.98
34	600551	时代出版	国有企业	安徽省	一、新闻出版发行服务	出版服务	2002	33.34
35	601886	江河创建	民营企业	北京市	五、文化创意和设计服务	建筑设计服务	2011	33.18
36	002325	洪涛股份	民营企业	广东省	五、文化创意和设计服务	建筑设计服务	2009	33.17
37	002565	上海绿新	民营企业	上海市	八、文化产品生产的辅助生产	印刷复制服务	2011	31.54
38	002574	明牌珠宝	民营企业	浙江省	七、工艺美术品的生产	工艺美术品的制造	2011	29.25
39	300178	腾邦国际	民营企业	广东省	四、文化信息传输服务	互联网信息服务	2011	29.14
40	300113	顺网科技	民营企业	浙江省	四、文化信息传输服务	互联网信息服务	2010	28.42

排名	证券代码	企业名称	企业性质	注册地址	产业分类第二层	产业分类第三层	上市时间（年）	主营收入增长率（%）
41	300188	美亚柏科	民营企业	福建省	四、文化信息传输服务	互联网信息服务	2011	28.24
42	300027	华谊兄弟	民营企业	浙江省	二、广播电视电影服务	电影和影视录音服务	2009	27.93
43	002482	广田股份	民营企业	广东省	五、文化创意和设计服务	建筑设计服务	2010	27.50
44	300192	科斯伍德	民营企业	江苏省	九、文化用品的生产	文化用油墨颜料的制造	2011	27.31
45	002247	帝龙新材	民营企业	浙江省	九、文化用品的生产	文化用纸的制造	2008	26.96
46	300251	光线传媒	民营企业	北京市	二、广播电视电影服务	电影和影视录音服务	2011	25.82
47	600633	浙报传媒	国有企业	浙江省	一、新闻出版发行服务	出版服务	1993	25.49
48	601519	大智慧	民营企业	上海市	四、文化信息传输服务	互联网信息服务	2011	24.41
49	600593	大连圣亚	国有企业	辽宁省	六、文化休闲娱乐服务	景区游览服务	2002	24.33
50	600757	长江传媒	国有企业	湖北省	一、新闻出版发行服务	出版服务	1996	22.89

注：为了便于研究，本排名不包含：（1）含有缺失值的公司；（2）ST公司；（3）2012年上市的10家公司。

其次，对文化及相关产业上市公司净利润增长率排名情况进行分析：一方面，在文化及相关产业上市公司中，净利润增长率最高的企业是云南旅游，高达580.28%，表现出强劲的增长态势。云南旅游股份有限公司从2010年起由世界园艺博览园经营管理者转型为世博旅游社区的开发运营商，从原先提供单一的观光旅游服务升级为向游客提供旅游观光、休闲娱乐、商务度假、会展等多元化的旅游服务，提升了运营能力和盈利能力。另一方面，净利润增长率最高的前三家文化及相关产业上市公司，除了云南旅游，还包括南京熊猫与青岛华光，净利润增长率分别为485.87%、473.95%，增长率都在400%以上，远远高于其他文化及相关产业上市公司。此外，在文化及相关产业上市公司净利润增长率50强企业中，净利润增长率超过100%的有9家企业，聚焦在景区游览服务、视听设备制造、广播电视电影专用设备制造、广告服务四大行业。

表6-21　2011～2013年文化及相关产业上市公司净利润增长率排名

排名	证券代码	企业名称	企业性质	注册地址	产业分类第二层	产业分类第三层	上市时间（年）	净利润增长率（%）
1	002059	云南旅游	国有企业	云南省	六、文化休闲娱乐服务	景区游览服务	2006	580.28
2	600775	南京熊猫	国有企业	江苏省	九、文化用品的生产	视听设备的制造	1996	485.87
3	600076	青鸟华光	民营企业	山东省	十、文化专用设备的生产	广播电视电影专用设备的制造	1997	473.95
4	000725	京东方A	国有企业	北京市	九、文化用品的生产	视听设备的制造	2001	295.23

排名	证券代码	企业名称	企业性质	注册地址	产业分类第二层	产业分类第三层	上市时间（年）	净利润增长率（%）
5	002052	同洲电子	民营企业	广东省	十、文化专用设备的生产	广播电视电影专用设备的制造	2006	267.93
6	000100	TCL 集团	国有企业	广东省	九、文化用品的生产	视听设备的制造	2004	132.41
7	600593	大连圣亚	国有企业	辽宁省	六、文化休闲娱乐服务	景区游览服务	2002	108.15
8	000802	北京旅游	民营企业	北京市	六、文化休闲娱乐服务	景区游览服务	1998	107.10
9	300058	蓝色光标	民营企业	北京市	五、文化创意和设计服务	广告服务	2010	104.18
10	300017	网宿科技	民营企业	上海市	四、文化信息传输服务	互联网信息服务	2009	88.78
11	002148	北纬通信	民营企业	北京市	四、文化信息传输服务	增值电信服务（文化部分）	2007	86.89
12	300027	华谊兄弟	民营企业	浙江省	二、广播电视电影服务	电影和影视录音服务	2009	76.55
13	002467	二六三	民营企业	北京市	四、文化信息传输服务	互联网信息服务	2010	75.84
14	002241	歌尔声学	民营企业	山东省	九、文化用品的生产	视听设备的制造	2008	69.05
15	300005	探路者	民营企业	北京市	九、文化用品的生产	其他文化用品的制造	2009	67.91
16	002235	安妮股份	民营企业	福建省	九、文化用品的生产	文化用纸的制造	2008	67.58
17	002102	冠福家用	民营企业	福建省	七、工艺美术品的生产	园林、陈设及其他陶瓷制品的制造	2006	64.03
18	300051	三五互联	民营企业	福建省	四、文化信息传输服务	互联网信息服务	2010	61.96
19	002033	丽江旅游	国有企业	云南省	六、文化休闲娱乐服务	景区游览服务	2004	61.26
20	002400	省广股份	国有企业	广东省	五、文化创意和设计服务	广告服务	2010	60.67
21	002081	金螳螂	民营企业	江苏省	五、文化创意和设计服务	建筑设计服务	2006	57.91
22	300052	中青宝	民营企业	广东省	五、文化创意和设计服务	文化软件服务	2010	56.67
23	300104	乐视网	民营企业	北京市	四、文化信息传输服务	互联网信息服务	2010	55.37
24	002375	亚厦股份	民营企业	浙江省	五、文化创意和设计服务	建筑设计服务	2010	53.78
25	000050	深天马 A	国有企业	广东省	十、文化专用设备的生产	广播电视电影专用设备的制造	1995	53.76
26	600706	曲江文旅	国有企业	陕西省	六、文化休闲娱乐服务	景区游览服务	1996	53.02
27	002310	东方园林	民营企业	北京市	五、文化创意和设计服务	建筑设计服务	2009	52.19
28	600612	老凤祥	国有企业	上海市	七、工艺美术品的生产	工艺美术品的制造	1992	48.49
29	600086	东方金钰	民营企业	湖北省	七、工艺美术品的生产	工艺美术品的制造	1997	46.35
30	300251	光线传媒	民营企业	北京市	二、广播电视电影服务	电影和影视录音服务	2011	46.00
31	300182	捷成股份	民营企业	北京市	四、文化信息传输服务	广播电视传输服务	2011	45.79
32	002415	海康威视	国有企业	浙江省	九、文化用品的生产	视听设备的制造	2010	42.87
33	600050	中国联通	国有企业	上海市	四、文化信息传输服务	增值电信服务（文化部分）	2002	42.49
34	002325	洪涛股份	民营企业	广东省	五、文化创意和设计服务	建筑设计服务	2009	42.42

排名	证券代码	企业名称	企业性质	注册地址	产业分类第二层	产业分类第三层	上市时间（年）	净利润增长率（%）
35	300133	华策影视	民营企业	浙江省	二、广播电视电影服务	电影和影视录音服务	2010	40.65
36	002230	科大讯飞	民营企业	安徽省	九、文化用品的生产	视听设备的制造	2008	40.54
37	600804	鹏博士	民营企业	四川省	四、文化信息传输服务	互联网信息服务	1994	40.40
38	600637	百视通	国有企业	上海市	四、文化信息传输服务	互联网信息服务	1993	38.11
39	000488	晨鸣纸业	国有企业	山东省	九、文化用品的生产	文化用纸的制造	2000	36.71
40	002431	棕榈园林	民营企业	广东省	五、文化创意和设计服务	建筑设计服务	2010	35.01
41	002228	合兴包装	民营企业	福建省	八、文化产品生产的辅助生产	印刷复制服务	2008	34.90
42	002482	广田股份	民营企业	广东省	五、文化创意和设计服务	建筑设计服务	2010	34.65
43	300071	华谊嘉信	民营企业	北京市	五、文化创意和设计服务	广告服务	2010	34.50
44	300043	星辉车模	民营企业	广东省	九、文化用品的生产	玩具的制造	2010	34.22
45	600633	浙报传媒	国有企业	浙江省	一、新闻出版发行服务	出版服务	1993	32.07
46	300113	顺网科技	民营企业	浙江省	四、文化信息传输服务	互联网信息服务	2010	32.05
47	000793	华闻传媒	国有企业	海南省	一、新闻出版发行服务	出版服务	1997	31.75
48	000719	大地传媒	国有企业	河南省	一、新闻出版发行服务	出版服务	1997	30.21
49	002565	上海绿新	民营企业	上海市	八、文化产品生产的辅助生产	印刷复制服务	2011	29.98
50	000514	渝开发	国有企业	重庆市	八、文化产品生产的辅助生产	会展服务	1993	29.34

注：为了便于研究，本排名不包含：（1）含有缺失值的公司；（2）ST 公司；（3）2012 年上市的 10 家公司。

二、成长能力注册地区评价：大部分地区文化产业处于波幅较大的成长期

从文化及相关产业上市公司的主营收入同比增长情况来看，最高的是湖北省，高达 28.19%，但净利润同比增长幅度却是最低的，为-6.49%，不但没有增长，反而大幅度下降；其次，北京市（25.62%）、安徽省（24.20%）、江苏省（20.38%）的主营收入增长率都在 20% 以上。

在净利润增长率方面，最高的是福建省，高达 44.17%；排在第二名的是北京市，达到 31.81%；山东省的文化及相关产业上市公司净利润同比增长幅度为 26.93%，排在第三名；然而，文化及相关产业上市公司数量多、综合实力强的广东省（3.93%）、上海市（4.95%）的净利润同比增长幅度均不到 5%。

此外，从 2011～2013 年的主营业务收入增长率与净利润增长率的变迁情况来看，安

徽省、山东省呈现出逐年稳步大幅增长的发展趋势；福建省的主营业务收入近三年表现出持续大幅下降的走势，但净利润同比增长却呈现逐年攀升趋势；湖南省、江苏省的主营业务收入增长率与净利润增长率都呈现逐年递减的下滑趋势。可见，对于不同地区的文化企业来看，主营业务收入增长情况与净利润增长情况表现与走势是不一致的。

综合全国各地区结果可以发现，大部分地区的文化产业发展还处于成长期，企业业务模式、盈利能力都处于较大幅度波动中，经营绩效不稳定特征明显。

表6-22 2011～2013年文化及相关产业上市公司成长能力区域状况

（单位：%）

注册地址		2011年		2012年		2013年		年度平均	
		净利润同比增长	主营收入同比增长	净利润同比增长	主营收入同比增长	净利润同比增长	主营收入同比增长	净利润同比增长	主营收入同比增长
安徽省	N	5.00	5.00	5.00	5.00	5.00	5.00	5.00	5.00
	均值	−1.01	17.53	−21.18	21.23	58.15	33.85	11.99	24.20
北京市	N	21.00	23.00	25.00	26.00	24.00	26.00	23.33	25.00
	均值	36.59	32.14	59.03	26.73	−0.20	17.98	31.81	25.62
福建省	N	6.00	7.00	7.00	7.00	6.00	6.00	6.33	6.67
	均值	22.15	22.21	48.83	10.63	61.53	5.43	44.17	12.76
广东省	N	33.00	32.00	34.00	34.00	35.00	35.00	34.00	33.67
	均值	12.80	18.32	−13.80	15.21	12.80	16.25	3.93	16.59
湖北省	N	3.00	3.00	4.00	3.00	4.00	4.00	3.67	3.33
	均值	41.49	39.70	10.23	33.82	−71.20	11.05	−6.49	28.19
湖南省	N	6.00	6.00	6.00	6.00	6.00	6.00	6.00	6.00
	均值	5.10	8.57	−6.47	20.42	1.59	4.14	0.08	11.04
江苏省	N	6.00	7.00	9.00	9.00	9.00	8.00	8.00	8.00
	均值	13.70	23.01	8.20	21.32	8.00	16.82	9.97	20.38
山东省	N	9.00	10.00	10.00	10.00	8.00	9.00	9.00	9.67
	均值	2.30	18.01	25.01	19.52	53.48	12.13	26.93	16.55
陕西省	N	4.00	4.00	5.00	5.00	5.00	5.00	4.67	4.67
	均值	49.69	−1.68	−48.78	7.73	19.62	3.63	6.84	3.22
上海市	N	16.00	15.00	17.00	17.00	17.00	17.00	16.67	16.33
	均值	5.42	16.15	−12.66	12.17	22.08	21.60	4.95	16.64
四川省	N	5.00	5.00	6.00	6.00	5.00	6.00	5.33	5.67
	均值	−0.55	5.88	41.21	12.08	−2.97	16.21	12.56	11.39
浙江省	N	19.00	18.00	21.00	21.00	21.00	21.00	20.33	20.00
	均值	11.19	21.48	12.00	20.96	10.56	14.86	11.25	19.10
吉林省	N	—	—	1.00	1.00	1.00	1.00	1.00	1.00
	均值	—	—	5.39	16.42	4.85	8.94	5.12	12.68

注册地址		2011 年		2012 年		2013 年		年度平均	
		净利润同比增长	主营收入同比增长	净利润同比增长	主营收入同比增长	净利润同比增长	主营收入同比增长	净利润同比增长	主营收入同比增长
广西壮族自治区	N	1.00	1.00	1.00	1.00	1.00	1.00	1.00	1.00
	均值	−3.05	0.14	−10.43	−2.03	−81.79	−11.52	−31.76	−4.47
贵州省	N	—	—	1.00	1.00	1.00	1.00	1.00	1.00
	均值	—	—	50.98	34.14	−35.86	0.75	7.56	17.45
海南省	N	2.00	2.00	2.00	2.00	1.00	2.00	1.67	2.00
	均值	−9.76	16.65	−41.44	22.52	79.57	−25.35	9.46	4.61
河北省	N		1.00	1.00	1.00	1.00	1.00	0.67	1.00
	均值		15.00	148.45	22.82	−10.93	−7.97	45.84	9.95
河南省	N	1.00	2.00	2.00	2.00	1.00	2.00	1.33	2.00
	均值	8.58	6.23	72.48	10.14	44.74	15.32	41.93	10.56
黑龙江省	N	—	—	1.00	1.00	1.00	1.00	1.00	1.00
	均值	—	—	−67.53	155.18	−17.32	37.41	−42.43	96.30
江西省	N	2.00	2.00	2.00	2.00	1.00	2.00	1.67	2.00
	均值	−28.94	64.43	20.10	17.49	32.35	−17.40	7.84	21.51
辽宁省	N	2.00	2.00	2.00	2.00	2.00	2.00	2.00	2.00
	均值	−29.37	13.48	88.68	10.34	80.53	12.72	46.75	12.18
宁夏回族自治区	N	1.00	1.00	1.00	1.00		1.00	0.67	1.00
	均值	−61.09	10.22	113.06	19.39		−59.41	17.32	−9.93
山西省	N	—	—	1.00		1.00	1.00	1.00	0.50
	均值	—	—	113.15		−28.16	3.84	42.50	1.92
西藏自治区	N	1.00	1.00	1.00	1.00	1.00	1.00	1.00	1.00
	均值	−48.12	64.39	4.89	−19.59	−30.24	9.73	−24.49	18.18
云南省	N	1.00	2.00	2.00	2.00	2.00	2.00	1.67	2.00
	均值	158.81	11.95	30.30	20.77	13.66	5.99	67.59	12.90
重庆市	N	2.00	2.00	2.00	2.00	2.00	2.00	2.00	2.00
	均值	26.30	19.40	−31.35	−10.06	13.35	32.61	2.77	13.98

注：（1）本研究剔除了某些上市公司的异常值。（2）斜体表示所含上市公司数量太少，不参与分析。

三、成长能力细分行业评价：广告服务业成长最快，但增幅减缓

按国家统计局《文化及相关产业分类（2012）》产业分类的第三层对文化及相关产业上市公司成长能力进行比较，主要根据不同行业的文化及相关产业上市公司的净利润同

比增长情况与主营收入同比情况进行比较分析，可以发现：

从净利润同比情况来看，2011～2013 年，广告服务业的净利润同比增长率最高，为52.41%；其次是增值电信服务（文化部分）行业、电影与影视录音服务行业，平均增长率分别为34.64%、33.45%；最后，景区游览服务与文化软件服务行业的净利润同比增长均值也较高，为23.88%、19.84%。总的来看，净利润同比增长幅度高的行业主要是提供文化服务的企业，从事文化相关产品制造的企业的净利润同比增长幅度相对较小。

从主营收入同比增长情况来看，近三年，广告服务业主营收入同比增长率也是最高的，达到46.20%；其次，工艺美术制造行业的主营收入同比增长幅度较高，为40.38%，与近年艺术品市场繁荣、对工艺美术品需求攀升等因素相关；最后，建筑设计服务与互联网信息服务行业的主营收入同比增长均值也较高，分别为34.90%、32.35%，均在30%以上。

从 2011～2013 年的变化趋势来看，电影和影视录音服务业、广告服务业、建筑设计服务业、视听设备制造业等的主营业务收入增长率呈现逐年下降的趋势；增值电信服务（文化部分）业、文化软件服务业的主营业务收入增长率则表现出逐年大幅度增加的良好态势；互联网信息服务业、文化软件业、印刷复制服务、文化用纸的制造等行业的净利润增长率呈现逐年大幅度攀升的态势。

表 6-23 2011～2013 年文化及相关产业上市公司成长能力细分行业状况

（单位：%）

产业分类第三层		2011 年		2012 年		2013 年		年度平均	
		净利润同比增长	主营收入同比增长	净利润同比增长	主营收入同比增长	净利润同比增长	主营收入同比增长	净利润同比增长	主营收入同比增长
出版服务	N	12.00	13.00	13.00	13.00	13.00	13.00	12.67	13.00
	均值	0.85	18.24	10.44	12.08	1.35	9.85	4.21	13.39
电影和影视录音服务	N	4.00	4.00	7.00	7.00	7.00	6.00	6.00	5.67
	均值	36.70	19.15	28.13	46.56	35.53	13.70	33.45	26.47
互联网信息服务	N	15.00	14.00	16.00	16.00	16.00	16.00	15.67	15.33
	均值	6.22	30.76	7.71	25.46	36.06	40.82	16.66	32.35
增值电信服务（文化部分）	N	3.00	3.00	3.00	3.00	3.00	3.00	3.00	3.00
	均值	−33.78	7.78	105.20	9.93	32.50	21.78	34.64	13.16
广播电视传输服务	N	8.00	8.00	8.00	8.00	8.00	8.00	8.00	8.00
	均值	12.58	4.95	10.79	19.58	12.14	14.62	11.84	13.05
广告服务	N	4.00	4.00	4.00	4.00	4.00	4.00	4.00	4.00
	均值	58.67	70.39	44.01	35.11	54.55	33.10	52.41	46.20
文化软件服务	N	3.00	3.00	5.00	5.00	5.00	5.00	4.33	4.33
	均值	−26.45	21.27	27.10	24.32	58.88	32.51	19.84	26.03
建筑设计服务	N	8.00	8.00	9.00	8.00	8.00	9.00	8.33	8.33
	均值	43.71	51.97	11.37	35.27	−14.81	17.46	13.43	34.90

产业分类第三层		2011 年		2012 年		2013 年		年度平均	
		净利润同比增长	主营收入同比增长	净利润同比增长	主营收入同比增长	净利润同比增长	主营收入同比增长	净利润同比增长	主营收入同比增长
景区游览服务	N	12.00	12.00	13.00	13.00	13.00	13.00	12.67	12.67
	均值	33.92	20.05	37.00	13.28	0.72	0.89	23.88	11.41
工艺美术品的制造	N	5.00	5.00	6.00	6.00	6.00	6.00	5.67	5.67
	均值	36.56	53.76	−0.51	45.01	4.45	22.35	13.50	40.38
印刷复制服务	N	12.00	12.00	13.00	12.00	13.00	13.00	12.67	12.33
	均值	0.96	13.45	10.42	15.08	20.18	13.57	10.52	14.03
玩具的制造	N	4.00	4.00	4.00	4.00	4.00	4.00	4.00	4.00
	均值	17.35	12.60	−5.64	39.66	−10.30	26.61	0.30	26.29
视听设备的制造	N	14.00	15.00	15.00	15.00	14.00	15.00	14.33	15.00
	均值	41.07	27.22	−36.48	19.67	12.01	14.54	5.53	20.48
文化用纸的制造	N	11.00	13.00	14.00	14.00	10.00	13.00	11.67	13.33
	均值	−28.40	12.47	30.20	−5.25	50.53	−0.16	17.44	2.35
文化用油墨颜料的制造	N	3.00	3.00	3.00	3.00	3.00	3.00	3.00	3.00
	均值	−19.68	23.35	−2.30	8.58	−1.06	40.92	−7.68	24.28
广播电视电影专用设备的制造	N	12.00	14.00	13.00	14.00	12.00	14.00	12.33	14.00
	均值	22.03	1.00	0.45	22.05	5.39	−0.73	9.29	7.44
专业设计服务	N	1.00	1.00	1.00	1.00	1.00	1.00	1.00	1.00
	均值	−73.90	17.63	−14.51	2.98	−249.76	22.42	−112.72	14.34
园林、陈设艺术及其他陶瓷制品的制造	N	1.00	1.00	1.00	1.00	1.00		1.00	0.67
	均值	39.41	−3.17	115.30	6.30	37.39		64.03	1.04
工艺美术品的销售	N	1.00		2.00	2.00	2.00	2.00	1.67	1.33
	均值	27.09		−9.61	12.20	3.31	12.46	6.93	8.22
娱乐休闲服务	N	1.00	1.00	1.00	1.00	1.00	1.00	1.00	1.00
	均值	15.59	25.13	0.43	12.33	−87.44	13.36	−23.81	16.94
会展服务	N	1.00	1.00	2.00	1.00	2.00	2.00	1.67	1.33
	均值	37.01	13.67	25.02	−32.45	42.99	27.85	35.01	3.02
其他文化辅助生产	N	—	—	1.00	1.00	1.00	1.00	1.00	1.00
	均值	—	—	1.49	−5.71	−14.86	12.72	−6.69	3.51
办公用品的制造	N	2.00	1.00	2.00	2.00	2.00	2.00	2.00	1.67
	均值	−0.11	−3.70	−5.08	14.25	−57.36	−1.95	−20.85	2.87
乐器的制造	N	—	—	2.00	2.00	2.00	2.00	2.00	2.00
	均值	—	—	5.52	6.43	6.70	9.57	6.11	8.00

（续表）

产业分类第三层		2011 年		2012 年		2013 年		年度平均	
		净利润同比增长	主营收入同比增长	净利润同比增长	主营收入同比增长	净利润同比增长	主营收入同比增长	净利润同比增长	主营收入同比增长
发行服务	N	*2.00*	*2.00*	*2.00*	*2.00*	*2.00*	*2.00*	*2.00*	*2.00*
	均值	*6.46*	*0.04*	*−6.95*	*1.34*	*−11.99*	*14.53*	*−4.16*	*5.30*
广播电视服务	N	*2.00*	*2.00*	*3.00*	*3.00*	*3.00*	*3.00*	*2.67*	*2.67*
	均值	*45.69*	*12.35*	*4.58*	*16.96*	*1.61*	*11.83*	*17.29*	*13.71*
焰火、鞭炮产品的制造	N	*1.00*	*1.00*	*1.00*	*1.00*	*1.00*	*1.00*	*1.00*	*1.00*
	均值	*−4.15*	*1.99*	*3.60*	*21.57*	*41.43*	*−36.37*	*13.63*	*−4.27*
文化用化学品的制造	N			*1.00*	*1.00*	*1.00*	*1.00*	*0.67*	*1.00*
	均值		*15.00*	*148.45*	*22.82*	*−10.93*	*−7.97*	*45.84*	*9.95*
印刷专用设备的制造	N	*1.00*	*1.00*		*1.00*	*1.00*	*1.00*	*0.67*	*1.00*
	均值	*−48.91*	*−2.57*		*−6.69*	*13.03*	*−7.13*	*−11.96*	*−5.46*
其他文化专用设备的制造	N	*1.00*	*1.00*	*1.00*	*1.00*	*1.00*	*1.00*	*1.00*	*1.00*
	均值	*46.99*	*35.26*	*25.26*	*14.80*	*10.60*	*13.15*	*27.62*	*21.07*
其他文化用品的制造	N	*1.00*	*2.00*	*2.00*	*2.00*	*1.00*	*2.00*	*1.33*	*2.00*
	均值	*98.81*	*7.98*	*79.88*	*12.16*	*47.48*	*−0.96*	*75.39*	*6.39*
文具乐器照相器材的销售	N	*1.00*	*1.00*	*1.00*	*1.00*		*1.00*	*0.67*	*1.00*
	均值	*−91.60*	*1.65*	*35.32*	*−8.31*		*−48.70*	*−18.76*	*−18.45*

注：（1）本研究剔除了某些上市公司的异常值。（2）斜体表示所含上市公司数量太少，不参与分析。

四、成长能力所有制评价：民营文化企业主营收入增长快但利润增幅小，且增幅明显减缓

　　基于不同所有制性质看文化及相关产业上市公司的成长能力，可以发现国有文化企业与民营文化企业、中外合资文化企业在净利润同比增长与主营收入同比增长指标方面存在较大的差异。

　　在主营收入同比增长方面，2011～2013 年主营收入同比增长年度平均最高的是民营文化企业，年度平均主营收入同比增长率为 24.08%，大大高于其他所有制企业；其次是国有文化企业，年度平均主营收入同比增长率为 9.15%；中外合资文化企业的年度平均主营收入同比增长率最低，为 6.11%。

　　在净利润同比增长方面，2011～2013 年净利润同比增长年度平均最高的是中外合资文化企业，年度平均净利润增长率为 24.03%；其次是国有文化企业，年度平均净利润增长率为 16.55%；民营文化企业的年度平均净利润增长率最低，为 11.55%。

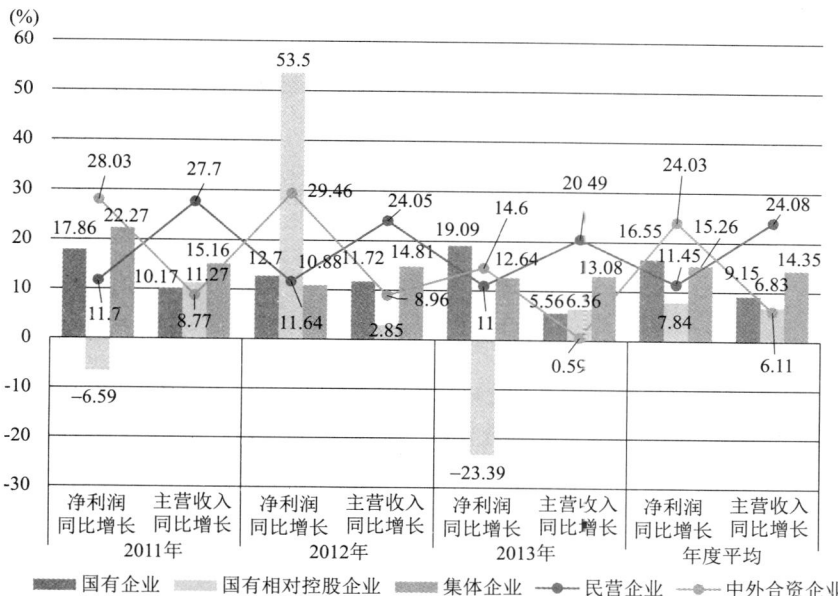

图 6-12 2011～2013 年不同所有制的文化及相关产业上市公司成长能力对比

从不同所有制性质的文化及相关产业上市公司主营收入同比增长指标发展趋势来看，2011～2013 年，国有文化企业与中外合资文化企业呈现出先小幅度增长后大幅下降的发展态势，民营文化企业则表现出持续下滑的趋势；在净利润同比增长指标方面，国有文化企业呈现出先下降后增长的发展趋势、中外合资文化企业则相反，呈现出先增长后下降的趋势，民营文化企业则仍然是持续下降的趋势。

表 6-24 2011～2013 年不同所有制的文化及相关产业上市公司成长能力状况

（单位：%）

所有制性质		2011 年		2012 年		2013 年		年度平均	
		净利润同比增长	主营收入同比增长	净利润同比增长	主营收入同比增长	净利润同比增长	主营收入同比增长	净利润同比增长	主营收入同比增长
国有企业	N	49.00	54.00	60.00	61.00	57.00	61.00	55.33	58.67
	均值	17.86	10.17	12.70	11.72	19.09	5.56	16.55	9.15
国有相对控股企业	N	2.00	3.00	3.00	3.00	2.00	3.00	2.33	3.00
	均值	−6.59	11.27	53.50	2.85	−23.39	6.36	7.84	6.83
集体企业	N	2.00	2.00	2.00	2.00	2.00	2.00	2.00	2.00
	均值	22.27	15.16	10.88	14.81	12.64	13.08	15.26	14.35
民营企业	N	90.00	88.00	99.00	97.00	96.00	97.00	95.00	94.00
	均值	11.70	27.70	11.64	24.05	11.00	20.49	11.45	24.08
中外合资企业	N	3.00	4.00	5.00	5.00	4.00	5.00	4.00	4.67
	均值	28.03	8.77	29.46	8.96	14.60	0.59	24.03	6.11

注：本研究剔除了某些上市公司的异常值。

第六节　文化及相关产业上市公司持续经营能力评价

一、文化及相关产业上市公司持续经营能力 50 强

基于公司每股经营现金流指标对文化及相关产业上市公司的持续经营能力进行比较分析，可以发现：

在文化及相关产业上市公司中，持续经营能力最强的企业是中国联通，公司每股经营现金流年度平均 2.53 元，处于第一阶梯，优势明显。这与中国联通作为国有企业，享受了大量的政策资源、构建了成熟的运营模式，并获得了垄断性市场地位有关。

持续经营能力处于第二阶梯的文化及相关产业上市公司，公司每股经营现金流年度平均介于 1～2 元之间，除了青岛海尔的持续经营能力相对突出之外，其他企业的公司每股经营现金流年度平均值差异不大。总的来看，公司每股经营现金流年度平均值达到 1.0 元以上的企业主要聚焦在增值电信服务（文化部分）、视听设备制造、出版服务、广告服务、印刷复制服务、互联网信息服务、景区游览服务等行业。

持续经营能力处于第三阶梯的文化及相关产业上市公司，公司每股经营现金流年度平均介于 0.8～1 元之间，包括湖北广电（0.95 元）、金螳螂（0.95 元）、弘业股份（0.93 元）、姚记扑克（0.90 元）、歌华有线（0.90 元）、网宿科技（0.90 元）与劲嘉股份（0.89 元）等企业，主要从事广播电视服务、建筑设计服务、印刷复制服务、互联网信息服务等文化服务领域。

借助国泰安数据库，笔者对 2011～2013 年国内 A 股全部上市公司每股经营活动现金净流量进行了计算，发现全国上市公司三年平均每股经营活动现金净流量为 0.33 元。由此来看，文化及相关产业上市公司持续经营能力 50 强企业全部超过了全国平均水平；50 强每股经营现金流总体均值为 0.83 元，超过全国平均水平 0.50 元。然而在 50 强企业中，仅有 13 家企业每股经营现金流超过了 1 元，仅有 1 家超过 2 元，说明文化及相关产业上市公司尚缺乏高盈利企业。

表 6-25　2011～2013 年文化及相关产业上市公司每股经营现金流排名

排名	证券代码	企业名称	企业性质	注册地址	产业分类第三层	上市时间（年）	年度平均（元）
1	600050	中国联通	国有企业	上海市	增值电信服务（文化部分）	2002	2.53
2	600690	青岛海尔	集体企业	山东省	视听设备的制造	1993	1.47
3	300148	天舟文化	民营企业	湖南省	出版服务	2010	1.39
4	000066	长城电脑	国有企业	广东省	视听设备的制造	1997	1.38
5	002117	东港股份	中外合资企业	山东省	印刷复制服务	2007	1.37

（续表）

排名	证券代码	企业名称	企业性质	注册地址	产业分类第三层	上市时间（年）	年度平均（元）
6	002033	丽江旅游	国有企业	云南省	景区游览服务	2004	1.36
7	300058	蓝色光标	民营企业	北京市	广告服务	2010	1.35
8	002247	帝龙新材	民营企业	浙江省	文化用纸的制造	2008	1.23
9	600633	浙报传媒	国有企业	浙江省	出版服务	1993	1.16
10	600373	中文传媒	民营企业	江西省	出版服务	2002	1.14
11	002315	焦点科技	民营企业	江苏省	互联网信息服务	2009	1.13
12	300182	捷成股份	民营企业	北京市	广播电视传输服务	2011	1.06
13	000888	峨眉山A	国有企业	四川省	景区游览服务	1997	1.00
14	000665	湖北广电	国有企业	湖北省	广播电视服务	1996	0.95
15	002081	金螳螂	民营企业	江苏省	建筑设计服务	2006	0.95
16	600128	弘业股份	国有企业	江苏省	工艺美术品的销售	1997	0.93
17	002605	姚记扑克	民营企业	上海市	印刷复制服务	2011	0.90
18	600037	歌华有线	国有企业	北京市	广播电视传输服务	2001	0.90
19	300017	网宿科技	民营企业	上海市	互联网信息服务	2009	0.90
20	002191	劲嘉股份	民营企业	广东省	印刷复制服务	2007	0.89
21	002303	美盈森	民营企业	广东省	印刷复制服务	2009	0.79
22	000050	深天马A	国有企业	广东省	广播电视电影专用设备的制造	1995	0.78
23	002078	太阳纸业	民营企业	山东省	文化用纸的制造	2006	0.78
24	600831	广电网络	集体企业	陕西省	广播电视服务	1994	0.75
25	600637	百视通	国有企业	上海市	互联网信息服务	1993	0.75
26	002238	天威视讯	国有企业	广东省	广播电视传输服务	2008	0.74
27	002181	粤传媒	国有企业	广东省	出版服务	2007	0.73
28	600308	华泰股份	民营企业	山东省	文化用纸的制造	2000	0.70
29	000156	华数传媒	民营企业	浙江省	广播电视传输服务	2000	0.67
30	000719	大地传媒	国有企业	河南省	出版服务	1997	0.66
31	600593	大连圣亚	国有企业	辽宁省	景区游览服务	2002	0.63
32	002415	海康威视	国有企业	浙江省	视听设备的制造	2010	0.63
33	600612	老凤祥	国有企业	上海市	工艺美术品的制造	1992	0.62
34	002229	鸿博股份	民营企业	福建省	印刷复制服务	2008	0.61
35	601098	中南传媒	国有企业	湖南省	出版服务	2010	0.60
36	600054	黄山旅游	国有企业	安徽省	景区游览服务	1997	0.56

排名	证券代码	企业名称	企业性质	注册地址	产业分类第三层	上市时间（年）	年度平均（元）
37	300113	顺网科技	民营企业	浙江省	互联网信息服务	2010	0.53
38	002351	漫步者	民营企业	广东省	视听设备的制造	2010	0.52
39	600640	号百控股	国有企业	上海市	互联网信息服务	1993	0.51
40	600386	北巴传媒	国有企业	北京市	广告服务	2001	0.51
41	300144	宋城股份	民营企业	浙江省	景区游览服务	2010	0.50
42	000610	西安旅游	国有企业	陕西省	景区游览服务	1996	0.50
43	002467	二六三	民营企业	北京市	互联网信息服务	2010	0.50
44	600210	紫江企业	民营企业	上海市	印刷复制服务	1999	0.50
45	002319	乐通股份	民营企业	广东省	文化用油墨颜料的制造	2009	0.49
46	600088	中视传媒	国有企业	上海市	电影和影视录音服务	1997	0.46
47	002348	高乐股份	民营企业	广东省	玩具的制造	2010	0.46
48	300188	美亚柏科	民营企业	福建省	互联网信息服务	2011	0.43
49	600880	博瑞传播	国有企业	四川省	出版服务	1995	0.41
50	601801	皖新传媒	国有企业	安徽省	发行服务	2010	0.41

注：为了便于研究，本排名不包含 2012 年上市的 10 家公司。

二、持续经营能力注册地区评价：广东、浙江与北京偏低

对不同地区按照文化及相关产业上市公司的持续经营能力进行比较分析，可以发现如下基本特征：

其一，文化及相关产业上市公司的持续经营能力处于第一阶梯的两个地区是山东省与上海市，2011~2013 年平均公司每股经营现金流分别为 0.65 元、0.63 元，均大于 0.6 元，并远远高于其他地区。其中，持续经营能力最强的是山东省，其 2011~2013 年平均公司每股经营现金流为 0.65 元。

其二，文化及相关产业上市公司的持续经营能力处于第二梯队的地区有五个省，分别为安徽省（0.44 元）、陕西省（0.37 元）、江苏省（0.37 元）、四川省（0.37 元）与湖北省（0.34 元），持续经营能力处于第二阶梯，公司每股经营现金流都在 0.3 元以上，并且超过了 0.33 元的全国上市公司平均水平。

其三，文化及相关产业上市公司的持续经营能力处于第三梯队的区域有五个省市，分别为广东省（0.28 元）、浙江省（0.22 元）、湖南省（0.20 元）、福建省（0.15 元）与北京市（0.11 元）。上述地区文化及相关产业上市公司每股经营现金流均值都低于全国上市公司平均水平。特别是广东省、浙江省与北京市文化产业比较发达，然而其文化上市公司的持续经营能力却有待进一步提升。

表 6-26　2011～2013 年文化及相关产业上市公司每股经营现金流地区排名

（单位：元）

注册地址	2011 年		2012 年		2013 年		年度平均	
	N	均值	N	均值	N	均值	N	均值
山东省	10.00	0.58	10.00	0.64	9.00	0.73	9.67	0.65
上海市	16.00	0.56	17.00	0.55	17.00	0.79	16.67	0.63
安徽省	5.00	0.35	5.00	0.49	5.00	0.47	5.00	0.44
陕西省	5.00	0.32	5.00	0.44	5.00	0.36	5.00	0.37
江苏省	9.00	0.19	9.00	0.48	9.00	0.42	9.00	0.37
四川省	6.00	0.34	6.00	0.18	6.00	0.58	6.00	0.37
湖北省	3.00	0.16	4.00	0.65	4.00	0.22	3.67	0.34
广东省	33.00	0.03	35.00	0.45	35.00	0.37	34.33	0.28
浙江省	19.00	−0.02	21.00	0.32	21.00	0.36	20.33	0.22
湖南省	6.00	−0.18	6.00	0.30	6.00	0.48	6.00	0.20
福建省	7.00	0.10	7.00	0.21	7.00	0.13	7.00	0.15
北京市	23.00	−0.04	26.00	0.12	26.00	0.25	25.00	0.11
云南省	*2.00*	*0.72*	*2.00*	*1.06*	*2.00*	*0.81*	*2.00*	*0.86*
江西省	*2.00*	*0.07*	*2.00*	*1.25*	*2.00*	*1.13*	*2.00*	*0.82*
辽宁省	*2.00*	*0.30*	*2.00*	*0.52*	*2.00*	*0.77*	*2.00*	*0.53*
海南省	*2.00*	*0.29*	*2.00*	*0.19*	*2.00*	*0.22*	*2.00*	*0.23*
河南省	*2.00*	*0.00*	*2.00*	*0.43*	*2.00*	*0.09*	*2.00*	*0.17*
重庆市	*2.00*	*−0.13*	*2.00*	*−0.22*	*2.00*	*0.14*	*2.00*	*−0.07*
贵州省	*—*	*—*	*1.00*	*1.18*	*1.00*	*0.58*	*1.00*	*0.88*
吉林省	*—*	*—*	*1.00*	*0.50*	*1.00*	*0.74*	*1.00*	*0.62*
西藏自治区	*1.00*	*0.19*	*1.00*	*0.43*	*1.00*	*0.36*	*1.00*	*0.33*
广西壮族自治区	*1.00*	*0.32*	*1.00*	*0.32*	*1.00*	*0.08*	*1.00*	*0.24*
河北省	*1.00*	*0.02*	*1.00*	*0.17*	*1.00*	*0.22*	*1.00*	*0.14*
黑龙江省	*1.00*	*−0.40*	*1.00*	*−0.47*	*1.00*	*1.27*	*1.00*	*0.13*
山西省	*1.00*	*−0.18*	*1.00*	*0.02*	*1.00*	*0.00*	*1.00*	*−0.05*
宁夏回族自治区	*1.00*	*0.25*	*1.00*	*−0.16*	*1.00*	*−0.92*	*1.00*	*−0.28*

注：斜体表示所含上市公司数量太少，不参与分析。

三、持续经营能力细分行业评价：62.5%低于全国平均水平

根据不同行业的特点，以每股经营现金流为依据对文化及相关产业上市公司的持续经营能力进行比较分析发现：

在文化及相关产业的不同细分行业中，仅有增值电信服务（文化部分）、印刷复制服务行业、景区游览服务行业、互联网信息服务、视听设备制造行业和出版服务行业 6 个行业的上市公司每股经营现金流均值超过了 0.33 元的全国平均水平。也就是说，在参与分析的 16 个行业中，有 62.5% 的细分行业上市公司每股经营现金流均值没有达到全国上市公司平均水平。

具体来看，文化及相关产业上市公司的持续经营能力最高的是增值电信服务（文化部分）行业，2011～2013 年平均公司每股经营现金流为 1.38 元，明显高于其他行业。

印刷复制服务行业、景区游览服务行业与互联网信息服务行业处于第二梯队，2011～2013 年平均公司每股经营现金流分别为 0.59 元、0.55 元、0.53 元，均大于 0.5 元。

视听设备制造行业和出版服务行业两个行业处于第三梯队，2011～2013 年平均公司每股经营现金流分别为 0.47 元、0.45 元，均大于 0.4 元。

文化软件服务、广播电视传输服务、玩具的制造、文化用纸的制造、广告服务、广播电视电影专用设备的制造、工艺美术品的制造、文化用油墨颜料的制造、电影和影视录音服务以及建筑设计服务 10 个行业上市公司每股经营现金流均值低于全国上市公司平均水平。而且电影和影视录音服务及建筑设计服务两个行业上市公司每股经营现金流为负值。这一结果在很大程度上说明上述行业在主营业务收入回款方面需要特别加强，以提升其持续经营能力。

表 6-27　2011～2013 年文化及相关产业上市公司持续经营能力行业排名

（单位：元）

产业分类第三层	2011 年		2012 年		2013 年		年度平均	
	N	均值	N	均值	N	均值	N	均值
增值电信服务（文化部分）	3.00	1.22	3.00	1.37	3.00	1.56	3.00	1.38
印刷复制服务	12.00	0.50	13.00	0.66	13.00	0.61	12.67	0.59
景区游览服务	13.00	0.42	13.00	0.67	13.00	0.55	13.00	0.55
互联网信息服务	15.00	0.50	16.00	0.42	16.00	0.66	15.67	0.53
视听设备的制造	15.00	0.30	15.00	0.62	15.00	0.49	15.00	0.47
出版服务	13.00	0.30	13.00	0.48	13.00	0.57	13.00	0.45
文化软件服务	3.00	0.11	5.00	0.50	5.00	0.33	4.33	0.31
广播电视传输服务	8.00	0.02	8.00	0.41	8.00	0.46	8.00	0.29
玩具的制造	4.00	0.35	4.00	0.27	4.00	0.16	4.00	0.26
文化用纸的制造	14.00	0.10	14.00	0.38	13.00	0.27	13.67	0.25
广告服务	4.00	0.14	4.00	0.36	4.00	0.16	4.00	0.22
广播电视电影专用设备的制造	14.00	0.00	14.00	0.33	14.00	0.30	14.00	0.21
工艺美术品的制造	6.00	-1.00	6.00	0.50	6.00	1.03	6.00	0.18

产业分类第三层	2011 年		2012 年		2013 年		年度平均	
	N	均值	N	均值	N	均值	N	均值
文化用油墨颜料的制造	3.00	−0.17	3.00	0.34	3.00	−0.15	3.00	0.01
电影和影视录音服务	5.00	−0.13	7.00	−0.71	7.00	0.01	6.33	−0.28
建筑设计服务	8.00	−0.73	9.00	−0.39	9.00	−0.07	8.67	−0.39
广播电视服务	*2.00*	*0.90*	*3.00*	*1.09*	*3.00*	*1.27*	*2.67*	*1.09*
发行服务	*2.00*	*0.20*	*2.00*	*0.30*	*2.00*	*0.23*	*2.00*	*0.24*
工艺美术品的销售	*2.00*	*−0.10*	*2.00*	*0.74*	*2.00*	*0.26*	*2.00*	*0.30*
会展服务	*2.00*	*−0.59*	*2.00*	*−0.33*	*2.00*	*0.13*	*2.00*	*−0.26*
办公用品的制造	*2.00*	*0.35*	*2.00*	*0.22*	*2.00*	*0.09*	*2.00*	*0.22*
乐器的制造	*—*	*—*	*2.00*	*0.20*	*2.00*	*0.13*	*2.00*	*0.17*
其他文化用品的制造	*2.00*	*−0.06*	*2.00*	*0.20*	*2.00*	*0.34*	*2.00*	*0.16*
专业设计服务	*1.00*	*−0.25*	*1.00*	*0.39*	*1.00*	*0.28*	*1.00*	*0.14*
娱乐休闲服务	*1.00*	*0.75*	*1.00*	*0.24*	*1.00*	*0.01*	*1.00*	*0.33*
园林、陈设艺术及其他陶瓷制品的制造	*1.00*	*−0.32*	*1.00*	*0.04*	*1.00*	*0.12*	*1.00*	*−0.05*
其他文化辅助生产	*—*	*—*	*1.00*	*0.69*	*1.00*	*0.53*	*1.00*	*0.61*
焰火、鞭炮产品的制造	*1.00*	*0.31*	*1.00*	*0.06*	*1.00*	*0.01*	*1.00*	*0.13*
文化用化学品的制造	*1.00*	*0.02*	*1.00*	*0.17*	*1.00*	*0.22*	*1.00*	*0.14*
印刷专用设备的制造	*1.00*	*−0.05*	*1.00*	*−0.11*	*1.00*	*−0.54*	*1.00*	*−0.23*
其他文化专用设备的制造	*1.00*	*0.33*	*1.00*	*0.35*	*1.00*	*0.10*	*1.00*	*0.26*
文具乐器照相器材的销售	*1.00*	*0.40*	*1.00*	*0.38*	*1.00*	*0.05*	*1.00*	*0.28*

注：斜体表示所含上市公司数量太少，不参与分析。

四、持续经营能力所有制评价：民营文化企业不及全国平均水平

从不同所有制的文化及相关产业上市公司的持续经营能力比较来看，除了集体文化企业每股经营现金流达到 1 元以上之外，其余所有制企业都在 0.6 元以下。

对比全国上市公司每股经营现金流 0.33 元的平均水平，可以发现，除了集体文化企业大大超出这一标准外，国有文化企业和中外合资文化企业都略微高于这一水平，其中

国有文化企业每股高出 8 分钱，中外合资文化企业则仅高出 3 分钱。

而民营文化企业和国有相对控股企业则处于全国上市公司平均水平之下，其中民营文化企业上市公司每股经营现金流比全国平均水平低 9 分钱，国有相对控股企业每股经营现金流三年均值则仅有 1 分钱。

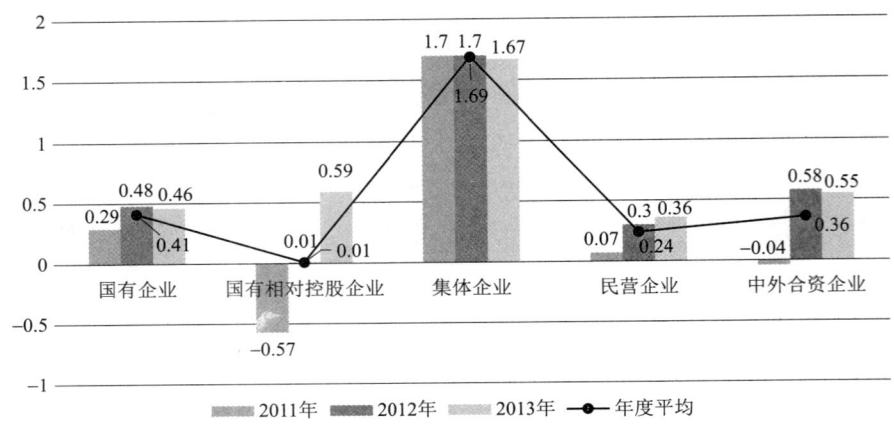

图 6-13　2011～2013 年不同所有制的文化及相关产业上市公司持续经营能力比较（单位：元）

从增长趋势来看，2011～2013 年，国有文化上市公司与中外合资文化上市公司的持续经营能力都表现出先大幅增长、再小幅下降的发展态势，民营文化上市公司与国有相对控股文化上市公司的持续经营能力则一直处于稳步增长的态势。

表 6-28　2011～2013 年不同所有制的文化及相关产业上市公司持续经营能力排名

（单位：元）

所有制	2011 年		2012 年		2013 年		年度平均	
	N	均值	N	均值	N	均值	N	均值
国有企业	57.00	0.29	61.00	0.48	61.00	0.46	59.67	0.41
国有相对控股企业	3.00	−0.57	3.00	0.01	3.00	0.59	3.00	0.01
集体企业	2.00	1.70	2.00	1.70	2.00	1.67	2.00	1.69
民营企业	94.00	0.07	100.00	0.30	99.00	0.36	97.67	0.24
中外合资企业	4.00	−0.04	5.00	0.58	5.00	0.55	4.67	0.36

第七章 中国文化及相关产业上市公司科技创新实证研究

第一节 科技创新评价模型与指标体系

本书认为，文化及相关产业上市公司科技创新能力的评价，本质上考察的是中国文化及相关产业龙头企业——上市公司层面文化与科技的融合程度。对于文化企业而言，融合科技创新的进程主要包含三个阶段：投入期、开发期和产出期，但是开发期是一个黑箱，难以考察，因此主要考察投入期和产出期两个阶段。在科技创新投入期，说到底，就是两个方面，一是科技人员比重，反映"人"的融合程度；二是研发投入比重，反映"财"的融合程度。在科技创新产出期，产出成果最终都要转化为企业的技术与知识产权类无形资产，因而可以通过技术与知识产权类无形资产比重（即占总资产比重）反映"资产"的融合程度。由此，可以构建文化及相关产业上市公司科技创新（文化与科技融合）评价模型，如图7-1所示。

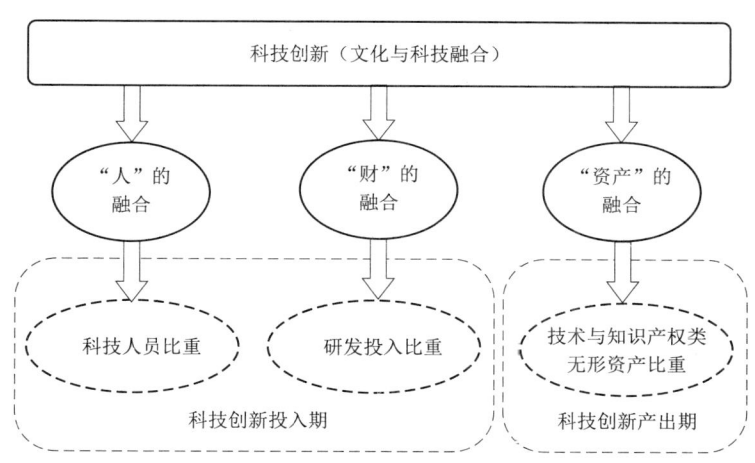

图 7-1 文化及相关产业上市公司科技创新评价模型

根据文化及相关产业上市公司科技创新（文化与科技融合）评价模型，结合前文设计的文化及相关产业上市公司龙文化指数评价指标体系，构建中国文化及相关产业上市

科技创新（文化与科技融合）评价指标体系，如图 7-2 所示。

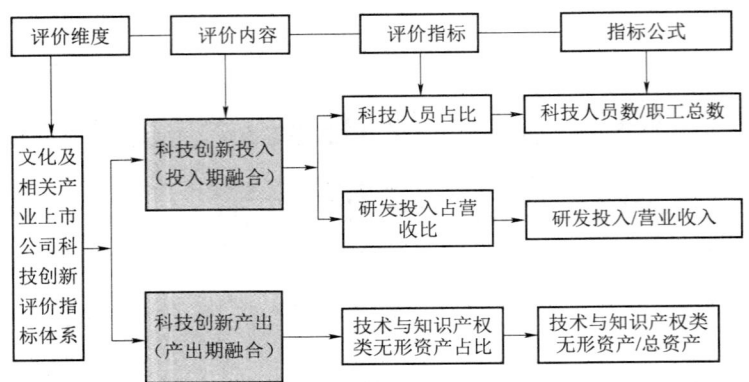

图 7-2　文化及相关产业上市公司科技创新评价指标体系

第二节　文化及相关产业上市公司科技创新总体评价

一、文化及相关产业上市公司科技创新总体特征

根据上文构建的文化及相关产业上市公司科技创新指标体系，计算得到 2011~2013 年每年的科技创新指数。统计分析发现，以 2011 年文化及相关产业上市公司科技创新指数为基准，设定为 100，计算得到 2012 年文化及相关产业上市公司科技创新指数为 106.66，比 2011 年上升了 6.66 个百分点；2013 年文化及相关产业上市公司科技创新指数为 106.40，比 2011 年上升了 6.40 个百分点，但比 2012 年略微下降。具体来看：

其一，文化及相关产业上市公司科技创新指数的增加受政策的推动作用明显。2012 年 5 月，科技部、中宣部、文化部、广电总局、新闻出版总署五部门联合发布了首批 16 家国家级文化与科技融合示范基地，并配套实施了《国家文化科技创新工程纲要》；2013 年 12 月，又公布了第二批 18 家国家级文化和科技融合示范基地，制定了一系列推动文化与科技创新、提升文化产业科技创新能力的扶持政策，直接推动了文化及相关产业上市公司加大对科技创新投入的力度与自主创新的能力。

其二，文化及相关产业上市公司科技创新指数的增加与文化产业新兴领域的上市公司数量的增多是相关的。近年来，新媒体领域、网络游戏领域、IPTV、移动互联网领域等网络文化行业出现了一批上市公司，这些公司的共性特点是高度依赖技术研发，凭借互联网技术、虚拟现实技术、云计算、物联网等高新技术获得可持续发展。

其三，文化及相关产业上市公司科技创新指数增长缓慢与目前文化及相关产业上市公司主体类型相关。目前文化及相关产业上市公司主要集中于新闻出版、印刷、影视、旅游、建筑设计、文化用品与文化专用设备制造等相对传统的文化产业领域，高度依赖科技创新的新兴行业刚刚起步，相对数量比较少。

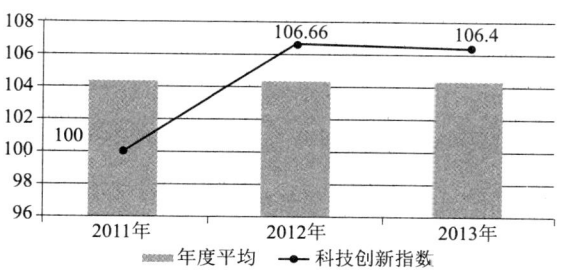

图 7-3　2011～2013 年文化及相关产业上市公司科技创新指数

二、文化及相关产业上市公司科技创新 50 强

（一）2011～2013 年前 50 强分析

从 2011 年中国文化及相关产业上市公司科技创新综合实力来看，前 50 强文化产业上市企业呈现如下特征：

第一，总体看来，科技创新综合指数是不高的。科技创新指数达到 80 以上的企业仅有 2 家，介于 70～80 之间的仅有 4 家，在整个 50 强名单中，46 家企业的科技创新指数在 60 左右。可见，50 强名单中的文化企业的科技创新实力差距还是比较大的。

第二，科技创新综合实力最高的两家上市公司是乐视网与中青宝，科技创新指数分别为 86.05 与 80.46。这两家公司明显的共性之处在于都是依赖互联网技术起步与发展起来的，而且同年在创业板上市。其中，乐视网是 2004 年成立的网络视频网站，是中国最早成立的网络视频企业之一，也是中国 A 股唯一上市的视频公司（2010 年 8 月在中国创业板上市）。而且近几年伴随采用"网络影视版权分销"模式、致力于打造垂直整合的"平台+内容+终端+应用"的生态模式，开始在互联网视频、影视制作与发行、智能终端、大屏应用市场等方面迅猛发展；中青宝则成立于 2003 年，致力于网络游戏的研发与运营，是第一家国内创业板上市的网游公司，通过打造"数字娱乐基地"实现"从游戏到虚拟社会"的产业发展，致力于打造庞大的网络游戏娱乐帝国，科技创新投入力度大。

第三，科技创新综合指数达到 70 以上的文化及相关产业上市公司除了乐视网与中青宝，还有 4 家企业，分别是科大讯飞（72.19）、ST 传媒（72.06）、拓尔思（71.63）、数码视讯（70.26），主要集中于出版、互联网信息服务、文化相关产品生产等领域，其较高的科技创新综合实力是传统文化产业领域与技术创新融合，新兴互联网领域与文化内容融合息息相关的。其中，ST 传媒属于国有企业，其他 3 家公司均属于民营企业，反映出民营企业的科技创新实力更加突出一些。

表 7-1　2011 年文化及相关产业上市公司科技创新指数

排名	证券代码	企业名称	企业性质	注册地址	产业分类第三层	上市时间（年）	科技创新指数
1	300104	乐视网	民营企业	北京市	互联网信息服务	2010	86.05
2	300052	中青宝	民营企业	广东省	文化软件服务	2010	80.46
3	002230	科大讯飞	民营企业	安徽省	视听设备的制造	2008	72.19
4	000504	ST 传媒	国有企业	北京市	出版服务	1992	72.06
5	300229	拓尔思	民营企业	北京市	互联网信息服务	2011	71.63
6	300079	数码视讯	民营企业	北京市	广播电视电影专用设备的制造	2010	70.26
7	300182	捷成股份	民营企业	北京市	广播电视传输服务	2011	69.84
8	002238	天威视讯	国有企业	广东省	广播电视传输服务	2008	69.48
9	002362	汉王科技	中外合资企业	北京市	其他文化用品的制造	2010	69.27
10	300188	美亚柏科	民营企业	福建省	互联网信息服务	2011	69.22
11	300264	佳创视讯	民营企业	广东省	广播电视传输服务	2011	68.99
12	300178	腾邦国际	民营企业	广东省	互联网信息服务	2011	68.84
13	300113	顺网科技	民营企业	浙江省	互联网信息服务	2010	68.74
14	300017	网宿科技	民营企业	上海市	互联网信息服务	2009	68.59
15	002261	拓维信息	民营企业	湖南省	增值电信服务（文化部分）	2008	68.07
16	002521	齐峰股份	民营企业	山东省	文化用纸的制造	2010	68.02
17	002376	新北洋	国有企业	山东省	其他文化专用设备的制造	2010	67.82
18	002310	东方园林	民营企业	北京市	建筑设计服务	2009	67.63
19	002467	二六三	民营企业	北京市	互联网信息服务	2010	67.41
20	601519	大智慧	民营企业	上海市	互联网信息服务	2011	67.12
21	600037	歌华有线	国有企业	北京市	广播电视传输服务	2001	66.44
22	600757	长江传媒	国有企业	湖北省	出版服务	1996	66.09
23	002148	北纬通信	民营企业	北京市	增值电信服务（文化部分）	2007	65.94
24	000725	京东方 A	国有企业	北京市	视听设备的制造	2001	65.80
25	300235	方直科技	民营企业	广东省	文化软件服务	2011	65.76
26	601886	江河创建	民营企业	北京市	建筑设计服务	2011	65.73
27	300059	东方财富	民营企业	上海市	互联网信息服务	2010	65.67
28	002308	威创股份	中外合资企业	广东省	广播电视电影专用设备的制造	2009	65.55
29	002235	安妮股份	民营企业	福建省	文化用纸的制造	2008	65.38
30	000812	陕西金叶	民营企业	陕西省	印刷复制服务	1998	65.26
31	002052	同洲电子	民营企业	广东省	广播电视电影专用设备的制造	2006	65.06
32	002241	歌尔声学	民营企业	山东省	视听设备的制造	2008	65.03

排名	证券代码	企业名称	企业性质	注册地址	产业分类第三层	上市时间（年）	科技创新指数
33	600831	广电网络	集体企业	陕西省	广播电视服务	1994	65.01
34	002095	生意宝	民营企业	浙江省	互联网信息服务	2006	64.97
35	600100	同方股份	国有企业	北京市	广播电视电影专用设备的制造	1997	64.83
36	300211	亿通科技	民营企业	江苏省	广播电视电影专用设备的制造	2011	64.62
37	002415	海康威视	国有企业	浙江省	视听设备的制造	2010	64.46
38	300076	宁波GQY	民营企业	浙江省	视听设备的制造	2010	64.41
39	002117	东港股份	中外合资企业	山东省	印刷复制服务	2007	64.25
40	002482	广田股份	民营企业	广东省	建筑设计服务	2010	64.18
41	002303	美盈森	民营企业	广东省	印刷复制服务	2009	64.16
42	300051	三五互联	民营企业	福建省	互联网信息服务	2010	64.01
43	600593	大连圣亚	国有企业	辽宁省	景区游览服务	2002	64.01
44	300028	金亚科技	民营企业	四川省	广播电视电影专用设备的制造	2009	64.00
45	300057	万顺股份	民营企业	广东省	印刷复制服务	2010	63.99
46	600804	鹏博士	民营企业	四川省	互联网信息服务	1994	63.76
47	600775	南京熊猫	国有企业	江苏省	视听设备的制造	1996	63.71
48	000909	数源科技	国有企业	浙江省	视听设备的制造	1999	63.63
49	600288	大恒科技	民营企业	北京市	广播电视电影专用设备的制造	2000	63.42
50	300192	科斯伍德	民营企业	江苏省	文化用油墨颜料的制造	2011	63.23

从 2012 年中国文化及相关产业上市公司科技创新综合实力来看，前 50 强文化产业上市企业的排名情况和 2011 年基本相似：

首先，在总体情况上，科技创新综合指数整体还不是很高，但比 2011 年有所进步。其中，科技创新指数达到 80 以上的企业仅剩下乐视网 1 家，而且科技创新指数从 86.05 提升至 2012 年的 89.87；科技创新指数介于 70～80 之间的从 2011 年的 4 家上升至 9 家，在整个 50 强名单中，40 家企业的科技创新指数在 60 左右。可见，在 50 强名单中，文化及相关产业上市公司的科技创新综合实力差距相对变小，但乐视网的优势更加明显。

其次，科技创新综合实力最高的两家上市公司仍然是乐视网与中青宝，科技创新指数分别为 89.87 与 78.51。其中，中青宝的科技创新指数下降了约 2 个点，但从两家在整个文化及相关产业上市公司的科技创新指数排名来看，其在 2012 年的技术创新能力与应用能力明显进一步增强。

最后，科技创新综合指数介于 70～80 之间的文化及相关产业上市公司除了 2011 年的 4 家公司（科大讯飞、ST 传媒、拓尔思、数码视讯），又增加了 6 家公司。其中，数码视讯科技创新指数排名从第 6 名下降至第 10 名，但科技创新指数小幅度提升，从 2011 年的 70.26 提升至 2012 年的 70.31；掌趣科技（71.96）、大智慧（71.93）、捷成股份（70.88）、美亚柏科（70.56）4 家公司的科技创新指数提升幅度较大，这与这四家公司主要从事网络游戏、音视频技术、软件等互联网信息技术与服务相关。

表 7-2　2012 年文化及相关产业上市公司科技创新指数

排名	证券代码	企业名称	企业性质	注册地址	产业分类第三层	上市时间（年）	科技创新指数
1	300104	乐视网	民营企业	北京市	互联网信息服务	2010	89.87
2	300052	中青宝	民营企业	广东省	文化软件服务	2010	78.51
3	002230	科大讯飞	民营企业	安徽省	视听设备的制造	2008	76.37
4	000504	ST 传媒	国有企业	北京市	出版服务	1992	74.95
5	300229	拓尔思	民营企业	北京市	互联网信息服务	2011	72.73
6	300315	掌趣科技	民营企业	北京市	文化软件服务	2012	71.96
7	601519	大智慧	民营企业	上海市	互联网信息服务	2011	71.93
8	300182	捷成股份	民营企业	北京市	广播电视传输服务	2011	70.88
9	300188	美亚柏科	民营企业	福建省	互联网信息服务	2011	70.56
10	300079	数码视讯	民营企业	北京市	广播电视电影专用设备的制造	2010	70.31
11	300264	佳创视讯	民营企业	广东省	广播电视传输服务	2011	69.96
12	300017	网宿科技	民营企业	上海市	互联网信息服务	2009	68.88
13	300059	东方财富	民营企业	上海市	互联网信息服务	2010	67.89
14	002362	汉王科技	中外合资企业	北京市	其他文化用品的制造	2010	67.85
15	002310	东方园林	民营企业	北京市	建筑设计服务	2009	67.78
16	002376	新北洋	国有企业	山东省	其他文化专用设备的制造	2010	67.70
17	300178	腾邦国际	民营企业	广东省	互联网信息服务	2011	67.68
18	002467	二六三	民营企业	北京市	互联网信息服务	2010	67.46
19	002261	拓维信息	民营企业	湖南省	增值电信服务（文化部分）	2008	67.41
20	300270	中威电子	民营企业	浙江省	广播电视电影专用设备的制造	2011	67.41
21	300235	方直科技	民营企业	广东省	文化软件服务	2011	67.39
22	300051	三五互联	民营企业	福建省	互联网信息服务	2010	67.35
23	300113	顺网科技	民营企业	浙江省	互联网信息服务	2010	67.31
24	000681	*ST 远东	民营企业	江苏省	电影和影视录音服务	1997	67.29
25	600637	百视通	国有企业	上海市	互联网信息服务	1993	67.09
26	002095	生意宝	民营企业	浙江省	互联网信息服务	2006	67.00
27	300063	天龙集团	民营企业	广东省	文化用油墨颜料的制造	2010	66.51
28	600037	歌华有线	国有企业	北京市	广播电视传输服务	2001	66.51

排名	证券代码	企业名称	企业性质	注册地址	产业分类第三层	上市时间（年）	科技创新指数
29	601886	江河创建	民营企业	北京市	建筑设计服务	2011	66.36
30	002148	北纬通信	民营企业	北京市	增值电信服务（文化部分）	2007	66.35
31	600757	长江传媒	国有企业	湖北省	出版服务	1996	66.35
32	002415	海康威视	国有企业	浙江省	视听设备的制造	2010	66.19
33	000725	京东方 A	国有企业	北京市	视听设备的制造	2001	65.95
34	600593	大连圣亚	国有企业	辽宁省	景区游览服务	2002	65.66
35	002238	天威视讯	国有企业	广东省	广播电视传输服务	2008	65.63
36	002308	威创股份	中外合资企业	广东省	广播电视电影专用设备的制造	2009	65.60
37	002081	金螳螂	民营企业	江苏省	建筑设计服务	2006	65.59
38	300211	亿通科技	民营企业	江苏省	广播电视电影专用设备的制造	2011	65.12
39	600831	广电网络	集体企业	陕西省	广播电视服务	1994	65.04
40	002241	歌尔声学	民营企业	山东省	视听设备的制造	2008	64.98
41	002431	棕榈园林	民营企业	广东省	建筑设计服务	2010	64.60
42	600088	中视传媒	国有企业	上海市	电影和影视录音服务	1997	64.51
43	002117	东港股份	中外合资企业	山东省	印刷复制服务	2007	64.49
44	600775	南京熊猫	国有企业	江苏省	视听设备的制造	1996	64.45
45	000156	华数传媒	民营企业	浙江省	广播电视传输服务	2000	64.39
46	000909	数源科技	国有企业	浙江省	视听设备的制造	1999	64.25
47	002482	广田股份	民营企业	广东省	建筑设计服务	2010	64.23
48	300028	金亚科技	民营企业	四川省	广播电视电影专用设备的制造	2009	64.19
49	002315	焦点科技	民营企业	江苏省	互联网信息服务	2009	64.18
50	600288	大恒科技	民营企业	北京市	广播电视电影专用设备的制造	2000	64.18

从 2013 年中国文化及相关产业上市公司科技创新综合实力来看，前 50 强文化产业上市企业的排名情况、基本特征如下：

第一，从总体情况来看，科技创新综合指数整体出现一定幅度的下降，比 2011 年有所进步，但比 2012 年出现明显下滑。其中，科技创新指数达到 80 以上的企业仍然是乐视网 1 家，而科技创新指数从 89.87 下降至 2013 年的 86.59，下降了 4 个百分点；科技创新指数介于 70～80 之间的企业从 2012 年的 9 家下降至 7 家，在整个 50 强名单中，42 家企业的科技创新指数在 60 左右。总的来说，在 50 强名单中，除了乐视网高居榜首之外，其他文化及相关产业上市公司的科技创新指数的差距逐渐变小。

第二，科技创新综合实力最高的两家上市公司仍为乐视网与中青宝，但科技创新指数都有所下降，分别为 86.59 与 78.14。其中，乐视网的科技创新指数下降幅度大，约 3 个百分点。但总体而言，这两家公司依然是文化及相关产业上市公司领域的科技创新的佼佼者，说明这两家企业的科技创新能力已经建构起来。

第三，科技创新综合指数介于 70～80 之间的文化及相关产业上市公司现在仅有 7 家公司。其中，掌趣科技的科技创新指数下降幅度最大，从 2012 年的 71.96 下降至 66.74，科技创新综合排名从原来的第 6 名到 2013 年的第 21 名。此外，佳创视讯的科技创新指数实现突破，从原来的 69.96 提升至 70.89，与其致力于数字电视、互动电视技术的发展息息相关。

表 7-3　2013 年文化及相关产业上市公司科技创新指数

排名	证券代码	企业名称	企业性质	注册地址	产业分类第三层	上市时间（年）	科技创新指数
1	300104	乐视网	民营企业	北京市	互联网信息服务	2010	86.59
2	300052	中青宝	民营企业	广东省	文化软件服务	2010	78.14
3	300229	拓尔思	民营企业	北京市	互联网信息服务	2011	75.08
4	002230	科大讯飞	民营企业	安徽省	视听设备的制造	2008	74.33
5	300079	数码视讯	民营企业	北京市	广播电视电影专用设备的制造	2010	72.72
6	601519	大智慧	民营企业	上海市	互联网信息服务	2011	71.48
7	300182	捷成股份	民营企业	北京市	广播电视传输服务	2011	70.90
8	300264	佳创视讯	民营企业	广东省	广播电视传输服务	2011	70.89
9	300113	顺网科技	民营企业	浙江省	互联网信息服务	2010	69.65
10	600637	百视通	国有企业	上海市	互联网信息服务	1993	69.61
11	300270	中威电子	民营企业	浙江省	广播电视电影专用设备的制造	2011	69.15
12	000681	远东股份	民营企业	江苏省	电影和影视录音服务	1997	68.66
13	300017	网宿科技	民营企业	上海市	互联网信息服务	2009	68.37
14	300235	方直科技	民营企业	广东省	文化软件服务	2011	68.26
15	002376	新北洋	国有企业	山东省	其他文化专用设备的制造	2010	67.83
16	002095	生意宝	民营企业	浙江省	互联网信息服务	2006	67.06
17	300178	腾邦国际	民营企业	广东省	互联网信息服务	2011	67.02
18	600037	歌华有线	国有企业	北京市	广播电视传输服务	2001	66.92
19	002315	焦点科技	民营企业	江苏省	互联网信息服务	2009	66.86
20	002415	海康威视	国有企业	浙江省	视听设备的制造	2010	66.79
21	300315	掌趣科技	民营企业	北京市	文化软件服务	2012	66.74
22	601886	江河创建	民营企业	北京市	建筑设计服务	2011	66.48
23	600757	长江传媒	国有企业	湖北省	出版服务	1996	66.40
24	002467	二六三	民营企业	北京市	互联网信息服务	2010	66.39

排名	证券代码	企业名称	企业性质	注册地址	产业分类第三层	上市时间（年）	科技创新指数
25	002308	威创股份	中外合资企业	广东省	广播电视电影专用设备的制造	2009	66.15
26	300211	亿通科技	民营企业	江苏省	广播电视电影专用设备的制造	2011	65.89
27	002235	安妮股份	民营企业	福建省	文化用纸的制造	2008	65.85
28	002362	汉王科技	中外合资企业	北京市	其他文化用品的制造	2010	65.85
29	600288	大恒科技	民营企业	北京市	广播电视电影专用设备的制造	2000	65.68
30	002148	北纬通信	民营企业	北京市	增值电信服务（文化部分）	2007	65.65
31	002261	拓维信息	民营企业	湖南省	增值电信服务（文化部分）	2008	65.64
32	000725	京东方A	国有企业	北京市	视听设备的制造	2001	65.56
33	300288	朗玛信息	民营企业	贵州省	文化软件服务	2012	65.43
34	600593	大连圣亚	国有企业	辽宁省	景区游览服务	2002	65.30
35	002310	东方园林	民营企业	北京市	建筑设计服务	2009	65.29
36	002238	天威视讯	国有企业	广东省	广播电视传输服务	2008	65.29
37	002241	歌尔声学	民营企业	山东省	视听设备的制造	2008	65.13
38	600088	中视传媒	国有企业	上海市	电影和影视录音服务	1997	65.11
39	300063	天龙集团	民营企业	广东省	文化用油墨颜料的制造	2010	65.08
40	002117	东港股份	中外合资企业	山东省	印刷复制服务	2007	65.00
41	002052	同洲电子	民营企业	广东省	广播电视电影专用设备的制造	2006	64.95
42	600831	广电网络	集体企业	陕西省	广播电视服务	1994	64.92
43	000504	ST传媒	国有企业	北京市	出版服务	1992	64.86
44	000812	陕西金叶	民营企业	陕西省	印刷复制服务	1998	64.85
45	000909	数源科技	国有企业	浙江省	视听设备的制造	1999	64.81
46	002059	云南旅游	国有企业	云南省	景区游览服务	2006	64.72
47	600775	南京熊猫	国有企业	江苏省	视听设备的制造	1996	64.60
48	002482	广田股份	民营企业	广东省	建筑设计服务	2010	64.55
49	300051	三五互联	民营企业	福建省	互联网信息服务	2010	64.55
50	600100	同方股份	国有企业	北京市	广播电视电影专用设备的制造	1997	64.39

（二）2011～2013三年均值前50强聚类分析

这里采用 SPSS18.0 软件组间联接系统聚类方法分别对 2011～2013 年中国文化及相关产业上市公司科技创新指数三年均值前 50 强进行聚类分析，如图 7-4 所示。

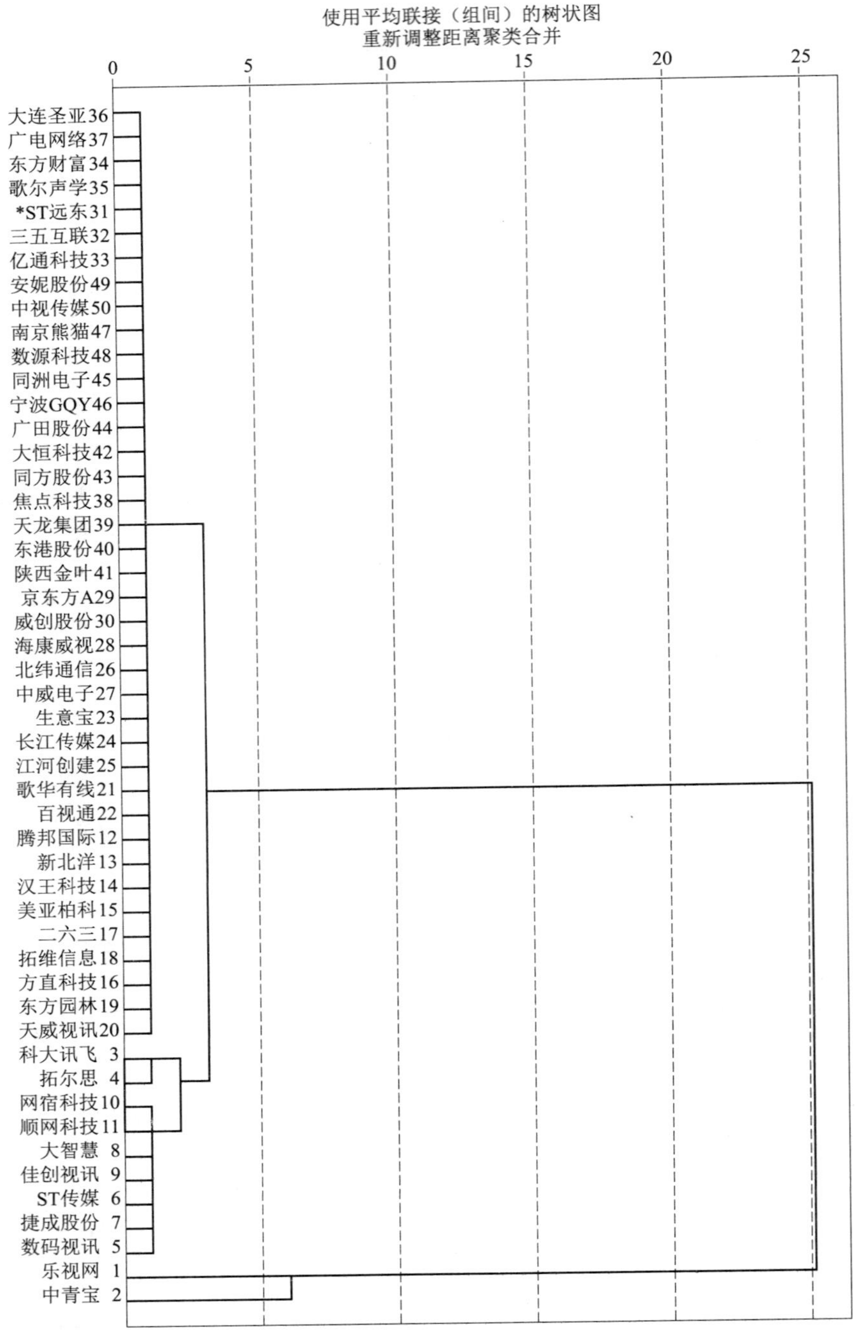

使用平均联接（组间）的树状图
重新调整距离聚类合并

大连圣亚36
广电网络37
东方财富34
歌尔声学35
*ST远东31
三五互联32
亿通科技33
安妮股份49
中视传媒50
南京熊猫47
数源科技48
同洲电子45
宁波GQY46
广田股份44
大恒科技42
同方股份43
焦点科技38
天龙集团39
东港股份40
陕西金叶41
京东方A29
威创股份30
海康威视28
北纬通信26
中威电子27
生意宝23
长江传媒24
江河创建25
歌华有线21
百视通22
腾邦国际12
新北洋13
汉王科技14
美亚柏科15
二六三17
拓维信息18
方直科技16
东方园林19
天威视讯20
科大讯飞 3
拓尔思 4
网宿科技10
顺网科技11
大智慧 8
佳创视讯 9
ST传媒 6
捷成股份 7
数码视讯 5
乐视网 1
中青宝 2

图7-4　2011～2013年文化及相关产业上市公司科技创新指数50强聚类分析

聚类树状图清晰反映出三年来各公司科技创新综合实力所处的层级与集群。从聚类树状图中可以发现，2011～2013年中国文化及相关产业上市公司科技创新综合实力可以划分为四个梯队：

第一梯队：乐视网、中青宝 2 家公司，其中乐视网有独占鳌头之势；这两个企业都属于网络文化新兴领域，乐视网以网络视频为主体，中青宝则以网络游戏为核心竞争力。

第二梯队：科大讯飞和拓尔思 2 家公司。其中，科大讯飞属于文化产品生产领域的文化信息传输服务领域，主要从事互联网信息服务，提供是服务型的虚拟产品，致力于新技术的研发与生产；拓尔思则属于文化相关产品生产领域的文化用品的生产行业，主要从事视听设备的制造，提供产品型的实体产品，依赖高新视听技术提高产品含金量。

第三梯队：数码视讯、ST 传媒、捷成股份、大智慧、佳创视讯、网宿科技和顺网科技 7 家公司。这些公司的共性都属于高度依赖新技术、新领域的文化产业新兴领域或者传统文化产业行业与技术创新的融合发展。

第四梯队：腾邦国际、新北洋、汉王科技、美亚柏科、方直科技、二六三、拓维信息、东方园林、天威视讯、歌华有线、百视通、生意宝、长江传媒、江河创建、北纬通信、中威电子、海康威视、京东方 A、威创股份、远东股份、三五互联、亿通科技、东方财富、歌尔声学、大连圣亚、广电网络、焦点科技、天龙集团、东港股份、陕西金叶、大恒科技、同方股份、广田股份、同洲电子、宁波 GQY、南京熊猫、数源科技、安妮股份和中视传媒 39 家公司。

三、科技创新注册地区评价：上海落后、广东连年下行

文化及相关产业上市公司的科技创新力在不同区域呈现出差异化，归纳起来，主要有以下三个不同的特点：

第一，按照不同区域的文化及相关产业上市公司的科技创新指数排名来看，总体区域科技创新力不强，科技创新指数介于 60～66 之间，其中，2011～2013 年科技创新最高的地区是北京市，科技创新指数为 65.92，位于第一阶梯；其次为安徽省（63.87）、广东省（63.47）、福建省（63.40）、江苏省（63.09），位于第二阶梯；再次为上海市（62.91）、陕西省（62.89）、浙江省（62.89）、山东省（62.82）、湖北省（62.51）、四川省（62.10）与湖南省（61.92）处于第三阶梯；最后是第四阶梯的区域，科技创新指数均低于 61。

第二，2011 年以来，诸多区域的文化及相关产业上市公司的科技创新指数呈现先小幅增长然后又转向微降的发展趋势，这些区域包括长三角地区的上海市、浙江省、安徽省，中部地区的湖南省，南部地区的福建省，这一变化趋势与该区域文化及相关产业上市公司新增数量与新增的文化产业业态密切关联。

第三，2011～2013 年文化及相关产业上市公司科技创新指数的变化，在不同区域呈现相反的走势。一是三年持续下降趋势明显，广东省是典型，虽然广东省的文化及相关产业上市公司的科技创新指数排名第三，但科技创新指数持续走低，由 2011 年的 63.49 下降至 2012 年的 63.47，2013 年更低，为 63.45。我们知道，广东省是文化及相关产业上市公司数量最多的省份，科技创新综合能力强，而且一直走在制度创新先试先行的前

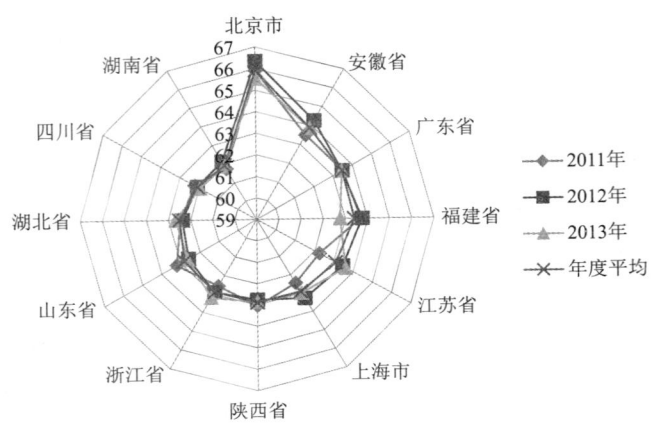

图 7-5　2011～2013 年不同地区的文化及相关产业上市公司科技创新指数

列，前些年文化科技政策带来的刺激与助推力量，现在进入调适与适应期，政策效果趋向微弱，需要新的政策刺激。二是三年来持续增长态势明显。江苏省是典型，科技创新指数综合排名第五，从 2011 年的 62.24 上升至 2012 年的 63.44，2013 年增加至 63.60，实现了稳健的增长。这与江苏省近年来加大政策扶持与推动的因素息息相关，例如实施《江苏省关于加强文化科技创新的意见》、《江苏省文化科技产业园管理办法》等政策，拥有南京、常州、无锡国家级文化与科技融合示范基地与 18 家省级文化科技产业园，推动了江苏省的文化及相关产业上市公司正积极利用技术创新实现传统文化领域的更新换代，推动新兴文化领域的不断增长。

第四，从区域排名来看，每个年度，不同区域的文化及相关产业上市公司的科技创新指数也具有较大变化。除了北京市的文化及相关产业上市公司的科技创新指数每个年度都位于区域排名的第一位，其他区域年度变化较为明显，例如，福建省的文化及相关产业上市公司的科技创新指数的综合排名是第四位，但 2011 年位于北京之后居于第二位；而且 2012 年、2013 年持续下降至第三位、第八位；安徽省的文化及相关产业上市公司的科技创新指数在区域中的排名从 2011 的与广东省并列第三位，提升至 2012 年、2013 年的第二位。

表 7-4　2011～2013 年文化及相关产业上市公司科技创新指数地区比较

注册地址	2011 年		2012 年		2013 年		年度平均	
	N	均值	N	均值	N	均值	N	均值
北京市	23.00	65.90	26.00	66.34	26.00	65.54	25.00	65.92
安徽省	5.00	63.49	5.00	64.26	5.00	63.87	5.00	63.87
广东省	33.00	63.49	35.00	63.47	35.00	63.45	34.33	63.47
福建省	7.00	63.69	7.00	63.75	7.00	62.76	7.00	63.40
江苏省	9.00	62.24	9.00	63.44	9.00	63.60	9.00	63.09
上海市	16.00	62.45	17.00	63.28	17.00	62.99	16.67	62.91

注册地址	2011 年		2012 年		2013 年		年度平均	
	N	均值	N	均值	N	均值	N	均值
陕西省	5.00	63.05	5.00	62.76	5.00	62.86	5.00	62.89
浙江省	19.00	62.56	21.00	62.90	21.00	63.20	20.33	62.89
山东省	10.00	63.21	10.00	62.60	10.00	62.65	10.00	62.82
湖北省	4.00	62.47	4.00	62.38	4.00	62.68	4.00	62.51
四川省	6.00	62.24	6.00	62.10	6.00	61.97	6.00	62.10
湖南省	6.00	61.74	6.00	62.12	6.00	61.90	6.00	61.92
海南省	*2.00*	*60.88*	*2.00*	*60.57*	*2.00*	*60.67*	*2.00*	*60.70*
河南省	*2.00*	*60.85*	*2.00*	*61.28*	*2.00*	*61.05*	*2.00*	*61.06*
江西省	*2.00*	*60.41*	*2.00*	*60.32*	*2.00*	*60.43*	*2.00*	*60.38*
辽宁省	*2.00*	*62.27*	*2.00*	*63.20*	*2.00*	*63.01*	*2.00*	*62.83*
云南省	*2.00*	*60.92*	*2.00*	*60.93*	*2.00*	*62.83*	*2.00*	*61.56*
重庆市	*2.00*	*61.22*	*2.00*	*60.97*	*2.00*	*60.99*	*2.00*	*61.06*
广西壮族自治区	*1.00*	*60.87*	*1.00*	*60.84*	*1.00*	*60.91*	*1.00*	*60.87*
河北省	*1.00*	*63.21*	*1.00*	*62.89*	*1.00*	*62.51*	*1.00*	*62.87*
黑龙江省	*1.00*	*61.09*	*1.00*	*61.24*	*1.00*	*60.02*	*1.00*	*60.78*
宁夏回族自治区	*1.00*	*61.81*	*1.00*	*60.40*	*1.00*	*60.29*	*1.00*	*60.83*
山西省	*1.00*	*60.00*	*1.00*	*60.00*	*1.00*	*60.00*	*1.00*	*60.00*
西藏自治区	*1.00*	*62.58*	*1.00*	*62.09*	*1.00*	*60.56*	*1.00*	*61.74*
贵州省	*—*	*—*	*1.00*	*63.52*	*1.00*	*65.43*	*1.00*	*64.48*
吉林省	*—*	*—*	*1.00*	*60.65*	*1.00*	*60.63*	*1.00*	*60.64*

注：斜体表示所含上市公司数量太少，不参与分析。

四、科技创新细分行业评价：广告服务行业倒数第一

按国家统计局《文化及相关产业分类（2012）》产业分类的第三层进行科技创新综合水平的研究发现：

第一，不同行业的文化及相关产业上市公司的科技创新指数存在明显差异。依托互联网技术、高新技术产生发展起来的文化行业，科技创新指数通常较高；与新技术结合度较低的传统文化产业领域科技创新指数一般相对较低。例如，文化软件服务行业的科技创新指数最高，为 68.86，这一行业的上市企业大都从事多媒体技术、动漫游戏软件开发、数字动漫、游戏设计制作等数字内容服务；其次为互联网信息服务行业，科技创新指数为 67.91，这两个行业的共性是基本完全依赖互联网技术进行创作、生产与运营。

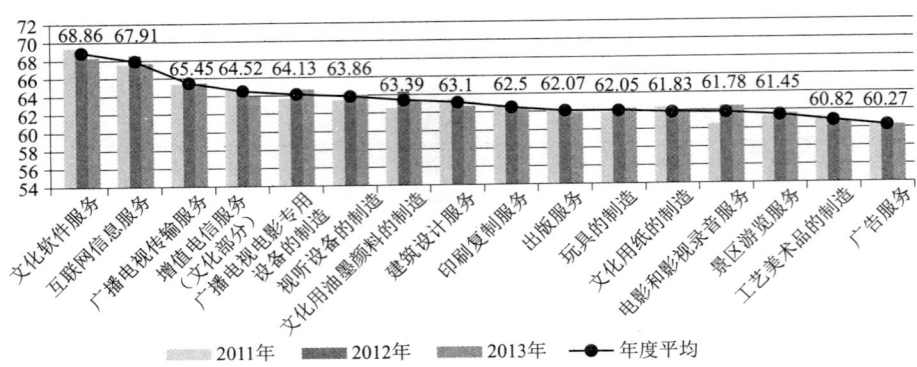

图 7-6　2011～2013 年文化及相关产业上市公司科技创新指数行业比较

第二，从事文化产品生产的行业，科技创新指数通常相对较高；从事文化相关产品生产的行业，特别是文化用品的生产与文化专用设备的生产领域，科技创新指数相对较低。例如，在文化专用设备领域，除了广播电视电影专用设备的制造行业的科技创新指数较高，为 64.13 之外，其他的文化专用设备行业的文化及相关产业上市公司的科技创新指数都相对较低，这与这些领域是否运用最新的技术（视听设备制造需要跟上最新技术的步伐，印刷领域是数字印刷技术）有关，例如，广播电视电影专用设备的制造行业相比乐器的制造、印刷设备的制造等领域，科技创新指数要高出许多，因为涉及最新技术与发射设备制造、数字电视接收设备、应用 3D 技术的用电视设备与电影设备的制造等，所以科技创新能力相对较强。

此外，还有一些文化产业领域应用技术的机会相对较少。例如，景区游览服务主要集中于服务水平的提升，科技创新指数自然较低（61.45）；工艺美术品的制造对传统工艺的要求较高而科技创新指数较低（60.82）。广告服务行业的科技创新指数仅为 60.27，排在参与分析的 16 个行业中的倒数第一位，值得引起反思和重视。

表 7-5　2011～2013 年文化及相关产业上市公司科技创新指数行业比较

产业分类第三层	2011 年		2012 年		2013 年		年度平均	
	N	均值	N	均值	N	均值	N	均值
文化软件服务	3.00	69.37	5.00	68.89	5.00	68.31	4.33	68.86
互联网信息服务	15.00	67.57	16.00	68.53	16.00	67.65	15.67	67.91
广播电视传输服务	8.00	65.35	8.00	65.55	8.00	65.46	8.00	65.45
增值电信服务（文化部分）	3.00	64.83	3.00	64.75	3.00	63.97	3.00	64.52
广播电视电影专用设备的制造	14.00	63.67	14.00	64.04	14.00	64.69	14.00	64.13
视听设备的制造	15.00	63.44	15.00	64.10	15.00	64.04	15.00	63.86
文化用油墨颜料的制造	3.00	62.51	3.00	64.33	3.00	63.32	3.00	63.39
建筑设计服务	9.00	63.35	9.00	63.29	9.00	62.66	9.00	63.10

产业分类第三层	2011 年		2012 年		2013 年		年度平均	
	N	均值	N	均值	N	均值	N	均值
印刷复制服务	12.00	62.68	13.00	62.49	13.00	62.35	12.67	62.50
出版服务	13.00	62.07	13.00	62.28	13.00	61.85	13.00	62.07
玩具的制造	4.00	61.84	4.00	62.09	4.00	62.24	4.00	62.05
文化用纸的制造	14.00	62.37	14.00	61.44	14.00	61.67	14.00	61.83
电影和影视录音服务	5.00	60.48	7.00	62.43	7.00	62.44	6.33	61.78
景区游览服务	13.00	61.30	13.00	61.49	13.00	61.56	13.00	61.45
工艺美术品的制造	6.00	60.97	6.00	60.72	6.00	60.78	6.00	60.82
广告服务	4.00	60.28	4.00	60.28	4.00	60.27	4.00	60.27
发行服务	*2.00*	*60.34*	*2.00*	*60.35*	*2.00*	*60.38*	*2.00*	*60.35*
广播电视服务	*2.00*	*63.14*	*3.00*	*62.80*	*3.00*	*63.15*	*2.67*	*63.03*
工艺美术品的销售	*2.00*	*60.47*	*2.00*	*60.78*	*2.00*	*60.54*	*2.00*	*60.60*
会展服务	*2.00*	*61.22*	*2.00*	*60.96*	*2.00*	*60.99*	*2.00*	*61.06*
办公用品的制造	*2.00*	*61.27*	*2.00*	*61.36*	*2.00*	*61.31*	*2.00*	*61.31*
其他文化用品的制造	*2.00*	*65.89*	*2.00*	*65.86*	*2.00*	*64.62*	*2.00*	*65.46*
专业设计服务	*1.00*	*61.71*	*1.00*	*61.23*	*1.00*	*61.58*	*1.00*	*61.51*
娱乐休闲服务	*1.00*	*60.00*	*1.00*	*60.01*	*1.00*	*60.00*	*1.00*	*60.00*
园林、陈设艺术及其他陶瓷制品的制造	*1.00*	*60.62*	*1.00*	*60.63*	*1.00*	*60.56*	*1.00*	*60.60*
焰火、鞭炮产品的制造	*1.00*	*60.03*	*1.00*	*62.29*	*1.00*	*62.68*	*1.00*	*61.67*
文化用化学品的制造	*1.00*	*63.21*	*1.00*	*62.89*	*1.00*	*62.51*	*1.00*	*62.87*
印刷专用设备的制造	*1.00*	*61.65*	*1.00*	*61.66*	*1.00*	*61.17*	*1.00*	*61.49*
其他文化专用设备的制造	*1.00*	*67.82*	*1.00*	*67.70*	*1.00*	*67.83*	*1.00*	*67.78*
文具乐器照相器材的销售	*1.00*	*60.79*	*1.00*	*60.62*	*1.00*	*60.84*	*1.00*	*60.75*
其他文化辅助生产	*—*	*—*	*1.00*	*61.33*	*1.00*	*60.42*	*1.00*	*60.88*
乐器的制造	*—*	*—*	*2.00*	*62.33*	*2.00*	*62.23*	*2.00*	*62.28*

注：斜体表示所含上市公司数量太少，不参与分析。

五、科技创新所有制评价：公有制文化企业明显落后

按照文化及相关产业上市公司的所有制性质来看，国有企业、国有相对控股企业、集体企业、民营企业和中外合资企业在科技创新指数方面存在明显不同，并表现出各异的发展演化态势。

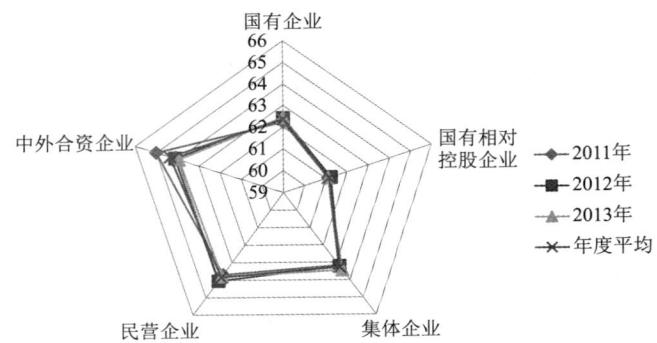

图 7-7   2011～2013 年不同所有制的文化及相关产业上市公司科技创新指数雷达图

其一，文化及相关产业上市公司的科技创新指数最强的企业是中外合资企业，科技创新指数为 64.36；其次是民营文化企业，科技创新指数为 63.83；再次是国有文化企业，科技创新指数是 62.36，明显低于民营文化企业；国有相对控股文化企业的科技创新指数是最低的，仅为 61.15。从上述比较分析中可以发现，非公有制文化企业科技创新实力明显优于公有制企业。

其二，从不同所有制文化及相关产业上市公司科技创新指数发展趋势来看，2011～2013 年，国有文化企业的科技创新指数呈现稳健的增长态势，从 2011 年的 62.22 上升至 2012 年的 62.42，2013 年达到 62.44；但是，中外合资文化企业的科技创新指数呈现逐年下降的趋势，从 2011 年的 65.01 下降到 2012 年的 64.12，2013 年降至 63.95。民营文化企业则体现出先上升后下降的演化态势。

表 7-6   2011～2013 年文化及相关产业上市公司科技创新指数所有制比较

所有制	2011 年		2012 年		2013 年		年度平均	
	N	均值	N	均值	N	均值	N	均值
国有企业	57.00	62.22	61.00	62.42	61.00	62.44	59.67	62.36
国有相对控股企业	3.00	61.11	3.00	61.23	3.00	61.11	3.00	61.15
集体企业	2.00	63.17	2.00	63.22	2.00	63.44	2.00	63.27
民营企业	95.00	63.68	100.00	64.04	100.00	63.78	98.33	63.83
中外合资企业	4.00	65.01	5.00	64.12	5.00	63.95	4.67	64.36

第三节 文化及相关产业上市公司科技人员评价

科技人员是文化企业科技创新的核心主体，一方面，需要通过科技人员的创新开发活动将新技术研制出来；另一方面，需要通过科技人员将新技术应用于企业的生产活动从而得到新产品、新服务。基于上述分析，本书认为企业的科技人员应该包含两个部分，一是从事科技研发活动的人员，即企业的研发人员；二是从事科学技术应用活动的人员，即企业的技术人员。

一、文化及相关产业上市公司科技人员总体特征

（一）科技人员数量及比重

2011～2013 年三年来文化及相关产业上市公司科技人员数量连年增长，年均增长13.03%；单位企业科技人员数量年均增长 10.37%，略低于总量增长。此外，科技人员占文化及相关产业上市公司员工总量的比重呈现逐年上升的趋势，从 2011 年的 11%增长到2013 年的 12.64%，说明文化及相关产业上市公司对科技创新投入的重视程度逐年提升。

表 7-7　2011～2013 年文化及相关产业上市公司科技人员数量及占比

（单位：人）

年　份	科技人员总量	科技人员均量	科技人员比重
2011	87 002	540	11.00%
2012	114 194	668	12.37%
2013	121 023	708	12.64%

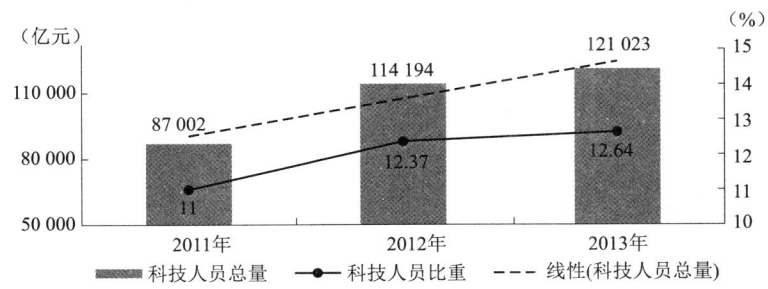

图 7-8　2011～2013 年文化及相关产业上市公司科技人员数量及占比趋势图

（二）硕博学历人员数量及比重

一般而言，拥有硕士学历、博士学历的人员是文化及相关产业上市公司科研创新能

力的关键力量，因此，本书在本章特别提出对文化及相关产业上市公司硕士博士学历人员的分析，以便对文化及相关产业上市公司的科技创新能力潜力有更为全面、深入的把握。

表7-8　2011～2013年硕博学历人员数量及占比　　　　　　　（单位：人）

年　份	硕博学历人员总量	硕博学历人员均量	硕博学历人员比重
2011	12 991	81	1.64%
2012	16 192	95	1.75%
2013	11 947	70	1.25%

2011～2013年三年来，文化及相关产业上市公司的职工中拥有硕士、博士学位人数呈现出先增后减的变化态势，2012年比重最高，但也仅为1.75%。平均每家企业拥有硕士、博士学位人数不足100人；特别是2013年，硕博学历人员总量出现大幅度下降，从2012年的16 192人下降至11 947人，硕博学历人员占比仅为1.25%，均量刚达到70人，这与文化及相关产业上市公司日益迫切的科技创新压力是不匹配的。究其原因，一方面，文化及相关产业上市公司大都集聚在传统的新闻出版、广播影视、文化艺术、印刷等领域，对高学历人才需求的强烈度相对较低；另一方面，这一结果实际上也反映出文化及相关产业上市公司可能缺乏适宜高学历人才成长的环境，难以留住高学历人才。

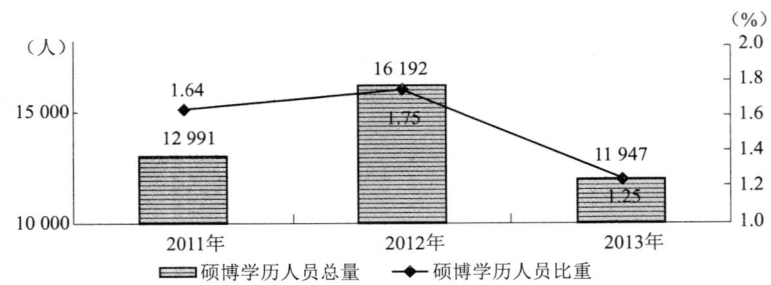

图7-9　2011～2013年硕博学历人员数量及占比趋势

二、文化及相关产业上市公司科技人员50强

（一）拥有科技人员数量最多50强企业

基于对文化及相关产业上市公司拥有科技人员2011～2013年数量均值进行分析排序，得到50强企业名单。具体如表7-9所示。

表 7-9　2011～2013 年文化及相关产业上市公司科技人员数量 50 强

序号	证券代码	证券名称	科技人员年度平均（人）
1	000725	京东方 A	8451
2	000066	长城电脑	6983
3	600690	青岛海尔	6863
4	002241	歌尔声学	5646
5	000100	TCL 集团	4784
6	002415	海康威视	3321
7	601886	江河创建	2974
8	600100	同方股份	2909
9	600804	鹏博士	2887
10	600757	长江传媒	2297
11	000488	晨鸣纸业	2099
12	002081	金螳螂	2025
13	600831	广电网络	2024
14	000069	华侨城 A	1866
15	600037	歌华有线	1748
16	000917	电广传媒	1741
17	601519	大智慧	1658
18	002228	合兴包装	1380
19	600210	紫江企业	1351
20	002310	东方园林	1348
21	000016	深康佳 A	1242
22	000050	深天马 A	1128
23	002261	拓维信息	1122
24	600775	南京熊猫	1104
25	002230	科大讯飞	1100
26	600288	大恒科技	991
27	002052	同洲电子	974
28	000802	北京旅游	944
29	600706	曲江文旅	925
30	300052	中青宝	916
31	000839	中信国安	864
32	002376	新北洋	790
33	002375	亚厦股份	782
34	300182	捷成股份	762
35	600308	华泰股份	740
36	000665	湖北广电	707

序号	证券代码	证券名称	科技人员年度平均（人）
37	000801	四川九洲	698
38	002431	棕榈园林	676
39	300079	数码视讯	648
40	600567	山鹰纸业	633
41	600637	百视通	617
42	002482	广田股份	607
43	600069	银鸽投资	606
44	600966	博汇纸业	595
45	600880	博瑞传播	579
46	000156	华数传媒	546
47	300188	美亚柏科	510
48	300017	网宿科技	503
49	002315	焦点科技	501
50	600633	浙报传媒	500

其一，拥有科技人员数量最多的前三名的文化及相关产业上市公司分别是京东方 A（8451 人）、长城电脑（6983 人）、青岛海尔（6863 人），科技人员年度平均人数都在 6000 人以上，远远高于其他企业。

其二，拥有科技人员数量最多的前五名的文化及相关产业上市公司，还包括歌尔声学、TCL 集团，拥有科技人员数量分别为 5646 人、4784 人，科技人员总量都超过了 4000 人，明显高于其他企业。具体来看，这五家公司都是高新技术型企业，技术研发是其核心竞争力，但这些企业主要从事文化用品的生产与文化专用设备的生产，属于文化相关产品的生产而非文化产品的生产。

其三，拥有 2000～3000 名科技人员的文化及相关产业上市公司为 8 家，这 8 家公司分布在广电、出版、传媒、电信增值服务、建筑装饰、印刷等领域。其中，海康威视拥有科技人员数量为 3321 人，主要从事视频监控产品等的研发与生产，江河创建（2974 人）与金螳螂（2025 人）聚焦建筑装饰行业，鹏博士（2887 人）、长江传媒（2297 人）、广电网络（2024 人）3 家企业主营业务相似，从事文化传媒领域，近年在电信增值、网络传媒、广播电视、影视制作等方面成绩突出。

其四，拥有科技人员规模为 1000～2000 人的文化及相关产业上市公司共 12 家，这 12 家公司主要分布在旅游、影视、景观设计、传媒、印刷、家电、智能语音等领域。其中，华侨城 A 拥有科技人员数量为 1866 人，主要从事旅游产业；歌华有线（1748 人）与电广传媒（1741 人）聚焦传媒、影视等，特别是在广播影视领域成绩突出；合兴包装与紫江企业虽然从事包装印刷业务，但伴随包装设计研发的流行与数字印刷的兴起，科技人员数量增长迅速，分别为 1380 人、1351 人；深康佳 A（1242 人）、深天马 A（1128

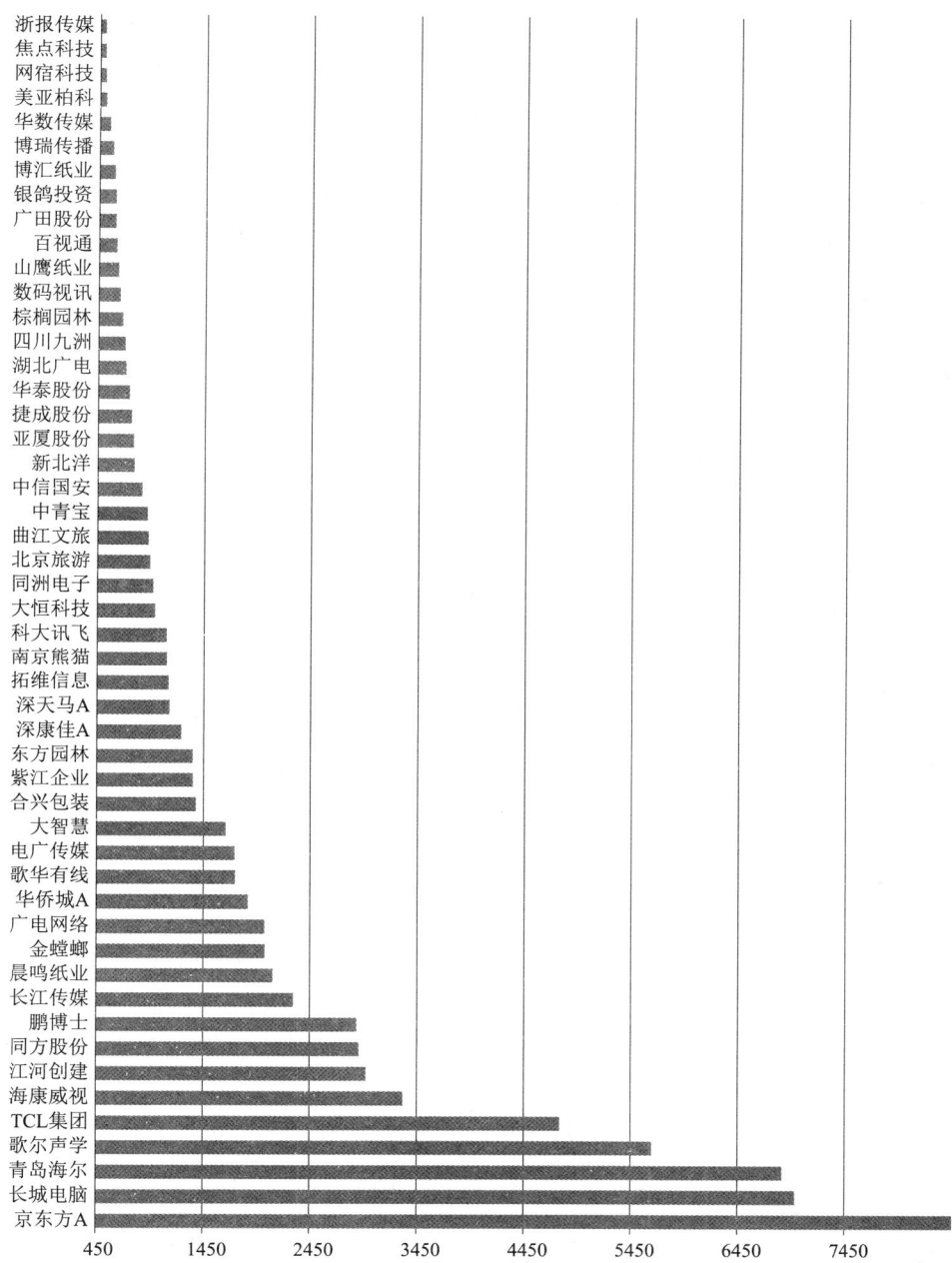

图 7-10　2011～2013 年文化及相关产业上市公司科技人员数量 50 强

人）、南京熊猫（1104 人）都从事文化用品与专用设备的研发与生产；此外，大智慧、拓维信息与科大讯飞从事领域相似，聚焦软件设计研发与服务，具有较多的科技人员数量，分别为 1658 人、1122 人、1100 人。

其五，拥有科技人员规模为 500～1000 人的文化及相关产业上市公司共 25 家，从事领域主要分布在影视、传媒、网络游戏、印刷、软件、数字电视等领域。其中，大恒科技拥有科技人员数量为 991 人，主要从事文化专用设备的生产与相关信息产品，还包括多媒体及电子出版物等；同洲电子主要从事数字电视的生产，虽然属于文化用品生产领域，但其致力于数字电视机顶盒、交互数字电视系统等数字视讯产品的研发与生产，科技人员数量也相对较多，为 974 人；北京旅游与曲江文旅，都从事旅游行业，拥有科技人员数量相当，分别为 944 人、925 人；中青宝作为一家主要从事网络游戏生产与运营的企业，是国内首家创业板上市的网络游戏公司，也是 50 强名单中唯一从事网络游戏的企业，拥有科技人员数量为 916 人，正致力于庞大的网络游戏娱乐帝国的打造。此外，在广播电视领域，主要有湖北广电（707 人）、数码视讯（648 人）、百视通（617 人）、华数传媒（546 人），利用高新技术引领着 IPTV、数字电视的发展潮流；文化传媒领域，主要是博瑞传播（579 人）、浙报传媒（500 人），正力推传媒媒体与新兴网络媒体的融合发展。此外，美亚柏科（510 人）、网宿科技（503 人）、焦点科技（501 人）等企业主要从事与文化产业相关的互联网信息技术与平台服务，科技人员数量相比一些传统行业相对较少。

（二）拥有硕博学历人员数量最多 50 强企业

通过对文化及相关产业上市公司拥有硕士博士学历人员 2011～2013 年数量进行均值分析，并进行排序，得到 50 强企业名单。

第一，拥有硕博学历人员数量最多的企业是中信国安，硕博学历人员年度平均为 2796 人，远远高于其他企业，这与中信国安从事信息产业相关业务——有线电视网络投资经营、电信增值业务、卫星通信、网络系统集成、软件开发、广告业务、旅游房地产、高新技术等领域，需要大量高学历的研发人员有关。

第二，拥有硕博学历人员数量超过千人的文化及相关产业上市公司，还包括京东方 A、长城电脑、TCL 集团、同方股份。具体来讲，这四家企业都是从事文化用品与文化专用设备生产的高新技术企业，致力于技术研发是最主要的核心竞争力，所以通常需要大量的硕博学历以上的科技人员。

总的来看，不同类型的文化及相关产业上市公司拥有硕博学历人员数量存在巨大差异，其拥有的硕博学历人员数量与其所属行业的不同特点息息相关。

表 7-10　2011～2013 年文化及相关产业上市公司硕博学历人员数量 50 强

序号	证券代码	证券名称	硕博学历人员年度平均（人）
1	000839	中信国安	2796
2	000725	京东方 A	1991
3	000066	长城电脑	1533
4	000100	TCL 集团	1437
5	600100	同方股份	1310
6	600804	鹏博士	838

序号	证券代码	证券名称	硕博学历人员年度平均（人）
7	002415	海康威视	673
8	601519	大智慧	569
9	000917	电广传媒	550
10	002241	歌尔声学	527
11	600288	大恒科技	440
12	601928	凤凰传媒	433
13	601098	中南传媒	422
14	300079	数码视讯	379
15	002148	北纬通信	378
16	000069	华侨城 A	365
17	002230	科大讯飞	329
18	300059	东方财富	320
19	603000	人民网	292
20	600757	长江传媒	274
21	000156	华数传媒	245
22	600037	歌华有线	236
23	600551	时代出版	227
24	002310	东方园林	208
25	600612	老凤祥	205
26	000016	深康佳 A	194
27	002400	省广股份	193
28	000050	深天马 A	177
29	600637	百视通	170
30	002081	金螳螂	166
31	000719	大地传媒	156
32	000793	华闻传媒	146
33	002362	汉王科技	143
34	300178	腾邦国际	134
35	002308	威创股份	122
36	002229	鸿博股份	122
37	002431	棕榈园林	120
38	601929	吉视传媒	99
39	002238	天威视讯	98
40	300058	蓝色光标	97

序号	证券代码	证券名称	硕博学历人员年度平均（人）
41	002376	新北洋	96
42	601999	出版传媒	91
43	600775	南京熊猫	88
44	601886	江河创建	84
45	300017	网宿科技	81
46	600088	中视传媒	79
47	300104	乐视网	78
48	000801	四川九洲	76
49	600210	紫江企业	76
50	002315	焦点科技	75

三、科技人员地区分布特征

从文化及相关产业上市公司的科技人员区域分布来看，2011 年度，科技人员比重最大的区域集中在北京（0.4）、福建（0.26）与山东（0.23）；2012 年度，科技人员比重最高的区域仍然是北京（0.38），其次为江苏（0.31）、上海（0.24）与浙江（0.24）；2013 年度，江苏（0.32）超过北京（0.3）成为文化及相关产业上市公司科技人员比重最高的地区，第三名是浙江，比重为 0.25，第四名是上海，比重为 0.22。可见，从下一个阶段的发展趋势来看，江苏、浙江、上海等长三角地区的文化及相关产业上市公司科技创新优势日渐凸显，除了和长三角地区的地理优势、人才集聚之外，与国家级文化与科技融合示范基地落地上海、杭州、常州、南京、宁波、无锡等有关，形成了文化与科技融合创新的集聚地；同时，近些年长三角地区颁布了一系列配套的文化科技政策，重视文化企业科技创新能力的制度导向都推动着其对科技人才的重视与投入。

表 7-11　2011～2013 年文化及相关产业上市公司科技人员地区比较

（单位：人）

注册地址		2011 年		2012 年		2013 年		年度平均	
		科技人员	科技人员比重	科技人员	科技人员比重	科技人员	科技人员比重	科技人员	科技人员比重
安徽省	N	5.00	5.00	5.00	5.00	5.00	5.00	5.00	5.00
	合计	2351.00	1.01	2440.00	0.97	3046.00	0.95	2612.33	0.98
	均值	470.20	0.20	488.00	0.19	609.20	0.19	522.47	0.20
北京市	N	23.00	20.00	26.00	22.00	26.00	24.00	25.00	22.00
	合计	18 383.00	7.95	25 397.00	8.42	28 025.00	7.31	23 935.00	7.89
	均值	799.26	0.40	976.81	0.38	1077.88	0.30	951.32	0.36

注册地址		2011 年		2012 年		2013 年		年度平均	
		科技人员	科技人员比重	科技人员	科技人员比重	科技人员	科技人员比重	科技人员	科技人员比重
福建省	N	7.00	7.00	7.00	6.00	7.00	5.00	7.00	6.00
	合计	3317.00	1.80	3415.00	1.54	2463.00	1.01	3065.00	1.45
	均值	473.86	0.26	487.86	0.26	351.86	0.20	437.86	0.24
广东省	N	33.00	32.00	35.00	32.00	35.00	32.00	34.33	32.00
	合计	21 236.00	6.73	25 266.00	6.81	28 087.00	6.57	24 863.00	6.70
	均值	643.52	0.21	721.89	0.21	802.49	0.21	722.63	0.21
湖北省	N	4.00	4.00	4.00	4.00	4.00	4.00	4.00	4.00
	合计	2411.00	0.79	3173.00	0.74	3477.00	0.83	3020.33	0.79
	均值	602.75	0.20	793.25	0.18	869.25	0.21	755.08	0.20
湖南省	N	6.00	3.00	6.00	4.00	6.00	4.00	6.00	3.67
	合计	2912.00	0.67	3410.00	0.80	3367.00	0.75	3229.67	0.74
	均值	485.33	0.22	568.33	0.20	561.17	0.19	538.28	0.20
江苏省	N	9.00	7.00	9.00	7.00	9.00	7.00	9.00	7.00
	合计	2856.00	1.44	5368.00	2.19	2698.00	2.27	3640.67	1.97
	均值	317.33	0.21	596.44	0.31	299.78	0.32	404.52	0.28
山东省	N	10.00	10.00	10.00	10.00	10.00	9.00	10.00	9.67
	合计	15 668.00	2.33	18 044.00	1.79	19 831.00	1.76	17 847.67	1.96
	均值	1566.80	0.23	1804.40	0.18	1983.10	0.20	1784.77	0.20
陕西省	N	5.00	5.00	5.00	5.00	5.00	5.00	5.00	5.00
	合计	3697.00	0.98	3611.00	0.83	3398.00	0.78	3568.67	0.86
	均值	739.40	0.20	722.20	0.17	679.60	0.16	713.73	0.17
上海市	N	16.00	15.00	17.00	15.00	17.00	14.00	16.67	14.67
	合计	3952.00	2.72	7832.00	3.64	7686.00	3.01	6490.00	3.12
	均值	247.00	0.18	460.71	0.24	452.12	0.22	386.61	0.21
四川省	N	6.00	5.00	6.00	6.00	6.00	5.00	6.00	5.33
	合计	2106.00	0.88	5802.00	0.91	5592.00	0.78	4500.00	0.86
	均值	351.00	0.18	967.00	0.15	932.00	0.16	750.00	0.16
浙江省	N	19.00	15.00	21.00	17.00	21.00	17.00	20.33	16.33
	合计	5056.00	3.11	7275.00	4.04	9958.00	4.22	7429.67	3.79
	均值	266.11	0.21	346.43	0.24	474.19	0.25	362.24	0.23

注：本研究不包含上市公司数量少于 3 家的地区。

此外，2011~2013 年，四川、陕西等地的文化及相关产业上市公司科技人员比重相对较低，特别是 2012~2013 年度，四川的文化及相关产业上市公司的科技人员比重分别为 0.15、0.16，陕西的文化及相关产业上市公司的科技人员比重分别为 0.16、0.17，是 12 个省市中最低的两个省份。究其原因，一方面与四川、陕西所处的西北地区的地理环境与资源禀赋相关；另一方面，与四川省、陕西省的文化产业发展主要集中在对科技创新要求相对较低的旅游业、演出展览、文化娱乐业等相关。

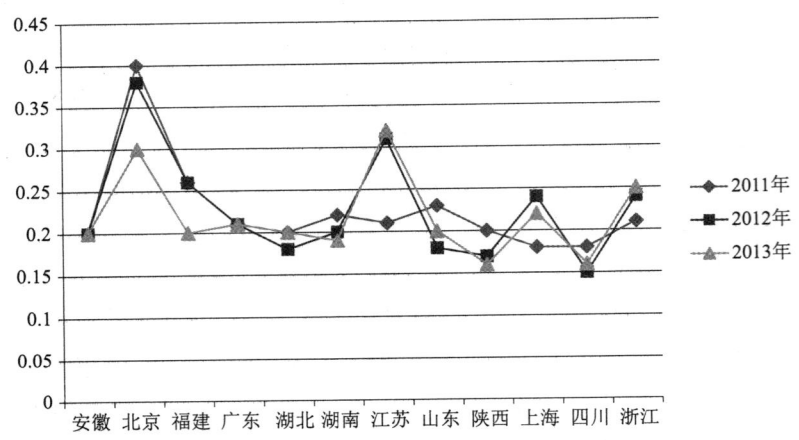

图 7-11　2011~2013 年文化及相关产业上市公司科技人员地区比较

四、科技人员行业分布特征

按照国家统计局《文化及相关产业分类（2012）》产业分类第三层的细分行业进行分类汇总，得到科技人员行业分布情况如表 7-12 所示（按均值降序排列）。为了便于统览概况和节省篇幅，本书将 2011 年、2012 年、2013 年三年数据进行合并分析。

从表 7-12 可以看到，其他文化专用设备的制造、文化软件服务、建筑设计服务、互联网信息服务和其他文化用品的制造 5 个行业单位企业拥有的科技人员数量比例相对最高；娱乐休闲服务，广告服务，增值电信服务（文化部分），发行服务，园林、陈设艺术及其他陶瓷制品的制造 5 个行业单位企业拥有的科技人员比例相对最低。

需要说明的是，视听设备的制造行业在全行业占比中科技人员数量最多，高达 38%以上。其原因在于，该类行业中的电视机制造企业等拥有大量的技术人员。由于本书中的科技人员包含了技术人员与研发人员的总和，所以该行业从数量绝对值上来讲是最多的。

此外，这里还发现一个值得研究的问题：在国家目前非常重视的"文化创意和设计服务"行业中，出现了两极分化的态势：一方面，文化软件服务和建筑设计服务两个细分行业中科技人员占比都排进了前五名，但是专业设计服务，特别是广告服务行业的科技人员占比明显偏低。这是在今后特别需要加强的方面。

表 7-12　2011～2013 年文化及相关产业上市公司科技人员行业分布

序号	产业分类第三层	个案数 （年度平均）	科技人员数量（人） （年度平均）	占职工数量比重（%） （年度平均）
1	其他文化专用设备的制造	1	790	53.45%
2	文化软件服务	4	393	31.54%
3	建筑设计服务	9	842	28.51%
4	互联网信息服务	16	615	28.39%
5	其他文化用品的制造	2	178	28.30%
6	文化用油墨颜料的制造	3	186	27.85%
7	广播电视服务	3	1021	23.81%
8	广播电视电影专用 设备的制造	14	639	23.62%
9	广播电视传输服务	8	800	20.41%
10	焰火、鞭炮产品的制造	1	40	20.04%
11	文化用化学品的制造	1	291	18.39%
12	视听设备的制造	15	2725	16.41%
13	电影和影视录音服务	6	81	16.41%
14	印刷复制服务	13	401	16.34%
15	会展服务	2	91	15.86%
16	乐器的制造	1	219	15.34%
17	玩具的制造	4	161	12.24%
18	文化用纸的制造	14	495	11.27%
19	景区游览服务	13	363	10.59%
20	印刷专用设备的制造	1	254	10.08%
21	其他文化辅助生产	1	78	9.39%
22	办公用品的制造	2	268	8.96%
23	工艺美术品的销售	2	190	8.95%
24	出版服务	13	398	8.56%
25	专业设计服务	1	342	7.49%
26	工艺美术品的制造	6	68	4.25%
27	文具乐器照相器材的销售	1	208	3.87%
28	园林、陈设艺术及其他陶瓷制品的制造	1	156	3.82%
29	发行服务	2	85	2.41%
30	增值电信服务（文化部分）	3	449	0.61%
31	广告服务	4	5	0.36%
32	娱乐休闲服务	1	0	0.00%
	总计	168	639	11.96%

注：个案数不足 3 家上市公司的行业排名仅作参考。

五、科技人员所有制分布特征

文化及相关产业上市公司的科技人员按企业所有制分布具有如下特征：

从五大企业所有制类型的科技人员规模占比排序来看，民营文化及相关产业上市公司的科技人员占职工总量比最高，接近 20%；其次为中外合资企业（15.82%）、集体企业（14.05%），而国有企业和国有相对控股企业最低，不足 10%，一方面，与企业对科技创新的重视程度有关；另一方面，文化及相关产业上市公司所属性质的不同也决定了科技人员占比的差异化，特别是国有文化企业大多集中在传统的新闻出版、广播影视、文化艺术、印刷、文化专业设备生产等领域，对科技创新的诉求相对较低；而民营文化企业多集聚在与互联网、移动互联网、新媒体等相关的新兴文化产业领域，其产品研发对科技创新的要求高。

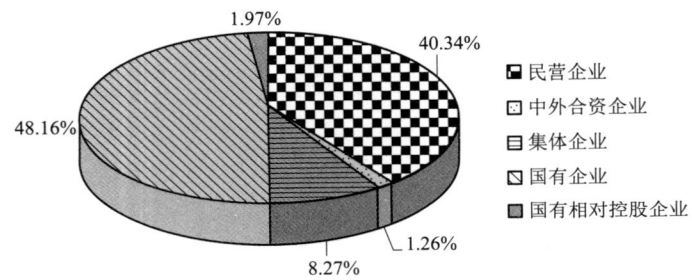

图7-12 2011～2013 年文化及相关产业上市公司科技人员所有制分布

从文化及相关产业上市公司科技人员均值比较来看，集体企业的科技人员均值是最高的，达到4444 人，其次为国有企业，为 867 人，主要源于其所属企业大都是拥有技术人员的"大户"，例如，青岛海尔就拥有 7657 名技术人员。

从整个文化及相关产业上市公司三年发展状况来看，在所有企业类型中，国有文化企业与国有相对控股的文化企业的科技人员数量占职工数量比重尚未超过12.01%的平均值，而民营文化企业的科技人员占比（19.52%）与集体文化企业（14.05%）远远超过整个文化产业行业的平均值，两者落差悬殊。

表7-13 2011～2013 年文化及相关产业上市公司科技人员所有制分布

序号	企业所有制类型	均值（人）	占职工数量比重（%）	全行业占比（%）
1	民营企业	441	19.52	40.34
2	中外合资企业	289	15.82	1.26
3	集体企业	4444	14.05	8.27

（续表）

序号	企业所有制类型	均值（人）	占职工数量比重（%）	全行业占比（%）
4	国有企业	867	9.10	48.16
5	国有相对控股企业	704	7.14	1.97
	全行业三年平均	641	12.01%	100.00

注：本表数据源于 2011～2013 年三年合并数据。

第四节　文化及相关产业上市公司研发投入评价

一、文化及相关产业上市公司的研发投入总体特征

2011～2013 年三年来，文化产业全产业研发投入总量和均值连年增长，研发总量从 52.29 亿元增加到了 180.44 亿元，增长了 2.45 倍，2012 年比 2011 年增长了 1.38 倍，2013 年比 2012 年增长了 44.96%；研发投入均值方面，2012 年比 2011 年增长了 67.65%，2013 年比 2012 年增长了 36.65%。研发投入占营收比重方面，呈现出倒 U 型变化态势，2012 年比 2011 年降低了近 0.4 个百分点，但 2013 年又比 2012 年回升了 0.17%，总体来看，三年来文化及相关产业上市公司研发投入占营收比重都达到了 6% 以上。

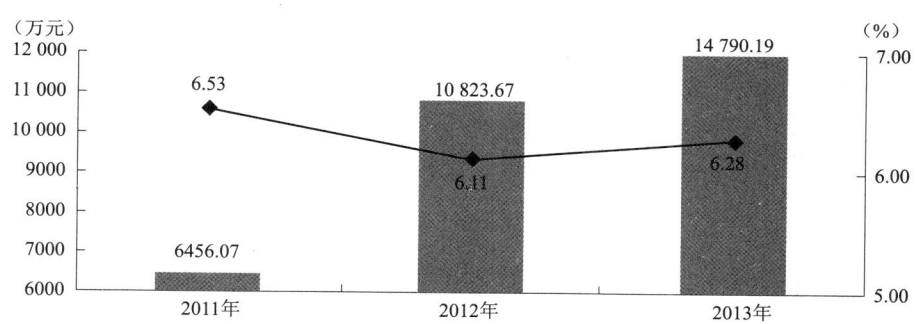

图 7-13　2011～2013 年文化及相关产业上市公司研发投入规模及占比

二、文化及相关产业上市公司研发投入 50 强企业

2011～2013 三年来，文化及相关产业上市公司在研发投入方面排名如表 7-14 所示（限于篇幅，在此仅列示前 50 强）。可以看出如下特征：

第一，总体来看，共有 22 家文化企业研发投入占营收比重达到 10% 以上，而且这些企业的研发投入支出比重相差悬殊：排在第一名的中青宝，研发投入占营收比重高达 72.31%；第二名数码视讯的研发投入支出占营收比重为 32.01%，与第一名相差 40 个百

分点；此外，23 家文化企业的研发投入占营收比重年度均值低于 10% 以下。

第二，值得一提的是中青宝，其研发投入之大使其在文化及相关产业上市公司中一枝独秀，研发投入占营业收入 70% 以上。深入分析该公司 2013 年报披露信息发现，中青宝近三年来重点在游戏，特别是手机游戏方面研发投入特别大，2011 年的研发投入竟然占到营业收入比重的 98.39% 之高。

第三，数码视讯、大智慧、科大讯飞、汉王科技这 4 家企业的研发投入占营收比重均达到 20% 以上，其中数码视讯、大智慧的研发投入都在 30% 以上。从这 4 家企业的共性特点来看，都重视企业技术研发活动，虽然数码视讯、科大讯飞、汉王科技分别聚焦影视专用设备、视听设备、文化用品生产等不同领域，但都掌握核心技术、积极从事最新技术的研发与应用，提升产品科技含量。例如，汉王科技大力开展技术授权、行业应用、云服务等业务，依托自主研发的手写识别技术、笔迹输入技术、OCR 技术与嵌入式软硬件技术等核心技术致力于 e 典笔、电纸书、汉王笔、速录笔等的创新。

表 7-14　2011～2013 年文化及相关产业上市公司研发投入 50 强

序号	证券代码	证券名称	研发投入年度均值（万元）	研发投入占营收比重年度均值（%）
1	300052	中青宝	13 809.39	72.31
2	300079	数码视讯	13 971.09	32.01
3	601519	大智慧	21 587.74	31.99
4	002230	科大讯飞	24 708.32	28.25
5	002362	汉王科技	8784.90	20.91
6	300288	朗玛信息	2968.00	19.64
7	300229	拓尔思	3881.09	19.49
8	300315	掌趣科技	6086.99	19.24
9	300113	顺网科技	5085.43	19.09
10	300104	乐视网	23 693.58	17.59
11	300059	东方财富	4004.13	16.11
12	300264	佳创视讯	2542.60	15.51
13	300270	中威电子	1827.16	14.72
14	300188	美亚柏科	4894.91	14.20
15	300235	方直科技	1045.47	13.77
16	300051	三五互联	3399.63	12.36
17	002308	威创股份	11 941.93	11.54
18	300182	捷成股份	8449.75	11.46
19	002376	新北洋	8130.51	10.71
20	002315	焦点科技	5135.72	10.61

序号	证券代码	证券名称	研发投入年度均值（万元）	研发投入占营收比重年度均值（%）
21	002261	拓维信息	4599.32	10.41
22	002467	二六三	5069.00	10.17
23	300178	腾邦国际	2238.46	8.62
24	002148	北纬通信	2086.22	8.47
25	002415	海康威视	62 303.12	7.83
26	002095	生意宝	1278.31	7.71
27	002052	同洲电子	13 644.92	6.75
28	000725	京东方 A	184 258.88	6.27
29	300250	初灵信息	1070.75	5.96
30	300211	亿通科技	1383.58	5.92
31	002292	奥飞动漫	7385.80	5.55
32	002420	毅昌股份	12 754.87	5.33
33	002117	东港股份	4470.98	5.29
34	300017	网宿科技	4776.61	5.26
35	300329	海伦钢琴	1543.77	4.82
36	000050	深天马 A	21 182.51	4.79
37	002519	银河电子	5133.06	4.77
38	002229	鸿博股份	788.60	4.59
39	002351	漫步者	3527.17	4.51
40	002241	歌尔声学	31 264.06	4.45
41	601515	东风股份	7919.32	4.44
42	300148	天舟文化	1313.29	4.39
43	600775	南京熊猫	10 482.19	4.27
44	300028	金亚科技	1872.03	4.17
45	600100	同方股份	93 591.77	4.16
46	002045	国光电器	7856.54	4.08
47	002319	乐通股份	2160.14	4.05
48	002575	群兴玩具	1975.92	3.96
49	002238	天威视讯	3516.48	3.89
50	300192	科斯伍德	1533.41	3.85

注：由于有缺失值，均值按实际年度计算；实际参与排名的公司数量为 126 家。

三、研发投入地区分布特征

2011～2013 年三年来，文化及相关产业上市公司在研发投入地区分布方面，也呈现出不同的特点：

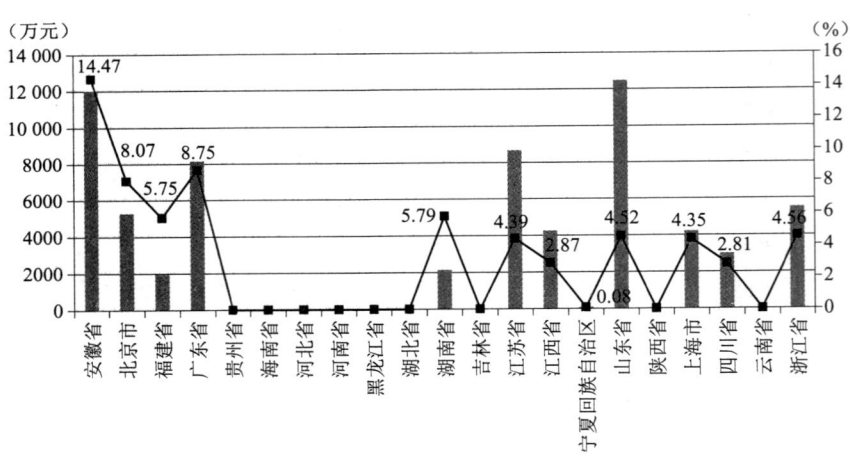

图 7-14 2011～2013 年文化及相关产业上市公司研发投入地区比较

第一，总体来看，所有区域的文化及相关产业上市公司研发投入占营收的比重都比较小，最高的也未超过 10%。而且，从不同区域来看，文化及相关产业上市公司在研发投入占营收比重方面的差距不大。排在第一名的是北京市，研发投入占营收比重为8.55%；最后一名（由于数据缺失较多，斜体部分均为该区域上市公司数量低于 3 家的，不进行比较）是四川省，研发投入占营收比重为 3.17%。

第二，值得一提的是北京市，其研发投入之大使其在地区排名一枝独秀，虽然研发投入占营业收入比重也不高，但在全国区域排名中说明北京市文化及相关产业上市公司重视研发投入、表现出较强的科技创新能力。

第三，广东省、福建省、上海市相比其他区域，文化及相关产业上市公司的研发投入占营业收入的比重也相对较高，分别为 7.55%、5.74%、5.23%。这三大区域的文化及相关产业上市公司数量较多，而且互联网文化领域的上市公司优势明显、文化市场发达度也较高。

表 7-15　2011～2013 年文化及相关产业上市公司研发投入地区比较

注册地址		2011 年		2012 年		2013 年		年度平均	
		研发投入总额	研发投入占营业收入比重（%）	研发投入总额	研发投入占营业收入比重（%）	研发投入总额	研发投入占营业收入比重（%）	研发投入总额	研发投入占营业收入比重（%）
北京市	N	15.00	15.00	21.00	21.00	20.00	20.00	18.67	18.67
	合计	79 365.45	121.10	404 551.13	164.55	474 574.38	194.77	319 496.99	160.14
	均值	5291.03	8.07	19 264.34	7.84	23 728.72	9.74	16 094.70	8.55
广东省	N	22.00	22.00	28.00	28.00	30.00	30.00	26.67	26.67
	合计	179 654.34	192.55	352 585.03	199.64	424 853.60	203.39	319 030.99	198.53
	均值	8166.11	8.75	12 592.32	7.13	14 161.79	6.78	11 640.07	7.55
福建省	N	5.00	5.00	7.00	7.00	7.00	7.00	6.33	6.33
	合计	9880.60	28.77	17 846.58	41.78	19 947.91	38.47	15 891.70	36.34
	均值	1976.12	5.75	2549.51	5.97	2849.70	5.50	2458.44	5.74
上海市	N	6.00	6.00	12.00	12.00	11.00	11.00	9.67	9.67
	合计	25 292.23	26.10	82 465.17	66.04	128 038.01	64.14	78 598.47	52.09
	均值	4215.37	4.35	6872.10	5.50	11 639.82	5.83	7575.76	5.23
浙江省	N	14.00	14.00	17.00	17.00	18.00	18.00	16.33	16.33
	合计	77 446.86	63.78	116 418.11	72.50	172 724.90	99.63	122 196.62	78.64
	均值	5531.92	4.56	6848.12	4.26	9595.83	5.54	7325.29	4.79
江苏省	N	4.00	4.00	7.00	7.00	8.00	8.00	6.33	6.33
	合计	34 749.01	17.55	61 593.82	33.70	83 285.21	36.39	59 876.01	29.21
	均值	8687.25	4.39	8799.12	4.81	10 410.65	4.55	9299.01	4.58
山东省	N	6.00	6.00	8.00	8.00	8.00	8.00	7.33	7.33
	合计	74 878.04	27.12	134 278.26	30.73	379 687.34	35.06	196 281.21	30.97
	均值	12 479.67	4.52	16 784.78	3.84	47 460.92	4.38	25 575.12	4.25
四川省	N	3.00	3.00	3.00	3.00	4.00	4.00	3.33	3.33
	合计	8994.47	8.43	20 570.25	11.13	34 920.11	11.97	21 494.94	10.51
	均值	2998.16	2.81	6856.75	3.71	8730.03	2.99	6194.98	3.17
河南省	N	—	—	—	—	1.00	1.00	1.00	1.00
	合计	—	—	—	—	306.11	0.09	306.11	0.09
	均值	—	—	—	—	306.11	0.09	306.11	0.09
黑龙江省	N	—	—	—	—	1.00	1.00	1.00	1.00
	合计	—	—	—	—	287.99	0.03	287.99	0.03
	均值	—	—	—	—	287.99	0.03	287.99	0.03
湖北省	N	—	—	—	—	1.00	1.00	1.00	1.00
	合计	—	—	—	—	2166.77	0.51	2166.77	0.51
	均值	—	—	—	—	2166.77	0.51	2166.77	0.51
湖南省	N	2.00	2.00	2.00	2.00	2.00	2.00	2.00	2.00
	合计	4290.07	11.58	6653.47	17.21	5499.94	11.30	5481.16	13.36
	均值	2145.04	5.79	3326.74	8.61	2749.97	5.65	2740.58	6.68

（续表）

注册地址		2011 年		2012 年		2013 年		年度平均	
		研发投入总额	研发投入占营业收入比重（%）	研发投入总额	研发投入占营业收入比重（%）	研发投入总额	研发投入占营业收入比重（%）	研发投入总额	研发投入占营业收入比重（%）
吉林省	N	—	—	*1.00*	*1.00*	*1.00*	*1.00*	*1.00*	*1.00*
	合计	—	—	*6293.29*	*3.57*	*7112.69*	*3.70*	*6702.99*	*3.64*
	均值	—	—	*6293.29*	*3.57*	*7112.69*	*3.70*	*6702.99*	*3.64*
贵州省	N	—	—	*1.00*	*1.00*	*1.00*	*1.00*	*1.00*	*1.00*
	合计	—	—	*2181.32*	*14.50*	*3754.69*	*24.77*	*2968.01*	*19.64*
	均值	—	—	*2181.32*	*14.50*	*3754.69*	*24.77*	*2968.01*	*19.64*
江西省	N	*1.00*	*1.00*	*1.00*	*1.00*	*1.00*	*1.00*	*1.00*	*1.00*
	合计	*4259.00*	*2.87*	*2351.40*	*1.73*	*1993.49*	*2.86*	*2867.96*	*2.49*
	均值	*4259.00*	*2.87*	*2351.40*	*1.73*	*1993.49*	*2.86*	*2867.96*	*2.49*
宁夏回族自治区	N	*1.00*	*1.00*	*1.00*	*1.00*	*1.00*	*1.00*	*1.00*	*1.00*
	合计	*91.53*	*0.08*	*129.35*	*0.09*	*190.56*	*0.34*	*137.15*	*0.17*
	均值	*91.53*	*0.08*	*129.35*	*0.09*	*190.56*	*0.34*	*137.15*	*0.17*
海南省	N	—	—	—	—	*1.00*	*1.00*	*1.00*	*1.00*
	合计	—	—	—	—	*388.54*	*0.10*	*388.54*	*0.10*
	均值	—	—	—	—	*388.54*	*0.10*	*388.54*	*0.10*
陕西省	N	—	—	*2.00*	*2.00*	*2.00*	*2.00*	*2.00*	*2.00*
	合计	—	—	*1386.72*	*4.58*	*927.03*	*2.05*	*1156.88*	*3.32*
	均值	—	—	*693.36*	*2.29*	*463.52*	*1.03*	*578.44*	*1.66*
安徽省	N	*2.00*	*2.00*	*2.00*	*2.00*	*3.00*	*3.00*	*2.33*	*2.33*
	合计	*24 039.67*	*28.94*	*31 738.39*	*31.07*	*60 674.78*	*32.95*	*38 817.61*	*30.99*
	均值	*12 019.84*	*14.47*	*15 869.20*	*15.54*	*20 224.93*	*10.98*	*16 037.99*	*13.66*
云南省	N	—	—	*1.00*		—	—	*1.00*	
	合计	—	—	*43.07*		—	—	*43.07*	
	均值	—	—	*43.07*		—	—	*43.07*	
河北省	N	—	—	*1.00*	*1.00*	*1.00*	*1.00*	*1.00*	*1.00*
	合计	—	—	*3636.38*	*3.58*	*3069.01*	*3.28*	*3352.70*	*3.43*
	均值	—	—	*3636.38*	*3.58*	*3069.01*	*3.28*	*3352.70*	*3.43*

注：斜体表示所含上市公司数量太少，不参与分析。

四、研发投入行业分布特征

通过对 2011～2013 年文化产业分别按照第二层和第三层细分行业对研发投入合计、均值以及占营业收入比重进行整理得到表 7-16、表 7-17。

（一）研发投入按产业分类第二层分布特征分析

根据国家统计局《文化及相关产业分类（2012）》产业分类第二层的分类进行分析，可以发现：

第一，总体来看，不同细分行业的文化及相关产业上市公司的研发投入占营收比重不是很高，仅有文化创意与设计服务领域研发投入占营收比重超过 10%，为 10.91%，这和文化创意与设计服务领域从事多媒体、动漫游戏软件开发、数字内容设计与研发、专业设计研究的企业较多是相关的。此外，不同细分行业，研发投入占营收比重悬殊较大，排在最后一名的是文化休闲娱乐服务业，其研发投入占营收比重仅仅为 0.31%，可见，第一名是最后一名的 35 倍，当然，这主要与文化休闲娱乐服务领域重在服务水平而非研发的行业特点相关。

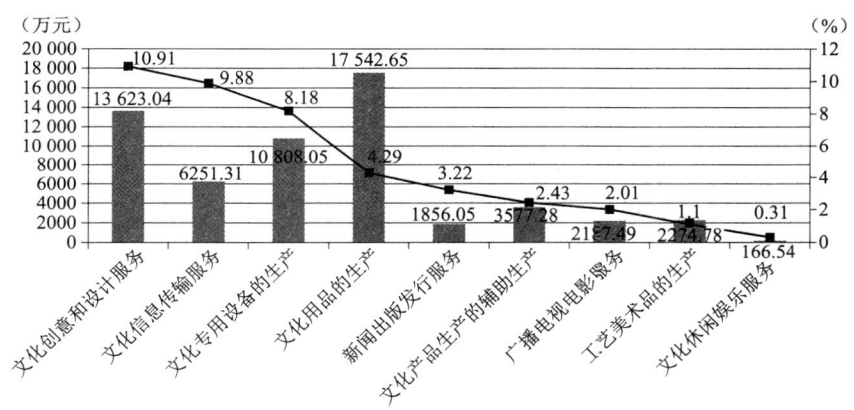

图 7-15 2011～2013 年文化及相关产业上市公司研发投入行业比较

第二，文化创意和设计服务、文化信息传输服务和文化专用设备的生产三个行业研发投入占营收比重都达到了 8%以上，说明上述行业研发投入强度较大，而且，这三个行业的文化企业对高新技术、对科技人员研发能力的依赖度很高。

第三，文化休闲娱乐服务、工艺美术品的生产以及广播电视电影服务行业研发投入强度相对最低。文化休闲娱乐服务行业受行业性质限制，在研发投入方面一般较低，但工艺美术品的生产和广播电视电影服务行业应该加强研发投入。

表 7-16 2011～2013 年文化及相关产业上市公司研发投入行业比较

序号	产业分类第二层	研发投入总额均值（万元）	研发投入占营业收入比重均值（%）
1	五、文化创意和设计服务	13 623.04	10.91
2	四、文化信息传输服务	6251.31	9.88
3	十、文化专用设备的生产	10 808.05	8.18
4	九、文化用品的生产	17 542.65	4.29

（续表）

序号	产业分类第二层	研发投入总额均值（万元）	研发投入占营业收入比重均值（%）
5	一、新闻出版发行服务	1856.05	3.22
6	八、文化产品生产的辅助生产	3577.28	2.43
7	二、广播电视电影服务	2187.49	2.01
8	七、工艺美术品的生产	2274.78	1.10
9	六、文化休闲娱乐服务	166.54	0.31

（二）研发投入按产业分类第三层分布特征分析

从表 7-17 可以看出，按第三层行业分布情况，文化及相关产业上市公司所属不同的细分行业，其研发投入支出占总营收的比重呈现如下特点：

第一，总体来看，按照第三层细分行业，文化产业上市企业的研发投入支出占营收的比重有所提升。但是，不同细分行业的研发投入支出占营收的比重还是存在较大的落差，例如，文化软件服务领域的研发投入支出占营收的比重最高，为 28.53%，接近 30%，这是行业亲技术本性决定的；但研发投入支出占营收的比重最低的景区游览服务领域（0.31%），和排在第一名的文化软件服务行业竟然相差 92 倍。

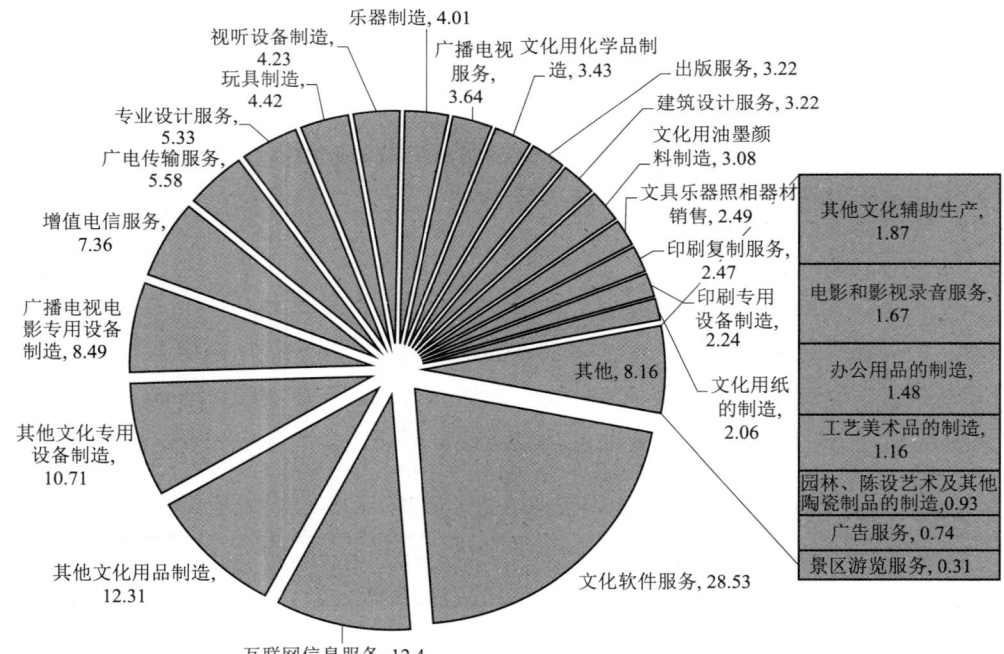

图 7-16　2011～2013 年文化及相关产业上市公司研发
投入行业比较（产业分类第三层）（单位：%）

第二，在细分行业中，文化软件服务、互联网信息服务和其他文化用品的制造以及其他文化专用设备的制造4个行业研发投入占营收比重相对最高，而且都超过了10%，说明在上述行业中研发创新受到了高度重视。而从行业性质来看，互联网信息服务和文化软件服务都属于科技型企业，而其他文化用品的制造行业中的汉王科技公司也是典型的科技创新型企业，2011年、2012年、2013年研发投入占营收比重分别为27.24%、14.3%和21.2%。

第三，景区游览服务，广告服务以及园林、陈设艺术及其他陶瓷制品的制造三个细分行业研发投入占比相对最低，不足1%，一方面，部分原因在于这三个行业的核心竞争力的重点是提供优质的服务与优秀的创意与设计服务；另一方面，像陈设艺术及其他陶瓷制品领域、广告领域如此低的研发投入，从长期来看将会制约其市场地位与竞争力，下一阶段需要提高研发投入的力度，提升其创新能力。

表 7-17   2011～2013 年文化及相关产业上市公司研发投入行业比较（产业分类第三层）

序号	产业分类第三层	研发投入总额均直（万元）	研发投入占营业收入比重（%）
1	文化软件服务	6476.80	28.53
2	互联网信息服务	6650.49	12.40
3	其他文化用品的制造	6459.51	12.31
4	其他文化专用设备的制造	8130.51	10.71
5	广播电视电影专用设备的制造	11 670.30	8.49
6	增值电信服务（文化部分）	11 367.15	7.36
7	广播电视传输服务	3212.43	5.58
8	专业设计服务	12 754.87	5.33
9	玩具的制造	8778.29	4.42
10	视听设备的制造	36 054.51	4.23
11	乐器的制造	2712.65	4.01
12	广播电视服务	6702.99	3.64
13	文化用化学品的制造	3352.70	3.43
14	出版服务	1856.05	3.22
15	建筑设计服务	23 107.98	3.22
16	文化用油墨颜料的制造	1343.94	3.08
17	文具乐器照相器材的销售	2867.96	2.49
18	印刷复制服务	3755.55	2.47
19	印刷专用设备的制造	2619.97	2.24
20	文化用纸的制造	10 620.82	2.06
21	其他文化辅助生产	407.25	1.87

序号	产业分类第三层	研发投入总额均值 （万元）	研发投入占营业收入比重 （%）
22	电影和影视录音服务	383.09	1.67
23	办公用品的制造	1728.79	1.48
24	工艺美术品的制造	2764.77	1.16
25	园林、陈设艺术及其他陶瓷制品的制造	850.10	0.93
26	广告服务	1182.58	0.74
27	景区游览服务	166.54	0.31

注：个案数不足 3 家上市公司的行业排名仅作参考。部分细分行业因缺失值过多被系统自动删除。

五、研发投入所有制分布特征

从研发投入在文化及相关产业上市公司的不同所有制企业中的分布情况可以明显看出，不同所有制的文化及相关产业上市公司，其研发投入的支出差异较大：

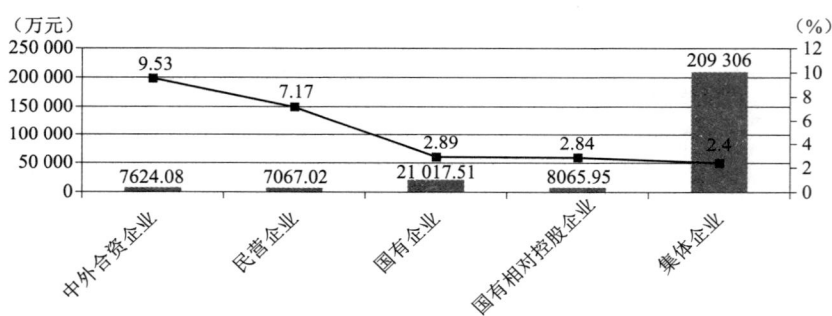

图 7-17　2011～2013 年文化及相关产业上市公司研发投入所有制比较

第一，国有企业、国有控股企业和集体企业虽然在单位企业研发投入均值方面都很高，但是实际上其研发投入强度并不是很高，研发投入占营收比重都不足 3%。说明，从国有文化企业总营收情况来看，对企业新文化产品与新技术研发的重视程度还不够。

第二，中外合资企业和民营企业研发投入均值大约为国有文化企业的 1/3，但研发投入占营业收入的比重分别为 9.53%、7.17%，是国有文化企业的 3 倍，这说明非公有制文化企业对研发创新的重视程度远高于公有制企业。

表 7-18　2011～2013 年文化及相关产业上市公司研发投入所有制比较

序号	企业所有制类型	研发投入均值 （万元）	研发投入占营业收入比重（%）
1	中外合资企业	7624.08	9.53
2	民营企业	7067.02	7.17

序号	企业所有制类型	研发投入均值 （万元）	研发投入占营业收入比重（%）
3	国有企业	21 017.51	2.89
4	国有相对控股企业	8065.95	2.84
5	集体企业	209 306.00	2.40

注：本表数据源于 2011～2013 年三年合并数据。

第五节　文化及相关产业上市公司技术与
知识产权类无形资产评价

本书在全面搜集整理 171 家文化及相关产业上市公司无形资产披露信息的基础上，结合学者们已有的研究，认为中国文化及相关产业上市公司无形资产主要由技术与知识产权类、经营权类、土地使用权及其他类三种类型构成。其中技术与知识产权类主要是指专利权、专有技术/非专利技术、版权/著作权、商标权等，这部分无形资产无疑是文化及相关产业上市公司最为重要的核心竞争力所在。本书在此主要对这部分最为重要的技术与知识产权类无形资产进行分析评价。关于无形资产的全面分析评价，详见无形资产的专题章节。

一、文化及相关产业上市公司技术与知识产权类无形资产总体特征

首先，从文化及相关产业上市公司的技术与知识产权类无形资产年平均情况来看，技术与知识产权类无形资产规模呈现逐年稳步增长的趋势，由 2011 年的 6507.1 万元增加至 2012 年的 8605.65 万元，特别是 2013 年突破亿元，为 10 799.47 万元。这说明对以版权为核心竞争力的文化产业而言，对技术与知识产权类无形资产的重视成为行业内的共识。

其次，技术与知识产权类无形资产规模占整个无形资产的规模也呈现较快速的增长态势。具体来看，技术与知识产权类无形资产占整个无形资产的比重由 2011 年的 20.80% 提升到 2012 年的 24.86%，2013 年达到 27.43%，逐年增长的发展趋势说明企业对技术与知识产权类无形资产的高度重视。

最后，虽然技术与知识产权类无形资产规模呈现快速增长态势，而且其总规模占整个无形资产的比重也不断提升，但技术与知识产权类无形资产规模占整个企业总资产的比重还比较低，2011～2013 年这三年的平均值仅为 1.25%，对于需要高度依赖版权增值、衍生价值链的文化企业而言，这个比值太低，与国际文化及相关产业上市公司还存在很大落差，说明中国文化及相关产业上市公司核心竞争力的建构还有很长的一段道路

要走。

表 7-19　2011～2013 年文化及相关产业上市公司技术与知识产权类无形资产总体特征

（单位：万元）

项　目	2011 年	2012 年	2013 年	三年平均
合　计	1 008 600.56	1 411 326.69	1 771 113.54	1 397 013.6
均　值	6507.1	8605.65	10 799.47	8637.41
占无形资产比重	20.80%	24.86%	27.43%	24.68%
占总资产比重	1.09%	1.37%	1.30%	1.25%

二、文化及相关产业上市公司技术与知识产权类无形资产 50 强

文化及相关产业上市公司技术与知识产权类无形资产发展情况在不同企业中具有明显的差异。

首先，从文化及相关产业上市公司的技术与知识产权类无形资产年度平均情况来看，处于第一阶梯的中国联通、乐视网与京东方 A 这三家企业的技术与知识产权类无形资产都突破了十亿元，特别是主营文化类增值电信服务的中国联通的优势更加明显，技术与知识产权类无形资产为 666 363.51 万元；其次是从事网络视频的乐视网，其技术与知识产权类无形资产为 175 956.03 万元，这主要与乐视网拥有大量的影视网络版权、采用版权分销增值的模式有关。

其次，处于第二阶梯的文化企业有 10 家，其技术与知识产权类无形资产都突破了亿元。具体来看，半数企业主要集聚在视听设备制造与广播电视电影专用设备制造领域，如长城电脑、TCL 集团、科大讯飞、歌尔声学、同方股份等，这与这些企业拥有大量的专利是息息相关的；还有一些企业从事互联网信息服务、广播电视传输服务，如百视通、腾邦国际、华数传媒等，其特有的文化政策资源也掌握着众多的影视版权资源，百视通与华数传媒尤其突出；此外，致力于网络游戏、手机游戏的中青宝也集聚了大量的自主研发的游戏版权资源。

最后，总体来看，文化及相关产业上市公司的技术与知识产权无形资产规模的 50 强企业之间的差距还是非常明显的，这既与行业特点有关，也与企业的运营模式相关。例如，同样是视听设备制造企业，京东方 A 拥有的技术与知识产权类无形资产规模（110 382.37 万元）是青岛海尔技术与知识产权类无形规模（2284.78 万元）的 5 倍；陕西金叶与上海绿新都是从事印刷复制服务的企业，但陕西金叶的技术与知识产权类无形资产总额（11 439.38 万元）是上海绿新（1422.36 万元）的 8 倍，可见，行业因素只是影响技术与无形资产规模的一个因素，企业本身是否重视无形资产的投入是关键。

表 7-20　2011～2013 年文化及相关产业上市公司技术与知识产权类无形资产 50 强

排名	证券代码	企业名称	企业性质	注册地址	产业分类第三层	上市时间（年）	年度平均（万元）
1	600050	中国联通	国有企业	上海市	增值电信服务（文化部分）	2002	666 363.51
2	300104	乐视网	民营企业	北京市	互联网信息服务	2010	175 956.03
3	000725	京东方 A	国有企业	北京市	视听设备的制造	2001	110 382.37
4	000066	长城电脑	国有企业	广东省	视听设备的制造	1997	82 789.60
5	600100	同方股份	国有企业	北京市	广播电视电影专用设备的制造	1997	60 544.42
6	000100	TCL 集团	国有企业	广东省	视听设备的制造	2004	38 970.10
7	002230	科大讯飞	民营企业	安徽省	视听设备的制造	2008	26 056.43
8	600637	百视通	国有企业	上海市	互联网信息服务	1993	22 395.37
9	300178	腾邦国际	民营企业	广东省	互联网信息服务	2011	17 251.14
10	002241	歌尔声学	民营企业	山东省	视听设备的制造	2008	14 619.08
11	000156	华数传媒	民营企业	浙江省	广播电视传输服务	2000	12 997.14
12	300052	中青宝	民营企业	广东省	文化软件服务	2010	11 672.84
13	000812	陕西金叶	民营企业	陕西省	印刷复制服务	1998	11 439.38
14	002045	国光电器	民营企业	广东省	视听设备的制造	2005	9488.19
15	600037	歌华有线	国有企业	北京市	广播电视传输服务	2001	7076.77
16	601519	大智慧	民营企业	上海市	互联网信息服务	2011	6106.65
17	000504	ST 传媒	国有企业	北京市	出版服务	1992	5832.57
18	600804	鹏博士	民营企业	四川省	互联网信息服务	1994	4555.31
19	300079	数码视讯	民营企业	北京市	广播电视电影专用设备的制造	2010	4262.21
20	000050	深天马 A	国有企业	广东省	广播电视电影专用设备的制造	1995	4245.04
21	600880	博瑞传播	国有企业	四川省	出版服务	1995	3776.26
22	002238	天威视讯	国有企业	广东省	广播电视传输服务	2008	3740.84
23	600831	广电网络	集体企业	陕西省	广播电视服务	1994	3733.87
24	002362	汉王科技	中外合资企业	北京市	其他文化用品的制造	2010	3633.72
25	300043	星辉车模	民营企业	广东省	玩具的制造	2010	3589.43
26	300017	网宿科技	民营企业	上海市	互联网信息服务	2009	3425.77
27	300028	金亚科技	民营企业	四川省	广播电视电影专用设备的制造	2009	3124.51
28	600757	长江传媒	国有企业	湖北省	出版服务	1996	3123.13
29	300229	拓尔思	民营企业	北京市	互联网信息服务	2011	2810.96
30	000917	电广传媒	国有企业	湖南省	广播电视传输服务	1998	2755.40

（续表）

排名	证券代码	企业名称	企业性质	注册地址	产业分类第三层	上市时间（年）	年度平均（万元）
31	002415	海康威视	国有企业	浙江省	视听设备的制造	2010	2351.82
32	600690	青岛海尔	集体企业	山东省	视听设备的制造	1993	2284.78
33	002261	拓维信息	民营企业	湖南省	增值电信服务（文化部分）	2008	2218.02
34	002292	奥飞动漫	民营企业	广东省	文化软件服务	2009	2162.10
35	600633	浙报传媒	国有企业	浙江省	出版服务	1993	2051.60
36	300051	三五互联	民营企业	福建省	互联网信息服务	2010	2029.25
37	600593	大连圣亚	国有企业	辽宁省	景区游览服务	2002	1981.57
38	600308	华泰股份	民营企业	山东省	文化用纸的制造	2000	1967.81
39	002400	省广股份	国有企业	广东省	广告服务	2010	1925.41
40	002052	同洲电子	民营企业	广东省	广播电视电影专用设备的制造	2006	1812.18
41	002315	焦点科技	民营企业	江苏省	互联网信息服务	2009	1776.58
42	000793	华闻传媒	国有企业	海南省	出版服务	1997	1551.91
43	300058	蓝色光标	民营企业	北京市	广告服务	2010	1544.53
44	300188	美亚柏科	民营企业	福建省	互联网信息服务	2011	1541.42
45	300113	顺网科技	民营企业	浙江省	互联网信息服务	2010	1529.31
46	002565	上海绿新	民营企业	上海市	印刷复制服务	2011	1422.36
47	601801	皖新传媒	国有企业	安徽省	发行服务	2010	1248.59
48	002308	威创股份	中外合资企业	广东省	广播电视电影专用设备的制造	2009	1238.13
49	300270	中威电子	民营企业	浙江省	广播电视电影专用设备的制造	2011	1220.85
50	000665	湖北广电	国有企业	湖北省	广播电视服务	1996	1129.73

　　文化及相关产业上市公司技术与知识产权类无形资产规模占整个无形资产规模的比重有着明显的不同状况。

　　首先，在50强名单中，有21家文化及相关产业上市公司的技术与知识产权类无形资产占整个无形资产的比重是 100%，说明这些企业主要从事文化内容的生产、创新研发，其无形资产全部聚焦在技术与知识产权类方面，这也是真正意义上的以技术与知识产权为核心的生产、增值的文化及相关产业上市公司的重要标志。

　　其次，在50强名单中，有10家文化及相关产业上市公司的技术与知识产权类无形资产占整个无形资产的比重不足半数，说明这些企业多是从事文化相关产品的生产、文化产品的代理、加工、制造等领域，缺乏拥有自主知识产权的文化产品；但是，长城电脑、数码视讯、海康威视等企业的技术与知识产权类无形资产占整个无形资产比重未达到50%，说明这些企业并未对技术与知识产权类无形资产给予应有的重视，显然，这将会成为这些企业未来发展的"瓶颈",加快构建自主知识产权能力已经显得刻不容缓。

表 7-21　2011～2013 年文化及相关产业上市公司技术与知识产权类无形资产占无形资产比重 50 强

排名	证券代码	企业名称	企业性质	注册地址	产业分类第三层	上市时间（年）	年度平均（%）
1	300188	美亚柏科	民营企业	福建省	互联网信息服务	2011	100.00
2	300235	方直科技	民营企业	广东省	文化软件服务	2011	100.00
3	300071	华谊嘉信	民营企业	北京市	广告服务	2010	100.00
4	002310	东方园林	民营企业	北京市	建筑设计服务	2009	100.00
5	300104	乐视网	民营企业	北京市	互联网信息服务	2010	100.00
6	600637	百视通	国有企业	上海市	互联网信息服务	1993	100.00
7	300178	腾邦国际	民营企业	广东省	互联网信息服务	2011	100.00
8	601519	大智慧	民营企业	上海市	互联网信息服务	2011	100.00
9	300017	网宿科技	民营企业	上海市	互联网信息服务	2009	100.00
10	300229	拓尔思	民营企业	北京市	互联网信息服务	2011	100.00
11	300027	华谊兄弟	民营企业	浙江省	电影和影视录音服务	2009	100.00
12	300005	探路者	民营企业	北京市	其他文化用品的制造	2009	100.00
13	300250	初灵信息	民营企业	浙江省	广播电视电影专用设备的制造	2011	100.00
14	300133	华策影视	民营企业	浙江省	电影和影视录音服务	2010	100.00
15	002558	世纪游轮	民营企业	重庆市	娱乐休闲服务	2011	100.00
16	000681	远东股份	民营企业	江苏省	电影和影视录音服务	1997	100.00
17	600681	万鸿集团	民营企业	湖北省	建筑设计服务	1993	100.00
18	600804	鹏博士	民营企业	四川省	互联网信息服务	1994	100.00
19	300058	蓝色光标	民营企业	北京市	广告服务	2010	100.00
20	300251	光线传媒	民营企业	北京市	电影和影视录音服务	2011	100.00
21	300148	天舟文化	民营企业	湖南省	出版服务	2010	100.00
22	002148	北纬通信	民营企业	北京市	增值电信服务（文化部分）	2007	99.99
23	000156	华数传媒	民营企业	浙江省	广播电视传输服务	2000	98.92
24	300264	佳创视讯	民营企业	广东省	广播电视传输服务	2011	97.28
25	300113	顺网科技	民营企业	浙江省	互联网信息服务	2010	95.88
26	300052	中青宝	民营企业	广东省	文化软件服务	2010	92.94
27	000504	ST 传媒	国有企业	北京市	出版服务	1992	89.47
28	002230	科大讯飞	民营企业	安徽省	视听设备的制造	2008	84.58
29	000812	陕西金叶	民营企业	陕西省	印刷复制服务	1998	79.41
30	600831	广电网络	集体企业	陕西省	广播电视服务	1994	75.41
31	600037	歌华有线	国有企业	北京市	广播电视传输服务	2001	74.85

排名	证券代码	企业名称	企业性质	注册地址	产业分类第三层	上市时间（年）	年度平均（%）
32	300270	中威电子	民营企业	浙江省	广播电视电影专用设备的制造	2011	70.44
33	300028	金亚科技	民营企业	四川省	广播电视电影专用设备的制造	2009	67.56
34	000725	京东方 A	国有企业	北京市	视听设备的制造	2001	66.91
35	002400	省广股份	国有企业	广州市	广告服务	2010	65.15
36	300051	三五互联	民营企业	福建省	互联网信息服务	2010	62.02
37	002045	国光电器	民营企业	广东省	视听设备的制造	2005	54.35
38	600100	同方股份	国有企业	北京市	广播电视电影专用设备的制造	1997	51.01
39	002362	汉王科技	中外合资企业	北京市	其他文化用品的制造	2010	50.45
40	000066	长城电脑	国有企业	广东省	视听设备的制造	1997	49.93
41	300079	数码视讯	民营企业	北京市	广播电视电影专用设备的制造	2010	44.48
42	002415	海康威视	国有企业	浙江省	视听设备的制造	2010	44.14
43	002467	二六三	民营企业	北京市	互联网信息服务	2010	43.70
44	002261	拓维信息	民营企业	湖南省	增值电信服务（文化部分）	2008	42.30
45	002345	潮宏基	中外合资企业	广东省	工艺美术品的制造	2010	40.13
46	002431	棕榈园林	民营企业	广东省	建筑设计服务	2010	39.93
47	300182	捷成股份	民营企业	北京市	广播电视传输服务	2011	37.97
48	600640	号百控股	国有企业	上海市	互联网信息服务	1993	37.91
49	600135	乐凯胶片	国有企业	河北省	文化用化学品的制造	1998	36.05
50	002308	威创股份	中外合资企业	广东省	广播电视电影专用设备的制造	2009	35.02

实际上，从文化及相关产业上市公司技术与知识产权类无形资产规模占总资产规模的比重来看，分析结果并不乐观。

总体来看，文化及相关产业上市公司技术与知识产权类无形资产规模占整个资产规模的比重显然过低，即使在最高的 50 强名单中，我们依然只看到 4 家文化及相关产业上市公司的技术与知识产权类无形资产占总资产的比重超过了 10%，而且在 50 强名单中，有 20 家文化及相关产业上市公司的技术与知识产权类无形资产占总资产的比重不足 1%，更不要说 50 强之后的企业，这与以版权产业为核心的美国相比，落差悬殊。

从文化及相关产业上市公司技术与知识产权类无形资产规模占总资产规模比重较高的企业来看，也呈现出一些共性。乐视网的技术与知识产权类无形资产规模占总资产比重是 54.30%，是唯一超过半数的企业，这是乐视网近年来掌握大量的影视版权资源、利用版权实现循环增值模式，成为行业佼佼者的重要原因。其次是 ST 传媒，技术与知识产权类无形资产规模占总资产比重是 23.59%；再次是从事互联网信息服务的腾邦国际，技术与知识产权类无形资产规模占总资产比重是 14.13%，拥有大量的技术类无形资产。

表 7-22　2011～2013 年文化及相关产业上市公司技术与知识产权类无形资产占总资产比重 50 强

排名	证券代码	企业名称	企业性质	注册地址	产业分类第三层	上市时间（年）	年度平均（%）
1	300104	乐视网	民营企业	北京市	互联网信息服务	2010	54.30
2	000504	ST 传媒	国有企业	北京市	出版服务	1992	23.59
3	300178	腾邦国际	民营企业	广东省	互联网信息服务	2011	14.13
4	002230	科大讯飞	民营企业	安徽省	视听设备的制造	2008	10.08
5	300052	中青宝	民营企业	广东省	文化软件服务	2010	9.64
6	000812	陕西金叶	民营企业	陕西省	印刷复制服务	1998	8.04
7	600637	百视通	国有企业	上海市	互联网信息服务	1993	5.12
8	000156	华数传媒	民营企业	浙江省	广播电视传输服务	2000	5.01
9	002045	国光电器	民营企业	广东省	视听设备的制造	2005	3.64
10	300028	金亚科技	民营企业	四川省	广播电视电影专用设备的制造	2009	3.59
11	002362	汉王科技	中外合资企业	北京市	其他文化用品的制造	2010	3.37
12	300051	三五互联	民营企业	福建省	互联网信息服务	2010	3.28
13	300017	网宿科技	民营企业	上海市	互联网信息服务	2009	3.21
14	300229	拓尔思	民营企业	北京市	互联网信息服务	2011	3.04
15	600593	大连圣亚	国有企业	辽宁省	景区游览服务	2002	2.75
16	300270	中威电子	民营企业	浙江省	广播电视电影专用设备的制造	2011	2.39
17	002261	拓维信息	民营企业	湖南省	增值电信服务（文化部分）	2008	2.25
18	000066	长城电脑	国有企业	广东省	视听设备的制造	1997	2.16
19	300043	星辉车模	民营企业	广东省	玩具的制造	2010	2.16
20	002238	天威视讯	国有企业	广东省	广播电视传输服务	2008	1.87
21	601519	大智慧	民营企业	上海市	互联网信息服务	2011	1.81
22	300235	方直科技	民营企业	广东省	文化软件服务	2011	1.80
23	600100	同方股份	国有企业	北京市	广播电视电影专用设备的制造	1997	1.70
24	002241	歌尔声学	民营企业	山东省	视听设备的制造	2008	1.64
25	300079	数码视讯	民营企业	北京市	广播电视电影专用设备的制造	2010	1.55
26	300188	美亚柏科	民营企业	福建省	互联网信息服务	2011	1.55
27	000725	京东方 A	国有企业	北京市	视听设备的制造	2001	1.48
28	300264	佳创视讯	民营企业	广东省	广播电视传输服务	2011	1.39
29	300113	顺网科技	民营企业	浙江省	互联网信息服务	2010	1.34

（续表）

排名	证券代码	企业名称	企业性质	注册地址	产业分类第三层	上市时间（年）	年度平均（%）
30	600050	中国联通	国有企业	上海市	增值电信服务（文化部分）	2002	1.32
31	600135	乐凯胶片	国有企业	河北省	文化用化学品的制造	1998	0.97
32	600831	广电网络	集体企业	陕西省	广播电视服务	1994	0.94
33	002292	奥飞动漫	民营企业	广东省	文化软件服务	2009	0.92
34	002315	焦点科技	民营企业	江苏省	互联网信息服务	2009	0.90
35	002247	帝龙新材	民营企业	浙江省	文化用纸的制造	2008	0.89
36	600880	博瑞传播	国有企业	四川省	出版服务	1995	0.84
37	002235	安妮股份	民营企业	福建省	文化用纸的制造	2008	0.80
38	002400	省广股份	国有企业	广东省	广告服务	2010	0.68
39	600037	歌华有线	国有企业	北京市	广播电视传输服务	2001	0.67
40	300211	亿通科技	民营企业	江苏省	广播电视电影专用设备的制造	2011	0.65
41	300058	蓝色光标	民营企业	北京市	广告服务	2010	0.60
42	600757	长江传媒	国有企业	湖北省	出版服务	1996	0.58
43	002052	同洲电子	民营企业	广东省	广播电视电影专用设备的制造	2006	0.58
44	300005	探路者	民营企业	北京市	其他文化用品的制造	2009	0.54
45	000050	深天马A	国有企业	广东省	广播电视电影专用设备的制造	1995	0.53
46	002308	威创股份	中外合资企业	广东省	广播电视电影专用设备的制造	2009	0.53
47	300076	宁波GQY	民营企业	浙江省	视听设备的制造	2010	0.53
48	002565	上海绿新	民营企业	上海市	印刷复制服务	2011	0.52
49	600804	鹏博士	民营企业	四川省	互联网信息服务	1994	0.51
50	000100	TCL集团	国有企业	广东省	视听设备的制造	2004	0.50

三、技术与知识产权类无形资产注册地区评价：山东亟须加强

2011～2013年三年来，从文化及相关产业上市公司技术与知识产权类无形资产的区域比较来看：

第一，总体来看，所有区域之间的文化及相关产业上市公司的技术与知识产权类无形资产占无形资产的比重差异大，占比达到50%的只有北京市，而最低的是山东省，仅为6.21%。与此同时，技术与知识产权类无形资产占总资产比重也很小，最高的北京市也未超过4%。说明目前，全国各个省市出台的文化政策对文化企业技术与知识产权类

无形资产的引导作用还需要进一步提升。

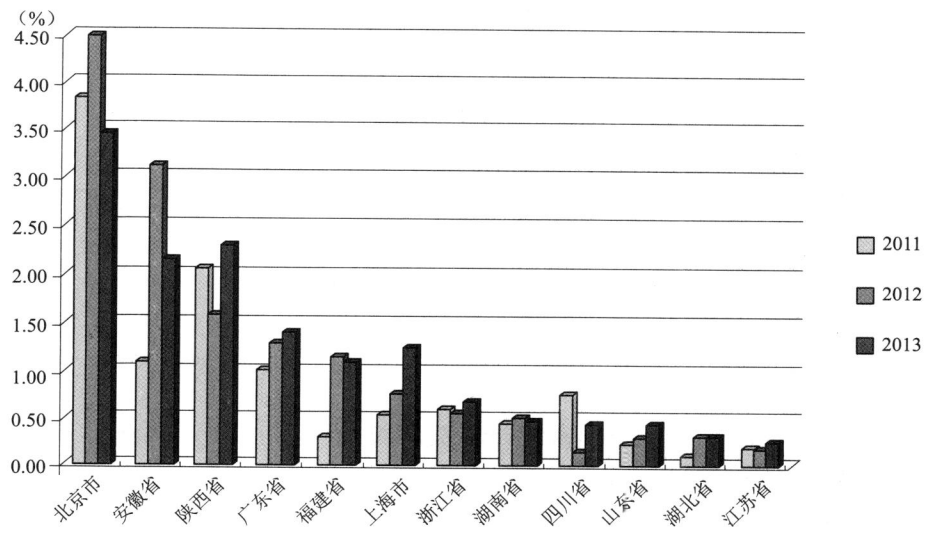

图 7-18   2011～2013 年文化及相关产业上市公司技术与知识产权类无形资产地区比较

第二，值得一提的是北京市，2011～2013 年间，其文化及相关产业上市公司的技术与知识产权类无形资产占无形资产总规模的平均比重为 58.1%，说明真正意义上的文化及相关产业上市公司数量较多，在整个北京市大政策环境下，企业更加注重技术研发与开发拥有自主知识产权的文化产品，使得北京市在区域排名中处于一枝独秀的地位。

第三，从发展趋势来看，安徽省的文化及相关产业上市公司对技术与知识产权类无形资产的关注度逐年提升。2011 年安徽省文化及相关产业上市公司的技术与知识产权类无形资产占无形资产总量的 18.67%，2012 年这一指标则增加至 20.23%，特别是 2013 年提升至 21.46%，展现出稳健上升的良好发展态势。这与近些年安徽省落实对文化企业的财税政策扶持与鼓励引导企业自主创新等相关措施有关。

表 7-23   2011～2013 文化及相关产业上市公司技术与知识产权类无形资产地区比较

注册地址	个案数	2011 年			2012 年			2013 年			年度平均		
		技术与知识产权类无形资产（万元）	技术类占无形资产比重（%）	技术与知识产权占总资产比重（%）	技术与知识产权类无形资产（万元）	技术类占无形资产比重（%）	技术与知识产权占总资产比重（%）	技术与知识产权类无形资产（万元）	技术类占无形资产比重（%）	技术与知识产权占总资产比重（%）	技术与知识产权类无形资产（万元）	技术类占无形资产比重（%）	技术与知识产权占总资产比重（%）
北京市	23	11 569.21	56.87	3.84	14 497.68	58.93	4.49	20 778.73	58.85	3.46	15 615.21	58.21	3.93
安徽省	5	1678.93	18.67	1.08	5983.17	20.23	3.13	9617.15	21.46	2.15	5759.75	20.12	2.12
陕西省	4	3221.53	35.08	2.05	2666.28	30.02	1.57	4136.43	36.37	2.30	3341.41	33.82	1.97
广东省	33	3312.40	21.43	1.00	7442.43	24.89	1.28	5323.80	24.84	1.39	5359.54	23.72	1.22

中国文化及相关产业上市公司研究报告：2011～2013

注册地址	个案数	2011 年			2012 年			2013 年			年度平均		
		技术与知识产权类无形资产（万元）	技术类占无形资产比重（%）	技术与知识产权占总资产比重（%）	技术与知识产权类无形资产（万元）	技术类占无形资产比重（%）	技术与知识产权占总资产比重（%）	技术与知识产权类无形资产（万元）	技术类占无形资产比重（%）	技术与知识产权占总资产比重（%）	技术与知识产权类无形资产（万元）	技术类占无形资产比重（%）	技术与知识产权占总资产比重（%）
福建省	7	247.20	32.01	0.30	818.51	25.47	1.14	923.55	24.36	1.08	663.09	27.28	0.84
上海市	15	37 695.13	29.84	0.53	44 179.62	25.26	0.75	58 536.11	26.11	1.23	46 803.62	27.07	0.83
浙江省	17	574.22	29.81	0.59	1299.55	25.87	0.55	1873.27	35.53	0.67	1249.01	30.40	0.60
湖南省	6	803.09	24.72	0.44	912.32	25.30	0.50	1235.43	25.40	0.46	983.61	25.14	0.46
四川省	6	1294.14	33.42	0.74	892.28	19.56	0.14	2591.45	24.70	0.43	1592.63	25.89	0.44
山东省	9	1544.18	3.99	0.23	2504.89	5.35	0.29	3362.02	9.30	0.43	2470.36	6.21	0.32
湖北省	4	340.31	28.63	0.10	1239.48	35.73	0.31	1611.98	37.20	0.31	1063.92	33.85	0.24
江苏省	9	316.37	18.95	0.19	514.98	18.42	0.18	649.81	10.11	0.26	493.72	15.83	0.21
海南省	2	382.17	2.94	0.07	374.61	1.74	0.06	1575.20	6.04	0.22	777.32	3.57	0.12
河南省	2	163.27	1.04	0.05	210.04	1.02	0.07	264.40	1.48	0.08	212.57	1.18	0.07
江西省	2	234.97	1.83	0.06	166.20	0.73	0.03	207.15	0.86	0.03	202.77	1.14	0.04
辽宁省	2	331.31	3.06	0.14	1487.12	15.62	1.74	1193.21	10.19	1.29	1003.88	9.62	1.05
云南省	2	104.79	1.92	0.09	79.97	1.40	0.05	202.36	1.59	0.11	129.04	1.64	0.08
广西壮族自治区	1	69.92	0.17	0.03	18.11	0.04	0.01	471.02	0.76	0.17	186.35	0.32	0.07
贵州省	1	—	—	—	13.38	100.00	0.03	123.53	100.00	0.22	68.46	100.00	0.12
河北省	1	1802.75	82.37	1.74	1035.17	20.56	0.96	217.83	5.21	0.20	1018.58	36.05	0.97
黑龙江省	1	0.00	0.00	0.00	0.00	0.00	0.00	81.91	17.37	0.04	27.30	5.79	0.01
吉林省	1	—	—	—	3947.91	77.62	0.71	4029.83	29.37	0.64	3988.87	53.49	0.68
宁夏回族自治区	1	0.00	0.00	0.00	1.23	0.00	0.00	0.00	0.00	0.00	0.41	0.00	0.00
山西省	1	—									0.00	0.00	0.00
西藏自治区	1	0.43	0.00	0.00	180.68	0.46	0.16	185.23	0.46	0.16	122.11	0.31	0.11
重庆市	1	4.38	0.01	0.00	270.07	50.55	0.05	212.49	0.47	0.03	162.31	17.01	0.02

注：（1）按技术与知识产权类无形资产占总资产比重排名；（2）斜体表示所含上市公司数量太少，不参与排名分析。

四、技术与知识产权类无形资产行业评价：新兴行业优势明显

2011～2013 年三年来，从文化及相关产业上市公司的技术与知识产权类无形资产在不同行业的排名来看，展现出新兴文化产业领域独特的优势：互联网信息服务领域排在第一位，技术与知识产权类无形资产占无形资产规模的比重高达 77.89%，占总资产比重

则为 6.16%，均排在第一位；在文化软件服务行业，文化及相关产业上市公司的技术与知识产权类无形资产占无形资产规模的比重则为 75.75%，占总资产比重是 3.28%。这两个行业的技术与知识产权类无形资产占比之所以具有较高比重，主要在于其核心竞争力的建构必须建筑于新技术研发、拥有自主知识产权的文化产品。

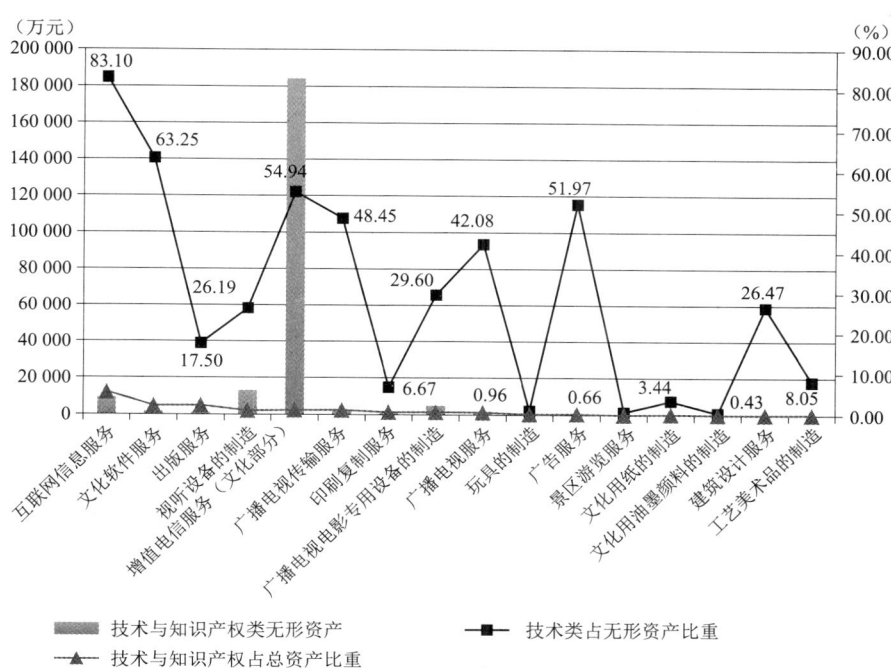

图 7-19 2011 年文化及相关产业上市公司技术与知识产权类无形资产行业比较

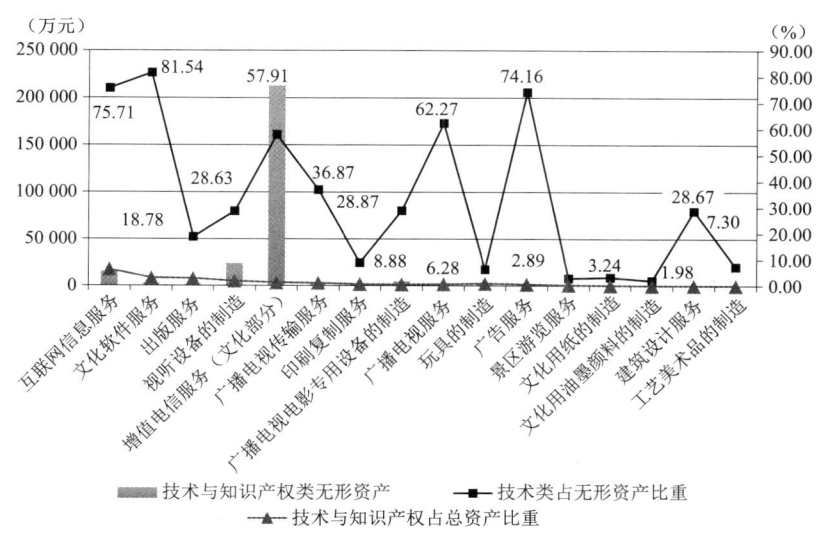

图 7-20 2012 年文化及相关产业上市公司技术与知识产权类无形资产行业比较

179

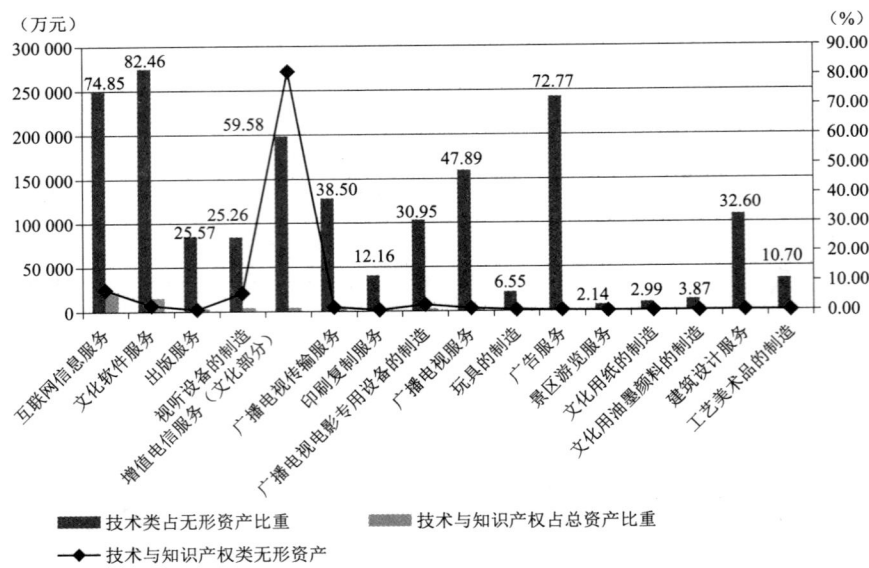

图 7-21　2013 年文化及相关产业上市公司技术与知识产权类无形资产行业比较

总体来看，不同行业的文化及相关产业上市公司的技术与知识产权类无形资产占无形资产的比重差异还是比较大的。除了互联网信息服务业、文化软件服务业，技术与知识产权类无形资产占无形资产的比重达到 70%以上，仅广告服务行业（66.30%）、增值电信服务（文化部分）行业（57.48%）、广播电视行业（50.75%）的技术与知识产权类无形资产占无形资产的比重突破 50%。此外，景区游览服务、文化用油墨颜料的制造等行业的技术与知识产权类无形资产占无形资产的比重最低，分别为 1.90%、2.09%，这主要是由其行业特点决定的。

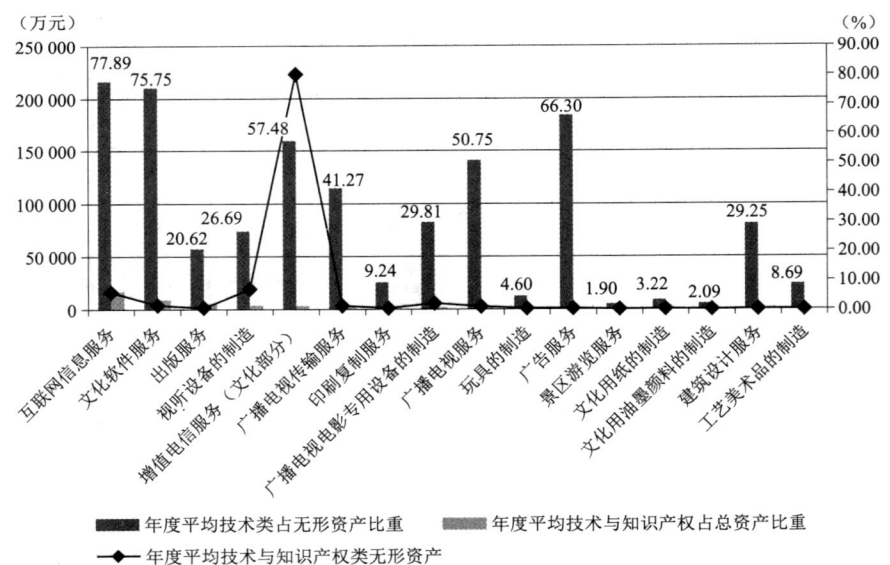

图 7-22　2011～2013 年文化及相关产业上市公司技术与知识产权类无形资产行业比较

不同行业的技术与知识产权类无形资产占总资产比重也都偏小。其中，最高的是互联网信息服务行业，但也未超过 7%；而技术与知识产权类无形资产占总资产比重最小的两大领域是建筑设计服务（0.05%）、工艺美术品制造（0.05%）。说明目前文化产业各个行业对技术与知识产权类无形资产的关注尚未真正受到重视，而且文化企业利用技术与知识产权类无形资产创造价值、实现增值的意愿与能力也都比较低。

表 7-24　2011～2013 年文化及相关产业上市公司技术与知识产权类无形资产行业比较

产业分类第三层	个案数	2011 年			2012 年			2013 年			年度平均		
		技术与知识产权类无形资产（万元）	技术类占无形资产比重（%）	技术与知识产权占总资产比重（%）	技术与知识产权类无形资产（万元）	技术类占无形资产比重（%）	技术与知识产权占总资产比重（%）	技术与知识产权类无形资产（万元）	技术类占无形资产比重（%）	技术与知识产权占总资产比重（%）	技术与知识产权类无形资产（万元）	技术类占无形资产比重（%）	技术与知识产权占总资产比重（%）
互联网信息服务	15	9137.88	83.10	5.51	15 248.23	75.71	6.30	24 777.89	74.85	6.66	16 388.00	77.89	6.16
文化软件服务	5	1733.40	63.25	2.14	2939.90	81.54	3.03	7058.58	82.46	4.67	3910.63	75.75	3.28
出版服务	13	956.72	17.50	2.23	1412.41	18.78	2.84	2412.44	25.57	1.04	1593.86	20.62	2.04
视听设备的制造	15	13 120.41	26.19	0.95	23 908.19	28.63	1.85	20 778.23	25.26	1.33	19 268.94	26.69	1.38
增值电信服务（文化部分）	3	184 179.36	54.94	1.11	212 943.62	57.91	1.25	271 525.37	59.58	1.34	222 882.78	57.48	1.23
广播电视传输服务	8	1829.95	48.45	1.14	3740.45	36.87	1.11	4981.12	38.50	1.24	3517.18	41.27	1.16
印刷复制服务	13	881.24	6.67	0.64	1039.15	8.88	0.66	1570.91	12.16	0.96	1163.77	9.24	0.76
广播电视电影专用设备的制造	13	4976.12	29.60	0.66	4995.45	28.87	0.55	7388.02	30.95	0.84	5786.53	29.81	0.68
广播电视服务	3	1905.93	42.08	0.58	2942.07	62.27	0.67	3310.16	47.89	0.69	2719.39	50.75	0.65
玩具的制造	4	30.81	0.96	0.16	1390.17	6.28	0.91	1353.92	6.55	0.76	924.96	4.60	0.61
广告服务	4	330.69	51.97	0.24	1326.73	74.16	0.60	1211.89	72.77	0.44	956.43	66.30	0.43
景区游览服务	13	95.59	0.66	0.03	368.36	2.89	0.31	395.57	2.14	0.26	286.51	1.90	0.20
文化用纸的制造	14	340.59	3.44	0.15	405.05	3.24	0.16	431.73	2.99	0.15	392.46	3.22	0.15
文化用油墨颜料的制造	3	10.30	0.43	0.02	52.27	1.98	0.07	134.63	3.87	0.15	65.73	2.09	0.08
建筑设计服务	9	162.07	26.47	0.03	401.15	28.67	0.05	603.41	32.60	0.07	388.88	29.25	0.05

中国文化及相关产业上市公司研究报告：2011～2013

产业分类第三层	个案数	2011 年			2012 年			2013 年			年度平均		
		技术与知识产权类无形资产（万元）	技术类占无形资产比重（%）	技术与知识产权占总资产比重（%）	技术与知识产权类无形资产（万元）	技术类占无形资产比重（%）	技术与知识产权占总资产比重（%）	技术与知识产权类无形资产（万元）	技术类占无形资产比重（%）	技术与知识产权占总资产比重（%）	技术与知识产权类无形资产（万元）	技术类占无形资产比重（%）	技术与知识产权占总资产比重（%）
工艺美术品的制造	6	124.48	8.05	0.06	173.02	7.30	0.05	186.15	10.70	0.04	161.22	8.69	0.05
发行服务	2	353.82	6.59	0.07	247.34	4.90	0.04	1844.09	9.93	0.30	815.08	7.14	0.14
电影和影视录音服务	2	699.69	100.00	0.30	33.70	100.00	0.02	98.50	75.00	0.03	277.30	91.67	0.12
工艺美术品的销售	2	35.84	0.46	0.01	28.57	0.38	0.01	25.21	0.33	0.00	29.87	0.39	0.01
会展服务	2	2.19	0.00	0.00	265.90	0.55	0.04	424.98	0.93	0.06	231.02	0.49	0.03
办公用品的制造	2	212.28	3.15	0.16	201.53	2.63	0.14	234.05	3.01	0.15	215.95	2.93	0.15
乐器的制造	*2*	*—*	*—*	*—*	*9.35*	*0.34*	*0.01*	*6.02*	*0.25*	*0.01*	*7.68*	*0.29*	*0.01*
其他文化用品的制造	*2*	*2285.35*	*77.72*	*1.91*	*2656.83*	*78.43*	*2.44*	*1464.66*	*69.52*	*1.53*	*2135.61*	*75.22*	*1.96*
专业设计服务	*1*	*344.53*	*2.38*	*0.11*	*378.37*	*2.67*	*0.12*	*449.56*	*3.22*	*0.13*	*390.82*	*2.76*	*0.12*
娱乐休闲服务	*1*	*—*	*—*	*—*	*8.34*	*100.00*	*0.01*	*0.00*	*0.00*	*0.00*	*4.17*	*50.00*	*0.01*
园林、陈设艺术及其他陶瓷制品的制造	*1*	*208.98*	*4.77*	*0.12*	*202.95*	*5.31*	*0.10*	*170.77*	*0.93*	*0.08*	*194.23*	*3.67*	*0.10*
其他文化辅助生产	*1*	*—*	*—*	*—*	*8.91*	*0.43*	*0.01*	*436.37*	*17.87*	*0.54*	*222.64*	*9.15*	*0.28*
焰火、鞭炮产品的制造	*1*	*32.01*	*1.80*	*0.06*	*59.21*	*3.21*	*0.11*	*27.62*	*0.74*	*0.03*	*39.61*	*1.92*	*0.06*
文化用化学品的制造	*1*	*1802.75*	*82.37*	*1.74*	*1035.17*	*20.56*	*0.96*	*217.83*	*5.21*	*0.20*	*1018.58*	*36.05*	*0.97*
印刷专用设备的制造	*1*	*0.00*	*0.00*	*0.00*	*12.83*	*0.13*	*0.01*	*671.69*	*3.86*	*0.24*	*228.17*	*1.33*	*0.08*
其他文化专用设备的制造	*1*	*17.78*	*0.20*	*0.01*	*135.01*	*1.51*	*0.08*	*2352.33*	*21.50*	*0.99*	*835.04*	*7.74*	*0.36*
文具乐器照相器材的销售	*1*	*90.61*	*3.26*	*0.08*	*29.58*	*1.10*	*0.03*	*32.80*	*1.26*	*0.04*	*51.00*	*1.87*	*0.05*

注：（1）按技术与知识产权类无形资产占总资产比重排名；（2）斜体表示行业所含上市公司数量太少，不参与排名分析。

五、技术与知识产权类无形资产所有制评价：非公有制文化企业远超公有制企业

从表 7-25 中可以看出，2011～2013 年三年来，不同所有制的文化及相关产业上市公司的技术与知识产权类无形资产占比情况存在较大的差异，说明文化及相关产业上市公司的所有制性质对其拥有技术与知识产权无形资产规模与比重的影响是显著的。

从技术与知识产权类无形资产的总规模来看，国有文化企业的无形资产规模最大，为 17 967.11 万元，远远高于其他类型的企业；其次是民营文化企业，技术与知识产权类无形资产规模为 3643.23 万元，仅为国有文化企业的 1/5。但在技术与知识产权类无形资产占总资产比重上结果却截然相反，国有文化企业的技术与知识产权类无形资产占总资产比重为 0.85%，约为民营文化企业技术与知识产权类无形资产占总资产比重（1.57%）的 1/2，国有相对控股文化企业的比重则更低为 0.06%，仅为民营文化企业技术与知识产权类无形资产占总资产比重的 1/26。说明国有文化企业与国有控股文化企业亟须加强技术与知识产权类无形资产的创新。

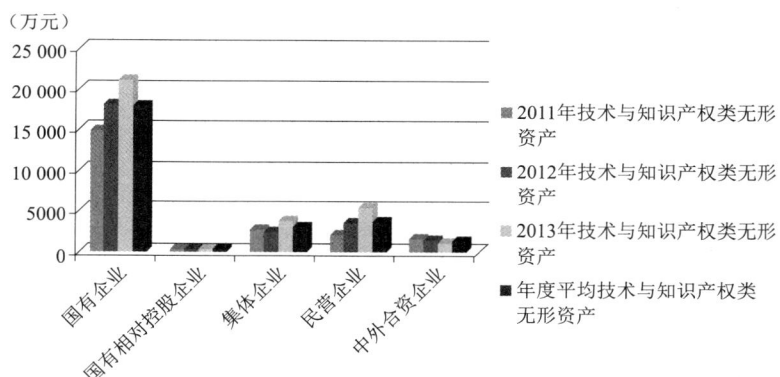

图 7-23　2011～2013 年技术与知识产权类无形资产规模所有制比较

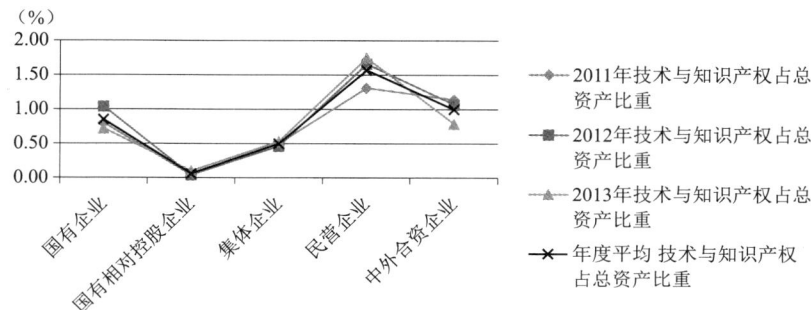

图 7-24　2011～2013 年技术与知识产权类无形资产占总资产比重所有制比较

民营文化企业与中外合资企业的技术与知识产权类无形资产占无形资产规模的比重

较高，分别为 34.86%、29.26%；而国有文化企业的技术与知识产权类无形资产占无形资产规模比重较低，仅为 17.39%，特别是国有相对控股文化企业仅占 4.96%，明显说明公有制企业与非公企业在文化市场准入、企业文化、管理模式等存在的差异带来的对技术与知识产权类无形资产重视程度的不同。

从 2011～2013 年不同所有制的文化及相关产业上市公司的技术与知识产权类无形资产总规模以及占比情况的年度变化来看，虽然不同所有制的文化及相关产业上市公司的技术与知识产权类无形资产规模呈现逐年增加的趋势，但在技术与知识产权类无形资产占无形资产比重、技术与知识产权类无形资产占总资产比重这两大指标上，国有文化企业呈现先增长后下降的发展态势，中外合资文化企业则呈现持续下降趋势；唯有民营文化企业，两大指标呈现稳健的增长态势：2011 年，民营文化企业的技术与知识产权类无形资产占无形资产 34.11%、技术与知识产权类无形资产占总资产 1.31%，到 2012 年，两大指标分别增加至 34.47%、1.66%，2013 年持续升至 35.99%、1.75%。可见，民营文化企业对技术与知识产权类无形资产的重视程度日益提升，其拥有的技术与知识产权类无形资产的增值能力与对总资产的贡献度也不断提高。

表 7-25　2011～2013 年文化及相关产业上市公司技术与知识产权类无形资产所有制比较

	所有制	国有企业	国有相对控股企业	集体企业（仅 2 家公司）	民营企业	中外合资企业
2011 年	技术与知识产权类无形资产（万元）	14 794.76	373.09	2699.92	2000.07	1590.79
	技术类占无形资产比重（%）	15.87	3.52	38.03	34.11	34.44
	技术与知识产权占总资产比重（%）	0.80	0.04	0.50	1.31	1.14
2012 年	技术与知识产权类无形资产（万元）	17 941.96	326.67	2507.09	3576.95	1389.36
	技术类占无形资产比重（%）	18.36	2.89	39.16	34.47	28.03
	技术与知识产权占总资产比重（%）	1.04	0.04	0.46	1.66	1.07
2013 年	技术与知识产权类无形资产（万元）	21 164.61	409.34	3820.97	5352.66	1005.70
	技术类占无形资产比重（%）	17.92	8.49	41.68	35.99	25.30
	技术与知识产权占总资产比重（%）	0.72	0.10	0.53	1.75	0.79
年度平均	技术与知识产权类无形资产（万元）	17 967.11	369.70	3009.33	3643.23	1328.62
	技术类占无形资产比重（%）	17.39	4.96	39.62	34.86	29.26
	技术与知识产权占总资产比重（%）	0.85	0.06	0.50	1.57	1.00

第八章　中国文化及相关产业上市公司社会贡献实证研究

第一节　社会贡献评价模型与指标体系

鉴于目前关于文化及相关产业上市公司并没有独立的社会责任统计体系，这里仅能从通用意义上考察中国文化及相关产业上市公司社会贡献水平，具体包括三个方面：一是税收贡献，即为社会创造的经济价值；二是就业贡献，即为社会创造的就业岗位、解决社会就业问题；三是社会责任，即作为社会的一份子，履行其作为企业公民的责任。

基于上述分析，本书构建了中国文化及相关产业上市公司社会贡献评价模型，如图8-1所示。

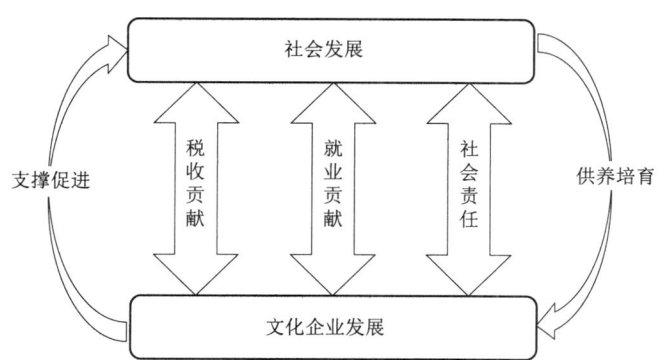

图 8-1　文化及相关产业上市公司社会贡献评价模型

基于上述文化及相关产业上市公司社会贡献评价模型，结合前文设计的文化及相关产业上市公司龙文化指数评价指标体系，构建中国文化及相关产业上市社会贡献评价指标体系，如图8-2所示。

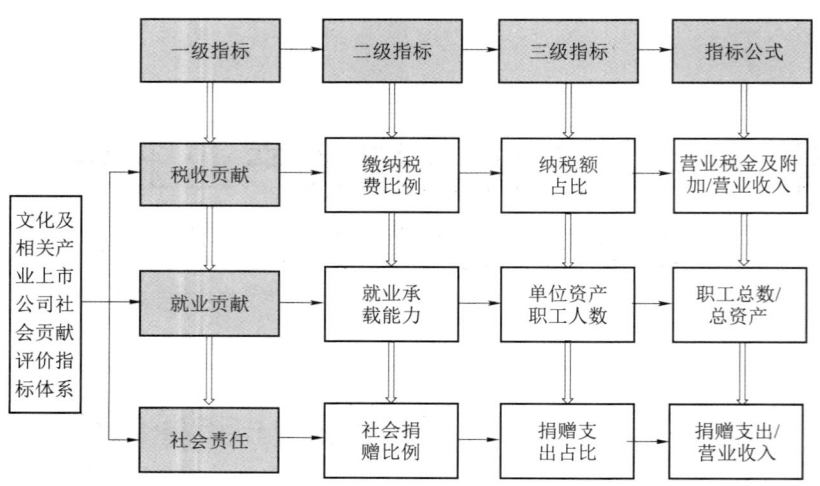

图 8-2　文化及相关产业上市公司社会贡献评价指标体系

第二节　文化及相关产业上市公司社会贡献总体评价

一、文化及相关产业上市公司社会贡献指数总体特征

根据上文构建的文化及相关产业上市公司社会贡献指标体系，计算得到 2011~2013 年每年的社会贡献指数。统计分析发现，以 2011 年文化及相关产业上市公司社会贡献指数为基准，设定为 100，计算得到 2012 年文化及相关产业上市公司社会贡献指数为 105.92，比 2011 年上升了 5.92 个百分点；2013 年文化及相关产业上市公司社会贡献指数为 105.69，比 2011 年上升了 5.69 个百分点，但比 2012 年则略微有所下降。三年来文化及相关产业上市公司社会贡献指数均值为 103.87。

从上述实证分析结果可以看出，相比 2011 年，2012 年和 2013 年文化及相关产业上市公司社会贡献指数都提高了 5 个多百分点，这说明中国文化及相关产业上市公司在企业通用意义上的社会贡献方面呈现出增长的态势。但同时需要看到的是，2013 年社会贡献指数比 2012 年又略微下降了 0.22%。从具体指标来看，在税收贡献方面，2013 年营业税金及附加占营业收入比重比 2012 年略微上升，但是在单位资产职工人数上和捐赠支出占营业收入比重两个指标上都呈现出微幅下降的态势，由此形成了 2013 年比 2012 年社会贡献指数总体微幅下调的变化。

就业方面贡献率下降的主要原因在于企业职工人数的增速低于企业总资产的增速，2013 年总资产比 2012 年增长了 11.47%，而同期职工人数仅增长了 3.67%。需要指出的是，对于就业贡献指标，其实需要从两个方面解读，一方面，从就业角度而言，上述结论说明整个文化产业在就业承载能力方面还需要加速提升；另一方面，单位资产的职工人数下降也反向说明了平均每位职工创造的资产价值在提升，也就是说，企业人员的经济效率在提高。

这一结论可以给我们富有政策内涵的启示：对于文化产业的就业贡献，不能仅仅为了增加就业而不考虑企业的业务发展情况，更不能通过行政手段强制要求企业增加就业，反而需要支持企业通过科技创新、提升生产效率而不断优化人员结构、裁汰冗员和低技能劳动力。

中国的文化产业就业贡献的增加，需要实施"蓝海战略"，借鉴欧盟在提高文化产业就业水平方面的举措，鼓励文化产业链的前端、中端与下端等不同链条间协作、融合，并大力促进文化产业与其他相关行业的跨界融合发展，从而拓宽文化产业就业渠道、扩大文化产业就业空间。

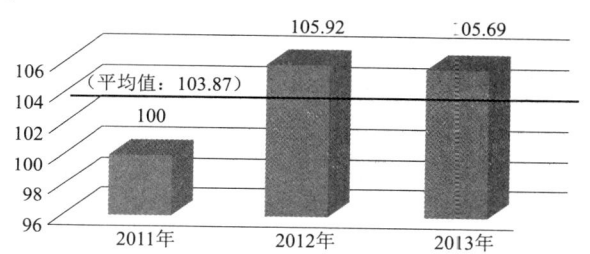

图 8-3　2011～2013 年文化及相关产业上市公司社会贡献指数

二、文化及相关产业上市公司社会贡献 50 强

通过对 2011～2013 年文化及相关产业上市公司社会贡献指数的一一评价，遴选出排名前 50 位的企业，汇总在表 8-1 至表 8-3 中。通过分析，可以发现：

第一，文化及相关产业上市公司在社会贡献方面的整体实力缺乏稳定性、集中度很低。从前三名来看，仅有皖新传媒一家公司在 2011 年、2012 年连续出现了两次，但在 2013 年则跌出了前 20 强；从前五名来看，只有凤凰光学、华侨城出现了两次；从前十名来看，仅有西藏旅游一家公司连续三年入围。这说明，中国文化及相关产业上市公司在社会贡献方面的实力每年波动幅度较大，缺乏稳定性。同时也说明文化产业在社会贡献方面还处于发展期，在税收贡献、就业贡献和社会捐赠方面都还没有形成成熟稳定的模式。

就西藏旅游这家公司而言，从排名来看，处于连年上升态势，2011 年排名第八，2012 年排名第七，2013 年跃升到第三名。从具体指标来看，主要原因在于其社会捐赠比例较高。以 2013 年为例，当年该公司捐赠支出为 124.36 万元。从实际数额上来看并不高，但是该公司当年的营业收入为 1.78 亿元，也相对较小，这样计算得到的社会捐赠占营业收入比重为 0.70%，这一比例在全部文化及相关产业上市公司中就处于第三名的高位了。

第二，从 50 强分布地区来看，广东省文化及相关产业上市公司上榜次数最多，三年达到 31 个频次；浙江省排第二，三年频次为 17 次；北京市第三，三年频次 12 次。而拥有较多文化及相关产业上市公司的上海市和山东省，进入社会贡献 50 强的企业数量比例较低；特别是山东省，拥有 10 家文化及相关产业上市公司，然而三年来仅有 1 家企业仅有 1 次入围 50 强。河北省、黑龙江省、宁夏回族自治区和山西省三年来未能有文化及相关产业上市公司进入社会贡献 50 强榜单，其也与这些地区文化及相关产业上市公司数量过少有一定关系。

第三，从 50 强的行业分布来看，景区游览服务以三年频次 37 高居榜首；互联网信息服务排名第二，三年频次为 23 次；出版服务第三，三年频次为 20 次。从社会贡献指数三年均值排名来看，发行服务入围 3 次，社会贡献指数均值最高，达到 72.66；文具乐器照相器材的销售行业也入围 3 次，社会贡献指数为 72.20，位列第二；视听设备的制造行业入围 2 次，玩具的制造入围 8 次，其社会贡献指数都达到了 70 以上。

第四，从 50 强的所有制分布来看，在入围频次上，民营文化上市公司三年来共上榜 80 次，而国有文化企业共上榜 65 次；但是如果从入围比例来看，则是国有文化上市公司高于民营文化上市公司。同时，通过社会贡献指数均值来看，国有文化上市公司入围企业三年来的社会贡献指数均值为 68.35，民营文化上市公司为 67.88，国有企业比民营企业略高。

第五，从年度变化来看，高乐股份 2013 年的表现特别抢眼。该公司 2011 年和 2012 年都榜上无名，而 2013 年则一举跃升到第一位。究其原因主要在于该公司 2013 年大幅增加了社会捐赠。2013 年年报显示，该公司 2012 年对外捐赠支出为 99 万元，而 2013 年大幅增加至 797 万元，是 2012 年的 8 倍之多。从这一表现也可以看出中国文化产业的社会贡献还处于波动期，尚未形成稳定的运作模式。

表 8-1　2011 年文化及相关产业上市公司社会贡献指数 50 强

排名	证券代码	企业名称	企业性质	注册地址	产业分类第三层	上市时间（年）	社会贡献指数
1	000978	桂林旅游	国有企业	广西壮族自治区	景区游览服务	2000	78.30
2	601801	皖新传媒	国有企业	安徽省	发行服务	2010	76.08
3	600071	凤凰光学	国有企业	江西省	文具乐器照相器材的销售	1997	73.56
4	002292	奥飞动漫	民营企业	广东省	文化软件服务	2009	73.54
5	000610	西安旅游	国有企业	陕西省	景区游览服务	1996	73.04
6	601928	凤凰传媒	国有企业	江苏省	出版服务	2011	72.75
7	002230	科大讯飞	民营企业	安徽省	视听设备的制造	2008	72.70
8	600749	西藏旅游	民营企业	西藏自治区	景区游览服务	1996	72.66
9	002033	丽江旅游	国有企业	云南省	景区游览服务	2004	72.58
10	000888	峨眉山 A	国有企业	四川省	景区游览服务	1997	72.41
11	000069	华侨城 A	国有企业	广东省	景区游览服务	1997	71.56

排名	证券代码	企业名称	企业性质	注册地址	产业分类第三层	上市时间（年）	社会贡献指数
12	600706	曲江文旅	国有企业	陕西省	景区游览服务	1996	70.67
13	300051	三五互联	民营企业	福建省	互联网信息服务	2010	70.49
14	600880	博瑞传播	国有企业	四川省	出版服务	1995	68.90
15	002502	骅威股份	民营企业	广东省	玩具的制造	2010	68.87
16	002575	群兴玩具	民营企业	广东省	玩具的制造	2011	68.23
17	600633	浙报传媒	国有企业	浙江省	出版服务	1993	68.14
18	000917	电广传媒	国有企业	湖南省	广播电视传输服务	1998	68.04
19	002095	生意宝	民营企业	浙江省	互联网信息服务	2006	67.81
20	600054	黄山旅游	国有企业	安徽省	景区游览服务	1997	67.79
21	300043	星辉车模	民营企业	广东省	玩具的制造	2010	67.79
22	000793	华闻传媒	国有企业	海南省	出版服务	1997	67.78
23	000430	张家界	国有企业	湖南省	景区游览服务	1996	67.71
24	002103	广博股份	民营企业	浙江省	办公用品的制造	2007	67.55
25	002261	拓维信息	民营企业	湖南省	增值电信服务（文化部分）	2008	67.27
26	002102	冠福家用	民营企业	福建省	园林、陈设及其他陶瓷制品的制造	2006	67.22
27	002228	合兴包装	民营企业	福建省	印刷复制服务	2008	67.20
28	000156	华数传媒	民营企业	浙江省	广播电视传输服务	2000	67.17
29	000514	渝开发	国有企业	重庆市	会展服务	1993	67.16
30	002059	云南旅游	国有企业	云南省	景区游览服务	2006	67.16
31	300027	华谊兄弟	民营企业	浙江省	电影和影视录音服务	2009	66.94
32	300059	东方财富	民营企业	上海市	互联网信息服务	2010	66.77
33	300113	顺网科技	民营企业	浙江省	互联网信息服务	2010	66.30
34	000802	北京旅游	民营企业	北京市	景区游览服务	1998	66.10
35	600831	广电网络	集体企业	陕西省	广播电视服务	1994	66.07
36	600593	大连圣亚	国有企业	辽宁省	景区游览服务	2002	65.80
37	002431	棕榈园林	民营企业	广东省	建筑设计服务	2010	65.80
38	600793	ST 宜纸	国有企业	四川省	文化用纸的制造	1997	65.68
39	300178	腾邦国际	民营企业	广东省	互联网信息服务	2011	65.62
40	300058	蓝色光标	民营企业	北京市	广告服务	2010	65.55
41	600076	青鸟华光	民营企业	山东省	广播电视电影专用设备的制造	1997	65.54
42	000504	ST 传媒	国有企业	北京市	出版服务	1992	65.41
43	601098	中南传媒	国有企业	湖南省	出版服务	2010	65.37
44	300052	中青宝	民营企业	广东省	文化软件服务	2010	65.27

（续表）

排名	证券代码	企业名称	企业性质	注册地址	产业分类第三层	上市时间（年）	社会贡献指数
45	002229	鸿博股份	民营企业	福建省	印刷复制服务	2008	65.16
46	300229	拓尔思	民营企业	北京市	互联网信息服务	2011	65.16
47	002558	世纪游轮	民营企业	重庆市	娱乐休闲服务	2011	65.15
48	002315	焦点科技	民营企业	江苏省	互联网信息服务	2009	64.99
49	002301	齐心文具	民营企业	广东省	办公用品的制造	2009	64.98
50	300104	乐视网	民营企业	北京市	互联网信息服务	2010	64.97

表 8-2　2012 年文化及相关产业上市公司社会贡献指数 50 强

排名	证券代码	企业名称	企业性质	注册地址	产业分类第三层	上市时间（年）	社会贡献指数
1	000802	北京旅游	民营企业	北京市	景区游览服务	1998	76.24
2	300059	东方财富	民营企业	上海市	互联网信息服务	2010	75.53
3	601801	皖新传媒	国有企业	安徽省	发行服务	2010	74.30
4	600071	凤凰光学	国有企业	江西省	文具乐器照相器材的销售	1997	73.78
5	000069	华侨城 A	国有企业	广东省	景区游览服务	1997	72.01
6	000610	西安旅游	国有企业	陕西省	景区游览服务	1996	71.97
7	600749	西藏旅游	民营企业	西藏自治区	景区游览服务	1996	71.24
8	002261	拓维信息	民营企业	湖南省	增值电信服务（文化部分）	2008	70.08
9	002375	亚厦股份	民营企业	浙江省	建筑设计服务	2010	69.97
10	601928	凤凰传媒	国有企业	江苏省	出版服务	2011	69.97
11	300051	三五互联	民营企业	福建省	互联网信息服务	2010	69.57
12	600706	曲江文旅	国有企业	陕西省	景区游览服务	1996	68.85
13	000888	峨眉山 A	国有企业	四川省	景区游览服务	1997	68.54
14	600804	鹏博士	民营企业	四川省	互联网信息服务	1994	68.48
15	000514	渝开发	国有企业	重庆市	会展服务	1993	68.33
16	000978	桂林旅游	国有企业	广西壮族自治区	景区游览服务	2000	67.80
17	002033	丽江旅游	国有企业	云南省	景区游览服务	2004	67.78
18	300188	美亚柏科	民营企业	福建省	互联网信息服务	2011	67.70
19	002292	奥飞动漫	民营企业	广东省	文化软件服务	2009	67.47
20	002678	珠江钢琴	国有企业	广东省	乐器的制造	2012	67.41
21	002173	千足珍珠	民营企业	浙江省	工艺美术品的制造	2007	67.34
22	601515	东风股份	外资企业	广东省	印刷复制服务	2012	67.29
23	000793	华闻传媒	国有企业	海南省	出版服务	1997	67.11
24	300288	朗玛信息	民营企业	贵州省	文化软件服务	2012	67.03

排名	证券代码	企业名称	企业性质	注册地址	产业分类第三层	上市时间（年）	社会贡献指数
25	600373	中文传媒	民营企业	江西省	出版服务	2002	66.97
26	002228	合兴包装	民营企业	福建省	印刷复制服务	2008	66.93
27	000430	张家界	国有企业	湖南省	景区游览服务	1996	66.87
28	002502	骅威股份	民营企业	广东省	玩具的制造	2010	66.83
29	002095	生意宝	民营企业	浙江省	互联网信息服务	2006	66.63
30	002103	广博股份	民营企业	浙江省	办公用品的制造	2007	66.62
31	002699	美盛文化	民营企业	浙江省	其他文化辅助生产	2012	66.24
32	002348	高乐股份	民营企业	广东省	玩具的制造	2010	66.22
33	002059	云南旅游	国有企业	云南省	景区游览服务	2006	66.21
34	600633	浙报传媒	国有企业	浙江省	出版服务	1993	66.21
35	300113	顺网科技	民营企业	浙江省	互联网信息服务	2010	66.16
36	000504	ST 传媒	国有企业	北京市	出版服务	1992	66.15
37	600831	广电网络	集体企业	陕西省	广播电视服务	1994	66.08
38	603000	人民网	国有企业	北京市	互联网信息服务	2012	66.01
39	002102	冠福家用	民营企业	福建省	园林、陈设及其他陶瓷制品的制造	2006	65.87
40	600054	黄山旅游	国有企业	安徽省	景区游览服务	1997	65.87
41	300043	星辉车模	民营企业	广东省	玩具的制造	2010	65.76
42	300178	腾邦国际	民营企业	广东省	互联网信息服务	2011	65.66
43	002181	粤传媒	国有企业	广东省	出版服务	2007	65.64
44	600880	博瑞传播	国有企业	四川省	印刷复制服务	1995	65.56
45	601929	吉视传媒	国有企业	吉林省	广播电视服务	2012	65.37
46	300052	中青宝	民营企业	广东省	文化软件服务	2010	65.35
47	300144	宋城股份	民营企业	浙江省	景区游览服务	2010	65.34
48	002431	棕榈园林	民营企业	广东省	建筑设计服务	2010	65.33
49	601098	中南传媒	国有企业	湖南省	出版服务	2010	65.32
50	600593	大连圣亚	国有企业	辽宁省	景区游览服务	2002	65.31

表 8-3　2013 年文化及相关产业上市公司社会贡献指数 50 强

排名	证券代码	企业名称	企业性质	注册地址	产业分类第三层	上市时间（年）	社会贡献指数
1	002348	高乐股份	民营企业	广东省	玩具的制造	2010	92.68
2	300288	朗玛信息	民营企业	贵州省	文化软件服务	2012	76.37
3	600749	西藏旅游	民营企业	西藏自治区	景区游览服务	1996	75.56

排名	证券代码	企业名称	企业性质	注册地址	产业分类第三层	上市时间（年）	社会贡献指数
4	002502	骅威股份	民营企业	广东省	玩具的制造	2010	74.24
5	000069	华侨城A	国有企业	广东省	景区游览服务	1997	74.03
6	300178	腾邦国际	民营企业	广东省	互联网信息服务	2011	71.75
7	600706	曲江文旅	国有企业	陕西省	景区游览服务	1996	70.84
8	002033	丽江旅游	国有企业	云南省	景区游览服务	2004	70.82
9	002230	科大讯飞	民营企业	安徽省	视听设备的制造	2008	70.59
10	000888	峨眉山A	国有企业	四川省	景区游览服务	1997	69.77
11	300052	中青宝	民营企业	广东省	文化软件服务	2010	69.65
12	601515	东风股份	外资企业	广东省	印刷复制服务	2012	69.56
13	600071	凤凰光学	国有企业	江西省	文具乐器照相器材的销售	1997	69.27
14	000610	西安旅游	国有企业	陕西省	景区游览服务	1996	69.00
15	600373	中文传媒	民营企业	江西省	出版服务	2002	68.30
16	002261	拓维信息	民营企业	湖南省	增值电信服务（文化部分）	2008	68.07
17	000514	渝开发	国有企业	重庆市	会展服务	1993	68.06
18	000430	张家界	国有企业	湖南省	景区游览服务	1996	68.05
19	600804	鹏博士	民营企业	四川省	互联网信息服务	1994	68.02
20	300315	掌趣科技	民营企业	北京市	文化软件服务	2012	67.78
21	000978	桂林旅游	国有企业	广西壮族自治区	景区游览服务	2000	67.76
22	601801	皖新传媒	国有企业	安徽省	发行服务	2010	67.60
23	601928	凤凰传媒	国有企业	江苏省	出版服务	2011	67.29
24	300148	天舟文化	民营企业	湖南省	出版服务	2010	66.92
25	300051	三五互联	民营企业	福建省	互联网信息服务	2010	66.87
26	600054	黄山旅游	国有企业	安徽省	景区游览服务	1997	66.76
27	002228	合兴包装	民营企业	福建省	印刷复制服务	2008	66.63
28	002292	奥飞动漫	民营企业	广东省	文化软件服务	2009	66.41
29	300059	东方财富	民营企业	上海市	互联网信息服务	2010	66.23
30	000156	华数传媒	民营企业	浙江省	广播电视传输服务	2000	66.22
31	002678	珠江钢琴	国有企业	广东省	乐器的制造	2012	65.91
32	002103	广博股份	民营企业	浙江省	办公用品的制造	2007	65.58
33	002059	云南旅游	国有企业	云南省	景区游览服务	2006	65.18
34	000793	华闻传媒	国有企业	海南省	出版服务	1997	65.08
35	000802	北京旅游	民营企业	北京市	景区游览服务	1998	65.05

排名	证券代码	企业名称	企业性质	注册地址	产业分类第三层	上市时间（年）	社会贡献指数
36	002095	生意宝	民营企业	浙江省	互联网信息服务	2006	64.98
37	002148	北纬通信	民营企业	北京市	增值电信服务（文化部分）	2007	64.96
38	600757	长江传媒	国有企业	湖北省	出版服务	1996	64.96
39	601098	中南传媒	国有企业	湖南省	出版服务	2010	64.95
40	600831	广电网络	集体企业	陕西省	广播电视服务	1994	64.87
41	600593	大连圣亚	国有企业	辽宁省	景区游览服务	2002	64.87
42	002229	鸿博股份	民营企业	福建省	印刷复制服务	2008	64.85
43	002238	天威视讯	国有企业	广东省	广播电视传输服务	2008	64.83
44	000839	中信国安	国有企业	北京市	广播电视传输服务	1997	64.81
45	601519	大智慧	民营企业	上海市	互联网信息服务	2011	64.78
46	300211	亿通科技	民营企业	江苏省	广播电视电影专用设备的制造	2011	64.71
47	002319	乐通股份	民营企业	广东省	文化用油墨颜料的制造	2009	64.64
48	000719	大地传媒	国有企业	河南省	出版服务	1997	64.63
49	300017	网宿科技	民营企业	上海市	互联网信息服务	2009	64.58
50	002301	齐心文具	民营企业	广东省	办公用品的制造	2009	64.58

本书进一步对 2011～2013 年文化及相关产业上市公司社会贡献指数三年均值进行了合并计算，并提取前 50 强通过采用 SPSS18.0 软件进行了系统聚类分析。聚类结果如图 8-4 所示。从中可以看出三年均值 50 强被划分为八个梯队，分别是：

第一梯队：高乐股份、西藏旅游。

第二梯队：皖新传媒、华侨城 A、凤凰光学。

第三梯队：西安旅游、桂林旅游。

第四梯队：丽江旅游、峨眉山 A、曲江文旅、凤凰传媒、骅威股份。

第五梯队：东方财富、科大讯飞、奥飞动漫、北京旅游、三五互联、拓维信息。

第六梯队：渝开发、腾邦国际、张家界。

第七梯队：合兴包装、黄山旅游、中青宝、华闻传媒、广博股份、鹏博士、生意宝、博瑞传播、云南旅游、华数传媒、中文传媒、亚厦股份、浙报传媒、星辉车模、广电网络。

第八梯队：冠福家用、大连圣亚、美亚柏科、顺网科技、电广传媒、中南传媒、群兴玩具、鸿博股份、棕榈园林、齐心文具、焦点科技、歌尔声学、网宿科技、北纬通信。

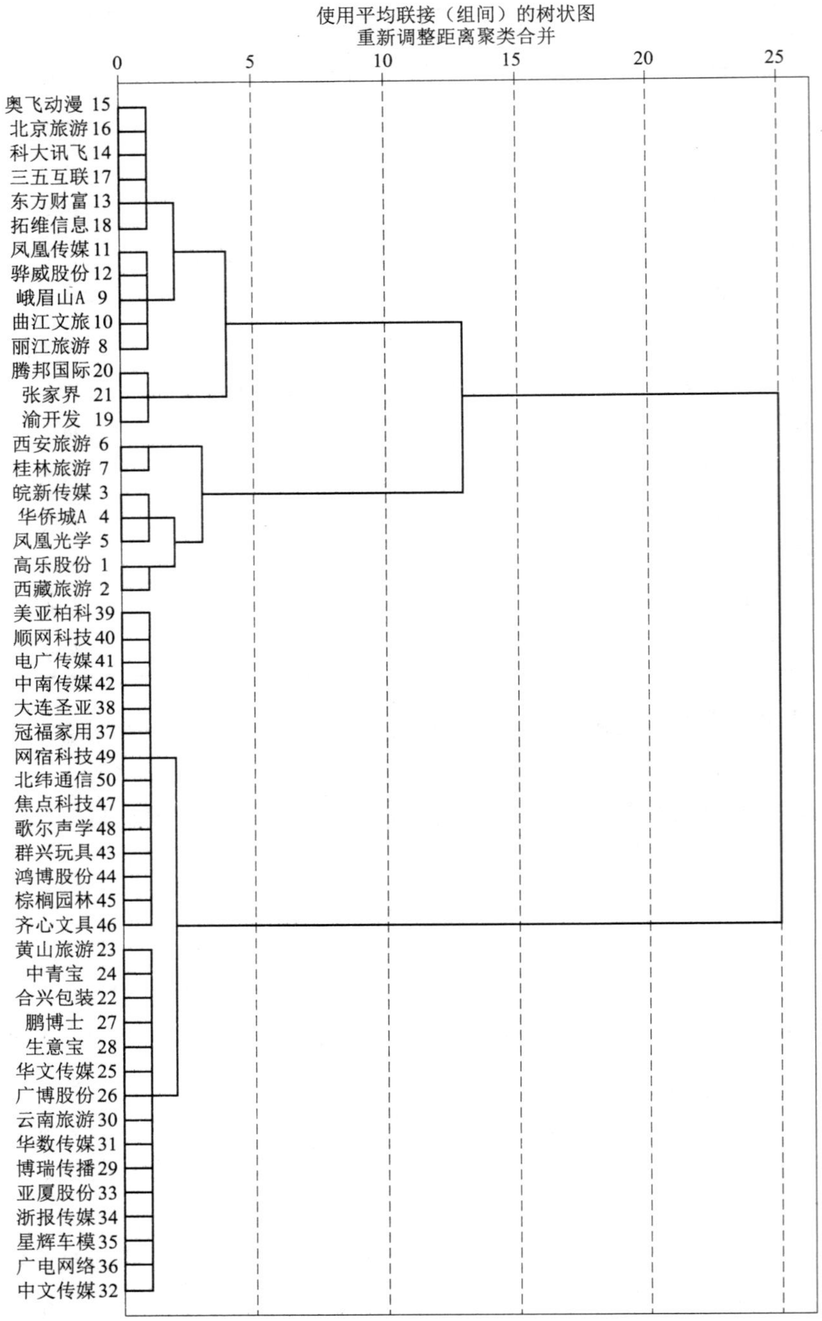

使用平均联接（组间）的树状图
重新调整距离聚类合并

图 8-4　文化及相关产业上市公司社会贡献指数聚类结果图

三、社会贡献注册地区评价：中西部得分高于东部

将 2011～2013 年文化及相关产业上市公司所属地区按照社会贡献指数得分三年均值进行排名，可以发现：

其一，东部地区的社会贡献指数均值不及中西部地区。从表 8-4 中的数据结果可以看到，安徽省和湖南省两个中部省份位列第一和第三名，陕西省和四川省两个西部省份分列第二和第四名，东部只有福建省进入前五名。广东省、浙江省、江苏省、北京市和上海市等东部发达省份都排在了后面，山东省则排在了参与排名的 12 个省份中的倒数第一。

表 8-4　2011～2013 年文化及相关产业上市公司社会贡献指数地区比较

注册地址	个案数	2011 年	2012 年	2013 年	年度平均
安徽省	5	68.11	65.67	65.59	66.46
陕西省	5	66.84	66.17	65.68	66.23
湖南省	6	65.70	65.24	65.76	65.57
四川省	6	66.09	65.37	64.85	65.44
福建省	7	65.55	65.72	64.34	65.20
广东省	35	64.20	64.21	65.37	64.59
浙江省	21	64.38	64.31	63.17	63.95
江苏省	9	64.39	63.46	63.22	63.69
北京市	26	63.33	63.73	62.92	63.33
上海市	17	63.07	63.68	63.18	63.31
湖北省	4	62.65	63.10	63.39	63.05
山东省	10	62.85	62.44	61.94	62.41
海南省	*2*	*65.78*	*65.57*	*64.34*	*65.23*
河南省	*2*	*63.44*	*62.63*	*63.18*	*63.08*
江西省	*2*	*68.04*	*70.38*	*68.78*	*69.07*
辽宁省	*2*	*63.79*	*63.57*	*63.54*	*63.63*
云南省	*2*	*69.87*	*67.00*	*68.00*	*68.29*
重庆市	*2*	*66.16*	*66.16*	*65.94*	*66.09*
广西壮族自治区	*1*	*78.30*	*67.80*	*67.76*	*71.29*
贵州省	*1*	*—*	*67.03*	*76.37*	*71.70*
河北省	*1*	*63.84*	*63.61*	*63.68*	*63.71*
黑龙江省	*1*	*61.78*	*61.46*	*61.54*	*61.59*
吉林省	*1*	*—*	*65.37*	*64.27*	*64.82*
宁夏回族自治区	*1*	*62.13*	*62.36*	*62.67*	*62.39*
山西省	*1*	*64.21*	*64.28*	*62.07*	*63.52*
西藏自治区	*1*	*72.66*	*71.24*	*75.56*	*73.15*

注：斜体表示该地区上市公司数量太少，不参与排名分析。

具体原因可以从具体指标中分析。以 2013 年为例，当按照东中西部来进行税收、就业贡献和捐赠贡献的汇总（如图 8-5 所示）发现，东部地区在上述三个指标上都要弱于中西部地区，在税收贡献上，东部地区仅为 1.44%，而西部地区达到 2.92%；在就业贡献上，东部地区仅为 0.80%，西部地区则达到 1.26%；在捐赠贡献上，东部地区为 0.06%，中部地区则高于 0.11%，进而在社会贡献指数均值上，东部地区社会贡献指数均值为 63.71，而中部地区达到 64.90，西部地区则达到了 66.72。

导致中西部地区在税收贡献、就业贡献和捐赠贡献方面都高于东部地区的主要原因在于，本书采用的是相对指标，而不是总量指标。其实从总量指标来看，无论是营业税金及附加，还是职工人数，东部地区都要大大高于中西部地区；在社会捐赠总额上，东部地区高于西部地区，但低于中部地区（详见下文具体数据分析）。但是由于东部地区在营业收入、总资产方面的盘子远远高于西部地区企业，也就是说，基数远远大于中西部地区，进而带来了比重类的相对指标就低于中西部地区。虽说如此，我们还是建议东部地区文化企业能够在创造经济价值的同时，在社会价值方面也做出更多的贡献。

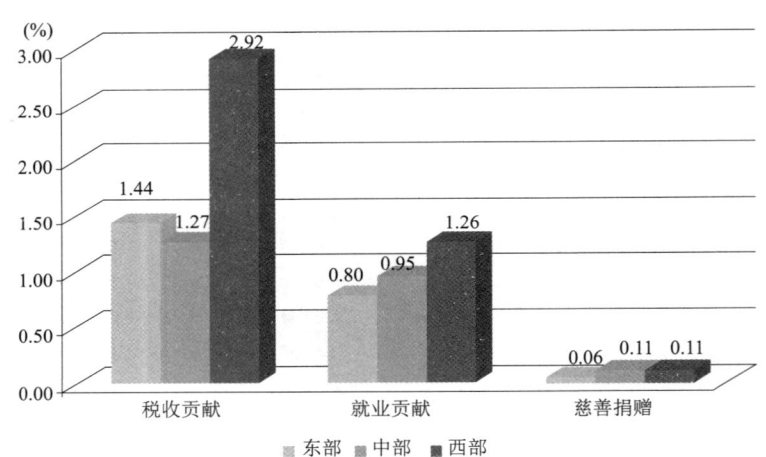

图 8-5 东中西部地区税收贡献、就业贡献和社会捐赠

其二，从地区的变化趋势来看，广东省和湖北省两个地区一直处于上升通道，2011～2013 年，广东排名分别为 8、7、4，湖北省排名分别为 12、11、7。四川省三年来的排位次数分别是 3、4、5，呈现下降趋势；安徽省、上海市和山东省三个省市三年排位分别为 1、3、3，10、9、9，11、12、12，也在下降。其余省份则表现出明显的波动状态，陕西省波幅较小（三年排名为 2、1、1），且一直处于前三名；湖南省三年排名为 4、5、1，呈现螺旋上升态势。福建省、浙江省和北京市三年排名分别为 5、2、6，7、6、10，9、8、11，呈现螺旋下降态势。

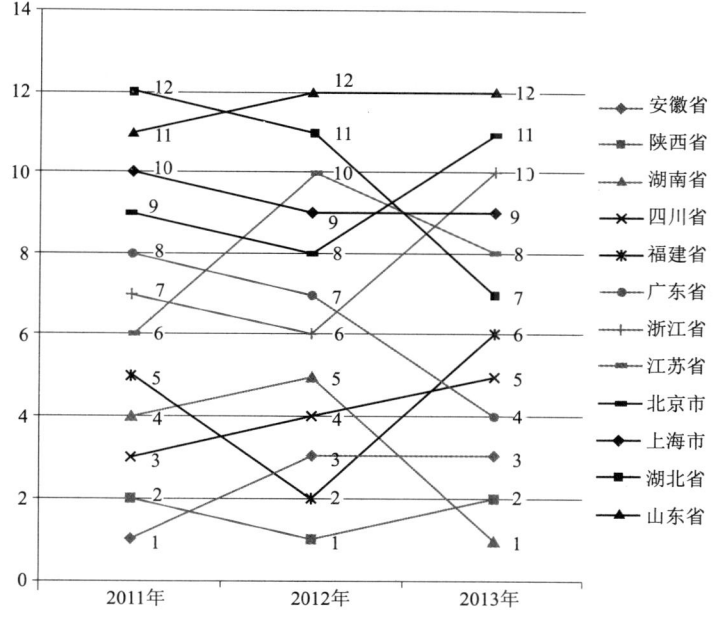

图 8-6　2011～2013 年各地区社会贡献指数排名变化

四、社会贡献行业评价：文化服务业领先

将 2011～2013 年文化及相产业上市公司所属行业按照社会贡献指数得分三年均值进行排名，可以发现：

首先，按照文化制造业、文化批零业和文化服务业三大类行业进行分类汇总分析发现，以 2013 年为例，文化制造业上市公司社会贡献指数均值为 63.45，文化批零业上市公司社会贡献指数均值为 64.31，文化服务业上市公司社会贡献指数均值为 64.89，可见文化服务业上市公司社会贡献指数均值高出文化制造业上市公司 2.27 个百分点。

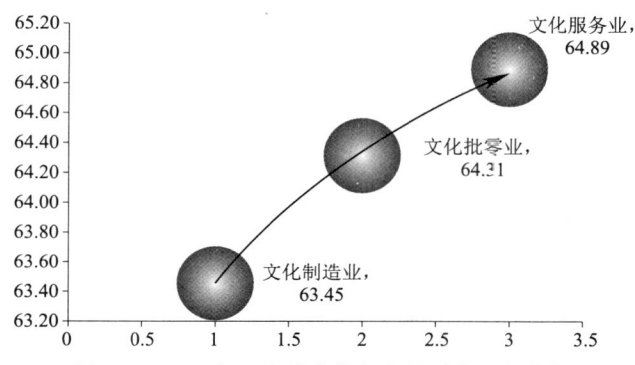

图 8-7　2013 年三大类文化行业的社会贡献指数

其次，从具体细分行业来看，景区游览服务、玩具的制造和文化软件服务 3 个行业进入第一梯队，其中景区游览服务行业以 69.11 的指数得分位居第一。究其原因，可以发现该行业的税收贡献是所有行业中最高的，对其社会贡献指数起到了很大的支撑作用。

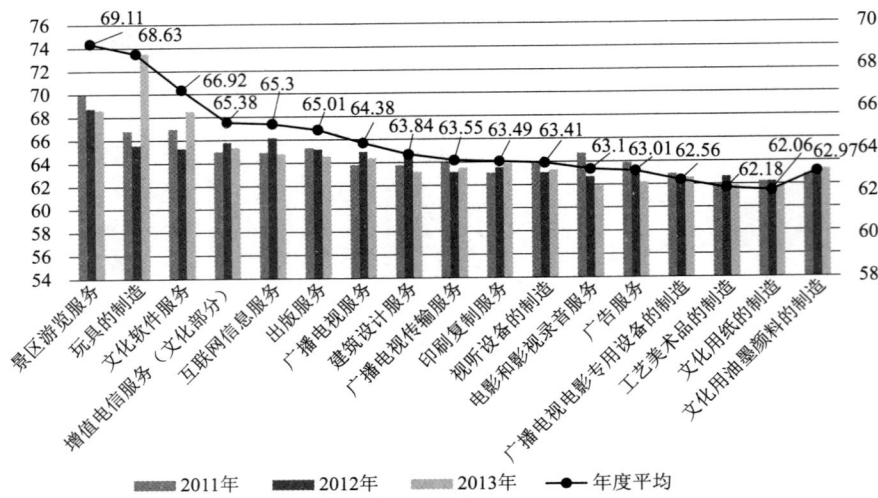

图 8-8　2011～2013 年文化及相关产业上市公司社会贡献指数行业比较

此外，文化用油墨颜料的制造、文化用纸的制造和工艺美术品的制造 3 个细分行业的社会贡献指数均值相对最低，排在参与排名的 17 个行业中的倒数后三位。

表 8-5　2011～2013 年文化及相关产业上市公司社会贡献指数行业比较

产业分类第三层	个案数	2011 年	2012 年	2013 年	年度平均
景区游览服务	13	69.94	68.77	68.62	69.11
玩具的制造	4	66.81	65.57	73.52	68.63
文化软件服务	5	66.98	65.28	68.49	66.92
增值电信服务（文化部分）	3	65.00	65.79	65.36	65.38
互联网信息服务	16	64.91	66.18	64.80	65.30
出版服务	13	65.29	65.17	64.57	65.01
广播电视服务	3	63.81	64.93	64.40	64.38
建筑设计服务	9	63.76	64.56	63.19	63.84
广播电视传输服务	8	63.98	63.15	63.51	63.55
印刷复制服务	13	63.07	63.52	63.87	63.49
视听设备的制造	15	63.85	63.07	63.31	63.41
电影和影视录音服务	7	64.73	62.68	61.88	63.10

产业分类第三层	个案数	2011 年	2012 年	2013 年	年度平均
广告服务	4	63.89	62.96	62.18	63.01
广播电视电影专用设备的制造	14	62.91	62.22	62.55	62.56
工艺美术品的制造	6	62.05	62.64	61.84	62.18
文化用纸的制造	14	62.20	62.21	61.77	62.06
文化用油墨颜料的制造	3	62.83	62.80	63.29	62.97
发行服务	*2*	*69.54*	*68.34*	*65.05*	*67.64*
工艺美术品的销售	*2*	*61.05*	*61.00*	*61.09*	*61.05*
会展服务	*2*	*65.69*	*66.30*	*65.07*	*65.69*
办公用品的制造	*2*	*66.27*	*65.72*	*65.08*	*65.69*
乐器的制造	*2*	*—*	*65.77*	*65.15*	*65.46*
其他文化用品的制造	*2*	*62.41*	*61.82*	*62.76*	*62.33*
专业设计服务	*1*	*63.41*	*63.20*	*63.57*	*63.39*
娱乐休闲服务	*1*	*65.15*	*63.99*	*63.83*	*64.32*
园林、陈设艺术及其他陶瓷制品的制造	*1*	*67.22*	*65.87*	*63.16*	*65.41*
其他文化辅助生产	*1*	*—*	*66.24*	*64.24*	*65.24*
焰火、鞭炮产品的制造	*1*	*62.81*	*62.65*	*62.03*	*62.49*
文化用化学品的制造	*1*	*63.84*	*63.61*	*63.68*	*63.71*
印刷专用设备的制造	*1*	*63.00*	*65.07*	*62.67*	*63.58*
其他文化专用设备的制造	*1*	*64.41*	*63.83*	*63.20*	*63.81*
文具乐器照相器材的销售	*1*	*73.56*	*73.78*	*69.27*	*72.20*

注：斜体表示该地区上市公司数量太少，不参与排名分析。

最后，从三年来的变化趋势来看，印刷复制服务、文化用油墨颜料的制造、广播电视电影专用设备的制造三个行业表现出明显上升态势，三年来排名分别为：13、9、8，15、13、11，14、16、13；广播电视服务也表现出一定的上升势头，三年排名为11、7、7。玩具的制造行业三年来排名分别为3、4、1，体现出螺旋式上升的劲势。电影和影视录音服务、广告服务和文化用纸的制造三年排名分别为：7、14、15，9、12、14，16、17、17，表现出明显的下降趋势。

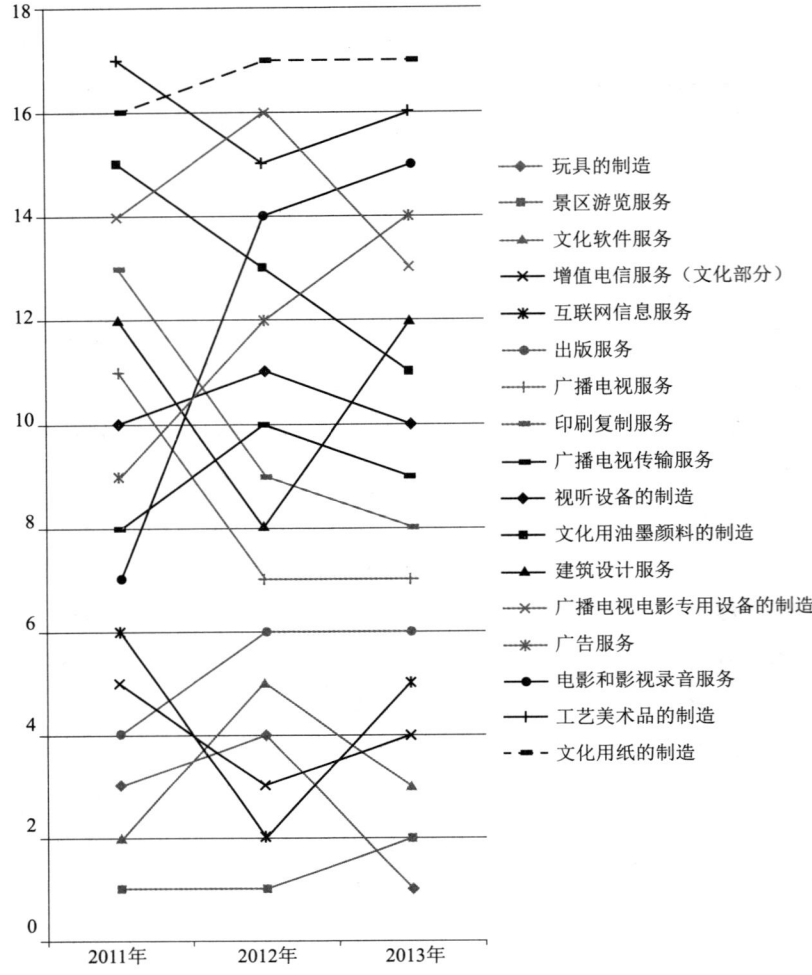

图例：
- 玩具的制造
- 景区游览服务
- 文化软件服务
- 增值电信服务（文化部分）
- 互联网信息服务
- 出版服务
- 广播电视服务
- 印刷复制服务
- 广播电视传输服务
- 视听设备的制造
- 文化用油墨颜料的制造
- 建筑设计服务
- 广播电视电影专用设备的制造
- 广告服务
- 电影和影视录音服务
- 工艺美术品的制造
- 文化用纸的制造

图 8-9　2011～2013 年文化产业各细分行业社会贡献指数排名变化

五、社会贡献所有制评价：民企 2013 年反超国企

除了集体企业仅含有 2 家文化及相关产业上市公司之外，从其余四种所有制企业的比较分析中，可以明显看出：

（1）国有文化上市公司的社会贡献指数三年平均值是最高的，达到 64.71，民营文化上市公司以 64.20 排在了第二位，中外合资企业达到 63.76，排在第三，国有相对控股企业最低，为 63.16。

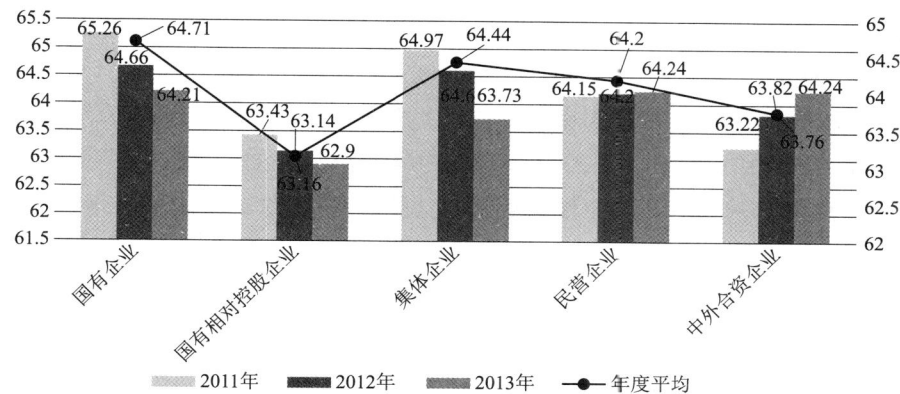

图 8-10　2011~2013 年文化及相关产业上市公司社会贡献指数所有制比较

（2）从三年的变化趋势来看，中外合资企业表现出明显的排位上升趋势，从 2011 年的第 4 名，前进到 2012 年的第 3 名，又在 2013 年上升至第 2 名；民营文化上市公司也表现出排位上升的趋势，2011 年和 2012 年都排在第 2 名，2013 年则上升至第 1 名，反超了国有文化上市公司。反观国有文化上市公司，则呈现出明显的下降趋势，2011 年、2012 年都是第 1 名，但是在 2013 年却下滑到了第 3 名的位置。国有相对控股企业则更是从 2011 年的第 3 名下滑到 2012 年和 2013 年的第 4 名。

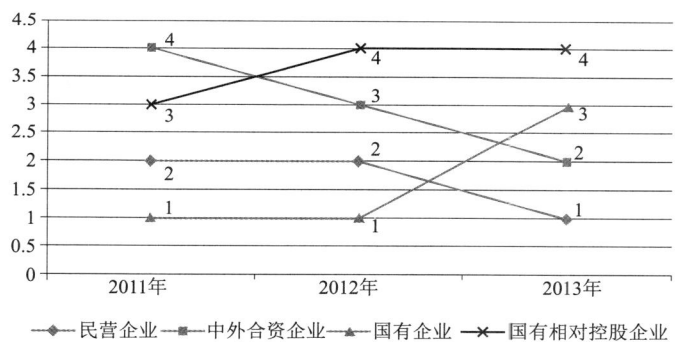

图 8-11　2011~2013 年各所有制类型企业社会贡献指数排名变化

第三节　文化及相关产业上市公司税收贡献评价

一、文化及相关产业上市公司税收贡献总体特征

税收贡献是考察企业通用意义上的社会贡献的首要指标。一个企业税收贡献的多少，直接反映出该企业为全社会创造的价值。通过对 2011~2013 年全部文化及相关产业上市公司营业税金及附加的统计汇总，可以发现：

从总量来看，2011～2013 年，中国文化及相关产业上市公司营业税金及附加从 139.04 亿元增长到 204.62 亿元，增长幅度达到 47.16%，平均每年增长 23.58%。

从均值来看，2011 年，平均每家文化及相关产业上市公司营业税金及附加为 8636.16 万元，而 2013 年则快速攀升到 1.20 亿元，增长幅度达到 39.37%，年均增长率为 19.69%。

从每年增幅比较来看，在营业税金及附加总量方面，2012 年比 2011 年增长了 20.93%，而 2013 年比 2012 年增长了 21.69%；均值方面增长率分别为 13.86% 和 22.41%。这说明在税收贡献绝对数额方面有加速增加的态势。分析原因，营业税金及附加是以营业收入为基础的，统计分析发现 2011～2013 年三年来，中国文化及相关产业上市公司营业收入增长了 33.32%，成为营业税金及附加大幅增长的重要支撑。

表 8-6　2011～2013 年文化及相关产业上市公司营业税金及附加汇总

（单位：万元）

年份	N	合计	均值
2011	161	1 390 421.08	8636.16
2012	171	1 681 466.03	9833.13
2013	170	2 046 171.65	12 036.30
三年平均	167	1 706 019.59	10 168.53

从整个文化产业总税收贡献率来看，2011 年文化及相关产业上市公司总税收贡献率为 1.69%，2012 年升至 1.80%，2013 年增加到 1.86%，说明整个文化产业的税收贡献三年来处于不断增长的过程中，但同时也可以看到，2013 年的增长速度在小幅放缓。

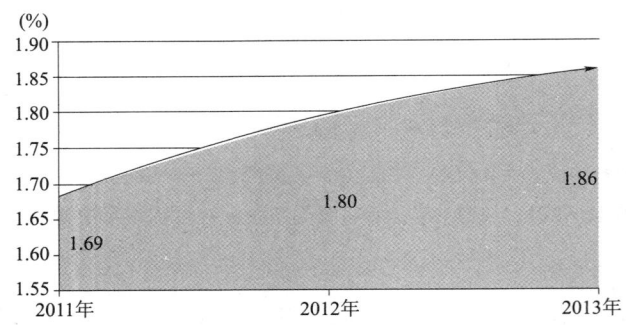

图 8-12　2011～2013 年文化及相关产业上市公司总税收贡献率

二、文化及相关产业上市公司税收贡献 50 强

本书将 2011～2013 年文化及相关产业上市公司按照营业税金及附加金额的三年平均值进行了排名，遴选出税收贡献 50 强，如表 8-7 所示。

第一，从排名来看，中国联通和华侨城两家公司以绝对优势保持领先。这两家公司的体量都很大，中国联通更胜一筹，三年营业税金及附加达到 74.60 亿元，华侨城 A 次之，达到 36.60 亿元。TCL 集团、金螳螂、青岛海尔、亚厦股份、广田股份、豫园商城、老凤祥、同方股份、东方园林、华闻传媒、棕榈园林、鹏博士和京东方 13 家公司处于第二梯队，营业税金及附加都超过 1 亿元，其中 TCL 集团和金螳螂两家公司的营业税金及附加都超过了 4 亿元。

第二，从 50 强的所有制分布来看，国有文化上市公司上榜数量最多，有 30 家，其营业税金及附加的均值也最高，达到 4.48 亿元；民营文化上市公司上榜数量虽然排在第二位，有 17 家，但是其营业税金及附加的均值为 1.17 亿元，仅为国有文化上市公司的 26.12%。

第三，从 50 强的行业大类分别来看，文化服务业有 35 家企业入围，营业税金及附加均值达到 4 亿元以上；文化批发和零售行业仅有 1 家企业入围，营业税金及附加均值为 1.86 亿元；文化制造业行业虽然有 14 家企业入围，但营业税金及附加均值为 1.23 亿元，仅达到文化服务业企业的 30.67%。

第四，从 50 强的具体行业分布来看，总体还是比较均衡的，视听设备的制造行业有 8 家上市公司入围，排第一；出版服务行业和建筑设计服务行业都有 7 家企业入围，并列第二；广播电视传输服务行业有 5 家企业入围，位列第四；互联网信息服务和景区游览服务都有 4 家企业入围，并列第五。其中，从营业税金及附加数额来看，增值电信服务（文化部分）行业只有中国联通入围，并且数额相对最高；景区游览服务行业营业税金及附加均值为 9.58 亿元，位列第二；建筑设计服务、工艺美术品的销售和视听设备的制造三个行业分列第二、三、四位，其营业税金及附加均值都达到 1.5 亿元以上。

第五，从 50 强的地区分布来看，北京市、广东省和上海市三个省市入围企业数量相同，都达到了 9 家，并列第一；浙江省入围了 6 家，排第四。然而在营业税金及附加数额贡献来看，上海市以 9.02 亿元高居第一；广东省 5.27 亿元，位居第二；江苏省 2.46 亿元，排第三。北京市则不足 1 亿元，仅达到 7734.46 万元，位列第八。

表 8-7　2011～2013 年文化及相关产业上市公司营业税金及附加 50 强

排名	证券代码	企业名称	企业性质	注册地址	产业分类第三层	上市时间（年）	年度平均（万元）
1	600050	中国联通	国有企业	上海市	增值电信服务（文化部分）	2002	745 993.47
2	000069	华侨城 A	国有企业	广东省	景区游览服务	1997	365 986.11
3	000100	TCL 集团	国有企业	广东省	视听设备的制造	2004	44 353.20
4	002081	金螳螂	民营企业	江苏省	建筑设计服务	2006	44 172.19
5	600690	青岛海尔	集体企业	山东省	视听设备的制造	1993	39 838.73
6	002375	亚厦股份	民营企业	浙江省	建筑设计服务	2010	32 941.56
7	002482	广田股份	民营企业	广东省	建筑设计服务	2010	23 458.39

排名	证券代码	企业名称	企业性质	注册地址	产业分类第三层	上市时间（年）	年度平均（万元）
8	600655	豫园商城	民营企业	上海市	工艺美术品的销售	1992	18 648.17
9	600612	老凤祥	国有企业	上海市	工艺美术品的制造	1992	17 542.13
10	600100	同方股份	国有企业	北京市	广播电视电影专用设备的制造	1997	14 807.27
11	002310	东方园林	民营企业	北京市	建筑设计服务	2009	12 629.31
12	000793	华闻传媒	国有企业	海南省	出版服务	1997	12 395.00
13	002431	棕榈园林	民营企业	广东省	建筑设计服务	2010	11 843.05
14	600804	鹏博士	民营企业	四川省	互联网信息服务	1994	11 536.89
15	000725	京东方 A	国有企业	北京市	视听设备的制造	2001	10 228.36
16	002325	洪涛股份	民营企业	广东省	建筑设计服务	2009	9524.93
17	002415	海康威视	国有企业	浙江省	视听设备的制造	2010	8169.54
18	000514	渝开发	国有企业	重庆市	会展服务	1993	8114.41
19	000488	晨鸣纸业	国有企业	山东省	文化用纸的制造	2000	8007.99
20	600832	东方明珠	国有企业	上海市	广播电视传输服务	1994	7772.26
21	600054	黄山旅游	国有企业	安徽省	景区游览服务	1997	7131.90
22	601886	江河创建	民营企业	北京市	建筑设计服务	2011	7056.50
23	600633	浙报传媒	国有企业	浙江省	出版服务	1993	6917.63
24	601098	中南传媒	国有企业	湖南省	出版服务	2010	6752.30
25	600037	歌华有线	国有企业	北京市	广播电视传输服务	2001	6610.66
26	000016	深康佳 A	国有相对控股企业	广东省	视听设备的制造	1992	6437.68
27	000839	中信国安	国有企业	北京市	广播电视传输服务	1997	6404.90
28	000917	电广传媒	国有企业	湖南省	广播电视传输服务	1998	6382.97
29	600706	曲江文旅	国有企业	陕西省	景区游览服务	1996	5828.57
30	000066	长城电脑	国有企业	广东省	视听设备的制造	1997	5785.74
31	600637	百视通	国有企业	上海市	互联网信息服务	1993	5729.72
32	002400	省广股份	国有企业	广州市	广告服务	2010	5625.11
33	600831	广电网络	集体企业	陕西省	广播电视服务	1994	5085.69
34	601928	凤凰传媒	国有企业	江苏省	出版服务	2011	4937.06
35	600386	北巴传媒	国有企业	北京市	广告服务	2001	4904.30
36	600640	号百控股	国有企业	上海市	互联网信息服务	1993	4503.54
37	600880	博瑞传播	国有企业	四川省	出版服务	1995	4455.20
38	000888	峨眉山 A	国有企业	四川省	景区游览服务	1997	4103.03
39	600825	新华传媒	国有企业	上海市	发行服务	1994	3917.29
40	600210	紫江企业	民营企业	上海市	印刷复制服务	1999	3814.64
41	600836	界龙实业	民营企业	上海市	印刷复制服务	1994	3672.68
42	300058	蓝色光标	民营企业	北京市	广告服务	2010	3601.96

（续表）

排名	证券代码	企业名称	企业性质	注册地址	产业分类第三层	上市时间（年）	年度平均（万元）
43	002181	粤传媒	国有企业	广东省	出版服务	2007	3598.55
44	000909	数源科技	国有企业	浙江省	视听设备的制造	1999	3402.21
45	300104	乐视网	民营企业	北京市	互联网信息服务	2010	3366.88
46	300027	华谊兄弟	民营企业	浙江省	电影和影视录音服务	2009	3339.07
47	002241	歌尔声学	民营企业	山东省	视听设备的制造	2008	3179.20
48	600373	中文传媒	民营企业	江西省	出版服务	2002	3159.53
49	002238	天威视讯	国有企业	广东省	广播电视传输服务	2008	2951.99
50	002574	明牌珠宝	民营企业	浙江省	工艺美术品的制造	2011	2863.31

三、税收贡献注册地区评价：北京市、浙江省落后于其他发达地区

从文化及相关产业上市公司税收贡献的地区比较来看，上海市的文化及相关产业上市公司以 4.92 亿元的单位平均营业税金及附加高居第一，其中最主要的原因在于中国联通的巨大体量。广东省位居第二，营业税金及附加的单位年度均值达到 1.44 亿元。

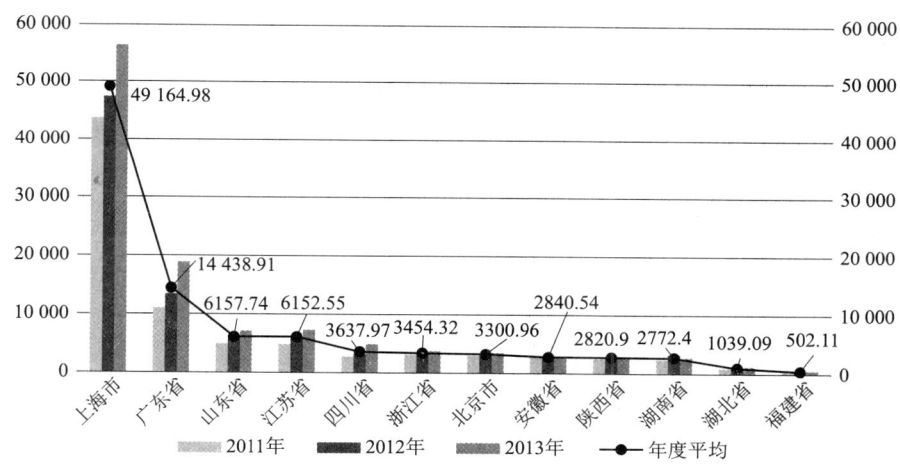

图 8-13　2011～2013 年文化及相关产业上市公司营业税金及附加地区比较（单位：万元）

山东省和江苏省处于第二梯队，两个省份文化及相关产业上市公司单位企业年度均值分别为 6158 万元和 6153 万元，二者仅相差 5 万元。四川省次之，该省份文化及相关产业上市公司单位企业年度均值为 3638 万元。

北京市和浙江省的地区排名有些出人意料，在全部参与排名的 12 个省份中分别排到了第 7 位和第 6 位。其中北京文化及相关产业上市公司营业税金及附加的单位企业年度均值为 3301 万元，仅为上海市的 6.71%，广东省的 22.86%，山东省的 53.61%，江苏省的 53.65%。浙江省为 3454 万元，仅比北京市略高 153 万元。究其原因，主要在于其他

发达省份都有几家体量特别大的公司，例如上海市的中国联通、广东省的华侨城 A 等。由此说明，北京市和浙江省相比上海市和广东省，还需要进一步打造境内上市的特大型文化企业。其实，北京市和浙江省并不缺乏特大型文化相关企业，但是这些公司大部分都选择在境外上市。如何让这些优秀企业在境内上市，让国内投资者分享文化产业发展的成果，是一个值得深思的问题。

表 8-8　2011～2013 年文化及相关产业上市公司营业税金及附加地区比较

（单位：万元）

注册地址	个案数	2011 年	2012 年	2013 年	年度平均
上海市	17	43 688.16	47 369.18	56 437.60	49 164.98
广东省	35	11 038.74	13 445.85	18 832.16	14 438.91
山东省	10	4984.70	6353.00	7135.53	6157.74
江苏省	9	4882.69	6226.78	7348.19	6152.55
四川省	6	2784.11	3190.41	4939.39	3637.97
浙江省	21	3102.63	3492.42	3767.92	3454.32
北京市	26	2993.09	3397.87	3511.92	3300.96
安徽省	5	2775.98	3055.69	2689.97	2840.54
陕西省	5	2506.83	2984.97	2970.90	2820.90
湖南省	6	2348.97	3233.24	2734.98	2772.40
湖北省	4	926.46	941.78	1249.04	1039.09
福建省	7	458.03	513.09	535.19	502.11
海南省	*2*	*7355.90*	*7748.04*	*4929.56*	*6677.83*
河南省	*2*	*1294.98*	*1129.90*	*1270.45*	*1231.77*
江西省	*2*	*1930.52*	*1721.39*	*1896.30*	*1849.40*
辽宁省	*2*	*704.07*	*823.49*	*835.86*	*787.80*
云南省	*2*	*2388.11*	*3010.92*	*2900.57*	*2766.53*
重庆市	*2*	*4505.97*	*3368.45*	*4993.75*	*4289.39*
广西壮族自治区	*1*	*3012.09*	*2632.83*	*2274.89*	*2639.94*
贵州省	*1*	*—*	*546.67*	*553.56*	*550.12*
河北省	*1*	*397.67*	*491.98*	*620.74*	*503.46*
黑龙江省	*1*	*433.05*	*1059.83*	*1318.62*	*937.17*
吉林省	*1*	*—*	*6236.10*	*4477.04*	*5356.57*
宁夏回族自治区	*1*	*472.07*	*824.26*	*261.99*	*519.44*
山西省	*1*	*7.17*	*75.88*	*30.93*	*37.99*
西藏自治区	*1*	*744.13*	*753.15*	*533.71*	*677.00*

注：斜体表示该地区上市公司数量太少，不参与排名分析。

从 2011～2013 年的税收贡献率来看，陕西省、四川省和浙江省相对最高，分别达到 2.54%、2.32% 和 2.12%。上海市、北京市位于第二梯队，分别达到 1.92%、1.87%。广东省和江苏省相对更低，分别是 1.65% 和 1.58%。山东省最低，仅为 0.58%。

这一结论还可以从另外一个角度来思考，即税收贡献率实际上也正是税收负担率，一个地区企业纳税比例越多，说明这个地区企业的税收贡献越大，但同时也说明这个地区的企业所承担的税收负担更高。营业税属于地税，地方政府在其中的支配和操作空间很大。本书在此处关于文化及相关产业上市公司税收贡献率的地区排名，实际上也从另外一个角度反映出各地区营业税的税负状况。我们建议，在综合考虑地方财政税收安全的情况下，应尽量降低文化企业的税收负担。

当然，需要说明的是，对于企业税收负担更为重要的所得税，还有待于将来的深入研究。

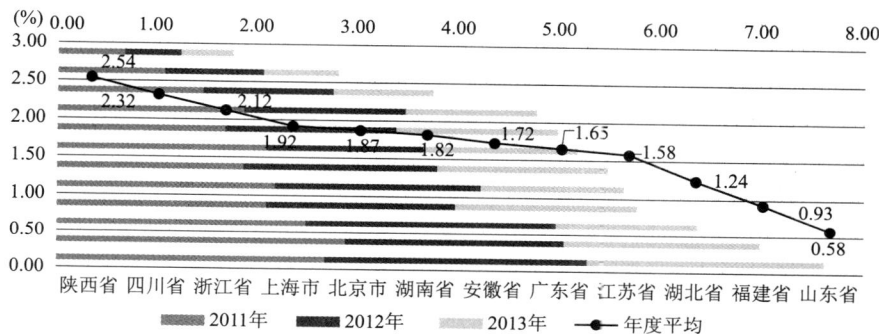

图 8-14　2011～2013 年文化及相关产业上市公司税收贡献率地区比较

四、税收贡献细分行业评价：行业间差异巨大

从各个细分行业来看，增值电信服务（文化部分）由于中国联通的巨大体量而遥遥领先，年均营业税金及附加达到 25 亿元。景区游览服务和建筑设计服务行业位居第二梯队，年均营业税金及附加分别达到 3 亿元和 1.6 亿元。然而同期的文化软件服务、玩具的制造和文化用油墨颜料的制造三个细分行业的单位文化企业年均营业税金及附加分别仅达到 718 万元、379 万元和 219 万元。以参与排名分析的 17 个行业来看，其标准差达到了 5.97 亿元，变异系数达到 3.04。上述比较分析说明，目前中国文化产业各个细分行业在税收贡献方面极不均衡。

表 8-9　2011～2013 年文化及相关产业上市公司营业税金及附加行业比较

（单位：万元）

产业分类第三层	个案数	2011 年	2012 年	2013 年	年度平均
增值电信服务（文化部分）	3	212 272.11	245 226.02	290 351.17	249 283.10
景区游览服务	13	21 771.11	28 480.59	42 016.71	30 756.14
建筑设计服务	9	12 257.22	16 051.57	19 275.62	15 861.47

（续表）

产业分类第三层	个案数	2011 年	2012 年	2013 年	年度平均
视听设备的制造	15	7272.86	8356.88	9874.60	8501.44
广播电视传输服务	8	3317.63	4589.30	4697.50	4201.48
工艺美术品的制造	6	3174.55	3492.95	4973.32	3880.27
广告服务	4	4316.69	4082.51	3130.97	3843.39
出版服务	13	3608.73	4292.00	3416.94	3772.56
广播电视服务	3	2756.18	4368.52	3679.53	3601.41
互联网信息服务	16	1783.93	2698.62	3029.10	2503.88
电影和影视录音服务	7	2294.22	1910.01	945.59	1716.61
广播电视电影专用设备的制造	14	1701.62	1857.34	1468.25	1675.74
文化用纸的制造	14	1389.35	1605.64	1516.40	1503.80
印刷复制服务	13	886.88	1061.59	1656.17	1201.55
文化软件服务	5	630.10	758.86	766.57	718.51
玩具的制造	4	357.61	364.55	414.86	379.01
文化用油墨颜料的制造	3	157.77	185.63	312.52	218.64
发行服务	*2*	*3824.61*	*2652.94*	*2642.88*	*3040.14*
工艺美术品的销售	*2*	*9089.04*	*8999.79*	*12 680.54*	*10 256.45*
会展服务	*2*	*4130.07*	*3278.37*	*4820.18*	*4076.20*
办公用品的制造	*2*	*575.13*	*596.46*	*521.21*	*564.26*
乐器的制造	*2*	*—*	*691.43*	*690.55*	*690.99*
其他文化用品的制造	*2*	*340.38*	*631.13*	*566.07*	*512.53*
专业设计服务	*1*	*376.72*	*656.18*	*701.44*	*578.11*
娱乐休闲服务	*1*	*758.98*	*256.04*	*378.08*	*464.37*
园林、陈设艺术及其他陶瓷制品的制造	*1*	*352.70*	*532.65*	*587.80*	*491.05*
其他文化辅助生产	*1*	*—*	*202.48*	*204.75*	*203.62*
焰火、鞭炮产品的制造	*1*	*389.56*	*505.78*	*255.96*	*383.77*
文化用化学品的制造	*1*	*397.67*	*491.98*	*620.74*	*503.46*
印刷专用设备的制造	*1*	*601.76*	*463.11*	*878.24*	*647.70*
其他文化专用设备的制造	*1*	*681.46*	*723.94*	*618.81*	*674.74*
文具乐器照相器材的销售	*1*	*474.07*	*647.13*	*496.61*	*539.27*

注：斜体表示该行业上市公司数量太少，不参与排名分析。

从税收贡献率来看，景区游览服务以 5.61%高居第一，建筑设计服务、互联网信息服务两个细分行业处于第二梯队，分别达到 3.40%和 3.16%。

广播电视电影专用设备的制造、视听设备的制造、印刷复制服务、玩具的制造、工艺美术品的制造、文化用油墨颜料的制造和文化用纸的制造 7 个行业的税收贡献率都不足

1%，其中文化用油墨颜料的制造和文化用纸的制造 2 个行业的税收贡献率都不足 0.5%。

正如前文所述，税收贡献率也反映了税收负担率，对于税负较高的行业，我们还是建议地方政府在条件允许的情况下，尽可能予以降低。

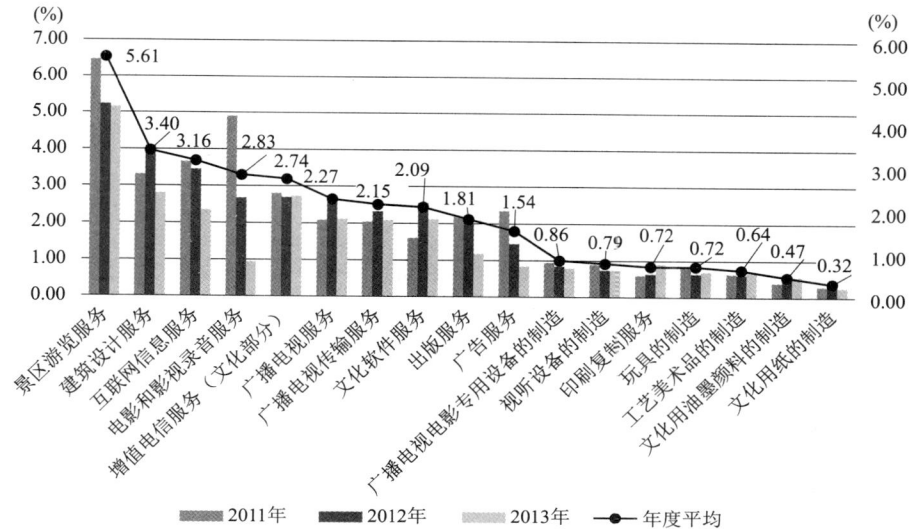

图 8-15　2011～2013 年文化及相关产业上市公司税收贡献率行业比较

五、税收贡献所有制评价：国有企业是绝对主力

通过对不同所有制企业的税收贡献比较，可以明显看到，国有文化上市公司单位企业营业税金及附加年度均值达到 2.31 亿元，而同期的民营文化上市公司仅为 2684 万元，仅为国有企业的 11.60%，中外合资企业则更少，仅为 949 万元，仅为民营文化企业的 35.35%，国有企业的 4.1%。

表 8-10　2011～2013 年文化及相关产业上市公司营业税金及附加所有制比较

（单位：万元）

所有制	个案数	2011 年	2012 年	2013 年	年度平均
国有企业	61	19 804.56	22 188.20	27 429.63	23 140.80
国有相对控股企业	3	2311.11	2856.70	2636.35	2601.39
集体企业	2	18 971.37	24 494.17	23 921.09	22 462.21
民营企业	99	2252.40	2652.16	3147.24	2683.93
中外合资企业	5	676.82	1042.36	1127.21	948.80

从税收贡献率来看，国有文化上市公司以 2.43% 的税收比率高居第一，民营文化上市公司税收贡献率为 1.64%，是国有企业的 67%；而中外合资企业税收贡献率仅为 0.85%，仅为国有企业的 35%。

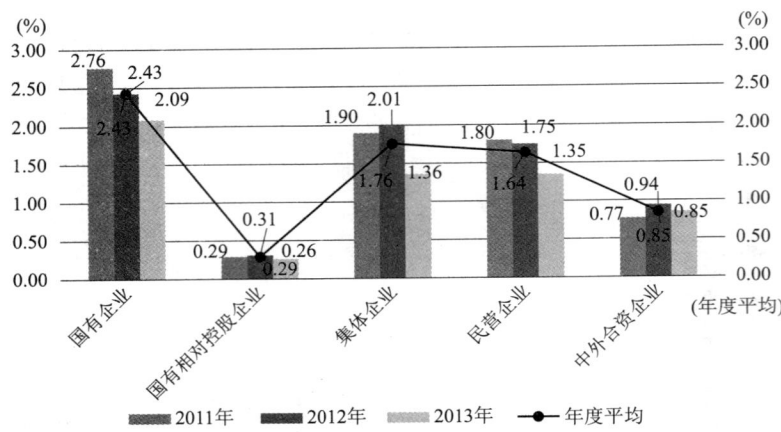

图 8-16　2011～2013 年文化及相关产业上市公司税收贡献率所有制比较

第四节　文化及相关产业上市公司就业贡献评价

一、文化及相关产业上市公司就业贡献总体特征：增长率大幅减缓

在就业贡献方面，2011～2013 年文化及相关产业上市公司职工总数分别达到 79 万人、92 万人和 96 万人，三年来增长了 21%。从均值来看，单位文化企业职工人数从 2011 年的 4911 人增长到 2013 年的 5631 人。

从增长趋势来看，2012 年就业总量比 2011 年增长了 16.78%，然而 2013 年仅比 2012 年增长了 3.67%；在均值增长方面，2012 年比 2011 年增长了 10.60%，2013 年比 2012 年增长了 3.67%。从这其中的增幅变化可以发现，2013 年的增幅比 2012 年的增幅有大幅减缓，减缓比例分别达到 78.13% 和 65.37%。

表 8-11　2011～2013 年文化及相关产业上市公司就业贡献总体特征

（单位：人）

年份	合计	均值
2011	790 656	4910.91
2012	923 359	5431.52
2013	957 256	5630.92

二、文化及相关产业上市公司就业贡献 50 强

按照文化及相关产业上市公司 2011～2013 年职工总数的单位企业年度均值进行排

名，遴选出文化及相关产业上市公司就业贡献 50 强，汇总如表 8-12 所示。

其一，中国联通以 21.90 万人牢牢占据第一的位置。TCL 集团、青岛海尔和长城电脑分别以 6.63 万人、5.78 万人和 3.88 万人位列第二、三、四位。京东方 A、华侨城 A 和深康佳 A 都超过了 2 万人的规模，位居第四、五、六位。

其二，从 50 强分布地区来看，广东省有 9 家企业上榜，山东省有 6 家企业上榜，北京市 5 家、上海市和浙江省各有 4 家企业上榜。从各地区上榜文化公司单位就业人数来看，上海市以 5.90 万人高居第一；广东省、山东省都达到了 1.85 万人以上，分列第二、三位；北京市排在第四名，也达到了 1 万人以上。

其三，从 50 强的行业分布来看，视听设备的制造行业上榜企业数量最多，达到 9 家；出版服务行业有 8 家企业上榜，排在第二名；文化用纸的制造行业有 6 家企业上榜，排在第三名；广播电视电影专用设备的制造、广播电视传输服务和景区游览服务 3 个行业都有 4 家企业上榜，并列第四名。从上榜文化公司职工人数年度均值的行业比较来看，增值电信服务（文化部分）虽然很高，但仅有一家企业，代表性不足；视听设备的制造行业 9 家上榜企业达到 2.65 万人；景区游览服务行业达到 8000 人以上，文化用纸的制造、广播电视传输服务都达到 7000 人以上。

其四，从 50 强的行业大类分布来看，文化制造业和文化服务业上榜公司数量比较均衡，分别为 23 家和 24 家，文化批发和零售业最少，仅有 2 家公司上榜，但从上榜公司比例来讲，文化批发和零售业则是比例最高的，因为该类行业仅有 5 家上市公司，而其余两大类行业都拥有 80 家以上的上市公司。从单位企业职工人数均值来看，文化服务业以 1.6 万人的数量超越了文化制造业 1.45 万人。但这其中有很大的原因在于中国联通，如果去掉该公司的极端值影响，则文化服务业单位企业职工人数均值为 7181 人，仅为文化制造业的一半。

表 8-12　2011～2013 年文化及相关产业上市公司就业贡献 50 强

排名	证券代码	企业名称	企业性质	注册地址	产业分类第三层	上市时间（年）	年度平均（人）
1	600050	中国联通	国有企业	上海市	增值电信服务（文化部分）	2002	219 027
2	000100	TCL 集团	国有企业	广东省	视听设备的制造	2004	66 311
3	600690	青岛海尔	集体企业	山东省	视听设备的制造	1993	57 851
4	000066	长城电脑	国有企业	广东省	视听设备的制造	1997	38 841
5	000725	京东方 A	国有企业	北京市	视听设备的制造	2001	22 089
6	000069	华侨城 A	国有企业	广东省	景区游览服务	1997	21 284
7	000016	深康佳 A	国有相对控股企业	广东省	视听设备的制造	1992	20 355
8	600804	鹏博士	民营企业	四川省	互联网信息服务	1994	18 650
9	002241	歌尔声学	民营企业	山东省	视听设备的制造	2008	17 464
10	000488	晨鸣纸业	国有企业	山东省	文化用纸的制造	2000	15 530
11	601098	中南传媒	国有企业	湖南省	出版服务	2010	13 774
12	600100	同方股份	国有企业	北京市	广播电视电影专用设备的制造	1997	11 475

（续表）

排名	证券代码	企业名称	企业性质	注册地址	产业分类第三层	上市时间（年）	年度平均（人）
13	000793	华闻传媒	国有企业	海南省	出版服务	1997	11 014
14	000917	电广传媒	国有企业	湖南省	广播电视传输服务	1998	10 498
15	600308	华泰股份	民营企业	山东省	文化用纸的制造	2000	9377
16	000839	中信国安	国有企业	北京市	广播电视传输服务	1997	9254
17	600210	紫江企业	民营企业	上海市	印刷复制服务	1999	8888
18	002081	金螳螂	民营企业	江苏省	建筑设计服务	2006	8022
19	002415	海康威视	国有企业	浙江省	视听设备的制造	2010	8020
20	601928	凤凰传媒	国有企业	江苏省	出版服务	2011	7157
21	000050	深天马A	国有企业	广东省	广播电视电影专用设备的制造	1995	6372
22	002078	太阳纸业	民营企业	山东省	文化用纸的制造	2006	6302
23	601886	江河创建	民营企业	北京市	建筑设计服务	2011	6196
24	002228	合兴包装	民营企业	福建省	印刷复制服务	2008	5831
25	600567	山鹰纸业	民营企业	安徽省	文化用纸的制造	2001	5661
26	600966	博汇纸业	民营企业	山东省	文化用纸的制造	2004	5514
27	600071	凤凰光学	国有企业	江西省	文具乐器照相器材的销售	1997	5483
28	600831	广电网络	集体企业	陕西省	广播电视服务	1994	5382
29	600069	银鸽投资	国有相对控股企业	河南省	文化用纸的制造	1997	5147
30	600373	中文传媒	民营企业	江西省	出版服务	2002	5142
31	000156	华数传媒	民营企业	浙江省	广播电视传输服务	2000	5072
32	601801	皖新传媒	国有企业	安徽省	发行服务	2010	4709
33	600757	长江传媒	国有企业	湖北省	出版服务	1996	4668
34	600706	曲江文旅	国有企业	陕西省	景区游览服务	1996	4592
35	002420	毅昌股份	民营企业	广东省	专业设计服务	2010	4532
36	002375	亚厦股份	民营企业	浙江省	建筑设计服务	2010	4202
37	002102	冠福家用	民营企业	福建省	园林、陈设及其他陶瓷制品的制造	2006	4110
38	002345	潮宏基	中外合资企业	广东省	工艺美术品的制造	2010	4105
39	600651	飞乐音响	国有相对控股企业	上海市	视听设备的制造	1990	4079
40	600880	博瑞传播	国有企业	四川省	出版服务	1995	4030
41	600655	豫园商城	民营企业	上海市	工艺美术品的销售	1992	3938
42	000801	四川九洲	国有企业	四川省	广播电视电影专用设备的制造	1998	3693
43	002052	同洲电子	民营企业	广东省	广播电视电影专用设备的制造	2006	3600
44	600054	黄山旅游	国有企业	安徽省	景区游览服务	1997	3559
45	002181	粤传媒	国有企业	广东省	出版服务	2007	3475
46	000978	桂林旅游	国有企业	广西壮族自治区	景区游览服务	2000	3460

（续表）

排名	证券代码	企业名称	企业性质	注册地址	产业分类第三层	上市时间（年）	年度平均（人）
47	600775	南京熊猫	国有企业	江苏省	视听设备的制造	1996	3437
48	600037	歌华有线	国有企业	北京市	广播电视传输服务	2001	3399
49	600633	浙报传媒	国有企业	浙江省	出版服务	1993	3096
50	002103	广博股份	民营企业	浙江省	办公用品的制造	2007	3044

注：为了便于研究，本排名依据 2012 年以前上市的 161 家公司。

三、就业贡献地区评价：浙江省文化及相关产业上市公司人数最少

从 2011～2013 年全部文化及相关产业上市公司职工人数的年度均值地区排名来看，上海市和山东省位居前两位。上述两个省市的文化及相关产业上市公司职工人数的年度均值分别达到 1.53 万人和 1.19 万人。广东省、四川省和湖南省分列第三、四、五位，就业均值分别达到 6028 人、5186 人和 4724 人。浙江省相对最低，该省文化及相关产业上市公司职工人数年度均值仅为 1819 人。

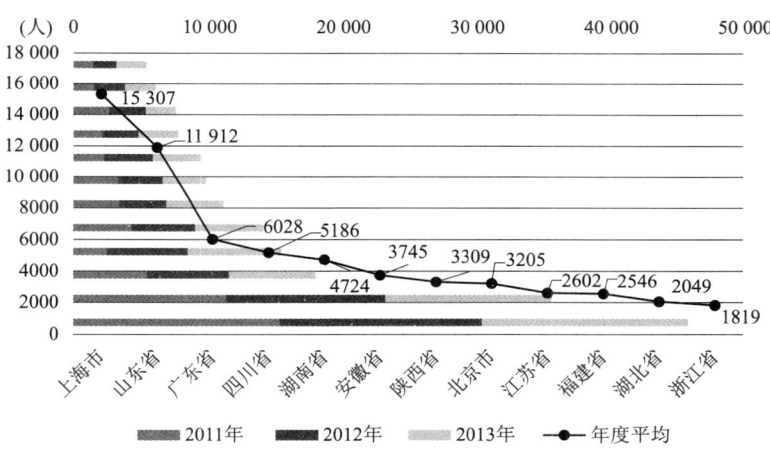

图 8-17　2011～2013 年文化及相关产业上市公司就业贡献地区比较

从各地区单位企业人均就业人数的年度变化（2013 年比 2011 年）来看，四川省以 181% 的增长率高居第一；北京市排在第二位，增长率达到 60% 以上；浙江省排在第三位，增长率达到 53%。湖北省排在第四位，达到 49%；江苏省排在第五位，达到 36%。

在大部分地区企业人均就业人数体现出增长态势的情况下，也有三个省市出现了下降，其中上海市略微下降 0.22%，陕西省下降了 2.66%，福建省下降幅度最大，达到了 17%。

从东中西部单位文化及相关产业上市公司人均就业人数的比较来看，东部地区以 5169 人排在首位；中部地区职工均值为 3418 人，排在第二；西部地区为 2362 人，仅占东部地区的 45.69%。

表 8-13　2011～2013 年文化及相关产业上市公司就业贡献地区比较

（单位：人）

注册地址	2011 年			2012 年			2013 年			年度平均		
	N	合计	均值	N	合计	均值	N	合计	均值	N	合计	均值
上海市	16	246 713	15 420	17	256 942	15 114	17	261 561	15 386	17	255 072	15 307
山东省	10	114 313	11 431	10	118 820	11 882	9	111 809	12 423	10	114 981	11 912
广东省	33	181 562	5502	35	214 243	6121	35	226 094	6460	34	207 300	6028
四川省	6	15 056	2509	6	36 055	6009	6	42 230	7038	6	31 114	5186
湖南省	6	25 992	4332	6	28 609	4768	6	30 436	5073	6	28 346	4724
安徽省	5	17 009	3402	5	17 587	3517	5	21 581	4316	5	18 726	3745
陕西省	5	16 711	3342	5	16 652	3330	5	16 266	3253	5	16 543	3309
北京市	23	52 934	2301	26	94 424	3632	26	95 752	3683	25	81 037	3205
江苏省	9	19 622	2180	8	21 288	2661	9	26 675	2964	9	22 528	2602
福建省	7	18 734	2676	7	19 087	2727	7	15 641	2234	7	17 821	2546
湖北省	4	6182	1546	4	9202	2301	4	9201	2300	4	8195	2049
浙江省	19	27 912	1469	21	36 455	1736	21	47 263	2251	20	37 210	1819
广西壮族自治区	1	3427	3427	1	3534	3534	1	3420	3420	1	3460	3460
贵州省	—	—	—	1	831	831	1	728	728	1	780	780
海南省	2	11 981	5991	2	11 496	5748	2	10 949	5475	2	11 475	5738
河北省	1	1617	1617	1	1572	1572	1	1557	1557	1	1582	1582
河南省	2	8666	4333	2	8464	4232	2	7211	3606	2	8114	4057
黑龙江省	1	1038	1038	1	1179	1179	1	1440	1440	1	1219	1219
吉林省	—	—	—	1	5712	5712	1	6641	6641	1	6177	6177
江西省	2	11 953	5977	2	11 182	5591	2	8741	4371	2	10 625	5313
辽宁省	2	1740	870	2	1927	964	2	2036	1018	2	1901	951
宁夏回族自治区	1	3233	3233	1	2709	2709	1	2589	2589	1	2844	2844
山西省	1	127	127	1	29	29	1	27	27	1	61	61
西藏自治区	1	817	817	1	1156	1156	1	1011	1011	1	995	995
云南省	2	1699	850	2	1889	945	2	4169	2085	2	2586	1293
重庆市	2	1618	809	2	2315	1158	2	2228	1114	2	2054	1027

注：斜体表示该地区所含上市公司数量太少，不具有代表意义，故不参与排名。

　　正如前文所述，对于职工人数这一指标，还需要我们从两个角度来认识。从就业贡献来讲，自然是职工人数越多越好，但是从产出效率来讲，职工人数越多可能意味着产出效率越低。为了更清晰地看出各个地区文化及相关产业上市公司的人均产出效率，本书通过地区上市公司净资产均值和职工人数均值，计算得到各个地区文化及相关产业上市公司人均净资产，如图 8-18 所示。

从各地区文化及相关产业上市公司人均净资产排名来看，北京市、浙江省和江苏省的人均净资产都在 90 万元以上，分列第一、二、三名。在参与排名的 12 个省市中，福建省、四川省、陕西省和广东省相对最低，不足 40 万元/人。从上述分析可以看出，虽然浙江省在单位文化公司职工人数上大大落后于其他省市，但是在人均净资产上却高居第二，这实际上说明了浙江省的人员产出效率是超过其他省份的。

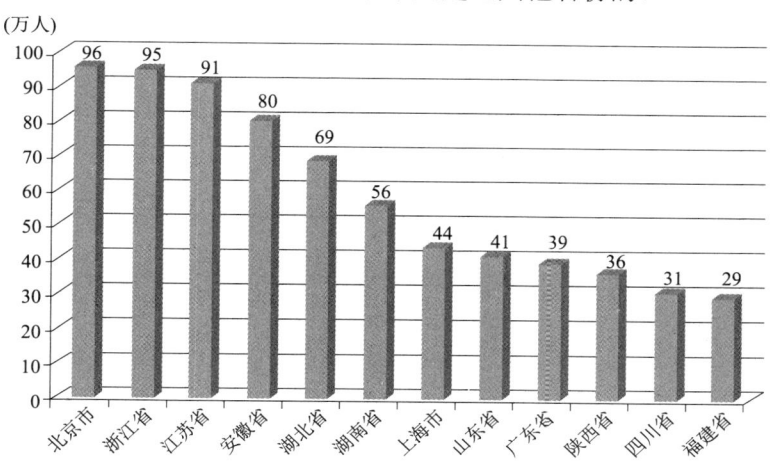

图 8-18　2011～2013 年各地区文化及相关产业上市公司人均净资产

四、就业贡献行业评价：互联网信息服务行业增幅最快

从 2011～2013 年文化及相关产业上市公司就业贡献的行业排名来看，增值电信服务（文化部分）、视听设备的制造 2 个细分行业牢牢占据前两名的位置，上述行业单位文化及相关产业上市公司就业人数年度均值分别达到 7.41 万人和 1.65 万人。出版服务和文化用纸的制造 2 个行业分别达到 4636 人和 4384 人，位列第三和第四名。

电影和影视录音服务、文化用油墨颜料的制造 2 个细分行业文化及相关产业上市公司职工人数年均仅为 482 人和 665 人，排在 16 个参与排名的行业的倒数后两位。文化软件服务行业和玩具的制造行业也不高，单位企业年度均值分别为 1253 人和 1313 人，排在倒数第三和倒数第四的位置。

表 8-14　2011～2013 年文化及相关产业上市公司就业贡献行业比较

（单位：人）

产业分类第三层	2011 年			2012 年			2013 年			年度平均		
	N	合计	均值	N	合计	均值	N	合计	均值	N	合计	均值
增值电信服务（文化部分）	3	218 613	72 871	3	222 346	74 115	3	225 994	75 331	3	222 318	74 106
视听设备的制造	15	218 191	14 546	15	257 264	17 151	15	267 181	17 812	15	247 545	16 503

产业分类第三层	2011 年			2012 年			2013 年			年度平均		
	N	合计	均值	N	合计	均值	N	合计	均值	N	合计	均值
出版服务	13	55 698	4284	13	61 580	4737	13	63 528	4887	13	60 269	4636
文化用纸的制造	14	63 578	4541	14	61 247	4375	13	55 075	4237	14	59 967	4384
广播电视传输服务	8	25 259	3157	8	30 732	3842	8	39 856	4982	8	31 949	3994
景区游览服务	13	43 562	3351	13	44 040	3388	13	46 243	3557	13	44 615	3432
建筑设计服务	9	20 424	2269	9	27 056	3006	9	33 959	3773	9	27 146	3016
广播电视电影专用设备的制造	14	29 008	2072	13	37 115	2855	14	43 070	3076	14	36 398	2668
广告服务	4	5398	1350	4	17 667	4417	4	7247	1812	4	10 104	2526
印刷复制服务	12	27 682	2307	13	32 554	2504	13	33 239	2557	13	31 158	2456
互联网信息服务	15	13 662	911	16	45 098	2819	16	54 383	3399	16	37 714	2376
工艺美术品的制造	6	9024	1504	6	9814	1636	6	10 479	1747	6	9772	1629
玩具的制造	4	4884	1221	4	5526	1382	4	5345	1336	4	5252	1313
文化软件服务	3	3744	1248	5	5583	1117	5	6971	1394	4	5433	1253
文化用油墨颜料的制造	3	1788	596	3	1869	623	3	2325	775	3	1994	665
电影和影视录音服务	5	2219	444	7	3326	475	7	3695	528	6	3080	482
发行服务	*2*	*7242*	*3621*	*2*	*7058*	*3529*	*2*	*6716*	*3358*	*2*	*7005*	*3503*
广播电视服务	*2*	*6222*	*3111*	*3*	*14 967*	*4989*	*3*	*16 404*	*5468*	*3*	*12 531*	*4523*
工艺美术品的销售	*2*	*4465*	*2233*	*2*	*4205*	*2103*	*2*	*4135*	*2068*	*2*	*4268*	*2134*
会展服务	*2*	*819*	*410*	*2*	*1373*	*687*	*2*	*1265*	*633*	*2*	*1152*	*576*
办公用品的制造	*2*	*6067*	*3034*	*2*	*6240*	*3120*	*2*	*5625*	*2813*	*2*	*5977*	*2989*
其他文化用品的制造	*2*	*1126*	*563*	*2*	*1009*	*505*	*2*	*1795*	*898*	*2*	*1310*	*655*
专业设计服务	*1*	*4438*	*4438*	*1*	*4122*	*4122*	*1*	*5035*	*5035*	*1*	*4532*	*4532*
娱乐休闲服务	*1*	*926*	*926*	*1*	*971*	*971*	*1*	*990*	*990*	*1*	*962*	*962*
园林、陈设艺术及其他陶瓷制品的制造	*1*	*5085*	*5085*	*1*	*4616*	*4616*	*1*	*2629*	*2629*	*1*	*4110*	*4110*
焰火、鞭炮产品的制造	*1*	*254*	*254*	*1*	*262*	*262*	*1*	*147*	*147*	*1*	*221*	*221*
文化用化学品的制造	*1*	*1617*	*1617*	*1*	*1572*	*1572*	*1*	*1557*	*1557*	*1*	*1582*	*1582*
印刷专用设备的制造	*1*	*1635*	*1635*	*1*	*3043*	*3043*	*1*	*3106*	*3106*	*1*	*2595*	*2595*
其他文化专用设备的制造	*1*	*1241*	*1241*	*1*	*1490*	*1490*	*1*	*1718*	*1718*	*1*	*1483*	*1483*
文具乐器照相器材的销售	*1*	*6785*	*6785*	*1*	*6033*	*6033*	*1*	*3631*	*3631*	*1*	*5483*	*5483*
其他文化辅助生产	*—*	*—*	*—*	*1*	*831*	*831*	*1*	*945*	*945*	*1*	*888*	*888*
乐器的制造	*—*	*—*	*—*	*2*	*2750*	*1375*	*2*	*2968*	*1484*	*2*	*2859*	*1430*

注：斜体表示该行业所含上市公司数量太少，不具有代表意义，故不参与排名。

从各个细分行业单位企业职工人数年度均值的变化趋势（2013 年比 2011 年）来看，互联网信息服务行业以 273%的增长率遥遥领先。这个现象实际上也反映出互联网信息服务行业在近几年的快速发展态势。

建筑设计服务、广播电视传输服务、广播电视电影专用设备的制造 3 个行业三年来的增长幅度都很高，分别达到了 66%、58%和 48%。广告服务行业和文化用油墨颜料的制造 2 个行业的职工人数增幅则都超过了 30%。

但同时我们还发现，增值电信服务（文化部分）、景区游览服务和玩具的制造 3 个细分行业单位企业职工人数年度均值增幅都比较小，三年来分别仅增长了 3.38%、6.15%和 9.42%。

更值得注意的是，文化用纸的制造行业，单位企业职工人数年度均值不但没有增加，反而降低了 6.69%，反映出传统的制造业行业发展受阻。

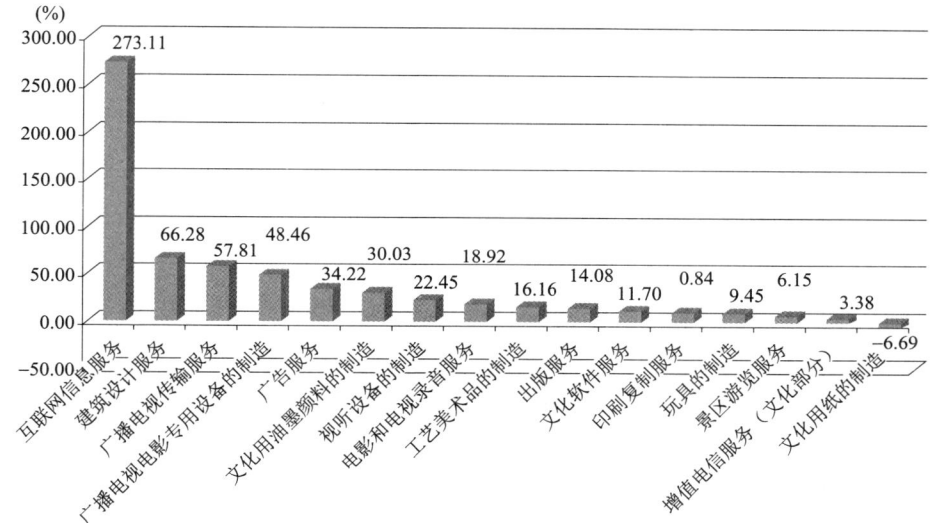

图 8-19　2011～2013 年文化及相关产业上市公司就业贡献增长率行业比较

从行业大类来看，文化制造业 7 个参与排名的行业单位文化及相关产业上市公司就业人数年度均值为 4231 人，而文化服务业的 9 个行业人数均值为 10 647 人。

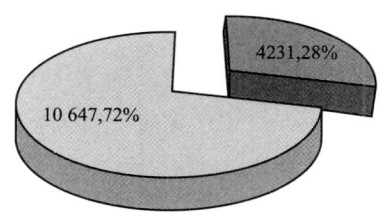

■文化制造业　□文化服务业

图 8-20　2011～2013 年文化制造业和文化服务业就业贡献水平

五、就业贡献所有制评价：公有制文化企业是就业绝对主力军

从各所有制类型的比较中可以发现，除了集体企业仅有 2 家不参与排名外，国有相对控股文化上市公司单位企业职工人数年度均值相对最高，达到 9860 人，国有文化上市公司排在第二位，达到 9521 人，民营文化上市公司和中外合资企业相对最低，分别只有 2251 人和 1820 人。

但是从三年的增长幅度来看，非国有单位的增幅明显超过国有企业和国有相对控股企业，其中民营企业上市增幅最大，达到了 42%；中外合资企业增幅第二，达到了 14%；国有企业仅增长了 8.8%；而国有相对控股企业不但没有增长，反而降低了 3%。

表 8-15　2011～2013 年文化及相关产业上市公司就业贡献按所有制比较

（单位：人）

所有制	2011 年			2012 年			2013 年			年度平均		
	N	合计	均值	N	合计	均值	N	合计	均值	N	合计	均值
国有企业	57	518 868	9103	61	582 774	9554	61	604 206	9905	60	568 616	9521
国有相对控股企业	3	29 561	9854	3	30 511	10 170	3	28 670	9557	3	29 581	9860
集体企业	*2*	*64 741*	*32 371*	*2*	*63 340*	*31 670*	*2*	*61 619*	*30 810*	*2*	*63 233*	*31 617*
民营企业	95	170 534	1795	99	238 069	2405	99	252 816	2554	98	220 473	2251
中外合资企业	4	6952	1738	5	8665	1733	5	9945	1989	5	8521	1820

注：斜体表示该所有制类型所含上市公司数量太少，不具有代表意义，故不参与排名分析。

第五节　文化及相关产业上市公司社会捐赠评价

一、文化及相关产业上市公司社会捐赠总体特征

2011～2013 年，中国文化及相关产业上市公司在社会捐赠方面有了更加积极的表现，具体分析如下：

首先，具有捐赠行为的企业数量在不断增长。从表 8-16 中可以看到，在 2011 年的全部 161 家文化及相关产业上市公司中，有 107 家企业有捐赠行为，占比 66.46%；到了 2012 年，在全部 171 家文化及相关产业上市公司中，有 115 家企业有捐赠行为，占比提升到 67.25%；而到了 2013 年，具有捐赠行为的企业数量增加到 120 家，占比提升到 70.18%。

其次，社会捐赠总额连年增长，但增幅趋缓。统计数据显示，2011 年文化及相关产业上市公司社会捐赠数额达到 1.58 亿元，这一数字在 2012 年增加到 1.97 亿元，增长了

24.95%；2013 年，文化及相关产业上市公司社会捐赠数额继续增加，总量提升到 2.29 亿元，增长了 16.09%，比 2011 年增长了 45.05%。

再次，单位企业社会捐赠数额也呈现连续增长趋势，但增幅缩小。数据统计发现，2011 年平均每家文化及相关产业上市公司社会捐赠额达到 147 万元；2012 年则增加到了 171 万元，增长了 16.26%；2013 年文化及相关产业上市公司社会捐赠额平均达到 191 万元，增长了 11.25%，比 2011 年增长了 29.34%。

最后，从社会捐赠占企业营业收入比重来看：2011 年文化及相关产业上市公司捐赠数额占营业收入比重为 0.0191%，该比重在 2012 年增加到了 0.0210%；但是到了 2013 年，该比重又略微回落到 0.0208%。

表 8-16　2011～2013 年文化及相关产业上市公司社会捐赠总体特征

（单位：万元）

年份	N	合计	均值
2011	107	15 764.43	147.33
2012	115	19 697.44	171.28
2013	120	22 865.89	190.55

二、文化及相关产业上市公司社会捐赠 50 强

在社会捐赠的企业评价层面，本书将 2011～2013 年文化及相关产业上市公司三年来的捐赠数额进行平均，并遴选出前 50 强，分析如下：

其一，三大传媒公司位居前三强。从前 50 强排名中可以看到，凤凰传媒、中文传媒和皖新传媒 3 家文化传媒企业的社会捐赠数额领先于其他文化及相关产业上市公司，分别达到了 9923 万元、8571 万元和 6704 万元。而青岛海尔、中南传媒和中国联通 3 家公司位列第四、五、六位，其社会捐赠数额都达到了 2000 万元以上。TCL 集团、电广传媒、同方股份、长江传媒、奥飞动漫和科大讯飞 6 家公司紧随其后，社会捐赠数额均达到了 1000 万元以上。

其二，从 50 强的企业所有制属性来看，民营文化上市公司上榜企业数量最多，达到 27 家，但其上榜比例低于国有企业，单位企业社会捐赠数额年度均值为 651 万元，也低于国有企业。国有文化上市公司有 21 家企业上榜，单位企业社会捐赠数额年度均值达到了 1502 万元。

其三，从 50 强的行业分布来看，出版服务行业表现依旧抢眼，共有 7 家企业上榜，位列第一，其单位企业社会捐赠数额年度均值高达 3290 万元，是排在第二位的细分行业的 3 倍之多。视听设备的制造行业上榜企业数量达到 6 家，其单位企业社会捐赠数额年度均值达到 1085 万元，位列第二。景区游览服务行业有 5 家企业上榜；建筑设计服务、玩具的制造和互联网信息服务三个行业均有 4 家企业上榜，其中玩具的制造行业单位企

业社会捐赠数额年度均值为 487 万元,排在第三位。

其四,从行业大类分布来看,文化服务业无论从上榜企业数量,还是从上榜企业社会捐赠均值来看,都超过了文化制造业:文化服务业上榜企业数量为 28 家,文化制造业为 21 家;在捐赠数额上,文化服务业达到 1404 万元,文化制造业仅为 594 万元。

其五,从 50 强的地区分布来看,广东省上榜企业数量达到 13 家,高居第一;上海市有 7 家上榜,排名第二;北京市和山东省都有 5 家企业上榜;安徽省和湖南省都有 3 家企业上榜。从上榜企业社会捐赠均值来看,安徽省以 2619 万元位居第一,湖南省以 1376 万元位居第二,上述两个省份 50 强上榜企业社会捐赠数额都大大超过了其他地区。

表 8-17　2011～2013 年文化及相关产业上市公司社会捐赠 50 强

排名	证券代码	企业名称	企业性质	注册地址	产业分类第三层	上市时间(年)	年度均值(万元)
1	601928	凤凰传媒	国有企业	江苏省	出版服务	2011	9922.78
2	600373	中文传媒	民营企业	江西省	出版服务	2002	8571.13
3	601801	皖新传媒	国有企业	安徽省	发行服务	2010	6703.94
4	600690	青岛海尔	集体企业	山东省	视听设备的制造	1993	2575.22
5	601098	中南传媒	国有企业	湖南省	出版服务	2010	2415.45
6	600050	中国联通	国有企业	上海市	增值电信服务(文化部分)	2002	2155.27
7	000100	TCL 集团	国有企业	广东省	视听设备的制造	2004	1761.10
8	000917	电广传媒	国有企业	湖南省	广播电视传输服务	1998	1510.18
9	600100	同方股份	国有企业	北京市	广播电视电影专用设备的制造	1997	1455.04
10	600757	长江传媒	国有企业	湖北省	出版服务	1996	1336.25
11	002292	奥飞动漫	民营企业	广东省	文化软件服务	2009	1189.95
12	002230	科大讯飞	民营企业	安徽省	视听设备的制造	2008	975.43
13	002348	高乐股份	民营企业	广东省	玩具的制造	2010	899.00
14	000066	长城电脑	国有企业	广东省	视听设备的制造	1997	646.28
15	002033	丽江旅游	国有企业	云南省	景区游览服务	2004	518.87
16	002502	骅威股份	民营企业	广东省	玩具的制造	2010	507.00
17	000888	峨眉山 A	国有企业	四川省	景区游览服务	1997	474.94
18	002431	棕榈园林	民营企业	广东省	建筑设计服务	2010	461.15
19	000719	大地传媒	国有企业	河南省	出版服务	1997	451.94
20	600612	老凤祥	国有企业	上海市	工艺美术品的制造	1992	443.75
21	600086	东方金钰	民营企业	湖北省	工艺美术品的制造	1997	425.00
22	002081	金螳螂	民营企业	江苏省	建筑设计服务	2006	397.30
23	300043	星辉车模	民营企业	广东省	玩具的制造	2010	389.76
24	000069	华侨城 A	国有企业	广东省	景区游览服务	1997	366.88
25	000016	深康佳 A	国有相对控股企业	广东省	视听设备的制造	1992	350.46
26	002375	亚厦股份	民营企业	浙江省	建筑设计服务	2010	344.78

排名	证券代码	企业名称	企业性质	注册地址	产业分类第三层	上市时间（年）	年度均值（万元）
27	002565	上海绿新	民营企业	上海市	印刷复制服务	2011	320.60
28	000488	晨鸣纸业	国有企业	山东省	文化用纸的制造	2000	280.00
29	600749	西藏旅游	民营企业	西藏自治区	景区游览服务	1996	278.51
30	300059	东方财富	民营企业	上海市	互联网信息服务	2010	262.00
31	600655	豫园商城	民营企业	上海市	工艺美术品的销售	1992	251.54
32	300058	蓝色光标	民营企业	北京市	广告服务	2010	238.43
33	002521	齐峰股份	民营企业	山东省	文化用纸的制造	2010	222.90
34	000430	张家界	国有企业	湖南省	景区游览服务	1996	202.16
35	000725	京东方A	国有企业	北京市	视听设备的制造	2001	200.85
36	002325	洪涛股份	民营企业	广东省	建筑设计服务	2009	200.54
37	300027	华谊兄弟	民营企业	浙江省	电影和影视录音服务	2009	189.43
38	002400	省广股份	国有企业	广州市	广告服务	2010	187.38
39	002376	新北洋	国有企业	山东省	其他文化专用设备的制造	2010	184.65
40	600210	紫江企业	民营企业	上海市	印刷复制服务	1999	183.48
41	002078	太阳纸业	民营企业	山东省	文化用纸的制造	2006	178.20
42	600551	时代出版	国有企业	安徽省	出版服务	2002	177.58
43	002605	姚记扑克	民营企业	上海市	印刷复制服务	2011	172.98
44	002052	同洲电子	民营企业	广东省	广播电视电影专用设备的制造	2006	155.23
45	000793	华闻传媒	国有企业	海南省	出版服务	1997	152.29
46	300251	光线传媒	民营企业	北京市	电影和影视录音服务	2011	152.00
47	300178	腾邦国际	民营企业	广东省	互联网信息服务	2011	150.66
48	002575	群兴玩具	民营企业	广东省	玩具的制造	2011	150.60
49	300104	乐视网	民营企业	北京市	互联网信息服务	2010	150.50
50	300188	美亚柏科	民营企业	福建省	互联网信息服务	2011	149.47

注：为了便于研究，本排名依据 2012 年以前上市的 161 家公司。

三、社会捐赠注册地区评价：东部低于中西部，沪鲁苏加速缩减

按照 2011～2013 年文化及相关产业上市公司社会捐赠进行地区汇总，并进行排名分析发现：

首先，安徽省排名第一。从表 8-18 中可以看出，安徽省的 5 家文化及相关产业上市公司三年来社会捐赠年度均值达到 538 万元，超过了第二名 126%。而湖南省和江苏省排在了第二、三位。上述两省的文化及相关产业上市公司三年来社会捐赠年度均值都达到了 200 万元以上。

其次，北京市、上海市、浙江省、广东省等文化产业比较发达的地区，社会捐赠数

额普遍不高，特别是北京市和上海市，这两个直辖市的文化及相关产业上市公司三年来社会捐赠年度均值仅为 62.95 万元和 44.89 万元。

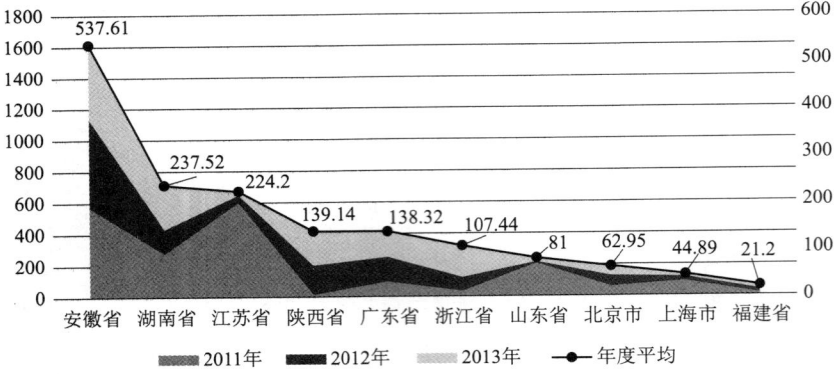

图 8-21　2011～2013 年文化及相关产业上市公司社会捐赠地区比较（单位：万元）

最后，从变化趋势（2013 年比 2011 年）来看，东部地区加速缩减：陕西省三年来单位文化企业社会捐赠年度均值增长了 13 倍，增速高居第一；浙江省增长了 5 倍多，排在第二位。福建和广东两省都增长了 70% 以上。但同时我们发现，上海市单位文化企业社会捐赠年度均值大幅缩减了 84%，山东省大幅缩减了 88%，江苏省大幅缩减了 96%，北京市虽然没有缩减，但也仅增长了 1%，说明中国慈善事业已面临严重的信任危机。

表 8-18　2011～2013 年文化及相关产业上市公司社会捐赠地区比较

（单位：万元）

注册地址	2011 年			2012 年			2013 年			年度平均		
	N	合计	均值	N	合计	均值	N	合计	均值	N	合计	均值
安徽省	5	2849.93	569.99	5	2819.60	563.92	5	2394.66	478.93	5	2688.06	537.61
湖南省	6	1666.37	277.73	6	919.30	153.22	6	1689.66	281.61	6	1425.11	237.52
江苏省	7	4197.27	599.61	1	48.90	48.90	1	24.09	24.09	3	1423.42	224.20
陕西省	4	61.74	15.44	5	929.42	185.88	7	1512.81	216.12	5	834.66	139.14
广东省	21	1998.62	95.17	26	4076.92	156.80	26	4237.77	162.99	24	3437.77	138.32
浙江省	11	358.41	32.58	1	89.66	89.66	1	200.07	200.07	4	216.05	107.44
山东省	5	1044.65	208.93	2	17.86	8.93	2	50.26	25.13	3	370.92	81.00
北京市	14	832.40	59.46	18	1246.40	69.24	17	1022.40	60.14	16	1033.73	62.95
上海市	13	1203.83	92.60	2	53.95	26.98	3	45.30	15.10	6	434.36	44.89
福建省	6	83.04	13.84	5	124.53	24.91	5	124.22	24.84	5	110.60	21.20
河南省	2	92.12	46.06	2	27.08	13.54	1	353.93	353.93	2	157.71	137.84
湖北省	2	446.18	223.09	2	181.25	90.63	3	1146.31	382.10	2	591.25	231.94
江西省	2	288.81	144.41	6	3760.50	626.75	6	2584.96	430.83	5	2211.42	400.66
辽宁省	2	21.17	10.59	1	3311.07	3311.07	1	4971.75	4971.75	1	2768.00	2764.47

注册地址	2011 年			2012 年			2013 年			年度平均		
	N	合计	均值	N	合计	均值	N	合计	均值	N	合计	均值
四川省	2	228.55	114.28	13	1361.49	104.73	13	1506.88	115.91	9	1032.31	111.64
广西壮族自治区	1	18.80	18.80	1	13.09	13.09	1	33.06	33.06	1	21.65	21.65
海南省	1	38.99	38.99	2	121.00	60.50	1	2.50	2.50	1	54.16	34.00
西藏自治区	1	99.41	99.41	2	81.94	40.97	4	256.51	64.13	2	145.95	68.17
云南省	1	229.14	229.14	1	54.74	54.74	1	124.36	124.36	1	136.08	136.08
重庆市	1	5.00	5.00	12	446.88	37.24	14	483.08	34.51	9	311.65	25.58
贵州省	—	—	—	1	5.00	5.00	1	100.00	100.00	1	52.50	52.50
黑龙江省	—	—	—	1	6.86	6.86	1	1.31	1.31	1	4.09	4.09

注：斜体表示该地区所含上市公司数量太少，不具有代表意义，故不参与排名。

四、社会捐赠细分行业评价：出版服务表现抢眼

从各个细分行业上市公司社会捐赠的具体表现来看：

其一，出版服务行业高居第一：该行业三年来单位文化及相关产业上市公司社会捐赠年度均值达到 661 万元以上，是第二名的 2.57 倍。

视听设备的制造行业表现也不错，其三年来单位文化及相关产业上市公司社会捐赠年度均值达到 257 万元以上，是第三名的 1.58 倍。

玩具的制造、广播电视电影专用设备的制造、工艺美术品的制造和广播电视传输服务 4 个行业排名也进入了前六名，其三年来单位文化及相关产业上市公司社会捐赠年度均值都超过了 100 万元。

文化用纸的制造、互联网信息服务和文化用油墨颜料的制造 3 个行业的社会捐赠数额相对较低，其单位文化及相关产业上市公司社会捐赠年度均值都不足 50 万元。

其二，从变化率（2013 年比 2011 年）来看，工艺美术品的制造行业增幅最大，2013 年单位文化及相关产业上市公司社会捐赠年度均值是 2011 年的 4 倍之多。印刷复制服务行业增幅第二，增长率超过 3 倍；文化用油墨颜料的制造行业也有接近 3 倍的增幅。玩具的制造、互联网信息服务 2 个行业增幅都超过了 2 倍。文化用纸的制造行业超过了 1.6 倍。上述数据分析表明，在捐赠数额上排名靠后的 3 个行业，其增长幅度都进入了前五名，说明这几个行业正在加速追赶其他行业。

其三，从行业大类的比较分析来看，文化服务业超过文化制造业：文化制造业有 7 个行业参与排名分析，其单位文化及相关产业上市公司社会捐赠年度均值达到 114 万元；文化服务业有 5 个行业参与排名分析，其单位文化及相关产业上市公司社会捐赠年度均值达到了 190 万元。

表 8-19　2011～2013 年文化及相关产业上市公司社会捐赠行业比较

（单位：万元）

产业分类第三层	2011 年			2012 年			2013 年			年度平均		
	N	合计	均值	N	合计	均值	N	合计	均值	N	合计	均值
出版服务	11	5658.04	514.37	12	7957.24	663.10	12	9672.22	806.02	12	7762.50	661.16
视听设备的制造	9	1636.29	181.81	8	2396.32	299.54	9	2609.09	289.90	9	2213.90	257.08
玩具的制造	4	382.00	95.50	4	358.76	89.69	4	1205.60	301.40	4	648.79	162.20
广播电视电影专用设备的制造	6	823.68	137.28	4	779.79	194.95	6	267.80	44.63	5	623.76	125.62
工艺美术品的制造	3	131.20	43.73	4	237.51	59.38	3	666.61	222.20	3	345.11	108.44
广播电视传输服务	5	891.67	178.33	6	73.89	12.32	6	743.75	123.96	6	569.77	104.87
印刷复制服务	9	301.26	33.47	11	824.70	74.97	10	1396.21	139.62	10	840.72	82.69
建筑设计服务	7	356.00	50.86	8	928.13	116.02	7	464.33	66.33	7	582.82	77.74
景区游览服务	10	743.47	74.35	10	819.40	81.94	11	752.42	68.40	11	785.91	75.17
文化用纸的制造	9	220.49	24.50	9	224.84	24.98	9	587.10	65.23	9	344.14	38.24
互联网信息服务	9	111.86	12.43	11	411.85	37.44	11	425.96	38.72	10	316.56	29.53
文化用油墨颜料的制造	3	42.69	14.23	3	45.50	15.17	2	111.50	55.75	3	66.56	28.38
发行服务	*2*	*2491.45*	*1245.73*	*2*	*2670.73*	*1335.37*	*2*	*1637.39*	*818.70*	*2*	*2266.52*	*1133.26*
电影和影视录音服务	*2*	*161.64*	*80.82*	*2*	*20.19*	*10.10*	*4*	*179.60*	*44.90*	*3*	*120.48*	*45.27*
增值电信服务（文化部分）	*2*	*728.08*	*364.04*	*3*	*851.90*	*283.97*	*3*	*607.41*	*202.47*	*3*	*729.13*	*283.49*
广告服务	*2*	*124.29*	*62.15*	*2*	*76.51*	*38.26*	*2*	*225.01*	*112.51*	*2*	*141.94*	*70.97*
文化软件服务	*2*	*611.30*	*305.65*	*3*	*265.00*	*88.33*	*4*	*640.65*	*160.16*	*3*	*505.65*	*184.72*
工艺美术品的销售	*2*	*95.12*	*47.56*	*2*	*79.29*	*39.65*	*2*	*86.29*	*43.15*	*2*	*86.90*	*43.45*
办公用品的制造	*2*	*78.69*	*39.35*	*2*	*53.94*	*26.97*	*2*	*61.18*	*30.59*	*2*	*64.60*	*32.30*
其他文化用品的制造	*2*	*59.11*	*29.56*	*1*	*20.00*	*20.00*	*1*	*64.57*	*64.57*	*1*	*47.89*	*38.04*
广播电视服务	*1*	*24.49*	*24.49*	*3*	*106.89*	*35.63*	*3*	*72.99*	*24.33*	*2*	*68.12*	*28.15*
园林、陈设艺术及其他陶瓷制品的制造	*1*	*6.40*	*6.40*	*—*	*—*	*—*	*1*	*2.05*	*2.05*	*1*	*4.23*	*4.23*
会展服务	*1*	*5.00*	*5.00*	*—*	*—*	*—*	*—*	*—*	*—*	*1*	*5.00*	*5.00*
焰火、鞭炮产品的制造	*1*	*5.56*	*5.56*	*1*	*2.41*	*2.41*	*1*	*5.17*	*5.17*	*1*	*4.38*	*4.38*
其他文化专用设备的制造	*1*	*74.15*	*74.15*	*1*	*55.00*	*55.00*	*1*	*55.50*	*55.50*	*1*	*61.55*	*61.55*
文具乐器照相器材的销售	*1*	*.50*	*.50*	*—*	*—*	*—*	*—*	*—*	*—*	*1*	*.50*	*.50*
专业设计服务	*—*	*—*	*—*	*1*	*10.00*	*10.00*	*1*	*3.05*	*3.05*	*1*	*6.53*	*6.53*
其他文化辅助生产	*—*	*—*	*—*	*1*	*35.00*	*35.00*	*1*	*13.86*	*13.86*	*1*	*24.43*	*24.43*
乐器的制造	*—*	*—*	*—*	*1*	*392.65*	*392.65*	*2*	*308.58*	*154.29*	*2*	*350.62*	*273.47*

注：斜体表示该行业所含上市公司数量太少，不具有代表意义，故不参与排名。

五、社会捐赠所有制评价：国企减少、民企增加

对 2011～2013 年文化及相关产业上市公司社会捐赠按照所有制进行排名分析，发现如下几个特征：

国有文化上市公司与民营文化上市公司在具有社会捐赠行为的公司方面比重相当，以 2013 年为例，国有企业有 41 家企业有捐赠行为，民营企业有 68 家企业有捐赠行为，两者比重都为 68%左右。

从单位文化及相关产业上市公司社会捐赠年度均值来看，国有企业大大超过民营企业：国有文化上市公司达到 273 万元，民营文化上市公司为 98 万元，国有企业捐赠均值是民营企业的 2.79 倍。

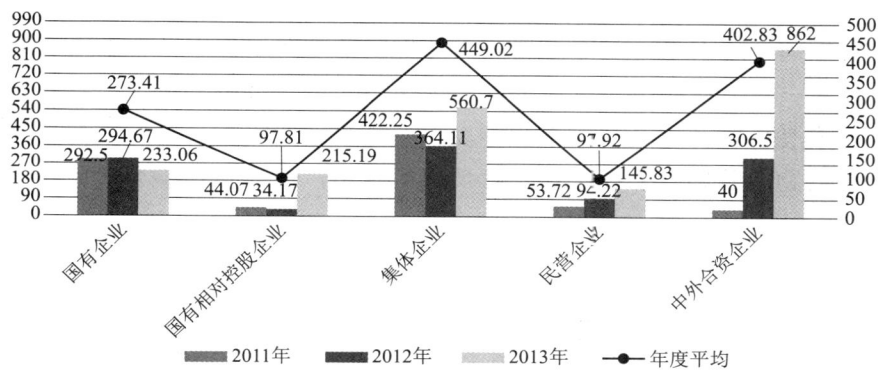

图 8-22　2011～2013 年文化及相关产业上市公司社会捐赠所有制比较（单位：万元）

此外，从变化趋势来看，国有文化上市公司单位社会捐赠年度均值呈现出缩减趋势，缩减幅度达到 20.32%；相比之下，民营文化上市公司单位社会捐赠年度均值呈现大幅增长趋势，增长幅度达到 171%。

表 8-20　2011～2013 年文化及相关产业上市公司社会捐赠所有制比较

（单位：万元）

所有制	2011 年			2012 年			2013 年			年度平均		
	N	合计	均值	N	合计	均值	N	合计	均值	N	合计	均值
国有企业	39	11 407.48	292.50	40	11 786.82	294.67	43	10 021.55	233.06	41	11 071.95	273.41
国有相对控股企业	2	88.13	44.07	2	68.33	34.17	1	215.19	215.19	2	123.88	97.81
集体企业	2	844.49	422.25	2	728.22	364.11	2	1121.40	560.70	2	898.04	449.02
民营企业	63	3384.33	53.72	69	6501.07	94.22	73	10 645.75	145.83	68	6843.72	97.92
中外合资企业	1	40.00	40.00	2	613.00	306.50	1	862.00	862.00	1	505.00	402.83

第九章　中国文化及相关产业上市公司治理能力实证研究

第一节　公司治理评价模型与指标体系

　　文化及相关产业上市公司的治理能力评价模型主要由以下三个维度构成：一是企业价值维度，主要是指文化及相关产业上市公司的超额获利价值，或者说是作为文化企业的商誉价值；二是员工幸福维度，特指普通职工人均薪酬情况，这是员工获得幸福感的物质基础与前提；三是管理素质维度，主要指董事会、监事会拥有高学历的情况。

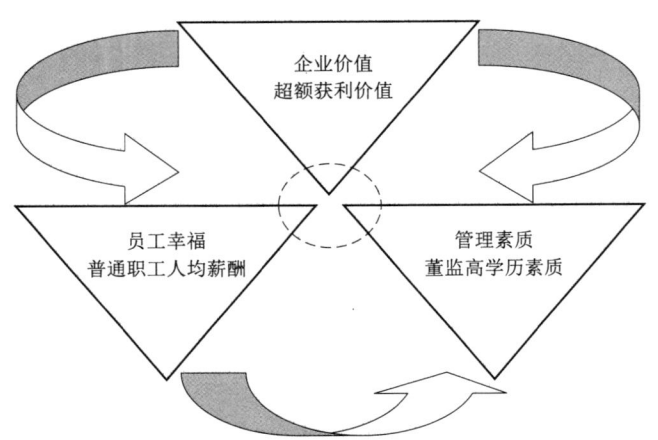

图 9-1　文化及相关产业上市公司治理能力评价模型

　　文化及相关产业上市公司治理能力评价指标体系包括：一级指标由企业价值、员工幸福、管理素质三个指标构成；二级指标由超额获利价值、职工薪酬、学历素质等指标构成，并依次分解为三级指标：商誉价值占比、普通职工人均薪酬、董监高硕博学历人数占比。由此构建文化及相关产业上市公司治理能力评价指标体系，如图 9-2 所示。

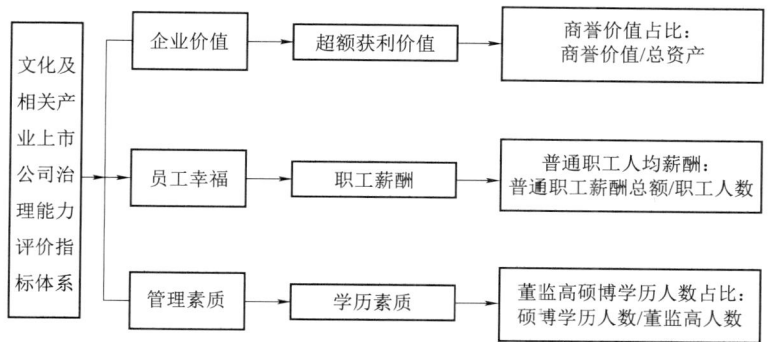

图 9-2 文化及相关产业上市公司治理能力评价指标体系

第二节 文化及相关产业上市公司治理能力总体评价

一、文化及相关产业上市公司治理指数总体特征

文化及相关产业上市公司是文化产业各个细分行业中较为领先的企业，这种领先性不仅体现在企业的经济效益、科技创新和社会贡献上，通常还体现在企业的治理能力上。本书从企业价值、员工幸福和管理素质三个层面构建了文化及相关产业上市公司治理能力的评价指标体系，形成了综合评估上市公司管理水平的公司治理指数。

通过采用改进后的功效系数法和简单平均权重方法计算得到 2011～2013 年文化及相关产业上市公司治理指数，然后再以 2011 年文化及相关产业上市公司治理指数为基准，设定为 100，即可得到 2012 年和 2013 年的公司治理指数标准值。

统计分析结果发现，2012 年文化及相关产业上市公司治理指数为 108.73，比 2011 年上升了 8.73 个百分点；2013 年文化及相关产业上市公司治理指数为 111.22，比 2012 年上升了 2.29 个百分点。三年来文化及相关产业上市公司治理指数均值为 106.65。

这一结果说明，三年来，文化及相关产业上市公司在公司治理能力方面取得了很大的进步，总体进步幅度达到了 11% 以上。究其原因在于，近年来，中国证监会不断加强对上市公司的监督和规范化管理：一方面，《中国证监会关于进一步推进新股发行体制改革的意见》（2013）、《证券发行与承销管理办法》（2013）、《关于商业银行发行优先股补充一级资本的指导意见》等陆续出台，加强审核与管理规范；另一方面，为落实《国务院关于进一步促进资本市场健康发展的若干意见》（国发〔2014〕17 号），中国证监会发布《关于大力推进证券投资基金行业创新发展的意见》（2014），加强对基金行业创新发展的规范，使得中国上市公司的整理治理能力有了一定的提升。与此同时，文化及相关产业上市公司的治理能力在水涨船高之时，也在不断加强自身的管理和规范，促使其加快公司治理水平的提升步伐。而文化及相关产业上市公司近三年来具有硕士、博士学历的人数在董事会、监事会和高层管理人员中的比重越来越高也是一个重要的支撑。此外，正如前文研究所发现的，文化及相关产业上市公司近年来的盈利水平有了大幅度提升，而且还超过了全国各行业盈利平均水平，进而使得文化类上市公司的职工薪酬福利水平获得了连年增长。这些都是文化及相关产业上市公司治理指数不断提升的重要基础。

然而同时也要看到，虽然 2013 年比 2011 年公司治理指数增长了 11 个百分点，但是其中有 8 个百分点是 2012 年贡献的，2013 年仅增长了 3 个百分点，说明文化及相关产业上市公司治理指数的提升速度有明显放缓。这一现象值得引起注意。

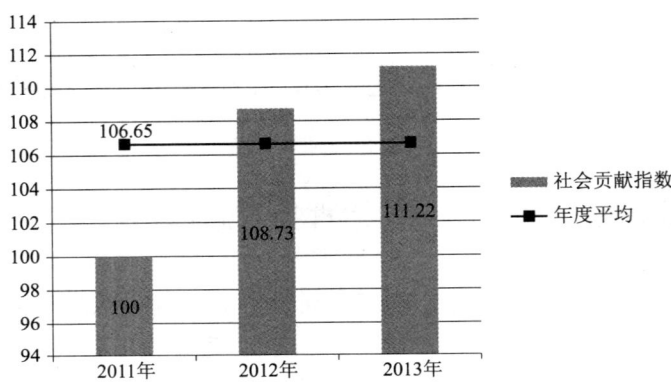

图 9-3　2011～2013 年文化及相关产业上市公司治理指数

二、文化及相关产业上市公司治理能力 50 强

通过对 2011～2013 年文化及相关产业上市公司治理能力指数排名分析，提取每年前 50 强企业，如表 9-1 至表 9-3 所示。经过分析可以发现：

（1）奥飞动漫、北巴传媒、博瑞传播、长江传媒、东方明珠、二六三、弘业股份、华谊兄弟、京城股份、京东方 A、科大讯飞、蓝色光标、美亚柏科、三五互联、深天马 A、数码视讯、探路者、天威视讯、同方股份、拓维信息、中国联通 21 家上市公司连续三年入围公司治理能力 50 强。

（2）民营企业上榜企业数量高于国有企业，是全部所有制类型企业中最多的。但是按照上市公司数量总体比重来看，国有企业上榜比例高于民营企业。以 2013 年为例，100 家民营文化上市公司中，平均有 25.67% 的企业入围公司治理能力 50 强，而国有上市公司中有 36.07% 的企业入围。

（3）按注册地址来看，北京市入围的上市公司数量最多（三年频次为 40 次），广东省第二（31 次），上海市第三（21 次），浙江省仅次于上海市（20 次）。

（4）从所属行业来看，互联网信息服务行业、视听设备制造行业和广播电视电影专业设备制造行业 3 个行业入围的上市公司数量相对最多。

表 9-1　2011 年文化及相关产业上市公司治理指数 50 强

排名	证券代码	企业名称	企业性质	注册地址	产业分类第三层	上市时间（年）	治理指数
1	002238	天威视讯	国有企业	广东省	广播电视传输服务	2008	79.23
2	300058	蓝色光标	民营企业	北京市	广告服务	2010	78.19
3	600637	百视通	国有企业	上海市	互联网信息服务	1993	77.90
4	600050	中国联通	国有企业	上海市	增值电信服务（文化部分）	2002	77.14
5	600640	号百控股	国有企业	上海市	互联网信息服务	1993	75.09
6	600832	东方明珠	国有企业	上海市	广播电视传输服务	1994	74.84
7	600880	博瑞传播	国有企业	四川省	出版服务	1995	74.57
8	600860	京城股份	国有企业	北京市	印刷专用设备的制造	1994	74.48
9	002261	拓维信息	民营企业	湖南省	增值电信服务（文化部分）	2008	74.48
10	300051	三五互联	民营企业	福建省	互联网信息服务	2010	73.98
11	002052	同洲电子	民营企业	广东省	广播电视电影专用设备的制造	2006	73.62
12	600100	同方股份	国有企业	北京市	广播电视电影专用设备的制造	1997	73.46
13	600128	弘业股份	国有企业	江苏省	工艺美术品的销售	1997	73.33
14	300027	华谊兄弟	民营企业	浙江省	电影和影视录音服务	2009	73.13
15	000665	湖北广电	国有企业	湖北省	广播电视服务	1996	72.91
16	000725	京东方 A	国有企业	北京市	视听设备的制造	2001	72.87
17	600210	紫江企业	民营企业	上海市	印刷复制服务	1999	72.75
18	002574	明牌珠宝	民营企业	浙江省	工艺美术品的制造	2011	72.53
19	300188	美亚柏科	民营企业	福建省	互联网信息服务	2011	72.49
20	002310	东方园林	民营企业	北京市	建筑设计服务	2009	72.44
21	002148	北纬通信	民营企业	北京市	增值电信服务（文化部分）	2007	72.40
22	002059	云南旅游	国有企业	云南省	景区游览服务	2006	72.38
23	600757	长江传媒	国有企业	湖北省	出版服务	1996	72.18
24	002045	国光电器	民营企业	广东省	视听设备的制造	2005	72.01
25	002303	美盈森	民营企业	广东省	印刷复制服务	2009	72.00
26	002467	二六三	民营企业	北京市	互联网信息服务	2010	71.79
27	300270	中威电子	民营企业	浙江省	广播电视电影专用设备的制造	2011	71.70
28	000020	深华发	民营企业	广东省	视听设备的制造	1992	71.65
29	300229	拓尔思	民营企业	北京市	互联网信息服务	2011	71.34
30	300005	探路者	民营企业	北京市	其他文化用品的制造	2009	71.21
31	600386	北巴传媒	国有企业	北京市	广告服务	2001	71.11
32	000050	深天马 A	国有企业	广东省	广播电视电影专用设备的制造	1995	71.03

排名	证券代码	企业名称	企业性质	注册地址	产业分类第三层	上市时间（年）	治理指数
33	601928	凤凰传媒	国有企业	江苏省	出版服务	2011	70.96
34	002292	奥飞动漫	民营企业	广东省	文化软件服务	2009	70.92
35	300059	东方财富	民营企业	上海市	互联网信息服务	2010	70.89
36	002230	科大讯飞	民营企业	安徽省	视听设备的制造	2008	70.67
37	002415	海康威视	国有企业	浙江省	视听设备的制造	2010	70.65
38	600235	民丰特纸	国有企业	浙江省	文化用纸的制造	2000	70.57
39	300079	数码视讯	民营企业	北京市	广播电视电影专用设备的制造	2010	70.48
40	600373	中文传媒	民营企业	江西省	出版服务	2002	69.92
41	600633	浙报传媒	国有企业	浙江省	出版服务	1993	69.86
42	600069	银鸽投资	国有相对控股企业	河南省	文化用纸的制造	1997	69.76
43	300251	光线传媒	民营企业	北京市	电影和影视录音服务	2011	69.74
44	002241	歌尔声学	民营企业	山东省	视听设备的制造	2008	69.70
45	300071	华谊嘉信	民营企业	北京市	广告服务	2010	69.61
46	000909	数源科技	国有企业	浙江省	视听设备的制造	1999	69.26
47	600775	南京熊猫	国有企业	江苏省	视听设备的制造	1996	69.25
48	300235	方直科技	民营企业	广东省	文化软件服务	2011	69.13
49	300052	中青宝	民营企业	广东省	文化软件服务	2010	69.09
50	002103	广博股份	民营企业	浙江省	办公用品的制造	2007	69.05

注：ST 公司未参与排名。

表 9-2　2012 年文化及相关产业上市公司治理指数 50 强

排名	证券代码	企业名称	企业性质	注册地址	产业分类第三层	上市时间（年）	治理指数
1	002467	二六三	民营企业	北京市	互联网信息服务	2010	89.37
2	300058	蓝色光标	民营企业	北京市	广告服务	2010	81.03
3	600128	弘业股份	国有企业	江苏省	工艺美术品的销售	1997	80.89
4	002362	汉王科技	中外合资企业	北京市	其他文化用品的制造	2010	79.74
5	600825	新华传媒	国有企业	上海市	发行服务	1994	79.20
6	002238	天威视讯	国有企业	广东省	广播电视传输服务	2008	78.50
7	300051	三五互联	民营企业	福建省	互联网信息服务	2010	76.79
8	002261	拓维信息	民营企业	湖南省	增值电信服务（文化部分）	2008	76.42
9	600050	中国联通	国有企业	上海市	增值电信服务（文化部分）	2002	76.38
10	600100	同方股份	国有企业	北京市	广播电视电影专用设备的制造	1997	75.58
11	002565	上海绿新	民营企业	上海市	印刷复制服务	2011	75.57
12	600832	东方明珠	国有企业	上海市	广播电视传输服务	1994	75.55
13	002375	亚厦股份	民营企业	浙江省	建筑设计服务	2010	75.21

排名	证券代码	企业名称	企业性质	注册地址	产业分类第三层	上市时间（年）	治理指数
14	600880	博瑞传播	国有企业	四川省	印刷复制服务	1995	75.12
15	000050	深天马A	国有企业	广东省	广播电视电影专用设备的制造	1995	75.05
16	000725	京东方A	国有企业	北京市	视听设备的制造	2001	73.96
17	300043	星辉车模	民营企业	广东省	玩具的制造	2010	73.55
18	000514	渝开发	国有企业	重庆市	会展服务	1993	73.46
19	300270	中威电子	民营企业	浙江省	广播电视电影专用设备的制造	2011	73.45
20	000066	长城电脑	国有企业	广东省	视听设备的制造	1997	73.33
21	002310	东方园林	民营企业	北京市	建筑设计服务	2009	73.28
22	600757	长江传媒	国有企业	湖北省	出版服务	1996	73.17
23	300005	探路者	民营企业	北京市	其他文化用品的制造	2009	73.13
24	600210	紫江企业	民营企业	上海市	印刷复制服务	1999	73.11
25	600775	南京熊猫	国有企业	江苏省	视听设备的制造	1996	73.10
26	300188	美亚柏科	民营企业	福建省	互联网信息服务	2011	73.09
27	002230	科大讯飞	民营企业	安徽省	视听设备的制造	2008	72.99
28	002400	省广股份	国有企业	广东省	广告服务	2010	72.78
29	600860	京城股份	国有企业	北京市	印刷专用设备的制造	1994	72.76
30	002678	珠江钢琴	国有企业	广东省	乐器的制造	2012	72.72
31	300059	东方财富	民营企业	上海市	互联网信息服务	2010	72.61
32	000156	华数传媒	民营企业	浙江省	广播电视传输服务	2000	72.00
33	300028	金亚科技	民营企业	四川省	广播电视电影专用设备的制造	2009	72.00
34	002148	北纬通信	民营企业	北京市	增值电信服务（文化部分）	2007	71.99
35	002415	海康威视	国有企业	浙江省	视听设备的制造	2010	71.84
36	300027	华谊兄弟	民营企业	浙江省	电影和影视录音服务	2009	71.81
37	002292	奥飞动漫	民营企业	广东省	文化软件服务	2009	71.76
38	600288	大恒科技	民营企业	北京市	广播电视电影专用设备的制造	2000	71.75
39	300250	初灵信息	民营企业	浙江省	广播电视电影专用设备的制造	2011	71.64
40	600386	北巴传媒	国有企业	北京市	广告服务	2001	71.57
41	600651	飞乐音响	国有相对控股企业	上海市	视听设备的制造	1990	71.48
42	300229	拓尔思	民营企业	北京市	互联网信息服务	2011	71.47
43	000100	TCL集团	国有企业	广东省	视听设备的制造	2004	71.46
44	000020	深华发	民营企业	广东省	视听设备的制造	1992	71.19
45	603000	人民网	国有企业	北京市	互联网信息服务	2012	71.17
46	002052	同洲电子	民营企业	广东省	广播电视电影专用设备的制造	2006	71.14
47	300079	数码视讯	民营企业	北京市	广播电视电影专用设备的制造	2010	71.12
48	300104	乐视网	民营企业	北京市	互联网信息服务	2010	71.00
49	600088	中视传媒	国有企业	上海市	电影和影视录音服务	1997	70.97
50	300133	华策影视	民营企业	浙江省	电影和影视录音服务	2010	70.95

注：ST公司未参与排名。

表 9-3　2013 年文化及相关产业上市公司治理指数 50 强

排名	证券代码	企业名称	企业性质	注册地址	产业分类第三层	上市时间（年）	治理指数
1	002467	二六三	民营企业	北京市	互联网信息服务	2010	92.56
2	600633	浙报传媒	国有企业	浙江省	出版服务	1993	87.31
3	300058	蓝色光标	民营企业	北京市	广告服务	2010	85.15
4	600128	弘业股份	国有企业	江苏省	工艺美术品的销售	1997	83.72
5	300315	掌趣科技	民营企业	北京市	文化软件服务	2012	82.66
6	600825	新华传媒	国有企业	上海市	发行服务	1994	79.31
7	600880	博瑞传播	国有企业	四川省	印刷复制服务	1995	78.99
8	002238	天威视讯	国有企业	广东省	广播电视传输服务	2008	78.47
9	300052	中青宝	民营企业	广东省	文化软件服务	2010	78.34
10	600100	同方股份	国有企业	北京市	广播电视电影专用设备的制造	1997	78.26
11	600637	百视通	国有企业	上海市	互联网信息服务	1993	78.21
12	002565	上海绿新	民营企业	上海市	印刷复制服务	2011	77.89
13	600804	鹏博士	民营企业	四川省	互联网信息服务	1994	77.04
14	600050	中国联通	国有企业	上海市	增值电信服务（文化部分）	2002	76.48
15	002261	拓维信息	民营企业	湖南省	增值电信服务（文化部分）	2008	76.47
16	002230	科大讯飞	民营企业	安徽省	视听设备的制造	2008	76.37
17	603000	人民网	国有企业	北京市	互联网信息服务	2012	75.27
18	300051	三五互联	民营企业	福建省	互联网信息服务	2010	75.27
19	600832	东方明珠	国有企业	上海市	广播电视传输服务	1994	75.13
20	300188	美亚柏科	民营企业	福建省	互联网信息服务	2011	75.06
21	300043	星辉车模	民营企业	广东省	玩具的制造	2010	75.03
22	600640	号百控股	国有企业	上海市	互联网信息服务	1993	74.64
23	002375	亚厦股份	民营企业	浙江省	建筑设计服务	2010	74.53
24	002678	珠江钢琴	国有企业	广东省	乐器的制造	2012	74.44
25	300027	华谊兄弟	民营企业	浙江省	电影和影视录音服务	2009	74.28
26	300079	数码视讯	民营企业	北京市	广播电视电影专用设备的制造	2010	74.18
27	000066	长城电脑	国有企业	广东省	视听设备的制造	1997	74.18
28	002362	汉王科技	中外合资企业	北京市	其他文化用品的制造	2010	74.15
29	000793	华闻传媒	国有企业	海南省	出版服务	1997	73.88
30	002400	省广股份	国有企业	广东省	广告服务	2010	73.85
31	600037	歌华有线	国有企业	北京市	广播电视传输服务	2001	73.74
32	300113	顺网科技	民营企业	浙江省	互联网信息服务	2010	73.55
33	300250	初灵信息	民营企业	浙江省	广播电视电影专用设备的制造	2011	73.44
34	000725	京东方 A	国有企业	北京市	视听设备的制造	2001	73.29
35	300005	探路者	民营企业	北京市	其他文化用品的制造	2009	73.21

排名	证券代码	企业名称	企业性质	注册地址	产业分类第三层	上市时间（年）	治理指数
36	002303	美盈森	民营企业	广东省	印刷复制服务	2009	73.17
37	600757	长江传媒	国有企业	湖北省	出版服务	1996	73.11
38	002292	奥飞动漫	民营企业	广东省	文化软件服务	2009	72.89
39	002181	粤传媒	国有企业	广东省	出版服务	2007	72.79
40	000514	渝开发	国有企业	重庆市	会展服务	1993	72.63
41	000050	深天马 A	国有企业	广东省	广播电视电影专用设备的制造	1995	72.62
42	002308	威创股份	中外合资企业	广东省	广播电视电影专用设备的制造	2009	72.26
43	600860	京城股份	国有企业	北京市	印刷专用设备的制造	1994	72.20
44	600831	广电网络	集体企业	陕西省	广播电视服务	1994	72.04
45	600386	北巴传媒	国有企业	北京市	广告服务	2001	71.97
46	000681	远东股份	民营企业	江苏省	电影和影视录音服务	1997	71.96
47	600599	熊猫烟花	民营企业	湖南省	焰火、鞭炮产品的制造	2001	71.94
48	601999	出版传媒	国有企业	辽宁省	出版服务	2007	71.86
49	600651	飞乐音响	国有相对控股企业	上海市	视听设备的制造	1990	71.84
50	002502	骅威股份	民营企业	广东省	玩具的制造	2010	71.76

注：ST 公司未参与排名。

三、公司治理注册地区评价：北京与上海领先

按地区来看，对 2011～2013 年文化及相关产业上市公司治理指数年度均值比较排名，可以看出：

首先，北京市和上海市两个地区的文化及相关产业上市公司治理指数均值都在 70 以上，明显领先于其他地区。

其次，广东省、江苏省、湖南省、福建省和浙江省处于第二梯队，文化及相关产业上市公司治理指数均值都达到了 68 以上。

总体来看，东部地区省份的文化及相关产业上市公司治理能力相对最强，中部次之，西部相对最弱。参与排名的 12 个地区的文化及相关产业上市公司治理指数均值三年来共同呈现出连续增长态势。

表 9-4　2011～2013 年文化及相关产业上市公司治理指数地区比较

注册地址	个案数	2011 年	2012 年	2013 年	年度平均
北京市	26	69.06	71.12	72.68	70.95
上海市	17	68.63	70.34	72.10	70.36
广东省	35	67.41	68.95	70.15	68.84
江苏省	9	67.29	68.46	70.12	68.62

（续表）

注册地址	个案数	2011 年	2012 年	2013 年	年度平均
湖南省	6	66.34	68.27	70.42	68.34
福建省	7	66.55	68.51	69.53	68.20
浙江省	21	66.99	68.04	69.26	68.10
四川省	6	65.44	67.08	70.11	67.54
湖北省	4	66.89	67.02	68.16	67.36
安徽省	5	65.89	66.19	68.68	66.92
陕西省	5	61.53	65.73	68.69	65.31
山东省	10	64.15	64.97	66.28	65.13
海南省	*2*	*66.62*	*67.51*	*70.17*	*68.10*
河南省	*2*	*67.30*	*66.01*	*66.60*	*66.63*
江西省	*2*	*65.53*	*64.14*	*67.10*	*65.59*
辽宁省	*2*	*63.01*	*65.29*	*69.90*	*66.06*
云南省	*2*	*69.91*	*68.62*	*68.50*	*69.01*
重庆市	*2*	*62.04*	*68.58*	*68.24*	*66.29*
广西壮族自治区	*1*	*65.19*	*67.23*	*66.83*	*66.42*
贵州省	*1*	*—*	*69.31*	*68.70*	*69.01*
河北省	*1*	*61.46*	*66.67*	*65.87*	*64.67*
黑龙江省	*1*	*68.03*	*66.17*	*66.07*	*66.76*
吉林省	*1*	*—*	*70.42*	*70.51*	*70.47*
宁夏回族自治区	*1*	*63.39*	*64.25*	*67.56*	*65.07*
山西省	*1*	*60.04*	*61.75*	*67.18*	*62.99*
西藏自治区	*1*	*60.64*	*60.74*	*65.31*	*62.23*

注：斜体表示该地区上市公司数量太少，不参与排名。

四、公司治理细分行业评价：文化信息传输服务、文化创意和设计服务行业领先

从 2011～2013 年文化及相关产业上市公司治理指数年度均值的行业对比分析来看，可以发现，不同行业的文化及相关产业上市公司的治理指数存在差异。

（1）文化信息传输服务行业中的增值电信服务（文化部分）和互联网信息服务 2 个细分行业上市公司三年来治理指数都达到了 70 以上，并且增值电信服务（文化部分）达到了 74 以上，位居第一，但略微呈现出先上升后回调的趋势。

（2）广告服务和文化软件服务 2 个文化创意和设计服务行业治理指数均值也都达到了 70 以上，并且位居第二、三名，而且两个细分行业三年来都呈现出连续上升态势。

（3）文化制造行业的公司治理能力不及文化服务行业。在参与排名的倒数 5 个行业中，文化制造行业占据了其中三席，并且文化用纸的制造行业排在了倒数第一的位置。

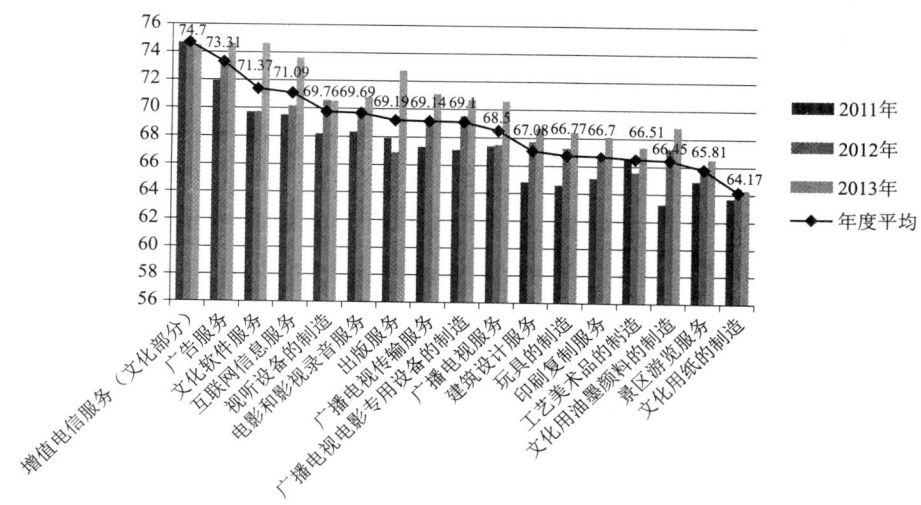

图 9-4　2011～2013 年文化及相关产业上市公司治理指数行业比较

表 9-5　2011～2013 年文化及相关产业上市公司治理指数行业比较

产业分类第三层	个案数	2011 年	2012 年	2013 年	年度平均
增值电信服务（文化部分）	3	74.67	74.93	74.48	74.70
广告服务	4	71.92	73.42	74.59	73.31
文化软件服务	5	69.71	69.73	74.66	71.37
互联网信息服务	16	69.52	70.15	73.61	71.09
视听设备的制造	15	68.19	70.57	70.53	69.76
电影和影视录音服务	7	68.33	69.93	70.82	69.69
出版服务	13	67.92	66.89	72.74	69.19
广播电视传输服务	8	67.30	69.03	71.10	69.14
广播电视电影专用设备的制造	14	67.09	69.51	70.70	69.10
广播电视服务	3	67.39	67.49	70.61	68.50
建筑设计服务	9	64.82	67.73	68.70	67.08
玩具的制造	4	64.60	67.29	68.41	66.77
印刷复制服务	13	65.12	66.87	68.12	66.70
工艺美术品的制造	6	66.58	65.56	67.38	66.51
文化用油墨颜料的制造	3	63.26	67.28	68.83	66.45
景区游览服务	13	64.92	65.97	66.53	65.81
文化用纸的制造	14	63.71	64.48	64.33	64.17
工艺美术品的销售	*2*	*68.42*	*75.45*	*77.58*	*73.82*
其他文化用品的制造	*2*	*69.81*	*76.43*	*73.68*	*73.31*

（续表）

产业分类第三层	个案数	2011 年	2012 年	2013 年	年度平均
发行服务	2	67.04	72.81	73.25	71.03
办公用品的制造	2	68.19	68.15	68.05	68.13
玩具的制造	2		67.65	68.29	67.97
会展服务	2	61.21	67.61	69.91	66.24
印刷专用设备的制造	1	74.48	72.76	72.20	73.15
专业设计服务	1	67.71	69.12	66.75	67.86
焰火、鞭炮产品的制造	1	61.20	69.72	71.94	67.62
其他文化专用设备的制造	1	65.94	66.96	69.09	67.33
印刷专用设备的制造	1		64.57	67.84	66.20
园林、陈设艺术及其他陶瓷制品的制造	1	64.74	65.49	65.50	65.24
文化用化学品的制造	1	61.46	66.67	65.87	64.67
文具乐器照相器材的销售	1	61.14	65.43	66.14	64.23
娱乐休闲服务	1	61.70	63.70	63.85	63.08

注：斜体表示该行业上市公司数量太少，不参与排名。

五、公司治理所有制评价：民营企业治理指数有待提升

将文化及相关产业上市公司所涉及的五种所有制性质企业按照 2011～2013 年公司治理指数三年均值排名，可以看到：

全部五种所有制性质文化及相关产业上市公司 2011～2013 年三年来公司治理指数都呈现出明显上升趋势。

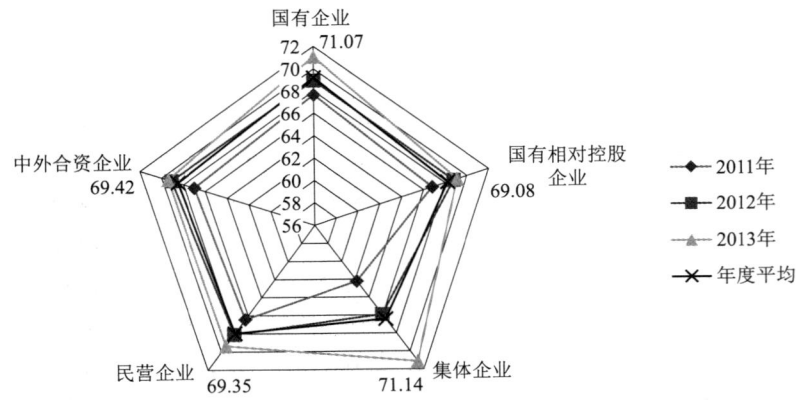

图 9-5　2011～2013 年文化及相关产业上市公司治理指数所有制比较

国有文化企业公司治理能力在全部五种所有制性质企业中处于领先地位，其公司治理指数三年均值明显高于其他类型企业。

民营文化企业的公司治理能力是参与排名的四种所有制性质企业中最低的，而且其治理指数不足 68，明显低于国有企业的 69.22。究其原因在于，无论是商誉价值、董监高硕博学历比重，还是职工薪酬，民营文化上市公司都与国有企业有较大差距，特别是在职工薪酬方面差距甚大。民营文化企业公司治理能力还有待大幅度提升。

表 9-6　2011～2013 年文化及相关产业上市公司治理指数所有制比较

所有制	个案数	2011 年	2012 年	2013 年	年度平均
国有企业	61	67.65	68.96	71.07	69.22
中外合资企业	5	67.00	69.09	69.42	68.50
国有相对控股企业	3	66.81	68.76	69.08	68.22
民营企业	100	66.43	68.09	69.35	67.96
集体企业	*2*	*62.21*	*65.93*	*71.14*	*66.43*

注：斜体表示该所有制类型的上市公司数量太少，不参与排名。

第三节　文化及相关产业上市公司商誉价值评价

一、文化及相关产业上市公司商誉价值总体特征：2013 年大幅增长

从 2011～2013 年文化及相关产业上市公司商誉价值总额的变化趋势分析，可以明显发现如下两个特点：

（1）2011～2013 年连续三年来，文化及相关产业上市公司商誉价值总额都呈现出较为明显的增长态势。

深入分析其中原因，可以认为文化及相关产业上市公司从 2009 年国家发布《文化产业振兴规划》以来，该产业逐步受到广泛的重视，资本市场关于文化类上市公司的重组并购风起云涌，文化类上市公司的价值越来越多地被挖掘出来，进而带来文化类上市公司的商誉价值不断提升。

（2）2013 年出现超大幅度增长，文化及相关产业上市公司商誉价值总额比 2012 年增长了 1 倍多，达到 117.96%，均值则增长了 122.97%。

究其原因，除了文化及相关产业上市公司商誉价值大都出现增长之外，浙报传媒的表现最为抢眼。该公司 2012 年年报显示其商誉价值仅为 43 万元，然而 2013 年年报披露其商誉价值竟然高达 28.05 亿元。商誉暴增的原因在于 2013 年浙报传媒以高溢价收购了杭州边锋 100%的股权和上海浩方 100%的股权。边锋官网显示，该公司处于网络社交互动娱乐平台的行业领先地位，2011 年月均活跃用户数近 2000 万人，月均新增注册用户数 300 万人以上，产品总数近 600 款，"所推出的三国杀等产品创新性的颠覆了传统的游戏模式，线下用户就高达 3000 多万，开创了中国的桌游行业"；而浩方电子竞技平台则

是国内最大的电竞平台，2011 年已拥有超过 2 亿 4000 万注册用户，月均活跃用户近 1200 万，占据中国电子竞技市场 70%以上的份额。[①] 剧增的商誉主要来源于此。

表 9-7　2011～2013 年文化及相关产业上市公司商誉价值总体特征

（单位：万元）

年份	N	合计	均值
2011	64	538 368.74	8412.01
2012	89	879 523.90	9882.29
2013	87	1 917 020.55	22 034.72
三年平均	80	1 111 637.73	13 443.01

二、文化及相关产业上市公司商誉价值 50 强

采用年度平均法对 2011～2013 年三年来 161 家公司商誉价值的综合排名进行研究，可以发现：

（1）浙报传媒凭借 2013 年对杭州边锋和上海浩方的收购，使得公司商誉价值从 2012 年的 48 万元剧增至 28 亿元，一跃成为全部上市公司中商誉三年均值最高的企业。

（2）蓝色光标和同方股份位居第二和第三名，三年来两家公司的商誉价值均值都超过了 10 亿元。

（3）民营文化上市公司上榜频次最高，有 32 家民营文化上市公司商誉价值进入前 50 强，远高于国有文化上市公司的 17 家。

（4）行业分析发现，互联网信息服务行业是全部细分行业中上榜企业最多的，有 8 家互联网信息服务企业进入商誉 50 强。出版服务和视听设备的制造两个细分行业并列第二，都有 6 家入围。

（5）由地区比较可以看出，广东省入围文化及相关产业上市公司商誉价值 50 强的企业数量最多，达到 11 家；北京市排第二，有 9 家；浙江省排第四，有 8 家。

表 9-8　2011～2013 年文化及相关产业上市公司商誉价值 50 强

排名	证券代码	企业名称	企业性质	注册地址	产业分类第三层	上市时间（年）	年度平均（万元）
1	600633	浙报传媒	国有企业	浙江省	出版服务	1993	140 278.04
2	300058	蓝色光标	民营企业	北京市	广告服务	2010	116 069.79
3	600100	同方股份	国有企业	北京市	广播电视电影专用设备的制造	1997	108 137.23
4	600804	鹏博士	民营企业	四川省	互联网信息服务	1994	98 471.38
5	002467	二六三	民营企业	北京市	互联网信息服务	2010	77 641.63

① http://www.bianfeng.com/group.html，2014-09-02。

排名	证券代码	企业名称	企业性质	注册地址	产业分类第三层	上市时间（年）	年度平均（万元）
6	000100	TCL 集团	国有企业	广东省	视听设备的制造	2004	65 124.20
7	600880	博瑞传播	国有企业	四川省	出版服务	1995	62 305.15
8	000069	华侨城 A	国有企业	广东省	景区游览服务	1997	53 036.41
9	600825	新华传媒	国有企业	上海市	发行服务	1994	49 763.41
10	002565	上海绿新	民营企业	上海市	印刷复制服务	2011	37 011.16
11	002081	金螳螂	民营企业	江苏省	建筑设计服务	2006	36 946.58
12	000156	华数传媒	民营企业	浙江省	广播电视传输服务	2000	33 595.27
13	600637	百视通	国有企业	上海市	互联网信息服务	1993	28 174.56
14	601519	大智慧	民营企业	上海市	互联网信息服务	2011	25 412.84
15	000793	华闻传媒	国有企业	海南省	出版服务	1997	21 726.15
16	002303	美盈森	民营企业	广东省	印刷复制服务	2009	17 489.14
17	300057	万顺股份	民营企业	广东省	印刷复制服务	2010	16 708.76
18	300052	中青宝	民营企业	广东省	文化软件服务	2010	16 127.78
19	300027	华谊兄弟	民营企业	浙江省	电影和影视录音服务	2009	15 448.65
20	002400	省广股份	国有企业	广州市	广告服务	2010	15 338.75
21	002375	亚厦股份	民营企业	浙江省	建筑设计服务	2010	13 595.62
22	002191	劲嘉股份	民营企业	广东省	印刷复制服务	2007	13 419.29
23	300043	星辉车模	民营企业	广东省	玩具的制造	2010	13 099.59
24	600210	紫江企业	民营企业	上海市	印刷复制服务	1999	13 082.52
25	300113	顺网科技	民营企业	浙江省	互联网信息服务	2010	12 772.75
26	601886	江河创建	民营企业	北京市	建筑设计服务	2011	12 590.82
27	002230	科大讯飞	民营企业	安徽省	视听设备的制造	2008	12 179.65
28	002376	新北洋	国有企业	山东省	其他文化专用设备的制造	2010	11 389.59
29	002482	广田股份	民营企业	广东省	建筑设计服务	2010	11 247.65
30	300133	华策影视	民营企业	浙江省	电影和影视录音服务	2010	10 792.34
31	002415	海康威视	国有企业	浙江省	视听设备的制造	2010	10 619.00
32	601928	凤凰传媒	国有企业	江苏省	出版服务	2011	10 282.24
33	300051	三五互联	民营企业	福建省	互联网信息服务	2010	9616.50
34	600373	中文传媒	民营企业	江西省	出版服务	2002	5667.89
35	300028	金亚科技	民营企业	四川省	广播电视电影专用设备的制造	2009	5571.26
36	002261	拓维信息	民营企业	湖南省	增值电信服务（文化部分）	2008	5454.35
37	000725	京东方 A	国有企业	北京市	视听设备的制造	2001	5150.20
38	600651	飞乐音响	国有相对控股企业	上海市	视听设备的制造	1990	5067.49
39	300251	光线传媒	民营企业	北京市	电影和影视录音服务	2011	4909.85
40	300182	捷成股份	民营企业	北京市	广播电视传输服务	2011	4865.27

（续表）

排名	证券代码	企业名称	企业性质	注册地址	产业分类第三层	上市时间（年）	年度平均（万元）
41	300188	美亚柏科	民营企业	福建省	互联网信息服务	2011	4385.60
42	300250	初灵信息	民营企业	浙江省	广播电视电影专用设备的制造	2011	4062.82
43	000066	长城电脑	国有企业	广东省	视听设备的制造	1997	3964.95
44	601801	皖新传媒	国有企业	安徽省	发行服务	2010	3674.55
45	002310	东方园林	民营企业	北京市	建筑设计服务	2009	3227.45
46	300178	腾邦国际	民营企业	广东省	互联网信息服务	2011	3103.88
47	300071	华谊嘉信	民营企业	北京市	广告服务	2010	2697.68
48	002033	丽江旅游	国有企业	云南省	景区游览服务	2004	2612.45
49	300264	佳创视讯	民营企业	广东省	广播电视传输服务	2011	2595.75
50	601098	中南传媒	国有企业	湖南省	出版服务	2010	2301.32

注：为了便于研究，本排名依据 2012 年以前上市的 161 家公司。

三、商誉价值注册地区评价：四川基数小价值高

通过计算各地区 2011～2013 年文化及相关产业上市公司商誉价值，并进行比较分析，可以发现：

（1）四川省的文化及相关产业上市公司商誉价值三年均值排名第一。分析发现，该地区共有 6 家文化及相关产业上市公司，其中有 3 家企业入围前 50 强，并有 2 家文化及相关产业上市公司位居前 10，分别是排名第四的鹏博士和第七的博瑞传播。

（2）北京市的文化及相关产业上市公司商誉价值总额位居第一，达到 35.22 亿元；其三年均值以 2.37 亿元稳居第二。

（3）上海市、浙江省和广东省分列第三、第四和第五位，三个省市的文化及相关产业上市公司商誉三年均值都在 1 个亿以上，其中广东省文化及相关产业上市公司商誉价值总额排名第二。

（4）从东中西部比较来看，东部地区文化及相关产业上市公司商誉价值要明显高于中部地区。

（5）西部地区文化及相关产业上市公司在商誉信息披露方面有待进一步完善。

表 9-9　2011～2013 年文化及相关产业上市公司商誉价值地区比较

（单位：万元）

注册地址	2011 年			2012 年			2013 年			年度平均		
	N	合计	均值	N	合计	均值	N	合计	均值	N	合计	均值
四川省	3	78 087.49	26 029.16	4	90 396.39	22 599.10	3	325 013.95	108 337.98	3	164 499.28	52 322.08
北京市	13	111 166.27	8551.25	18	305 062.32	16 947.91	14	640 350.48	45 739.32	15	352 193.02	23 746.16

注册地址	2011 年			2012 年			2013 年			年度平均		
	N	合计	均值	N	合计	均值	N	合计	均值	N	合计	均值
上海市	6	90 647.47	15 107.91	7	108 435.89	15 490.84	8	133 310.45	16 663.81	7	110 797.94	15 754.19
浙江省	9	74 833.22	8314.80	11	56 130.89	5102.81	12	386 215.75	32 184.65	11	172 393.29	15 200.75
广东省	16	154 583.92	9661.50	21	224 596.42	10 695.07	19	250 889.73	13 204.72	19	210 023.36	11 187.10
江苏省	—	—	—	4	49 883.19	12 470.80	3	2494.31	831.44	4	26 188.75	6651.12
福建省	3	15 075.32	5025.11	4	13 005.35	3251.34	6	18 497.86	3082.98	4	15 526.18	3786.47
湖南省	3	2822.35	940.78	4	8673.12	2168.28	4	19 478.88	4869.72	4	10 324.78	2659.59
山东省	2	502.96	251.48	3	2531.34	843.78	5	14 533.23	2906.65	3	5855.84	1333.97
安徽省	*2*	*4264.14*	*2132.07*	*2*	*4264.14*	*2132.07*	*2*	*39 034.33*	*19 517.17*	*2*	*15 854.20*	*7927.10*
广西壮族自治区	*1*	*248.09*	*248.09*	*1*	*2484.09*	*2484.09*	*1*	*2484.09*	*2484.09*	*1*	*1738.76*	*1738.76*
海南省	*1*	*2002.44*	*2002.44*	*1*	*1972.95*	*1972.95*	*1*	*61 203.06*	*61 203.06*	*1*	*21 726.15*	*21 726.15*
河南省	*1*	*8.82*	*8.82*	*1*	*8.82*	*8.82*	—	—	—	*1*	*8.82*	*8.82*
湖北省	*1*	*477.60*	*477.60*	*1*	*361.74*	*361.74*	*1*	*361.74*	*361.74*	*1*	*400.36*	*400.36*
吉林省	—	—	—	*1*	*8452.00*	*8452.00*	*1*	*9544.27*	*9544.27*	*1*	*8998.14*	*8998.14*
江西省	*1*	*1023.70*	*1023.70*				*1*	*10 312.08*	*10 312.08*	*1*	*5667.89*	*5667.89*
辽宁省	—	—	—	*1*	*62.32*	*62.32*	*1*	*62.32*	*62.32*	*1*	*62.32*	*62.32*
陕西省	*1*	*12.50*	*12.50*	*3*	*97.27*	*32.42*	*2*	*59.84*	*29.92*	*2*	*56.54*	*24.95*
西藏自治区	—	—	—	*1*	*493.21*	*493.21*	*1*	*493.21*	*493.21*	*1*	*493.21*	*493.21*
云南省	*1*	*2612.45*	*2612.45*	*1*	*2612.45*	*2612.45*	*2*	*2680.97*	*1340.49*	*1*	*2635.29*	*2188.46*

注：斜体表示该地区所含上市公司数量太少，不具有代表意义，故不参与排名。

四、商誉价值细分行业评价：广告服务业均值最高

从行业比较分析来看，2011～2013 年各行业文化及相关产业上市公司商誉价值发展变化呈现出如下特点：

（1）广告服务、广播电视电影专用设备的制造、互联网信息服务、文化软件服务、印刷复制服务和视听设备的制造 6 个行业上市公司商誉均值呈现三年连升的态势。

（2）广告服务行业商誉的三年均值高居第一，仔细分析发现该行业仅有 4 家企业，而其中的蓝色光标商誉排名第二，省广股份排名 20，华谊嘉信排名 47，都进入了前 50 强。

（3）作为传统行业的文化用纸的制造，其商誉价值明显低于其他行业。这说明，传统行业除了加强自身的公司治理能力之外，还需要加强公司的科技创新，加快转型升级，从而获得更为广泛的市场认可。

表 9-10　2011～2013 年文化及相关产业上市公司商誉价值行业比较

（单位：万元）

产业分类第三层	2011 年			2012 年			2013 年			年度平均		
	N	合计	均值	N	合计	均值	N	合计	均值	N	合计	均值
广告服务	3	38 554.49	12 851.50	3	91 706.33	30 568.78	1	254 021.40	254 021.40	2	128 094.07	99 147.22
出版服务	5	65 166.44	13 033.29	8	59 491.69	7436.46	7	484 586.84	69 226.69	7	203 081.66	29 898.81
广播电视电影专用设备的制造	3	35 488.57	11 829.52	5	114 217.94	22 843.59	5	203 324.04	40 664.81	4	117 676.85	25 112.64
互联网信息服务	7	84 703.95	12 100.56	10	147 640.25	14 764.03	12	365 509.59	30 459.13	10	199 284.60	19 107.91
文化软件服务	3	2862.07	954.02	4	7476.12	1869.03	3	117 968.10	39 322.70	3	42 768.76	14 048.58
印刷复制服务	5	16 215.72	3243.14	6	96 697.16	16 116.19	7	115 896.45	16 556.64	6	76 269.78	11 971.99
视听设备的制造	9	85 986.48	9554.05	10	95 760.58	9576.06	11	130 513.88	11 864.90	10	104 086.98	10 331.67
建筑设计服务	3	16 474.51	5491.50	6	91 208.73	15 201.46	3	27 528.94	9176.31	4	45 070.73	9956.42
景区游览服务	5	73 265.10	14 653.02	9	59 551.83	6616.87	8	43 653.51	5456.69	7	58 823.48	8908.86
电影和影视录音服务	4	24 104.20	6026.05	4	20 545.94	5136.49	4	53 586.07	13 396.52	4	32 745.40	8186.35
广播电视传输服务	4	34 512.07	8628.02	5	8421.13	1684.23	3	8935.62	2978.54	4	17 289.61	4430.26
文化用纸的制造	3	319.74	106.58	5	2614.29	522.86	4	2854.06	713.52	4	1929.36	447.65
增值电信服务（文化部分）	2	3061.47	1530.74	2	8178.42	4089.21	2	7425.79	3712.90	2	6221.89	3110.95
发行服务	2	54 537.96	27 268.98	2	54 537.96	27 268.98	2	51 237.96	25 618.98	2	53 437.96	26 718.98
广播电视服务	1	477.60	477.60	1	8452.00	8452.00	1	9544.27	9544.27	1	6157.96	6157.96
专业设计服务	1	173.10	173.10	—	—	—	—	—	—	1	173.10	173.10
工艺美术品的制造	1	393.49	393.49	1	393.49	393.49	1	393.49	393.49	1	393.49	393.49
园林、陈设艺术及其他陶瓷制品的制造	1	1928.55	1928.55	1	1928.55	1928.55	1	1064.22	1064.22	1	1640.44	1640.44
工艺美术品的销售	—	—	—	—	—	—	1	344.42	344.42	1	344.42	344.42
其他文化辅助生产	—	—	—	—	—	—	1	6424.65	6424.65	1	6424.65	6424.65

| 产业分类第三层 | 2011 年 | | | | 2012 年 | | | 2013 年 | | | 年度平均 | |
	N	合计	均值	N	合计	均值	N	合计	均值	N	合计	均值
办公用品的制造	*1*	*112.37*	*112.37*	*2*	*774.10*	*387.05*	*2*	*774.10*	*387.05*	*2*	*553.52*	*295.49*
乐器的制造	—	—	—	—	—	—	*1*	*213.59*	*213.59*	*1*	*213.59*	*213.59*
玩具的制造	—	—	—	*2*	*9215.45*	*4607.73*	*2*	*17 191.39*	*8595.70*	*2*	*13 203*	*6602*
焰火、鞭炮产品的制造	—	—	—	*1*	*670.79*	*670.79*	*1*	*670.79*	*670.79*	*1*	*671*	*671*
文化用油墨颜料的制造	*1*	*30.86*	*30.86*	*2*	*41.15*	*20.58*	*2*	*1311.56*	*655.78*	*2*	*461.19*	*235.74*
印刷专用设备的制造	—	—	—	—	—	—	*1*	*656.23*	*656.23*	*1*	*656.23*	*656.23*
其他文化专用设备的制造	—	—	—	—	—	—	*1*	*11 389.59*	*11 389.59*	*1*	*11 389.59*	*11 389.59*

注：斜体表示该行业所含上市公司数量太少，不具有代表意义，故不参与排名。

五、商誉价值所有制评价：国有文化企业高于民营文化企业

在关于国有企业、民营企业、国有相对控股企业三类不同所有制性质企业商誉价值比较中发现：

（1）国有文化上市公司的商誉价值相对最高，其三年均值达到 1.94 亿元，比第二名民营企业高出 8400 多万元。

（2）民营文化上市公司的商誉价值总额相对最高，原因在于公司数量最多；其单位企业的商誉均值为 1.11 亿元，位居第二。

（3）三家国有相对控股文化上市企业商誉价值相对最低，平均每家企业商誉价值仅为 2126.02 万元。

表 9-11　2011～2013 年文化及相关产业上市公司商誉价值所有制比较

（单位：万元）

| 所有制 | 2011 年 | | | | 2012 年 | | | 2013 年 | | | 年度平均 | |
	N	合计	均值	N	合计	均值	N	合计	均值	N	合计	均值
国有企业	21	311 821.92	14 848.66	29	394 963.52	13 619.43	31	924 924.98	29 836.29	27	543 903.47	19 434.79
民营企业	39	220 682.65	5658.53	56	478 696.21	8548.15	52	985 627.92	18 954.38	49	561 668.93	11 053.69
国有相对控股企业	3	5470.68	1823.56	3	5470.68	1823.56	2	5461.86	2730.93	3	5467.74	2126.02

所有制	2011 年			2012 年			2013 年			年度平均		
	N	合计	均值	N	合计	均值	N	合计	均值	N	合计	均值
集体企业	—	—	—	—	—	—	1	612.30	612.30	1	612.30	612.30
中外合资企业	1	393.49	393.49	1	393.49	393.49	1	393.49	393.49	1	393.49	393.49

第四节　文化及相关产业上市公司董监高结构特征分析

一、文化及相关产业上市公司董事会结构特征分析

在上市公司年报中，公司治理中董事会、监事会、高级管理人员的有关数据披露相对比较充分。通过研究团队对全部 171 家上市公司一家一家数据的搜集整理，本书得以对中国文化及相关产业上市公司的治理结构有了一个比较全面、清晰的认识和把握。

从董事会人数来看，2011～2013 年，每家文化及相关产业上市公司人数基本都保持在 9 人左右的规模；三年来呈现出一定的略微缩减的态势。

表 9-12　2011～2013 年文化及相关产业上市公司董事会人数　（单位：人）

年份	N	合计	均值
2011	160	1403	8.77
2012	168	1483	8.83
2013	170	1475	8.68
三年平均	166	1454	8.76

在独立董事方面，数据统计显示，2011～2013 年，文化及相关产业上市公司平均拥有 3 位独立董事，独立董事人数平均占董事会人数比重在 37%左右。

表 9-13　2011～2013 年文化及相关产业上市公司独立董事比重

年份	N	合计	均值	占董事会比重
2011	160	522	3.26	37.21%
2012	169	548	3.24	36.95%
2013	170	545	3.21	36.95%
三年平均	166	538	3.24	37.03%

在性别结构上，大多数文化及相关产业上市公司董事会中女性人数为 1 人，少部分有 2 人的情况，男性和女性的比例基本维持在 6.29:1，其中 2011 年男性与女性比例相对

最高，为 6.79:1；2012 年最低，为 5.96:1，2013 年又有所回升。这说明在 2012 年，文化及相关产业上市公司董事会中女性比例相对最高。

表 9-14　2011～2013 年文化及相关产业上市公司董事会性别结构

（单位：人）

年份	N	女性人数合计	女性人数均值	男女比例
2011	160	180	1.13	6.79:1
2012	167	213	1.28	5.96:1
2013	170	207	1.22	6.13:1
三年平均	166	200	1.21	6.29:1

在年龄结构上，40～49 岁年龄段比例最高，但呈现出明显的年龄增长态势。数据统计分析显示，2011～2013 年，文化及相关产业上市公司董事会中，低于 40 岁的人数比例每年下降 1 个百分点，40～49 岁人数则平均每年下降 3.5 个百分点；而同期 50～59 岁人数则平均每年增长 4 个百分点多，60 岁以上人数也表现出一定的上升趋势。

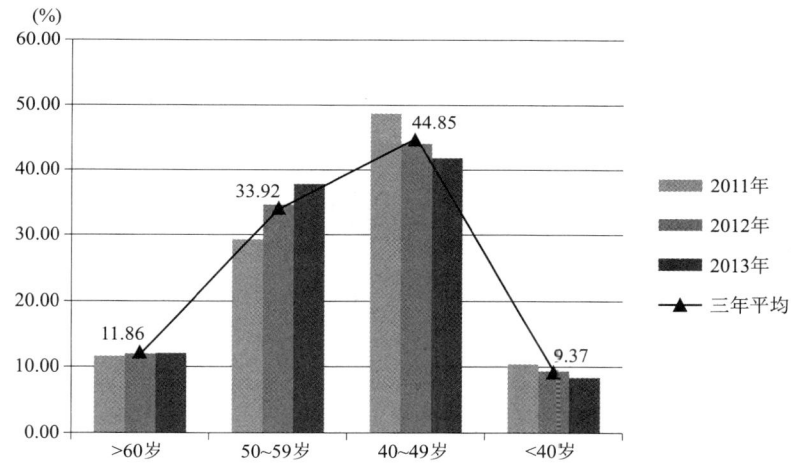

图 9-6　2011～2013 年文化及相关产业上市公司董事会年龄结构（单位：人）

在学历结构上，拥有硕士博士学历者已突破半数。如图 9-7 所示，2011～2013 年，平均每家文化及相关产业上市公司董事会中拥有硕士、博士学历的人数均值从 4 人增长到 5 人，总量占比则从 39% 上升到 54%。可见，在这三年期间，中国文化及相关产业上市公司董事会的学历层次有了大幅度提升。

在国籍结构上，拥有外籍董事的文化及相关产业上市公司还很少，并且呈现一定的缩减态势。2011 年整个文化产业仅拥有 14 名外籍董事，而这一数字在 2013 年缩减为 10 人。

究其原因，一方面，或许与文化产业独有的意识形态属性有关，董事会的国籍结构可能会影响国家的文化安全，所以在上市公司外籍董事方面，还比较慎重；另一方面，则说明了当前中国的文化产业对外开放水平还处于较低层级的产品和服务贸易层面，还远未达到公司治理层面的对外开放。

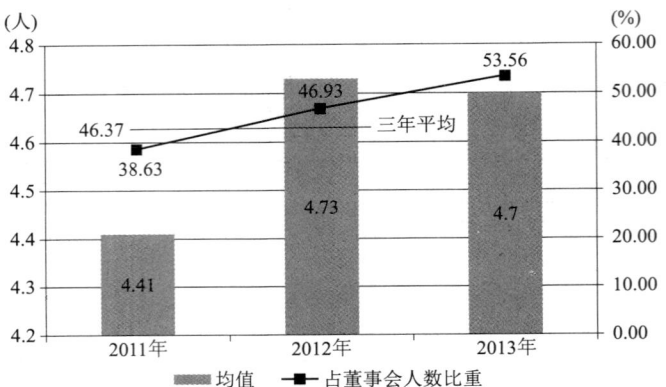

图 9-7　2011～2013 年文化及相关产业上市公司董事会学历结构

表 9-15　2011～2013 年文化及相关产业上市公司董事会国籍结构　（单位：人）

年份	N	合计	均值	外籍董事比重
2011	159	14	0.09	1.00%
2012	167	11	0.07	0.74%
2013	170	10	0.06	0.68%
三年平均	165	12	0.07	0.81%

二、文化及相关产业上市公司监事会结构特征分析

在监事会方面，首先从人数上看，2011～2013 年中国文化及相关产业上市公司监事会人数基本保持在 3～4 人，2012 年均值稍微偏多，2013 年相对偏低。

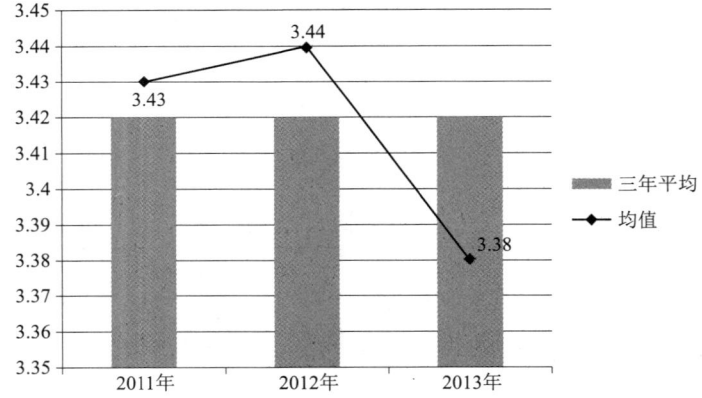

图 9-8　2011～2013 年文化及相关产业上市公司监事会人数（单位：人）

此外，不同性别结构也存在差异。从统计分析表格可以明显发现，女性监事人数三年来处于连续上升趋势，男女比例从 2011 年的 2.22:1 下降到 2013 年的 2.01:1。

表 9-16　2011～2013 年文化及相关产业上市公司监事会性别结构　（单位：人）

年份	N	女性人数合计	女性人数均值	男女比例
2011	160	170	1.06	2.22:1
2012	167	183	1.10	2.18:1
2013	170	191	1.12	2.01:1
三年平均	166	181	1.09	2.14:1

从年龄结构来看，有一定的增大趋势。统计数据表明，文化及相关产业上市公司监事会中，低于 40 岁的监事人数比重从 32%下降到 28%，下降了将近 4 个百分点；而同期的 50～59 岁人数则从 23%上升到 27%，上升了近 4 个百分点。

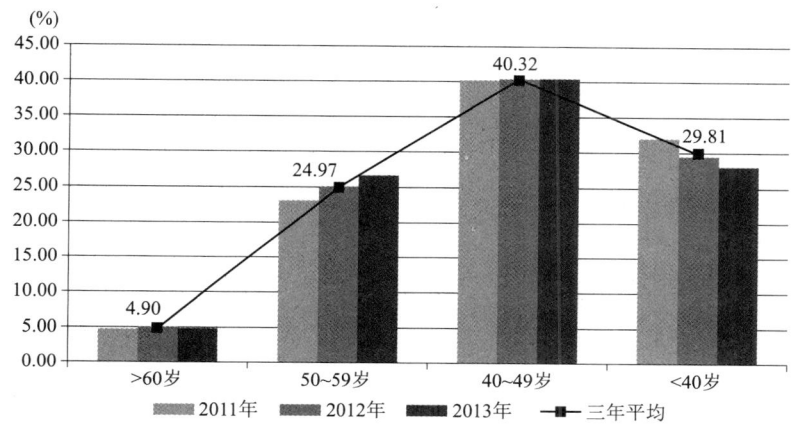

图 9-9　2011～2013 年文化及相关产业上市公司监事会年龄结构（单位：人）

在学历方面，拥有硕士、博士学历的监事人数比重呈现出一定的上升态势，从 18.61%上升到 25.44%，上升了近 7 个百分点。虽然如此，高学历比重仍然仅为董事会硕博学历比重的 1/2，大幅低于高级管理人员中的硕博比例。从公司治理结构上来讲，监事会的定位是公司的监督机构，其职责是监督公司董事会和高级管理人员的经营决策和管理行为。就这一职责本身而言，其所需要的文化素质要求并不应该比董事会和高级管理人员低。那么，当前监事会学历水平普遍低于董事会和高级管理人员的状况是否会影响其监事职能的有效发挥，值得深思。

表 9-17　2011～2013 年文化及相关产业上市公司监事会学历结构

（单位：人）

年份	N	合计	均值	硕博比重
2011	123	102	0.83	18.61%
2012	148	119	0.80	20.45%
2013	168	146	0.87	25.44%
三年平均	146	122	0.83	21.54%

在国籍结构方面，外籍监事非常之少，三年来整个文化及相关产业上市公司中仅有 2～3 人，平均比重不足 0.5%。

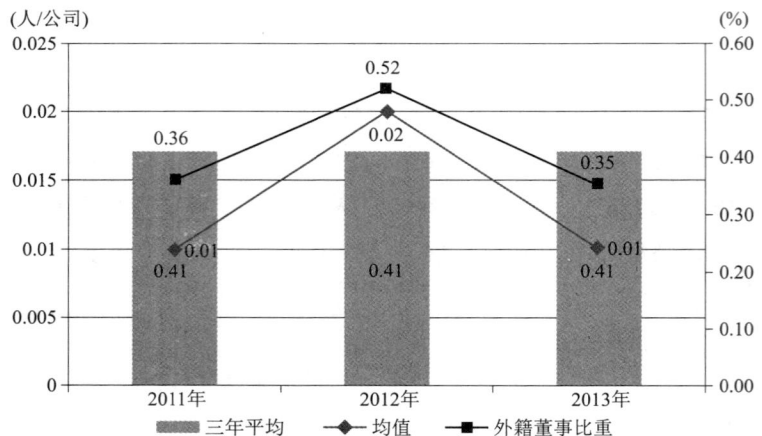

图 9-10　2011～2013 年文化及相关产业上市公司监事会国籍结构

三、文化及相关产业上市公司高管团队结构特征分析

在文化及相关产业上市公司的高级管理人员（以下简称高管）方面，从人数上来看，2011～2013 年中国文化及相关产业上市公司平均每家企业的高管人数 6～7 人，其中 2011 年相对最少，2012 年相对最多。

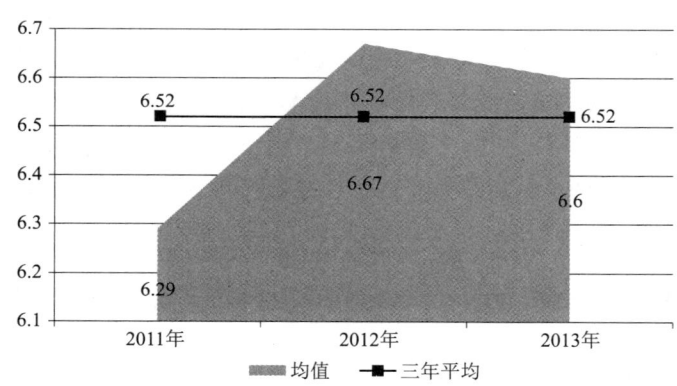

图 9-11　2011～2013 年文化及相关产业上市公司高管人数均值（单位：人）

此外，在性别结构上，文化及相关产业上市公司中的女性高管人数呈现出先增后减的总体变化趋势，其中 2011 年的男女比例为 5.25:1，2012 年下降到 4.53:1，2013 年又升至 5.13:1。

表 9-18　2011～2013 年文化及相关产业上市公司高管性别结构　（单位：人）

年份	N	女性人数合计	女性人数均值	男女比例
2011	160	161	1.01	5.25:1
2012	167	204	1.22	4.53:1
2013	170	183	1.08	5.13:1
三年平均	166	183	1.10	4.94:1

年龄结构呈现一定的偏重趋势。同董事会和监事会一样,40～49 岁年龄段是比重最高的,平均占比接近 53%,但三年来这一年龄段的人数比重在逐步缩小。这一趋势在 40 岁以下比重上更为突出,2011 年 40 岁以下高管人数为 23%,2013 年则下降到 19%,下降了 4 个百分点;而同期 50～59 岁的比重则从 19.57% 上升到 26.76%,上升了 7 个百分点。这一状况说明,从总体上看,中国文化及相关产业上市公司的高管团队需要建立更加灵活的用人机制,积极吸纳年富力强的人员进入高管团队,从而不断优化年龄结构、增强高管团队的活力。

表 9-19　2011～2013 年文化及相关产业上市公司高管年龄结构

年份	60 岁及以上	50～59 岁	40～49 岁	低于 40 岁
2011	2.15%	19.57%	54.89%	23.39%
2012	2.29%	24.66%	51.95%	21.10%
2013	2.13%	26.76%	51.91%	19.20%
三年平均	2.19%	23.81%	52.84%	21.16%

从学历结构上看,近三年来,高级管理人员的文化素质层次有明显的改观,从均值来看,平均每家文化及相关产业上市公司拥有的硕士博士学历人数从 2 人增加到 3 人;从比重来看,硕士、博士学历人数比重从 29% 快速攀升到 42%,上升了 13 个百分点。高学历比重的提升,也在一定程度上增强了文化及相关产业上市公司的治理能力。

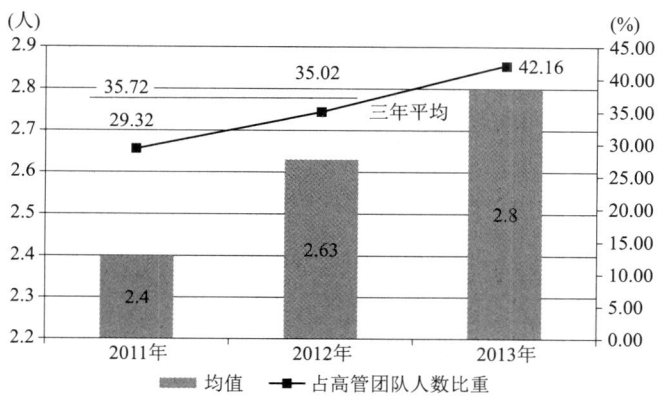

图 9-12　2011～2013 年文化及相关产业上市公司高管学历结构

从国籍结构上看,外籍高管人数太少,且有减少趋势。2011 年整个文化产业仅拥有 7 名外籍高管,而这一数字在 2013 年缩减为 5 人。十八届三中全会强调指出要"提高文化开放水平"、"培育外向型文化企业"。然而当前的状况离这一目标相去甚远。

中国文化产业的对外开放，不仅仅需要我们将中国的文化产品（或服务）卖到国外去，更需要我们拥有能够与国外文化公司长期抗衡的卓越的管理能力。中国不能仅仅停留于产品层面的开放，中国还需要在企业战略层面、公司治理层面、经营管理层面建立多层次的对外开放体制机制。建议从文化及相关产业上市公司做起，加快建立更加开放、多元的公司治理机制和高层人力资源开发管理机制，从而尽快从根本上增强中国文化企业的全球竞争力。

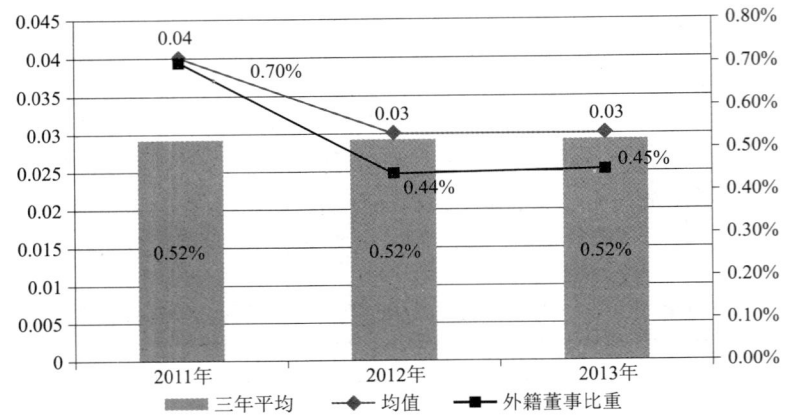

图9-13　2011~2013年文化及相关产业上市公司外籍高管比例

四、董监高结构行业特征分析

本书对各细分行业2011~2013年文化及相关产业上市公司董事会、监事会和高级管理人员的数量比重、性别结构、年龄结构、学历结构和国籍结构等内容进行了汇总。通过对汇总内容进行分析可以看出：

在董监高占职工数量比重中，会展服务行业位列第一。主要原因在于该行业的企业职工规模一般不大，在基数较小的情况下，董监高的比重自然较高。其他文化辅助生产，印刷专用设备的制造，电影和影视录音服务，焰火、鞭炮产品的制造和娱乐休闲服务5个行业的董监高中女性比例最高。

其中，焰火、鞭炮产品的制造，文化用油墨颜料的制造，园林、陈设艺术及其他陶瓷制品的制造，专业设计服务，其他文化辅助生产和文化软件服务6个行业董监高年龄比重相对较轻，其40岁以下比重的年度均值都达到了30%以上。而增值电信服务（文化部分）、其他文化用品的制造、印刷专用设备的制造、文化软件服务和视听设备的制造5个行业的硕博比重相对最高，三年平均比重都达到了50%以上。此外，电影和影视录音服务、互联网信息服务和视听设备的制造三个行业董监高中的外籍比重相对最高，都达到了1%以上。特别是电影和影视录音服务行业外籍比重达到了4%以上。而从业务发展实际来看，在电影和电视制作过程中的国际合作已经相当普遍，行业的对外开放运营管理程度已非常高。

表9-20 2011～2013年文化及相关产业上市公司董监高行业特征

产业分类第三层	2011年 董监高占职工比重	女性比例	40岁以下比重	硕博比重	外籍比重	2012年 董监高占职工比重	女性比例	40岁以下比重	硕博比重	外籍比重	2013年 董监高占职工比重	女性比例	40岁以下比重	硕博比重	外籍比重	年度平均 董监高占职工比重	女性比例	40岁以下比重	硕博比重	外籍比重
出版服务	1.67%	17.00%	7.75%	42.67%	0.42%	1.45%	19.91%	7.09%	36.27%	0.00%	1.46%	17.77%	6.62%	56.85%	0.00%	1.53%	18.23%	7.15%	45.26%	0.140 0%
发行服务	0.50%	12.50%	14.50%	15.50%	0.00%	0.50%	12.00%	14.00%	55.00%	0.00%	0.50%	12.00%	14.00%	57.00%	0.00%	0.50%	12.17%	14.17%	42.50%	0.000 0%
广播电视电视服务	1.00%	15.00%	15.00%	38.50%	0.00%	0.33%	9.00%	4.67%	35.67%	0.00%	0.33%	8.00%	6.33%	55.67%	0.00%	0.55%	10.67%	8.67%	43.28%	0.000 0%
电影和影视录音服务	17.40%	35.60%	18.40%	27.60%	6.40%	9.86%	33.29%	21.43%	39.43%	2.71%	7.29%	30.86%	19.29%	42.57%	3.43%	11.52%	33.25%	19.71%	36.53%	4.180 0%
互联网信息服务	7.33%	22.73%	27.93%	42.13%	3.27%	1.50%	24.81%	25.06%	37.63%	2.19%	1.50%	24.88%	21.69%	53.19%	2.13%	3.44%	24.14%	24.89%	44.32%	2.530 0%
增值电信服务（文化部分）	1.67%	8.67%	7.67%	78.67%	0.00%	1.33%	8.67%	6.00%	76.33%	0.00%	1.33%	9.00%	7.67%	73.33%	0.00%	1.44%	8.78%	7.11%	76.11%	0.000 0%
广播电视传输服务	2.38%	16.13%	14.88%	29.88%	0.00%	2.00%	13.88%	10.38%	36.62%	0.50%	2.00%	9.00%	5.63%	49.38%	0.00%	2.13%	13.00%	10.30%	38.63%	0.166 7%
广告服务	1.50%	26.25%	25.50%	46.75%	0.00%	0.75%	19.25%	18.50%	46.50%	0.00%	1.25%	19.00%	19.00%	50.75%	0.00%	1.17%	21.50%	21.00%	48.00%	0.000 0%
文化软件服务	3.33%	22.00%	30.33%	55.33%	0.00%	2.80%	22.00%	32.40%	54.00%	1.00%	2.60%	20.60%	29.20%	52.80%	0.00%	2.91%	21.53%	30.64%	54.04%	0.333 3%
建筑设计服务	4.11%	11.00%	23.78%	18.89%	0.56%	2.22%	12.33%	20.00%	24.22%	0.56%	2.00%	11.00%	20.33%	31.56%	0.00%	2.78%	11.44%	21.37%	24.89%	0.373 3%

（续表）

产业分类第三层	2011年 董监高占职工比重	女性比例	40岁以下比重	硕博比重	外籍比重	2012年 董监高占职工比重	女性比例	40岁以下比重	硕博比重	外籍比重	2013年 董监高占职工比重	女性比例	40岁以下比重	硕博比重	外籍比重	年度平均 董监高占职工比重	女性比例	40岁以下比重	硕博比重	外籍比重
专业设计服务	0.00%	13.00%	38.00%	44.00%	0.00%	0.00%	13.00%	40.00%	53.00%	0.00%	0.00%	0.00%	31.00%	38.00%	0.00%	0.00%	8.67%	36.33%	45.00%	0.000 0%
景区游览服务	2.31%	16.15%	14.62%	22.00%	0.38%	1.69%	18.92%	13.92%	28.62%	0.00%	1.38%	18.69%	13.08%	34.54%	0.00%	1.79%	17.92%	13.87%	28.39%	0.126 7%
娱乐休闲服务	2.00%	21.00%	14.00%	7.00%	0.00%	2.00%	27.00%	13.00%	20.00%	0.00%	2.00%	31.00%	13.00%	19.00%	0.00%	2.00%	26.33%	13.33%	15.33%	0.000 0%
工艺美术品的制造	2.33%	11.17%	18.67%	36.00%	0.00%	2.17%	11.00%	25.00%	25.67%	0.00%	1.50%	12.33%	21.83%	34.67%	0.00%	2.00%	11.50%	21.83%	32.11%	0.000 0%
园林、陈设艺术及其他陶瓷制品的制造	0.00%	16.00%	53.00%	26.00%	0.00%	0.00%	16.00%	26.00%	32.00%	0.00%	1.00%	15.00%	30.00%	30.00%	0.00%	0.33%	15.67%	36.33%	29.33%	0.000 0%
工艺美术品的销售	2.50%	11.50%	0.00%	0.00%	0.00%	2.50%	21.00%	0.00%	35.00%	0.00%	2.50%	21.00%	6.00%	47.00%	0.00%	2.50%	17.83%	2.00%	27.33%	0.000 0%
印刷复制服务	1.58%	22.00%	23.50%	24.67%	0.58%	1.31%	22.23%	24.38%	27.92%	0.69%	1.15%	23.23%	21.62%	34.31%	0.69%	1.35%	22.49%	23.17%	28.97%	0.653 3%
会展服务	7.50%	9.50%	18.00%	0.00%	0.00%	30.00%	10.00%	3.50%	40.00%	0.00%	28.50%	17.00%	20.00%	55.50%	0.00%	22.00%	12.17%	13.83%	31.83%	0.000 0%
其他文化辅助生产	—	—	—	—	—	2.00%	50.00%	31.00%	25.00%	0.00%	2.00%	50.00%	31.00%	25.00%	0.00%	2.00%	50.00%	31.00%	25.00%	0.000 0%

产业分类第三层	2011年					2012年					2013年					年度平均				
	董监高占职工比重	女性比例	40岁以下比重	硕博比重	外籍比重	董监高占职工比重	女性比例	40岁以下比重	硕博比重	外籍比重	董监高占职工比重	女性比例	40岁以下比重	硕博比重	外籍比重	董监高占职工比重	女性比例	40岁以下比重	硕博比重	外籍比重
办公用品的制造	1.00%	12.50%	24.50%	50.00%	0.00%	1.00%	23.00%	28.50%	48.00%	0.00%	1.00%	23.00%	28.50%	45.50%	0.00%	1.00%	19.50%	27.17%	47.83%	0.000 0%
乐器的制造	—	—	—	—	—	1.50%	24.50%	13.50%	33.50%	0.00%	1.50%	23.00%	14.50%	35.50%	0.00%	1.50%	23.75%	14.00%	34.50%	0.000 0%
玩具的制造	1.25%	11.75%	29.25%	27.00%	0.00%	1.25%	13.25%	30.50%	39.00%	0.00%	1.50%	13.25%	26.25%	42.00%	0.00%	1.33%	12.75%	28.67%	36.00%	0.000 0%
视听设备的制造	0.80%	18.80%	13.40%	40.47%	1.13%	0.60%	21.93%	12.00%	57.00%	1.13%	0.67%	21.67%	8.60%	52.87%	1.27%	0.69%	20.80%	11.33%	50.11%	1.176 7%
焰火、鞭炮产品的制造	7.00%	32.00%	53.00%	0.00%	0.00%	7.00%	28.00%	56.00%	50.00%	0.00%	10.00%	36.00%	50.00%	50.00%	0.00%	8.00%	32.00%	53.00%	33.33%	0.000 0%
文化用纸的制造	0.64%	16.71%	15.43%	18.21%	0.00%	0.57%	20.21%	14.86%	22.50%	0.00%	0.69%	16.62%	10.08%	22.92%	0.00%	0.63%	17.85%	13.46%	21.21%	0.000 0%
文化用油墨颜料的制造	3.33%	18.33%	48.67%	13.67%	0.00%	3.00%	21.33%	44.33%	35.67%	0.00%	2.33%	20.67%	41.67%	41.67%	0.00%	2.89%	20.11%	44.89%	30.34%	0.000 0%
文化用化学品的制造	1.00%	11.00%	11.00%	0.00%	0.00%	1.00%	17.00%	6.00%	33.00%	0.00%	1.00%	11.00%	16.00%	26.00%	0.00%	1.00%	13.00%	11.00%	19.67%	0.000 0%

（续表）

产业分类第三层	2011年					2012年					2013年					年度平均				
	董监高占职工比重	女性比例	40岁以下比重	硕博比重	外籍比重	董监高占职工比重	女性比例	40岁以下比重	硕博比重	外籍比重	董监高占职工比重	女性比例	40岁以下比重	硕博比重	外籍比重	董监高占职工比重	女性比例	40岁以下比重	硕博比重	外籍比重
印刷专用设备的制造	1.00%	31.00%	31.00%	75.00%	0.00%	1.00%	30.00%	20.00%	75.00%	0.00%	1.00%	40.00%	35.00%	50.00%	0.00%	1.00%	33.67%	28.67%	66.67%	0.000 0%
广播电影电视用设备的制造	2.07%	17.14%	21.29%	37.93%	0.86%	2.38%	16.00%	16.00%	46.00%	0.79%	2.14%	19.00%	16.14%	50.71%	0.71%	2.20%	17.38%	17.81%	44.88%	0.786 7%
其他文化专用设备的制造	2.00%	8.00%	21.00%	29.00%	0.00%	2.00%	15.00%	12.00%	35.00%	0.00%	1.00%	12.00%	12.00%	36.00%	0.00%	1.67%	11.67%	15.00%	33.33%	0.000 0%
其他文化用品的制造	3.00%	25.00%	32.50%	76.50%	0.00%	4.50%	20.50%	19.50%	66.00%	0.00%	2.00%	18.00%	20.00%	65.50%	0.00%	3.17%	21.17%	24.00%	69.33%	0.000 0%
文具乐器照相器材相关的销售	0.00%	0.00%	0.00%	0.00%	0.00%	0.00%	0.00%	5.00%	29.00%	0.00%	1.00%	0.00%	5.00%	30.00%	0.00%	0.33%	0.00%	3.33%	19.67%	0.000 0%

注：由于某些行业所含上市公司数量比较少，本表格所列比例仅供参考。

五、不同所有制文化及相关产业上市公司董监高结构特征分析

2011～2013 年文化及相关产业上市公司的董事会、监事会和高级管理人员结构按照企业的所有制性质进行统计分析，汇总如图 9-14 所示。三年平均数据的对比分析可以发现，在不同所有制的文化及相关产业上市公司，董事会、监事会和高级管理人员结构存在差异性。

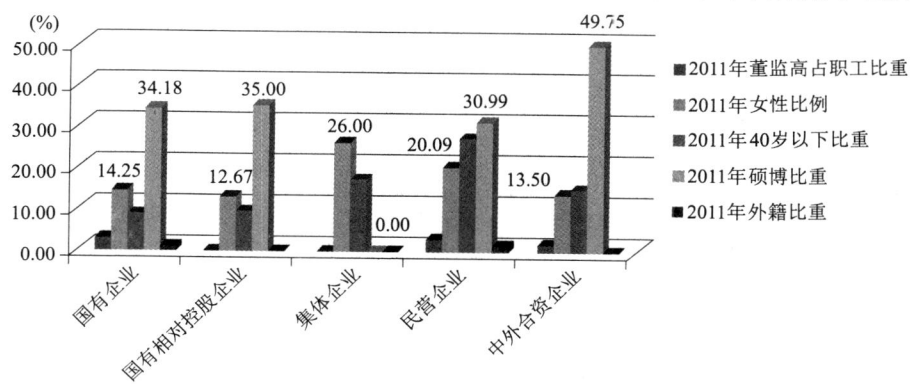

图 9-14　2011～2013 年文化及相关产业上市公司董监高结构

（1）董监高占职工比重方面，民营企业相对最高，国有企业次之。

（2）从性别结构来看，民营企业中的女性比例达到 1/5，而国有企业仅有 15%。这一结论体现出女性在不同所有制企业中的职业发展确实存在一定的不同，在国有企业体制中的发展比民营企业要难。

（3）年龄结构分析更能体现出民营企业的所有制优势。数据分析显示，民营企业中40 岁以下的董监高人数比重达到了将近 1/4，但是在国有企业这一比重仅为 7.71%，是全部所有制类型企业中最低的。这一结论说明了在国有企业的所有制体制下，年轻人进入企业高层的机会最少，发展空间受限最多。

（4）在学历结构方面，民营企业董监高中具有硕士、博士学历的比重为 35.56%，低于国有企业 42.52%将近 7 个百分点；中外合资企业相对最高，为 42.98%。这一结论说明，在吸引高学历人才方面，中外合资企业最有优势，国有企业次之，而民营企业最差。

表 9-21　2011～2013 年文化及相关产业上市公司董监高所有制特征　（单位：%）

项　　目		国有企业	国有相对控股企业	集体企业	民营企业	中外合资企业
	董监高占职工比重	2.75	0.00	0.00	3.22	1.50
	女性比例	14.25	12.67	26.00	20.09	13.50
2011 年	40 岁以下比重	8.43	9.33	17.00	26.87	14.50
	硕博比重	34.18	35.00	0.00	30.99	49.75
	外籍比重	0.66	0.00	0.00	1.00	0.00

项　目		国有企业	国有相对控股企业	集体企业	民营企业	中外合资企业
2012年	董监高占职工比重	1.48	0.00	0.00	2.83	2.00
	女性比例	16.40	18.00	23.50	21.46	14.60
	40岁以下比重	7.67	9.00	8.50	25.01	12.40
	硕博比重	42.20	46.67	23.50	35.96	34.80
	外籍比重	0.15	0.00	0.00	0.82	3.00
2013年	董监高占职工比重	1.23	0.00	0.00	2.68	1.20
	女性比例	15.46	18.00	26.50	21.00	16.20
	40岁以下比重	7.03	9.33	11.00	22.83	9.60
	硕博比重	51.18	48.33	56.00	39.73	44.40
	外籍比重	0.08	0.00	3.50	0.71	2.80
年度平均	董监高占职工比重	1.82	0.00	0.00	2.91	1.57
	女性比例	15.37	16.22	25.33	20.85	14.77
	40岁以下比重	7.71	9.22	12.17	24.90	12.17
	硕博比重	42.52	43.33	26.50	35.56	42.98
	外籍比重	0.30	0.00	1.17	0.84	1.93

注：集体企业所含公司数量仅为2家，相关统计数据仅供参考。

第五节　文化及相关产业上市公司薪酬水平评价

一、文化及相关产业上市公司高管薪酬评价

（一）文化及相关产业上市公司高管薪酬总体特征

2011～2013年，中国文化及相关产业上市公司在高管薪酬方面体现出如下几个方面的特点：

（1）从三年平均来看，中国文化及相关产业上市公司高管年度报酬总额达到了7.5亿元，平均每家企业450万元；最高前三位董事报酬总额达到2.6亿元，平均每家企业155万元；最高前三位高级管理人员报酬总额达到2.9亿元，平均每家企业171万元。

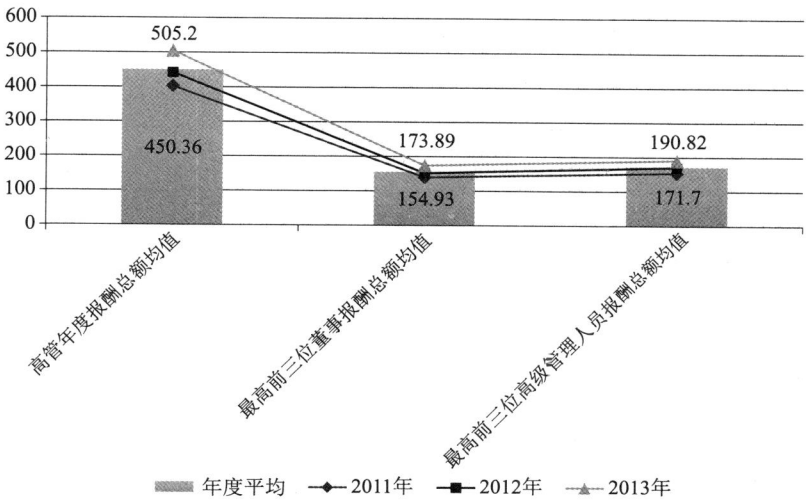

图 9-15　2011～2013 年文化及相关产业上市公司高管薪酬均值（单位：万元）

（2）从平均指标变化来看，也同样表现出连年增长态势，其中平均每家企业高管报酬总额从 400 多万元增长到 500 多万元，增长了 25.24%；最高前三位董事报酬均值增长了 24.86%；最高前三位高级管理人员报酬均值增长了 23.97%。

表 9-22　2011～2013 年文化及相关产业上市公司高管薪酬　　（单位：万元）

年份	项目	N	合计	均值
2011	高管年度报酬总额	161	64 943.13	403.37
	最高前三位董事报酬总额	161	22 422.79	139.27
	最高前三位高级管理人员报酬总额	161	24 782.17	153.93
2012	高管年度报酬总额	169	74 782.91	442.50
	最高前三位董事报酬总额	168	25 470.36	151.61
	最高前三位高级管理人员报酬总额	168	28 617.50	170.34
2013	高管年度报酬总额	170	85 884.09	505.20
	最高前三位董事报酬总额	169	29 388.13	173.89
	最高前三位高级管理人员报酬总额	169	32 248.84	190.82
年度平均	高管年度报酬总额	167	75 203.38	450.36
	最高前三位董事报酬总额	166	25 760.43	154.93
	最高前三位高级管理人员报酬总额	166	28 549.50	171.70

（二）不同文化及相关产业上市公司高管薪酬 50 强

通过对 2011～2013 年中国文化及相关产业上市公司高管薪酬的对比分析，提取其中前 50 强分析发现：

（1）晨鸣纸业和 TCL 集团两家公司在高管年度报酬总额、最高前三位董事报酬总额和最高前三位高级管理人员报酬总额方面都排在了前两名。两家公司对比发现，晨鸣纸业公司的最高前三位董事报酬要高于 TCL 集团，而 TCL 集团在最高前三位高级管理人员报酬方面要高于晨鸣纸业。

（2）民营企业虽然从上榜数量上略高于国有企业（分别为 23 家和 22 家企业），但是从前 50 强中企业高管年度报酬总额均值来看，国有企业高达 1023 万元，高出民营企业的 711 万元的 43.88%。

（3）从地区来看，北京市和广东省入围高管年度报酬总额 50 强企业数量最多，都有 12 家企业。但是从上榜企业高管年度报酬数额均值来看，这两个地区的排名都并不靠前。山东省的 3 家上榜企业以平均 1267 万元位居第一，浙江省 5 家企业平均达到 935 万元，都超过了广东省和北京市两个地区 820 多万元的平均薪酬水平。

（4）从 50 强的行业属性来看，视听设备的制造、建筑设计服务和互联网信息服务三个行业入围高管年度报酬总额 50 强企业数量相对最多，分别有 8 家和 7 家企业上榜。然而从上榜企业高管年度报酬均值来看，文化用纸的制造行业相对最高，达到了 1428 万元，视听设备的制造和工艺美术品的制造两个细分行业位列第二、三位，都达到了 1000 万元以上。

表 9-23　2011～2013 年文化及相关产业上市公司高管报酬最高 50 强

排名	证券代码	企业名称	企业性质	注册地址	产业分类第三层	上市时间（年）	年度平均（万元）
1	000488	晨鸣纸业	国有企业	山东省	文化用纸的制造	2000	2342.17
2	000100	TCL 集团	国有企业	广东省	视听设备的制造	2004	2002.38
3	002415	海康威视	国有企业	浙江省	视听设备的制造	2010	1991.66
4	000725	京东方 A	国有企业	北京市	视听设备的制造	2001	1486.56
5	000793	华闻传媒	国有企业	海南省	出版服务	1997	1247.02
6	300005	探路者	民营企业	北京市	其他文化用品的制造	2009	1188.23
7	600804	鹏博士	民营企业	四川省	互联网信息服务	1994	1151.72
8	000050	深天马 A	国有企业	广东省	广播电视电影专用设备的制造	1995	1149.59
9	600612	老凤祥	国有企业	上海市	工艺美术品的制造	1992	1107.87
10	600037	歌华有线	国有企业	北京市	广播电视传输服务	2001	1095.28
11	002081	金螳螂	民营企业	江苏省	建筑设计服务	2006	1072.52
12	600100	同方股份	国有企业	北京市	广播电视电影专用设备的制造	1997	1066.18
13	002310	东方园林	民营企业	北京市	建筑设计服务	2009	1030.89
14	002375	亚厦股份	民营企业	浙江省	建筑设计服务	2010	878.65
15	002376	新北洋	国有企业	山东省	其他文化专用设备的制造	2010	862.07
16	601098	中南传媒	国有企业	湖南省	出版服务	2010	847.53
17	000917	电广传媒	国有企业	湖南省	广播电视传输服务	1998	813.22
18	000069	华侨城 A	国有企业	广东省	景区游览服务	1997	802.25
19	000016	深康佳 A	国有相对控股企业	广东省	视听设备的制造	1992	758.15
20	002325	洪涛股份	民营企业	广东省	建筑设计服务	2009	754.80
21	002482	广田股份	民营企业	广东省	建筑设计服务	2010	750.32

排名	证券代码	企业名称	企业性质	注册地址	产业分类第三层	上市时间（年）	年度平均（万元）
22	002230	科大讯飞	民营企业	安徽省	视听设备的制造	2008	744.53
23	600633	浙报传媒	国有企业	浙江省	出版服务	1993	731.96
24	002400	省广股份	国有企业	广州市	广告服务	2010	729.91
25	600655	豫园商城	民营企业	上海市	工艺美术品的销售	1992	723.75
26	002238	天威视讯	国有企业	广东省	广播电视传输服务	2008	679.58
27	000066	长城电脑	国有企业	广东省	视听设备的制造	1997	676.13
28	002431	棕榈园林	民营企业	广东省	建筑设计服务	2010	675.22
29	000978	桂林旅游	国有企业	广西壮族自治区	景区游览服务	2000	661.85
30	300058	蓝色光标	民营企业	北京市	广告服务	2010	657.45
31	600637	百视通	国有企业	上海市	互联网信息服务	1993	652.64
32	002362	汉王科技	中外合资企业	北京市	其他文化用品的制造	2010	648.19
33	600651	飞乐音响	国有相对控股企业	上海市	视听设备的制造	1990	624.33
34	300188	美亚柏科	民营企业	福建省	互联网信息服务	2011	621.37
35	002467	二六三	民营企业	北京市	互联网信息服务	2010	614.34
36	002241	歌尔声学	民营企业	山东省	视听设备的制造	2008	598.21
37	002191	劲嘉股份	民营企业	广东省	印刷复制服务	2007	588.09
38	002308	威创股份	中外合资企业	广东省	广播电视电影专用设备的制造	2009	582.35
39	300017	网宿科技	民营企业	上海市	互联网信息服务	2009	560.20
40	000156	华数传媒	民营企业	浙江省	广播电视传输服务	2000	559.66
41	600373	中文传媒	民营企业	江西省	出版服务	2002	549.37
42	601886	江河创建	民营企业	北京市	建筑设计服务	2011	544.46
43	600210	紫江企业	民营企业	上海市	印刷复制服务	1999	544.20
44	600880	博瑞传播	国有企业	四川省	出版服务	1995	536.79
45	300104	乐视网	民营企业	北京市	互联网信息服务	2010	529.59
46	600831	广电网络	集体企业	陕西省	广播电视服务	1994	521.65
47	000839	中信国安	国有企业	北京市	广播电视传输服务	1997	521.59
48	002067	景兴纸业	民营企业	浙江省	文化用纸的制造	2006	514.01
49	600860	京城股份	国有企业	北京市	印刷专用设备的制造	1994	504.17
50	300178	腾邦国际	民营企业	广东省	互联网信息服务	2011	504.14

表 9-24　2011～2013 年文化及相关产业上市公司最高前三位董事报酬最高 50 强

排名	证券代码	企业名称	企业性质	注册地址	产业分类第三层	上市时间（年）	年度平均（万元）
1	000488	晨鸣纸业	国有企业	山东省	文化用纸的制造	2000	931.12
2	000100	TCL 集团	国有企业	广东省	视听设备的制造	2004	912.00

排名	证券代码	企业名称	企业性质	注册地址	产业分类第三层	上市时间（年）	年度平均（万元）
3	300005	探路者	民营企业	北京市	其他文化用品的制造	2009	805.40
4	000793	华闻传媒	国有企业	海南省	出版服务	1997	535.68
5	300058	蓝色光标	民营企业	北京市	广告服务	2010	432.00
6	002230	科大讯飞	民营企业	安徽省	视听设备的制造	2008	418.33
7	002415	海康威视	国有企业	浙江省	视听设备的制造	2010	412.57
8	002310	东方园林	民营企业	北京市	建筑设计服务	2009	353.33
9	000725	京东方 A	国有企业	北京市	视听设备的制造	2001	351.01
10	300027	华谊兄弟	民营企业	浙江省	电影和影视录音服务	2009	328.72
11	600804	鹏博士	民营企业	四川省	互联网信息服务	1994	318.04
12	600612	老凤祥	国有企业	上海市	工艺美术品的制造	1992	305.37
13	002605	姚记扑克	民营企业	上海市	印刷复制服务	2011	301.58
14	002081	金螳螂	民营企业	江苏省	建筑设计服务	2006	300.33
15	002467	二六三	民营企业	北京市	互联网信息服务	2010	297.58
16	002191	劲嘉股份	民营企业	广东省	印刷复制服务	2007	289.18
17	002482	广田股份	民营企业	广东省	建筑设计服务	2010	273.63
18	600037	歌华有线	国有企业	北京市	广播电视传输服务	2001	271.60
19	600210	紫江企业	民营企业	上海市	印刷复制服务	1999	265.30
20	002400	省广股份	国有企业	广州市	广告服务	2010	259.86
21	600880	博瑞传播	国有企业	四川省	出版服务	1995	256.38
22	000069	华侨城 A	国有企业	广东省	景区游览服务	1997	239.46
23	002308	威创股份	中外合资企业	广东省	广播电视电影专用设备的制造	2009	239.38
24	600100	同方股份	国有企业	北京市	广播电视电影专用设备的制造	1997	238.63
25	000917	电广传媒	国有企业	湖南省	广播电视传输服务	1998	227.14
26	002238	天威视讯	国有企业	广东省	广播电视传输服务	2008	224.44
27	002376	新北洋	国有企业	山东省	其他文化专用设备的制造	2010	224.09
28	002325	洪涛股份	民营企业	广东省	建筑设计服务	2009	220.16
29	300017	网宿科技	民营企业	上海市	互联网信息服务	2009	213.02
30	002261	拓维信息	民营企业	湖南省	增值电信服务（文化部分）	2008	209.85
31	002345	潮宏基	中外合资企业	广东省	工艺美术品的制造	2010	205.69
32	000909	数源科技	国有企业	浙江省	视听设备的制造	1999	205.09
33	600086	东方金钰	民营企业	湖北省	工艺美术品的制造	1997	202.68
34	601519	大智慧	民营企业	上海市	互联网信息服务	2011	200.77
35	300079	数码视讯	民营企业	北京市	广播电视电影专用设备的制造	2010	200.51
36	300251	光线传媒	民营企业	北京市	电影和影视录音服务	2011	200.36
37	601098	中南传媒	国有企业	湖南省	出版服务	2010	194.64

排名	证券代码	企业名称	企业性质	注册地址	产业分类第三层	上市时间（年）	年度平均（万元）
38	002045	国光电器	民营企业	广东省	视听设备的制造	2005	190.42
39	002375	亚厦股份	民营企业	浙江省	建筑设计服务	2010	190.33
40	600651	飞乐音响	国有相对控股企业	上海市	视听设备的制造	1990	187.00
41	002301	齐心文具	民营企业	广东省	办公用品的制造	2009	186.61
42	000066	长城电脑	国有企业	广东省	视听设备的制造	1997	185.94
43	002067	景兴纸业	民营企业	浙江省	文化用纸的制造	2006	185.75
44	000978	桂林旅游	国有企业	广西壮族自治区	景区游览服务	2000	185.11
45	600836	界龙实业	民营企业	上海市	印刷复制服务	1994	184.21
46	600373	中文传媒	民营企业	江西省	出版服务	2002	177.69
47	002241	歌尔声学	民营企业	山东省	视听设备的制造	2008	174.43
48	002519	银河电子	民营企业	江苏省	广播电视电影专用设备的制造	2010	173.63
49	300076	宁波GQY	民营企业	浙江省	视听设备的制造	2010	172.04
50	600690	青岛海尔	集体企业	山东省	视听设备的制造	1993	171.33

表 9-25　2011～2013 年文化及相关产业上市公司最高前三位高管报酬总额最高 50 强

排名	证券代码	企业名称	企业性质	注册地址	产业分类第三层	上市时间（年）	年度平均（万元）
1	000100	TCL 集团	国有企业	广东省	视听设备的制造	2004	1029.99
2	000488	晨鸣纸业	国有企业	山东省	文化用纸的制造	2000	875.53
3	000793	华闻传媒	国有企业	海南省	出版服务	1997	632.63
4	300005	探路者	民营企业	北京市	其他文化用品的制造	2009	632.41
5	002415	海康威视	国有企业	浙江省	视听设备的制造	2010	564.80
6	000050	深天马A	国有企业	广东省	广播电视电影专用设备的制造	1995	552.93
7	600210	紫江企业	民营企业	上海市	印刷复制服务	1999	449.90
8	002230	科大讯飞	民营企业	安徽省	视听设备的制造	2008	418.33
9	600612	老凤祥	国有企业	上海市	工艺美术品的制造	1992	399.09
10	000069	华侨城A	国有企业	广东省	景区游览服务	1997	364.61
11	002310	东方园林	民营企业	北京市	建筑设计服务	2009	356.67
12	600100	同方股份	国有企业	北京市	广播电视电影专用设备的制造	1997	356.00
13	000725	京东方A	国有企业	北京市	视听设备的制造	2001	345.25
14	300058	蓝色光标	民营企业	北京市	广告服务	2010	319.31
15	600804	鹏博士	民营企业	四川省	互联网信息服务	1994	301.22
16	002081	金螳螂	民营企业	江苏省	建筑设计服务	2006	296.33

（续表）

排名	证券代码	企业名称	企业性质	注册地址	产业分类第三层	上市时间（年）	年度平均（万元）
17	002191	劲嘉股份	民营企业	广东省	印刷复制服务	2007	289.18
18	002467	二六三	民营企业	北京市	互联网信息服务	2010	280.71
19	300027	华谊兄弟	民营企业	浙江省	电影和影视录音服务	2009	279.79
20	600651	飞乐音响	国有相对控股企业	上海市	视听设备的制造	1990	272.00
21	600037	歌华有线	国有企业	北京市	广播电视传输服务	2001	270.07
22	600637	百视通	国有企业	上海市	互联网信息服务	1993	265.94
23	600880	博瑞传播	国有企业	四川省	出版服务	1995	256.38
24	600655	豫园商城	民营企业	上海市	工艺美术品的销售	1992	256.00
25	002400	省广股份	国有企业	广州市	广告服务	2010	255.65
26	002308	威创股份	中外合资企业	广东省	广播电视电影专用设备的制造	2009	250.63
27	000066	长城电脑	国有企业	广东省	视听设备的制造	1997	236.82
28	002238	天威视讯	国有企业	广东省	广播电视传输服务	2008	236.62
29	002376	新北洋	国有企业	山东省	其他文化专用设备的制造	2010	236.32
30	601098	中南传媒	国有企业	湖南省	出版服务	2010	235.14
31	300017	网宿科技	民营企业	上海市	互联网信息服务	2009	222.74
32	300178	腾邦国际	民营企业	广东省	互联网信息服务	2011	220.21
33	002482	广田股份	民营企业	广东省	建筑设计服务	2010	219.86
34	601519	大智慧	民营企业	上海市	互联网信息服务	2011	214.11
35	600633	浙报传媒	国有企业	浙江省	出版服务	1993	212.11
36	600088	中视传媒	国有企业	上海市	电影和影视录音服务	1997	207.90
37	002345	潮宏基	中外合资企业	广东省	工艺美术品的制造	2010	207.76
38	000917	电广传媒	国有企业	湖南省	广播电视传输服务	1998	205.66
39	000909	数源科技	国有企业	浙江省	视听设备的制造	1999	205.09
40	000839	中信国安	国有企业	北京市	广播电视传输服务	1997	204.48
41	000156	华数传媒	民营企业	浙江省	广播电视传输服务	2000	200.69
42	300079	数码视讯	民营企业	北京市	广播电视电影专用设备的制造	2010	200.51
43	300251	光线传媒	民营企业	北京市	电影和影视录音服务	2011	200.36
44	002325	洪涛股份	民营企业	广东省	建筑设计服务	2009	196.86
45	300133	华策影视	民营企业	浙江省	电影和影视录音服务	2010	196.65
46	600373	中文传媒	民营企业	江西省	出版服务	2002	195.80
47	000016	深康佳A	国有相对控股企业	广东省	视听设备的制造	1992	195.71
48	002117	东港股份	中外合资企业	山东省	印刷复制服务	2007	194.18
49	300104	乐视网	民营企业	北京市	互联网信息服务	2010	193.33
50	002261	拓维信息	民营企业	湖南省	增值电信服务（文化部分）	2008	191.56

（三）不同地区文化及相关产业上市公司高管薪酬评价

从图 9-16 中可以看出，山东省、北京市、广东省、湖南省和上海市文化及相关产业上市公司的高管年度报酬总额均值相对最高，其中山东省和北京市平均每家企业的高管年度报酬总额均值都达到了 550 万元以上，广东省和湖南省都达到了 490 万元以上。

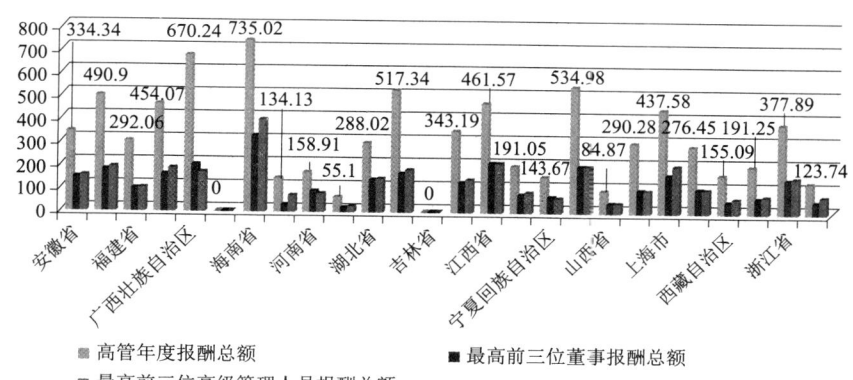

图 9-16　2011 年文化及相关产业上市公司高管薪酬地区比较（单位：万元）

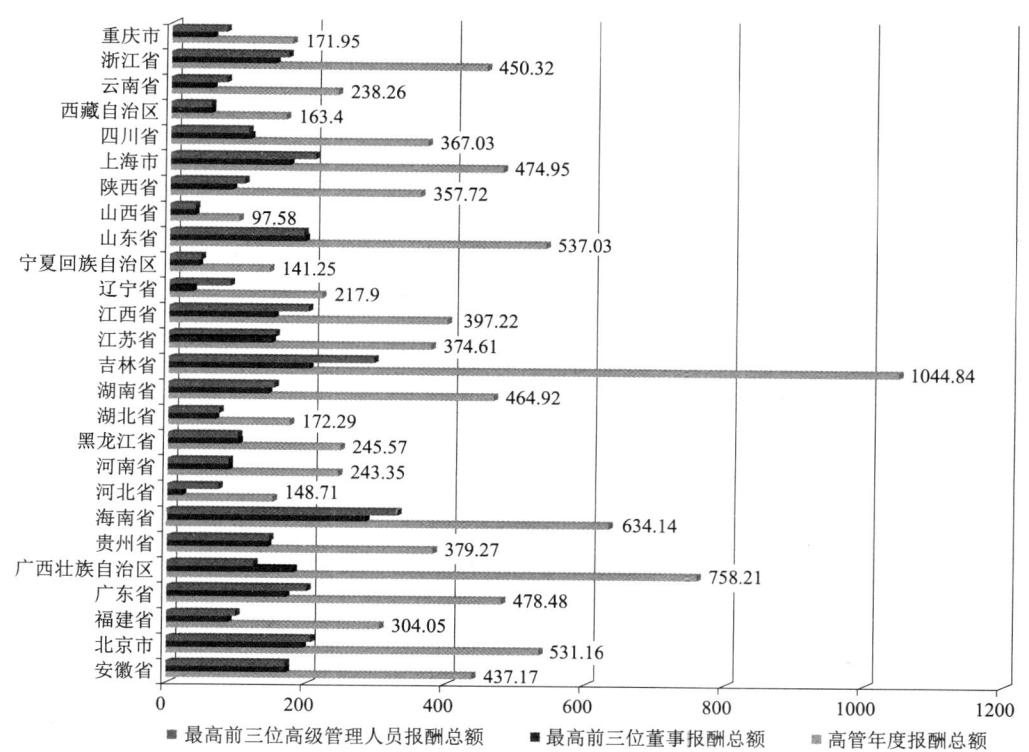

图 9-17　2012 年文化及相关产业上市公司高管薪酬地区比较（单位：万元）

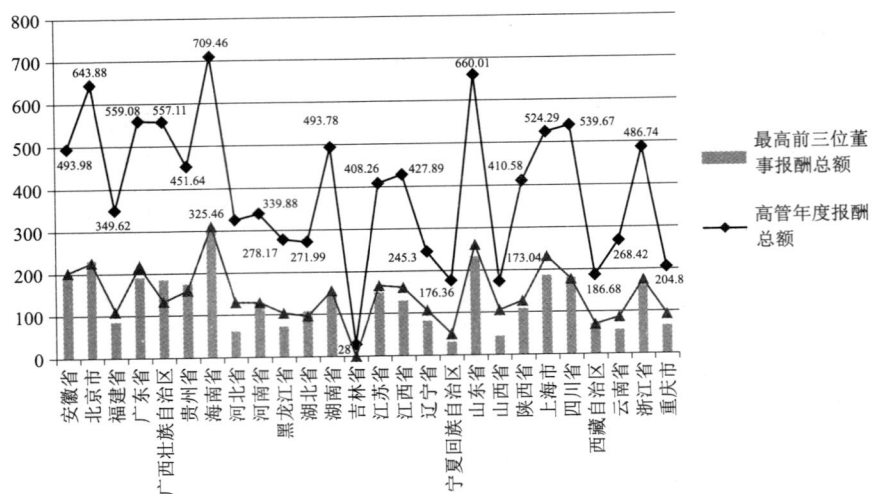

图 9-18　2013 年文化及相关产业上市公司高管薪酬地区比较（单位：万元）

　　从高管年度报酬总额均值增长幅度（2013 年比 2011 年）来看，四川省的增幅最大，达到了 95%，安徽省和陕西省位列第二、三位，增幅都在 40% 以上。在大部分省、市、自治区文化及相关产业上市公司高管薪酬大幅增长的同时，湖北省和湖南省则出现了下降，下降幅度分别为 5.57% 和 4.55%。

　　在最高前三位董事报酬方面，山东省和北京市仍然高居第一、二名，上海市升至第三，广东省和安徽省位列第四、五位。在增长幅度方面，四川省仍然以超过 90% 的增幅高居第一；安徽省仍然超过 40%，北京市位列第三，增幅超过了 35%。出现下降的地区增加到了三个，分别是福建省、湖南省和湖北省。

　　在最高前三位高级管理人员方面，山东省仍然位居第一名，上海市则升至第二名，北京市第三，上述三个省市文化及相关产业上市公司最高前三位高级管理人员报酬总额均值都达到 200 万元以上。从变化趋势来看，四川省仍然高居第一，增幅仍然达到 90% 以上；陕西省重新回到增幅第二的位置，安徽省位列第三，增幅都达到 40% 以上。湖南和湖北两省仍然是下降态势。[①]

表 9-26　2011～2013 年文化及相关产业上市公司高管薪酬地区比较（单位：万元）

注册地址		2011 年			2012 年			2013 年			年度平均		
		高管年度报酬总额	最高前三位董事报酬总额	最高前三位高级管理人员报酬总额	高管年度报酬总额	最高前三位董事报酬总额	最高前三位高级管理人员报酬总额	高管年度报酬总额	最高前三位董事报酬总额	最高前三位高级管理人员报酬总额	高管年度报酬总额	最高前三位董事报酬总额	最高前三位高级管理人员报酬总额
安徽省	N	5	5	5	5	5	5	5	5	5	5	5	5
	合计	1671.69	693.03	719.93	2185.86	844.06	846.3	2469.92	972.65	1012.77	2109.16	836.58	859.67
	均值	334.34	138.61	143.99	437.17	168.81	169.26	493.98	194.53	202.55	421.83	167.32	171.93

　　① 注：上述分析不包含上市公司数量低于 3 家的省、市、自治区。

（续表）

注册地址		2011年 高管年度报酬总额	2011年 最高前三位董事报酬总额	2011年 最高前三位高级管理人员报酬总额	2012年 高管年度报酬总额	2012年 最高前三位董事报酬总额	2012年 最高前三位高级管理人员报酬总额	2013年 高管年度报酬总额	2013年 最高前三位董事报酬总额	2013年 最高前三位高级管理人员报酬总额	年度平均 高管年度报酬总额	年度平均 最高前三位董事报酬总额	年度平均 最高前三位高级管理人员报酬总额
北京市	N	23	23	23	26	26	26	26	26	26	25	25	25
	合计	11 290.66	3917.63	4164.17	13 810.26	5010.33	5284.55	16 740.77	6016.9	5886.58	13 947.23	4981.62	5111.77
	均值	490.9	170.33	181.05	531.16	192.71	203.25	643.88	231.42	226.41	555.31	198.15	203.57
福建省	N	7	7	7	7	7	7	7	7	7	7	7	7
	合计	2044.41	606.06	635.81	2128.36	598.19	674.53	2447.33	594.23	764.66	2206.7	599.49	691.67
	均值	292.06	86.58	90.83	304.05	85.46	96.36	349.62	84.89	109.24	315.24	85.64	98.81
广东省	N	33	33	33	35	35	35	35	35	35	34.33	34.33	34.33
	合计	14 984.32	4856.79	5748.78	16 746.85	5865.53	6963.41	19 567.76	6694.05	7580.44	17 099.64	5805.46	6764.21
	均值	454.07	147.18	174.21	478.48	167.59	198.95	559.08	191.26	216.58	497.21	168.67	196.58
广西壮族自治区	N	1	1	1	1	1	1	1	1	1	1	1	1
	合计	670.24	191.64	156	758.21	178.13	121.67	557.11	185.56	133.19	661.85	185.11	136.95
	均值	670.24	191.64	156	758.21	178.13	121.67	557.11	185.56	133.19	661.85	185.11	136.95
贵州省	N	—	—	—	1	1	1	1	1	1	1	1	1
	合计	—	—	—	379.27	141.75	143.39	451.64	174.23	158.76	415.46	157.99	151.08
	均值				379.27	141.75	143.39	451.64	174.23	158.76	415.46	157.99	151.08
海南省	N	2	2	2	2	2	2	2	2	2	2	2	2
	合计	1470.03	627.87	780.14	1268.27	564.09	655.9	1418.92	599.82	621.27	1385.74	597.26	685.77
	均值	735.02	313.94	390.07	634.14	282.05	327.95	709.46	299.91	310.64	692.87	298.63	342.89
河北省	N	1	1	1	1	1	1	1	1	1	1	1	1
	合计	134.13	18	61.37	148.71	18	68.63	325.46	61.44	129.79	202.77	32.48	86.6
	均值	134.13	18	61.37	148.71	18	68.63	325.46	61.44	129.79	202.77	32.48	86.6
河南省	N	2	2	2	2	2	2	2	2	2	2	2	2
	合计	317.82	158.45	133.06	486.7	169.23	171.18	679.75	257.29	258.55	494.76	194.99	187.6
	均值	158.91	79.23	66.53	243.35	84.62	85.59	339.88	128.65	129.28	247.38	97.5	93.8
黑龙江省	N	1	1	1	1	1	1	1	1	1	1	1	1
	合计	55.1	9.3	14.3	245.57	98.24	98.24	278.17	71.45	103.72	192.95	59.66	72.09
	均值	55.1	9.3	14.3	245.57	98.24	98.24	278.17	71.45	103.72	192.95	59.66	72.09
湖北省	N	4	4	4	4	4	3	4	4	4	4	4	3.67
	合计	1152.07	515.01	535.71	689.17	259.78	213.07	1087.94	427.9	382.6	976.39	400.9	377.13
	均值	288.02	128.75	133.93	172.29	64.95	71.02	271.99	106.98	95.65	244.1	100.22	100.2
湖南省	N	6	6	6	6	6	6	6	6	6	6	6	6
	合计	3104.02	943.32	1037.94	2789.54	845.02	902.3	2962.65	895.46	932.71	2952.07	894.6	957.65
	均值	517.34	157.22	172.99	464.92	140.84	150.38	493.78	149.24	155.45	492.01	149.1	159.61

中国文化及相关产业上市公司研究报告：2011～2013

（续表）

注册地址		2011年 高管年度报酬总额	2011年 最高前三位董事报酬总额	2011年 最高前三位高级管理人员报酬总额	2012年 高管年度报酬总额	2012年 最高前三位董事报酬总额	2012年 最高前三位高级管理人员报酬总额	2013年 高管年度报酬总额	2013年 最高前三位董事报酬总额	2013年 最高前三位高级管理人员报酬总额	年度平均 高管年度报酬总额	年度平均 最高前三位董事报酬总额	年度平均 最高前三位高级管理人员报酬总额
吉林省	N	—	—	—	1	1	1	1	—	—	1	1	1
	合计	—	—	—	1044.84	198.9	293	28	—	—	536.42	198.9	293
	均值	—	—	—	1044.84	198.9	293	28	—	—	536.42	198.9	293
江苏省	N	9	9	9	9	8	9	9	9	9	9	8.67	9
	合计	3088.72	1074.59	1175.84	3371.53	1157.85	1357.23	3674.37	1347.9	1496.76	3378.21	1193.45	1343.28
	均值	343.19	119.4	130.65	374.61	144.73	150.8	408.26	149.77	166.31	375.36	137.97	149.25
江西省	N	2	2	2	1	1	1	2	2	2	1.67	1.67	1.67
	合计	923.13	405.04	405.04	397.22	148.73	197.72	855.77	260.77	322.76	725.37	271.51	308.51
	均值	461.57	202.52	202.52	397.22	148.73	197.72	427.89	130.39	161.38	428.89	160.55	187.21
辽宁省	N	2	2	2	1	1	1	2	2	2	1.67	1.67	1.67
	合计	382.1	131.7	155.3	217.9	30.5	85	490.6	162.8	212.7	363.53	108.33	151
	均值	191.05	65.85	77.65	217.9	30.5	85	245.3	81.4	106.35	218.08	59.25	89.67
宁夏回族自治区	N	1	1	1	1	1	1	1	1	1	1	1	1
	合计	143.67	55.26	52.11	141.25	38.82	43.39	176.36	31.04	49.74	153.76	41.71	48.41
	均值	143.67	55.26	52.11	141.25	38.82	43.39	176.36	31.04	49.74	153.76	41.71	48.41
山东省	N	10	10	10	10	10	10	9	9	9	9.67	9.67	9.67
	合计	5349.77	1913.73	1907.36	5370.31	1919.9	1901.56	5940.07	2098.56	2346.38	5553.38	1977.4	2051.77
	均值	534.98	191.37	190.74	537.03	191.99	190.16	660.01	233.17	260.71	577.34	205.51	213.87
山西省	N	1	1	1	1	1	1	1	1	1	1	1	1
	合计	84.87	31.87	31.87	97.58	33.77	34.27	173.04	44.05	105.35	118.5	36.56	57.16
	均值	84.87	31.87	31.87	97.58	33.77	34.27	173.04	44.05	105.35	118.5	36.56	57.16
陕西省	N	5	5	5	5	5	5	5	5	5	5	5	5
	合计	1451.41	445.14	432.35	1788.62	431.65	525.9	2052.9	544.11	635.25	1764.31	473.63	531.17
	均值	290.28	89.03	86.47	357.72	86.33	105.18	410.58	108.82	127.05	352.86	94.73	106.23
上海市	N	16	16	16	17	17	17	17	17	17	16.67	16.67	16.67
	合计	7001.21	2452.3	3091.12	8074.21	2870.82	3524.34	8912.98	3175.18	3952.49	7996.13	2832.77	3522.65
	均值	437.58	153.27	193.2	474.95	168.87	207.31	524.29	186.78	232.5	478.94	169.64	211
四川省	N	6	6	6	6	6	6	6	6	6	6	6	6
	合计	1658.69	558.49	541.44	2202.2	671.57	658.45	3238.01	1085.02	1065.4	2366.3	771.69	755.1
	均值	276.45	93.08	90.24	367.03	111.93	109.74	539.67	180.84	177.57	394.38	128.62	125.85
西藏自治区	N	1	1	1	1	1	1	1	1	1	1	1	1
	合计	155.09	38.97	51.55	163.4	56	56	186.68	70	70	168.39	54.99	59.18
	均值	155.09	38.97	51.55	163.4	56	56	186.68	70	70	168.39	54.99	59.18

（续表）

注册地址		2011 年			2012 年			2013 年			年度平均		
		高管年度报酬总额	最高前三位董事报酬总额	最高前三位高级管理人员报酬总额	高管年度报酬总额	最高前三位董事报酬总额	最高前三位高级管理人员报酬总额	高管年度报酬总额	最高前三位董事报酬总额	最高前三位高级管理人员报酬总额	高管年度报酬总额	最高前三位董事报酬总额	最高前三位高级管理人员报酬总额
云南省	N	2	2	2	2	2	2	2	2	2	2	2	2
	合计	382.5	110.42	125.45	476.52	118.37	155.54	536.83	112.47	173.47	465.28	113.75	151.49
	均值	191.25	55.21	62.73	238.26	59.19	77.77	268.42	56.24	86.74	232.64	56.88	75.74
浙江省	N	19	19	19	21	21	21	21	21	21	20.33	20.33	20.33
	合计	7180	2583.28	2696.23	9456.66	3086.15	3487.59	10 221.46	3373.29	3667.9	8952.71	3014.24	3283.91
	均值	377.89	135.96	141.91	450.32	146.96	166.08	486.74	160.63	174.66	438.32	147.85	160.88
重庆市	N	2	2	2	2	2	2	2	2	2	2	2	2
	合计	247.48	84.9	129.3	343.9	114.98	154.34	409.6	131.96	185.6	333.66	110.61	156.41
	均值	123.74	42.45	64.65	171.95	57.49	77.17	204.8	65.98	92.8	166.83	55.31	78.21

注：斜体表示该地区所含上市公司数量太少，不参与比较分析。

　　从高管个人平均薪酬来看，山东省仍然以 28 万元位居第一；北京市、上海市和广东省分列第二、三、四位，都达到 27 万元以上；湖北省、福建省和陕西省相对最低，其中湖北省仅为 13 万元。[①]

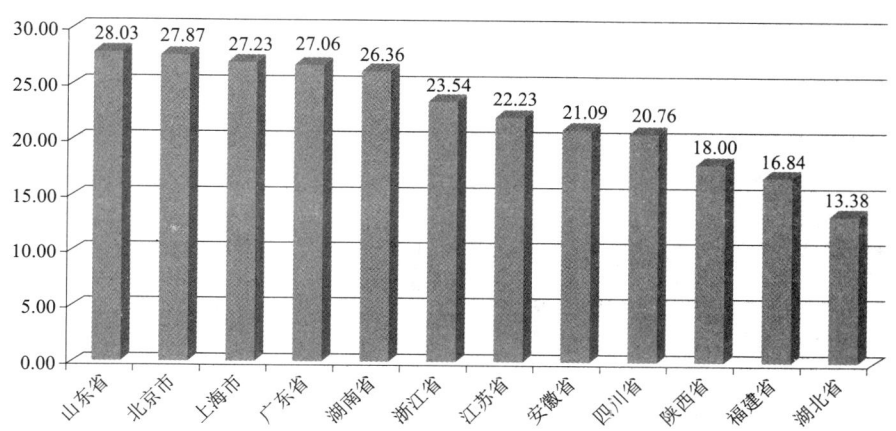

图 9-19　不同地区的文化及相关产业上市公司高管人均薪酬比较（单位：万元）

---

　　① 注：有两个原因可能造成这里的数据与实际不完全一致：一是某些公司高管可能不仅在上市公司领取薪酬，还在其他关联公司领取薪酬，导致这里的数据可能比实际偏低；二是由于各个地区所含上市公司数量参差不齐，对于上市公司数量较少的地区，代表性方面可能有所不足。

（四）文化及相关产业上市公司高管薪酬行业评价

从 2011～2013 年文化及相关产业上市公司高管年度报酬总额均值的行业大类对比来看，在参与分析的 17 个行业中，其中有 11 个行业是文化服务业企业，其高管年度报酬总额均值为 437 万元，而文化制造业企业有 6 家，高管年度报酬总额均值为 391 万元，比文化服务业企业低 46 万元；但第一名始终被文化制造业行业——视听设备的制造牢牢占据。

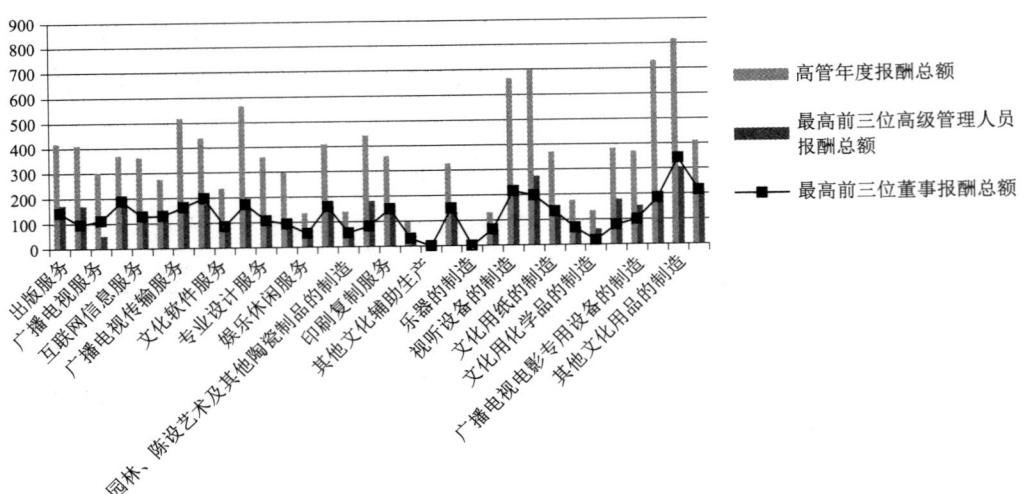

图 9-20　2011 年文化及相关产业上市公司高管薪酬行业比较（单位：万元）

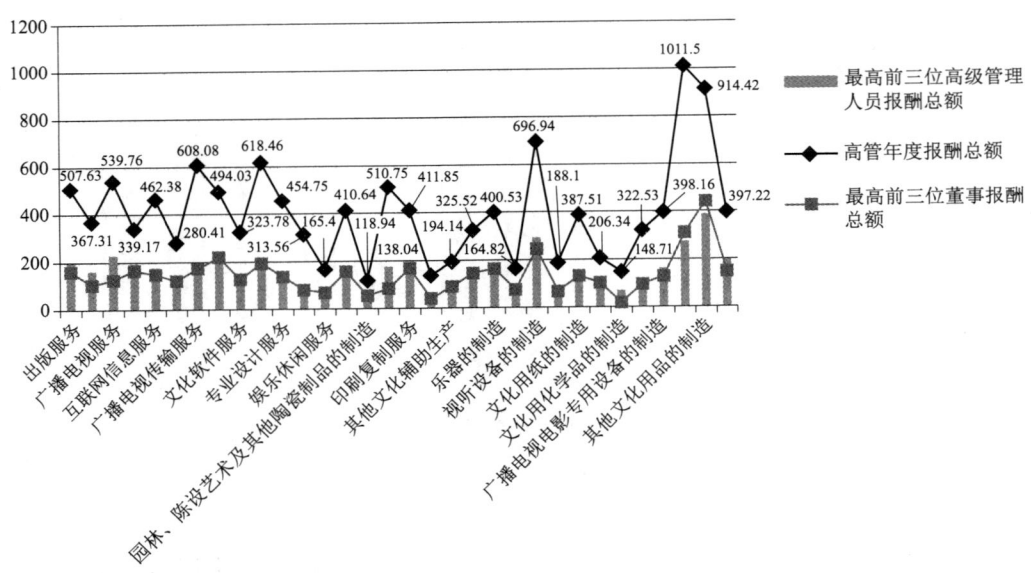

图 9-21　2012 年文化及相关产业上市公司高管薪酬行业比较（单位：万元）

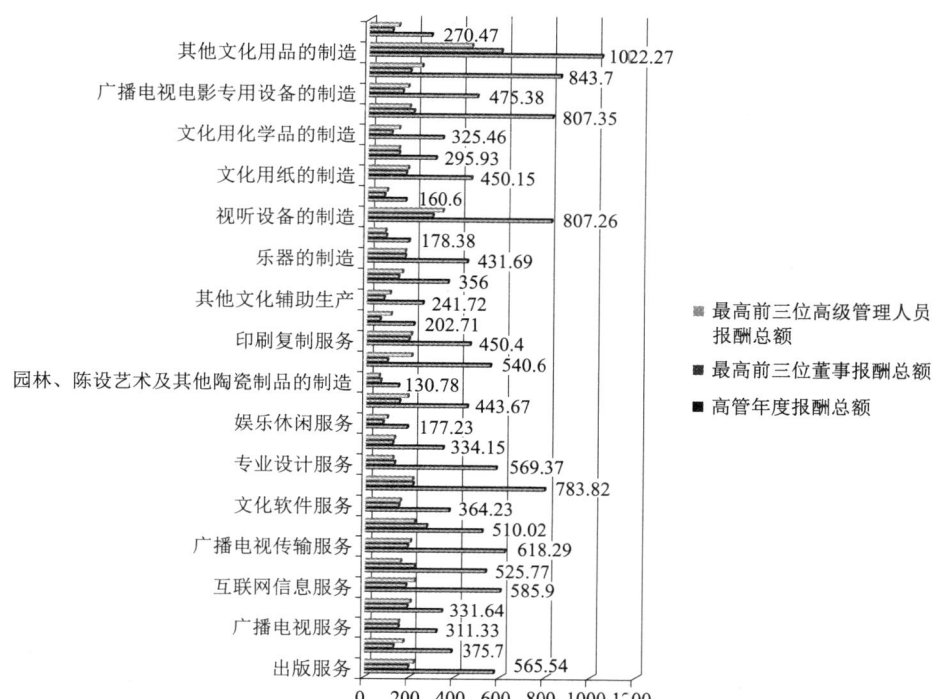

图 9-22　2013 年文化及相关产业上市公司高管薪酬行业比较（单位：万元）

从细分行业对比分析来看，视听设备的制造、建筑设计服务和广播电视传输服务三个行业分列前三位，其中视听设备的制造行业最高，达到 722 万元，建筑设计服务行业达到 656 万元，广播电视传输服务行业达到 582 万元。在最高前三位董事报酬总额均值的比较分析中，视听设备的制造、广告服务、建筑设计服务、电影和影视录音服务和广播电视传输服务五大行业排名居前，其中视听设备的制造和广告服务两个行业都达到 200 万元以上，建筑设计服务行业达到 190 万元以上，电影和影视录音服务和广播电视传输服务行业达到 170 万元以上。在最高前三位高级管理人员报酬总额均值方面，视听设备的制造和广告服务两个行业仍然位居前两位，但从报酬总额数值来看，视听设备的制造行业超出了广告服务行业 90 万元；电影和影视录音服务、出版服务两个行业位列第三、四名，都超过了 190 万元；建筑设计服务和广播电视传输服务两个行业位列第五、六名，都超过了 180 万元。

从三年来高管年度报酬总额均值的变化趋势（2013 年比 2011 年）来看，增值电信服务（文化部分）以 92% 的增幅位居榜首，文化用油墨颜料的制造和互联网信息服务行业增幅位列第二、三位，都超过了 60%，文化软件服务行业排第四，增幅也超过了 50%。从前五名来看，文化服务业企业的薪酬增幅显著超过了文化制造业企业。

中国文化及相关产业上市公司研究报告：2011～2013

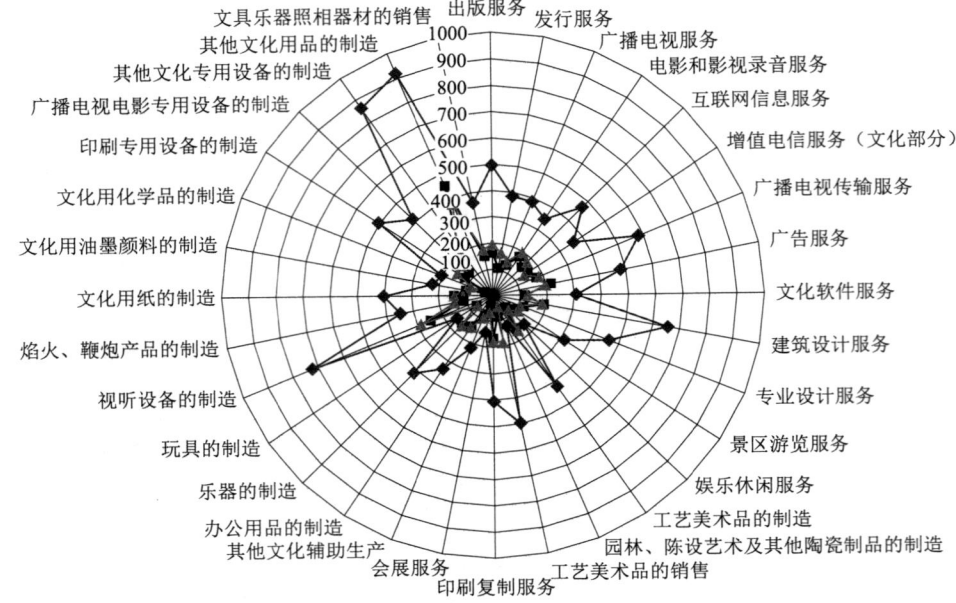

图例：
◆—— 年度平均高管年度报酬总额
■—— 年度平均最高前三位董事报酬总额
▲—— 年度平均最高前三位高级管理人员报酬总额

图 9-23　2011～2013 年文化及相关产业上市公司高管薪酬行业比较（单位：万元）

表 9-27　2011～2013 年文化及相关产业上市公司高管薪酬行业比较（单位：万元）

产业分类 第三层		2011 年			2012 年			2013 年			年度平均		
		高管年 度报酬 总额	最高前 三位董 事报酬 总额	最高前 三位高 级管理 人员报 酬总额	高管年度 报酬总额	最高前 三位董 事报酬 总额	最高 三位高 级管理 人员报 酬总额	高管年 度报酬 总额	最高前 三位董 事报酬 总额	最高前 三位高 级管理 人员报 酬总额	高管年度 报酬总额	最高前 三位董 事报酬 总额	最高前 三位高 级管理 人员报 酬总额
出版 服务	N	13	13	13	11	11	11	13	13	13	12.33	12.33	12.33
	合计	5431.12	1838.11	2227.44	5583.96	1772.65	2187.9	7352.08	2431.63	2795.47	6122.39	2014.13	2403.6
	均值	417.78	141.39	171.34	507.63	161.15	198.9	565.54	187.05	215.04	496.99	163.2	195.09
发行 服务	N	2	2	2	2	2	2	2	2	2	2	2	2
	合计	821.09	189.06	338.98	734.61	207.8	323.28	751.39	238.73	326.28	769.03	211.86	329.51
	均值	410.55	94.53	169.49	367.31	103.9	161.64	375.7	119.37	163.14	384.52	105.93	164.76
广播 电视 服务	N	2	2	2	3	3	2	3	2	2	2.67	2.33	2
	合计	602.34	222.46	101.88	1619.29	375.75	456.04	933.98	283.54	280.48	1051.87	293.92	279.47
	均值	301.17	111.23	50.94	539.76	125.25	228.02	311.33	141.77	140.24	384.09	126.08	139.73

产业分类第三层		2011年			2012年			2013年			年度平均		
		高管年度报酬总额	最高前三位董事报酬总额	最高前三位高级管理人员报酬总额	高管年度报酬总额	最高前三位董事报酬总额	最高前三位高级管理人员报酬总额	高管年度报酬总额	最高前三位董事报酬总额	最高前三位高级管理人员报酬总额	高管年度报酬总额	最高前三位董事报酬总额	最高前三位高级管理人员报酬总额
电影和影视录音服务	N	5	5	5	7	7	7	7	7	7	6.33	6.33	6.33
	合计	1843.76	938.2	981.2	2374.21	1152.99	1365.4	2321.47	1275.31	1365.37	2179.81	1122.17	1237.32
	均值	368.75	187.64	196.24	339.17	164.71	195.06	331.64	182.19	195.05	346.52	178.18	195.45
互联网信息服务	N	15	15	15	16	16	16	16	16	16	15.67	15.67	15.67
	合计	5422.85	1912.63	2146.8	7398.12	2365.82	2820.35	9374.33	2842.75	3434.88	7398.43	2373.73	2800.68
	均值	361.52	127.51	143.12	462.38	147.86	176.27	585.9	177.67	214.68	469.93	151.01	178.02
增值电信服务（文化部分）	N	3	3	3	3	3	3	3	3	3	3	3	3
	合计	821.94	385.95	434.3	841.23	364.66	360.33	1577.32	642.62	450.82	1080.16	464.41	415.15
	均值	273.98	128.65	144.77	280.41	121.55	120.11	525.77	214.21	150.27	360.05	154.8	138.38
广播电视传输服务	N	8	8	8	8	8	8	8	8	8	8	8	8
	合计	4149.37	1303.94	1339.93	4864.63	1379.18	1474.38	4946.29	1488.01	1576.38	4653.43	1390.38	1463.56
	均值	518.67	162.99	167.49	608.08	172.4	184.3	618.29	186	197.05	581.68	173.8	182.95
广告服务	N	4	4	4	4	4	4	4	4	4	4	4	4
	合计	1751.89	790.02	698.98	1976.13	879.9	791.96	2040.06	964.8	868.42	1922.69	878.24	786.45
	均值	437.97	197.51	174.75	494.03	219.98	197.99	510.02	241.2	217.11	480.67	219.56	196.61
文化软件服务	N	3	3	3	5	5	5	5	5	5	4.33	4.33	4.33
	合计	707.97	257.9	288.6	1618.9	630.07	685.21	1821.13	700.92	739.08	1382.67	529.63	570.96
	均值	235.99	85.97	96.2	323.78	126.01	137.04	364.23	140.18	147.82	308	117.39	127.02
建筑设计服务	N	9	9	9	9	9	9	9	9	9	9	9	9
	合计	5088.96	1551.26	1467.23	5566.13	1740.96	1725.6	7054.35	1847.69	1804.01	5903.15	1713.3	1665.61
	均值	565.44	172.36	163.03	618.46	193.44	191.73	783.82	205.3	200.45	655.91	190.37	185.07
专业设计服务	N	1	1	1	1	1	1	1	1	1	1	1	1
	合计	359.08	106.72	92.99	454.75	136.4	116.06	569.37	119.57	113.43	461.07	120.9	107.49
	均值	359.08	106.72	92.99	454.75	136.4	116.06	569.37	119.57	113.43	461.07	120.9	107.49

（续表）

产业分类第三层		2011年			2012年			2013年			年度平均		
		高管年度报酬总额	最高前三位董事报酬总额	最高前三位高级管理人员报酬总额	高管年度报酬总额	最高前三位董事报酬总额	最高前三位高级管理人员报酬总额	高管年度报酬总额	最高前三位董事报酬总额	最高前三位高级管理人员报酬总额	高管年度报酬总额	最高前三位董事报酬总额	最高前三位高级管理人员报酬总额
景区游览服务	N	13	13	13	13	13	13	13	13	13	13	13	13
	合计	3860.18	1214.05	1417.72	4076.22	1051.05	1333.82	4343.99	1438.35	1526	4093.46	1234.48	1425.85
	均值	296.94	93.39	109.06	313.56	80.85	102.6	334.15	110.64	117.38	314.88	94.96	109.68
娱乐休闲服务	N	1	1	1	1	1	1	1	1	1	1	1	1
	合计	135.88	54.4	69.5	165.4	67.98	83.14	177.23	71.16	86.36	159.5	64.51	79.67
	均值	135.88	54.4	69.5	165.4	67.98	83.14	177.23	71.16	86.36	159.5	64.51	79.67
工艺美术品的制造	N	6	6	6	6	6	6	6	6	6	6	6	6
	合计	2452.04	963.06	998.47	2463.82	937.04	878.01	2662.02	858.71	1063.27	2525.96	919.6	979.92
	均值	408.67	160.51	166.41	410.64	156.17	146.34	443.67	143.12	177.21	420.99	153.27	163.32
园林、陈设艺术及其他陶瓷制品的制造	N	1	1	1	1	1	1	1	1	1	1	1	1
	合计	139.82	54.75	44.49	118.94	54.27	46.32	130.78	55.46	48.73	129.85	54.83	46.51
	均值	139.82	54.75	44.49	118.94	54.27	46.32	130.78	55.46	48.73	129.85	54.83	46.51
工艺美术品的销售	N	2	2	2	2	2	2	2	2	2	2	2	2
	合计	883.65	163.5	362	1021.5	166	352	1081.2	166	388	995.45	165.17	367.33
	均值	441.83	81.75	181	510.75	83	176	540.6	83	194	497.73	82.58	183.67
印刷复制服务	N	12	12	12	13	13	13	13	13	13	12.67	12.67	12.67
	合计	4292.47	1798.02	2008.15	5354.05	2186.92	2229.05	5855.18	2391.87	2491.72	5167.23	2125.6	2242.97
	均值	357.71	149.84	167.35	411.85	168.22	171.47	450.4	183.99	191.67	406.65	167.35	176.83
会展服务	N	2	2	2	2	2	2	2	2	2	2	2	2
	合计	196.47	62.37	91.67	276.08	80.77	105.47	405.41	104.85	204.59	292.65	82.66	133.91
	均值	98.24	31.19	45.84	138.04	40.39	52.74	202.71	52.43	102.3	146.33	41.33	66.96

产业分类第三层		2011 年			2012 年			2013 年			年度平均		
		高管年度报酬总额	最高前三位董事报酬总额	最高前三位高级管理人员报酬总额	高管年度报酬总额	最高前三位董事报酬总额	最高前三位高级管理人员报酬总额	高管年度报酬总额	最高前三位董事报酬总额	最高前三位高级管理人员报酬总额	高管年度报酬总额	最高前三位董事报酬总额	最高前三位高级管理人员报酬总额
其他文化辅助生产	N	—	—	—	1	1	1	1	1	1	1	1	1
	合计	—	—	—	194.14	89.71	92.45	241.72	66.3	93.48	217.93	78.01	92.97
	均值	—	—	—	194.14	89.71	92.45	241.72	66.3	93.48	217.93	78.01	92.97
办公用品的制造	N	2	2	2	2	2	2	2	2	2	2	2	2
	合计	653.57	297.49	266.06	651.04	291.82	317.43	712	264.86	298.59	672.2	284.72	294.03
	均值	326.79	148.75	133.03	325.52	145.91	158.72	356	132.43	149.3	336.1	142.36	147.01
乐器的制造	N	—	—	—	2	2	2	2	2	2	2	2	2
	合计	—	—	—	801.06	327.46	333	863.38	324.49	324.11	832.22	325.98	328.56
	均值	—	—	—	400.53	163.73	166.5	431.69	162.25	162.06	416.11	162.99	164.28
玩具的制造	N	4	4	4	4	4	4	4	4	4	4	4	4
	合计	520.45	257.19	245.71	659.27	299.42	283.62	713.52	307.49	291.69	631.08	288.03	273.67
	均值	130.11	64.3	61.43	164.82	74.86	70.91	178.38	76.87	72.92	157.77	72.01	68.42
视听设备的制造	N	15	15	15	15	14	15	15	15	15	15	14.67	15
	合计	9961.38	3216.69	3554.87	10 454.05	3439.58	4389.94	12 108.83	4255.31	4956.5	10 841.42	3637.19	4300.44
	均值	664.09	214.45	236.99	696.94	245.68	292.66	807.26	283.69	330.43	722.76	247.94	286.7
焰火、鞭炮产品的制造	N	1	1	1	1	1	1	1	1	1	1	1	1
	合计	696.04	197.7	273.65	188.1	66.6	79.6	160.6	65.4	78.6	348.25	109.9	143.95
	均值	696.04	197.7	273.65	188.1	66.6	79.6	160.6	65.4	78.6	348.25	109.9	143.95
文化用纸的制造	N	14	14	14	14	14	14	13	13	13	13.67	13.67	13.67
	合计	5171.14	1866.73	1720.21	5425.16	1855.28	1798.83	5851.9	2117.04	2260.57	5482.73	1946.35	1926.54
	均值	369.37	133.34	122.87	387.51	132.52	128.49	450.15	162.85	173.89	402.34	142.9	141.75
文化用油墨颜料的制造	N	3	3	3	3	3	3	3	3	3	3	3	3
	合计	529.14	203.92	207.32	619.03	305.21	308.21	887.79	391.78	390.92	678.65	300.3	302.15
	均值	176.38	67.97	69.11	206.34	101.74	102.74	295.93	130.59	130.31	226.22	100.1	100.72

产业分类第三层		2011 年			2012 年			2013 年			年度平均		
		高管年度报酬总额	最高前三位董事报酬总额	最高前三位高级管理人员报酬总额	高管年度报酬总额	最高前三位董事报酬总额	最高前三位高级管理人员报酬总额	高管年度报酬总额	最高前三位董事报酬总额	最高前三位高级管理人员报酬总额	高管年度报酬总额	最高前三位董事报酬总额	最高前三位高级管理人员报酬总额
文化用化学品的制造	N	1	1	1	1	1	1	1	1	1	1	1	1
	合计	134.13	18	61.37	148.71	18	68.63	325.46	61.44	129.79	202.77	32.48	86.6
	均值	134.13	18	61.37	148.71	18	68.63	325.46	61.44	129.79	202.77	32.48	86.6
印刷专用设备的制造	N	1	1	1	1	1	1	1	1	1	1	1	1
	合计	382.64	78.36	177.98	322.53	95.77	107.96	807.35	196.15	178.22	504.17	123.43	154.72
	均值	382.64	78.36	177.98	322.53	95.77	107.96	807.35	196.15	178.22	504.17	123.43	154.72
广播电视电影专用设备的制造	N	14	14	14	14	14	14	14	14	14	14	14	14
	合计	5157.15	1402.03	2141.07	5574.29	1791.02	2258.46	6655.26	1982.92	2431.28	5795.57	1725.32	2276.94
	均值	368.37	100.15	152.93	398.16	127.93	161.32	475.38	141.64	173.66	413.97	123.24	162.64
其他文化专用设备的制造	N	1	1	1	1	1	1	1	1	1	1	1	1
	合计	731.01	183.66	204.27	1011.5	310.2	273.4	843.7	178.4	231.3	862.07	224.09	236.32
	均值	731.01	183.66	204.27	1011.5	310.2	273.4	843.7	178.4	231.3	862.07	224.09	236.32
其他文化用品的制造	N	2	2	2	2	2	2	2	2	2	2	2	2
	合计	1635.91	681.94	606.65	1828.84	881.35	773.93	2044.53	1156.82	896.97	1836.43	906.7	759.18
	均值	817.96	340.97	303.33	914.42	440.68	386.97	1022.27	578.41	448.49	918.21	453.35	379.59
文具乐器照相器材的销售	N	1	1	1	1	1	1	1	1	1	1	1	1
	合计	409.69	212.68	212.68	397.22	148.73	197.72	270.47	97.76	123.53	359.13	153.06	177.98
	均值	409.69	212.68	212.68	397.22	148.73	197.72	270.47	97.76	123.53	359.13	153.06	177.98

注：斜体表示该地区所含上市公司数量太少，不参与比较分析。

从各个细分行业高管个人薪酬平均水平来看，视听设备的制造行业和建筑设计服务行业最高，都达到 30 万元以上，其中视听设备的制造行业达到 39 万元。广告服务、广播电视传输服务和出版服务三个行业位列第三、四、五位，都达到了 25 万元以上。文化用油墨颜料的制造、玩具的制造两个行业相对最低，都不足 15 万元，特别是玩具的制造行业还不足 10 万元。^① 如图 9-24 所示。

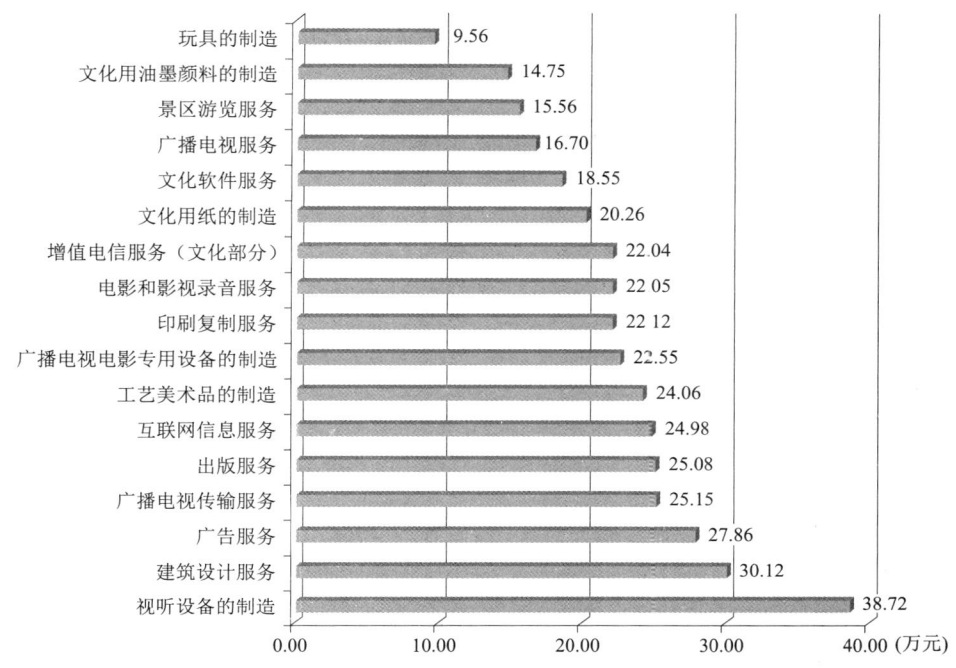

图 9-24　2011～2013 年文化及相关产业上市公司高管薪酬行业比较

（五）不同所有制的文化及相关产业上市公司高管薪酬评价

通过所有制对比分析，本书得到了一个出乎意料的结论。一般而言，国有企业的高管薪酬应该低于民营企业。然而，本书通过 2011～2013 年的高管薪酬数据比较研究发现：

（1）国有文化上市公司的高管薪酬水平是全部所有制类型企业中最高的，而民营文化上市公司反而是各种所有制类型企业中高管薪酬水平最低的，国有企业高管年度报酬总额均值达到 559 万元，而同期民营企业为 379 万元，国有企业是民营企业高管薪酬总额均值的 1.47 倍。

（2）从最高前三位董事报酬总额均值来看，中外合资文化上市公司跃居第一，达到 177 万元，超过国有文化上市企业的 171 万元，民营文化上市企业排第三，达到 145 万元。

而在最高前三位高级管理人员的报酬水平方面，国有文化上市公司重新排在了第一名，而且以 208 万元高居榜首，超过第二名的中外合资企业近 22 万元，民营企业再次排在了最后，为 149 万元。

---

①　注：某些公司高管可能不仅在上市公司领取薪酬，还在其他关联公司领取薪酬，导致这里的数据可能比实际偏低；此外由于各个行业所含上市公司数量参差不齐，对于上市公司数量较少的行业，代表性方面可能有所不足。

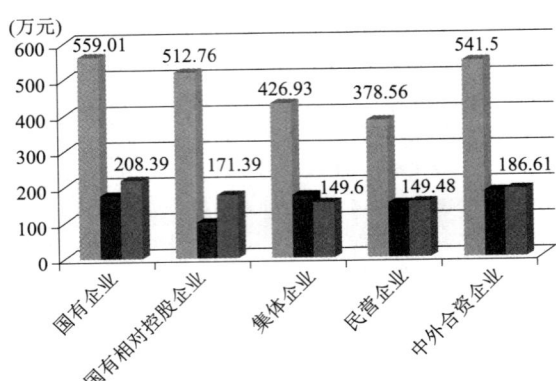

图 9-25　2011～2013 年文化及相关产业上市公司高管薪酬所有制比较

（3）从变化趋势和幅度来看，2011～2013 年民营文化上市公司在高管年度报酬总额均值的增长幅度最大，达到 31%；而国有文化上市企业在最高前三位董事报酬总额均值增幅上位居第一，达到 32%，在最高前三位高级管理人员的报酬增幅上也同样超过了民营文化企业 2 个百分点。

表 9-28　2011～2013 年文化及相关产业上市公司高管薪酬所有制比较（单位：万元）

所有制		2011 年			2012 年			2013 年			年度平均		
		高管年度报酬总额	最高前三位董事报酬总额	最高前三位高级管理人员报酬总额	高管年度报酬总额	最高前三位董事报酬总额	最高前三位高级管理人员报酬总额	高管年度报酬总额	最高前三位董事报酬总额	最高前三位高级管理人员报酬总额	高管年度报酬总额	最高前三位董事报酬总额	最高前三位高级管理人员报酬总额
国有企业	N	57	57	57	60	59	59	61	60	60	59.33	58.67	58.67
	合计	29 082.75	8585.04	10 579.18	33 323.64	9764.94	12 306.89	37 296.47	11 884.49	13 858.48	33 234.29	10 078.16	12 248.18
	均值	510.22	150.61	185.6	555.39	165.51	208.59	611.42	198.07	230.97	559.01	171.4	208.39
国有相对控股企业	N	3	3	3	3	3	3	3	3	3	3	3	3
	合计	1570.2	255.7	360.02	1557.54	351.55	587.06	1487.06	264.98	595.41	1538.27	290.74	514.16
	均值	523.4	85.23	120.01	519.18	117.18	195.69	495.69	88.33	198.47	512.76	96.91	171.39
集体企业	N	2	2	2	2	2	2	2	2	2	2	2	2
	合计	645.44	302.46	172.88	912.95	368.2	342.64	1003.17	350.88	382.06	853.85	340.51	299.19
	均值	322.72	151.23	86.44	456.48	184.1	171.32	501.59	175.44	191.03	426.93	170.26	149.6
民营企业	N	95	95	95	99	99	99	99	99	99	97.67	97.67	97.67
	合计	31 691.84	12 643.33	12 921.89	36 230.01	14 032.31	14 447.37	43 174.85	15 977.03	16 482.48	37 032.23	14 217.56	14 617.25
	均值	333.6	133.09	136.02	365.96	141.74	145.93	436.11	161.38	166.49	378.56	145.4	149.48

所有制		2011年			2012年			2013年			年度平均		
		高管年度报酬总额	最高前三位董事报酬总额	最高前三位高级管理人员报酬总额	高管年度报酬总额	最高前三位董事报酬总额	最高前三位高级管理人员报酬总额	高管年度报酬总额	最高前三位董事报酬总额	最高前三位高级管理人员报酬总额	高管年度报酬总额	最高前三位董事报酬总额	最高前三位高级管理人员报酬总额
中外合资企业	N	4	4	4	5	5	5	5	5	5	4.67	4.67	4.67
	合计	1952.9	636.26	748.2	2758.77	953.36	933.54	2922.54	910.75	930.41	2544.74	833.46	870.72
	均值	488.23	159.07	187.05	551.75	190.67	186.71	584.51	182.15	186.08	541.5	177.3	186.61

　　按照高管年度报酬总额均值除以董监高总数均值即可得到每位高管薪酬的平均水平，结果发现，国有企业仍然是第一，平均每位高管薪酬为 27.97 万元；中外合资企业第二，平均每位高管薪酬为 27.72 万元；国有相对控股企业第三，平均每位高管薪酬为 27.47 万元；民营企业则最低，数额为 21.19 万元。

　　由此可以看出，民营文化上市公司的高管薪酬水平是全部所有制类型企业中最低的。

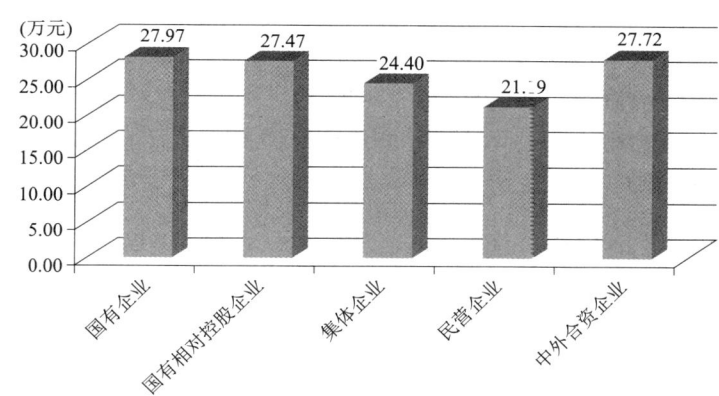

图 9-26　2011～2013 年文化及相关产业上市公司高管人均薪酬所有制比较

二、文化及相关产业上市公司职工薪酬评价

　　职工薪酬水平是反映一家企业治理能力的重要指标，也是支撑和提升员工幸福感的重要因素。根据上市公司年报披露信息，我们发现有两个指标都在反映职工薪酬，分别是"应付职工薪酬"和"支付职工以及为职工支付的现金"。然而仔细分析发现，"应付职工薪酬"的数额大大低于"支付职工以及为职工支付的现金"，其原因在于"应付职工薪酬"所涵盖的内容比较少，而"支付职工以及为职工支付的现金"指标则包括了实际

支付给职工的工资、奖金、各种津贴和补贴，还有企业为职工支付的养老保险、失业保险、商业保险等各种保险保障费用，以及为职工支付的住房困难补助等其他费用，是一个比较全面地反映职工综合薪酬水平的指标，因此本书选取"支付职工以及为职工支付的现金"作为职工薪酬评价的基础性指标。

同时，考虑到高管薪酬在职工薪酬总量中一般占有较大比重，而且高管薪酬水平并不能代表企业普通职工的薪酬水平，因此为了更为准确地反映文化及相关产业上市公司普通职工的薪酬水平，本书采用"支付职工以及为职工支付的现金"扣减"高管薪酬总额"指标所得的差额作为考察职工薪酬水平的评价指标，然后再除以职工人数，得到普通职工人均薪酬。

（一）文化及相关产业上市公司职工薪酬总体特征

2011～2013 年来，中国文化及相关产业上市公司职工薪酬水平（包括应付职工薪酬和支付给职工以及为职工支付的现金）体现出如下特征：

（1）综合来看，2011～2013 年，中国文化及相关产业上市公司应付职工薪酬合计值年度平均达到 150 亿元，均值达到 9104 万元；支付给职工以及为职工支付的现金合计值年度平均达到 810 亿元，均值达到 4.93 亿元。

（2）三年来，文化及相关产业上市公司职工薪酬总量处于连续大幅度增长趋势。应付职工薪酬方面，2013 年合计值比 2011 年增长了 37%；支付给职工以及为职工支付的现金方面，2013 年合计值比 2011 年增长了 42%。

（3）文化及相关产业上市公司职工薪酬均值同样表现出连年增长态势，应付职工薪酬方面，2013 年均值比 2011 年增长了 28%；支付给职工以及为职工支付的现金方面，2013 年均值比 2011 年增长了 27%。

分析这一增长趋势的原因，我们认为，这与文化及相关产业上市公司近年来不断增长的盈利能力有很大关系。本书在文化及相关产业上市公司盈利能力分析章节已经指出，2011～2013 年文化及相关产业上市公司主营业务收入总量增长了 36.98%，均值增长了 25.70%；净利润总和增长了 58.37%，企业平均净利润增长了 49.79%。文化及相关产业上市公司盈利水平的提升，在很大程度上带动了公司职工薪酬福利的增长。而公司职工薪酬水平的较大幅度提升同时也说明了文化及相关产业上市公司的职工能够有机会分享企业的盈利盈余。在文化产业大发展的进程中，文化人才的竞争越来越激烈，使得企业愿意（或者说是不得不）拿出更多的利润分享给员工，增加员工的薪酬福利待遇水平，以达到留住文化人才的目的，而在这个过程中，也自然不断推升着文化产业的整体薪酬福利水平。但同时还应该看到的是，文化及相关产业上市公司的人均薪酬水平仅仅占全国平均水平的 84%（详见第四章第三节的研究结果），这说明要想吸引更多的人才进入文化产业，在薪酬福利水平方面还需要进一步增强跨界竞争力。

表 9-29 2011～2013 年文化及相关产业上市公司职工薪酬总体特征

（单位：万元）

年份	项 目	N	合计	均值
2011	应付职工薪酬	157	1 275 977.91	8127.25
	支付给职工以及为职工支付的现金	152	6 677 439.11	43 930.52
2012	应付职工薪酬	167	1 471 643.20	8812.23
	支付给职工以及为职工支付的现金	170	8 163 314.92	48 019.50
2013	应付职工薪酬	168	1 742 543.91	10 372.29
	支付给职工以及为职工支付的现金	169	9 457 083.67	55 959.07

（二）不同文化及相关产业上市公司职工人均薪酬 50 强

在对 2011～2013 年 161 家文化及相关产业上市公司（不含 2012 年上市的 10 家公司）的职工薪酬按照三年平均水平进行排名后，提取前 50 家企业，如表 9-30 所示。对这 50 家企业的分析，我们发现：

（1）弘业股份公司职工人均薪酬三年平均达到了 46.73 万元，高居第一。该公司官网显示，弘业股份成立于 1979 年，是江苏省外贸系统和全国工艺行业第一家上市企业。该公司 2013 年年报显示，公司支付给职工以及为职工支付的现金达到 17 413 万元，而现任及报告期内离任董事、监事和高级管理人员报酬总额为 311 万元，在职员工的数量合计为 339 人，由此可知该公司 2013 年去除高管报酬后的职工人均薪酬则高达 50 万元。而从公司盈利能力来看，2013 年该公司加权平均净资产收益率为 4.94%，扣除非经常性损益后的加权平均净资产收益率为 2.42%，盈利水平基本处于一般略微偏上的水平，并没有特别突出的业绩表现。对于该公司如此之高的薪酬福利水平，可能还有待于进一步实地考察深入研究。

亚厦股份以 34.29 万元的水平排在了第二位。该公司 2013 年年报披露公司连续九年蝉联中国建筑装饰百强企业第二名，被评为中国建筑装饰设计机构 50 强中的第二名，并获得了 6 项鲁班奖。从业绩表现来看，该公司 2013 年加权平均净资产收益率高达 22.86%，净利润同比增长 40% 以上。该公司 2013 年支付给职工以及为职工支付的现金达到 164 179 万元，而现任及报告期内离任董事、监事和高级管理人员报酬总额为 1120 万元，公司共有员工的数量合计为 5194 人，则可知该公司职工人均薪酬 31.39 万元；而用同样方法计算该公司 2012 年职工人均薪酬为 37.18 万元。分析认为，由于该公司的主营业务是建筑装饰设计和施工，在我国此类行业一般会有大量的外聘劳务人员，这部分人员的工资是计入"支付给职工以及为职工支付的现金"项目的，但是这部分人员可能并没有包含在公司员工数量统计中，从而导致计算得到的职工人均薪酬比实际高出许多。亚厦股份的职工人均高薪酬，很可能存在这方面的原因。

279

（2）从企业所有制性质来看，50 强中的国有文化上市公司职工人均薪酬要高于民营文化上市公司。数据统计发现，民营文化上市公司有 25 家企业上榜，平均每家企业职工人均薪酬为 12.73 万元；而国有文化上市公司有 22 家上榜，平均每家企业职工人均薪酬为 14.06 万元，比民营文化企业高出 10 个百分点。

（3）从 50 强所属细分行业来看，互联网信息服务行业上榜企业数量最多，达到 9 家；视听设备的制造行业达到 6 家，建筑设计服务、广播电视电影专用设备的制造、电影和影视录音服务行业各有 5 家公司上榜。从上榜企业职工薪酬均值水平来看，建筑设计服务行业最高，主要源于亚厦股份；广播电视传输服务行业 4 家上榜企业平均职工薪酬 15 万元，广播电视电影专用设备的制造、互联网信息服务、电影和影视录音服务三个行业的职工薪酬水平都达到 11 万元以上（本排名仅包含上榜 3 家及以上公司的行业）。

（4）从 50 强所在地区比较分析来看，共有 11 个地区的文化及相关产业上市公司榜上有名。其中北京市上榜企业数量最多，达到 15 家；上海市排在第二位，有 11 家企业上榜；广东省 7 家、浙江省 6 家、江苏省 5 家，分列第三、四、五位。然而从 50 强职工薪酬平均水平来看，排序刚好反过来，江苏省最高，达到 18 万元，主要得益于弘业股份；浙江省第二，15 万元；广东省第三，14 万元；上海市第四，13 万元；北京市第五，12 万元（本排名不包含仅上榜一家公司的地区）。

表 9-30　2011～2013 年文化及相关产业上市公司职工人均薪酬 50 强

排名	证券代码	企业名称	企业性质	注册地址	产业分类第三层	上市时间（年）	年度平均薪酬（万元）
1	600128	弘业股份	国有企业	江苏省	工艺美术品的销售	1997	46.73
2	002375	亚厦股份	民营企业	浙江省	建筑设计服务	2010	34.29
3	002362	汉王科技	中外合资企业	北京市	其他文化用品的制造	2010	21.28
4	002238	天威视讯	国有企业	广东省	广播电视传输服务	2008	21.24
5	600612	老凤祥	国有企业	上海市	工艺美术品的制造	1992	19.16
6	002431	棕榈园林	民营企业	广东省	建筑设计服务	2010	17.13
7	002308	威创股份	中外合资企业	广东省	广播电视电影专用设备的制造	2009	17.06
8	600637	百视通	国有企业	上海市	互联网信息服务	1993	16.03
9	600832	东方明珠	国有企业	上海市	广播电视传输服务	1994	15.86
10	002565	上海绿新	民营企业	上海市	印刷复制服务	2011	15.36
11	300005	探路者	民营企业	北京市	其他文化用品的制造	2009	14.38
12	002045	国光电器	民营企业	广东省	视听设备的制造	2005	13.88
13	002467	二六三	民营企业	北京市	互联网信息服务	2010	13.48
14	002400	省广股份	国有企业	广州市	广告服务	2010	13.48
15	600655	豫园商城	民营企业	上海市	工艺美术品的销售	1992	13.09

排名	证券代码	企业名称	企业性质	注册地址	产业分类第三层	上市时间（年）	年度平均薪酬（万元）
16	600050	中国联通	国有企业	上海市	增值电信服务（文化部分）	2002	13.01
17	600825	新华传媒	国有企业	上海市	发行服务	1994	12.76
18	002059	云南旅游	国有企业	云南省	景区游览服务	2006	12.75
19	600037	歌华有线	国有企业	北京市	广播电视传输服务	2001	12.49
20	600100	同方股份	国有企业	北京市	广播电视电影专用设备的制造	1997	12.28
21	002315	焦点科技	民营企业	江苏省	互联网信息服务	2009	11.86
22	300113	顺网科技	民营企业	浙江省	互联网信息服务	2010	11.73
23	300264	佳创视讯	民营企业	广东省	广播电视传输服务	2011	11.67
24	601886	江河创建	民营企业	北京市	建筑设计服务	2011	11.66
25	002415	海康威视	国有企业	浙江省	视听设备的制造	2010	11.65
26	300079	数码视讯	民营企业	北京市	广播电视电影专用设备的制造	2010	11.64
27	300133	华策影视	民营企业	浙江省	电影和影视录音服务	2010	11.56
28	600860	京城股份	国有企业	北京市	印刷专用设备的制造	1994	11.48
29	300027	华谊兄弟	民营企业	浙江省	电影和影视录音服务	2009	11.32
30	300058	蓝色光标	民营企业	北京市	广告服务	2010	11.23
31	600088	中视传媒	国有企业	上海市	电影和影视录音服务	1997	11.12
32	300017	网宿科技	民营企业	上海市	互联网信息服务	2009	10.94
33	300251	光线传媒	民营企业	北京市	电影和影视录音服务	2011	10.84
34	300192	科斯伍德	民营企业	江苏省	文化用油墨颜料的制造	2011	10.82
35	000681	远东股份	民营企业	江苏省	电影和影视录音服务	1997	10.70
36	600288	大恒科技	民营企业	北京市	广播电视电影专用设备的制造	2000	10.70
37	600386	北巴传媒	国有企业	北京市	广告服务	2001	10.58
38	002310	东方园林	民营企业	北京市	建筑设计服务	2009	10.46
39	601999	出版传媒	国有企业	辽宁省	出版服务	2007	10.38
40	000909	数源科技	国有企业	浙江省	视听设备的制造	1999	10.11
41	300059	东方财富	民营企业	上海市	互联网信息服务	2010	10.08
42	000725	京东方A	国有企业	北京市	视听设备的制造	2001	10.06
43	002081	金螳螂	民营企业	江苏省	建筑设计服务	2006	9.97
44	000066	长城电脑	国有企业	广东省	视听设备的制造	1997	9.92
45	600690	青岛海尔	集体企业	山东省	视听设备的制造	1993	9.91
46	300188	美亚柏科	民营企业	福建省	互联网信息服务	2011	9.86
47	300229	拓尔思	民营企业	北京市	互联网信息服务	2011	9.60
48	600640	号百控股	国有企业	上海市	互联网信息服务	1993	9.57

（续表）

排名	证券代码	企业名称	企业性质	注册地址	产业分类第三层	上市时间（年）	年度平均薪酬（万元）
49	000719	大地传媒	国有企业	河南省	出版服务	1997	9.42
50	000050	深天马A	国有企业	广东省	广播电视电影专用设备的制造	1995	9.15

注：（1）为了便于研究，本排名依据2012年以前上市的161家公司。（2）因某些公司含有大量的外包职工，这部分职工人数并没有统计在公司职工总数内，导致年报中披露的职工总数数据并不准确，而外包职工的工资却含在"支付给职工以及为职工支付的现金"中，所以会导致某些公司的人均薪酬可能比实际偏高。（3）百事通公司2011年年报显示在职职工总数仅为29人，原因在于"公司于2011年12月完成股份转让、资产出售、现金及发行股份购买资产暨关联交易重大资产重组，年末人员编制正在调整中"。为了使我们的研究更符合常理，在此对百事通2011年的职工人数进行重新估算。估算方法以2012年职工人数1475为基础，然后按照2013年比2012年的同比例变化进行推算。（4）同方股份：2011年、2012年、2013年年报披露公司在职员工总数分别为1871人、14703人和17850人。显然，2011年数据很可能有问题。这里还是采用与百事通同样的处理办法进行推算。（5）华谊嘉信公司在2011年和2012年都披露了包含外包人员的全部职工数量，但是2013年没有披露，在此采用同样方法估算。

（三）不同地区文化及相关产业上市公司职工薪酬评价

将2011～2013年文化及相关产业上市公司职工薪酬（包含应付职工薪酬和支付给职工以及为职工支付的现金）按照地区进行分类汇总并排名分析，发现：

（1）上海市、山东省和广东省的文化及相关产业上市公司，无论是在应付职工薪酬方面还是在支付给职工以及为职工支付的现金上，都牢牢占据前三名的位置。究其原因，主要在于中国联通、青岛海尔和TCL三家公司的体量非常大，抬高了整个地区的平均水平。

（2）第四名的争夺比较激烈，江苏省在应付职工薪酬方面排在了第四位，然而在支付给职工以及为职工支付的现金上却滑落到了第八名，北京市和湖南省分别以3.66亿元和2.99亿元的单位企业薪资强势进入前五名。

（3）福建省则在应付职工薪酬和支付给职工以及为职工支付的现金两个指标上都排在了倒数三位中，而且1653万元的单位企业应付职工薪酬和1.23亿元的支付给职工以及为职工支付的现金水平都大大低于其他省份。

（4）从变化情况来看，四川省无论是在应付职工薪酬方面还是在支付给职工以及为职工支付的现金的增长方面都高居榜首，分别达到1.84倍和2.81倍。湖北省和江苏省在应付职工薪酬增长方面位居前三名；浙江省和江苏省在支付给职工以及为职工支付的现金的增长方面进入前三名。

表9-31　2011～2013年文化及相关产业上市公司职工薪酬地区比较

（单位：万元）

注册地址		2011年		2012年		2013年		年度平均	
		应付职工薪酬	支付给职工以及为职工支付的现金	应付职工薪酬	支付给职工以及为职工支付的现金	应付职工薪酬	支付给职工以及为职工支付的现金	应付职工薪酬	支付给职工以及为职工支付的现金
安徽省	N	5.00	5.00	5.00	5.00	5.00	5.00	5.00	5.00

注册地址		2011 年		2012 年		2013 年		年度平均	
		应付职工薪酬	支付给职工以及为职工支付的现金	应付职工薪酬	支付给职工以及为职工支付的现金	应付职工薪酬	支付给职工以及为职工支付的现金	应付职工薪酬	支付给职工以及为职工支付的现金
安徽省	合计	15 173.33	103 719.61	19 947.06	120 527.58	29 053.57	148 820.51	21 391.32	124 355.90
	均值	3034.67	20 743.92	3989.41	24 105.52	5810.71	29 764.10	4278.26	24 871.18
	N	22.00	22.00	26.00	26.00	25.00	26.00	24.33	24.67
北京市	合计	107 467.51	689 940.58	141 695.20	896 100.31	193 582.90	1 146 788.50	147 581.87	910 943.13
	均值	4884.89	31 360.94	5449.82	34 465.40	7743.32	44 107.25	6026.01	36 644.53
	N	7.00	7.00	7.00	7.00	7.00	7.00	7.00	7.00
福建省	合计	11 993.45	69 324.05	10 406.36	92 643.67	12 320.56	96 956.01	11 573.46	86 307.91
	均值	1713.35	9903.44	1486.62	13 234.81	1760.08	13 850.86	1653.35	12 329.70
	N	33.00	31.00	35.00	35.00	35.00	35.00	34.33	33.67
广东省	合计	265 072.13	1 281 986.39	375 026.04	1 611 427.37	388 949 55	1 974 615.85	343 015.91	1 622 676.54
	均值	8032.49	41 354.40	10 715.03	46 040.78	11 112.84	56 417.60	9953.45	47 937.59
广西壮族自治区	N	1.00	1.00	1.00	1.00	1.00	1.00	1.00	1.00
	合计	3651.54	15 097.84	1537.78	16 949.72	827.19	17 556.86	2005.50	16 534.81
	均值	3651.54	15 097.84	1537.78	16 949.72	827.19	17 556.86	2005.50	16 534.81
	N	—	—	1.00	1.00	1.00	1.00	1.00	1.00
贵州省	合计	—	—	292.69	3747.94	444.03	4511.44	368.36	4129.69
	均值	—	—	292.69	3747.94	444.03	4511.44	368.36	4129.69
	N	2.00	2.00	2.00	2.00	2.00	2.00	2.00	2.00
海南省	合计	12 889.89	51 829.72	12 038.13	61 986.17	14 457.61	67 389.16	13 128.54	60 401.68
	均值	6444.95	25 914.86	6019.07	30 993.09	7228.81	33 694.58	6564.27	30 200.84
	N	1.00	1.00	1.00	1.00	1.00	1.00	1.00	1.00
河北省	合计	296.20	8847.51	874.71	10 560.53	1223.06	11 613.27	797.99	10 340.44
	均值	296.20	8847.51	874.71	10 560.53	1223.06	11 613.27	797.99	10 340.44
	N	2.00	2.00	2.00	2.00	2.00	2.00	2.00	2.00
河南省	合计	4047.04	46 050.62	8591.05	55 725.93	6717.81	48 522.66	6451.97	50 099.74
	均值	2023.52	23 025.31	4295.53	27 862.97	3358.91	24 261.33	3225.98	25 049.87
	N	1.00	1.00	1.00	1.00	1.00	1.00	1.00	1.00
黑龙江省	合计	107.51	2542.06	492.87	5532.87	1042.73	8358.52	547.70	5477.82
	均值	107.51	2542.06	492.87	5532.87	1042.73	8358.52	547.70	5477.82
	N	4.00	4.00	4.00	4.00	4.00	4.00	4.00	4.00
湖北省	合计	12 884.84	46 987.91	22 544.73	70 611.74	28 619.73	80 895.21	21 349.77	66 164.95
	均值	3221.21	11 746.98	5636.18	17 652.94	7154.93	20 223.80	5337.44	16 541.24
	N	6.00	6.00	6.00	6.00	6.00	6.00	6.00	6.00
湖南省	合计	29 659.80	143 777.18	36 001.74	181 984.16	49 009.30	213 200.38	38 223.61	179 653.91
	均值	4943.30	23 962.86	6000.29	30 330.69	8168.22	35 533.40	6370.60	29 942.32

中国文化及相关产业上市公司研究报告：2011～2013

注册地址		2011 年		2012 年		2013 年		年度平均	
		应付职工薪酬	支付给职工以及为职工支付的现金	应付职工薪酬	支付给职工以及为职工支付的现金	应付职工薪酬	支付给职工以及为职工支付的现金	应付职工薪酬	支付给职工以及为职工支付的现金
吉林省	N	—	—	1.00	1.00	1.00	1.00	1.00	1.00
	合计	—	—	1412.95	47 240.77	2136.04	55 134.64	1774.50	51 187.71
	均值	—	—	1412.95	47 240.77	2136.04	55 134.64	1774.50	51 187.71
江苏省	N	9.00	9.00	8.00	8.00	9.00	9.00	8.67	8.67
	合计	48 354.10	113 945.05	79 182.75	162 480.34	105 398.25	243 722.20	77 645.03	173 382.53
	均值	5372.68	12 660.56	9897.84	20 310.04	11 710.92	27 080.24	8993.81	20 016.95
江西省	N	2.00	2.00	2.00	2.00	2.00	1.00	2.00	1.67
	合计	20 804.87	72 935.29	23 143.42	79 923.07	27 345.98	23 784.23	23 764.76	58 880.86
	均值	10 402.44	36 467.65	11 571.71	39 961.54	13 672.99	23 784.23	11 882.38	33 404.47
辽宁省	N	2.00	2.00	2.00	2.00	2.00	2.00	2.00	2.00
	合计	1771.34	18 309.76	2258.42	19 225.03	2732.82	19 943.06	2254.19	19 159.28
	均值	885.67	9154.88	1129.21	9612.52	1366.41	9971.53	1127.10	9579.64
宁夏回族自治区	N	1.00	1.00	1.00	1.00	1.00	1.00	1.00	1.00
	合计	7263.15	11 954.34	9496.63	11 569.17	3079.09	14 536.03	6612.96	12 686.51
	均值	7263.15	11 954.34	9496.63	11 569.17	3079.09	14 536.03	6612.96	12 686.51
山东省	N	9.00	9.00	10.00	10.00	9.00	9.00	9.33	9.33
	合计	140 862.17	738 948.57	170 567.56	847 050.35	156 803.70	953 537.47	156 077.81	846 512.13
	均值	15 651.35	82 105.40	17 056.76	84 705.04	17 422.63	105 948.61	16 710.25	90 919.68
山西省	N	1.00	1.00	1.00	1.00	1.00	1.00	1.00	1.00
	合计	344.62	244.11	336.67	278.59	331.50	317.33	337.60	280.01
	均值	344.62	244.11	336.67	278.59	331.50	317.33	337.60	280.01
陕西省	N	5.00	5.00	5.00	5.00	5.00	5.00	5.00	5.00
	合计	19 437.10	74 846.94	24 493.45	87 423.99	29 285.07	104 010.45	24 405.21	88 760.46
	均值	3887.42	14 969.39	4898.69	17 484.80	5857.01	20 802.09	4881.04	17 752.09
上海市	N	14.00	16.00	15.00	17.00	16.00	17.00	15.00	16.67
	合计	382 206.87	2 945 097.49	426 390.81	3 225 953.07	534 369.31	3 420 714.36	447 655.66	3 197 254.97
	均值	27 300.49	184 068.59	28 426.05	189 761.95	33 398.08	201 218.49	29 708.21	191 683.01
四川省	N	6.00	5.00	6.00	6.00	6.00	6.00	6.00	5.67
	合计	15 278.81	52 011.01	20 048.81	98 572.13	43 390.18	237 907.09	26 239.27	129 496.74
	均值	2546.47	10 402.20	3341.47	16 428.69	7231.70	39 651.18	4373.21	22 160.69
西藏自治区	N	1.00	1.00	1.00	1.00	1.00	1.00	1.00	1.00
	合计	336.86	2613.32	408.45	3393.46	457.49	3814.09	400.93	3273.62
	均值	336.86	2613.32	408.45	3393.46	457.49	3814.09	400.93	3273.62

注册地址		2011 年		2012 年		2013 年		年度平均	
		应付职工薪酬	支付给职工以及为职工支付的现金	应付职工薪酬	支付给职工以及为职工支付的现金	应付职工薪酬	支付给职工以及为职工支付的现金	应付职工薪酬	支付给职工以及为职工支付的现金
云南省	N	2.00	2.00	2.00	2.00	2.00	2.00	2.00	2.00
	合计	2374.34	14 877.11	3603.47	14 639.79	6032.33	25 435.80	4003.38	18 317.57
	均值	1187.17	7438.56	1801.74	7319.90	3016.17	12 717.90	2001.69	9158.78
浙江省	N	19.00	15.00	20.00	21.00	21.00	21.00	20.00	19.00
	合计	17 3073.55	16 2842.35	80 144.67	424 681.96	103 831.21	520 136.72	119 016.48	369 220.34
	均值	9109.13	10 856.16	4007.23	20 222.95	4944.34	24 768.42	6020.24	18 615.84
重庆市	N	2.00	2.00	2.00	2.00	2.00	2.00	2.00	2.00
	合计	626.89	8710.30	706.78	13 085.21	1102.90	14 861.83	812.19	12 219.11
	均值	313.45	4355.15	353.39	6542.61	551.45	7430.92	406.10	6109.56

注：斜体表示该地区所含上市公司数量太少，不参与排名分析。

本书将职工人均薪酬（包含人均应付职工薪酬和人均支付给职工以及为职工支付的现金）绘制成图 9-27。从图 9-27 中可以明显看出：

（1）人均应付职工薪酬均值仅为 1.52 万元，大幅度低于人均支付给职工以及为职工支付的现金 6.75 万元的平均水平。

（2）在人均应付职工薪酬方面，江苏省以 3.46 万元位居第一，浙江省以 3.31 万元位居第二，湖北省排第三，为 2.60 万元。而四川省和福建省最低，两地区人均应付薪酬都不足 9000 元，其中福建省仅为 6500 元。

（3）在人均支付给职工以及为职工支付的现金方面，上海市以 12.52 万元领先全国，北京市位列第二，达到 11.43 万元；浙江省排第三，达到 10.23 万元。福建省和四川省仍然落后于全国大部分地区，分别仅为 4.84 万元和 4.27 万元。

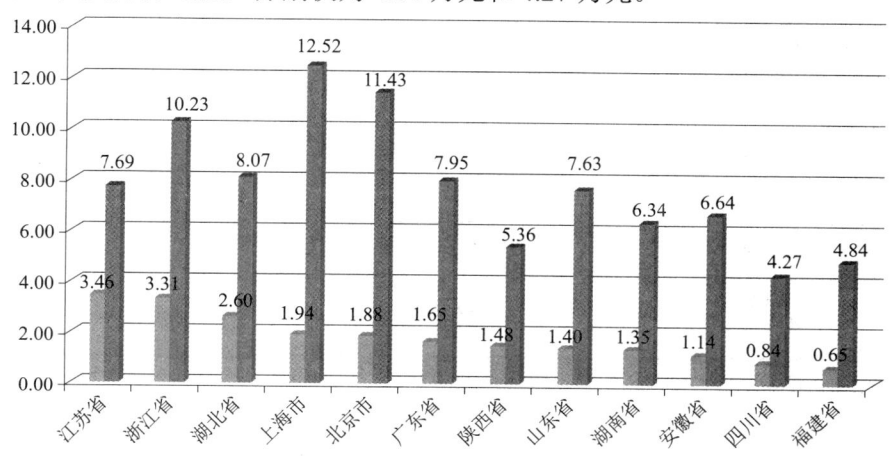

图 9-27 2011～2013 年文化及相关产业上市公司职工人均薪酬地区比较（单位：万元）

（四）不同行业文化及相关产业上市公司职工薪酬评价

在细分行业方面，本书对 2011～2013 年文化及相关产业上市公司职工薪酬的分类汇总分析发现：

（1）增值电信服务（文化部分）和视听设备的制造两个行业在应付职工薪酬和支付给职工以及为职工支付的现金两个方面都稳居前两名，应付职工薪酬分别达到 13.83 亿元和 3.18 亿元，支付给职工以及为职工支付的现金分别达到 95.85 亿元和 13.93 亿元。

（2）建筑设计服务行业在应付职工薪酬和支付给职工以及为职工支付的现金两个维度上都排名第三，原因还是在于亚厦股份。第四名竞争比较激烈，出版服务在应付职工薪酬上以 8269 万元位居第四，但是该行业在支付给职工以及为职工支付的现金上下跌到了第七名的位置。广播电视服务行业从应付职工薪酬上第五名晋升到支付给职工以及为职工支付的现金上的第四名。

（3）文化用油墨颜料的制造、电影和影视录音服务、玩具的制造 3 个细分行业则在应付职工薪酬和支付给职工以及为职工支付的现金两个方面都处于参与排名分析的 17 个行业中的最后三位。

（4）从行业大类来看，文化服务业薪酬水平远远高于文化制造业。数据统计发现，文化服务业有 11 个行业参与排名，其单位企业应付职工薪酬为 1.69 亿元，而 6 个文化制造业行业单位企业应付职工薪酬仅为 7062.98 万元；在支付给职工以及为职工支付的现金方面，文化服务业企业达到 10.86 亿元，而文化制造业企业仅有 3.58 亿元。文化服务业分别达到了文化制造业单位企业薪酬的 2.40 倍和 3.04 倍。

（5）在变化趋势（2013 年比 2011 年）上，互联网信息服务在应付职工薪酬和支付给职工以及为职工支付的现金两个方面的增长幅度都达到了 2 倍以上，其中应付职工薪酬增速高达 2.70 倍。在应付职工薪酬方面，文化用油墨颜料的制造行业虽然排在了倒数后三位，但是其增速却高居第二名，广告服务行业次之。在支付给职工以及为职工支付的现金方面，建筑设计服务行业增速也达到 2 倍以上，广播电视服务行业以 122% 的增速位居第三。

表 9-32　2011～2013 年文化及相关产业上市公司职工薪酬行业比较

（单位：万元）

细分行业		2011 年		2012 年		2013 年		年度平均	
		应付职工薪酬	支付给职工以及为职工支付的现金	应付职工薪酬	支付给职工以及为职工支付的现金	应付职工薪酬	支付给职工以及为职工支付的现金	应付职工薪酬	支付给职工以及为职工支付的现金
出版服务	N	13.00	13.00	13.00	13.00	13.00	12.00	13.00	12.67
	合计	81 760.64	328 091.24	103 752.87	411 578.17	136 958.15	421 514.15	107 490.55	387 061.19
	均值	6289.28	25 237.79	7980.99	31 659.86	10 535.24	35 126.18	8268.50	30 674.61

细分行业		2011 年		2012 年		2013 年		年度平均	
		应付职工薪酬	支付给职工以及为职工支付的现金	应付职工薪酬	支付给职工以及为职工支付的现金	应付职二薪酬	支付给职工以及为职工支付的现金	应付职工薪酬	支付给职工以及为职工支付的现金
发行服务	N	2.00	2.00	2.00	2.00	2.00	2.00	2.00	2.00
	合计	8116.69	61 959.02	9129.23	67 343.18	11 999.30	68 484.85	9748.41	65 929.02
	均值	4058.35	30 979.51	4564.62	33 671.59	5999.65	34 242.43	4874.20	32 964.51
广播电视服务	N	2.00	2.00	3.00	3.00	3.00	3.00	2.67	2.67
	合计	12 034.35	41 245.49	19 088.65	115 895.69	24 947.75	137 315.28	18 690.25	98 152.15
	均值	6017.18	20 622.75	6362.88	38 631.90	8315.92	45 771.76	6898.66	35 008.80
电影和影视录音服务	N	5.00	5.00	7.00	7.00	7.00	7.00	6.33	6.33
	合计	2783.68	25 236.82	3658.85	37 089.66	3380.60	45 364.80	3274.38	35 897.09
	均值	556.74	5047.36	522.69	5298.52	482.94	6480.69	520.79	5608.86
互联网信息服务	N	13.00	14.00	14.00	16.00	14.00	16.00	13.67	15.33
	合计	15 321.64	117 365.18	28 350.94	234 743.00	61 104.24	413 344.71	34 925.61	255 150.96
	均值	1178.59	8383.23	2025.07	14 671.44	4364.59	25 834.04	2522.75	16 296.24
增值电信服务（文化部分）	N	3.00	3.00	3.00	3.00	3.00	3.00	3.00	3.00
	合计	356 594.99	2 663 080.27	393 299.12	2 871 997.43	494 510.89	3 091 260.07	414 801.67	2 875 445.92
	均值	118 865.00	887 693.42	131 099.71	957 332.48	164 836.96	1 030 420.02	138 267.22	958 481.97
广播电视传输服务	N	8.00	8.00	8.00	8.00	8.00	8.00	8.00	8.00
	合计	39 490.81	181 607.85	45 456.58	256 501.01	57 506.99	328 632.78	47 484.79	255 580.55
	均值	4936.35	22 700.98	5682.07	32 062.63	7188.37	41 079.10	5935.60	31 947.57
广告服务	N	4.00	4.00	4.00	4.00	4.00	4.00	4.00	4.00
	合计	6207.84	99 014.02	12 156.00	127 171.08	15 781.81	156 889.89	11 381.88	127 691.66
	均值	1551.96	24 753.51	3039.00	31 792.77	3945.45	39 222.47	2845.47	31 922.92
文化软件服务	N	3.00	3.00	5.00	5.00	5.00	5.00	4.33	4.33
	合计	2172.69	19 660.30	3757.74	31 551.86	6364.60	45 346.07	4098.34	32 186.08
	均值	724.23	6553.43	751.55	6310.37	1272.92	9069.21	916.23	7311.01
建筑设计服务	N	9.00	8.00	9.00	9.00	9.00	9.00	9.00	8.67
	合计	156 680.82	156 081.42	87 719.68	402 929.15	114 933.56	536 467.55	119 778.02	365 159.37
	均值	17 408.98	19 510.18	9746.63	44 769.91	12 770.40	59 607.51	13 308.67	41 295.86
专业设计服务	N	1.00	1.00	1.00	1.00	1.00	1.00	1.00	1.00
	合计	1659.08	23 603.65	1577.44	22 729.26	3792.55	26 405.96	2343.02	24 246.29
	均值	1659.08	23 603.65	1577.44	22 729.26	3792.55	26 405.96	2343.02	24 246.29
景区游览服务	N	13.00	12.00	13.00	13.00	13.00	13.00	13.00	12.67
	合计	59 216.69	239 961.17	63 610.33	270 300.20	76 644.07	300 001.71	66 490.36	270 087.69
	均值	4555.13	19 996.76	4893.10	20 792.32	5895.70	23 077.05	5114.64	21 288.71

细分行业		2011 年		2012 年		2013 年		年度平均	
		应付职工薪酬	支付给职工以及为职工支付的现金	应付职工薪酬	支付给职工以及为职工支付的现金	应付职工薪酬	支付给职工以及为职工支付的现金	应付职工薪酬	支付给职工以及为职工支付的现金
娱乐休闲服务	N	1.00	1.00	1.00	1.00	1.00	1.00	1.00	1.00
	合计	8.52	3014.46	10.11	3627.08	22.33	4640.08	13.65	3760.54
	均值	8.52	3014.46	10.11	3627.08	22.33	4640.08	13.65	3760.54
工艺美术品的制造	N	6.00	6.00	6.00	6.00	6.00	6.00	6.00	6.00
	合计	3183.02	66 093.08	5036.94	80 557.39	5795.43	98 771.07	4671.80	81 807.18
	均值	530.50	11 015.51	839.49	13 426.23	965.91	16 461.85	778.63	13 634.53
园林、陈设艺术及其他陶瓷制品制造	N	1.00	1.00	1.00	1.00	1.00	1.00	1.00	1.00
	合计	1073.65	13 720.91	1023.92	13 000.36	1199.02	10 712.89	1098.86	12 478.05
	均值	1073.65	13 720.91	1023.92	13 000.36	1199.02	10 712.89	1098.86	12 478.05
工艺美术品的销售	N	2.00	2.00	2.00	2.00	2.00	2.00	2.00	2.00
	合计	5112.49	61 337.27	4914.04	67 611.20	8943.34	74 385.15	6323.29	67 777.87
	均值	2556.25	30 668.64	2457.02	33 805.60	4471.67	37 192.58	3161.65	33 888.94
印刷复制服务	N	10.00	10.00	13.00	13.00	13.00	13.00	12.00	12.00
	合计	17 117.17	149 864.62	23 679.00	209 722.91	22 737.04	177 364.04	21 177.74	178 983.86
	均值	1711.72	14 986.46	1821.46	16 132.53	1749.00	13 643.39	1760.73	14 920.79
会展服务	N	2.00	2.00	2.00	2.00	2.00	2.00	2.00	2.00
	合计	962.99	5939.95	1033.34	9736.72	1412.07	10 539.08	1136.13	8738.58
	均值	481.50	2969.98	516.67	4868.36	706.04	5269.54	568.07	4369.29
其他文化辅助生产	N	—	—	1.00	1.00	1.00	1.00	1.00	1.00
	合计	—	—	411.31	3515.21	572.31	4465.39	491.81	3990.30
	均值	—	—	411.31	3515.21	572.31	4465.39	491.81	3990.30
办公用品的制造	N	2.00	2.00	2.00	2.00	2.00	2.00	2.00	2.00
	合计	3446.99	26 067.69	4084.98	28 354.45	4011.73	30 543.33	3847.90	28 321.82
	均值	1723.50	13 033.85	2042.49	14 177.23	2005.87	15 271.67	1923.95	14 160.91
乐器的制造	N	—	—	2.00	2.00	2.00	2.00	2.00	2.00
	合计	—	—	5303.22	30 816.97	5650.92	36 075.66	5477.07	33 446.32
	均值	—	—	2651.61	15 408.49	2825.46	18 037.83	2738.54	16 723.16
玩具的制造	N	4.00	3.00	4.00	4.00	4.00	4.00	4.00	3.67
	合计	1701.25	16 316.85	1620.46	25 725.08	1902.01	29 286.45	1741.24	23 776.13
	均值	425.31	5438.95	405.12	6431.27	475.50	7321.61	435.31	6397.28
视听设备制造	N	15.00	15.00	15.00	15.00	15.00	15.00	15.00	15.00
	合计	380 713.67	1 694 552.32	511 593.21	2 057 586.93	540 595.67	2 516 244.26	477 634.18	2 089 461.17
	均值	25 380.91	112 970.15	34 106.21	137 172.46	36 039.71	167 749.62	31 842.28	139 297.41

细分行业		2011 年		2012 年		2013 年		年度平均	
		应付职工薪酬	支付给职工以及为职工支付的现金	应付职工薪酬	支付给职工以及为职工支付的现金	应付职工薪酬	支付给职工以及为职工支付的现金	应付职工薪酬	支付给职工以及为职工支付的现金
焰火、鞭炮产品的制造	N	1.00	1.00	1.00	1.00	1.00	1.00	1.00	1.00
	合计	154.78	1877.56	260.80	2067.19	300.51	2242.24	238.70	2062.33
	均值	154.78	1877.56	260.80	2067.19	300.51	2242.24	238.70	2062.33
文化用纸的制造	N	14.00	14.00	14.00	14.00	13.00	13.00	13.67	13.67
	合计	51 085.74	279 593.23	57 116.79	306 800.91	45 981.59	310 971.06	51 394.71	299 121.73
	均值	3648.98	19 970.95	4079.77	21 914.35	3537.05	23 920.85	3755.27	21 935.38
文化用油墨颜料制造	N	3.00	3.00	3.00	3.00	3.00	3.00	3.00	3.00
	合计	784.59	9480.99	1767.95	11 900.39	2234.54	17 639.09	1595.83	13 006.82
	均值	261.53	3160.33	589.32	3966.80	744.98	5879.70	531.94	4335.61
文化用化学品的制造	N	1.00	1.00	1.00	1.00	1.00	1.00	1.00	1.00
	合计	296.20	8847.51	874.71	10 560.53	1223.06	11 613.27	797.99	10 340.44
	均值	296.20	8847.51	874.71	10 560.53	1223.06	11 613.27	797.99	10 340.44
印刷专用设备的制造	N	1.00	1.00	1.00	1.00	1.00	1.00	1.00	1.00
	合计	3909.17	19 959.90	5434.34	21 440.77	2044.59	49 031.40	3796.03	30 144.02
	均值	3909.17	19 959.90	5434.34	21 440.77	2044.59	49 031.40	3796.03	30 144.02
广播电视电影专用设备制造	N	14.00	11.00	12.00	13.00	14.00	14.00	13.33	12.67
	合计	54 443.23	300 685.14	65 607.98	366 092.21	80 459.87	440 498.55	66 837.03	369 091.97
	均值	3888.80	27 335.01	5467.33	28 160.94	5747.13	31 464.18	5034.42	28 986.71
其他文化专用设备制造	N	1.00	1.00	1.00	1.00	1.00	1.00	1.00	1.00
	合计	1532.31	8500.99	1036.58	11 349.13	815.04	13 025.95	1127.98	10 958.69
	均值	1532.31	8500.99	1036.58	11 349.13	815.04	13 025.95	1127.98	10 958.69
其他文化用品的制造	N	2.00	2.00	2.00	2.00	2.00	2.00	2.00	2.00
	合计	3799.01	23 925.08	5236.74	22 446.41	5492.40	24 222.66	4842.72	23 531.38
	均值	1899.51	11 962.54	2618.37	11 223.21	2746.20	12 111.33	2421.36	11 765.69
文具乐器照相器材的销售	N	1.00	1.00	1.00	1.00	1.00	1.00	1.00	1.00
	合计	4613.21	30 755.13	4039.35	30 573.39	3225.53	23 784.23	3959.36	28 370.92
	均值	4613.21	30 755.13	4039.35	30 573.39	3225.53	23 784.230 0	3959.36	28 370.92

注：斜体表示该行业所含上市公司数量太少，不参与排名分析。

本书进一步根据单位企业薪酬均值和单位企业职工数量均值计算得到各个细分行业的职工人均薪酬（如图 9-28 所示）。通过分析可以看到：

在人均应付职工薪酬方面，建筑设计服务行业以 4.41 万元高居榜首，排在第二名的视听设备的制造行业仅为 1.93 万元。同时还可以发现，文化用纸的制造、文化用油墨颜料的制造、文化软件服务、印刷复制服务、工艺美术品的制造和玩具的制造 6 个行业的人均应付职工薪酬都不足 1 万元。

在支付给职工以及为职工支付的现金方面，建筑设计服务行业仍然以 13.69 万元位居第一，增值电信服务（文化部分）、广告服务、电影和影视录音服务、广播电视电影专用设备的制造等行业进入前五名，并且都超过了 10 万元。文化用纸的制造和玩具的制造行业相对最低，其中玩具制造行业仅有 4.87 万元。

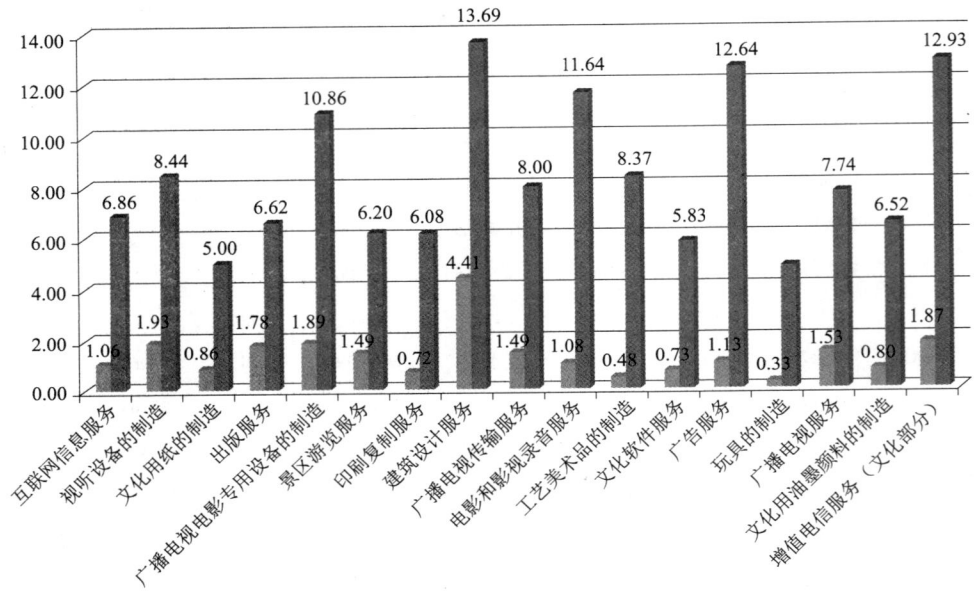

■ 应付职工薪酬　■ 支付给职工以及为职工支付的现金

图 9-28　2011～2013 年文化及相关产业上市公司职工人均薪酬行业比较（单位：万元）①

为了进一步分析各个行业高管人均薪酬与职工人均薪酬的差距，我们用行业的高管人均薪酬除以职工人均薪酬，得到高管对职工薪酬倍数，汇总如图 9-29 所示。从图中可以看到：

视听设备的制造、文化用纸的制造 2 个行业的高管对职工薪酬倍数最高，达到 4 倍以上，也就是说，在上述 2 个行业中，高管人均薪酬都达到了职工人均薪酬的 4 倍之多。

而在增值电信服务（文化部分）、电影和影视录音服务、玩具的制造 3 个行业，高管对职工薪酬倍数都在 2 倍以下，其中增值电信服务（文化部分）行业最低，为 1.70 倍。说明在上述行业中，高管薪酬与职工薪酬差距相比其他行业要小得多。

---

① 注：不包含上市公司数量太少的行业。

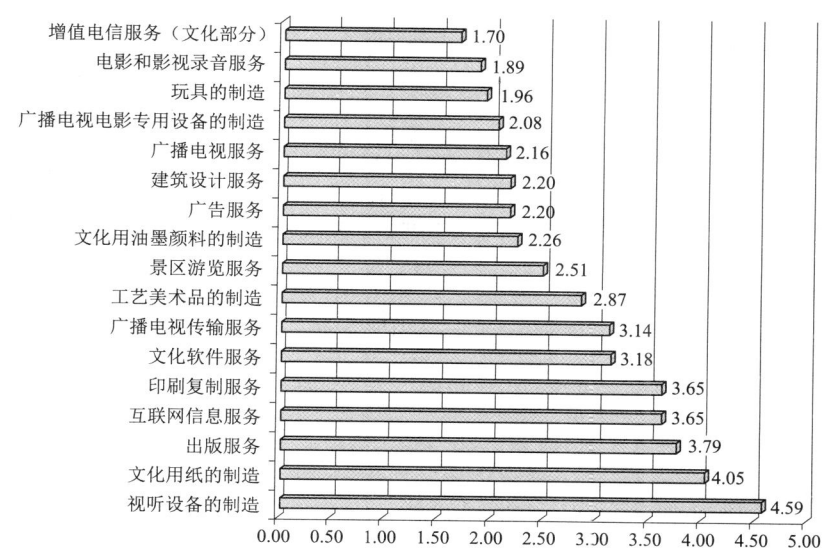

图 9-29　2011～2013 年文化及相关产业上市公司高管薪酬对职工人均薪酬倍数行业比较

（五）不同所有制文化及相关产业上市公司职工薪酬评价

在企业所有制性质层面，本书对 2011～2013 年文化及相关产业上市公司职工薪酬的分类汇总分析发现：

（1）从三年均值排名来看，无论是应付职工薪酬，还是支付给职工以及为职工支付的现金，排名顺序依次是国有企业、国有相对控股企业、中外合资企业、民营企业。也就是说，国有文化上市公司的单位企业薪酬始终高于民营文化上市公司，而且从数额上来看，国有文化上市公司单位企业应付职工薪酬是民营企业的 5.76 倍，支付给职工以及为职工支付的现金方面是民营企业的 5.97 倍。

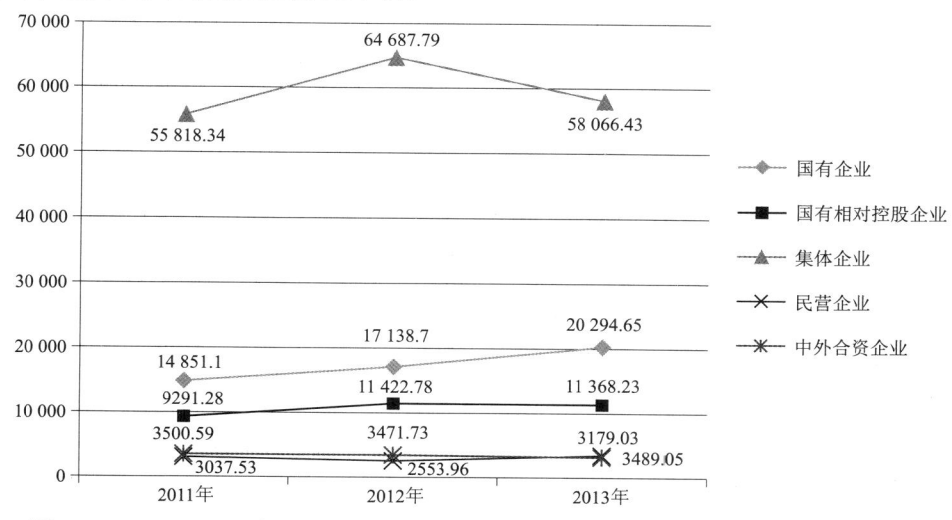

图 9-30　2011～2013 年文化及相关产业上市公司职工薪酬所有制比较（单位：万元）

（2）从所有制性质综合来看，国有企业和国有相对控股企业等国有背景的企业比中外合资企业、民营企业这种非国有背景的企业，在薪资福利方面要高得多。

表 9-33　2011～2013 年文化及相关产业上市公司职工薪酬所有制比较

（单位：万元）

细分行业		2011 年		2012 年		2013 年		年度平均	
		应付职工薪酬	支付给职工以及为职工支付的现金	应付职工薪酬	支付给职工以及为职工支付的现金	应付职工薪酬	支付给职工以及为职工支付的现金	应付职工薪酬	支付给职工以及为职工支付的现金
国有企业	N	57.00	56.00	61.00	61.00	61.00	61.00	59.67	59.33
	合计	846 512.83	4 868 308.30	1 045 460.49	5 692 230.31	1 237 973.60	6 484 232.16	1 043 315.64	5 681 590.26
	均值	14 851.10	86 934.08	17 138.70	93 315.25	20 294.65	106 298.89	17 428.15	95 516.07
国有相对控股企业	N	3.00	3.00	3.00	3.00	3.00	3.00	3.00	3.00
	合计	27 873.85	175 404.63	34 268.35	204 748.45	34 104.70	217 901.28	32 082.30	199 351.45
	均值	9291.28	58 468.21	11 422.78	68 249.48	11 368.23	72 633.76	10 694.10	66 450.48
集体企业	N	2.00	2.00	2.00	2.00	2.00	2.00	2.00	2.00
	合计	111 636.68	546 766.96	129 375.57	602 835.93	116 132.85	693 797.17	119 048.37	614 466.69
	均值	55 818.34	273 383.48	64 687.79	301 417.97	58 066.43	346 898.59	59 524.18	307 233.34
民营企业	N	92.00	88.00	96.00	99.00	97.00	98.00	95.00	95.00
	合计	279 452.79	1 036 780.91	245 180.14	1 587 276.01	338 437.63	1 975 225.46	287 690.19	1 533 094.13
	均值	3037.53	11 781.60	2553.96	16 033.09	3489.05	20 155.36	3026.85	15 990.02
中外合资企业	N	3.00	3.00	5.00	5.00	5.00	5.00	4.33	4.33
	合计	10 501.76	50 178.31	17 358.65	76 224.22	15 895.13	85 927.60	14 585.18	70 776.71
	均值	3500.59	16 726.10	3471.73	15 244.84	3179.03	17 185.52	3383.78	16 385.49

为了对上述情况看得更加清晰，我们进一步计算不同所有制企业的人均薪酬水平。从不同所有制企业人均薪酬水平对比来看：

在应付职工薪酬方面，中外合资文化上市公司相对最高，为 1.86 万元；国有企业第二，为 1.83 万元；民营企业第三，为 1.34 万元。而在支付给职工以及为职工支付的现金方面，国有企业重新回到第一的位置，达到 10.03 万元；中外合资企业排在第二位，达到 9 万元；民营企业第三，达到 7.10 万元。综上可以看出，国有文化上市公司在职工薪酬方面比民营企业要高。

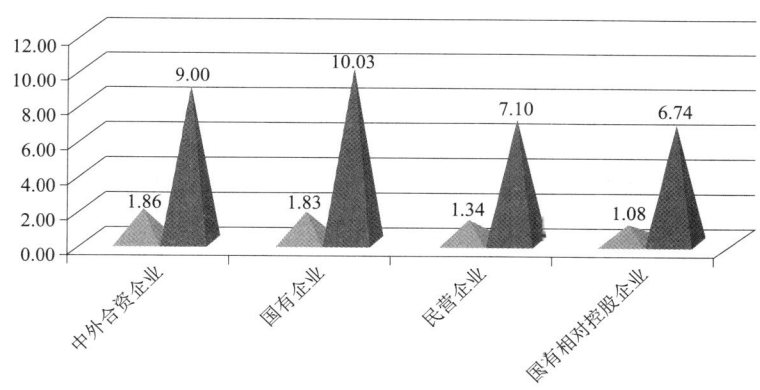

图 9-31　2011～2013 年文化及相关产业上市公司职工人均薪酬所有制比较（单位：万元）①

　　为了进一步分析各种所有制类型的文化及相关产业上市公司中高管人均薪酬与职工人均薪酬的差距，用各个所有制的高管人均薪酬除以职工人均薪酬，得到高管对职工薪酬倍数，汇总如图 9-32 所示。从图 9-32 中可以看出：

　　国有相对控股企业中高管对职工薪酬倍数最高，达到 4 倍以上；中外合资企业倍数排在第二位，达到了 3 倍以上；民营企业中高管对职工薪酬倍数为 2.98 倍，是国有企业的 2.79 倍。这说明，在高管薪酬与职工薪酬差距方面，民营文化上市公司高于国有文化上市公司。

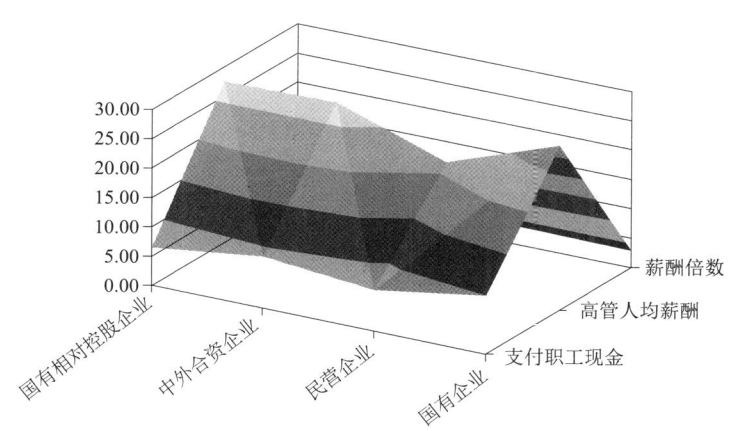

图 9-32　2011～2013 年不同所有制上市公司高管薪酬与职工薪酬及其倍数关系

---

　　① 注：不包含上市公司数量太少的所有制企业。

专题报告篇

中国文化及相关产业上市公司生命周期研究

中国文化及相关产业市场集中度研究：基于上市公司的实证分析

中国文化及相关产业上市公司"走出去"发展评价

中国文化及相关产业上市公司无形资产研究

中国文化及相关产业上市公司政府补助研究

国家文化产业示范基地"示范价值"评估：基于上市公司的实证分析

第十章 中国文化及相关产业上市公司生命周期研究

一、企业生命周期划分指标体系

关于企业生命周期的研究由来已久。早在 20 世纪五六十年代，就有学者开始探讨企业生命周期是否存在的问题。[1] 到了 20 世纪 70 年代，美国著名管理学家伊查克·爱迪思开始了对这一问题的深入研究，并在 1988 年出版了《企业生命周期》一书，将企业生命周期划分为孕育期、婴儿期、学步期、青春期、盛年期、稳定期、贵族期、内耗期（官僚化早期）、官僚期、衰亡期十个阶段。该书的出版掀起了关于企业生命周期研究的热潮，学者们对于企业同样具有类似于生命体的从诞生、成长、成熟、衰亡的形成和发展过程基本达成共识。[2] 在关于上市公司生命周期的研究中，考虑到中国 A 股市场的特点，处于初创期的企业很难在国内 A 股上市，因此，学者们普遍认为中国 A 股上市公司生命周期主要包含成长期、成熟期和衰退期三个阶段（赵蒲、孙爱英，2005[3]）。

对于具体的生命周期阶段的划分标准却始终莫衷一是，有学者统计，国际学术界已有 20 多种关于生命周期阶段划分的模型（曹裕等，2010[4]）。

表 10-1 关于企业生命周期的部分代表性研究

作　者	所用术语	阶段数	阶段划分的依据
McGuire（1963）	成长阶段	5	经济增长阶段模型
Downs（1967），Lippitt（1967）	发展阶段	3	组织结构复杂程度
Steinmetz（1969）	成长阶段	4	所有者对企业的控制方式
Scott（1971）	成长阶段	3	组织结构复杂程度

---

[1] Haire, M.. Biological Models and Empirical History of the Growth of Organizations. Modem Organizational Theory. New York: John Wiley & Sons, 1959.

[2] Adizes, I.. How and why Corporation Grow and Die and what to Do about :t: Corporate Life Cycle. Englewood Cliffs, NJ:Prentice Hall. 1989.

[3] 赵蒲，孙爱英. 资本结构与产业生命周期：基于中国上市公司的实证研究 [J]. 管理工程学报. 2005（3）.

[4] 曹裕，陈晓红，王傅强. 我国上市公司生命周期划分方法实证比较研究 [J]. 系统管理学报. 2010（3）.

（续表）

作　者	所用术语	阶段数	阶段划分的依据
Greiner（1972）	成长阶段	5	管理风格
Galbraith（1982）	成长阶段	5	针对高技术企业
Quimn，Cameron（1983）	生命周期阶段	4	管理风格、组织结构
Churchill，Lewis（1983）	发展阶段	5	管理风格、组织结构、运营系统、战略、业主与企业
Miller，Friesen（1984）	成长阶段	5	年龄、雇员数、销售增长等
Smith，Mitchell，Summer（1985）	生命周期阶段	3	企业规模
Flamholt（1986，1990）	成长阶段	7	企业规模（以销售额计）
Kazanjian（1988）	成长阶段	4	产品或技术的生命周期
Adizes（1989）	生命周期阶段	10	实现企业目标（P）、行政（A）、创新精神（E）、整合（I）
Timmons（1990）	成长阶段	4	销售收入、企业年龄
Rowe，et al（1994）	生命周期阶段	5	组织规模、管理风格

来源：摘自曹裕，陈晓红，王傅强. 我国上市公司生命周期划分方法实证比较研究［J］. 系统管理学报，2010（3）：313-322.转引自凤进等. 西方企业生命周期模型比较［J］. 商业研究，2003（7）：179-181；沈运红，等. 生命周期理论与科技型中小企业动态发展策略选择［J］. 科学学与科学技术管理， 2005（11）：146-149.

在具体指标的选取上，本书在综合前人研究成果的基础上，结合文化及相关产业上市公司的特点，认为文化类上市公司的生命周期划分，不仅仅要考虑其作为企业属性的通用指标，还需要充分考虑作为文化产业的实际主体，应该设置能够反映文化类行业独有属性的特色指标。

基于上述认识，本书构建了如表 10-2 所示的文化及相关产业上市公司生命周期综合评分指标体系。

表 10-2　文化及相关产业上市公司生命周期综合评分指标体系

指标类型	评分维度	具体指标
通用性指标	收入变化	营业收入增长率
	资产变化	总资产增长率
	企业年龄	企业年龄
文化特色指标	文化核心实力	技术与知识产权类无形资产增长率

本书认为，技术与知识产权类无形资产是能够反映文化类企业周期性变化规律的有效指标。在企业成长期，文化及相关产业上市公司为了提升自身核心竞争力，会不断想方设法加强创新，不断丰富自身的知识产权与技术储备，在这一时期，企业的技术与知识产权类无形资产会有较大幅度的增加；当企业进入成熟期，公司的产品、服务已经被市场认可，有了比较成熟和稳定的客户源，企业具备了持续而强大的盈利能力，这时企

業的创新热情会消退、创新动力会下降，知识产权获取的步伐也会放缓，导致技术与知识产权类无形资产增长率大幅减缓。当企业进入衰退期，公司的财务状况逐渐恶化，在获取知识产权和技术创新方面变得有心无力，且"畏首畏尾"，甚至可能为了生存而削减研发开支、变卖无形资产，进而导致衰退期技术与知识产权类无形资产出现倒退。

二、企业生命周期指标划分具体标准

实际上，无论何种行业的企业，在企业生命周期表征上是有一定规律的：如果其增长率高于全国各行业的平均增长率，那么就有理由认为该企业处于成长期；而如果其增长率为负值，那么就可以认为其很可能处于衰退期；对于增长率大于 0，且又低于全国各行业平均增长率的企业，可以大致将其归为成熟期。本书在营业收入增长率、总资产增长率两个指标的评分过程中，主要依据上述基本原则。

而对于无法得到全国各行业增长率的技术与知识产权类无形资产指标，首先将增长率为负的企业归为衰退期。对于增长率为正的，按照增长幅度大小进行排名，将增幅较大的前 1/2 企业归为成长期，将增幅较小的后 1/2 企业归为成熟期。

在企业年龄上，借鉴已有学者的研究方法，按照文化及相关产业上市公司企业年龄进行排序，取前 1/3 企业归为成长期，将后 1/3 企业归为衰退期，中间 1/3 企业归为成熟期。在操作过程中遇到年龄相同的，递延至该年龄结束。

基于上述思路，本书借鉴李云鹤、李湛和唐松莲（2011）[①] 所采用的按照企业生命周期赋值的方法，对本书所提出的企业生命周期阶段划分各项指标进行赋值。具体赋值标准如表 10-3 所示。

表 10-3　本书所提出的企业生命周期阶段划分指标赋值标准

生命周期阶段	成长期		成熟期		衰退期	
评分指标	特征	赋值	特征	赋值	特征	赋值
营业收入增长率	正值，且高于全国平均	3	正值，但低于全国平均	2	负值	1
总资产增长率	正值，且高于全国平均	3	正值，但低于全国平均	2	负值	1
企业年龄	产业内相对最低部分	3	产业内居中部分	2	产业内相对最高部分	1
技术与知识产权类无形资产增长率	正值，且增速位于产业内前 1/2	3	正值，且增速位于产业后 1/2	2	负值	1

三、企业生命周期阶段划分模型

按照上述文化及相关产业上市公司企业生命周期综合评分方法，本书认为，企业生

[①] 李云鹤，李湛，唐松莲. 企业生命周期、公司治理与公司资本配置效率 [J]. 南开管理评论. 2011（3）.

299

命周期可以划分为七个关键性阶段：第一阶段 3.00 分；第二阶段 2.50～3.00 分；第三阶段 2.00～2.50 分；第四阶段 2.00 分；第五阶段 1.50～2.00 分；第六阶段 1～1.50 分；第七阶段 1.00 分。

第一阶段（3.00 分）：实际上表明企业正处于典型成长期，其在营业收入、总资产及技术与知识产权类无形资产等方面都处于旺盛的增长阶段，企业年龄也相对较轻，类似于伊查克·爱迪思所界定的青春期特征。

第二阶段（2.50～3.00 分）：表明企业正处于成长后期，成长期的高增长在少部分指标上已经显现出部分减缓态势，但企业的总体实力大大增强，公司的治理能力大幅度提升，开始谋求自控力与灵活性的平衡，类似于伊查克·爱迪思所界定的盛年期特征。

第三阶段（2.00～2.50 分）：表明企业处于成熟前期，成长期的高增长指标大部分回归正常增速，企业各项管理都步入规范化轨道，企业的业务模式、盈利能力、治理机制等趋于稳定，但同时内部官僚气息日益加重、组织效率开始降低、创新动力被大大削弱，组织老化征兆开始出现，类似于伊查克·爱迪思所界定的稳定期特征。

第四阶段（2.00 分）：表明企业处于典型成熟期，稳定而成熟的业务为企业带来较为充裕的资金回报，有兼并收购的欲望以获取新的市场和业务板块，内部控制规范，但同时官僚氛围日渐浓厚，目标制定短期化与低风险取向明显，人际关系复杂，灵活性下降，类似于伊查克·爱迪思所界定的贵族期特征。

第五阶段（1.50～2.00 分）：表明企业处于成熟后期，成熟的业务模式和营销渠道由于惯性作用仍然能够为企业带来盈利，但是企业的业务已经很难增长，人际冲突日趋公开化，内部耗损日益严重，市场的新变化、新需求被层层的官僚体系和复杂的响应流程搁置，类似于伊查克·爱迪思所界定的内耗期特征。

第六阶段（1～1.50 分）：表明企业处于衰退前期，企业的主要业务开始明显下滑，退货、滞销开始频繁出现，新的竞争对手正在加速吞噬原本属于自己的市场份额，企业高管认识到了问题的严重性，开始大力采取措施谋求变革，但总感觉执行力太差，大量的精力耗散于部门间的推诿与内斗中，类似于伊查克·爱迪思所界定的官僚期特征。

第七阶段（1.00 分）：表明企业处于典型衰退期，企业产品和服务质量大幅下降，主营业务收入大幅下滑，原本牢固的营销渠道早已分崩离析，干部职工纷纷跳槽，甚至出现集体离职现象，负面媒体报道频频出现，整个企业显现土崩瓦解之势，企业开始大规模裁员、大幅收缩业务线，并开始大刀阔斧的改革；也有的企业开始粉饰包装谋求被收购。这一阶段类似于伊查克·爱迪思所界定的衰亡期特征。

需要指出的是，以上的阶段划分是单一方向的特征描述和界定，或者说是从成长期走向成熟期，再走向衰亡期的正向循环。很明显，正向循环其实是一个逐步走向衰亡的老化过程。然而在现实中，当企业发现自身处于不断老化的生命周期循环中时，会主动采用防御和改善措施，做出"拯救行动"，从而在一定程度上促使正向循环速度减慢，甚至重新进入逆向循环。而一旦企业沿着生命周期曲线逆向循环，就意味着企业开启了逐步走向"青春"的重生过程。所以，综合来讲，企业生命周期实际上包含了正向老化和逆向重生两条循环路径。

表 10-4   本书定义生命周期阶段及其对应的爱迪思生命周期阶段

生命周期	评分范围	本研究定义的生命周期阶段	对应爱迪思定义生命周期阶段
成长期	3.00 分	典型成长期	青春期
	2.50～3.00 分	成长后期	盛年期
成熟期	2.00～2.50 分	成熟前期	稳定期
	2.00 分	典型成熟期	贵族期
	1.50～2.00 分	成熟后期	内耗期
衰退期	1.00～1.50 分	衰退前期	官僚期
	1.00 分	典型衰退期	衰亡期

四、中国文化及相关产业上市公司企业生命周期实证分析

本书以 2011 年为基数，分别计算 2012 年比 2011 年增长率、2013 年比 2012 年增长率，然后按照前文所提出的企业生命周期阶段划分指标赋值标准对四项评分指标进行赋值，并采用平均权重法和简单算术平均法分别计算得到 2012 年和 2013 年文化及相关产业上市公司企业生命周期综合得分。

根据上述企业生命周期阶段划分模型，本书对 171 家文化及相关产业上市公司 2012 年和 2013 年生命周期综合评分进行合并求均值，从而进一步获得更为平稳的中国文化及相关产业上市公司生命周期阶段的界定结果。经过汇总分析，结果如表 10-5 所示。

表 10-5   文化及相关产业上市公司生命周期综合评分与所处阶段界定

证券代码	企业名称	2012 年	2013 年	年度均值	生命周期阶段
300104	乐视网	3.00	3.00	3.00	典型成长期（青春期）
300133	华策影视	3.00	3.00	3.00	典型成长期（青春期）
002699	美盛文化	—	3.00	3.00	典型成长期（青春期）
300315	掌趣科技	—	3.00	3.00	典型成长期（青春期）
300336	新文化	—	3.00	3.00	典型成长期（青春期）
603000	人民网	—	3.00	3.00	典型成长期（青春期）
300071	华谊嘉信	3.00	3.00	3.00	典型成长期（青春期）
002376	新北洋	2.75	3.00	2.88	成长后期（盛年期）
300052	中青宝	2.75	3.00	2.88	成长后期（盛年期）
002565	上海绿新	3.00	2.50	2.75	成长后期（盛年期）
002230	科大讯飞	2.75	2.75	2.75	成长后期（盛年期）
002574	明牌珠宝	2.50	3.00	2.75	成长后期（盛年期）

证券代码	企业名称	2012 年	2013 年	年度均值	生命周期阶段
300027	华谊兄弟	2.50	3.00	2.75	成长后期（盛年期）
002095	生意宝	2.67	2.67	2.67	成长后期（盛年期）
300057	万顺股份	2.67	2.67	2.67	成长后期（盛年期）
300192	科斯伍德	3.00	2.25	2.63	成长后期（盛年期）
002292	奥飞动漫	2.75	2.50	2.63	成长后期（盛年期）
002310	东方园林	2.75	2.50	2.63	成长后期（盛年期）
300058	蓝色光标	2.75	2.50	2.63	成长后期（盛年期）
300182	捷成股份	2.75	2.50	2.63	成长后期（盛年期）
002228	合兴包装	2.50	2.75	2.63	成长后期（盛年期）
300188	美亚柏科	2.50	2.75	2.63	成长后期（盛年期）
300113	顺网科技	2.25	3.00	2.63	成长后期（盛年期）
601801	皖新传媒	2.25	3.00	2.63	成长后期（盛年期）
002558	世纪游轮	2.67	2.50	2.58	成长后期（盛年期）
300005	探路者	2.75	2.25	2.50	成长后期（盛年期）
300043	星辉车模	2.75	2.25	2.50	成长后期（盛年期）
000069	华侨城 A	2.50	2.50	2.50	成长后期（盛年期）
002241	歌尔声学	2.50	2.50	2.50	成长后期（盛年期）
002482	广田股份	2.50	2.50	2.50	成长后期（盛年期）
300017	网宿科技	2.50	2.50	2.50	成长后期（盛年期）
000917	电广传媒	2.25	2.75	2.50	成长后期（盛年期）
300288	朗玛信息	—	2.50	2.50	成长后期（盛年期）
000100	TCL 集团	2.75	2.00	2.38	成熟前期（稳定期）
002467	二六三	2.75	2.00	2.38	成熟前期（稳定期）
601928	凤凰传媒	2.75	2.00	2.38	成熟前期（稳定期）
000156	华数传媒	2.50	2.25	2.38	成熟前期（稳定期）
002081	金螳螂	2.50	2.25	2.38	成熟前期（稳定期）
002415	海康威视	2.50	2.25	2.38	成熟前期（稳定期）
601098	中南传媒	2.50	2.25	2.38	成熟前期（稳定期）
601886	江河创建	2.50	2.25	2.38	成熟前期（稳定期）
002431	棕榈园林	2.25	2.50	2.38	成熟前期（稳定期）
600551	时代出版	2.25	2.50	2.38	成熟前期（稳定期）
600637	百视通	2.25	2.50	2.38	成熟前期（稳定期）
002059	云南旅游	2.00	2.75	2.38	成熟前期（稳定期）
002315	焦点科技	2.00	2.75	2.38	成熟前期（稳定期）
300063	天龙集团	2.00	2.75	2.38	成熟前期（稳定期）
600567	山鹰纸业	2.00	2.75	2.38	成熟前期（稳定期）

证券代码	企业名称	2012 年	2013 年	年度均值	生命周期阶段
000587	金叶珠宝	2.33	2.33	2.33	成熟前期（稳定期）
300028	金亚科技	2.25	2.33	2.29	成熟前期（稳定期）
002400	省广股份	2.50	2.00	2.25	成熟前期（稳定期）
300079	数码视讯	2.50	2.00	2.25	成熟前期（稳定期）
002247	帝龙新材	2.25	2.25	2.25	成熟前期（稳定期）
002599	盛通股份	2.25	2.25	2.25	成熟前期（稳定期）
600050	中国联通	2.25	2.25	2.25	成熟前期（稳定期）
600757	长江传媒	2.25	2.25	2.25	成熟前期（稳定期）
600804	鹏博士	2.25	2.25	2.25	成熟前期（稳定期）
600831	广电网络	2.25	2.25	2.25	成熟前期（稳定期）
002033	丽江旅游	2.00	2.50	2.25	成熟前期（稳定期）
002301	齐心文具	2.00	2.50	2.25	成熟前期（稳定期）
002325	洪涛股份	2.00	2.50	2.25	成熟前期（稳定期）
300059	东方财富	2.00	2.50	2.25	成熟前期（稳定期）
300178	腾邦国际	2.00	2.50	2.25	成熟前期（稳定期）
600373	中文传媒	2.00	2.50	2.25	成熟前期（稳定期）
600633	浙报传媒	2.00	2.50	2.25	成熟前期（稳定期）
600880	博瑞传播	2.00	2.50	2.25	成熟前期（稳定期）
002148	北纬通信	1.75	2.75	2.25	成熟前期（稳定期）
601929	吉视传媒	—	2.25	2.25	成熟前期（稳定期）
002348	高乐股份	2.33	2.00	2.17	成熟前期（稳定期）
600076	青鸟华光	2.33	2.00	2.17	成熟前期（稳定期）
002519	银河电子	2.00	2.33	2.17	成熟前期（稳定期）
000839	中信国安	2.50	1.75	2.13	成熟前期（稳定期）
002229	鸿博股份	2.50	1.75	2.13	成熟前期（稳定期）
300076	宁波 GQY	2.50	1.75	2.13	成熟前期（稳定期）
600612	老凤祥	2.50	1.75	2.13	成熟前期（稳定期）
600386	北巴传媒	2.25	2.00	2.13	成熟前期（稳定期）
600775	南京熊猫	2.25	2.00	2.13	成熟前期（稳定期）
000719	大地传媒	2.00	2.25	2.13	成熟前期（稳定期）
002102	冠福家用	2.00	2.25	2.13	成熟前期（稳定期）
002117	东港股份	2.00	2.25	2.13	成熟前期（稳定期）
002303	美盈森	2.00	2.25	2.13	成熟前期（稳定期）
002420	毅昌股份	2.00	2.25	2.13	成熟前期（稳定期）
002521	齐峰股份	2.00	2.25	2.13	成熟前期（稳定期）
300144	宋城股份	2.00	2.25	2.13	成熟前期（稳定期）

中国文化及相关产业上市公司研究报告：2011～2013

证券代码	企业名称	2012 年	2013 年	年度均值	生命周期阶段
300251	光线传媒	2.00	2.25	2.13	成熟前期（稳定期）
600086	东方金钰	2.00	2.25	2.13	成熟前期（稳定期）
600100	同方股份	2.00	2.25	2.13	成熟前期（稳定期）
601519	大智慧	1.75	2.50	2.13	成熟前期（稳定期）
300270	中威电子	2.33	1.75	2.04	成熟前期（稳定期）
600593	大连圣亚	2.33	1.75	2.04	成熟前期（稳定期）
600706	曲江文旅	2.33	1.75	2.04	成熟前期（稳定期）
000066	长城电脑	2.50	1.50	2.00	典型成熟期（贵族期）
000665	湖北广电	2.25	1.75	2.00	典型成熟期（贵族期）
002173	千足珍珠	2.25	1.75	2.00	典型成熟期（贵族期）
002308	威创股份	2.25	1.75	2.00	典型成熟期（贵族期）
300229	拓尔思	2.25	1.75	2.00	典型成熟期（贵族期）
600599	熊猫烟花	2.25	1.75	2.00	典型成熟期（贵族期）
000514	渝开发	2.00	2.00	2.00	典型成熟期（贵族期）
000888	峨眉山 A	2.00	2.00	2.00	典型成熟期（贵族期）
002078	太阳纸业	2.00	2.00	2.00	典型成熟期（贵族期）
300051	三五互联	2.00	2.00	2.00	典型成熟期（贵族期）
601999	出版传媒	2.00	2.00	2.00	典型成熟期（贵族期）
000725	京东方 A	1.75	2.25	2.00	典型成熟期（贵族期）
000978	桂林旅游	1.75	2.25	2.00	典型成熟期（贵族期）
002345	潮宏基	1.75	2.25	2.00	典型成熟期（贵族期）
600690	青岛海尔	1.75	2.25	2.00	典型成熟期（贵族期）
002375	亚厦股份	1.50	2.50	2.00	典型成熟期（贵族期）
300211	亿通科技	1.50	2.50	2.00	典型成熟期（贵族期）
300291	华录百纳	—	2.00	2.00	典型成熟期（贵族期）
300329	海伦钢琴	—	2.00	2.00	典型成熟期（贵族期）
601515	东风股份	—	2.00	2.00	典型成熟期（贵族期）
002181	粤传媒	2.50	1.25	1.88	成熟后期（内耗期）
300250	初灵信息	2.50	1.25	1.88	成熟后期（内耗期）
600640	号百控股	2.50	1.25	1.88	成熟后期（内耗期）
600681	万鸿集团	2.50	1.25	1.88	成熟后期（内耗期）
000681	*ST 远东	2.00	1.75	1.88	成熟后期（内耗期）
000801	四川九洲	2.00	1.75	1.88	成熟后期（内耗期）
000802	北京旅游	2.00	1.75	1.88	成熟后期（内耗期）
002261	拓维信息	2.00	1.75	1.88	成熟后期（内耗期）
002502	骅威股份	2.00	1.75	1.88	成熟后期（内耗期）

证券代码	企业名称	2012 年	2013 年	年度均值	生命周期阶段
300148	天舟文化	2.00	1.75	1.88	成熟后期（内耗期）
600749	西藏旅游	2.00	1.75	1.88	成熟后期（内耗期）
000793	华闻传媒	1.75	2.00	1.88	成熟后期（内耗期）
002351	漫步者	1.75	2.00	1.88	成熟后期（内耗期）
600651	飞乐音响	1.75	2.00	1.88	成熟后期（内耗期）
600832	东方明珠	1.75	2.00	1.88	成熟后期（内耗期）
000812	陕西金叶	1.50	2.25	1.88	成熟后期（内耗期）
000909	数源科技	1.50	2.25	1.88	成熟后期（内耗期）
002319	乐通股份	1.25	2.50	1.88	成熟后期（内耗期）
600088	中视传媒	2.00	1.67	1.83	成熟后期（内耗期）
600836	界龙实业	2.00	1.67	1.83	成熟后期（内耗期）
002605	姚记扑克	1.33	2.33	1.83	成熟后期（内耗期）
600135	乐凯胶片	2.00	1.50	1.75	成熟后期（内耗期）
002238	天威视讯	1.75	1.75	1.75	成熟后期（内耗期）
600037	歌华有线	1.75	1.75	1.75	成熟后期（内耗期）
600210	紫江企业	1.75	1.75	1.75	成熟后期（内耗期）
300264	佳创视讯	1.50	2.00	1.75	成熟后期（内耗期）
600655	豫园商城	1.50	2.00	1.75	成熟后期（内耗期）
600860	京城股份	1.00	2.50	1.75	成熟后期（内耗期）
002678	珠江钢琴	—	1.75	1.75	成熟后期（内耗期）
000673	当代东方	1.67	1.67	1.67	成熟后期（内耗期）
600054	黄山旅游	2.25	1.00	1.63	成熟后期（内耗期）
000815	*ST 美利	2.00	1.25	1.63	成熟后期（内耗期）
000430	张家界	1.75	1.50	1.63	成熟后期（内耗期）
000610	西安旅游	1.75	1.50	1.63	成熟后期（内耗期）
002103	广博股份	1.75	1.50	1.63	成熟后期（内耗期）
002235	安妮股份	1.50	1.75	1.63	成熟后期（内耗期）
600069	银鸽投资	1.50	1.75	1.63	成熟后期（内耗期）
600128	弘业股份	1.25	2.00	1.63	成熟后期（内耗期）
600209	罗顿发展	2.00	1.00	1.50	成熟后期（内耗期）
000488	晨鸣纸业	1.75	1.25	1.50	成熟后期（内耗期）
300235	方直科技	1.75	1.25	1.50	成熟后期（内耗期）
600288	大恒科技	1.50	1.50	1.50	成熟后期（内耗期）
000020	深华发	1.25	1.75	1.50	成熟后期（内耗期）
600235	民丰特纸	1.25	1.75	1.50	成熟后期（内耗期）
600825	新华传媒	1.25	1.75	1.50	成熟后期（内耗期）

（续表）

证券代码	企业名称	2012 年	2013 年	年度均值	生命周期阶段
002045	国光电器	1.00	2.00	1.50	成熟后期（内耗期）
000016	深康佳 A	1.50	1.25	1.38	衰退前期（官僚期）
002052	同洲电子	1.50	1.25	1.38	衰退前期（官僚期）
002191	劲嘉股份	1.50	1.25	1.38	衰退前期（官僚期）
002362	汉王科技	1.50	1.25	1.38	衰退前期（官僚期）
002575	群兴玩具	1.50	1.25	1.38	衰退前期（官僚期）
600308	华泰股份	1.50	1.25	1.38	衰退前期（官僚期）
600071	凤凰光学	1.25	1.50	1.38	衰退前期（官僚期）
000050	深天马 A	1.00	1.75	1.38	衰退前期（官僚期）
600793	ST 宜纸	1.00	1.67	1.33	衰退前期（官僚期）
600966	博汇纸业	1.50	1.00	1.25	衰退前期（官僚期）
002067	景兴纸业	1.25	1.25	1.25	衰退前期（官僚期）
600163	福建南纸	1.25	1.25	1.25	衰退前期（官僚期）
000504	ST 传媒	1.25	1.00	1.13	衰退前期（官僚期）
600707	*ST 彩虹	1.00	1.00	1.00	典型衰退期（衰亡期）

注：（1）"—"表示该企业在某项指标上含有缺失值；（2）在每一企业生命周期阶段内部，企业排名不分先后。

实际上，如果将上述表格中文化及相关产业上市公司 2012 年和 2013 年的企业生命周期评分进行比较分析，并分别进行生命周期阶段的界定，可以发现每家上市公司的生命周期阶段演化趋势。本书在此按照企业生命周期综合评分两年来变化幅度将企业生命周期演化的正向老化路径和逆向重生路径细分为六个具体的演化倾向，然后将相应的企业进行归类汇总，如表 10-6 所示。

表 10-6　文化及相关产业上市公司演化倾向分析

循环路径	演化倾向	对应分值变化	企业名单
正向老化	老化倾向	降分幅度低于 0.5	高乐股份；青鸟华光；中视传媒；界龙实业；奥飞动漫；东方园林；蓝色光标；捷成股份；华数传媒；金螳螂；海康威视；中南传媒；江河创建；北巴传媒；南京熊猫；远东股份；四川九洲；北京旅游；拓维信息；骅威股份；天舟文化；西藏旅游；张家界；西安旅游；广博股份；深康佳 A；同洲电子；劲嘉股份；汉王科技；群兴玩具；华泰股份；ST 传媒；世纪游轮
	加速老化倾向	降分幅度大于 0.5，小于 1	科斯伍德；TCL 集团；二六三；凤凰传媒；中信国安；鸿博股份；宁波 GQY；老凤祥；*ST 美利；中威电子；大连圣亚；曲江文旅；上海绿新；探路者；星辉车模；省广股份；数码视讯；湖北广电；千足珍珠；威创股份；拓尔思；熊猫烟花；乐凯胶片；晨鸣纸业；方直科技；博汇纸业
	严重老化倾向	降分幅度大于 1	粤传媒；初灵信息；号百控股；万鸿集团；黄山旅游；长城电脑；罗顿发展

循环路径	演化倾向	对应分值变化	企业名单
正、逆均衡	稳定	变化幅度为0	华谊嘉信；乐视网；华策影视；科大讯飞；生意宝；万顺股份；华侨城 A；歌尔声学；广田股份；网宿科技；金叶珠宝；帝龙新材；盛通股份；中国联通；长江传媒；鹏博士；广电网络；渝开发；峨眉山 A；太阳纸业；三五互联；出版传媒；天威视讯；歌华有线；紫江企业；当代东方；大恒科技；景兴纸业；福建南纸；*ST 彩虹
逆向重生	重生倾向	增分幅度低于0.5	金亚科技；新北洋；中青宝；合兴包装；美亚柏科；棕榈园林；时代出版；百视通；大地传媒；冠福家用；东港股份；美盈森；毅昌股份；齐峰股份；闳城股份；光线传媒；东方金钰；同方股份；华闻传媒；漫步者；飞乐音响；东方明珠；安妮股份；银鸽投资；凤凰光学；银河电子
	加速重生	增分幅度大于0.5，小于1	明牌珠宝；华谊兄弟；电广传媒；丽江旅游；齐心文具；洪涛股份；东方财富；腾邦国际；中文传媒；浙报传媒；博瑞传播；京东方 A；桂林旅游；潮宏基；青岛海尔；佳创视讯；豫园商城；深华发；民丰特纸；新华传媒；ST 宜纸；顺网科技；皖新传媒；云南旅游；焦点科技；天龙集团；山鹰纸业；大智慧；陕西金叶；数源科技；弘业股份；深天马 A
	重生	增分幅度大于1	北纬通信；亚厦股份；亿通科技；国光电器；姚记扑克；乐通股份；京城股份

注：（1）本书仅包含 2012 年和 2013 年都不含缺失值的 161 家公司。（2）由于上述生命阶段演化趋势仅仅基于 2012 年和 2013 年两年的实证研究结果，所以这里得到的各个文化及相关产业上市公司生命周期阶段演化趋势仅供参考，但其中的研究结论仍然具有一定的借鉴意义。

第十一章　中国文化及相关产业市场集中度研究：基于上市公司的实证分析

文化及相关产业市场集中度研究能够发现当前中国文化及相关产业的总体发展状况、竞争与垄断形势，进而反映中国文化及相关产业成熟度水平。然而目前关于中国文化及相关产业市场集中度的研究非常匮乏，本书将采用上市公司样本对中国文化及相关产业市场集中度进行探索性研究，希望能够为了解当前中国文化及相关产业及细分行业发展成熟度和竞争态势提供初步的研究证据。

一、市场集中度的内涵与计算方法

市场集中度，也称为产业集中度、行业集中度，通常是指特定产业或行业的市场中企业间的竞争结构与相对市场支配地位。该指标通常采用特定产业或行业内少数几家大企业的销售额、生产量、职工人数等占全产业或行业总量的比重来考察。市场集中度反映了一个产业的市场结构，反映了产业内企业的数量和相对规模等结构关系，进而反映产业的市场竞争和垄断状况。市场集中度是测度产业内企业分布状态和市场竞争态势最为重要的指标，也在一定程度上反映了一个国家某个产业的成熟度和整体竞争力。

市场集中度的测算从理论上来讲，可以从买方和卖方两个维度进行考察，但是由于买方集中度的数据很难搜集，一般都采用卖方集中度进行研究。关于市场集中度的测算方法大体上可以划分为两类：一类是测算市场集中率，通过计算产业或行业内最大的几家企业所占有的市场份额比率来进行评估，并结合贝恩分类法进行市场结构类型的判断，称为集中率（CR_n）测算方法；另一类是通过构建更为复杂的指数来进行考察，其中最为著名的是赫芬达尔—赫希曼（Herfindahl-Hirschman Index，HHI）指数。两种方法的具体计算方法如下：

集中率（CR_n）计算公式为：

$$CR_n = \sum_{i=1}^{n} X_i / \sum_{i=1}^{N} X_i$$

其中，CR_n 表示某产业（X）中最大的 n 家企业的市场集中度；X_i 表示某产业（X）中第 i 家企业的销售额（或生产量、职工人数和总资产等指标）；N 表示某产业（X）中企业的总数量。

赫芬达尔—赫希曼指数（HHI）计算公式为：

$$HHI = \sum_{i=1}^{n} S_i^2 = \sum_{i=1}^{N} (X_i / X)^2$$

其中，S_i 表示第 i 家企业在某产业中的市场占有率；X_i 表示某产业中第 i 家企业的销售额；X 表示产业的销售总额；N 表示某产业中企业的总数量。

二、文化及相关产业及细分行业市场集中率实证分析

在关于市场集中率 CR_n 的计算过程中一般采用前 4 家或前 8 家企业在整个产业或行业中的市场份额。由于本书采用的企业样本来自于上市公司，而上市公司在细分行业中的数量并不均衡，很多细分行业并不足 8 家上市企业。因此，本书主要采用 CR_4 进行市场集中率的计算。

此外，在市场集中率的计算过程中，需要用到文化及相关产业具体细分行业的营业收入数据，然而这一数据很难得到，仅在国家统计局发布的《中国文化及相关产业统计年鉴（2013）》中有关于规模以上文化制造业细分行业、限额以上文化批发和零售业细分行业以及重点文化服务业细分行业的 2012 年的营业收入数据。因此，本书对于细分行业的市场集中率的研究主要采用上述数据。

还需要说明的是，本书之所以采用上市公司作为文化及相关产业市场集中度的研究样本，其原因在于两个方面：一是上市公司的数据比较容易得到，相对比没有上市的企业发布的数据也更为真实；二是虽然某些文化行业中的领先企业没有上市（例如中影集团），但就大多数产业而言，上市公司一般处于行业中较为领先的地位，能够在很大程度上反映出行业的总体竞争情况。当然，我们必须指出的是，本书采用的是在国内 A 股市场上市的企业，所以对于某些行业领军企业在境外上市的情况，本书结果仅供参考。

（一）文化及相关产业市场集中率分析

由于《中国文化及相关产业统计年鉴（2013）》中对于文化及相关产业的营业收入、从业人员和资产总计等数据仅公布了 2004 年和 2008 年的，这里根据上述两年数据按照其增长率估算 2012 年数据，并由此进行产业总体层面市场集中率的计算。

为了更全面地把握当前中国文化及相关产业的市场集中率，这里在数据可得的基础上，选择营业收入、从业人员和总资产三个指标进行市场集中率的计算。计算结果如表 11-1 所示。对比国际上通用的贝恩市场结构分类标准，可以发现中国文化及相关产业市场集中率很低，无论是营业收入、从业人员数还是总资产，其计算得到的市场集中率都低于 30%。

按照贝恩市场结构分类标准，当前中国文化及相关产业市场结构属于"竞争型"。

上述结论说明中国目前文化及相关产业还处于初级发展阶段，市场集中度很低，缺乏集约化经营，缺乏一批规模大、实力强、具有国际竞争优势的文化企业集团。这一现状与当今信息社会日益加深的文化全球化发展背景是极不相符的，难以支撑中华文化的国际竞争优势，对于保护中国的国家文化安全、传播优秀中华文化都是不利的。

表 11-1　2012 年文化及相关产业市场集中率

	文化及相关产业	前 4 家上市公司	市场集中率
营业收入（元）	448 178 810.9	48 550 164	10.83%
从业人员（人）	11 640 377.07	387 881	3.33%
总资产（元）	412 472 998.8	73 820 567	17.90%

表 11-2　贝恩的市场结构分类标准

类　　型	CR$_4$（%）	CR$_8$（%）
寡占 I 型	85 以上	—
寡占 II 型	75～85	85 以上
寡占III型	50～75	75～85
寡占IV型	35～50	45～75
寡占 V 型	30～35	40～45
竞争型	低于 30	低于 40

资料来源：贝恩 J.S. 产业组织［M］.1981：141-148. 转引自侯晓靖. 审计市场集中度研究［D］. 西北大学博士论文，2011.

（二）文化细分行业市场集中率分析

按照《中国文化及相关产业统计年鉴（2013）》对文化及相关产业的归类方式，本书将文化及相关产业划分为文化制造业、文化批发和零售业、文化服务业三大类型。其中由于文化批发和零售业上市公司数量太少，细分行业都不足 4 家上市公司，所以，在此主要对文化制造业和文化服务业两大类行业中的细分行业进行市场集中率的研究。

1. 文化制造业细分行业市场集中率

从文化制造业的具体细分行业市场集中率来看，可以发现行业间市场集中度极不均衡，市场结构状态出现分化，且同一类行业在不同指标上也表现出差异：（1）视听设备的制造行业是 6 个参与分析的文化细分行业中市场集中度相对最高的，但其内部指标出现了分歧。按照营业收入市场集中率来判断，该行业应该属于寡占IV型市场结构；而按照总资产市场集中率来看，则属于寡占III型市场；但是按照职工数量的市场集中率来看，该行业应该属于低集中寡占 V 型市场结构。（2）广播电视电影专用设备的制造行业相对而言，是文化制造业中市场集中度第二高的行业，但其内部指标同样出现了分歧。按营业收入看属于中度集中寡占Ⅳ型；按照总资产来看，属于高度集中寡占Ⅲ型市场，这两个结果与视听设备的制造行业基本一致；所不同的是，按照职工数量来看，该行业应该属于竞争型市场结构。（3）工艺美术品的制造、印刷复制服务和玩具的制造3个行业的市场集中度都比较低，属于典型的竞争型市场结构。

表 11-3　2012 年文化制造业细分行业市场集中率

	职工总数市场集中率	总资产市场集中率	营业收入市场集中率
工艺美术品的制造	1.02%	6.96%	6.73%
印刷复制服务	2.71%	6.05%	3.27%
玩具的制造	0.97%	6.42%	1.75%
视听设备的制造	30.86%	66.06%	41.10%
文化用纸的制造	7.91%	15.74%	9.10%
广播电视电影专用设备的制造	16.88%	66.60%	37.23%

注：本书中不包含上市公司低于 4 家的细分行业。

2. 文化服务业细分行业市场集中率

文化服务业共有 8 个细分行业参与分析。相比较来看，景区游览服务行业的市场集中度相对最高，有两个指标的市场集中度进入寡占型市场结构，特别是按照营业收入市场集中率来看，该行业可以归入寡占Ⅰ型市场结构，可见在景区游览服务行业中，上市公司的营业收入不均衡程度非常高。而按照总资产市场集中率来看，该行业应该属于中度集中寡占Ⅳ型市场。除此之外，互联网信息服务行业的职工总数市场集中率指标进入高度集中寡占Ⅲ型市场结构标准范围内，但是其他指标都表征该行业属于竞争型市场结构。出版服务、电影和影视录音服务、文化软件服务、广播电视传输服务、广告服务和建筑设计服务 6 个行业的各项指标市场集中率均未超过 30%，都属于竞争型市场结构。

表 11-4　2012 年文化服务业细分行业市场集中率　　　　（单位：%）

	职工总数市场集中率	总资产市场集中率	营业收入市场集中率
出版服务	18.53	16.07	27.38
互联网信息服务	73.25	16.68	21.42
电影和影视录音服务	2.39	5.50	3.48
文化软件服务	4.83	3.29	3.88
广播电视传输服务	18.52	29.22	4.99
广告服务	1.48	2.73	4.82
建筑设计服务	6.55	17.18	16.12
景区游览服务	25.27	41.47	89.83

注：本书中不包含上市公司低于 4 家的细分行业。

三、文化及相关产业赫芬达尔—赫希曼指数实证分析

由于赫芬达尔—赫希曼指数（以下简称 HHI）对企业数量有一定的要求（一般要求50 家以上）。如果按照国家统计局《文化及相关产业分类（2012）》中产业分类第三层来归类，各细分行业上市公司数量大部分都不足 50 家，因此本书主要从文化及相关产业总体层面、文化制造业层面和文化服务业层面进行 HHI 的实证研究。在判断市场结构时，为了方便比较分析，通常取 HHI 中的分子平方数值，其最大值为 10 000（当分子是 100时的平方）。

（一）文化及相关产业 HHI 分析

为了保证 2011～2013 年三年 HHI 的可比性，在研究过程中全部按照 2011 年的文化及相关产业上市公司进行研究样本的选取，共 161 家。通过计算得到 2011～2013 年中国文化及相关产业上市公司层面的 HHI，如表 11-5 所示。

首先可以发现 2011～2013 年三年来，中国文化及相关产业 HHI 基本呈现出下降态势，其中按照总资产指标计算的 HHI 和按职工总数计算的 HHI 都呈现连续下降趋势，以营业收入计算的 HHI 先是在 2012 年有了上升，然后 2013 年又下降，但 HHI 数值仍然在1000 以上。

表 11-5　2011～2013 年文化及相关产业 HHI

	按营业收入计算	按总资产计算	按职工总数计算
2011 年	969.35	1432.06	921.38
2012 年	1020.33	1417.15	771.65
2013 年	1009.26	1232.17	738.35

注：为了保证 2011～2013 年的可比性，取同样的 161 家公司为样本。

美国司法部将 HHI 作为评估产业集中度的指标，并且界定了具体的市场结构分类标准，如表 11-6 所示。

按照营业收入指标计算的 HHI 来判断发现：2011 年中国文化及相关产业市场结构属于竞争 I 型；而 2012 年和 2013 年都进入寡占型，属于低寡占 II 型的市场结构。

按照总资产指标计算的 HHI 来判断，则发现市场结构以寡占型为主：2011 年和 2012年的 HHI 都超过了 1400，进入低寡占 I 型的市场结构；而 2013 年下降为低寡占 II 型的市场结构。

按照职工总数计算的 HHI 判断，中国文化及相关产业三年来仍然都处于竞争 I 型的市场结构。

表 11-6　HHI 市场结构分类标准

划分标准	市场结构类型	HHI（0～10 000）
竞争型	竞争Ⅱ型	HHI<500
	竞争Ⅰ型	500≤HHI<1000
寡占型	低寡占Ⅱ型	1000≤HHI<1400
	低寡占Ⅰ型	1400≤HHI<1800
	高寡占Ⅱ型	1800≤HHI<3000
	高寡占Ⅰ型	3000≤HHI

资料来源：Federal Reserve Bank of Chicago，"Proceedings of a Conference on Bank Structure and Competition"，转引自：王炳文. 中国煤炭产业集中度及政策研究［D］. 北方交通大学，2012.

（二）文化制造业 HHI 分析

对文化制造业的 HHI 计算结果（如表 11-7 所示）显示：无论是按照营业收入计算，还是按照总资产或职工总数指标计算得到的 HHI 都处于 500 和 1000 之间，表明中国的文化制造业在 2011～2013 年间始终处于竞争Ⅰ型的市场结构。

从各项指标三年来的变化趋势来看，按总资产和职工总数计算的 HHI 都呈现出先下降后增长的螺旋上升发展趋势；而按照营业收入计算的 HHI 则呈现出先上升后降低的螺旋下降发展趋势。

表 11-7　2011～2013 年文化制造业 HHI

	按营业收入计算	按总资产计算	按职工总数计算
2011 年	898.67	662.01	697.07
2012 年	914.78	646.49	693.13
2013 年	866.77	677.74	699.71

注：为了保证 2011～2013 年的可比性，取 2011 年 77 家公司为样本。

（三）文化服务业 HHI 分析

为了清晰考察中国文化服务业的市场集中情况，通过实证分析得到三年来文化服务业 HHI，如表 11-8 所示。可以发现 HHI 都在 700 以下，有的 HHI 在 500 以下。按照 HHI 判断标准来判断，首先可以发现文化服务业在 2011～2013 年三年来始终处于竞争型的市场结构，其中 2012 年市场集中度相对最高，都达到 500 以上，形成竞争Ⅰ型的市场结构；而在 2011 年和 2013 年则都低于 500，处于竞争Ⅱ型的市场结构中。从变化趋势还可以看出，2013 年的 HHI 都低于 2011 年的数值，这说明三年来中国的文化服务业市场结构呈现出先集中后分散，并螺旋式分散的演化趋势。

表 11-8　2011～2013 年文化服务业 HHI

	按营业收入计算	按总资产计算	按职工总数计算
2011 年	439.36	443.15	470.86
2012 年	659.65	617.46	588.77
2013 年	369.91	355.61	369.66

注：为了保证 2011～2013 年的可比性，取 2011 年 78 家公司为样本（不含中国联通）。

第十二章 中国文化及相关产业上市公司"走出去"发展评价

一、引言

从 2011 年以来的文化贸易政策扶持情况来看，不管是国家层面，还是区域层面，对文化出口企业的重视程度日渐提高。在国家层面，2010 年商务部出台了《关于进一步推进国家文化出口重点企业和项目目录相关工作的指导意见》，并于 2012 年 7 月 18 日，商务部、中宣部、文化部、广电总局、新闻出版总署等 10 部委联合公布了"2011～2012 年度国家文化出口重点企业和重点项目"，认定 489 家企业为 2011～2012 年度国家文化出口重点企业，106 个项目为 2011～2012 年度国家文化出口重点项目；2013 年则认定了 364 家企业为 2013～2014 年度国家文化出口重点企业，认定 118 个项目为 2013～2014 年度国家文化出口重点项目。其中，诸多文化出口企业与重点文化项目来自文化及相关产业上市公司。

此外，2013 年文化部发布了《关于实施中国（上海）自由贸易试验区文化市场管理政策的通知》（文市发〔2013〕47 号）；2014 年 3 月，国务院发布《关于加快发展对外文化贸易的意见》，提出了 2020 年中国对外文化贸易的发展目标，意味着中国对外文化贸易发展进入新阶段，也给文化及相关产业上市公司的"走出去"带来新的契机。在区域层面，大部分省市出台了一系列鼓励与扶持文化企业走出去的政策，例如，《上海市文化"走出去"专项扶持资金管理办法（试行）》，浙江省的《浙江省文化出口基地认定办法》、《关于鼓励支持影视文化产品和服务走出去的意见》，江苏省颁布了《关于加快文化产品和服务出口的若干意见》，福建省的《福建省文化出口重点企业认定暂行办法》等，这些政策措施为文化及相关产业上市公司提高对外文化贸易水平提供了制度保障。

二、文化及相关产业上市公司"走出去"总体特征

2011～2012 年文化及相关产业上市公司境外主营业务状况如表 12-1 所示，通过统计分析可以发现：

三年来文化及相关产业上市公司境外主营业务呈现连续增长态势：从表 12-1 中看到，2011～2013 年，境外主营收入合计值和均值、境外主营利润合计值和均值方面都呈现出大幅增长趋势，增长率分别达到 78%、26%、186%、70%。

境外主营利润增长要高于境外主营业务增长：从增长率比较可以看到，境外主营利润合计值增长率高出境外主营业务合计值增长率 108%，均值高出 44%。

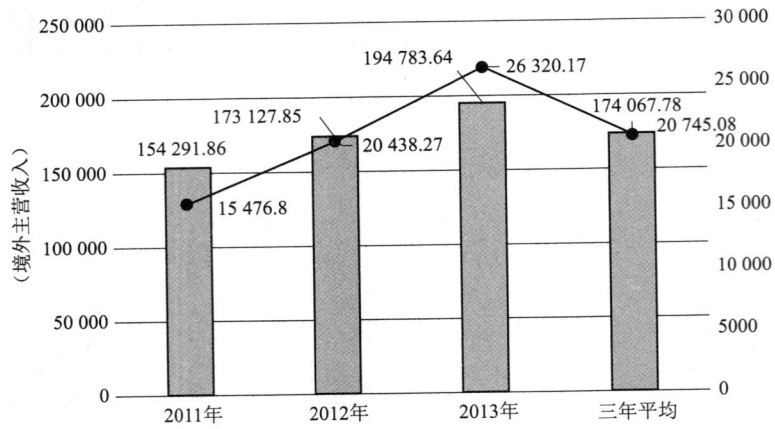

图 12-1　2011～2013 年文化及相关产业上市公司境外主营业务状况（单位：万元）

总的来说，文化及相关产业上市公司在现有良好的文化贸易生态环境与国家大力扶持文化贸易发展的契机下，对外文化贸易水平不断提升，不但积极创新文化产品，丰富了文化产品与服务出口的内容与类型；还积极拓展文化贸易的渠道，提升了中国文化品牌的国际影响力。

对于政府而言，在下一阶段，需要根据国际文化市场发展动态与中国文化及相关产业对外贸易的趋势，不断完善现有文化贸易政策、积极探索和国际投资与贸易规则体系相适应的文化市场化服务方式，共同打造一个开放、公平、诚信、竞争、有序的国际文化市场环境，加大对从事文化贸易的上市公司扶持力度，并鼓励上市公司借鉴国际运作经验加快进入主流国际文化市场，真正推动中国对外文化贸易进入发展的新阶段。

表 12-1　2011～2012 年文化及相关产业上市公司境外主营业务状况

（单位：万元）

项　目		2011 年	2012 年	2013 年	三年平均
境外主营收入	N	56	82	79	72
	合计	8 640 344.30	14 196 483.30	15 387 907.90	12 741 578.50
	均值	154 291.86	173 127.85	194 783.64	174 067.78
境外主营利润	N	44	76	74	65
	合计	680 979.15	1 553 308.50	1 947 692.68	1 393 993.44
	均值	15 476.80	20 438.27	26 320.17	20 745.08

注：由于境外主营收入与利润数据披露信息不完整，这里主要对能够搜集到数据的上市公司进行分析。

三、文化及相关产业上市公司"走出去"发展30强

通过对 2011～2013 年文化及相关产业上市公司境外主营业务收入年度均值进行排名排序，选取出其中的前 30 强汇总如表 12-2 所示。可以看到：

长城电脑、TCL 集团和京东方三家公司位列第一梯队。其中长城电脑三年来始终牢牢占据境外主营业务发展第一位，其三年境外主营收入平均达到了 513.89 亿元；但同时从年度数据分析来看，该公司 2013 年境外主营收入比 2012 年下滑 16.55%。TCL 集团排在第二位，三年境外主营收入均值达到 300 亿元以上；京东方则达到 130 亿元以上。这三家企业都属于视听设备制造企业，较早进入国外市场。其中，TCL 集团是一家全球化经营的企业集团，在中国、美国、法国、新加坡等国家设有研发总部，在中国、波兰、墨西哥、泰国、越南等国家拥有近 20 个制造加工基地，并在世界 40 余个国家与地区设有销售机构，其在全球的 LCD 电视机市场占有率 2012 年实现 5.6%，排名全球第五，是中国彩电企业第一次进入世界 LCD 电视机市场占有率的前五名。[①]青岛海尔、同方股份、歌尔声学 3 家公司处于第二梯队，三年平均境外主营收入都达到 50 亿元以上；特别是青岛海尔三年境外收入均值达到 85 亿元，接近百亿元规模。

总的来看，2011～2013 年文化及相关产业上市公司境外主营业务收入进入前 30 强的企业中，有 26 家是文化制造业（根据国家统计局的归类，印刷复制服务属于文化制造业），仅有 2 家属于文化服务业，2 家属于文化批发零售业。这一现状实际上表明，当前中国对外文化贸易，主要还是以加工制造产品贸易为主，核心文化服务出口规模仍然很小。

有鉴于此，政府应从政策层面重点支持外向型龙头文化服务企业，鼓励与扶持文化服务企业创新文化内容，鼓励创意与原创，对拥有自主知识产权并积极"走出去"的文化企业与文化项目给予政策优惠，特别是对将文化品牌推向国际主流文化市场的企业给予专项资助，引导文化及相关产业上市公司自主开发反映中华文化与时代精神、具有海外市场效益的文化品牌，积极开拓海外主流文化市场，不断扩展对外文化传播范围与提高国际传播能力，提高中国文化贸易的国际话语权与世界影响力。

表 12-2　2011～2013 年文化及相关产业上市公司境外主营业务收入前 30 强

序号	证券代码	企业名称	组织形式	注册地址	产业分类第三层	上市时间（年）	年度平均（万元）
1	000066	长城电脑	国有企业	广东省	视听设备的制造	1997	5 138 860.56
2	000100	TCL 集团	国有企业	广东省	视听设备的制造	2004	3 052 375.20
3	000725	京东方 A	国有企业	北京市	视听设备的制造	2001	1 311 923.60
4	600690	青岛海尔	集体企业	山东省	视听设备的制造	1993	850 200.23

① 张婧. TCL 集团 LCD 电视机市场占有率全球第五［N］. 中国经济导报. 2012-05-24.

序号	证券代码	企业名称	组织形式	注册地址	产业分类第三层	上市时间（年）	年度平均（万元）
5	600100	同方股份	国有企业	北京市	广播电视电影专用设备的制造	1997	626 954.82
6	002241	歌尔声学	民营企业	山东省	视听设备的制造	2008	514 730.93
7	000016	深康佳A	国有相对控股企业	广东省	视听设备的制造	1992	381 921.26
8	601886	江河创建	民营企业	北京市	建筑设计服务	2011	303 211.09
9	000488	晨鸣纸业	国有企业	山东省	文化用纸的制造	2000	270 656.34
10	000050	深天马A	国有企业	广东省	广播电视电影专用设备的制造	1995	228 646.06
11	600128	弘业股份	国有企业	江苏省	工艺美术品的销售	1997	222 540.13
12	002045	国光电器	民营企业	广东省	视听设备的制造	2005	158 111.10
13	002078	太阳纸业	民营企业	山东省	文化用纸的制造	2006	157 198.22
14	002415	海康威视	国有企业	浙江省	视听设备的制造	2010	148 700.49
15	000801	四川九洲	国有企业	四川省	广播电视电影专用设备的制造	1998	117 650.25
16	600071	凤凰光学	国有企业	江西省	文具乐器照相器材的销售	1997	86 055.61
17	002052	同洲电子	民营企业	广东省	广播电视电影专用设备的制造	2006	85 277.73
18	300057	万顺股份	民营企业	广东省	印刷复制服务	2010	68 276.16
19	002103	广博股份	民营企业	浙江省	办公用品的制造	2007	64 371.11
20	600651	飞乐音响	国有相对控股企业	上海市	视听设备的制造	1990	54 624.07
21	300043	星辉车模	民营企业	广东省	玩具的制造	2010	37 054.15
22	002502	骅威股份	民营企业	广东省	玩具的制造	2010	36 969.81
23	600612	老凤祥	国有企业	上海市	工艺美术品的制造	1992	34 837.36
24	002301	齐心文具	民营企业	广东省	办公用品的制造	2009	32 819.77
25	000719	大地传媒	国有企业	河南省	出版服务	1997	31 935.31
26	002303	美盈森	民营企业	广东省	印刷复制服务	2009	31 018.42
27	002348	高乐股份	民营企业	广东省	玩具的制造	2010	30 947.43
28	002575	群兴玩具	民营企业	广东省	玩具的制造	2011	25 413.97
29	002376	新北洋	国有企业	山东省	其他文化专用设备的制造	2010	24 067.33
30	600135	乐凯胶片	国有企业	河北省	文化用化学品的制造	1998	23 370.91

四、文化及相关产业上市公司"走出去"注册地区比较

通过对 2011～2013 年不同地区文化及相关产业上市公司境外主营业务收入进行比较分析，可以看到：

广东省的文化及相关产业上市公司的境外主营收入与主营利润的合计值与均值最高，位于第一位，其三年境外主营收入平均达到了831.72 亿元，三年境外主营利润平均达到了 89.53 亿元，而且近三年呈现出持续稳步增长的态势。这一结果与广东省对外文

化贸易状况是一致的。根据统计局发布的数据，2012 年广东核心文化产品出口总额为 113.1 亿美元，占全国 43.7%，出口覆盖 100 多个国家与地区，并形成了深圳华强、广东省出版集团等重点文化企业与文化出口品牌，其中，华强的原创动画片目前输出到海外 100 多个国家和地区，其主题公园出口到南非、乌克兰等国；同时，广东入选国家 2011～2012 年度《文化出口重点企业目录》的文化企业高达 65 家，占总数的 13.4%；^①实际上，广东省处于遥遥领先的地位，主要是因为广东省是文化产品与文化设备制造业出口大省，其印刷复制业规模居全国之首，特别是 2012 年全省印刷业总规模达 1670 亿元，印刷企业 20 212 家，从业人员 85 万余人，大约占全国的 1/5，是全国最大的印刷产品出口基地，印刷企业承印世界 65 多个国家与地区的印刷品，光盘生产能力和市场占有率占全国 60%以上。^②

山东省与北京市处于第二梯队，2011～2013 年平均的境外主营收入都达到了百亿元以上规模。其中，山东省三年境外主营收入平均达到了 184.26 亿元，三年境外主营利润平均达到了 24.33 亿元。近几年，一方面，山东省颁布并落实了《关于促进文化企业及文化产品和服务"走出去"的意见》，鼓励文化产品和服务出口；另一方面，以 20 余家国家文化出口重点企业、项目与 61 家省级重点文化出口企业为依托，积极推动外向型文化企业聚集、壮大。北京市紧随其后，其 2011～2013 年的境外主营收入平均为 164.05 亿元，三年境外主营利润平均为 10.47 亿元，和山东省的差距较大。但是，北京市还有在境外上市的文化企业 15 家，主要集中在软件、网络及计算机服务行业 11 家，广播、电视与电影领域 4 家；^③从统计数据来看，2012 年北京市文化产品进出口规模实现 6 亿美元，同比增长 6.3%；其中，出口额达 1.6 亿美元，在电影、动漫、游戏、演出等诸多文化出口项目中，游戏超过电影业成为文化出口的新生主力军。^④

浙江省、江苏省、上海市三大地区处于第三梯队，2011～2013 年的平均境外主营收入合计值都在 10 亿元以上、平均境外主营利润都在亿元以上。从境外主营收入合计值来看，浙江省 2011～2013 年的平均境外主营收入较高，为 27.21 亿元；江苏省 2011～2013 年的平均境外主营收入为 25.09 亿元，和浙江省差距不大；上海市的平均境外主营收入最低，为 11.08 亿元，与浙江省、江苏省存在较大落差。但是，在境外主营利润指标上，浙江省的主营利润合计值最高，排在第一位，上海排在第二位，高于江苏省。究其原因，浙江省对外文化贸易的重视程度在政策上得到进一步的体现，一是出台了全国首个《浙江省文化出口基地认定办法》以培育与扶植文化出口企业为目标，积极认定了 2013～

---

① 张演钦. 广东文化出口额全国第一，江苏紧追［N］. 羊城晚报. 2013-03-04.

② 蔡晓丹. 广东省首届十大最具竞争力印刷企业和十大诚信印刷企业名单公布［EB/OL］. http://news.ifeng.com/gundong/detail_2013_03/04/22707777_0.shtml.2013-03-04.

③ 成琪. 北京文化产品进出口规模居全国之首［EB/OL］. http://news.china.com.cn/live/2013-05/31/content_20291652.htm.2013-05-31.

④ 2012 北京文化产品出口 1.6 亿、网游成核心推动力［N］. 中国新闻网. 2013-03-16.

2014 年度浙江省文化出口重点企业和文化出口重点项目，重点认定公共服务平台、境外合作投资、传统文化（非物质文化遗产）与文创演艺四个领域；①二是制定了《关于鼓励支持影视文化产品和服务走出去的意见》，鼓励与支持影视企业到境外参展、合作拍片，积极开展贸易往来，建立营销网点与资本投资等，为浙江省影视产品走进国际文化市场、扩大影视文化的影响力提供了有力的政策支撑。②而上海市则在 2013 年实施了修订后的《上海市文化"走出去"专项扶持资金管理办法（试行）》和《上海市文化"走出去"专项扶持资金实施细则（试行）》，将专项扶持资金划入"上海市文化'走出去'专项扶持资金"专门账户，实施统一管理，推动更多的外向型文化及相关产业上市公司走进主流国际文化市场。

总的来看，广东省、山东省、北京市、浙江省、江苏省与上海市本身就是文化产品出口大省，出口规模位居全国前列；不但拥有一大批外向型龙头文化及相关产业上市公司，而且还颁布实施了一系列保障文化及相关产业上市公司开展对外文化贸易的政策措施。

表 12-3　2011～2013 年文化及相关产业上市公司境外主营业务收入地区比较

（单位：万元）

注册地址		2011 年		2012 年		2013 年		年度平均	
		境外主营收入	境外主营利润	境外主营收入	境外主营利润	境外主营收入	境外主营利润	境外主营收入	境外主营利润
北京市	N	6.00	3.00	12.00	10.00	14.00	11.00	10.67	8.00
	合计	169 180.58	38 551.78	2 093 630.95	178 593.25	2 658 720.39	96 911.60	1 640 510.64	104 685.54
	均值	28 196.76	12 850.59	174 469.25	17 859.33	189 908.60	8810.15	130 858.20	13 173.35
福建省	N	3.00	2.00	4.00	4.00	3.00	3.00	3.33	3.00
	合计	13 116.39	116.58	5037.44	683.45	2853.30	413.28	7002.38	404.44
	均值	4372.13	58.29	1259.36	170.86	951.10	137.76	2194.20	122.30
广东省	N	17.00	16.00	23.00	22.00	23.00	22.00	21.00	20.00
	合计	6 272 653.99	376 164.35	9 223 114.45	985 567.67	9 455 694.97	1 324 182.36	8 317 154.47	895 304.79
	均值	368 979.65	23 510.27	401 004.98	44 798.53	411 117.17	60 190.11	393 700.60	42 832.97
江苏省	N	3.00	3.00	4.00	3.00	4.00	4.00	3.67	3.33
	合计	260 991.17	16 869.30	222 827.68	7263.53	268 959.03	24 018.58	250 925.96	16 050.47
	均值	86 997.06	5623.10	55 706.92	2421.18	67 239.76	6004.65	69 981.24	4682.97
山东省	N	7.00	6.00	8.00	8.00	7.00	7.00	7.33	7.00
	合计	1 346 398.53	165 540.80	1 907 442.29	230 245.46	2 274 080.38	334 097.31	1 842 640.40	243 294.52
	均值	192 342.65	27 590.13	238 430.29	28 780.68	324 868.63	47 728.19	251 880.52	34 699.67
上海市	N	5.00	3.00	8.00	7.00	7.00	7.00	6.67	5.67
	合计	98 229.11	15 056.00	125 297.19	25 492.70	106 558.93	20 429.70	110 028.41	20 326.13
	均值	19 645.82	5018.67	15 662.15	3641.81	15 222.70	2918.53	16 843.56	3859.67

① 浙江省商务厅. 浙江省商务厅关于上报 2013～2014 年度浙江省文化出口重点企业和重点项目的通知. 2013-10-11.
② 浙商务联发. 关于鼓励支持影视文化产品和服务走出去的意见〔2012〕42 号.

（续表）

注册地址		2011 年		2012 年		2013 年		年度平均	
		境外主营收入	境外主营利润	境外主营收入	境外主营利润	境外主营收入	境外主营利润	境外主营收入	境外主营利润
浙江省	N	8.00	5.00	12.00	12.00	11.00	11.00	10.33	9.33
	合计	17 6887.87	45 945.15	278 274.71	90 405.64	361 020.15	125 521.34	272 060.91	87 290.71
	均值	22 110.98	9189.03	23 189.56	7533.80	32 820.01	11 411.03	26 040.19	9377.95
四川省	N	2.00	2.00	2.00	2.00	2.00	2.00	2.00	2.00
	合计	124 470.20	15 102.88	150 200.81	18 416.61	126 151.72	15 016.20	133 607.58	16 178.56
	均值	62 235.10	7551.44	75 100.41	9208.31	63 075.86	7508.10	66 803.79	8089.28
陕西省	N	1.00	1.00	1.00	1.00	1.00	1.00	1.00	1.00
	合计	22 443.29	−519.57	13 869.65	1551.82	4990.15	−155.98	13 767.70	292.09
	均值	22 443.29	−519.57	13 869.65	1551.82	4990.15	−155.98	13 767.70	292.09
江西省	N	1.00	1.00	1.00	1.00	1.00	1.00	1.00	1.00
	合计	115 434.80	9862.93	100 143.74	5304.26	42 588.29	3237.46	86 055.61	6134.88
	均值	115 434.80	9862.93	100 143.74	5304.26	42 588.29	3237.46	86 055.61	6134.88
海南省	N	—	—	1.00	—	—	—	1.00	—
	合计	—	—	13.95	—	—	—	13.95	—
	均值	—	—	13.95	—	—	—	13.95	—
河北省	N	1.00	1.00	1.00	1.00	1.00	1.00	1.00	1.00
	合计	24 299.12	−2083.27	26 689.64	987.70	19 123.98	978.25	23 370.91	−39.11
	均值	24 299.12	−2083.27	26 689.64	987.70	19 123.98	978.25	23 370.91	−39.11
河南省	N	1.00	1.00	2.00	2.00	2.00	2.00	1.67	1.67
	合计	2323.55	372.22	21 418.62	456.79	45 883.10	561.17	23 208.42	463.39
	均值	2323.55	372.22	10 709.31	228.40	22 941.55	280.59	11 991.47	293.73
黑龙江省	N	—	—	1.00	1.00	1.00	1.00	1.00	1.00
	合计	—	—	9.34	0.06	28.54	22.58	18.94	11.32
	均值	—	—	9.34	0.06	28.54	22.58	18.94	11.32
湖南省	N	—	—	1.00	1.00	1.00		1.00	0.50
	合计	—	—	14 477.93	4771.83	5887.32		10 182.63	2385.92
	均值	—	—	14 477.93	4771.83	5887.32		10 182.63	2385.92
重庆市	N	1.00		1.00	1.00	1.00	1.00	1.00	0.67
	合计	13 915.70		14 034.91	3567.73	15 367.65	2458.83	14 439.42	2008.85
	均值	13 915.70		14 034.91	3567.73	15 367.65	2458.83	14 439.42	2008.85

注：斜体表示所含上市公司数量太少，不参与分析。

五、文化及相关产业上市公司"走出去"行业比较

2011～2013 年文化及相关产业细分行业境外主营业务状况如表 12-4 所示，通过对比分析，可以发现：

各行业间境外主营业务发展状况呈现"两极态势"，文化制造行业占据绝对主力地位：视听设备的制造行业一个行业占据了整个文化及相关产业全部境外主营收入的79%和境外主营利润的81%。具体来看，发现其中主要是长城电脑、TCL集团、京东方A、青岛海尔和歌尔声学5家公司，以2013年为例，这5家公司的境外主营收入分别达到了463.23亿元、353.71亿元、155.04亿元、94.06亿元和81.95亿元。其余文化及相关产业境外主营业务相对都比较小。

排在第二位的行业是广播电视电影专用设备的制造行业，排在第三位的是建筑设计服务行业，从2013年的境外主营收入合计值来看，分别实现112.49亿元、40.08亿元，境外主营利润的合计值也都在亿元以上，其中建筑设计服务行业主要以江河创建为代表，其2013年的境外主营收入为39.86亿元。

总体来讲，文化及相关产业上市公司境外主营业务收入较高的行业主要还是集中在文化产品制造与文化相关产品的制造领域，文化服务业上市公司的境外主营收入相对较低；在核心文化行业，上市公司的境外主营业务比重还很小，海外拓展能力还有待于大幅度提升。就改善路径而言，一是充分利用传统的对外文化贸易渠道，并要积极利用现代化的互联网平台，不断拓展网络化、信息化的海外贸易渠道、扩展国际文化贸易半径，同时需要深入调研国际文化市场需求情况，有针对性地提高文化产品在国际文化市场的适应性；二是打造文化贸易渠道资源整合与共享机制、区域联动平台协同机制，真正推动文化及相关产业上市公司不断提高核心文化服务出口规模、优化文化产品出口结构；三是积极引导多元资本投入文化贸易领域，通过税收鼓励文化领域的上市公司积极开展对外投资、开展跨国文化生产合作、经营，建立海外出口基地，开发具有国际竞争力的文化名牌。

表12-4　2011～2013年文化及相关产业细分行业境外主营业务状况

（单位：万元）

产业分类第三层		2011年		2012年		2013年	
		境外主营收入	境外主营利润	境外主营收入	境外主营利润	境外主营收入	境外主营利润
出版服务	N	—	—	2.00	1.00	2.00	2.00
	合计	—	—	19 129.61	219.88	44 754.96	444.51
	总和的%	—	—	0.00	0.00	0.00	0.00
	均值	—	—	9564.81	219.88	22 377.48	222.26
电影和影视录音服务	N	4.00	1.00	5.00	5.00	5.00	4.00
	合计	4350.22	0.00	10 700.78	3305.91	11 103.38	5395.72
	总和的%	0.00	0.00	0.00	0.00	0.00	0.00
	均值	1087.56	0.00	2140.16	661.18	2220.68	1348.93
互联网信息服务	N	1.00	—	6.00	5.00	4.00	4.00
	合计	2863.21	—	21 420.32	8223.49	36 545.14	23 998.30
	总和的%	0.00	—	0.00	0.01	0.00	0.01
	均值	2863.21	—	3570.05	1644.70	9136.29	5999.58

产业分类第三层		2011年		2012年		2013年	
		境外主营收入	境外主营利润	境外主营收入	境外主营利润	境外主营收入	境外主营利润
增值电信服务（文化部分）	N	—	—	—	—	1.00	1.00
	合计	—	—	—	—	286.17	103.50
	总和的%	—	—	—	—	0.00	0.00
	均值	—	—	—	—	286.17	103.50
广播电视传输服务	N	1.00	1.00	1.00	1.00	1.00	1.00
	合计	1105.77	284.70	2414.82	246.09	2972.20	748.83
	总和的%	0.00	0.00	0.00	0.00	0.00	0.00
	均值	1105.77	284.70	2414.82	246.09	2972.20	748.83
文化软件服务	N	1.00	1.00	—	—	—	—
	合计	14 793.29	4024.27	—	—	—	—
	总和的%	0.00	0.01	—	—	—	—
	均值	14 793.29	4024.27	—	—	—	—
建筑设计服务	N	1.00	1.00	3.00	3.00	2.00	2.00
	合计	156 356.54	34 347.16	372 266.82	54 907.08	400 844.54	28 491.62
	总和的%	0.02	0.05	0.03	0.04	0.03	0.01
	均值	156 356.54	34 347.16	124 088.94	13 302.36	200 422.27	14 245.81
专业设计服务	N	1.00	1.00	1.00	1.00	1.00	1.00
	合计	8232.62	1217.14	7357.46	1085.88	36 555.59	5346.96
	总和的%	0.00	0.00	0.00	0.00	0.00	0.00
	均值	8232.62	1217.14	7357.46	1085.88	36 555.59	5346.96
娱乐休闲服务	N	1.00	—	1.00	1.00	1.00	1.00
	合计	13 915.70	—	14 034.91	3567.73	15 367.65	2458.83
	总和的%	0.00	—	0.00	0.00	0.00	0.00
	均值	13 915.70	—	14 034.91	3567.73	15 367.65	2458.83
工艺美术品的制造	N	1.00	1.00	4.00	4.00	4.00	4.00
	合计	41 786.70	5725.76	64 284.79	11 595.54	36 605.72	3462.80
	总和的%	0.00	0.01	0.00	0.01	0.00	0.00
	均值	41 786.70	5725.76	16 071.20	2898.89	9151.43	865.70
园林、陈设艺术及其他陶瓷制品制造	N	1.00	—	1.00	1.00	1.00	1.00
	合计	151.63	—	191.54	65.16	134.37	60.38
	总和的%	0.00	—	0.00	0.00	0.00	0.00
	均值	151.63	—	191.54	65.16	134.37	60.38
工艺美术品的销售	N	1.00	1.00	1.00	1.00	—	1.00
	合计	249 427.88	14 800.11	190 267.90	—	227 924.62	14 364.06
	总和的%	0.03	0.02	0.01	—	0.01	0.01
	均值	249 427.88	14 800.11	190 267.90	—	227 924.62	14 364.06

产业分类第三层		2011 年		2012 年		2013 年	
		境外主营收入	境外主营利润	境外主营收入	境外主营利润	境外主营收入	境外主营利润
印刷复制服务	N	2.00	—	6.00	5.00	6.00	6.00
	合计	27 863.49	—	103 540.27	12 952.68	144 293.83	27 696.20
	总和的%	0.00	—	0.01	0.01	0.01	0.01
	均值	13 931.75	—	17 256.71	2590.54	24 048.97	4616.03
其他文化辅助生产	N	—	—	1.00	1.00	1.00	1.00
	合计	—	—	19 879.26	7791.70	789.73	291.34
	总和的%	—	—	0.00	0.01	0.00	0.00
	均值	—	—	19 879.26	7791.70	789.73	291.34
办公用品的制造	N	2.00	1.00	2.00	2.00	2.00	2.00
	合计	95 992.13	6957.49	107 357.92	22 235.71	88 222.60	17 269.79
	总和的%	0.01	0.01	0.01	0.01	0.01	0.01
	均值	47 996.07	6957.49	53 678.96	11 117.86	44 111.30	8634.90
乐器的制造	N	—	—	2.00	2.00	2.00	2.00
	合计	—	—	23 008.94	6429.86	25 011.54	6992.19
	总和的%	—	—	0.00	0.00	0.00	0.00
	均值	—	—	11 504.47	3214.93	12 505.77	3496.10
玩具的制造	N	3.00	3.00	4.00	4.00	4.00	3.00
	合计	93 919.44	21 432.15	129 802.75	35 008.89	136 486.44	32 183.47
	总和的%	0.01	0.03	0.01	0.02	0.01	0.02
	均值	31 306.48	7144.05	32 450.69	8752.22	34 121.61	10 727.82
视听设备的制造	N	9.00	9.00	11.00	11.00	11.00	11.00
	合计	6 873 071.01	494 843.70	11 284 869.28	1 229 637.01	12 387 301.12	1 627 670.68
	总和的%	0.80	0.73	0.79	0.79	0.81	0.84
	均值	763 674.56	54 982.63	1 025 897.21	111 785.18	1 126 118.28	147 970.06
焰火、鞭炮产品的制造	N	—	—	1.00	1.00	1.00	—
	合计	—	—	14 477.93	4771.83	5887.32	—
	总和的%	—	—	0.00	0.00	0.00	—
	均值	—	—	14 477.93	4771.83	5887.32	—
文化用纸的制造	N	9.00	8.00	10.00	10.00	9.00	9.00
	合计	407 843.56	6499.48	512 187.67	41 977.94	503 311.34	42 177.15
	总和的%	0.05	0.01	0.04	0.03	0.03	0.02
	均值	45 315.95	812.44	51 218.77	4197.79	55 923.48	4686.35
文化用油墨颜料制造	N	3.00	3.00	3.00	3.00	3.00	3.00
	合计	8888.08	1622.77	15 534.31	4814.36	20 792.31	5068.58
	总和的%	0.00	0.00	0.00	0.00	0.00	0.00
	均值	2962.69	540.92	5178.10	1604.79	6930.77	1689.53

产业分类第三层		2011 年		2012 年		2013 年	
		境外主营收入	境外主营利润	境外主营收入	境外主营利润	境外主营收入	境外主营利润
文化用化学品的制造	N	1.00	1.00	1.00	1.00	1.00	1.00
	合计	24 299.12	−2083.27	26 689.64	987.70	19 123.98	978.25
	总和的%	0.00	0.00	0.00	0.00	0.00	0.00
	均值	24 299.12	−2083.27	26 689.64	987.70	19 123.98	978.25
印刷专用设备的制造	N	1.00	—	1.00	—	1.00	—
	合计	2613.22	—	5245.15	—	44 826.70	—
	总和的%	0.00	—	0.00	—	0.00	—
	均值	2613.22	—	5245.15	—	44 826.70	—
广播电视电影专用设备的制造	N	9.00	9.00	11.00	10.00	11.00	10.00
	合计	467 835.95	69 738.88	1 124 942.28	86 641.86	1 124 900.15	87 530.52
	总和的%	0.05	0.10	0.08	0.06	0.07	0.04
	均值	51 981.77	7748.76	102 267.48	8564.19	102 263.65	8753.05
其他文化专用设备的制造	N	1.00	1.00	1.00	1.00	1.00	1.00
	合计	22 293.60	9295.41	21 483.72	8551.41	28 424.66	10 634.90
	总和的%	0.00	0.01	0.00	0.01	0.00	0.01
	均值	22 293.60	9295.41	21 483.72	8551.41	28 424.66	10 634.90
其他文化用品的制造	N	2.00	1.00	2.00	2.00	2.00	2.00
	合计	7306.34	2410.47	5251.49	2986.53	2853.55	1086.64
	总和的%	0.00	0.00	0.00	0.00	0.00	0.00
	均值	3653.17	2410.47	2625.75	1493.27	1426.78	543.32
文具乐器照相器材的销售	N	1.00	1.00	1.00	1.00	1.00	1.00
	合计	115 434.80	9862.93	100 143.74	5304.26	42 588.29	3237.46
	总和的%	0.01	0.01	0.01	0.00	0.00	0.00
	均值	115 434.80	9862.93	100 143.74	5304.26	42 588.29	3237.46

六、文化及相关产业上市公司"走出去"所有制比较

2011～2013 年不同所有制性质的文化及相关产业上市公司的境外主营业务状况如表 12-5 所示，通过对比分析，可以发现：

境外主营业务发展状况在不同所有制的文化及相关产业上市公司之间也呈现出"两极态势"，国有文化企业占据绝对优势地位，境外主营收入和利润合计值占比基本都在65%以上，特别是境外主营收入合计值占比高达 76%。有鉴于此，国有文化及相关产业上市公司应积极发挥龙头示范作用，带动其他类型的文化企业不断提高中国核心文化产品在国际文化市场的占有率，特别是在演出贸易、出版贸易、影视贸易、游戏动漫贸易

等核心文化领域，积极打造航母级的文化及相关产业上市公司，通过其引领作用的释放，真正提升中国核心文化产品在国际文化市场的影响力。

民营文化企业在境外主营收入和利润方面都远远低于国有文化企业，合计值仅占 17.87%和 38.33%，均值仅占 8.33%和 18.34%，这与民营类文化及相关产业上市公司的产业规模与发展势头是不一致的。有鉴于此，在下一阶段，如何从政策上鼓励与保障外向型民营文化及相关产业上市公司不断提高"走出去"的能力，扩大在国外文化市场的规模与影响力成为中国文化贸易政策的重要导向。例如，在政策上，要重视民营文化及相关产业上市公司，对列入《国家文化出口重点企业名录》的外向型民营文化及相关产业上市公司优先给予政策支持，推动其积极参与国际文化市场竞争。

中外合资文化企业境外主营收入和利润均值都呈现出大幅度下滑态势，统计分析发现，中外合资企业境外主营收入均值下滑了 62.16%，主营业务利润均值下滑了 58.44%。这一现象值得引起高度重视。有鉴于此，应积极借鉴、复制和推广上海自贸区的制度创新经验，进一步放松对外商的投资准入、加快贸易便利化改革、推进金融服务创新，真正培育、创造一个适合中资、外资、中外合资等各种所有制类型的文化企业生存发展和公平竞争的文化市场环境，从根本上提升中国的对外文化贸易能力。

表 12-5　2011～2013 年文化及相关产业上市公司境外主营业务所有制比较

（单位：万元）

所有制性质		2011 年		2012 年		2013 年		三年平均	
		境外主营收入	境外主营利润	境外主营收入	境外主营利润	境外主营收入	境外主营利润	境外主营收入	境外主营利润
国有企业	N	16	14	23	19	24	21	21	18
	合计	6 434 504.40	351 151.18	11 002 646.58	1 070 135.11	11 684 490.26	1 380 415.12	9 707 213.75	933 900.47
	总和的%	.74	.52	.78	.69	.76	.71	.76	.64
	均值	402 156.53	25 082.23	478 375.94	56 322.90	486 853.76	65 734.05	455 795.41	49 046.39
国有相对控股企业	N	3	3	3	3	3	3	3	3
	合计	422 594.39	46 096.03	434 862.15	35 249.11	457 934.12	44 851.68	438 463.55	42 065.61
	总和的%	.05	.07	.03	.02	.03	.02	.04	.04
	均值	140 864.80	15 365.34	144 954.05	11 749.70	152 644.71	14 950.56	146 154.52	14 021.87
集体企业	N	1	1	1	1	1	1	1	1
	合计	777 418.02	60 619.40	832 567.53	39 640.01	940 615.13	63 840.18	850 200.23	54 699.86
	总和的%	.09	.09	.06	.03	.06	.03	.07	.05
	均值	777 418.02	60 619.40	832 567.53	39 640.01	940 615.13	63 840.18	850 200.23	54 699.86
民营企业	N	34	24	52	50	48	46	45	40
	合计	993 038.32	217 606.75	1 912 989.06	401 260.51	2 297 608.35	455 153.31	1 734 545.24	358 006.86

所有制性质		2011 年		2012 年		2013 年		三年平均	
		境外主营收入	境外主营利润	境外主营收入	境外主营利润	境外主营收入	境外主营利润	境外主营收入	境外主营利润
民营企业	总和的%	.11	.32	.13	.26	.15	.23	.13	.27
	均值	29 207.01	9066.95	36 788.25	8025.21	47 866.84	9894.64	37 954.03	8995.60
	N	2	2	3	3	3	3	3	3
中外合资企业	合计	12 789.17	5505.79	13 417.98	7023.76	7260.04	3432.39	11 155.73	5320.65
	总和的%	.00	.01	.00	.00	.00	.00	.00	.00
	均值	6394.59	2752.90	4472.66	2341.25	2420.01	1144.13	4429.09	2079.43

第十三章　中国文化及相关产业上市公司无形资产研究

《企业会计准则第 6 号——无形资产（2006）》规定，"无形资产，是指企业拥有或者控制的没有实物形态的可辨认非货币性资产。"所谓的"可辨认性标准"是指：（1）能够从企业中分离或者划分出来，并能单独或者与相关合同、资产或负债一起，用于出售、转移、授予许可、租赁或者交换；（2）源自合同性权利或其他法定权利，无论这些权利是否可以从企业或其他权利和义务中转移或者分离。"无形资产"的确认需要满足两个条件：（1）与该无形资产有关的经济利益很可能流入企业；（2）该无形资产的成本能够可靠地计量。很明显，上述规定仅仅是一种原则性的规定，而证监会对于上市公司无形资产也缺乏明确"细致"统一的管理规范，导致上市公司在年报中披露的无形资产信息五花八门、披露信息层级混乱繁杂，以致很难对这些无形资产信息进行逻辑严密的归类划分。

尽管如此，为了能够对中国文化及相关产业上市公司无形资产状况进行系统分析，本书尝试性地将上市公司年报中披露的无形资产粗略地划分为三大类：技术与知识产权类、经营权类、土地使用权及其他类。其中技术与知识产权类主要是指专利权、专有技术/非专利技术、版权/著作权、商标权等；经营权类主要包括特许经营权、许可经营权等，如媒体经营权、旅游项目经营权、有线电视经营收费权等；土地使用权及其他类包括土地使用权、采矿权、房屋使用权、未执行合同权益等。

鉴于中国文化及相关产业上市公司技术与知识产权类无形资产在前文已经有分析，本章重点对无形资产、经营权类无形资产和土地使用权及其他类无形资产状况进行分析。

一、文化及相关产业上市公司无形资产总体特征

统计数据显示，2011～2013 年三年来，文化及相关产业上市公司无形资产无论从总量和均值上，还是在具体内容方面都保持了连续增长态势，具体特征如下：

文化及相关产业上市公司无形资产在中国全部上市公司总量中还很小，且呈现下降趋势：数据统计发现，2011～2013 年文化及相关产业上市公司无形资产总量从 484.94 亿元增长到 645.72 亿元，增长了 33.15%；均值增长了 25.85%；2011～2013 年文化及相关产业上市公司无形资产年度均值为 35.09 亿元，其中 2011～2013 年的技术与知识产权

类无形资产年度均值为 0.86 亿元、经营权类无形资产年度均值为 0.23 亿元、土地使用权及其他类无形资产年度均值为 2.42 亿元（如图 13-1 所示）。然而中国全部上市公司无形资产总额三年来分别达到 1.09 万亿元、1.31 万亿元和 1.53 万亿元[①]，文化及相关产业上市公司无形资产占比仅为 4.45%、4.33% 和 4.22%，呈现出连年下滑态势。

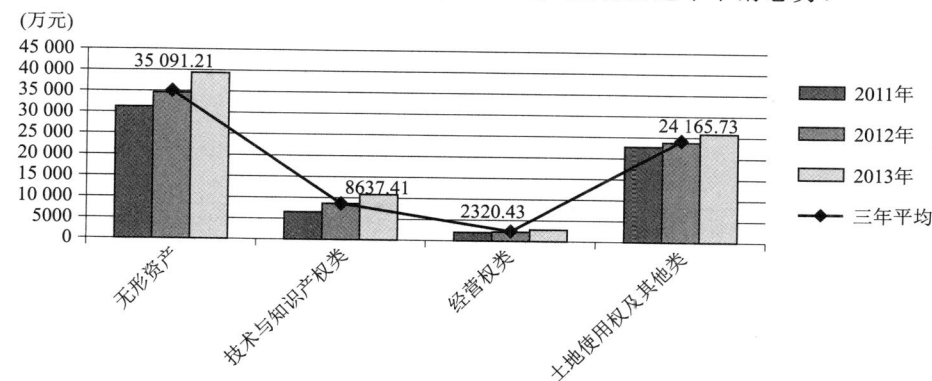

图 13-1　2011～2013 年文化及相关产业上市公司无形资产总体特征

　　文化及相关产业上市公司无形资产在公司总资产中占比很小，技术与知识产权类无形资产占比更小：2011～2013 年，文化及相关产业上市公司无形资产在总资产中占比平均为 5.14%；而同期技术与知识产权类无形资产占比仅为 1.25%，这显然和文化产业追求版权增值的内核是不一致的，也是目前中国文化及相关产业上市公司发展的软肋。

　　土地使用权及其他类无形资产占无形资产总额绝大部分比重，但比重呈下降态势：三年间土地使用权及其他类无形资产占比都达到了 65% 以上；在占比变化方面，2011 年土地使用权及其他类无形资产占比高达 72.84%，2012 年下降到 68.76%，2013 年下降到 65.40%。这说明土地使用权等无形资产是文化类企业的主要部分，但三年来比重下降了 7 个百分点。

　　经营权类无形资产占比最低，不足 10%：2011～2013 年占比分别为 6.36%、6.30% 和 7.09%。三年来比重略有上升。很多文化企业还没有认识到经营权类无形资产的重要性，也凸显出中国文化产业链条中市场运营的薄弱环节，如何加快提升文化及相关产业上市公司对经营权类无形资产的重视程度，提高经营权类无形资产在企业资产中的比重，是文化企业在全球性一体化的大文化市场中应该加快学习、应用与提升的重要方面。

表 13-1　2011～2013 年文化及相关产业上市公司无形资产总体特征

（单位：万元）

资产类型	项目	2011 年	2012 年	2013 年	三年平均
无形资产	合计	4 849 403.31	5 676 695.45	6 457 198.65	5 661 099.14
	均值	31 286.47	34 614	39 373.16	35 091.21
	占总资产比重	5.00%	5.61%	4.80%	5.14%

---

① 数据来源：笔者根据国泰安数据汇总计算得到。

资产类型	项目	2011 年	2012 年	2013 年	三年平均
技术与知识产权类	合计	1 008 600.56	1 411 326.69	1 771 113.54	1 397 013.6
	均值	6507.1	8605.65	10 799.47	8637.41
	占总资产比重	1.09%	1.37%	1.30%	1.25%
经营权类	合计	308 256.31	357 661.01	457 834.98	374 584.1
	均值	1988.75	2180.86	2791.68	2320.43
土地使用权及其他类	合计	3 532 208.14	3 903 479.16	4 222 850.75	3 886 179.35
	均值	22 788.44	23 801.7	25 907.06	24 165.73

注：因某些公司仅披露无形资产总量数据，未披露细分内容数据，以及某些公司数据披露不全，造成无形资产总量与三类无形资产合计数额不完全相等。

二、文化及相关产业上市公司无形资产 50 强

本书按照年度平均值对 2011～2013 年文化及相关产业上市公司无形资产各项指标进行了排名分析，分别得到了无形资产、技术与知识产权类无形资产、经营权类无形资产、土地使用权及其他类无形资产、无形资产占总资产比重以及技术与知识产权类无形资产占总资产比重六项指标的前 50 强企业，如表 13-2 所示。

从无形资产指标的排名来看，处于第一阶梯的是中国联通，2011～2013 年平均无形资产规模为 219.75 亿元，处于遥遥领先的优势地位，究其原因在于中国联通的土地使用权、计算机软件、电路与设备使用权以及其他无形资产规模较大；处于第二阶梯的是华侨城 A，年平均无形资产为 44.06 亿元，高于 40 亿元，主要原因在于华侨城 A 拥有大规模的土地使用权与软件等无形资产；处于第三阶梯的企业有 7 家，包括乐视网（17.60 亿元）、TCL 集团（16.78 亿元）、京东方 A（16.59 亿元）、长城电脑（15.78 亿元）、晨鸣纸业（14.33 亿元）、东方明珠（13.66 亿元）、同方股份（13.22 亿元）等，年平均无形资产均大于 10 亿元。

从经营权类无形资产指标来看，处于第一阶梯的是东方明珠，2011～2013 年平均的经营权类无形资产规模为 13.61 亿元，处于明显的优势地位；例如，东方明珠拥有 45～50 年的电视台广播播映时段经营权、25 年的酒店经营权、40 年的世博演艺中心经营权、12 年的明珠游船码头经营权等。[①] 处于第二阶梯的是电广传媒，年平均经营权类无形资产为 5.24 亿元，高于 5 亿元，主要得益于有线电视的经营收费权；处于第三阶梯的企业共性特征是年平均经营权类无形资产均大于 1 亿元，包括西藏旅游（3.39 亿元）、渝开发（3.38 亿元）、北巴传媒（3.27 亿元）、奥飞动漫（1.31 亿元）、桂林旅游（1.20 亿元）、博瑞传播（1.10 亿元），6 家企业中有 3 家从事旅游行业，其中奥飞动漫主要是因为有卡通

---

① 数据来自上海东方明珠（集团）股份有限公司 2013 年年度报告。

频道经营权、北巴传媒拥有车身媒体的经营权、博瑞传播拥有户外媒体经营权。

从土地使用权及其他类无形资产指标的情况来看，处于第一阶梯的还是中国联通，2011～2013年平均土地使用权及其他类无形资产规模为153.11亿元，远远高于其他企业。根据中国联通的年报数据，2013年度约42.43亿元的土地使用权和计算机软件转入无形资产；处于第二阶梯的是华侨城A，年平均土地使用权及其它类无形资产为43.96亿元，高于40亿元；处于第三阶梯的企业有2家，包括晨鸣纸业、TCL集团，其2011～2013年平均土地使用权及其他类无形资产分别为14.27亿元、12.88亿元，年平均无形资产均大于10亿元。

从无形资产占总资产的比重来看，处于第一阶梯的是乐视网，2011～2013年平均的无形资产占总资产的比重超过五成，为54.39亿元，远远高于其他同类企业，这得益于乐视网拥有多种类型的无形资产。例如，根据乐视网2013年年报，乐视网拥有电影版权超过5000部，电视剧版权超过100 000集，118个注册商标权、82项软件著作权、436项专利权、域名有240项，[①]对无形资产的重视程度可见一斑。处于第二阶梯的是西藏旅游与ST传媒，两家企业的无形资产占总资产比重分别为32.63%、26.01%，均在20%以上；处于第三阶梯的企业有2家，分别为桂林旅游（19.50%）、宋城股份（17.81%），其共性特征是年平均无形资产占总资产比重介于15%～20%，而且都从事旅游业。总的来看，无形资产占总资产比重超过10%的文化及相关产业上市公司聚焦在网络视听、旅游、传媒等文化服务业领域，这突出了不同行业对无形资产重视程度存在差异化的特点。

表13-2　2011～2013年文化及相关产业上市公司无形资产50强 （单位：万元）

排名	无形资产		经营权类无形资产		土地使用权及其他类无形资产		无形资产占总资产比重	
	公司简称	金额	公司简称	金额	公司简称	金额	公司简称	比重
1	中国联通	2 197 483.93	东方明珠	136 071.27	中国联通	1 531 120.34	乐视网	54.30%
2	华侨城A	440 608.62	电广传媒	52 443.16	华侨城A	439 582.97	西藏旅游	32.63%
3	乐视网	175 956.03	西藏旅游	33 920.16	晨鸣纸业	142 727.71	ST传媒	26.01%
4	TCL集团	167 776.90	渝开发	33 826.39	TCL集团	128 806.80	桂林旅游	19.50%
5	京东方A	165 924.15	北巴传媒	32 722.36	中文传媒	86 412.54	宋城股份	17.81%
6	长城电脑	157 829.30	奥飞动漫	13 137.97	长城电脑	74 959.68	骅威股份	14.48%
7	晨鸣纸业	143 301.75	桂林旅游	11 994.14	中南传媒	72 064.43	北巴传媒	14.36%
8	东方明珠	136 576.18	博瑞传播	10 972.41	华泰股份	64 476.93	天威视讯	14.24%
9	同方股份	132 170.61	张家界	2819.32	凤凰传媒	62 878.82	腾邦国际	14.13%
10	中文传媒	86 767.09	焦点科技	1746.32	宋城股份	57 912.31	罗顿发展	14.06%
11	中南传媒	72 837.01	丽江旅游	670.92	青岛海尔	56 585.69	星辉车模	12.69%

① 数据来自乐视网信息技术（北京）股份有限公司2013年度报告。

（续表）

排名	无形资产		经营权类无形资产		土地使用权及其他类无形资产		无形资产占总资产比重	
	公司简称	金额	公司简称	金额	公司简称	金额	公司简称	比重
12	华泰股份	66 444.75	华闻传媒	628.01	京东方A	55 541.78	张家界	12.37%
13	凤凰传媒	63 930.60	民丰特纸	419.56	山鹰纸业	46 773.31	大连圣亚	11.91%
14	电广传媒	62 601.81	安妮股份	308.74	太阳纸业	41 054.17	科大讯飞	11.89%
15	青岛海尔	58 870.47	老凤祥	266.02	同方股份	39 437.61	东方明珠	10.86%
16	宋城股份	57 958.95	深天马A	208.10	桂林旅游	36 836.10	高乐股份	10.84%
17	歌尔声学	50 627.37	省广股份	105.00	歌尔声学	36 008.30	中青宝	10.18%
18	桂林旅游	49 016.60	歌华有线	80.79	长江传媒	35 376.21	陕西金叶	10.12%
19	山鹰纸业	48 751.01	长城电脑	68.80	皖新传媒	29 537.71	西安旅游	9.85%
20	渝开发	48 547.59	掌趣科技	0.00	深康佳A	27 428.53	奥飞动漫	9.83%
21	太阳纸业	41 062.61	吉视传媒	0.00	天威视讯	24 665.77	中文传媒	9.73%
22	长江传媒	38 732.15	人民网	0.00	紫江企业	23 491.24	帝龙新材	9.19%
23	西藏旅游	35 730.71	美盛文化	0.00	*ST美利	23 027.42	姚记扑克	9.15%
24	北巴传媒	33 269.49	东风股份	0.00	劲嘉股份	22 933.29	美盈森	8.53%
25	科大讯飞	31 101.87	朗玛信息	0.00	江河创建	20 646.86	*ST美利	8.33%
26	皖新传媒	30 786.29	海伦钢琴	0.00	银鸽投资	20 311.18	群兴玩具	8.11%
27	天威视讯	28 406.60	珠江钢琴	0.00	福建南纸	20 085.17	广博股份	7.77%
28	深康佳A	28 141.65	华录百纳	0.00	美盈森	19 216.57	长江传媒	7.71%
29	紫江企业	23 833.12	新文化	0.00	大地传媒	18 398.93	渝开发	7.65%
30	劲嘉股份	23 157.51			华闻传媒	18 154.48	大地传媒	7.34%
31	*ST美利	23 027.83			*ST彩虹	17 207.72	深华发	7.31%
32	百视通	22 395.37			亚厦股份	16 691.98	三五互联	6.96%
33	江河创建	21 604.06			深天马A	16 130.45	东方财富	6.92%
34	深天马A	20 583.59			罗顿发展	16 022.33	国光电器	6.83%
35	奥飞动漫	20 442.26			星辉车模	15 752.40	千足珍珠	6.74%
36	银鸽投资	20 420.17			渝开发	14 400.82	京城股份	6.67%
37	华闻传媒	20 334.40			景兴纸业	13 967.76	汉王科技	6.65%
38	福建南纸	20 093.39			毅昌股份	13 806.35	中南传媒	6.15%
39	美盈森	19 362.61			东方财富	13 459.27	华侨城A	5.96%
40	星辉车模	19 341.83			老凤祥	13 083.86	福建南纸	5.85%
41	大地传媒	18 715.07			高乐股份	12 844.33	峨眉山A	5.85%
42	国光电器	17 784.30			京城股份	12 415.00	歌尔声学	5.82%
43	*ST彩虹	17 374.19			合兴包装	11 908.26	合兴包装	5.81%
44	腾邦国际	17 251.14			上海绿新	10 533.64	劲嘉股份	5.71%
45	博瑞传播	17 195.25			时代出版	10 305.60	北京旅游	5.67%
46	亚厦股份	16 756.25			万顺股份	10 285.99	皖新传媒	5.65%

排名	无形资产		经营权类无形资产		土地使用权及其他类无形资产		无形资产占总资产比重	
	公司简称	金额	公司简称	金额	公司简称	金额	公司简称	比重
47	景兴纸业	16 318.58			出版传媒	9997.08	东港股份	5.56%
48	罗顿发展	16 025.06			中信国安	9415.69	拓维信息	5.33%
49	陕西金叶	14 230.60			广博股份	9322.12	云南旅游	5.31%
50	毅昌股份	14 197.17			姚记扑克	9024.21	新北洋	5.25%

注：本排名不含相关指标带有缺失值的公司，故经营权类无形资产排名仅包含数据齐全的29家公司。

三、文化及相关产业上市公司无形资产地区分布特征

通过对 2011～2013 年不同地区的文化及相关产业上市公司的无形资产情况进行排名，可以看出：

（1）2011～2013 年，注册地为上海市的文化及相关产业上市公司的无形资产规模最高，其中，2011 年为 15.42 亿元、2012 年为 15.97 亿元、2013 年为 17.87 亿元，远远高于其他省市，但 2012 年度增长幅度不大，仅为 3.57%，2013 年度增长明显，约为 11.90%；同时，技术与知识产权类无形资产规模与土地使用权及其他类无形资产规模也是最高的，均位于第一位，一方面，是因为以中国联通为代表的大型国有文化及相关产业上市公司注册地在上海；另一方面，是由于上海的文化及相关产业上市公司多集中在文化服务行业，重视无形资产的保值与增值是文化服务类的上市公司需要打造的核心竞争力。

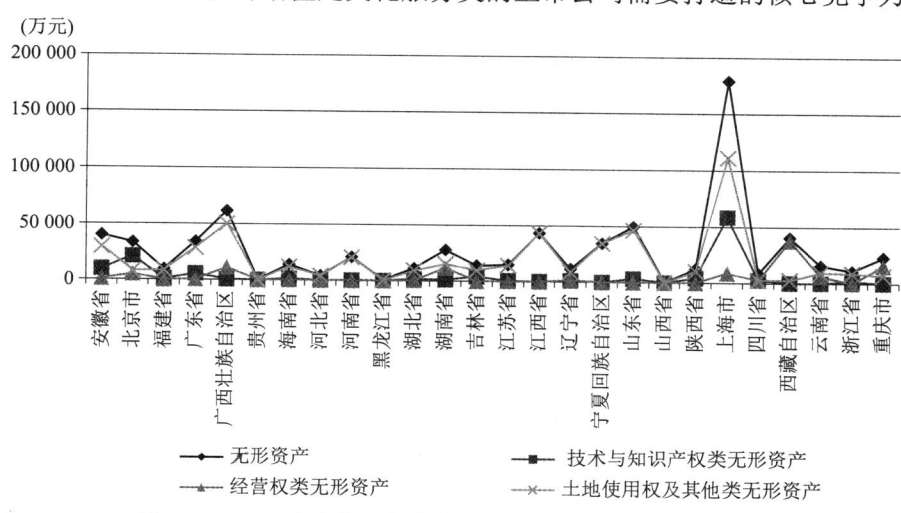

图 13-2　2013 年文化及相关产业上市公司无形资产地区比较

（2）从 2011～2013 年无形资产区域比较来看，处于第一阶梯的是上海市，其文化及相关产业上市公司的无形资产规模最大，为 246.31 亿元，技术与知识产权类无形资

产为 70.21 亿元，经营权类无形资产为 12.63 亿元，土地使用权及其他类无形资产为 162.47 亿元，庞大的规模主要由中国联通贡献。处于第二阶梯的是广东省，文化及相关产业上市公司的无形资产规模超过百亿元，为 108.54 亿元；技术与知识产权类无形资产为 18.54 亿元，经营权类无形资产较低，为 1.35 亿元，土地使用权及其他类无形资产为 88.65 亿元，约为上海市规模的的一半。处于第三阶梯的是北京市与山东省，这两大地区的文化及相关产业上市公司的无形资产规模介于 30 亿～60 亿元，与上海市、广东省的差距较大；其中，北京市的文化及相关产业上市公司的技术与知识产权类无形资产规模较大，为 38.27 亿元，而经营权类无形资产为 6.47 亿元，均高于处于第二位的广东省。

（3）2011～2013 年，不同区域的无形资产增速存在较大差异。从无形资产总规模指标来看，2011 年以来，安徽、北京、上海、浙江、江苏、湖北、湖南、四川等地区处于持续稳健增长的发展态势，广东、山东、陕西呈现先增长后下降的趋势、福建则是先下降后增长；从经营权类无形资产指标来看，2011 年以来，北京呈现出先增长后小幅下降发展特点，广东、上海、江苏、四川则表现出不断下降的趋势，而浙江、湖南则是持续攀升的趋势。

四、文化及相关产业上市公司无形资产行业分布特征

根据国家统计局《文化及相关产业分类（2012）》产业分类第三层的细分行业进行分类汇总，得到 2011～2013 年无形资产年度平均的行业分布情况如表 13-4 所示。通过分析发现如下分布特征：

从行业分布比例来看，文化及相关产业上市公司无形资产分布严重失衡，出现少部分行业"独大"的态势：增值电信服务（文化部分）、视听设备的制造和景区游览服务三个细分行业是文化及相关产业全部细分行业中无形资产数额相对最高的，其中土地使用权及其他类占绝对主要比重：增值电信服务（文化部分）行业最高，占比达 38.91%，其余两个行业达 12.49% 和 11.59%。从具体内容分类来看，景区游览服务行业土地使用权及其他类无形资产占比达到了 90.97%，技术与知识产权类无形资产仅占 0.56%；增值电信服务（文化部分）行业占比分别为 69.65% 和 30.35%；视听设备的制造行业两类无形资产占比分别为 59.11% 和 40.88%。而与此同时，娱乐休闲服务，电影和影视录音服务，其他文化辅助生产，焰火、鞭炮产品的制造，文具乐器照相器材的销售，文化用化学品的制造，其他文化用品的制造，文化用油墨颜料的制造，园林、陈设艺术及其他陶瓷制品的制造，其他文化专用设备的制造，乐器的制造，印刷专用设备的制造，专业设计服务，广播电视服务，工艺美术品的销售，办公用品的制造，工艺美术品的制造，发行服务，广告服务，文化软件服务，玩具的制造和会展服务 22 个细分行业无形资产总额占比还不足 1%。行业分布失衡现象明显。

表 13-3　2011～2013 年文化及相关产业上市公司无形资产地区比较

（单位：万元）

注册地址		2011年 无形资产	2011年 技术与知识产权类无形资产	2011年 经营权类无形资产	2011年 土地使用权及其他类无形资产	2012年 无形资产	2012年 技术与知识产权类无形资产	2012年 经营权类无形资产	2012年 土地使用权及其他类无形资产	2013年 无形资产	2013年 技术与知识产权类无形资产	2013年 经营权类无形资产	2013年 土地使用权及其他类无形资产	年度平均 无形资产	年度平均 技术与知识产权类无形资产	年度平均 经营权类无形资产	年度平均 土地使用权及其他类无形资产
安徽省	N	5.00	5.00	5.00	5.00	5.00	5.00	5.00	5.00	5.00	5.00	5.00	5.00	5.00	5.00	5.00	5.00
	合计	78 309.04	8394.63	0.00	69 910.87	111 024.98	29 915.83	0.00	81 109.14	199 900.43	48 085.73	4918.64	146 896.07	129 744.82	28 798.73	1639.55	99 305.36
	均值	15 661.81	1678.93	0.00	13 982.17	22 205.00	5983.17	0.00	16 221.83	39 980.09	9617.15	983.73	29 379.21	25 948.96	5759.75	327.91	19 861.07
北京市	N	23.00	23.00	23.00	23.00	25.00	25.00	25.00	25.00	25.00	25.00	25.00	25.00	24.33	24.33	24.33	24.33
	合计	446 597.49	266 091.76	39 511.10	140 994.60	554 545.84	362 442.10	32 728.77	159 374.94	835 839.33	519 468.19	121 999.52	193 335.80	612 327.55	382 667.35	64 746.46	164 568.45
	均值	19 417.28	11 569.21	1717.87	6130.20	22 181.83	14 497.68	1309.15	6375.00	33 433.57	20 778.73	4879.98	7733.43	25 010.90	15 615.21	2635.67	6746.21
福建省	N	7.00	7.00	7.00	7.00	7.00	7.00	7.00	7.00	7.00	7.00	7.00	7.00	7.00	7.00	7.00	7.00
	合计	46 725.97	1730.39	234.03	44 761.54	45 948.83	5729.57	228.71	39 990.74	65 189.34	6464.84	463.47	58 260.99	52 621.38	4641.60	308.74	47 671.09
	均值	6675.14	247.20	33.43	6394.51	6564.12	818.51	32.67	5712.96	9312.76	923.55	66.21	8323.00	7517.34	663.09	44.11	6810.16
广东省	N	33.00	33.00	33.00	33.00	35.00	35.00	35.00	35.00	35.00	35.00	35.00	35.00	34.33	34.33	34.33	34.33
	合计	841 038.51	109 309.09	14 012.59	717 683.19	1 219 817.66	260 484.91	13 505.20	945 827.62	1 195 415.86	186 333.01	13 041.83	995 857.39	1 085 424.01	185 375.67	13 519.87	886 456.07
	均值	25 486.02	3312.40	424.62	21 747.98	34 851.93	7442.43	385.86	27 023.65	34 154.74	5323.80	372.62	28 453.07	31 497.56	5359.54	394.37	25 741.56

（续表）

注册地址	项目	2011年 无形资产	2011年 技术与知识产权类无形资产	2011年 经营权类无形资产	2011年 土地使用权及其他类无形资产	2012年 无形资产	2012年 技术与知识产权类无形资产	2012年 经营权类无形资产	2012年 土地使用权及其他类无形资产	2013年 无形资产	2013年 技术与知识产权类无形资产	2013年 经营权类无形资产	2013年 土地使用权及其他类无形资产	年度平均 无形资产	年度平均 技术与知识产权类无形资产	年度平均 经营权类无形资产	年度平均 土地使用权及其他类无形资产
广西壮族自治区	N	1.00	1.00	1.00	1.00	1.00	1.00	1.00	1.00	1.00	1.00	1.00	1.00	1.00	1.00	1.00	1.00
	合计	41 893.54	69.92	13 773.00	28 050.62	43 511.29	18.11	11 255.79	32 237.39	61 644.96	471.02	10 953.64	50 220.30	49 016.60	186.35	11 994.14	36 836.10
	均值	41 893.54	69.92	13 773.00	28 050.62	43 511.29	18.11	11 255.79	32 237.39	61 644.96	471.02	10 953.64	50 220.30	49 016.60	186.35	11 994.14	36 836.10
贵州省	N	—	—	—	—	1.00	1.00	0.00	0.00	1.00	1.00	0.00	0.00	1.00	1.00	0.00	0.00
	合计	—	—	—	—	13.38	13.38	0.00	0.00	123.53	123.53	0.00	0.00	68.46	68.46	0.00	0.00
	均值	—	—	—	—	13.38	13.38	0.00	0.00	123.53	123.53	0.00	0.00	68.46	68.46	0.00	0.00
海南省	N	2.00	2.00	2.00	2.00	2.00	2.00	2.00	2.00	2.00	2.00	2.00	2.00	2.00	2.00	2.00	2.00
	合计	36 714.22	764.33	757.22	35 192.67	44 661.41	749.22	626.81	43 285.39	27 702.75	3150.39	500.00	24 052.38	36 359.46	1554.65	628.01	34 176.81
	均值	18 357.11	382.17	378.61	17 596.34	22 330.71	374.61	313.41	21 642.70	13 851.38	1575.20	250.00	12 026.19	18 179.73	777.32	314.01	17 088.41
河北省	N	1.00	1.00	0.00	1.00	1.00	1.00	0.00	1.00	1.00	1.00	0.00	1.00	1.00	1.00	0.00	1.00
	合计	2188.56	1802.75	0.00	385.81	5035.80	1035.17	0.00	4000.63	4177.39	217.83	0.00	3959.55	3800.58	1018.58	0.00	2782.00
	均值	2188.56	1802.75	0.00	385.81	5035.80	1035.17	0.00	4000.63	4177.39	217.83	0.00	3959.55	3800.58	1018.58	0.00	2782.00

（续表）

| 注册地址 | | 2011年 | | | | 2012年 | | | | 2013年 | | | | 年度平均 | | | |
		无形资产	技术与知识产权类无形资产	经营权类无形资产	土地使用权及其他类无形资产	无形资产	技术与知识产权类无形资产	经营权类无形资产	土地使用权及其他类无形资产	无形资产	技术与知识产权类无形资产	经营权类无形资产	土地使用权及其他类无形资产	无形资产	技术与知识产权类无形资产	经营权类无形资产	土地使用权及其他类无形资产
河南省	N	2.00	2.00	2.00	2.00	2.00	2.00	2.00	2.00	2.00	2.00	2.00	2.00	2.00	2.00	2.00	2.00
	合计	32 083.87	326.54	0.00	31 757.31	43 808.61	420.07	0.00	43 388.56	41 513.24	528.79	0.00	40 984.45	39 135.24	425.13	0.00	38 710.11
	均值	16 041.94	163.27	0.00	15 878.66	21 904.31	210.04	0.00	21 694.28	20 756.62	264.40	0.00	20 492.23	19 567.62	212.57	0.00	19 355.05
黑龙江省	N	1.00	1.00	1.00	1.00	1.00	1.00	1.00	1.00	1.00	1.00	1.00	1.00	1.00	1.00	1.00	1.00
	合计	408.67	0.00	0.00	408.67	399.21	0.00	0.00	399.21	471.64	81.91	0.00	389.74	426.51	27.30	0.00	399.21
	均值	408.67	0.00	0.00	408.67	399.21	0.00	0.00	399.21	471.64	81.91	0.00	389.74	426.51	27.30	0.00	399.21
湖北省	N	4.00	4.00	4.00	4.00	4.00	4.00	4.00	4.00	4.00	4.00	4.00	4.00	4.00	4.00	4.00	4.00
	合计	42 197.33	1361.22	0.00	40 836.09	43 260.54	4957.90	1018.15	37 284.48	44 357.13	6447.92	1624.03	36 285.17	43 271.67	4255.68	880.73	38 135.25
	均值	10 549.33	340.31	0.00	10 209.02	10 815.14	1239.48	254.54	9321.12	11 089.28	1611.98	406.01	9071.29	10 817.92	1063.92	220.18	9533.81
湖南省	N	6.00	6.00	6.00	6.00	6.00	6.00	6.00	6.00	6.00	6.00	6.00	6.00	6.00	6.00	6.00	6.00
	合计	122 234.26	4818.55	31 013.16	86 402.58	161 251.08	5473.93	65 798.26	89 938.93	165 734.36	7412.58	68 976.01	89 345.76	149 739.90	5901.69	55 262.48	88 562.42
	均值	20 372.38	803.09	5168.86	14 400.43	26 875.18	912.32	10 966.38	14 989.82	27 622.39	1235.43	11 496.00	14 890.96	24 956.65	983.61	9210.41	14 760.40
吉林省	N	1.00	1.00	1.00	1.00	1.00	1.00	1.00	1.00	1.00	1.00	1.00	1.00	1.00	1.00	1.00	1.00
	合计	—	—	—	—	5086.50	3947.91	0.00	1138.60	13 722.67	4029.83	0.00	9692.84	9404.59	3988.87	0.00	5415.72
	均值	—	—	—	—	5086.50	3947.91	0.00	1138.60	13 722.67	4029.83	0.00	9692.84	9404.59	3988.87	0.00	5415.72

（续表）

注册地址		2011年				2012年				2013年				年度平均			
		无形资产	技术与知识产权类无形资产	经营权类无形资产	土地使用权及其他类无形资产	无形资产	技术与知识产权类无形资产	经营权类无形资产	土地使用权及其他类无形资产	无形资产	技术与知识产权类无形资产	经营权类无形资产	土地使用权及其他类无形资产	无形资产	技术与知识产权类无形资产	经营权类无形资产	土地使用权及其他类无形资产
江苏省	N	9.00	9.00	9.00	9.00	9.00	9.00	9.00	9.00	9.00	9.00	9.00	9.00	9.00	9.00	9.00	9.00
	合计	80 201.78	2847.34	2359.10	74 920.54	89 766.00	4634.81	1787.42	83 343.77	132 673.42	5848.29	1092.44	125 719.98	100 880.40	4443.48	1746.32	94 661.43
	均值	8911.31	316.37	262.12	8324.50	9974.00	514.98	198.60	9260.42	14 741.49	649.81	121.38	13 968.89	11 208.93	493.72	194.04	10 517.94
江西省	N	2.00	2.00	2.00	2.00	2.00	2.00	2.00	2.00	2.00	2.00	2.00	2.00	2.00	2.00	2.00	2.00
	合计	95 597.55	469.93	0.00	95 127.62	86 149.06	332.40	0.00	85 816.66	86 622.65	414.29	0.00	86 208.36	89 456.42	405.54	0.00	89 050.88
	均值	47 798.78	234.97	0.00	47 563.81	43 074.53	166.20	0.00	42 908.33	43 311.33	207.15	0.00	43 104.18	44 728.21	202.77	0.00	44 525.44
辽宁省	N	2.00	2.00	2.00	2.00	2.00	2.00	2.00	2.00	2.00	2.00	2.00	2.00	2.00	2.00	2.00	2.00
	合计	14 488.04	662.61	0.00	13 825.44	19 929.84	2974.24	3394.21	13 561.39	22 758.66	2386.41	3228.33	17 143.93	19 058.85	2007.75	2207.51	14 843.59
	均值	7244.02	331.31	0.00	6912.72	9964.92	1487.12	1697.11	6780.70	11 379.33	1193.21	1614.17	8571.97	9529.42	1003.88	1103.76	7421.79
宁夏回族自治区	N	1.00	1.00	1.00	1.00	1.00	1.00	1.00	1.00	1.00	1.00	1.00	1.00	1.00	1.00	1.00	1.00
	合计	50.24	0.00	0.00	50.24	34 541.86	1.23	0.00	34 540.63	34 491.40	0.00	0.00	34 491.40	23 027.83	0.41	0.00	23 027.42
	均值	50.24	0.00	0.00	50.24	34 541.86	1.23	0.00	34 540.63	34 491.40	0.00	0.00	34 491.40	23 027.83	0.41	0.00	23 027.42

注册地址		2011 年				2012 年				2013 年				年度平均			
		无形资产	技术与知识产权类无形资产	经营权类无形资产	土地使用权及其他类无形资产	无形资产	技术与知识产权类无形资产	经营权类无形资产	土地使用权及其他类无形资产	无形资产	技术与知识产权类无形资产	经营权类无形资产	土地使用权及其他类无形资产	无形资产	技术与知识产权类无形资产	经营权类无形资产	土地使用权及其他类无形资产
山东省	N	9.00	9.00	9.00	9.00	9.00	9.00	9.00	9.00	8.00	8.00	8.00	8.00	8.67	8.67	8.67	8.67
	合计	391 073.89	13 897.59	0.00	377 149.03	408 615.01	22 544.02	0.00	386 070.97	398 166.92	26 896.14	0.00	371 270.79	399 285.27	21 112.58	0.00	378 163.60
	均值	43 452.65	1544.18	0.00	41 905.45	45 401.67	2504.89	0.00	42 896.77	49 770.87	3362.02	0.00	46 408.40	46 208.40	2470.36	0.00	43 737.02
山西省	N	1.00	1.00	1.00	1.00	1.00	1.00	1.00	1.00	1.00	1.00	1.00	1.00	1.00	1.00	1.00	1.00
	合计	6403.81	0.00	0.00	6403.81	6244.24	0.00	0.00	6244.24	—	—	—	—	6324.03	0.00	0.00	6324.03
	均值	6403.81	0.00	0.00	6403.81	6244.24	0.00	0.00	6244.24	—	—	—	—	6324.03	0.00	0.00	6324.03
陕西省	N	4.00	4.00	4.00	4.00	5.00	5.00	5.00	5.00	5.00	5.00	5.00	4.00	4.67	4.67	4.67	4.33
	合计	43 507.60	12 886.10	0.00	30 621.51	61 433.44	13 331.38	0.00	48 102.07	60 706.09	20 682.15	0.00	40 023.93	55 215.71	15 633.21	0.00	39 582.50
	均值	10 876.90	3221.53	0.00	7655.38	12 286.69	2666.28	0.00	9620.41	12 141.22	4136.43	0.00	10 005.98	11 768.27	3341.41	0.00	9093.92
上海市	N	15.00	15.00	15.00	15.00	15.00	15.00	15.00	15.00	15.00	15.00	15.00	15.00	15.00	15.00	15.00	15.00
	合计	2 312 288.05	565 426.88	141 641.80	1 605 219.41	2 396 046.86	662 694.27	136 055.21	1 597 297.36	2 680 994.80	878 041.61	131 314.85	1 671 638.11	2 463 109.90	702 054.25	136 337.29	1 624 718.29
	均值	154 152.54	37 695.13	9442.79	107 014.63	159 736.46	44 179.62	9070.35	106 486.49	178 732.99	58 536.11	8754.32	111 442.54	164 207.33	46 803.62	9089.15	108 314.55
四川省	N	6.00	6.00	6.00	6.00	6.00	6.00	6.00	6.00	6.00	6.00	6.00	6.00	6.00	6.00	6.00	6.00
	合计	22 346.09	7764.85	699.86	13 881.37	40 256.48	5353.68	17 301.68	13 412.34	50 387.11	15 548.72	14 915.68	15 772.42	37 663.23	9555.75	10 972.41	14 355.38
	均值	3724.35	1294.14	116.64	2313.56	6709.41	892.28	2883.61	2235.39	8397.85	2591.45	2485.95	2628.74	6277.20	1592.63	1828.73	2392.56

（续表）

注册地址		2011年 无形资产	2011年 技术与知识产权类无形资产	2011年 经营权类无形资产	2011年 土地使用权及其他类无形资产	2012年 无形资产	2012年 技术与知识产权类无形资产	2012年 经营权类无形资产	2012年 土地使用权及其他类无形资产	2013年 无形资产	2013年 技术与知识产权类无形资产	2013年 经营权类无形资产	2013年 土地使用权及其他类无形资产	年度平均 无形资产	年度平均 技术与知识产权类无形资产	年度平均 经营权类无形资产	年度平均 土地使用权及其他类无形资产
西藏自治区	N	1.00	1.00	1.00	1.00	1.00	1.00	1.00	1.00	1.00	1.00	1.00	1.00	1.00	1.00	1.00	1.00
	合计	27 622.35	0.43	26 613.87	1008.05	39 135.35	180.68	37 684.95	1269.72	40 434.42	185.23	37 461.65	2787.54	35 730.71	122.11	33 920.16	1688.44
	均值	27 622.35	0.43	26 613.87	1008.05	39 135.35	180.68	37 684.95	1269.72	40 434.42	185.23	37 461.65	2787.54	35 730.71	122.11	33 920.16	1688.44
云南省	N	2.00	2.00	2.00	2.00	2.00	2.00	2.00	2.00	2.00	2.00	2.00	2.00	2.00	2.00	2.00	2.00
	合计	9877.76	209.57	754.78	8913.19	10 777.99	159.93	670.92	9947.11	31 156.87	404.71	12 440.31	18 311.85	17 270.87	258.07	4622.00	12 390.72
	均值	4938.88	104.79	377.39	4456.60	5389.00	79.97	335.46	4973.56	15 578.44	202.36	6220.16	9155.93	8635.44	129.04	2311.00	6195.36
浙江省	N	17.00	17.00	17.00	17.00	18.00	18.00	18.00	18.00	20.00	20.00	20.00	18.00	18.33	18.33	18.33	18.33
	合计	104 362.65	9761.70	559.41	93 842.71	156 666.84	23 391.81	1778.54	131 496.45	217 305.17	37 465.44	3578.19	176 261.64	159 444.89	23 539.65	1972.05	133 866.93
	均值	6138.98	574.22	32.91	5520.16	8703.71	1299.55	98.81	7305.36	10 865.26	1873.27	178.91	8813.08	8569.32	1249.01	103.54	7212.87
重庆市	N	1.00	1.00	1.00	1.00	2.00	2.00	2.00	2.00	2.00	2.00	2.00	2.00	1.67	1.67	1.67	1.67
	合计	51 192.04	4.38	36 326.39	14 861.27	48 767.35	540.14	33 826.39	14 400.82	45 708.51	424.98	31 326.39	13 940.36	48 555.97	323.17	33 826.39	14 400.82
	均值	51 192.04	4.38	36 326.39	14 861.27	24 383.68	270.07	16 913.20	7200.41	22 854.26	212.49	15 663.20	6970.18	32 809.99	162.31	22 967.59	9677.29
总计	N	155.00	155.00	155.00	155.00	164.00	164.00	164.00	164.00	164.00	164.00	164.00	163.00	161.00	161.00	161.00	160.67
	合计	4 849 403.31	1 008 600.56	308 256.31	3 532 208.14	5 676 695.45	1 411 326.69	357 661.01	3 903 479.16	6 457 198.65	1 771 113.54	457 834.98	4 222 850.75	5 661 099.14	1 397 013.60	374 584.10	3 886 179.35
	均值	31 286.47	6507.10	1988.75	22 788.44	34 614.00	8605.65	2180.86	23 801.70	39 373.16	10 799.47	2791.68	25 907.06	35 091.21	8637.41	2320.43	24 165.73

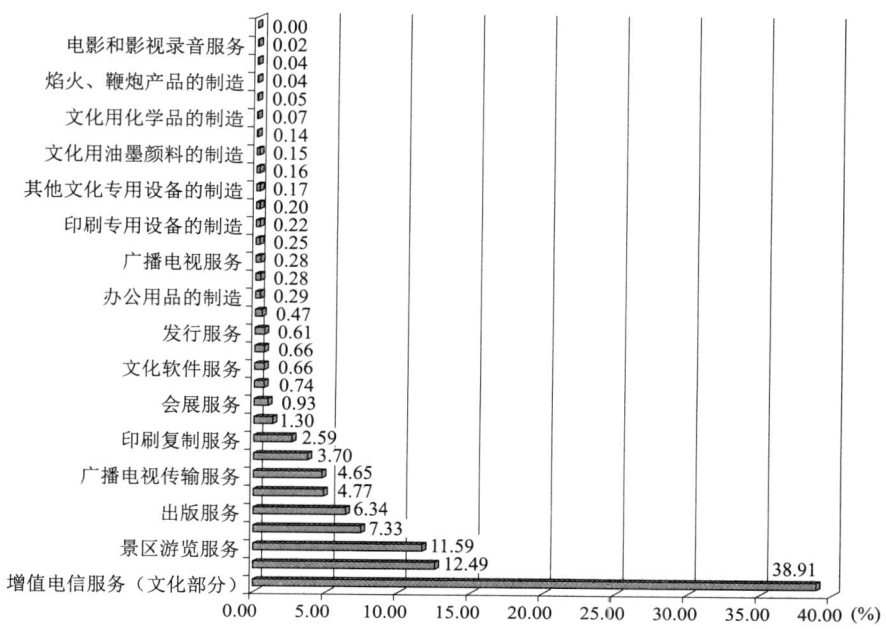

图 13-3　文化及相关产业细分行业无形资产占总资产比重

从土地使用权及其他类在无形资产内部构成占比来看，在全部 33 个细分行业中竟然有 18 个行业占比达到 90%以上，其中乐器的制造，工艺美术品的销售，焰火、鞭炮产品的制造，印刷专用设备的制造，文具乐器照相器材的销售，园林、陈设艺术及其他陶瓷制品的制造，文化用纸的制造，文化用油墨颜料的制造，办公用品的制造，专业设计服务，工艺美术品的制造，发行服务和建筑设计服务 13 个行业占比达到 95%以上，其他文化专用设备的制造、玩具的制造、景区游览服务、出版服务和其他文化辅助生产占比达到 90%以上。

表 13-4　2011～2013 年文化及相关产业上市公司元形资产行业比较

（单位：万元）

产业分类第三层		无形资产	经营权类无形资产	土地使用权及其他类无形资产
出版服务	合计	358 861.74	11 833.23	326 283.41
	均值	27 604.75	910.25	25 098.72
发行服务	合计	34 377.75	0.00	32 747.59
	均值	17 188.88	0.00	16 373.79
广播电视服务	合计	15 611.44	647.91	7440.68
	均值	5743.00	215.97	2807.64
电影和影视录音服务	合计	857.73	0.00	0.00
	均值	278.36	0.00	0.00

产业分类第三层		无形资产	经营权类无形资产	土地使用权及其他类无形资产
互联网信息服务	合计	269 761.26	1917.08	25 070.21
	均值	18 213.58	131.55	1694.03
增值电信服务（文化部分）	合计	2 202 783.99	0.00	1 534 135.55
	均值	734 261.33	0.00	511 378.52
广播电视传输服务	合计	263 352.18	188 595.22	46 619.58
	均值	32 919.02	23 574.40	5827.45
广告服务	合计	37 250.02	32 827.36	535.71
	均值	9312.51	8206.84	133.93
文化软件服务	合计	37 264.49	13 137.97	5729.00
	均值	8546.17	3233.00	1402.55
建筑设计服务	合计	73 799.80	0.00	70 199.90
	均值	8199.98	0.00	7799.99
专业设计服务	合计	14 197.17	0.00	13 806.35
	均值	14 197.17	0.00	13 806.35
景区游览服务	合计	656 201.74	55 563.13	596 932.49
	均值	51 629.94	4368.51	46 973.89
娱乐休闲服务	合计	12.56	0.00	0.00
	均值	12.56	0.00	0.00
工艺美术品的制造	合计	26 470.08	266.02	25 236.79
	均值	4411.68	44.34	4206.13
园林、陈设艺术及其他陶瓷制品的制造	合计	8855.94	0.00	8661.70
	均值	8855.94	0.00	8661.70
工艺美术品的销售	合计	15 944.51	0.00	15 884.76
	均值	7972.26	0.00	7942.38
印刷复制服务	合计	146 684.70	0.00	131 849.48
	均值	11 538.72	0.00	10 684.25
会展服务	合计	52 763.61	33 826.39	18 616.83
	均值	33 997.09	22 134.26	11 631.81
其他文化辅助生产	合计	2250.82	0.00	2028.18
	均值	2250.82	0.00	2028.18
办公用品的制造	合计	16 392.29	0.00	15 960.38
	均值	8196.14	0.00	7980.19
乐器的制造	合计	11 254.46	0.00	11 239.10
	均值	5627.23	0.00	5619.55
玩具的制造	合计	41 785.91	0.00	38 086.06
	均值	10 446.48	0.00	9521.52

产业分类第三层		无形资产	经营权类无形资产	土地使用权及其他类无形资产
视听设备的制造	合计	707 051.22	68.80	417 937.01
	均值	47 136.75	4.59	27 862.47
焰火、鞭炮产品制造	合计	2450.93	0.00	2411.32
	均值	2450.93	0.00	2411.32
文化用纸的制造	合计	414 900.50	3749.57	405 790.21
	均值	30 475.65	283.30	29 799.16
文化用油墨颜料制造	合计	8546.31	0.00	8349.10
	均值	2848.77	0.00	2783.03
文化用化学品的制造	合计	3800.58	0.00	2782.00
	均值	3800.58	0.00	2782.00
印刷专用设备的制造	合计	12 643.17	0.00	12 415.00
	均值	12 643.17	0.00	12 415.00
广播电视电影专用设备的制造	合计	209 510.76	32 151.41	99 043.26
	均值	16 116.21	2473.19	7618.71
其他文化专用设备的制造	合计	9618.75	0.00	8783.71
	均值	9618.75	0.00	8783.71
其他文化用品的制造	合计	7659.32	0.00	3388.10
	均值	3829.66	0.00	1694.05
文具乐器照相器材的销售	合计	2689.33	0.00	2638.34
	均值	2689.33	0.00	2638.34

五、文化及相关产业上市公司无形资产所有制分布特征

中国文化及相关产业上市公司无形资产按所有制性质分布（如表 13-5 所示），体现出如下几个方面的特征：

（1）国有文化企业无形资产各项绝对数量指标都排在了第一位：统计发现，国有文化企业在无形资产、技术与知识产权类、经营权类、土地使用权及其他无形资产的总量、均值方面都是最高的。具体来看，2011～2013 年国有文化企业的无形资产年度平均合计值为 435.79 亿元、技术与知识产权类无形资产年度平均合计值为 104.03 亿元、经营权类无形资产年度平均合计值为 32.23 亿元、土地使用权及其他类无形资产年度平均合计值为 299.49 亿元，均远高于其他类型的文化及相关产业上市公司。从 2011～2013 年各项指标的年度均值来看，民营文化企业与国有文化企业差距悬殊，其中，国有文化企业的土地使用权及其他类无形资产年度均值是是中外合资文化企业的 12.75 倍、民营文化企业的 6.34 倍；而国有文化企业的经营权类无形资产年度均值是民营文化企业的 10 倍，凸显出国有文化企业在现有文化管理体制内通常会比非公有文化企业掌控更多的资源经营权。

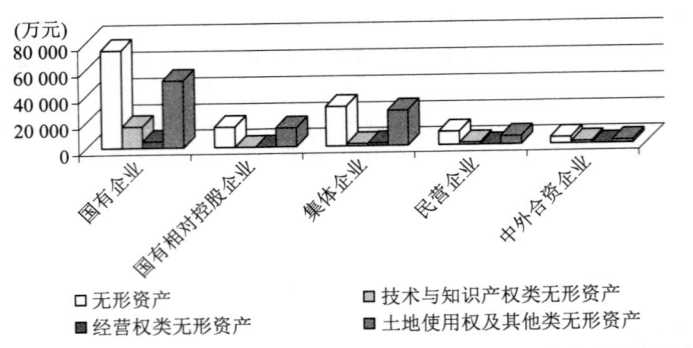

图 13-4　2011～2013 年文化及相关产业上市公司无形资产所有制比较

（2）全部五种所有制性质的文化企业无形资产在总资产比重都较低，都不足 6%。其中，民营文化企业的无形资产比重为 5.41%，略超过国有文化企业的 5.14%，排在了第一位，这与国有文化企业拥有庞大的无形资产总规模形成鲜明落差，说明民营文化及相关产业上市公司虽然总资产规模相对较小，但通常比较重视技术创新、致力于自主知识产权产权的开发，所以无形资产占总资产比重高于国有文化企业。

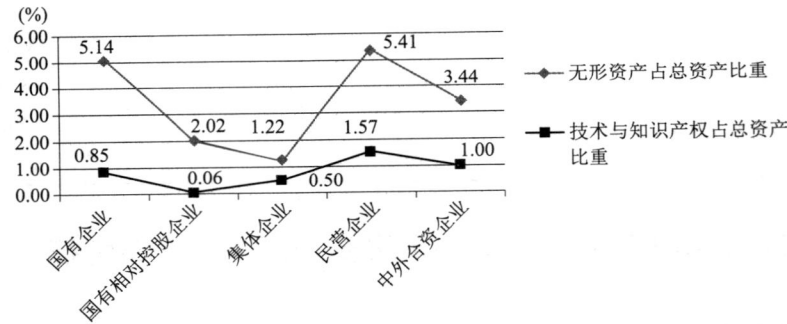

图 13-5　2011～2013 年文化及相关产业上市公司无形资产占比所有制比较

表 13-5　2011～2013 年文化及相关产业上市公司无形资产占比所有制比较

（单位：万元）

所有制性质	项目	无形资产	技术与知识产权类无形资产	经营权类无形资产	土地使用权及其他类无形资产	无形资产占总资产比重	技术与知识产权占总资产比重
国有企业 N=57.67	合计	4 357 917.44	1 040 333.15	322 278.88	2 994 949.30	—	—
	均值	75 451.07	17 967.11	5571.42	51 906.47	5.14%	0.85%
国有相对控股企业 N=3	合计	50 804.46	1109.10	0.00	49 695.37	—	—
	均值	16 934.82	369.70	0.00	16 565.12	2.02%	0.06%
集体企业 N=2	合计	63 802.27	6018.65	0.00	57 783.62	—	—
	均值	31 901.14	3009.33	0.00	28 891.81	1.22%	0.50%

所有制性质	项目	无形资产	技术与知识产权类无形资产	经营权类无形资产	土地使用权及其他类无形资产	无形资产占总资产比重	技术与知识产权占总资产比重
民营企业 N=93.67	合计	1 163 141.85	343 439.88	52 305.22	764 430.76	—	—
	均值	12 378.46	3643.23	557.19	8178.76	5.41%	1.57%
中外合资企业 N=4.67	合计	25 433.11	6112.81	0.00	19 320.29	—	—
	均值	5400.98	1328.62	0.00	4072.36	3.44%	1.00%

第十四章　中国文化及相关产业上市公司政府补助研究

一、关于政府补助

为了引导产业发展和促进经济建设，无论是发达国家还是发展中国家，政府通常都会采取多种形式的政府补助给企业以经济支持。所谓政府补助，根据国家财政部《企业会计准则第16号——政府补助》的界定，是指"企业从政府无偿取得货币性资产或非货币性资产，但不包括政府作为企业所有者投入的资本"。

"政府补助分为与资产相关的政府补助和与收益相关的政府补助。与资产相关的政府补助，是指企业取得的、用于购建或以其他方式形成长期资产的政府补助。与收益相关的政府补助，是指除与资产相关的政府补助之外的政府补助。"

政府补助的确认条件包括："（一）企业能够满足政府补助所附条件；（二）企业能够收到政府补助。"

政府补助的计量方式包括："（一）政府补助为货币性资产的，应当按照收到或应收的金额计量。（二）政府补助为非货币性资产的，应当按照公允价值计量；公允价值不能可靠取得的，按照名义金额计量。"

"与资产相关的政府补助，应当确认为递延收益，并在相关资产使用寿命内平均分配，计入当期损益。但是，按照名义金额计量的政府补助，直接计入当期损益。与收益相关的政府补助，应当分别下列情况处理：（一）用于补偿企业以后期间的相关费用或损失的，确认为递延收益，并在确认相关费用的期间，计入当期损益。（二）用于补偿企业已发生的相关费用或损失的，直接计入当期损益。"[①]

根据《〈企业会计准则第16号——政府补助〉应用指南》的解释，"政府补助是无偿的、有条件的政府向企业提供补助具有无偿性的特点。政府并不因此而享有企业的所有权，企业未来也不需要以提供服务、转让资产等方式偿还。"

政府补助通常附有一定的政策条件和使用条件：政策条件是指"企业只有符合政府补助政策的规定，才有资格申请政府补助。符合政策规定不一定都能够取得政府补助；

---

① 摘自国家财政部《企业会计准则第16号——政府补助》。

不符合政策规定、不具备申请政府补助资格的，不能取得政府补助"。使用条件是指"企业已获批准取得政府补助的，应当按照政府规定的用途使用"。

政府补助的主要形式包括四种："（一）财政拨款。财政拨款是政府无偿拨付企业的资金，通常在拨款时明确规定了资金用途。（二）财政贴息。财政贴息是政府为支持特定领域或区域发展，根据国家宏观经济形势和政策目标，对承贷企业的银行贷款利息给予的补贴。（三）税收返还。税收返还是政府按照国家有关规定采取先征后返（退）、即征即退等办法向企业返还的税款，属于以税收优惠形式给予的一种政府补助。（四）无偿划拨非货币性资产。"[①]

二、文化及相关产业上市公司政府补助基本特征

（一）总量规模特征

近年来，中央和地方政府持续加大对文化及相关产业的扶持力度，从表 14-1 中可以看到，2011 年文化及相关产业的上市公司合计获得 42.50 亿元的政府补助，平均每家公司获得 2890.91 万元；2012 年合计获得 62.62 亿元，平均每家企业获得 3841.93 万元；而2013 年该数字攀升到 66.41 亿元，平均每家企业获得 4000.69 万元。政府补助总量三年增长了 56.28%，均值三年增长了 38.39%。

表 14-1　2011～2013 年文化及相关产业上市公司政府补助

（单位：万元）

年份	个案数	总量	均值
2011	147	424 964	2890.91
2012	163	626 234	3841.93
2013	166	664 114	4000.69

数据来源：笔者根据上市公司年报披露数据统计整理。

（二）文化及相关产业上市公司政府补助 50 强

2011～2013 年，获得政府补助最多的前 50 家文化及相关产业上市公司排名如表 14-2 所示。从表 14-2 中可以发现，获得政府补助最多的企业是 TCL 集团，其次是京东方 A，排在第三位的是歌华有线；其中 TCL 集团和京东方 A 两家公司所获政府补助三年合计总额都达到 20 亿元以上，平均每年达到 8000 万元以上，远远高于其他公司。

而从 2013 年 TCL 集团公司年报财务报表附注之"五、合并财务报表项目附注"中

[①] 摘自国家财政部《〈企业会计准则第 16 号——政府补助〉应用指南》。

可以发现 TCL 集团政府补助主要来源于增值税退税收入（16.69%）、惠民工程节能补贴（0.01%）、废弃家电拆解补贴（5.06%）、液晶面板项目水电费补贴（9.48%）、液晶面板项目贷款贴息（7.88%）、科技发展基金及挖潜基金（17.08%）、液晶面板项目建设补贴（17.06%）、液晶产业链补贴（17.06%）、其他（8.09%）。经过合并汇总分析可以发现，退税收入和补贴收入占到了 TCL 集团政府补助的将近 75%，而用于科研项目的比例则不足 1/4。

而从 2013 年京东方 A 公司年报合并财务报表项目附注中发现该公司政府补助主要来源于四个方面：与资产相关的项目贷款贴息（3.62%）、与收益相关的项目贷款贴息（18.46%）、与资产相关的其他科研项目政府补助等（31.36%）和与收益相关的其他科研项目政府补助等（46.56%）。合并分析发现与资产相关和与收益相关的科研项目等占 78%。进一步分析该公司年报可以发现，2013 年京东方 A 新增专利申请 4282 件，累计可使用专利数量更是超过了 18 000 件，而且该公司研发人员人均新增专利申请量已经成为全球业内第一名。因此可以初步认为，政府补助在京东方 A 公司的科技创新方面起到了重要的推动作用。

表 14-2　2011～2013 年获政府补助最多的 50 家上市公司　　　　（单位：万元）

序号	证券代码	证券名称	企业性质	注册地址	产业分类第二层	三年合计	三年平均
1	000100	TCL 集团	国有企业	广东省	九、文化用品的生产	270 961.47	90 320.49
2	000725	京东方 A	国有企业	北京市	九、文化用品的生产	243 049.31	81 016.44
3	600037	歌华有线	国有企业	北京市	四、文化信息传输服务	114 048.11	38 016.04
4	000050	深天马 A	国有企业	广东省	十、文化专用设备生产	71 974.98	23 991.66
5	000488	晨鸣纸业	国有企业	山东省	九、文化用品的生产	64 630.37	21 543.46
6	600100	同方股份	国有企业	北京市	十、文化专用设备的生产	62 583.41	20 861.14
7	600050	中国联通	国有企业	上海市	四、文化信息传输服务	48 013.90	16 004.63
8	600690	青岛海尔	集体企业	山东省	九、文化用品的生产	42 164.86	14 054.95
9	600069	银鸽投资	国有相对控股企业	河南省	九、文化用品的生产	40 355.61	13 451.87
10	000069	华侨城 A	国有企业	广东省	六、文化休闲娱乐服务	38 675.51	12 891.84
11	600163	福建南纸	国有企业	福建省	九、文化用品的生产	37 871.40	12 623.80
12	601928	凤凰传媒	国有企业	江苏省	一、新闻出版发行服务	31 998.44	10 666.15
13	600308	华泰股份	民营企业	山东省	九、文化用品的生产	30 763.31	10 254.44
14	002078	太阳纸业	民营企业	山东省	九、文化用品的生产	25 390.49	8463.50
15	600373	中文传媒	民营企业	江西省	一、新闻出版发行服务	25 331.87	8443.96
16	000016	深康佳 A	国有相对控股企业	广东省	九、文化用品的生产	20 552.22	6850.74
17	600757	长江传媒	国有企业	湖北省	一、新闻出版发行服务	18 316.30	6105.43
18	002230	科大讯飞	民营企业	安徽省	九、文化用品的生产	17 932.05	5977.35

序号	证券代码	证券名称	企业性质	注册地址	产业分类第二层	三年合计	三年平均
19	300027	华谊兄弟	民营企业	浙江省	二、广播电视电影服务	17 214.01	5738.00
20	601098	中南传媒	国有企业	湖南省	一、新闻出版发行服务	15 803.06	5267.69
21	600567	山鹰纸业	民营企业	安徽省	九、文化用品的生产	12 639.71	4213.24
22	600655	豫园商城	民营企业	上海市	七、工艺美术品的生产	12 494.88	4164.96
23	601999	出版传媒	国有企业	辽宁省	一、新闻出版发行服务	12 172.45	4057.48
24	002241	歌尔声学	民营企业	山东省	九、文化用品的生产	10 912.30	3637.43
25	300133	华策影视	民营企业	浙江省	二、广播电视电影服务	10 547.47	3515.82
26	300144	宋城股份	民营企业	浙江省	六、文化休闲娱乐服务	10 250.70	3416.90
27	600707	*ST 彩虹	国有企业	陕西省	十、文化专用设备的生产	9548.66	3182.89
28	002415	海康威视	国有企业	浙江省	九、文化用品的生产	8961.98	2987.33
29	600612	老凤祥	国有企业	上海市	七、工艺美术品的生产	8826.58	2942.19
30	002052	同洲电子	民营企业	广东省	十、文化专用设备的生产	8792.88	2930.96
31	600637	百视通	国有企业	上海市	四、文化信息传输服务	8776.63	2925.54
32	300058	蓝色光标	民营企业	北京市	五、文化创意和设计服务	8572.15	2857.38
33	600551	时代出版	国有企业	安徽省	一、新闻出版发行服务	8119.20	2706.40
34	000839	中信国安	国有企业	北京市	四、文化信息传输服务	8005.13	2668.38
35	600793	ST 宜纸	国有企业	四川省	九、文化用品的生产	7940.27	2646.76
36	002420	毅昌股份	民营企业	广东省	五、文化创意和设计服务	7721.96	2573.99
37	600210	紫江企业	民营企业	上海市	八、文化产品生产的辅助生产	7260.12	2420.04
38	000917	电广传媒	国有企业	湖南省	四、文化信息传输服务	7006.91	2335.64
39	601519	大智慧	民营企业	上海市	四、文化信息传输服务	6918.90	2306.30
40	002315	焦点科技	民营企业	江苏省	四、文化信息传输服务	6759.54	2253.18
41	000514	渝开发	国有企业	重庆市	八、文化产品生产的辅助生产	6160.98	2053.66
42	002308	威创股份	中外合资企业	广东省	十、文化专用设备的生产	5892.69	1964.23
43	600825	新华传媒	国有企业	上海市	一、新闻出版发行服务	5797.42	1932.47
44	300079	数码视讯	民营企业	北京市	十、文化专用设备的生产	5734.93	1911.64
45	000801	四川九洲	国有企业	四川省	十、文化专用设备的生产	5696.14	1898.71
46	600832	东方明珠	国有企业	上海市	四、文化信息传输服务	5606.24	1868.75
47	002376	新北洋	国有企业	山东省	十、文化专用设备的生产	5569.69	1856.56
48	002565	上海绿新	民营企业	上海市	八、文化产品生产的辅助生产	5537.24	1845.75
49	000815	*ST 美利	国有企业	宁夏自治区	九、文化用品的生产	5226.12	1742.04
50	002045	国光电器	民营企业	广东省	九、文化用品的生产	4773.94	1591.31

注：（1）本表格综合了 2011 年、2012 年和 2013 年全部上市公司获得政府补助数据得到。（2）因某些上市公司三年政府补助数据有缺失，为保证真实性，将含有缺失值的上市公司剔除，最后实际参与比较的公司数量为 143 家。

（三）政府补助按企业所有制性质分布特征

本书对 2011~2013 年政府补助在不同所有制性质上市公司间的分布特征进行了统计分析，可以发现：

（1）国有企业最多，占到 70% 以上。虽然国有企业数量为 50~60 家，并不是最多的（不含缺失企业），但是其所获得的政府补助总额却从 2011 年的近 30 亿元快速增加到 2013 年的 50.63 亿元，所占比重从将近 70% 攀升至 76.2%。平均每家企业获得的政府补助金额也从 2011 年的 5771.99 万元增加到 2013 年的 8438.67 万元。无论是总量还是均值都远远高于其他类型的企业。

（2）民营企业总量排第二，增幅较大；但均值倒数，比重出现下降态势。虽然民营企业的数量最多，但其所获得的政府补助总额 2011 年仅达到 9.36 亿元，仅占 22.01%，不足国有企业的 1/3；均值也仅有 1075.34 万元。2012 年虽然有了大幅度增长，总量达到 13 亿元多，均值提升到 1409.14 万元，但比重降至 20.93%；2013 年总量降至 12.89 亿元，均值也回落到 1342.82 万元，占比更是下降到了 20% 以下。

（3）单方差分析和多重比较分析发现，国有企业比民营企业和中外合资企业更容易获得政府补助。

表 14-3　2011 年文化及相关产业上市公司政府补助所有制分布　（单位：万元）

企业性质	个案数	补助额合计	占比（%）	均值
国有企业	51	294 371.65	69.27%	5771.99
国有相对控股企业	3	6614.64	1.56%	2204.88
集体企业	2	26 656.66	6.27%	13 328.33
民营企业	87	93 554.18	22.01%	1075.34
中外合资企业	4	3766.69	0.89%	941.67
总计	147	424 963.82	100.00%	2890.91

表 14-4　2012 年文化及相关产业上市公司政府补助所有制分布　（单位：万元）

企业性质	个案数	补助额合计	占比（%）	均值
国有企业	60	440 178.66	70.29%	7336.31
国有相对控股企业	3	45 593.35	7.28%	15 197.78
集体企业	2	5526.48	0.88%	2763.24
民营企业	93	131 050.37	20.93%	1409.14
中外合资企业	5	3885.25	0.62%	777.05
总计	163	626 234.11	100.00%	3841.93

表 14-5　2013 年文化及相关产业上市公司政府补助所有制分布　（单位：万元）

企业性质	个案数	补助额合计	占比（%）	均值
国有企业	60	506 320.29	76.24%	8438.67
国有相对控股企业	3	11 335.67	1.71%	3778.56
集体企业	2	11 735.70	1.77%	5867.85
民营企业	96	128 911.05	19.41%	1342.82
中外合资企业	5	5811.48	0.88%	1162.30
总计	166	664 114.19	100.00%	4000.69

　　为了进一步确认上述分布特征的可靠性，这里首先采用单因素方差分析（One-Way ANOVA）方法进行政府补助分布差异的统计分析。同时为了让统计意义更为显著，并且避免重复分析，这里将 2011～2013 年三年的数据合并到一起进行统计分析。单因素方差分析结果（如表 14-6 所示）显示，检验统计量 F 为 8.444，对应的 P 值小于 0.001，说明差异是显著的，即不同企业所有制性质的文化及相关产业上市公司在获得政府补助方面是不同的，而且这种不同是显著的。

表 14-6　单因素方差分析

	平方和	Df	均方	F	显著性
组间	4 059 020 762.430	4	1 014 755 190.608	8.444	.000
组内	56 601 162 254.780	471	120 172 319.012		
总数	60 660 183 017.210	475			

　　然而对于国有企业、国有相对控股企业、集体企业、民营企业以及中外合资企业五种不同的公司企业性质，是否彼此之间都有显著性差异？还是部分之间有差异？这就需要进一步采用多重比较的方法进行探究。

　　目前关于多重比较的方法有很多，这里采用最灵敏的 LSD 法（Least-Significance-Difference Method）进行研究。[①]经过多重比较分析（结果如表 14-7 所示）发现，国有企业与民营企业之间的显著性水平远小于 0.001，表明差异在 1% 的显著性水平下显著，说明国有企业和民营企业在获得政府补助方面的差异具有统计学意义；同时还可以发现中外合资企业与国有企业间的 P 为 0.039，说明差异在 5% 的显著性水平下具有统计学意义。

　　由上述分析可以认为：国有企业在获得政府补助方面比民营企业和中外合资企业具有明显的优势。

---

　　① 张文彤，闫洁. SPSS 统计分析基础教程［M］. 北京：高等教育出版社，2004：267.

表 14-7 不同企业性质的多重比较

（I）企业性质	（J）企业性质	均值差（I-J）	标准误	显著性	95% 置信区间	
					下限	上限
国有企业	国有相对控股企业	196.146 55	3749.032 14	.958	−7170.751 8	7563.044 9
	集体企业	−63.253 45	4553.183 71	.989	−9010.320 5	8883.813 6
	民营企业	5975.699 59*	1066.850 06	.000	3879.324 9	8072.074 3
	中外合资企业	6294.880 36*	3047.375 78	.039	306.746 1	12 283.014 6
国有相对控股企业	国有企业	−196.146 55	3749.032 14	.958	−7563.044 9	7170.751 8
	集体企业	−259.400 00	5777.646 56	.964	−11 612.552 9	11 093.752 9
	民营企业	5779.553 04	3713.204 39	.120	−1516.943 3	13 076.049 4
	中外合资企业	6098.733 81	4683.611 53	.194	−3104.625 6	15 302.093 2
集体企业	国有企业	63.253 45	4553.183 71	.989	−8883.813 6	9010.320 5
	国有相对控股企业	259.400 00	5777.646 56	.964	−11 093.752 9	11 612.552 9
	民营企业	6038.953 04	4523.729 30	.183	−2850.235 7	14 928.141 7
	中外合资企业	6358.133 81	5349.061 31	.235	−4152.843 4	16 869.111 0
民营企业	国有企业	−5975.699 59*	1066.850 06	.000	−8072.074 3	−3879.324 9
	国有相对控股企业	−5779.553 04	3713.204 39	.120	−13 076.049 4	1516.943 3
	集体企业	−6038.953 04	4523.729 30	.183	−14 928.141 7	2850.235 7
	中外合资企业	319.180 77	3003.188 98	.915	−5582.125 8	6220.487 4
中外合资企业	国有企业	−6294.880 36*	3047.375 78	.039	−12 283.014 6	−306.746 1
	国有相对控股企业	−6098.733 81	4683.611 53	.194	−15 302.093 2	3104.625 6
	集体企业	−6358.133 81	5349.061 31	.235	−16 869.111 0	4152.843 4
	民营企业	−319.180 77	3003.188 98	.915	−6220.487 4	5582.125 8

*. 均值差的显著性水平为 0.05。

（四）政府补助按细分行业分布特征

本书首先按照国家统计局划分的十个文化及相关行业大类进行政府补助的行业分布特征分析，具体结论如下：

（1）四大行业在总量和均值方面三年来始终保持前四名，分别是"九、文化用品的生产"、"十、文化专用设备的生产"、"四、文化信息传输服务"以及"一、新闻出版发行服务"。

（2）文化用品的生产行业三年来始终保持第一名，而且比重都在 50% 以上，而且均值也都是所有细分行业中最高的。

（3）文化专用设备的生产行业三年来均值始终保持在第二位。文化信息传输服务行业基本维持在第三位（除 2012 年外）。新闻出版发行服务行业均值与文化信息传输服务行业不相上下，并且在 2012 年超过了该行业。可见政府对于新闻出版发行服务行业和文化信息传输服务行业都非常重视，也都给予了重点补助。

（4）"文化创意和设计服务"行业、"文化产品生产的辅助生产"行业和"工艺美术品的生产"行业排在了倒数后三位。2014 年 2 月 26 日，国务院印发《关于推进文化创意和设计服务与相关产业融合发展的若干意见》（国发〔2014〕10 号），特别指出，文化创意和设计服务产业是"提升国家文化软实力和产业竞争力的重大举措，是发展创新型经济、促进经济结构调整和发展方式转变、加快实现由'中国制造'向'中国制造'转变的内在要求，是促进产品和服务创新、催生新兴业态、带动就业、满足多样化消费需求、提高人民生活质量的重要途径"。目前该行业的政府扶持力度明显不足，需要特别予以加强。

表 14-8　2011～2013 年文化及相关产业上市公司政府补助行业比较

（单位：万元）

产业分类第二层	2011 年			2012 年			2013 年			三年平均		
	总量	比重	均值	总量	比重	均值	总量	比重	均值	总量平均	比重平均	均值平均
九、文化用品的生产	230 094.45	54.10%	5752.36	369 334.31	59.00%	8589.17	333 423.32	50.20%	7754.03	310 950.69	54.43%	7365.19
十、文化专用设备的生产	51 139.15	12.00%	3409.28	59 957.84	9.60%	4282.70	73 212.06	11.00%	4575.75	61 436.35	10.87%	4089.24
四、文化信息传输服务	66 552.56	15.70%	2773.02	81 909.47	13.10%	3033.68	96 694.97	14.60%	3581.30	81 719.00	14.47%	3129.33
一、新闻出版发行服务	35 241.27	8.30%	2349.42	47 816.23	7.60%	3187.75	49 087.67	7.40%	3272.51	44 048.39	7.77%	2936.56
二、广播电视电影服务	6966.05	1.60%	995.15	16 224.22	2.60%	1622.42	21 979.58	3.30%	2197.96	15 056.62	2.50%	1605.18
六、文化休闲娱乐服务	4735.58	1.10%	473.56	11 091.64	1.80%	924.30	45 536.97	6.90%	3252.64	20 454.73	3.27%	1550.17
七、工艺美术品的生产	7942.98	1.90%	992.87	10 030.81	1.60%	1253.85	13 530.36	2.00%	1503.37	10 501.38	1.83%	1250.03
八、文化产品生产的辅助生产	13 717.15	3.20%	1055.17	14 418.89	2.30%	901.18	14 691.66	2.20%	979.44	14 275.90	2.57%	978.60

（续表）

产业分类第二层	2011 年			2012 年			2013 年			三年平均		
	总量	比重	均值	总量	比重	均值	总量	比重	均值	总量平均	比重平均	均值平均
五、文化创意和设计服务	8574.63	2.00%	571.64	15 450.7	2.50%	858.37	15 957.6	2.40%	938.68	13 327.64	2.30%	789.57
总计	424 963.82	100.00%	2890.910 3	626 234.11	100.00%	3841.93	664 114.19	100.00%	4000.69	571 770.71	100.00%	3577.84

为了对细分行业有一个更为深入的认识，这里根据国家统计局对文化及相关产业划分进一步深入到第三层，进行第三层细分行业的政府补助分布特征分析。结果发现：

（1）"视听设备的制造"行业获得的政府补助最高，平均每家企业每年获得 5540.44 万元。该细分行业实际上属于前文产业分类第二层中的"文化用品的生产"行业。根据国家统计局对于该行业的界定，视听设备的制造实际上包含了电视机制造、音响设备制造和影视录放设备制造 3 个行业，公司排名中最高的 TCL 集团、京东方 A 等公司都涵盖在其中。

（2）"增值电信服务（文化部分）"、"广播电视传输服务"、"文化用纸的制造"、"广播电视电影专用设备的制造"以及"出版服务" 5 个行业平均每家企业每年获得的政府补助金额都超过了 1000 万元。

（3）"文化创意和设计服务"行业中，专业设计服务行业相对获得政府补助最高，每家企业年均获得 858 万元政府补助；然而，广告服务行业仅排在第 16 位，企业年均获得 338.2 万元的政府补助；文化软件服务行业则排在了第 21 位，企业年均获得 261.92 万元；建筑设计行业相对最低，排在了第 25 位，企业年均获得 149.56 万元的政府补助。

表 14-9　2011～2013 年文化及相关产业上市公司政府补助行业比较

（单位：万元）

序号	产业分类第三层	总量	比重	均值
1	视听设备的制造	227 158.16	39.73%	5540.44
2	增值电信服务（文化部分）	17 835.5	3.12%	2229.44
3	广播电视传输服务	48 143.43	8.42%	2005.98
4	文化用纸的制造	76 936.49	13.46%	1972.73
5	广播电视电影专用设备的制造	59 234.81	10.36%	1518.84
6	出版服务	41 149.27	7.20%	1055.11
7	专业设计服务	2573.99	0.45%	858
8	工艺美术品的销售	5145.75	0.90%	857.63
9	电影和影视录音服务	13 020.47	2.28%	685.29
10	其他文化专用设备的制造	1856.56	0.32%	618.85

序号	产业分类第三层	总量	比重	均值
11	景区游览服务	20 101.92	3.52%	609.15
12	会展服务	2173.66	0.38%	543.42
13	发行服务	2899.12	0.51%	483.19
14	其他文化辅助生产	823.05	0.14%	411.53
15	互联网信息服务	15 740.06	2.75%	342.18
16	广告服务	4058.44	0.71%	338.2
17	其他文化用品的制造	2006.82	0.35%	334.47
18	工艺美术品的制造	4796.01	0.84%	299.75
19	印刷复制服务	11 279.19	1.97%	296.82
20	乐器的制造	1053.03	0.18%	263.26
21	文化软件服务	3404.92	0.60%	261.92
22	广播电视服务	2036.15	0.36%	254.52
23	文化用化学品的制造	677.94	0.12%	225.98
24	园林、陈设艺术及其他陶瓷制品的制造	559.62	0.10%	186.54
25	建筑设计服务	3290.3	0.58%	149.56
26	办公用品的制造	857.21	0.15%	142.87
27	玩具的制造	1681.41	0.29%	140.12
28	娱乐休闲服务	352.81	0.06%	117.6
29	印刷专用设备的制造	344.97	0.06%	114.99
30	文化用油墨颜料的制造	507.2	0.09%	56.36
31	文具乐器照相器材的销售	60.2	0.01%	20.07
32	焰火、鞭炮产品的制造	12.24	0.00%	4.08
	总计	571 770.71	100.00%	1201.2

（五）政府补助按实际控制人分布特征

本书根据《上市公司收购管理办法》、沪深两个交易所《股票上市规则》、《中小企业板上市公司控股股东、实际控制人行为指引》等文件，在结合前人研究的基础上，根据实际控制人的性质将其划分为六大类：中央政府、地方政府、事业单位、国有企业、民营企业、自然人。归类为中央政府的类型包括：国务院国有资产监督管理委员会；国家部委；归类为地方政府的类型包括：地方政府（如某省政府、市政府等）；地方政府国有资产管理委员会；地方政府机关部门及其派出机构（如开发区管委会）；归类为事业单位的目前主要是中央电视台；归类为国有企业的有：公司年报中披露信息显示为公司，而且公司的性质为国有企业的，包括国有独资公司、国有控股公司等，如某某广播电视集团等；归类为民营企业的有：公司年报中披露信息显示为公司，而且公司的性质为民营企业的，如上海复星产业投资有限公司等；归类为自然人的有：公司年报中披露信息显示为一位或多位自然人的，如王中军、王中磊等。

统计分析显示，2011～2013 年，实际控制人为自然人的文化及相关产业上市公司数量最多，占比都达到58%以上。地方政府控制的上市公司数量次之，2012 年以来占比达到24%以上。国有企业控制的上市公司数量排在第三位，同时会发现2011 年到2012 年的变化很大，原因在于有多家上市公司在2011 年年报中披露的实际控制人为国有企业，但是到了2012 年实际控制人更改为地方政府，例如粤传媒2011 年年报披露的实际控制人为广州日报社（控制人类型为国有企业），2012 年更改为广州市国有经营性文化资产监督管理办公室（控制人类型为地方政府）。此外，还可以发现，事业单位和民营企业控制的企业数量仅有 1～2 家。

表 14-10 2011～2013 年实际控制人控制的上市公司数量　　（单位：个）

实际控制人类型	2011 年		2012 年		2013 年	
	个案数	比重	个案数	比重	个案数	比重
中央政府	7	4.79%	11	6.79%	9	5.49%
地方政府	24	16.44%	40	24.69%	40	24.39%
事业单位	1	0.68%	1	0.62%	1	0.61%
国有企业	26	17.81%	15	9.26%	16	9.76%
民营企业	2	1.37%	1	0.62%	1	0.61%
自然人	86	58.90%	94	58.02%	97	59.15%
总计	146	100.00%	162	100.00%	164	100.00%

注：本表数量为去除含有缺失值的公司。

通过对 2011～2013 年文化及相关产业上市公司获得政府补助按实际控制人分布情况的对比分析发现：

（1）实际控制人为政府的公司获得了相对最高的政府补助。从表 14-11 中可以看到，中央政府作为实际控制人的文化及相关产业上市公司获得的政府补助最高，平均每家企业的补助强度接近 1 亿元；地方政府位居第二，均值达到 5000 万元以上。实际控制人为国有企业的，获得的政府补助均值为 4485.15 万元，位列第三；实际控制人为自然人的排在倒数第二位，平均每家企业仅获得 1129.73 万元。

（2）三年变化趋势显示实际控制人为自然人的公司获得的政府补助呈现出一定的上升态势。从三年来的数据变化情况可以看出，2011 年自然人控制的上市公司仅获得 969.16 万元的政府补助，2012 年提升到 1175.78 万元，提升了 21.32%，到 2013 年增加至 1244.27 万元，增加了近 6%。

表 14-11　2011～2013 年文化及相关产业上市公司政府补助按实际控制人分布

（单位：万元）

控制人类型	2011 年			2012 年			2013 年			三年平均		
	总量	比重	均值	总量	比重	均值	总量	比重	均值	总量	比重	均值
中央政府	50 506.93	13.70%	7215.28	79 421	14.56%	7220.09	128 698.68	24.33%	14 299.85	86 208.87	17.53%	9578.41
地方政府	54 782.89	14.86%	2282.62	30 6774.2	56.24%	7669.36	21 4675.06	40.58%	5366.88	19 2077.38	37.22%	5106.28
国有企业	175 541.62	47.61%	6751.6	44 452.64	8.15%	2963.51	59 845.47	11.31%	3740.34	93 279.91	22.36%	4485.15
民营企业	*4339.29*	*1.18%*	*2169.65*	*3735.82*	*0.68%*	*3735.82*	*4469.77*	*0.84%*	*4469.77*	*4181.63*	*0.90%*	*3458.41*
自然人	83 347.43	22.60%	969.16	11 0523.4	20.26%	1175.78	120 693.81	22.81%	1244.27	104 854.88	21.89%	1129.73
事业单位	*200.1*	*0.05%*	*200.1*	*613.59*	*0.11%*	*613.59*	*646.55*	*0.12%*	*646.55*	*486.75*	*0.10%*	*486.75*
总计	368 718.26	100.00%	2525.47	545 520.65	100.00%	3367.41	529 029.34	100.00%	3225.79	481 089.42	100.00%	3039.56

注：斜体部分表示因实际控制人为民营企业和事业单位的上市公司只有 1～2 家，代表性不强，故不做分析。

这里进一步通过单因素方差和多重比较研究对上述差异进行验证分析。单因素方差分析显示，F 统计量达到 8.869，对应 P 值小于 0.001，说明实际控制人的不同类型在上市公司获得政府补助方面确实引起了显著性的差异。

表 14-12　单因素方差分析（实际控制人）

	平方和	Df	均方	F	显著性
组间	3 017 506 286.356	5	603 501 257.271	8.869	.000
组内	31 778 625 322.664	467	68 048 448.228		
总数	34 796 131 609.021	472			

通过多重比较分析，可以发现：

（1）实际控制人为中央政府的企业在获得政府补助方面与其他类型的企业具有显著性差异。从显著性水平结果可以看到，实际控制人类型为中央政府的，与实际控制人为地方政府、国有企业和自然人之间的差异都在 5%的显著性水平下显著。

（2）实际控制人为地方政府的企业在获得政府补助方面与中央政府和自然人两种控制人类型间存在显著差异。

（3）实际控制人为自然人的上市公司，在获得政府补助方面明显低于政府和国有企业，该结论获得了多重比较分析的验证。从结果中可以看到，实际控制人为自然人的与中央政府和地方政府间的差异显著性水平都远小于 0.001，说明差异在 1%的显著性水平下显著；与国有企业的显著性水平小于 0.05，说明在 5%的水平下存在显著差异。

表 14-13　多重比较分析（实际控制人）

（I）实际控制人	（J）实际控制人	均值差（I-J）	标准误	显著性	95% 置信区间 下限	95% 置信区间 上限
中央政府	地方政府	4038.069 58*	1781.747 71	.024	536.834 2	7539.305 0
	事业单位	9092.016 67	5020.271 80	.071	−773.102 4	18 957.135 7
	国有企业	4735.278 33*	1921.864 20	.014	958.706 1	8511.850 6
	民营企业	6442.543 33	4419.550 31	.146	−2242.123 9	15 127.210 6
	自然人	8443.150 91*	1663.122 11	.000	5175.021 6	11 711.280 3
地方政府	中央政府	−4038.069 58*	1781.747 71	.024	−7539.305 0	−536.834 2
	事业单位	5053.947 08	4830.851 69	.296	−4438.950 7	14 546.844 9
	国有企业	697.208 75	1351.873 19	.606	−1959.298 8	3353.716 3
	民营企业	2404.473 75	4203.144 54	.568	−5854.943 9	10 663.891 4
	自然人	4405.081 33*	948.669 74	.000	2540.891 4	6269.271 2
事业单位	中央政府	−9092.016 67	5020.271 80	.071	−18 957.135 7	773.102 4
	地方政府	−5053.947 08	4830.851 69	.296	−14 546.844 9	4438.950 7
	国有企业	−4356.738 33	4884.267 11	.373	−13 954.600 4	5241.123 8
	民营企业	−2649.473 33	6300.391 11	.674	−15 030.099 5	9731.152 8
	自然人	−648.865 75	4788.369 07	.892	−10 058.282 8	8760.551 3
国有企业	中央政府	−4735.278 33*	1921.864 20	.014	−8511.850 6	−958.706 1
	地方政府	−697.208 75	1351.873 19	.606	−3353.716 3	1959.298 8
	事业单位	4356.738 33	4884.267 11	.373	−5241.123 8	13 954.600 4
	民营企业	1707.265 00	4264.429 76	.689	−6672.581 5	10 087.111 5
	自然人	3707.872 58*	1191.180 66	.002	1367.135 0	6048.610 2
民营企业	中央政府	−6442.543 33	4419.550 31	.146	−15 127.210 6	2242.123 9
	地方政府	−2404.473 75	4203.144 54	.568	−10 663.891 4	5854.943 9
	事业单位	2649.473 33	6300.391 11	.674	−9731.152 8	15 030.099 5
	国有企业	−1707.265 00	4264.429 76	.689	−10 087.111 5	6672.581 5
	自然人	2000.607 58	4154.247 74	.630	−6162.725 0	10 163.940 2
自然人	中央政府	−8443.150 91*	1663.122 11	.000	−11 711.280 3	−5175.021 6
	地方政府	−4405.081 33*	948.669 74	.000	−6269.271 2	−2540.891 4
	事业单位	648.865 75	4788.369 07	.892	−8760.551 3	10 058.282 8
	国有企业	−3707.872 58*	1191.180 66	.002	−6048.610 2	−1367.135 0
	民营企业	−2000.607 58	4154.247 74	.630	−10 163.940 2	6162.725 0

三、政府补助与文化及相关产业上市公司绩效关系的实证分析

（一）理论假设

关于政府补助与企业绩效的关系，学者们已进行了大量研究，结论基本上分为两

类：一类认为政府补助能够有效促进企业绩效，另一类认为政府补助无助于企业绩效的提升。然而对于文化产业政府补助与企业的关系尚缺乏深入研究。本书在此提出第一个研究假设：

理论假设 H1：政府补助对文化产业上市公司绩效具有正向促进作用。

同时，需要指出的是，政府补助对于企业绩效的促进作用不仅仅体现在投入年，当企业将政府补助用于增加研发能力、引进优秀人才、开拓新兴市场等各种经营活动时，产生的绩效促进作用可能是有滞后性的，因此，需要对滞后期的政府补助效果也进行分析。在此提出第二个研究假设：

理论假设 H2：政府补助对文化产业上市公司绩效的正向促进作用具有滞后性。

此外，由于不同所有制性质、不同行业类型的企业，在利用政府补助方面可能存在一定的差异性，进而影响企业绩效的改善。因此提出如下研究假设：

理论假设 H3：政府补助与文化及相关产业上市公司绩效的关系受到所有制性质因素的显著影响，即国有文化企业和民营文化企业等不同所有权性质企业在利用政府补助改善企业绩效方面存在显著差异。

理论假设 H4：政府补助与文化及相关产业上市公司绩效的关系受到行业类型因素的显著影响，即不同细分行业的文化及相关产业上市公司在利用政府补助改善企业绩效方面存在显著差异。

（二）计量模型建立

基于上述理论假设，建立计量模型如下：

$$Perf_{i,t} = \alpha_0 + \beta_1 Gov_{i,t} + \beta_2 Gov_{i,t-1} + \beta_3 Gov_{i,t} \times Own_{i,t} +$$
$$\beta_4 Gov_{i,t} \times Ind_{i,t} + \beta_5 Sca_{i,t} + \sum year + \varepsilon_{i,t}$$ （式1）

其中，$Perf_{i,t}$ 表示第 i 家文化产业上市公司第 t 年的绩效水平；i 表示公司（$i \in [1,161]$），t 表示时间（$t \in [2011,2013]$）；$Gov_{i,t}$ 表示第 i 家上市公司第 t 年获得的政府补助数额；Own 表示上市公司的所有制性质，Ind 表示上市公司的所属行业类型，上述两个因素的调节作用通过其与政府补助的交互项来表达；控制变量方面，$Sca_{i,t}$ 表示企业规模，$\sum year$ 表示年度波动因素；$\varepsilon_{i,t}$ 表示公司和时间混合差异的随机误差项。

（三）实证分析

1. 模型筛选和检验

面板数据计量模型实证研究，首先需要对模型形式作出科学判断。一般情况下主要需要对固定效应模型、随机效应模型和混合 OLS 模型进行对比分析，选取能够反映数据客观情况的最为符合的模型类别。

固定效应模型与混合 OLS 模型的对比筛选主要通过个体固定效应的显著性检验来进行。固定效应模型实证结果显示 F 统计量达到 33.95，对应 P 值小于 0.001，说明个体固定效应显著，固定效应模型优于混合 OLS 模型。随机效应模型与混合 OLS 模型的比较主要通过个体随机效应显著性来判断。模型分析结果显示 χ^2 统计量达到 80.87，对应 P 值小于 0.001，说明个体随机效应显著，随机效应模型也优于混合 OLS 模型。然后通过 Hausman 检验对固定效应模型和随机效应模型进行对比分析。

通过 Hausman 一致估计量协方差矩阵（sigmaless）检验显示，χ^2 统计量为 26.46，对应 P 值小于 0.001，推翻随机效应假设；通过有效估计量协方差矩阵（sigmamore）检验显示 χ^2 统计量达到 24.05，对应 P 值为 0.0001，同样在 1% 的水平下显著，上述两个检验共同表明固定效应模型优于随机效应模型，应选择固定效应模型。

2. 模型结果解析

固定效应模型实证分析结果显示，针对参数联合检验的 F 统计量和 P 值分别为 9.20 和 0.000，表明参数整体上相当显著。模型的组内、组间和样本总体三个层次的拟合优度分别为 0.287、0.815、0.815，说明模型的拟合优度较高。具体实证结论如下：

（1）政府补助对文化企业绩效当期效应不显著，但滞后促进效应得到验证。从变量的系数和显著性水平结果可以发现，当期政府补助 $Gov_{i,t}$ 系数结果为负值，对应 P 值为 0.113，大于 0.05 的显著性水平，说明这种负向影响并不显著，进而说明理论假设 H1 不成立。同时可以发现，一阶滞后 $Gov_{i,t-1}$ 的系数为 11.902，对应 P 值为 0.001，说明该解释变量在 1% 的水平下显著。也就是说，滞后一期的政府补助会对下一年的文化产业上市公司绩效产生正向的促进作用，理论假设 H2 得到了验证。

（2）公司所有制性质没有表现出显著的调节效应。实证分析结果显示，政府补助与公司所有制性质的交互项（$Gov_{i,t} \times Own_{i,t}$）的系数为 0.289，对应 P 值为 0.951，大于 0.05，结果不显著，说明公司所有制性质并不是影响政府补助对公司绩效促进作用的重要调节因素。换句话说，国有企业、民营企业等不同所有制形式的企业，在利用政府补助促进公司绩效改善方面不存在明显差异，理论假设 H3 没有得到实证结果的支持。

（3）行业属性差异对政府补助与文化企业绩效的关系产生了明显的调节效应。政府补助与公司所属行业类型的交互项（$Gov_{i,t} \times Ind_{i,t}$）系数达到了 4.932，对应 P 值为 0.005，小于 0.01，说明在 1% 的显著性水平下，公司所属行业类型对于政府补助和公司绩效的关系影响是显著的。也就是说，处于不同行业的上市公司，在利用政府补助改善绩效方面是具有显著差异的，理论假设 H4 成立。

表 14-14　模型实证分析结果

变量	模型 1（固定效应）		模型 2（随机效应）（参考）	
	系数	显著性（P 值）	系数	显著性（P 值）
F 检验	9.20***	0.000	—	—
R^2：组内	0.287	—	0.219	—
R^2：组间	0.815	—	0.901	—

变量	模型1（固定效应）		模型2（随机效应）（参考）	
	系数	显著性（P值）	系数	显著性（P值）
R^2：总体	0.815	—	0.912	—
$Gov_{i,t}$	−26.635	0.113	−52.608***	0.000
$Gov_{i,t-1}$	11.902***	0.001	9.645***	0.003
$Gov_{i,t} \times Own_{i,t}$	0.289	0.951	3.645	0.413
$Gov_{i,t} \times Ind_{i,t}$	4.932***	0.005	7.237***	0.000
$Sca_{i,t}$	0.143**	0.033	0.475***	0.000
$\sum year$	−22 111.99	0.283	8271.87	0.684

注：***表示在1%的显著性水平下显著；**表示在5%的显著性水平下显著。

3. 行业属性的进一步实证分析

为进一步分析滞后期政府补助对文化企业绩效的影响在不同行业中的差异表现，本书借鉴劳伦斯·汉密尔顿（Lawrence Hamilton，2007）在 *Statistics with Stata* 中所采用的虚拟变量分类研究方法进行更为细致的实证研究。[①]细分模型分析结果汇总在下面表格中，可以发现：

（1）"工艺美术品的生产"行业具有最为显著的正向调节效应。

从实证结果中可以看到，所有细分行业系数对应的P值都是0.000，说明在1%的水平下显著，再次验证了上文模型的结论。从系数的比较分析可以发现，除"工艺美术品的生产"行业外，其余行业的系数都是负数（负数表明其他行业都低于"工艺美术品的生产"行业的效应水平），说明在"工艺美术品的生产"行业中，一阶滞后政府补助对企业绩效的促进作用得到了正向的最为显著的加强。

（2）"文化创意和设计服务"等四个行业中滞后期政府补助最终效应为正，"文化产品生产的辅助生产"等四个行业最终效应为负。

通过各细分行业与一阶滞后政府补助系数 759.358 合并计算可知，除了"工艺美术品的生产"行业外，"文化创意和设计服务"、"文化休闲娱乐服务"、"文化用品的生产"、"新闻出版发行服务"四个行业的最终系数也为正，说明在上述四个行业中，一阶滞后的政府补助对于文化企业绩效具有正向的促进作用；而在"文化产品生产的辅助生产"、"文化专用设备的生产"、"广播电视电影服务"以及"文化信息传输服务"四个行业中，合并系数为负，说明一阶滞后的政府补助对于文化企业绩效在上述四个行业中具有一定的负向效应。

---

① 劳伦斯·汉密尔顿. 应用STATA做统计分析［M］. 郭志刚，等，译. 重庆：重庆大学出版社，2011：153-166.

表 14-15　模型实证的进一步分析结果

变量	模型（固定效应）		对应行业
	系数	显著性（P 值）	
$Gov_{i,t-1}$	759.358***	0.000	—
$Gov_{i,t-1} \times Ind\_1$	−755.878***	0.000	新闻出版发行服务
$Gov_{i,t-1} \times Ind\_2$	−761.341***	0.000	广播电视电影服务
$Gov_{i,t-1} \times Ind\_4$	−760.321\,9***	0.000	文化信息传输服务
$Gov_{i,t-1} \times Ind\_5$	−693.057***	0.000	文化创意和设计服务
$Gov_{i,t-1} \times Ind\_6$	−707.621***	0.000	文化休闲娱乐服务
$Gov_{i,t-1} \times Ind\_8$	−771.781***	0.000	文化产品生产的辅助生产
$Gov_{i,t-1} \times Ind\_9$	−750.243***	0.000	文化用品的生产
$Gov_{i,t-1} \times Ind\_10$	−765.489***	0.000	文化专用设备的生产
$Gov_{i,t-1} \times Ind\_7$	749.679***	0.000	工艺美术品的生产

注：（1）***表示在 1%的显著性水平下显著；（2）数据来源于不同行业回归模型输出结果的汇总。

（四）结论与讨论

1. 建立政府补助引导、监督与评估机制

固定效应模型实证结果表明，虽然当期的政府补助并没有对文化产业上市公司的绩效产生显著性影响，但是却对下一年度的公司绩效产生了有力的正向促进作用。2011～2013 年三年面板数据实证结果表明，当期 1 万元的政府补助，可以带来下一年度公司主营业务收入增长 11.902 万元。因为本书采用的是关注公司核心竞争能力的"主营业务收入"指标作为被解释变量，这个结论说明，政府补助对于增强文化产业上市公司的"自我造血能力"确实是具有明显改善作用的。

基于上述分析，本书认为，虽然社会上出现了很多对政府补助的质疑声[①]，但是鉴于文化产业较强的文化属性与内含的社会价值的强关联性，政府仍然应该坚定地、持续地加大对文化类企业的扶持力度。但需要特别指出的是，由于政府补助对企业绩效的改善作用存在滞后效应，因而从实际操作层面考虑，这种滞后效应往往会受到政府补助应用路径的极大影响，如果文化企业将政府补助应用于增加研发投入、开拓主营市场等"造血"环节，那么将会在一定时期后明显改善文化企业绩效；而如果文化企业仅仅将政府补助用于弥补亏损、发放工资与奖金，那么这种滞后效应将很难有效发挥。

鉴于此，本书认为，应该加快建立政府补助的高效规范运作机制：一是建立科学引导机制，把控好"来源关"：政府应根据国家和地区发展战略重点，明确政府补助的重点

---

① 例如，今年 6 家文化企业扎堆 IPO，利润数据表面可观，但财税优惠占企业利润过半，业绩畸形依赖政府补贴引发质疑与市场担忧（详见赵婧. 拟 IPO 传媒公司业绩严重依赖政策扶持［N］. 经济参考报，2014-06-13）。

扶持方向，加大力度引导和鼓励文化企业朝着主导方向去发展，特别是要加强对致力于文化原创、文化产业技术创新、拥有自主知识产权文化产品的文化企业的补助力度；二是建立严格的政府补助监督机制，把控好"使用关"：对于文化专项资金类的政府补助，严格要求文化企业专款专用，规范政府补助的使用行为与范围；三是建立政府补助绩效后评估与优化机制，对于已经拨付的政府补助要定期进行效果评估，评估结果要反馈回来作为下一步政府补助预算和政策调整优化的重要依据。基于上述机制，形成政府补助的良性循环，不断提高利用效率。

2. 平等对待不同所有制企业、构建公平与公正竞争平台

正如前文所指出的，不同所有制的文化企业在获取政府补助方面存在实质的不公平，国有文化企业由于其自身的体制优势，往往能够获得比其他所有制企业更多的政府补助，2011～2013年，国有文化企业获得了民营文化企业3.51倍的政府补助金额。实际上，从国际文化产业发展过程与经验来看，民营文化企业是文化产业最庞大的企业主体与最活跃的创新来源，特别是在新兴文化产业领域，民营文化企业的地位更加突出，但长期以来中国民营文化企业却一直面临着资金短缺、成本高与风险高、融资能力弱等发展"瓶颈"，在政府补助政策"扶强不扶弱、扶大不扶小"的导向下，民营文化企业的发展受到了极大制约与影响。本书的实证分析表明，不同所有制企业在利用政府补助促进公司绩效改善方面并没有明显差异，国有企业虽然获得了比民营企业数额多得多的政府补助，但是国有企业政府补助的利用效果并没有显著好于民营企业。

基于上述研究结论，本书认为，政府应该主动打破这种"先天"的不公平竞争环境，打破依靠"政治关系资源"评判政府补助扶持对象的游戏规则，构建一个公平公开、平等竞争、以实力取胜的公平竞争机制和生态环境；顺应新时期、新情况下中国文化产业快速崛起的现实与客观要求，积极给予民营文化企业同等机会，特别是在政府补助目标、政府补助资金预算、政府补助范围与补助规模等方面反映出同等国民待遇的补助基准，有力促进政府补助在引导各种所有制性质文化企业发展中的重要作用，不断壮大中国文化产业的整体实力。

3. 充分注重行业差异，构建政府补助精细化管理新机制

实证研究结论表明，在文化产业的不同行业，利用政府补助改善企业绩效方面的确存在显著性差异。这一结论说明，政府在制定补助政策时需要充分注重文化产业各细分行业的不同特点与差异，着力构建体现差异化而非一刀切的政府补助，即构建分类化、精细化的专项补助新机制：一是充分研究文化产业诸行业的特点，深度了解各行业的发展难点、瓶颈点与新动态。在政府补助总量有限的情况下，要抓主要矛盾，在文化政策制定环节多投入精力搞好行业研究，对文化产业不同行业的资金需求点、能力缺失点要研究深、琢磨透，从而制定差异化、有针对性的政府补助专项方案。二是引入多元主体共同参与政府补助决策机制。要充分发挥不同文化产业领域的专家作用，将行业协会、代表性企业、资深行业专家吸纳进入政府补助决策研讨论证过程，建立政府补助共同参

与决策机制。三是积极探索、创新政府补助形式的多样化、科学化与人性化。尽管政府补助从类别上主要包括财政拨款、财政贴息、税收返还以及无偿划拨非货币性资产四种类型，但是在具体操作层面上，应当允许探索行业特色化、科学化的政府补助形式。在具体操作层面上，一方面，针对"工艺美术品的生产"、"文化创意和设计服务"、"文化休闲娱乐服务"、"文化用品的生产"、"新闻出版发行服务"五个行业，可适当加强政府补助的投入，提升与释放这些领域文化企业的经济绩效与社会绩效；另一方面，对于"文化产品生产的辅助生产"、"文化专用设备的生产"、"广播电视电影服务"以及"文化信息传输服务"四个行业，则要首先重点研究政府补助在这些行业中的具体应用渠道、应用方式及应用效果，找出目前存在的深层次问题及其背后的原因，根据这些行业不同的发展特点、机理与演化趋势，制定政府补助有效利用的优化策略，促进政府补助真正落到实处、产生实效。

第十五章 国家文化产业示范基地 "示范价值" 评估：基于 上市公司的实证分析

一、建立 "示范价值" 评估机制的重大意义

国家文化产业示范基地的创建是中国文化产业振兴发展的战略性举措，目的在于通过发挥先进文化企业的示范、窗口和辐射作用，加快培育微观市场主体、增强文化企业活力，引领文化产业高效、健康发展，提升文化产业总体竞争力。

从 2004 年以来，国家文化部先后评选命名了五批 273 家国家文化产业示范基地，目前正在开展第六批的评选命名工作。然而，评选命名仅仅是纳入国家文化产业发展规划的第一步，其能否持续有效发挥示范引领作用，能否持续创造较高水平的经济和社会效益，则需要进行 "示范价值" 的评估。国家文化部对示范基地的 "示范价值" 也高度重视，分别在 2009 年、2011 年和 2013 年组织示范基地的巡检工作，对 "示范价值" 衰退的基地予以撤销命名处理：2009 年示范基地巡检中撤销了 3 家；2011 年巡检撤销了 4 家，分别是北京中录同方文化传播有限公司、湖北省民间艺术团、湖北三峡非博园发展有限公司和广东宇航鼠动漫有限公司；2013 年又撤销了 1 家——辽宁省大连普利文化产业基地；合计共有 8 家国家文化产业示范基地被撤销命名。

撤销命名是对 "示范价值" 已经衰退的文化产业基地的最后的处理办法，这种处理办法是不得已而为之的，是伴随着国家资源浪费为代价的处理方式。如果能够对已经命名的国家文化产业示范基地进行及时监控，对其 "示范价值" 状况进行及时评估，及时发现问题然后及时采取恰当措施补救或做出恰当处理，那么对国家资源的利用将会更加高效，国家文化产业示范基地对自身 "示范价值" 的维护和增强也会更加积极、更有成效。基于上述分析，本书认为，应该建立国家文化产业示范基地 "示范价值" 动态监督评估机制。

二、国家文化产业示范基地"示范价值"评估体系

（一）评估维度与评估标准

国家文化产业示范基地的"示范价值"，实际上表征的是被命名为国家文化产业示范基地的法人单位，相比未被命名的文化产业法人单位，所表现出来的优秀特征。作为国家文化产业示范基地，其优秀特征，第一，应该表现在经济效益维度，要能在经济效益上创造出比其他文化产业法人单位更大的、更有效率的经济成果；第二，应该表现在社会贡献方面，要比其他文化产业法人单位创造更多更好的社会效益；第三，在当前文化与科技融合背景下，国家文化产业示范基地要能够在文化与科技融合方面走在文化产业前列，在文化与科技融合程度上做出表率；第四，经济效益和社会贡献的创造，文化科技融合度的提升，都需要有一个根本的支撑，这个根本支撑就是文化产业组织卓越的管理能力，因此作为国家级文化产业示范基地，也应该在组织管理方面体现出示范特征。由此可知，国家文化产业示范基地的"示范价值"应该包含经济效益、社会贡献、文化科技融合、组织管理四大维度。而这四大维度，实际上与本书前文构建的文化及相关产业上市公司评估四大维度是一致的，所不同的是评估层面和评估标准。

本书认为，国家文化产业示范基地的示范价值，不仅仅应该在与普通文化产业法人单位层面的比较上能够得以体现；作为国家文化产业示范基地，无疑应该是优秀中的优秀，因此，其示范价值还需要体现在与文化产业中比较优秀的法人单位比较层面。基于上述分析，国家文化产业示范基地的示范价值评估，应该包含两个层面的评估标准：一方面，需要与普通文化产业法人单位做对比，这是对其示范价值评估的基本标准；另一方面，要与文化产业中的优秀的法人单位做对比，这是对其示范价值评估的达标标准。

同时，还需要考虑到的是，无论是基本标准还是达标标准，都有两个层面的内涵，一是在总量层面体现的示范价值，即总体规模、总体水平意义上的示范性，这一层面能够反映国家文化产业示范基地的总体示范价值，但是只有这一层面是不够的，因为国家文化产业示范基地不仅仅要在总量上体现示范性，还需要在相对层面、相对水平意义上体现出示范性。因此，基本标准和达标标准又进一步细化为总量标准和相对标准。

划分基本标准和达标标准的政策内涵在于：当一个国家文化产业示范基地示范价值满足了达标标准要求，表明该示范基地是具有示范价值的；当一个国家文化产业示范基地示范价值低于达标标准要求，说明该示范基地的示范价值已经衰退，应该予以警示、并及时采取干预措施；而当一个国家文化产业示范基地示范价值低于基本标准要求时，说明该示范基地的示范价值已经完全丧失，应该予以撤销命名。

（二）"示范价值"评估指标体系

如前文所述，国家文化产业示范基地的示范价值评估包含了"基本标准"和"达标标准"两个层面。"基本标准"反映的是国家文化产业示范基地与普通文化产业法人单位的比较评估标准。而普通文化产业法人单位，实际上指的就是普遍意义上的文化产业法人单位，这一层面的文化产业发展水平，可以用全部文化产业法人单位的平均水平来考察。"达标标准"反映的是国家文化产业示范基地与比较优秀的文化产业法人单位的比较评估标准，而文化及相关产业上市公司恰恰是文化产业领域比较优秀的文化产业法人单位的典型代表；由此，本书采用文化及相关产业上市公司发展的平均水平作为"达标标准"的基础参考值。

全部文化产业法人单位的发展水平指标，基于目前的数据可得性，最为权威的途径就是从国家统计局《中国文化及相关产业年鉴（2013）》中获取；鉴于现实数据状况，全部文化产业情况主要采用规模以上文化产业相关指标进行考察。而文化及相关产业上市公司的发展水平指标，则主要从各个上市公司年报中获取。

基于上述数据来源，结合本书前文的研究，分别构建国家文化产业示范基地的示范价值"基本标准"和"达标标准"评估指标体系。

1. 基本标准评估指标体系

（1）总量基本标准评估指标体系。在总量层面的基本标准（以下简称总量基本标准）评估指标体系如表 15-1 所示。

表 15-1 国家文化产业示范基地示范价值基本标准评估指标体系（总量指标）

评估层面	评估维度	评估指标	计算公式
"基本标准"评估	经济效益示范价值	总资产示范度	示范基地总资产/文化产业平均总资产
		营业收入示范度	示范基地营业收入/文化产业平均营业收入
		营业利润示范度	示范基地营业利润/文化产业平均营业利润
	文化科技融合示范价值	研发投入示范度	示范基地研发投入/文化产业平均研发投入
		专利申请示范度	示范基地专利申请数/文化产业平均专利申请数
	社会贡献示范价值	营业税金及附加示范度	示范基地营业税金及附加/文化产业平均营业税金及附加
		从业人员示范度	示范基地从业人员/文化产业平均从业人员
	组织管理示范价值	职工薪酬示范度	示范基地职工薪酬/文化产业职工薪酬

（2）相对基本标准评估指标体系。在相对层面的基本标准（以下简称相对基本标准）评估指标体系如表 15-2 所示。

表 15-2　国家文化产业示范基地示范价值基本标准评估指标体系（相对指标）

评估层面	评估维度	评估指标	计算公式
"基本标准"评估	经济效益示范价值	资产利润率示范度	示范基地资产利润率/文化产业平均资产利润率
		营业利润率示范度	示范基地营业利润率/文化产业平均营业利润率
	文化科技融合示范价值	研发比重示范度	示范基地研发比重/文化产业平均研发比重
	社会贡献示范价值	税收贡献比重示范度	示范基地税收贡献比重/文化产业平均税收贡献比重
	组织管理示范价值	职工人均薪酬示范度	示范基地职工人均薪酬/文化产业职工人均薪酬

2. 达标标准评估指标体系

（1）总量达标标准评估指标体系。在总量层面的达标标准（以下简称总量达标标准）评估指标体系如表 15-3 所示。

表 15-3　国家文化产业示范基地示范价值达标标准评估指标体系（总量指标）

评估层面	评估维度	评估内容	评估指标	指标公式
"达标标准"评估	经济效益示范价值	盈利能力示范价值	主营业务收入示范度	示范基地主营业务收入/文化上市公司平均主营业务收入
			净利润示范度	示范基地净利润/文化上市公司平均净利润
		规模总量示范价值	净资产示范度	示范基地净资产/文化上市公司平均净资产
	文化科技融合示范价值	科技创新投入（投入期融合）T1	科技人员示范度	示范基地科技人员/文化上市公司平均科技人员
			研发投入示范度	示范基地研发投入/文化上市公司平均研发投入
		科技创新产出（产出期融合）T2	技术与知识产权类资产示范度	示范基地技术与知识产权类资产/文化上市公司平均技术与知识产权类无形资产
	社会贡献示范价值	税收贡献 S1	营业税金及附加示范度	示范基地营业税金及附加/文化上市公司平均营业税金及附加
		社会责任 S3	捐赠支出示范度	示范基地捐赠支出/文化上市公司平均捐赠支出
	组织管理示范价值	企业价值 G1	商誉价值示范度	示范基地商誉价值/文化上市公司平均商誉价值
		员工幸福 G2	普通职工薪酬示范度	示范基地普通职工薪酬/文化上市公司平均普通职工薪酬
		管理素质 G3	董监高硕博学历人数示范度	示范基地董监高硕博学历人数/文化上市公司平均董监高硕博学历人数

注：文化上市公司即文化及相关产业上市公司。

（2）相对达标标准评估指标体系。在相对层面的达标标准（以下简称相对达标标准）评估指标体系如表 15-4 所示。

表 15-4　国家文化产业示范基地示范价值达标标准评估指标体系（相对指标）

评估层面	评估维度	评估内容	评估指标	指标公式
"达标标准"评估	经济效益示范价值	盈利能力示范价值	销售毛利率示范度	示范基地销售毛利率/文化上市公司平均销售毛利率
			加权平均净资产收益率示范度	示范基地净资产收益率/文化上市公司平均净资产收益率
			基本每股收益示范度	示范基地基本每股收益/文化上市公司平均基本每股收益
		持续经营能力示范价值	每股经营现金流示范度	示范基地每股经营现金流/文化上市公司平均每股经营现金流
	文化科技融合示范价值	科技创新投入（投入期融合）T1	科技人员占比示范度	示范基地科技人员占比/文化上市公司平均科技人员占比
			研发投入占比示范度	示范基地研发投入占比/文化上市公司平均研发投入占比
		科技创新产出（产出期融合）T2	技术与知识产权类资产占比示范度	示范基地技术与知识产权类资产占比/文化上市公司平均技术与知识产权类资产占比
	社会贡献示范价值	税收贡献 S1	营业税金及附加占比示范度	示范基地营业税金及附加/文化上市公司平均营业税金及附加
		社会责任 S3	捐赠支出占比示范度	示范基地捐赠支出占比/文化上市公司平均捐赠支出占比
	组织管理示范价值	企业价值 G1	商誉价值占比示范度	示范基地商誉价值占比/文化上市公司平均商誉价值占比
		员工幸福 G2	普通职工人均薪酬示范度	示范基地普通职工人均薪酬/文化上市公司平均普通职工人均薪酬
		管理素质 G3	董监高硕博学历人数占比示范度	示范基地董监高硕博学历人数占比/文化上市公司平均董监高硕博学历人数占比

注：文化上市公司即文化及相关产业上市公司。

三、国家文化产业示范基地"示范价值"评估结果[①]

鉴于数据的可得性，本书对于国家文化产业示范基地的数据主要来源于国家文化产业示范基地中已经上市的文化公司。根据笔者的遴选，2011 年有 9 家上市的国家文化产业基地，分别是：奥飞动漫、大连圣亚、东方明珠、歌华有线、华侨城 A、曲江文旅、省广股份、宋城股份和拓维信息；2012 年和 2013 年则增加了珠江钢琴和海伦钢琴两家

---

① 本部分研究中，文化上市公司整体层面数据不包含中国联通。

公司，合计 11 家文化及相关产业上市公司。[①]

（一）示范价值"基本标准"评估

1. 总量基本标准评估

（1）总量基本标准的总体评估。总体来看，2012 年国家文化产业示范基地的示范价值指数达到 53.41，表明国家文化产业示范基地的示范价值非常明显，相比普通文化产业法人单位而言，国家文化产业示范基地的确显现出明显的示范效应。

从经济、科技、社会和组织管理四个层面比较来看，社会贡献示范度相对最高，究其原因在于营业税金及附加指标的示范度达到了 235 以上。文化科技融合示范度相对最低，仅为 4.66，特别是在研发投入方面的示范度仅为 2.19，虽然也达到了"1"以上，仍然显现出一定的示范性，但是示范程度非常低。

表 15-5　2012 年国家文化产业示范基地示范价值总量基本标准总体评估

类别	项目	示范度	分项示范价值	示范价值指数
经济效益	资产总计（万元）	72.02	经济效益示范度：53.7	
	营业收入（万元）	22.11		
	营业利润（万元）	66.97		
文化科技融合	研发投入	2.19	文化科技融合示范度：4.66	53.41
	2012 专利申请（件）	7.13		
社会贡献	营业税金及附加（万元）	235.92	社会贡献示范度：128.05	
	从业人员（人）	20.18		
组织管理	职工薪酬（万元）	27.22	组织管理示范度：27.22	

（2）总量基本标准的具体评估。从 2012 年国家文化产业示范基地示范价值的具体评估排名来看，华侨城 A 以 444.81 的示范价值指数高居第一，特别是其社会贡献示范度达到了 1237.67，经济效益示范度也高达 400 以上。东方明珠和歌华有线分别排在了第二、三位，但示范度仅为 28 和 25。从这里的分析我们可以发现，总体示范价值指数达到 53 以上，其主要支撑在于华侨城 A 公司。

大连圣亚和海伦钢琴两家公司的总量基本标准示范价值相对最低，仅为 2.48 和 2.89，都不足 3。由此可见，上述两家公司在总量基本标准层面的发展状况需要引起警示。

---

28 说明：从统计学意义而言，目前上市的国家文化产业示范基地数量偏少，在代表意义方面略显薄弱，本书基于目前上市的国家文化产业示范基地得到研究结果可能并不能完全反映当前国家文化产业示范基地的全部情况，但因为是基于上市公司层面的研究，而且是反映 2011～2013 年三年的演化趋势，实证结果仍然具有一定的参考价值。

表 15-6 　2012 年国家文化产业示范基地示范价值总量基本标准具体评估

	经济效益示范度	科技创新示范度	社会贡献示范度	组织管理示范度	示范价值指数
华侨城 A	408.09	0.00	1237.67	133.47	444.81
东方明珠	63.03	0.15	26.31	24.03	28.38
歌华有线	25.84	0.13	36.33	37.90	25.05
省广股份	25.92	0.00	26.26	18.41	17.65
曲江文旅	8.95	0.00	29.12	16.20	13.57
奥飞动漫	14.57	9.99	13.64	14.98	13.30
珠江钢琴	14.84	1.75	8.57	23.45	12.15
拓维信息	4.33	2.06	13.06	17.26	9.18
宋城股份	19.38	0.05	10.11	6.15	8.92
海伦钢琴	3.25	0.66	3.48	4.16	2.89
大连圣亚	2.53	0.00	3.99	3.41	2.48

2. 相对基本标准评估

（1）相对基本标准的总体评估。从表 15-7 中的数据可以发现，虽然国家文化产业示范基地从总体层面来看，示范价值指数达到了 53 以上，但是在相对基本标准上的示范价值指数仅为 1.84，表明示范效应并不明显。

从四大维度来看，仍然是社会贡献示范度居首，接近 4 的水平；而文化科技融合示范度仅为 0.29，表明在文化与科技融合方面，国家文化产业示范基地不仅不具备示范价值，而且还在给整个产业融合进程"拖后腿"。这一结论值得有关部门的高度重视！

表 15-7 　2012 年国家文化产业示范基地示范价值相对基本标准总体评估

类别	项目	示范度	分项示范价值	示范价值指数
经济效益	资产利润率	0.87	经济效益示范度：1.60	
	营业利润率	2.33		
文化科技融合	研发投入比重	0.29	文化科技融合示范度：0.29	1.84
社会贡献	营业税金及附加比重	3.92	社会贡献示范度：3.92	
组织管理	职工薪酬（万元）	1.56	组织管理示范度：1.56	

（2）相对基本标准的具体评估。从基地排名分析来看，华侨城 A 以示范价值指数"5"的水平高居第一，依然显现出最强的示范价值。宋城股份在相对基本标准层面的表现大大好于总量层面，以 2.5 以上的示范价值指数排在了第二位。而歌华有线则从总量排名中的总量第三名下降到了倒数第四位，并且发现该公司在经济效益示范度方面是负值，说明该公司需要特别加强经济效益的改善和提升。

从四大维度来看，除了拓维信息科技创新示范度指数达到 1.47，表现出一定的示范性之外，其余全部 10 个国家文化产业示范基地在科技创新层面都远远落后于产业平均水平。

此外，海伦钢琴的相对基本标准示范价值指数仅为 0.82，不足 1，表明该公司在相对基本标准方面没有体现出示范价值。

表 15-8　2012 年国家文化产业示范基地示范价值相对基本标准具体评估

	经济效益示范度	科技创新示范度	社会贡献示范度	组织管理示范度	示范价值指数
华侨城 A	2.43	0.00	16.36	1.19	5.00
宋城股份	4.77	0.03	4.08	1.30	2.54
东方明珠	2.47	0.02	2.17	2.78	1.86
拓维信息	0.78	1.47	3.31	1.02	1.65
曲江文旅	0.72	0.00	4.80	0.71	1.56
珠江钢琴	1.99	0.41	0.96	2.64	1.50
大连圣亚	0.52	0.00	3.84	1.23	1.40
歌华有线	−0.51	0.02	3.86	2.16	1.38
奥飞动漫	2.05	0.70	1.50	1.02	1.31
省广股份	1.23	0.00	1.49	2.33	1.26
海伦钢琴	1.12	0.60	0.77	0.77	0.82

（二）示范价值"达标标准"评估

1. 总量达标标准评估

（1）总量达标标准的总体评估。从达标标准示范价值来看，2011~2013 年的示范价值指数都达到了 1 以上，总体符合达标标准的要求，说明国家文化产业示范基地与文化产业其他上市公司相比体现出一定的示范价值，但是这种示范价值并不特别明显。其中有两个现象需要引起重视：

一是 2011~2013 年，国家文化产业示范基地示范价值指数呈现出连年下降的态势，说明国家文化产业示范基地对文化产业其他上市公司的领先优势正在逐渐消减。

二是反映文化与科技融合的科技创新层面示范度不仅没有达到文化及相关产业上市公司的平均水平，而且还呈现出连续下降趋势。

表 15-9　2011~2013 年国家文化产业示范基地总量达标标准总体评估

年份	经济效益示范度	科技创新示范度	社会贡献示范度	组织管理示范度	示范价值指数
2011	1.73	0.72	2.84	1.50	1.70
2012	1.68	0.54	2.55	1.14	1.48
2013	1.60	0.49	2.83	0.86	1.44

（2）总量达标标准的具体评估。从 2011～2013 年国家文化产业示范基地的达标标准具体评估结果对比分析可以发现：

第一，三年来仅有 2～4 家国家文化产业示范基地示范价值指数达到达标标准。2011 年有华侨城 A、东方明珠、歌华有线和奥飞动漫 4 家公司示范价值指数达到 1 以上；2012 年仅有华侨城 A 和东方明珠 2 家公司达到标准；2013 年有华侨城 A、歌华有线和东方明珠 3 家公司。

第二，华侨城 A 公司三年来示范价值指数一直遥遥领先，都达到了 10 以上，并且呈现出连年增长趋势，特别是 2013 年示范价值指数达到了 16，比 2012 年增长了 37%。该公司的示范价值指数大大抬高了国家文化产业示范基地的平均水平。

第三，综合三年表现来看，大连圣亚、海伦钢琴、宋城股份和曲江文旅 4 家企业的总量示范价值指数相对最低，基本都在 0.50 以下，大连圣亚和海伦钢琴甚至还出现不足或刚刚达到 0.10 的情况。

上述评估结果表明，中国目前国家文化产业示范基地在总量达标标准方面的示范价值状况堪忧。这说明中国目前国家文化产业示范基地需要特别加强总量规模，特别需要打造更具综合实力的大型产业集团。

表 15-10　2011 年国家文化产业示范基地总量达标标准具体评估

	经济效益示范度	科技创新示范度	社会贡献示范度	组织管理示范度	示范价值指数
华侨城 A	9.37	1.37	26.85	5.29	10.72
东方明珠	2.20	0.22	0.90	1.35	1.17
歌华有线	1.47	1.88	0.59	0.51	1.11
奥飞动漫	0.53	0.43	2.31	0.78	1.01
拓维信息	0.18	1.09	0.11	1.07	0.61
省广股份	0.71	0.00	0.90	0.81	0.60
曲江文旅	0.29	0.60	0.38	0.23	0.38
宋城股份	0.77	0.07	0.20	0.23	0.32
大连圣亚	0.06	0.06	0.13	0.03	0.07

表 15-11　2012 年国家文化产业示范基地总量达标标准具体评估

	经济效益示范度	科技创新示范度	社会贡献示范度	组织管理示范度	示范价值指数
华侨城 A	10.99	0.89	30.92	3.87	11.67
东方明珠	2.32	0.27	0.56	1.17	1.08
歌华有线	1.46	1.29	0.72	0.45	0.98
省广股份	0.89	0.21	0.69	1.31	0.78
奥飞动漫	0.61	0.66	0.91	0.84	0.75
珠江钢琴	0.63	0.28	1.29	0.74	0.74

（续表）

	经济效益示范度	科技创新示范度	社会贡献示范度	组织管理示范度	示范价值指数
拓维信息	0.22	1.01	0.15	1.11	0.62
曲江文旅	0.30	0.52	0.45	0.61	0.47
宋城股份	0.86	0.10	0.41	0.26	0.41
大连圣亚	0.07	0.25	0.11	0.37	0.20
海伦钢琴	0.15	0.12	0.02	0.14	0.11

表 15-12　2013 年国家文化产业示范基地总量达标标准具体评估

	经济效益示范度	科技创新示范度	社会贡献示范度	组织管理示范度	示范价值指数
华侨城 A	13.43	1.00	45.93	3.63	16.00
歌华有线	1.62	1.54	0.61	1.39	1.29
东方明珠	2.55	0.26	0.79	1.13	1.18
奥飞动漫	0.74	0.78	1.13	0.93	0.89
珠江钢琴	0.68	0.32	1.03	0.84	0.72
省广股份	1.21	0.20	0.63	0.78	0.71
曲江文旅	0.35	0.44	0.79	0.67	0.56
拓维信息	0.25	0.76	0.14	1.11	0.56
宋城股份	0.91	0.11	0.36	0.21	0.40
大连圣亚	0.13	0.20	0.12	0.37	0.21
海伦钢琴	0.15	0.13	0.03	0.11	0.10

2. 相对达标标准评估

（1）相对达标标准的总体评估。2011～2013 年国家文化产业示范基地相对达标标准的总体评估如表 15-13 所示。从表 15-13 中可以发现：

一是三年来国家文化产业示范基地相对达标标准的示范价值指数都达到了 1 以上，说明三年来中国国家文化产业示范基地在相对指标层面都"达标"。

二是国家文化产业示范基地虽然都已"达标"，但是示范价值并不明显。三年来的示范价值指数都不足 1.25，2013 年则仅为 1.10。

三是国家文化产业示范基地达标性示范价值正在逐年消退，并濒临失去达标性示范价值的边缘。从示范价值指数可以明显看到，2011 年为 1.24，2013 年则下降了 11.29%。

四是从四大维度的示范价值来看，经济效益示范度和社会贡献示范度表现相对较优，科技创新示范度则连续三年都不足 0.80，组织管理示范度也呈现出一定的螺旋式下降的趋势。

表 15-13　2011～2013 年国家文化产业示范基地相对达标标准总体评估

年份	经济效益示范度	科技创新示范度	社会贡献示范度	组织管理示范度	示范价值指数
2011	1.59	0.71	1.73	0.95	1.24
2012	1.53	0.78	1.51	1.00	1.20
2013	1.33	0.72	1.51	0.83	1.10

（2）相对达标标准的具体评估。国家文化产业示范基地在相对达标标准方面的表现要优于总量达标标准的表现，具体分析可以发现：

国家文化产业示范基地在 2011～2013 年都达到了 1 以上，说明在相对达标标准层面，国家文化产业示范基地三年来都"达标"。

宋城股份的表现较为优异，该公司在总量达标标准方面排在了后面，但是在相对达标标准示范价值方面三年排名都进入了前两名，而且 2012 年还排在了第一位。

华侨城 A 公司在相对达标标准方面仍然展现出较为突出的示范价值，三年来排名都进入了前三名，而且逐年递进，在 2013 年排在了第一名的位置。

歌华有线公司虽然在总量达标标准方面排在了前面，但是在相对达标标准方面则表现最差，连续三年来一直倒数第一。由此可知，该公司在相对均量指标方面亟须提升。

此外，曲江文旅、省广股份和海伦钢琴三家公司也需要注重相对达标标准的提升。

表 15-14　2011 年国家文化产业示范基地相对达标标准具体评估

	经济效益示范度	科技创新示范度	社会贡献示范度	组织管理示范度	示范价值指数
拓维信息	16.14	4.00	0.01	2.32	5.62
宋城股份	21.26	0.17	0.02	0.11	5.39
华侨城 A	18.79	0.03	0.07	2.33	5.31
大连圣亚	14.22	0.11	0.02	3.12	4.37
奥飞动漫	11.73	1.53	0.01	2.33	3.90
东方明珠	10.14	0.07	0.02	5.37	3.90
省广股份	5.44	0.00	0.01	3.91	2.34
曲江文旅	5.94	0.07	0.01	1.37	1.85
歌华有线	3.31	0.20	0.01	3.83	1.84

表 15-15　2012 年国家文化产业示范基地相对达标标准具体评估

	经济效益示范度	科技创新示范度	社会贡献示范度	组织管理示范度	示范价值指数
宋城股份	20.00	0.14	0.02	2.59	5.69
华侨城 A	18.71	0.03	0.08	2.49	5.32
拓维信息	13.95	4.15	0.02	2.29	5.10
珠江钢琴	11.67	1.17	0.01	5.30	4.53

	经济效益示范度	科技创新示范度	社会贡献示范度	组织管理示范度	示范价值指数
大连圣亚	14.59	0.13	0.02	2.51	4.31
奥飞动漫	12.97	1.96	0.01	2.20	4.28
东方明珠	9.26	0.14	0.01	5.63	3.76
海伦钢琴	10.14	1.67	0.00	1.52	3.34
省广股份	8.09	0.00	0.01	4.68	3.19
曲江文旅	10.86	0.08	0.02	1.53	3.12
歌华有线	3.18	0.22	0.02	4.18	1.90

表 15-16　2013 年国家文化产业示范基地相对达标标准具体评估

	经济效益示范度	科技创新示范度	社会贡献示范度	组织管理示范度	示范价值指数
华侨城 A	18.69	0.03	0.09	2.79	5.40
宋城股份	20.46	0.18	0.02	0.75	5.35
奥飞动漫	14.84	2.21	0.01	2.87	4.98
大连圣亚	16.52	0.13	0.02	3.04	4.93
拓维信息	13.02	2.69	0.01	2.76	4.62
珠江钢琴	10.73	1.36	0.01	5.56	4.42
东方明珠	10.49	0.12	0.01	5.66	4.07
省广股份	10.26	0.00	0.01	5.51	3.95
曲江文旅	11.90	0.06	0.03	1.66	3.41
海伦钢琴	9.22	1.63	0.00	1.71	3.14
歌华有线	4.36	0.60	0.01	4.81	2.44

附录一　国家统计局《文化及相关产业分类（2012）》

一、目的和作用

（一）为深入贯彻落实党的十七届六中全会关于深化文化体制改革、推动社会主义文化大发展大繁荣的精神，建立科学可行的文化及相关产业统计制度，制定本分类。

（二）本分类为界定我国文化及相关单位的生产活动提供依据，为当前的社会主义文化建设、文化宏观管理提供参考，为文化及相关产业统计提供统一的定义和范围。

二、定义和范围

（一）定义

本分类规定的文化及相关产业是指为社会公众提供文化产品和文化相关产品的生产活动的集合。

（二）范围

根据以上定义，中国文化及相关产业的范围包括：

（1）以文化为核心内容，为直接满足人们的精神需要而进行的创作、制造、传播、展示等文化产品（包括货物和服务）的生产活动。

（2）为实现文化产品生产所必需的辅助生产活动。

（3）作为文化产品实物载体或制作（使用、传播、展示）工具的文化用品的生产活动（包括制造和销售）。

（4）为实现文化产品生产所需专用设备的生产活动（包括制造和销售）。

三、分类原则

（一）以《国民经济行业分类》为基础

本分类以《国民经济行业分类》（GB/T 4754—2011）为基础，根据文化及相关单位生产活动的特点，将行业分类中相关的类别重新组合，是《国民经济行业分类》的派生分类。

（二）兼顾部门管理需要和可操作性

根据我国文化体制改革和发展的实际，本分类在考虑文化生产活动特点的同时，兼顾政府部门管理的需要；立足于现行的统计制度和方法，充分考虑分类的可操作性。

（三）与国际分类标准相衔接

本分类借鉴了联合国教科文组织的《文化统计框架—2009》的分类方法，在定义和覆盖范围上可与其衔接。

四、分类方法

本分类依据上述分类原则，将文化及相关产业分为五层。

第一层包括文化产品的生产、文化相关产品的生产两部分，用"第一部分"、"第二部分"表示。

第二层根据管理需要和文化生产活动的自身特点分为 10 个大类，用"一"、"二"……"十"表示。

第三层依照文化生产活动的相近性分为 50 个中类，在每个大类下分别用"（一）"、"（二）"、"（三）"……表示。

第四层共有 120 个小类，是文化及相关产业的具体活动类别，直接用《国民经济行业分类》（GB/T 4754—2011）相对应行业小类的名称和代码表示。对于含有部分文化生产活动的小类，在其名称后用"＊"标出。

第五层为带"＊"小类下设置的延伸层。通过在类别名称前加"——"表示，不设代码和顺序号，其包含的活动内容在表 2 中加以说明。

五、文化及相关产业分类表

表1　文化及相关产业的类别名称和行业代码

类　别　名　称	国民经济行业代码
第一部分　文化产品的生产	
一、新闻出版发行服务	
（一）新闻服务	
新闻业	8510
（二）出版服务	
图书出版	8521
报纸出版	8522
期刊出版	8523
音像制品出版	8524
电子出版物出版	8525
其他出版业	8529
（三）发行服务	
图书批发	5143
报刊批发	5144
音像制品及电子出版物批发	5145
图书、报刊零售	5243
音像制品及电子出版物零售	5244
二、广播电视电影服务	
（一）广播电视服务	
广播	8610
电视	8620
（二）电影和影视录音服务	
电影和影视节目制作	8630
电影和影视节目发行	8640
电影放映	8650
录音制作	8660
三、文化艺术服务	
（一）文艺创作与表演服务	
文艺创作与表演	8710
艺术表演场馆	8720
（二）图书馆与档案馆服务	
图书馆	8731
档案馆	8732

类　别　名　称	国民经济行业代码
（三）文化遗产保护服务	
文物及非物质文化遗产保护	8740
博物馆	8750
烈士陵园、纪念馆	8760
（四）群众文化服务	
群众文化活动	8770
（五）文化研究和社团服务	
社会人文科学研究	7350
专业性团体（的服务）　*	9421
——学术理论社会团体的服务	
——文化团体的服务	
（六）文化艺术培训服务	
文化艺术培训	8293
其他未列明教育　*	8299
——美术、舞蹈、音乐辅导服务	
（七）其他文化艺术服务	
其他文化艺术业	8790
四、文化信息传输服务	
（一）互联网信息服务	
互联网信息服务	6420
（二）增值电信服务（文化部分）	
其他电信服务　*	6319
——增值电信服务（文化部分）	
（三）广播电视传输服务	
有线广播电视传输服务	6321
无线广播电视传输服务	6322
卫星传输服务　*	6330
——传输、覆盖与接收服务	
——设计、安装、调试、测试、监测等服务	
五、文化创意和设计服务	
（一）广告服务	
广告业	7240
（二）文化软件服务	
软件开发　*	6510
——多媒体、动漫游戏软件开发	

类 别 名 称	国民经济行业代码
数字内容服务 *	6591
——数字动漫、游戏设计制作	
（三）建筑设计服务	
工程勘察设计 *	7482
——房屋建筑工程设计服务	
——室内装饰设计服务	
——风景园林工程专项设计服务	
（四）专业设计服务	
专业化设计服务	7491
六、文化休闲娱乐服务	
（一）景区游览服务	
公园管理	7851
游览景区管理	7852
野生动物保护 *	7712
——动物园和海洋馆、水族馆管理服务	
野生植物保护 *	7713
——植物园管理服务	
（二）娱乐休闲服务	
歌舞厅娱乐活动	8911
电子游艺厅娱乐活动	8912
网吧活动	8913
其他室内娱乐活动	8919
游乐园	8920
其他娱乐业	8990
（三）摄影扩印服务	
摄影扩印服务	7492
七、工艺美术品的生产	
（一）工艺美术品的制造	
雕塑工艺品制造	2431
金属工艺品制造	2432
漆器工艺品制造	2433
花画工艺品制造	2434
天然植物纤维编织工艺品制造	2435
抽纱刺绣工艺品制造	2436
地毯、挂毯制造	2437
珠宝首饰及有关物品制造	2438
其他工艺美术品制造	2439

（续表）

类　别　名　称	国民经济行业代码
（二）园林、陈设艺术及其他陶瓷制品的制造	
园林、陈设艺术及其他陶瓷制品制造 *	3079
——陈设艺术陶瓷制品制造	
（三）工艺美术品的销售	
首饰、工艺品及收藏品批发	5146
珠宝首饰零售	5245
工艺美术品及收藏品零售	5246

第二部分　文化相关产品的生产

八、文化产品生产的辅助生产

（一）版权服务

　知识产权服务 *　　　　　　　　　　　　　　7250

　——版权和文化软件服务

（二）印刷复制服务

　书、报刊印刷　　　　　　　　　　　　　　　2311

　本册印制　　　　　　　　　　　　　　　　　2312

　包装装潢及其他印刷　　　　　　　　　　　　2319

　装订及印刷相关服务　　　　　　　　　　　　2320

　记录媒介复制　　　　　　　　　　　　　　　2330

（三）文化经纪代理服务

　文化娱乐经纪人　　　　　　　　　　　　　　8941

　其他文化艺术经纪代理　　　　　　　　　　　8949

（四）文化贸易代理与拍卖服务

　贸易代理 *　　　　　　　　　　　　　　　　5181

　——文化贸易代理服务

　拍卖 *　　　　　　　　　　　　　　　　　　5182

　——艺（美）术品、文物、古董、字画拍卖服务

（五）文化出租服务

　娱乐及体育设备出租 *　　　　　　　　　　　7121

　——视频设备、照相器材和娱乐设备的出租服务

　图书出租　　　　　　　　　　　　　　　　　7122

　音像制品出租　　　　　　　　　　　　　　　7123

（六）会展服务

　会议及展览服务　　　　　　　　　　　　　　7292

（七）其他文化辅助生产

　其他未列明商务服务业 *　　　　　　　　　　7299

类　别　名　称	国民经济行业代码
——公司礼仪和模特服务	
——大型活动组织服务	
——票务服务	
九、文化用品的生产	
（一）办公用品的制造	
文具制造	2411
笔的制造	2412
墨水、墨汁制造	2414
（二）乐器的制造	
中乐器制造	2421
西乐器制造	2422
电子乐器制造	2423
其他乐器及零件制造	2429
（三）玩具的制造	
玩具制造	2450
（四）游艺器材及娱乐用品的制造	
露天游乐场所游乐设备制造	2461
游艺用品及室内游艺器材制造	2462
其他娱乐用品制造	2469
（五）视听设备的制造	
电视机制造	3951
音响设备制造	3952
影视录放设备制造	3953
（六）焰火、鞭炮产品的制造	
焰火、鞭炮产品制造	2672
（七）文化用纸的制造	
机制纸及纸板制造 *	2221
——文化用机制纸及纸板制造	
手工纸制造	2222
（八）文化用油墨颜料的制造	
油墨及类似产品制造	2642
颜料制造 *	2643
——文化用颜料制造	
（九）文化用化学品的制造	
信息化学品制造 *	2664
——文化用信息化学品的制造	

类　别　名　称	国民经济行业代码
（十）其他文化用品的制造	
照明灯具制造 *	3872
——装饰用灯和影视舞台灯制造	
其他电子设备制造 *	3990
——电子快译通、电子记事本、电子词典等制造	
（十一）文具乐器照相器材的销售	
文具用品批发	5141
文具用品零售	5241
乐器零售	5247
照相器材零售	5248
（十二）文化用家电的销售	
家用电器批发 *	5137
——文化用家用电器批发	
家用视听设备零售	5271
（十三）其他文化用品的销售	
其他文化用品批发	5149
其他文化用品零售	5249
十、文化专用设备的生产	
（一）印刷专用设备的制造	
印刷专用设备制造	3542
（二）广播电视电影专用设备的制造	
广播电视节目制作及发射设备制造	3931
广播电视接收设备及器材制造	3932
应用电视设备及其他广播电视设备制造	3939
电影机械制造	3471
（三）其他文化专用设备的制造	
幻灯及投影设备制造	3472
照相机及器材制造	3473
复印和胶印设备制造	3474
（四）广播电视电影专用设备的批发	
通讯及广播电视设备批发 *	5178
——广播电视电影专用设备批发	
（五）舞台照明设备的批发	
电气设备批发 *	5176
——舞台照明设备的批发	

中国文化及相关产业上市公司研究报告：2011～2013

表 2 对延伸层文化生产活动内容的说明

序号	类别名称及代码		文化生产活动的内容
	小类	延伸层	
1	专业性团体（的服务）（9421）	学术理论社会团体的服务	包括党的理论研究、史学研究、思想工作研究、社会人文科学研究等团体的服务。
		文化团体的服务	包括新闻、图书、报刊、音像、版权、广播、电视、电影、演员、作家、文学艺术、美术家、摄影家、文物、博物馆、图书馆、文化馆、游乐园、公园、文艺理论研究、民族文化等团体的服务。
2	其他未列明教育（8299）	美术、舞蹈、音乐辅导服务	包括美术、舞蹈和音乐等辅导服务。
3	其他电信服务（6319）	增值电信服务（文化部分）	包括手机报、个性化铃音、网络广告等业务服务。
4	卫星传输服务（6330）	传输、覆盖与接收服务	包括卫星广播电视信号的传输、覆盖与接收服务。
		设计、安装、调试、测试、监测等服务	包括卫星广播电视传输、覆盖、接收系统的设计、安装、调试、测试、监测等服务。
5	软件开发（6510）	多媒体、动漫游戏软件开发	包括应用软件开发及经营中的多媒体软件和动漫游戏软件开发及经营活动。
6	数字内容服务（6591）	数字动漫、游戏设计制作	包括数字动漫制作和游戏设计制作等服务。
7	工程勘察设计（7482）	房屋建筑工程设计服务	包括房屋（住宅、商业用房、公用事业用房、其他房屋）建筑工程设计服务。
		室内装饰设计服务	包括住宅室内装饰设计服务和其他室内装饰设计服务。
		风景园林工程专项设计服务	包括各类风景园林工程专项设计服务。
8	野生动物保护（7712）	动物园和海洋馆、水族馆管理服务	包括动物园管理服务，放养动物园管理服务，鸟类动物园管理服务，海洋馆、水族馆管理服务。
9	野生植物保护（7713）	植物园管理服务	包括各类植物园管理服务。
10	园林、陈设艺术及其他陶瓷制品制造（3079）	陈设艺术陶瓷制品制造	包括室内陈设艺术陶瓷制品、工艺陶瓷制品、陶瓷壁画、陶瓷制塑像和其他陈设艺术陶瓷制品的制造。
11	知识产权服务（7250）	版权和文化软件服务	版权服务包括版权代理服务，版权鉴定服务，版权咨询服务，海外作品登记服务，涉外音像合同认证服务，著作权使用报酬收转服务，版权贸易服务和其他版权服务。文化软件服务指与文化有关的软件服务，包括软件代理、软件著作权登记、软件鉴定等服务。
12	贸易代理（5181）	文化贸易代理服务	包括文化用品、图书、音像、文化用家用电器和广播电视器材等国际国内贸易代理服务。
13	拍卖（5182）	艺（美）术品、文物、古董、字画拍卖服务	包括艺（美）术品拍卖服务，文物拍卖服务，古董、字画拍卖服务。
14	娱乐及体育设备出租（7121）	视频设备、照相器材和娱乐设备的出租服务	包括视频设备出租服务，照相器材出租服务，娱乐设备出租服务。
15	其他未列明商务服务业（7299）	公司礼仪和模特服务	公司礼仪服务包括开业典礼、庆典及其他重大活动的礼仪服务。模特服务包括服装模特、艺术模特和其他模特等服务。
		大型活动组织服务	包括文艺晚会策划组织服务，大型庆典活动策划组织服务，艺术、模特大赛策划组织服务，艺术节、电影节等策划组织服务，民间活动策划组织服务，公益演出、展览等活动的策划组织服务，其他大型活动的策划组织服务。
		票务服务	包括电影票务服务，文艺演出票务服务，展览、博览会票务服务。

序号	类别名称及代码		文化生产活动的内容
	小类	延伸层	
16	机制纸及纸板制造（2221）	文化用机制纸及纸板制造	包括未涂布印刷书写用纸制造，涂布类印刷用纸制造，感应纸及纸板制造。
17	颜料制造（2643）	文化用颜料制造	包括水彩颜料、水粉颜料、油画颜料、国画颜料、调色料、其他艺术用颜料、美工塑型用膏等制造。
18	信息化学品制造（2664）	文化用信息化学品的制造	包括感光胶片的制造，摄影感光纸、纸板及纺织物制造，摄影用化学制剂、复印机用化学制剂制造，空白磁带、空白磁盘、空盘制造。
19	照明灯具制造（3872）	装饰用灯和影视舞台灯制造	包括装饰用灯（圣诞树用成套灯具、其他装饰用灯）和影视舞台灯的制造。
20	其他电子设备制造（3990）	电子快译通、电子记事本、电子词典等制造	包括电子快译通、电子记事本、电子词典等电子设备的制造。
21	家用电器批发（5137）	文化用家用电器批发	包括电视机、摄录像设备、便携式收录放设备、音响设备等的批发。
22	通讯及广播电视设备批发（5178）	广播电视电影专用设备批发	包括广播设备、电视设备、电影设备、广播电视卫星设备等的批发。
23	电气设备批发（5176）	舞台照明设备的批发	包括各类舞台照明设备的批发。

附录二 中国文化及相关产业 上市公司名录

本研究根据国家统计局《文化及相关产业分类（2012）》的分类标准对 2011～2013 年上海证券交易所和深圳证券交易所 A 股全部上市公司年报披露信息进行一一比对甄选得到本报告的研究样本，合计 171 家文化及相关产业上市公司，详见下表所示（按注册地址排序）：

表 1 中国文化及相关产业上市公司名录

证券代码	企业名称	所有制性质	注册地址	产业分类第二层	上市时间
002230	科大讯飞	民营企业	安徽省	九、文化用品的生产	2008
600054	黄山旅游	国有企业	安徽省	六、文化休闲娱乐服务	1997
600551	时代出版	国有企业	安徽省	一、新闻出版发行服务	2002
600567	山鹰纸业	民营企业	安徽省	九、文化用品的生产	2001
601801	皖新传媒	国有企业	安徽省	一、新闻出版发行服务	2010
000504	ST 传媒	国有企业	北京市	一、新闻出版发行服务	1992
000725	京东方 A	国有企业	北京市	九、文化用品的生产	2001
000802	北京旅游	民营企业	北京市	六、文化休闲娱乐服务	1998
000839	中信国安	国有企业	北京市	四、文化信息传输服务	1997
002148	北纬通信	民营企业	北京市	四、文化信息传输服务	2007
002310	东方园林	民营企业	北京市	五、文化创意和设计服务	2009
002362	汉王科技	中外合资企业	北京市	九、文化用品的生产	2010
002467	二六三	民营企业	北京市	四、文化信息传输服务	2010
002599	盛通股份	民营企业	北京市	八、文化产品生产的辅助生产	2011
300005	探路者	民营企业	北京市	九、文化用品的生产	2009
300058	蓝色光标	民营企业	北京市	五、文化创意和设计服务	2010
300071	华谊嘉信	民营企业	北京市	五、文化创意和设计服务	2010
300079	数码视讯	民营企业	北京市	十、文化专用设备的生产	2010
300104	乐视网	民营企业	北京市	四、文化信息传输服务	2010
300182	捷成股份	民营企业	北京市	四、文化信息传输服务	2011
300229	拓尔思	民营企业	北京市	四、文化信息传输服务	2011

证券代码	企业名称	所有制性质	注册地址	产业分类第二层	上市时间
300251	光线传媒	民营企业	北京市	二、广播电视电影服务	2011
300291	华录百纳	国有企业	北京市	二、广播电视电影服务	2012
300315	掌趣科技	民营企业	北京市	五、文化创意和设计服务	2012
600037	歌华有线	国有企业	北京市	四、文化信息传输服务	2001
600100	同方股份	国有企业	北京市	十、文化专用设备的生产	1997
600288	大恒科技	民营企业	北京市	十、文化专用设备的生产	2000
600386	北巴传媒	国有企业	北京市	五、文化创意和设计服务	2001
600860	京城股份	国有企业	北京市	十、文化专用设备的生产	1994
601886	江河创建	民营企业	北京市	五、文化创意和设计服务	2011
603000	人民网	国有企业	北京市	四、文化信息传输服务	2012
002102	冠福家用	民营企业	福建省	七、工艺美术品的生产	2006
002228	合兴包装	民营企业	福建省	八、文化产品生产的辅助生产	2008
002229	鸿博股份	民营企业	福建省	八、文化产品生产的辅助生产	2008
002235	安妮股份	民营企业	福建省	九、文化用品的生产	2008
300051	三五互联	民营企业	福建省	四、文化信息传输服务	2010
300188	美亚柏科	民营企业	福建省	四、文化信息传输服务	2011
600163	福建南纸	国有企业	福建省	九、文化用品的生产	1998
000016	深康佳A	国有相对控股企业	广东省	九、文化用品的生产	1992
000020	深华发	民营企业	广东省	九、文化用品的生产	1992
000050	深天马A	国有企业	广东省	十、文化专用设备的生产	1995
000066	长城电脑	国有企业	广东省	九、文化用品的生产	1997
000069	华侨城A	国有企业	广东省	六、文化休闲娱乐服务	1997
000100	TCL集团	国有企业	广东省	九、文化用品的生产	2004
002045	国光电器	民营企业	广东省	九、文化用品的生产	2005
002052	同洲电子	民营企业	广东省	十、文化专用设备的生产	2006
002181	粤传媒	国有企业	广东省	一、新闻出版发行服务	2007
002191	劲嘉股份	民营企业	广东省	八、文化产品生产的辅助生产	2007
002238	天威视讯	国有企业	广东省	四、文化信息传输服务	2008
002292	奥飞动漫	民营企业	广东省	五、文化创意和设计服务	2009
002301	齐心文具	民营企业	广东省	九、文化用品的生产	2009
002303	美盈森	民营企业	广东省	八、文化产品生产的辅助生产	2009
002308	威创股份	中外合资企业	广东省	十、文化专用设备的生产	2009
002319	乐通股份	民营企业	广东省	九、文化用品的生产	2009
002325	洪涛股份	民营企业	广东省	五、文化创意和设计服务	2009
002345	潮宏基	中外合资企业	广东省	七、工艺美术品的生产	2010

证券代码	企业名称	所有制性质	注册地址	产业分类第二层	上市时间
002348	高乐股份	民营企业	广东省	九、文化用品的生产	2010
002351	漫步者	民营企业	广东省	九、文化用品的生产	2010
002400	省广股份	国有企业	广东省	五、文化创意和设计服务	2010
002420	毅昌股份	民营企业	广东省	五、文化创意和设计服务	2010
002431	棕榈园林	民营企业	广东省	五、文化创意和设计服务	2010
002482	广田股份	民营企业	广东省	五、文化创意和设计服务	2010
002502	骅威股份	民营企业	广东省	九、文化用品的生产	2010
002575	群兴玩具	民营企业	广东省	九、文化用品的生产	2011
002678	珠江钢琴	国有企业	广东省	九、文化用品的生产	2012
300043	星辉车模	民营企业	广东省	九、文化用品的生产	2010
300052	中青宝	民营企业	广东省	五、文化创意和设计服务	2010
300057	万顺股份	民营企业	广东省	八、文化产品生产的辅助生产	2010
300063	天龙集团	民营企业	广东省	九、文化用品的生产	2010
300178	腾邦国际	民营企业	广东省	四、文化信息传输服务	2011
300235	方直科技	民营企业	广东省	五、文化创意和设计服务	2011
300264	佳创视讯	民营企业	广东省	四、文化信息传输服务	2011
601515	东风股份	中外合资企业	广东省	八、文化产品生产的辅助生产	2012
000978	桂林旅游	国有企业	广西壮族自治区	六、文化休闲娱乐服务	2000
300288	朗玛信息	民营企业	贵州省	五、文化创意和设计服务	2012
000793	华闻传媒	国有企业	海南省	一、新闻出版发行服务	1997
600209	罗顿发展	民营企业	海南省	五、文化创意和设计服务	1999
600135	乐凯胶片	国有企业	河北省	九、文化用品的生产	1998
000719	大地传媒	国有企业	河南省	一、新闻出版发行服务	1997
600069	银鸽投资	国有相对控股企业	河南省	九、文化用品的生产	1997
000587	金叶珠宝	民营企业	黑龙江省	七、工艺美术品的生产	1996
000665	湖北广电	国有企业	湖北省	二、广播电视电影服务	1996
600086	东方金钰	民营企业	湖北省	七、工艺美术品的生产	1997
600681	万鸿集团	民营企业	湖北省	五、文化创意和设计服务	1993
600757	长江传媒	国有企业	湖北省	一、新闻出版发行服务	1996
000430	张家界	国有企业	湖南省	六、文化休闲娱乐服务	1996
000917	电广传媒	国有企业	湖南省	四、文化信息传输服务	1998
002261	拓维信息	民营企业	湖南省	四、文化信息传输服务	2008
300148	天舟文化	民营企业	湖南省	一、新闻出版发行服务	2010
600599	熊猫烟花	民营企业	湖南省	九、文化用品的生产	2001
601098	中南传媒	国有企业	湖南省	一、新闻出版发行服务	2010
601929	吉视传媒	国有企业	吉林省	二、广播电视电影服务	2012

证券代码	企业名称	所有制性质	注册地址	产业分类第二层	上市时间
000681	远东股份①	民营企业	江苏省	二、广播电视电影服务	1997
002081	金螳螂	民营企业	江苏省	五、文化创意和设计服务	2006
002315	焦点科技	民营企业	江苏省	四、文化信息传输服务	2009
002519	银河电子	民营企业	江苏省	十、文化专用设备的生产	2010
300192	科斯伍德	民营企业	江苏省	九、文化用品的生产	2011
300211	亿通科技	民营企业	江苏省	十、文化专用设备的生产	2011
600128	弘业股份	国有企业	江苏省	七、工艺美术品的生产	1997
600775	南京熊猫	国有企业	江苏省	九、文化用品的生产	1996
601928	凤凰传媒	国有企业	江苏省	一、新闻出版发行服务	2011
600071	凤凰光学	国有企业	江西省	九、文化用品的生产	1997
600373	中文传媒	民营企业	江西省	一、新闻出版发行服务	2002
600593	大连圣亚	国有企业	辽宁省	六、文化休闲娱乐服务	2002
601999	出版传媒	国有企业	辽宁省	一、新闻出版发行服务	2007
000815	*ST 美利	国有企业	宁夏回族自治区	九、文化用品的生产	1998
000488	晨鸣纸业	国有企业	山东省	九、文化用品的生产	2000
002078	太阳纸业	民营企业	山东省	九、文化用品的生产	2006
002117	东港股份	中外合资企业	山东省	八、文化产品生产的辅助生产	2007
002241	歌尔声学	民营企业	山东省	九、文化用品的生产	2008
002376	新北洋	国有企业	山东省	十、文化专用设备的生产	2010
002521	齐峰股份	民营企业	山东省	九、文化用品的生产	2010
600076	青鸟华光	民营企业	山东省	十、文化专用设备的生产	1997
600308	华泰股份	民营企业	山东省	九、文化用品的生产	2000
600690	青岛海尔	集体企业	山东省	九、文化用品的生产	1993
600966	博汇纸业	民营企业	山东省	九、文化用品的生产	1992
000673	当代东方	民营企业	山西省	八、文化产品生产的辅助生产	1997
000610	西安旅游	国有企业	陕西省	六、文化休闲娱乐服务	1996
000812	陕西金叶	民营企业	陕西省	八、文化产品生产的辅助生产	1998
600706	曲江文旅	国有企业	陕西省	六、文化休闲娱乐服务	1996
600707	*ST 彩虹	国有企业	陕西省	十、文化专用设备的生产	1996
600831	广电网络	集体企业	陕西省	二、广播电视电影服务	1994
002565	上海绿新	民营企业	上海市	八、文化产品生产的辅助生产	2011
002605	姚记扑克	民营企业	上海市	八、文化产品生产的辅助生产	2011
300017	网宿科技	民营企业	上海市	四、文化信息传输服务	2009
300059	东方财富	民营企业	上海市	四、文化信息传输服务	2010

① 2011 年和 2012 年为"ST 远东"。

证券代码	企业名称	所有制性质	注册地址	产业分类第二层	上市时间
300336	新文化	民营企业	上海市	二、广播电视电影服务	2012
600050	中国联通①	国有企业	上海市	四、文化信息传输服务	2002
600088	中视传媒	国有企业	上海市	二、广播电视电影服务	1997
600210	紫江企业	民营企业	上海市	八、文化产品生产的辅助生产	1999
600612	老凤祥	国有企业	上海市	七、工艺美术品的生产	1992
600637	百视通	国有企业	上海市	四、文化信息传输服务	1993
600640	号百控股	国有企业	上海市	四、文化信息传输服务	1993
600651	飞乐音响	国有相对控股企业	上海市	九、文化用品的生产	1990
600655	豫园商城	民营企业	上海市	七、工艺美术品的生产	1992
600825	新华传媒	国有企业	上海市	一、新闻出版发行服务	1994
600832	东方明珠	国有企业	上海市	四、文化信息传输服务	1994
600836	界龙实业	民营企业	上海市	八、文化产品生产的辅助生产	1994
601519	大智慧	民营企业	上海市	四、文化信息传输服务	2011
000801	四川九洲	国有企业	四川省	十、文化专用设备的生产	1998
000888	峨眉山 A	国有企业	四川省	六、文化休闲娱乐服务	1997
300028	金亚科技	民营企业	四川省	十、文化专用设备的生产	2009
600793	ST 宜纸	国有企业	四川省	九、文化用品的生产	1997
600804	鹏博士	民营企业	四川省	四、文化信息传输服务	1994
600880	博瑞传播	国有企业	四川省	一、新闻出版发行服务	1995
600749	西藏旅游	民营企业	西藏自治区	六、文化休闲娱乐服务	1996
002033	丽江旅游	国有企业	云南省	六、文化休闲娱乐服务	2004
002059	云南旅游	国有企业	云南省	六、文化休闲娱乐服务	2006
000156	华数传媒	民营企业	浙江省	四、文化信息传输服务	2000
000909	数源科技	国有企业	浙江省	九、文化用品的生产	1999
002067	景兴纸业	民营企业	浙江省	九、文化用品的生产	2006
002095	生意宝	民营企业	浙江省	四、文化信息传输服务	2006
002103	广博股份	民营企业	浙江省	九、文化用品的生产	2007
002173	千足珍珠	民营企业	浙江省	七、工艺美术品的生产	2007
002247	帝龙新材	民营企业	浙江省	九、文化用品的生产	2008
002375	亚厦股份	民营企业	浙江省	五、文化创意和设计服务	2010
002415	海康威视	国有企业	浙江省	九、文化用品的生产	2010
002574	明牌珠宝	民营企业	浙江省	七、工艺美术品的生产	2011
002699	美盛文化	民营企业	浙江省	八、文化产品生产的辅助生产	2012
300027	华谊兄弟	民营企业	浙江省	二、广播电视电影服务	2009

① 入选原因：详见第五章第三节。

证券代码	企业名称	所有制性质	注册地址	产业分类第二层	上市时间
300076	宁波 GQY	民营企业	浙江省	九、文化用品的生产	2010
300113	顺网科技	民营企业	浙江省	四、文化信息传输服务	2010
300133	华策影视	民营企业	浙江省	二、广播电视电影服务	2010
300144	宋城股份	民营企业	浙江省	六、文化休闲娱乐服务	2010
300250	初灵信息	民营企业	浙江省	十、文化专用设备的生产	2011
300270	中威电子	民营企业	浙江省	十、文化专用设备的生产	2011
300329	海伦钢琴	民营企业	浙江省	九、文化用品的生产	2012
600235	民丰特纸	国有企业	浙江省	九、文化用品的生产	2000
600633	浙报传媒	国有企业	浙江省	一、新闻出版发行服务	1993
000514	渝开发[①]	国有企业	重庆市	八、文化产品生产的辅助生产	1993
002558	世纪游轮	民营企业	重庆市	六、文化休闲娱乐服务	2011

---

① 入选理由：渝开发 2008 年会展收入已超过房地产。详见 http://finance.ifeng.com/roll/20090218/384504.shtml。

主要参考文献

［1］胡惠林，王婧. 2013：中国文化产业发展指数报告（CCIDI）［M］. 上海：上海人民出版社，2013.

［2］彭翊. 中国省市文化产业发展指数报告 2012［M］. 北京：中国人民大学出版社，2013.

［3］高福民，花建. 文化城市：基本理念与评估指标体系研究［M］. 北京：商务印书馆，2012.

［4］张晓明，王家新，章建刚. 文化蓝皮书：中国文化产业发展报告（2014）［M］. 北京：社会科学文献出版社，2014.

［5］陈少峰. 中国文化企业报告 2014［M］. 北京：清华大学出版社，2014.

［6］叶朗. 中国文化产业年度发展报告（2013）［M］. 北京：北京大学出版社，2013.

［7］喻国明. 中国传媒发展指数报告 2013［M］. 北京：社会科学文献出版社，2013.

［8］王亚南，高书生. 文化蓝皮书：中国中心城市文化消费需求景气评价报告（2013）［M］. 北京：社会科学文献出版社，2013.

［9］［英］罗伯特·保罗·欧文斯. 世界城市文化报告（2012）［M］. 黄昌勇，等，译. 上海：同济大学出版社，2013.

［10］刘士林. 城市群蓝皮书：中国城市群发展指数报告（2013）［M］. 北京：社会科学文献出版社，2013.